Paolo Giordani

Venedig
Eine Entdeckungsreise
in dreißig Spaziergängen

Cicero

© 2002 Cicero
Santa Croce 2344, 30135 Venezia
info@ciceroeditore.com
Erste Auflage: April 2002
Zweite Auflage: Mai 2007
ISBN 88-89632-04-6

© *Layout*
Stefano Bortoli

Übersetzung
Stephan Oswald

Alle Rechte vorbehalten.
Die Übersetzung, Reproduktion, Aufzeichnung
oder Bearbeitung des ganzen Textes oder einzelner
Teile (einschließlich Mikrofilms, Fotokopie
oder anderertechnischer Verfahren) bedarf der
schriftlichen Genehmigung des Rechteinhabers.
Diese Genehmigung wird gegen eine Gebühr erteilt,
deren Höhe von der Art der Verwendung abhängt.

Die Reproduktion der Venedigkarte
wurde mit Hilfe der kartographischen
Informationen der Insula spa in Venedig
erstellt, der für ihre Disponibilität
und großzügige Hilfsbereitschaft gedankt sei.

Fotografien
Graziano Arici, Venedig
Privatbesitz, Venedig
Paolo Giordani, Pordenone
Flavio Tiberini, Pordenone
Paolo Venturini und Paolo Giordani, Pordenone

Zeichnungen
Carla Giordani

Sommario

   7 Vorwort
Leopoldo Pietragnoli

 10 Zur Einführung
Paolo Giordani

 11 Verzeichnis der Pfarreien der Stadt Venedig und der Dauer der Spaziergänge

Venedig
Eine Entdeckungsreise in dreissig Spaziergängen

 16 Hinweis

 17 San Pietro di Castello
 41 San Martino
 57 San Francesco della Vigna
 75 San Giovanni in Bragora
 93 San Zaccaria
111 Santi Giovanni e Paolo
133 Santa Maria Formosa
155 San Marco
193 San Salvatore
211 San Luca
229 Santo Stefano
253 Santa Maria del Giglio
269 San Canziano
291 Santi Apostoli
309 San Felice
321 San Marziale
357 Santi Ermagora e Fortunato
375 San Geremia
401 San Nicola da Tolentino
419 San Simeone profeta
437 San Giacomo dell'Orio
451 San Cassiano
473 San Silvestro
501 Santa Maria Gloriosa dei Frari
525 San Pantaleone

535 Santa Maria del Carmine
553 L'Angelo Raffaele
569 Santi Gervasio e Protasio
587 Santa Maria del Rosario
607 Santissimo Redentore

Anhang

627 Aufbau des venezianischen Staates
634 Die venezianischen Dogen von 697 bis 1797
636 Die Sestieri
637 Stadtbezirke zwischen dem 9. und dem 12. Jahrhundert
640 Traghetti über den Canal Grande
642 Venezianische Rudertechnik
643 Die Scuole Grandi
644 Die wichtigsten Zünfte und Berufe in Venedig
650 Im Text erwähnte Künstler
654 Kleines Wörterbuch
656 Kalender der wichtigsten Veranstaltungen in Venedig
657 Naturereignisse und Bedeutende Vorfälle in Venedig

658 Bibliographie

661 Straßenverzeichnis
668 Abteien, Kampanile, Kirchen, Klöster, Oratorien, Spitäler, Hospize, Paläste, Scuole

Vorwort

Es ist eine durchaus ernsthafte, wenn auch bis zum Gemeinplatz wiederholte Frage, ob sich über Venedig noch etwas neues schreiben lässt. Und vor allem, ob es möglich ist, noch einen neuen Stadtführer zu verfassen. Nach dem alten, aber immer noch präsenten »romantischen« Führer im Stil von Giulio Lorenzetti; nach dem interdisziplinären und heute »klassischen« Ansatz der »roten« Touring-Führer mit obligaten Zitaten; und nach den jüngsten »alternativen« Reiseführern scheint kein Platz mehr zu sein für einen weiteren Stadtführer. Man braucht im übrigen nur einen Blick in die Schaufenster und Regale der Buchhandlungen mit ihren alljährlich neuen Titeln zu werfen, um diese negative Einschätzung zu bestätigen.

Denkt man jedoch genauer nach, stellt man fest, dass diese ganze Produktion in Wirklichkeit genau das Gegenteil beweist, nämlich dass durchaus noch Platz ist. Denn die anfängliche Frage lässt sich durch die Veröffentlichung eines neuen, aber vor allem andersartigen Stadtführers beantworten – etwa durch den vorliegenden von Paolo Giordani. Über Nebenstraßen und alternative Routen, die möglichst weit entfernt sind von den Trampelpfaden der Tagestouristen, führt er zur Entdeckung (oder Wiederentdeckung) einer Stadt, die zutreffend als »altes Pergament« definiert worden ist, das »Spuren uralter und neuer Schriftzüge trägt«, und der man sich voller Respekt nähern sollte; am besten unter der Anleitung eines Kenners, der uns diese verborgenen Schätze zu zeigen vermag, die Venedig nur dem offenbart, der sich ihrer würdig erweist.

Die »Andersartigkeit« dieses Führers ist von Anfang an ersichtlich: der Text ist in Wirklichkeit die Aufzeichnung eines langen Vortrags, mit dem Giordani den Leser/Besucher Schritt für Schritt begleitet und dessen Aufmerksamkeit auf das Detail lenkt, speziell bei den Ortsnamen, dem charakteristischen Kennzeichen dieses Besichtigungsganges. Giordani ist ein gebildeter Fremdenführer: als echter Bibliophiler hat er seine Kenntnisse über seine Geburtsstadt Venedig an Hand von berühmten Büchern vertieft und verbessert: Paganuzzis *Iconografia*, der er mit dem gleichen Aufbau des Buches seine Reverenz erweist; Tassinis *Curiosità*, aus dem zahlreiche Zitate stammen; aber auch Coronellis *Isolario* und die *Memorie* Gallicciolis, ebenso wie Molmentis *Storia* und selbst Sabellicos *Istoria*, abgesehen von einer umfangreichen und vollständigen Bibliographie der neueren Werke. Daraus erklärt sich ein gewisser altertümlicher, beinahe feierlicher Tonfall, der bestens zu dem Anliegen passt, die Steine zum

Sprechen zu bringen und sie in dem Augenblick, in dem man sie ihre uralten Erinnerungen erzählen lässt, zu wiedergefundenem Leben zu erwecken.

Der Autor ist ein glänzender und eindrucksvoller Plauderer und beherrscht die Kunst der Langsamkeit, die bei der Besichtigung Venedigs angebracht ist – eine Langsamkeit, so sei ausdrücklich betont, die neben dem touristischen Entdeckungsgang einen zusätzlichen Wert der alltäglichen Lebensqualität darstellt. Der Spaziergang über Calli und Campielli wird von häufigen Pausen unterbrochen, um dem Zuhörer eine Fülle von Informationen und Erinnerungen zu vermitteln in kaleidoskopartigem Wechsel von Geschichten, Legenden, Anekdoten, Chroniken, Wundern und Verbrechen, Prozessen und Unglücksfällen, die die tausendjährige Geschichte der Stadt in einem Wirbel von berühmten und gänzlich unbekannten Namen begleiten.

Giordani kennt jeden Winkel der Stadt und nutzt nicht nur die bekannten Exempel, sondern jede noch so flüchtige oder versteckte Gelegenheit, um der Erläuterung und Schilderung Venedigs in all ihren Aspekten weitere Mosaiksteine hinzuzufügen: von der Architektur zu den sozialen Strukturen, von den Regatten zu den Lokalen, von den Handwerken zu den Klöstern, von den Patrizierfamilien zu den Festen auf den Campi... Beispielhaft für diese Methode ist die Tour durch S. Silvestro, die Pfarrei von Rialto, die ohne Zweifel ein Zentrum des städtischen und historischen (und noch heute des alltäglichen) Lebens darstellt; sie verfügt über relativ wenige Sehenswürdigkeiten, aber über eine Fülle von Erinnerungen und ist wegen ihres labyrinthischen Straßennetzes einzigartig: die erforderliche Zeit beträgt etwa vier Stunden, fast genau so viel wie für S. Marco und Umgebung und doppelt so viel wie für die Pfarrei der Frari!

»Für eine etwas genauere und detaillierte Besichtigung der Stadt ist ein mindestens vierzehntägiger Aufenthalt erforderlich«, hatte Giulio Lorenzetti 1926 geschrieben. Heute bietet der Markt für die Tagestouristen einen Venedigbesuch, der sieben bis acht Stunden dauert, einschließlich Mittagessen; und auf dem Buchmarkt finden sich Produkte, die es erlauben, die Besichtigungen und die Besuchszeiten immer stärker zu »straffen«. Der vorliegende Stadtführer Giordanis versteht sich als radikale Herausforderung gegen diese Tendenz. Der Autor hat errechnet, dass für eine Besichtigung der Stadt bei Lektüre des ganzen Buches – und natürlich der Betrachtung all dessen, was darin aufgezeigt ist

– insgesamt gut siebzig Stunden erforderlich sind, also etwa zwölf Tage, wenn das Vergnügen nicht zur Anstrengung werden soll: damit sind wir faktisch bei den Angaben Lorenzettis (in dessen Berechnung allerdings auch die Inseln eingeschlossen waren). Eine eher theoretische Übereinstimmung, die aber einen tieferen Einklang offenbart; mit den Worten Lorenzettis könnte auch Giordani sagen: »diese Seiten habe ich aus Liebe zu meiner Stadt geschrieben«.
Bei der Lektüre von *Venedig. Eine Entdeckungsreise in dreißig Spaziergängen* überkam mich ein seltsames Gefühl: als wäre ich – virtuell, wie man heute sagen würde, aber schöner ist die Vorstellung eines Traums mit offenen Augen – im Morgengrauen eines Wintertags, vielleicht aber auch im Sonnenlicht eines sommerlichen Mittags in einem menschenleeren Venedig unterwegs, so als wäre die Stadt ganz für mich allein da. Wer weiß, ob auch andere Venezianer das gleiche verspüren, und ob dieses Gefühl sie dazu bewegt, Örtlichkeiten besser kennenzulernen, die sie zu oft vor Augen haben, ohne sie wirklich zu »sehen«: ich würde es mir wünschen.

Leopoldo Pietragnoli

Zur Einführung

Civis venetus sum

Liebe Venezianer, liebe Touristen, dies ist kein Stadtführer für den Tagestourismus; es möchte vielmehr ein langes, ruhiges Gespräch zwischen dem Leser und den Steinen sein, denen ich versucht habe, Stimme zu verleihen.

Diese Art von kultureller Speise muss langsam und mit unbeschwertem Geist genossen werden; nur dann bekommt sie.

Bei der Abfassung dieses Werks hat mich der Wunsch getrieben, allen die abgelegensten Winkel unserer Stadt bekannt zu machen; die Örtlichkeiten, an denen sich die alltägliche Geschichte abgespielt hat.

Venedig gleicht einem alten, mehrfach verwendeten Pergament, das die Spuren antiker und neuer Tilgungen und »Überschreibungen« trägt. Auf seinem Boden ist immer wieder neu gebaut worden, da sich die Stadt nicht unbegrenzt in die Lagune ausdehnen konnte.

Ich habe dem Buch eine praktische und gut handhabbare Form geben wollen und einen einfachen und leicht verständlichen Inhalt; wer mir Schritt für Schritt folgt, taucht in die Steine Venedigs ein, berührt ihre Unebenheiten und die von der Zeit hinterlassenen schönen Falten, stößt auf weit zurückliegende, mittlerweile vergessene Erinnerungen und erlebt in jedem Fall ein großes Lehrstück von Kultur und Menschlichkeit.

Die Gliederung der Spaziergänge nach den Pfarreien habe ich zu Ehren Giovanni Battista Paganuzzis gewählt, der mit seiner berühmten *Iconografia delle trenta parrocchie di Venezia* aus dem Jahre 1821 ein Vorbild gegeben hat, das Tassini in seinen *Curiosità veneziane* später übernommen, erweitert und verbessert hat zu unserem und der künftigen Generationen Nutzen.

Ich gestehe, dass ich die Werke dieser Autoren weidlich geplündert habe, ebenso wie die vielen anderen, die die Bibliographie aufführt; ich erhebe daher nicht den Anspruch, ein »Schriftsteller« zu sein, sondern vielmehr ein Schreiber zu Diensten des Lesers und Venedigs.

Ich hoffe, damit von Nutzen gewesen zu sein.

Paolo Giordani

Verzeichnis der Pfarreien der Stadt Venedig
und der Dauer der Spaziergänge

1.	S. Pietro di Castello	2h 45'
2.	S. Martino	1h 30'
3.	S. Francesco della Vigna	2h
4.	S. Giovanni in Bragora	2h 30'
5.	S. Zaccaria	1h 30'
6.	SS. Giovanni e Paolo	2h 30'
7.	S. Maria Formosa	3h
8.	S. Marco	4h 30'
9.	S. Salvatore	1h 30'
10.	S. Luca	1h 30'
11.	S. Stefano	2h
12.	S. Maria del Giglio	1h 15'
13.	S. Canziano	2h
14.	SS. Apostoli	1h 30'
15.	S. Felice	2h
16.	S. Marziale	3h
17.	SS. Ermagora e Fortunato	1h 30'
18.	S. Geremia	2h
19.	S. Nicola da Tolentino	1h 30'
20.	S. Simeone profeta	1h 40'
21.	S. Giacomo dell'Orio	1h 30'
22.	S. Cassiano	2h
23.	S. Silvestro	4h
24.	S. Maria Gloriosa	2h
25.	S. Pantaleone	40'
26.	S. Maria del Carmine	1h 30'
27.	L'Angelo	1h 15'
28.	SS. Gervasio e Protasio	2h
29.	S. Maria del Rosario	1h 30'
30.	SS. Redentore alla Giudecca	1h 40'

Anmerkung; bei langsamem und träumerischem Gehen verlängert sich die Zeit um 50%.

DANKSAGUNG

Ich bitte eindringlich alle diejenigen, die Fehler, Auslassungen oder Ungenauigkeiten im Text finden, sich an den Verleger zu wenden, um mir ihre Kommentare und die entsprechenden bibliographischen Angaben zukommen zu lassen.
Diese Hinweise werden ergänzen, was ich übersehen habe, und mit Sicherheit der zweiten Auflage dienlich sein.

Mein besonderer Dank gilt der Gruppe von Freunden, die als Testpersonen alle Spaziergänge unternommen und mich auf Fehler und Versäumnisse der ersten Fassung hingewiesen haben. Ihr Beitrag war unverzichtbar und wertvoll. Einige der unermüdlichsten seien hier genannt: Luca Biz, Gianluca Bomben, Giuseppe Crescenzi, Anna Emilia Lenna, Donatella Pavan, Ferrando Simoni, Maria Luisa Vincenzoni, meine Tochter Carla und mein Bruder Federico. *(P. G.)*

Venedig
Eine Entdeckungsreise
in dreißig Spaziergängen

meiner Frau

HINWEIS

Die »Ninzioleti« (wörtlich *piccole lenzuola*: kleine Bettlaken) sind die weißen Straßenschilder an den Außenwänden der Häuser von Venedig. Ein großer Teil dieses Buches ist den Erklärungen gewidmet, wie diese Namen entstanden sind und im Lauf der Zeit feste Gestalt angenommen haben. Die heutigen Bezeichnungen bewahren weitgehend unverändert die Namen, die sich in den vergangenen Jahrhunderten für die verschiedenen Örtlichkeiten der Stadt herausgebildet haben.

Neben den »Ninzioleti« sind wie in jeder anderen Stadt die Hausnummern von entscheidender Bedeutung. In Venedig haben sie jedoch die Eigenheit, beträchtliche Verwirrung zu stiften, wenn man nicht mit der Logik des Stadtplans vertraut ist. Sehr häufig verliert man die Übersicht über die Hausnummern, deren Aufeinanderfolge plötzlich abbricht oder die direkt in einen Kanal oder in eine Sackgasse führen.

Die Schreibung der Straßennamen richtet sich nach dem Werk Boerios. Vergleicht man diese Bezeichnungen mit den tatsächlichen Straßenschildern, stellt man eine Vielzahl von Abweichungen fest, die zum Teil auf die Achtlosigkeit der für die Straßenbeschilderung zuständigen Stellen und zum Teil auf die Unkenntnis der mit der Ausführung betrauten Personen zurückgehen. Dieses Buch will auch ein Aufruf an die Stadtverwaltung und die zuständigen Stellen sein, größere Aufmerksamkeit auf diesen nicht unwichtigen Aspekt des städtischen Erscheinungsbildes zu richten.

Einige Beispiele für alte und neue Hausnummern

Venezianische »Ninzioleti«

1. San Pietro di Castello

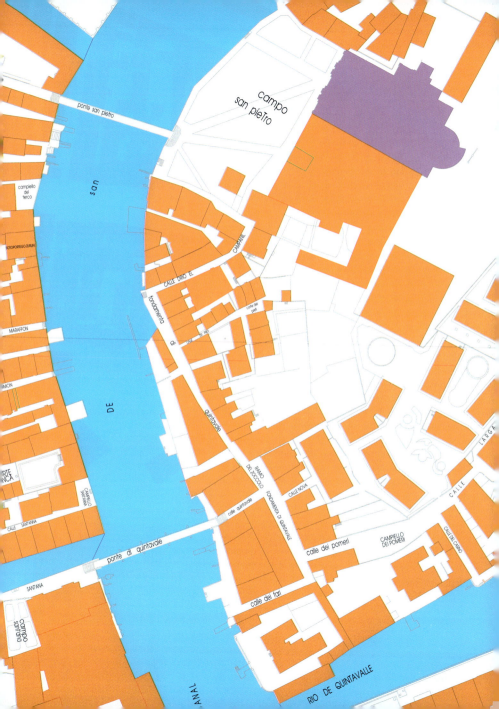

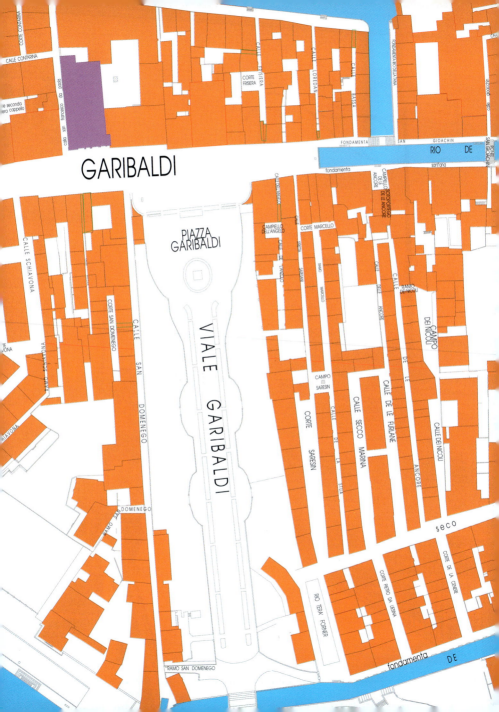

Der Spaziergang beginnt an der **Riva dei Partigiani**, an der Anlegestelle des Vaporetto Giardini-Esposizione, von der man in Richtung der Säule mit Rammspornen geht, die im Park gegenüber der Anlegestelle steht.
Dort wendet man sich nach links, überquert eine stufenlose Brücke und biegt sofort nach rechts ab. Hier beginnt die **Fondamenta de S. Isepo** (S. Giuseppe).
Auf der linken Seite der Fondamenta öffnet sich der **Rio Terà del Forner**, wo man auf der Fassade eines roten Gebäudes ein merkwürdiges Relief sieht, auf dem Christus in einer ungewöhnlichen Position dargestellt ist.
In der Verlängerung des Rio Terà kommt man in die charakteristische **Corte Sarasina** mit ihren zum Trocknen aufgehängten Wäschegirlanden.
Nach der Rückkehr auf die Fondamenta S. Isepo stößt man zur Linken auf die
Corte Piero da Lesina, nach einem Reeder namens Fasanich, der von der Insel Lesina stammte;
Corte de la Cenere, nach den Aschemagazinen benannt, die für die Seifenherstellung erforderlich waren;
Corte del Solta, die heute aus unerfindlichen Gründen »del Soldà« heißt. Sie trägt ihren Namen nach einer Familie aus Dalmatien von der Insel Solta. An dem Gebäude aus dem 16. Jahrhundert mit der Hausnummer 915 befindet sich am zweiten Stock eine ungewöhnliche Gedenktafel, die der Reeder Alvise Solta 1560 anbringen ließ:

Dauer

2h 45′

1. San Pietro di Castello

Linien

ALOYSII SOLTAE DECRETUM
PRAEBUIT HAS AEDES NOBIS REGNATOR OLYMPI
NON MERITIS PROPRIUS SED BONITATE SUA.
HERCULEI SEXUS SOLTARUM VIVITO SOLUS
HAERES, NEC TECUM GAUDET ULLA VENUS.
PIGNORET HAS NULLUS, NULLUS HAS VENDERE POSSIT;
LEGIBUS AETERNIS HAEC VOTA DICO.
M.C.L.X.

[Erlass Luigi Soltas / Der Herrscher des Olymps gewährte uns diesen Palast / Nicht dank unserer Verdienste, sondern durch seine Gnade / Lebe allein, Erbe des herkulischen Solta-Geschlechts / Und keine Venus ruhe bei dir / Niemand verpfände ihn (den Palast) und niemand soll ihn verkaufen können / Die ewigen Gesetze seien Bekräftigung meines Gebots / 1560].

Viele Soltas waren Kalfaterer (für die Abdichtung der Schiffe zuständige Arbeiter) im Arsenal (vgl. *S. Martino*, Calle della Pegola, S. 53).

Gegenüber:
Die Brücke nach
S. Pietro in Castello

Gedenktafel in der
Corte del Solta

Corte del Magazen, nach dem Weinausschank, der sich hier befand. In den *Magazzeni* wurde nicht nur Wein verkauft, sondern es gab auch Pfandleihen, wo der Wert des verpfändeten Gegenstandes zu zwei Drittel in Geld und einem Drittel in billigem Wein ausgezahlt wurde, der »vin da pegni« [Pfandwein] hieß. In den Magazinen gab es sog. *stavoli*, durch Bretter abgeteilte Bereiche, in denen sich die Kundschaft mit der größten Freiheit aufhielt.

Corte del Prete Zoto, Hausnummern 713-724, ohne eigenes Straßenschild, das auf Venezianisch *Ninzioleto* heißt. Der Straßenname ist seit 1566 bezeugt und geht auf einen hinkenden Priester zurück, der hier wohnte.

Corte del Cristo, Hausnummern 686-695, gleichfalls ohne *Ninzioleto*, nach einem früher hier vorhandenen Kruzifix.

Corte Sabionera o Sabioncella, Hausnummern 674-683, auch ohne Straßenschild. Es existiert eine Katastererklärung von 1582, in der ein gewisser Giacomo Sabioncello, Kalfaterer im Arsenal, bezeugt, in S. Giuseppe di Castello eine Wohnung im Erdgeschoss zu besitzen.

Corte del Martin Novello, ebenfalls nach einem Martin Novello, der erklärte, hier eine Wohnung zu haben.

Man kehrt die Fondamento etwa zur Hälfte zurück, überquert die Brücke von **S. Isepo** und kommt auf den gleichnamigen Campo. Dort steht ein sechseckiger Brunnen mit der Jahreszahl 1547, der auf drei Seitenflächen Reliefs von S. Antonio Abate, S. Agostino und S. Giuseppe zeigt. Das erste bezieht sich auf eine in napoleonischer Zeit abgerissene Kirche in der Nähe, das zweite auf die ursprüngliche Zugehörigkeit zu einem kleinen Nonnenkloster von Augustinerinnen und das dritte auf die Kirche auf dem Campo. Die Kirche von S. Giuseppe, die mit Senatsdekret vom 25. Juni 1512 zusammen mit einem Augustinerinnen-Kloster errichtet wurde, steht auf der einen Seite des Campo.

Das Innere ist einschiffig, mit Presbyterium, halbkreisförmiger Apsis und zwei Seitenkapellen; auf dem ersten Seitenaltar

Sechseckiger Brunnen in Campo S. Giuseppe (1547)

Altar in S. Giuseppe mit Darstellung der Schlacht von Lepanto

links befindet sich eine Darstellung der Schlacht von Lepanto in Marmor.
Der Kampanile stammt aus dem 17. Jahrhundert.
1801 übernahmen die Salesianerinnen das Kloster und nutzten es als ein Mädchenpensionat.
Man kehrt über die Brücke zurück in die Corte del Solta und biegt am Ende nach links in den **Seco Marina** ein; die dritte Calle rechts ist die **Cale de le Furlane**, die zur **Fondamenta S. Ana** führt.
Die Calle delle Furlane trägt ihren Namen nach einigen Schankwirtinnen, Waschfrauen und Wasserträgerinnen aus dem Friaul, die hier wohnten. Außerdem gibt es einen Hinweis, dass man hier die »Furlana« tanzte, den typische Tanz aus dem Friaul; dieser Brauch hielt sich bis ins vorige Jahrhundert.
Auf der Fondamenta S. Anna biegt man nach rechts und geht bis zur **Ponte de Quintavale**, überquert die Brücke und kommt dann linker Hand auf die gleichnamige Fondamenta. An deren Ende biegt man nach rechts ab, nicht ohne vorher ein Relief aus dem 15. Jahrhundert mit der Darstellung einer *Madonna mit Jesuskind, das dem Heiligen Petrus die Schlüssel reicht* zu bewundern, und kommt dann auf den **Campo de S. Pietro**, der wie früher noch zum großen Teil mit Gras bewachsen ist.
Die Insel von S. Pietro in Castello war eines der ersten bewohnten Zentren in der Lagune, als Venedig selbst noch nicht erbaut war, und hieß einst Olivolo oder Castello Olivolo. Einige vertreten die Ansicht, dieser Name komme

Kirche von S. Giuseppe

1. San Pietro di Castello

Campo und Fassade von S. Pietro

Unten:
Der »Thron von S. Pietro«

Gegenüberliegende Seite:
Eingang zum Kreuzgang von S. Pietro und der Kampanile

vom griechischen *oligos* (klein), möglicherweise wegen der Dimensionen des Kastells, das hier stand; andere führen den Namen auf die Oliven zurück, die hier wuchsen; wieder andere schließlich auf seine ovale Form.

Die Kirche stammt nach der Überlieferung aus dem 7. Jahrhundert und war den Heiligen Sergio und Bacco geweiht; 774 wurde sie vom Bischof Magno zu Ehren des Heiligen Petrus neu erbaut. Nach verschiedenen Umbauten wurde das Gebäude 1596 von Francesco Smeralda, genannt il Fracé, nach einem Entwurf Palladios ganz neu errichtet; die letzten Baumaßnahmen wurden 1621 von Giovanni Grapiglia ausgeführt. Während des ersten Weltkriegs wurde das Gebäude zwei Mal von Brandbomben getroffen, die die Kuppel beschädigten. (Zwischen dem 24. Mai 1915 und dem 28. Oktober 1918 wurde Venedig zweiundvierzig Mal bombardiert und von insgesamt 1039 Bomben getroffen. Es gab 52 Tote und 84 Verletzte sowie schwere Schäden an Wohnhäusern und Kunstwerken.)

Das Innere hat die Form eines dreischiffigen lateinischen Kreuzes mit einer gewaltigen Kuppel über dem Schnittpunkt von Längs- und Querschiff. Interessant ist ein Marmorthron, der nach einer volkstümlichen Tradition von dem Heiligen Petrus in Antiochien benutzt wurde. Die Rückenlehne besteht aus einem alten moslemischen Grabstein, der auf beiden Seiten mit arabischen Motiven und Koranversen verziert ist; wahrscheinlich wurde er im 12. Jahrhundert zum Sitz umgestaltet.

1. San Pietro di Castello

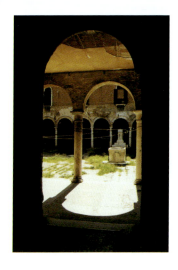

Der quadratische Kampanile aus istrianischem Stein trat 1488 an die Stelle des von Mauro Coducci erbauten Kirchturms (1474), der sofort einsturzgefährdet war. Die Kuppel auf der Spitze wurde 1670 errichtet, während die 1822 von einem Blitzeinschlag zerstörte kleine Kuppel nicht restauriert wurde und bis heute fehlt.

Im 10. Jahrhundert herrschte bei den Venezianern der Brauch, alle Ehen in S. Pietro zu segnen, oder – so andere Chroniken – die Hochzeiten von zwölf armen Mädchen, denen die Stadt die Aussteuer gestiftet hatte.

Während einer dieser Zeremonien, entweder 932 unter dem Dogen Candiano II. oder 942 unter Candiano III., überfiel eine von der Küste Istriens herübergekommene Piratenbande die Insel, stürzte sich auf die Mädchen und ihre Aussteuer, schleppten sie zu den Booten und flohen über das Meer.

Nachdem sich die Anwesenden von dem Schreck erholt hatten, nahmen der Doge und eine große Zahl mutiger Venezianer die Verfolgung auf und holten die Piraten in der Nähe von Caorle ein, als sie gerade dabei waren, die Beute teilten. Der Kampf war kurz und grausam, die Venezianer töteten die Feinde und retteten die Mädchen und die Beute; der Ort, an dem das Massaker stattfand, heißt seitdem »Porto delle Donzelle«.

Zum Gedächtnis an diesen Tag wurde festgelegt, dass der Doge mit der Signoria zu Mariae Lichtmess der Kirche von S. Maria Formosa einen Besuch abstattete, deren Fest an diesem Tag gefeiert wurde.

Bei dieser Gelegenheit nahmen zwölf reich gekleidete und geschmückte Mädchen, die sogenannten »Marien«, am Festzug des Dogen vom Dogenpalast bis zur Kirche von S. Pietro teil, nachdem sie die acht Tage vorher mit Gesang und Musik durch die Stadt gezogen und bei den reichsten Familien zu Gast gewesen waren.

Nach der Messe gingen sie zum Markusdom, wo sie brennende Kerzen empfingen, mit denen sie dann nach S. Maria Formosa zogen (s. *S. M. Formosa*, Calle Casselleria, S. 152).

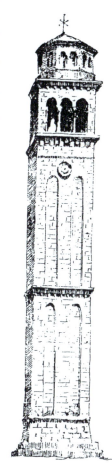

G. Franco - Regata di donne 1610

Der übertriebene Luxus und die demonstrative Zurschaustellung des Reichtums führten dazu, dass die Regierung die Anzahl der Marien verringerte, im Jahr 1272 auf vier, dann auf drei. Wegen der lockeren Sitten der Mädchen während dieses Festes beschloss man später, sie durch Holzfiguren zu ersetzen, die die entführten Jungfrauen darstellten.

Diese Entscheidung löste bei der Bevölkerung eine solche Empörung aus, dass die Holzfiguren beschimpft, ausgepfiffen und mit Rüben und anderem Gemüse beworfen wurden.

Die Regierung ergriff harte Gegenmaßnahmen gegen diese Ausschreitungen, aber die Bevölkerung brachte ihre Unzufriedenheit weiterhin dadurch zum Ausdruck, dass sie alle dünnen, kalten und langweiligen Frauen »hölzerne Marien« oder »Maria de Tola« nannten.

Die Zeremonie wurde 1379 während des Krieges mit Chioggia wegen der großen Armut, die in Venedig herrschte, eingestellt und nie wieder aufgenommen. In jüngster Zeit wird während des venezianischen Karnevals wieder an diesen Brauch erinnert.

Durch einige Verse des Dichters Pace aus dem Friaul wissen wir, dass um das Jahr 1300 anlässlich des Festes der Marien eine »Regatta« stattfand. Dieses ist der früheste Hinweis auf ein Ereignis, das noch heute am ersten Sonntag im September stattfindet. Ursprünglich dienten diese Wettrennen dazu, die Besatzungen der Kriegsschiffe zu trainieren; im Laufe der Zeit änderte sich dann ihr Charakter und sie wurden zu festlichen Veranstaltungen.

Am festgesetzten Tag sammelten sich die Boote an der Punta di S. Antonio, am Ende der Giardini Pubblici, und nahmen in einer Reihe Aufstellung. Nach dem Startsignal fuhren sie durch das Becken von S. Marco und den Canale Grande bis zum Kloster della Croce (heute die Bahnhofsgebäude), wo mitten im Kanal ein Pfahl, der sogenannte »paletto«, eingeschlagen worden war. Nachdem sie ihn umrundet hatten (*cao de zirade*), mussten sie den Kanal wieder bis zu den Palästen Bembo und Foscari hinunterfahren, vor denen die »Macchina« verankert war, auf der die Magistrate saßen, die die Preise verteilten und eventuelle Streitigkeiten zwischen den Teilnehmern entschieden. Die Macchina war eine große, auf Schiffen befestigte Plattform, die reich geschmückt und prunkvoll verziert war.

Normalerweise bestand eine Regatta aus vier Wettrennen: Boote mit einem Ruder und mit zwei Rudern, Gondeln mit einem Ruder und mit zwei Rudern. Seit 1493 kam anlässlich

Gegenüber:
G. Franco,
Frauenregatta, 1610

1. San Pietro di Castello

des Venedigbesuchs von Beatrice d'Este, der Braut des Herzogs von Mailand Ludovico Sforza, ein fünftes Wettrennen mit Frauen in zweiruderigen Booten hinzu. Die letzte Frauenregatta fand 1784 statt, doch dieser Brauch wurde in der zweiten Hälfte dieses Jahrhunderts wieder aufgenommen und findet auch heute noch statt. Man weiß auch, dass im Jahr 1686 an einem einzigen Tag nicht weniger als elf Regatten stattfanden mit 152 Teilnehmern in 104 Booten verschiedener Größe.

Es wurden auch einige ungewöhnliche Regatten organisiert, um die Neugierde der Zuschauer wachzuhalten. So ruderten 1502 die Konkurrenten nackt und mit Öl eingerieben, 1773 gab es ein Wettrennen von Achtzigjährigen, 1789 von Buckligen, und viel früher, im Jahr 1376, eine Regatta von Mönchen.

Die Preise bestanden in vier Fahnen pro Wettfahrt: rot für den Sieger, blau für den Zweiten, grün für den dritten und für den Vierten eine gelbe Fahne mit einem aufgemalten Schweinchen. Am Tag nach der Regatta empfingen die Sieger auch die Geldprämien.

Vor und nach den Wettrennen paradierten sehr viel größere Boote mit vielen reich gekleideten Ruderern; die Boote waren mit bemalten oder vergoldeten allegorischen Figuren und wertvollen Tüchern verziert. Die meisten zogen am Heck eine lange Stoffbahn auf dem Wasser hinter sich her und hatten eigene Namen, etwa *Peote*, *Bolatine*, *Margarote*, *Bissone* oder *Dodesone*; noch heute wird eine korpulente Frau mit langen Kleidern eine »Dodesona« genannt.

Äußerliche Ähnlichkeit mit den Regatten hatten die sogenannten »Freschi«, Ausfahrten von vielen Booten, deren Namen daher rührte, dass man im Sommer die Kühle auf dem Wasser suchte; diese Ausfahrten begannen nach Ostern und fanden an Feiertagen oder bei festlichen Anlässen statt. Gegen Sonnenuntergang nahmen die schönsten Frauen in ihren Gondeln und die jungen Patrizier daran teil, letztere in winzigen Booten, in denen nur sie und der Ruderer Platz hatten, um mit gewagten Manövern die Aufmerksamkeit der Damen auf sich zu lenken.

Die Freschi wurden im 17. Jahrhundert von dem Dichter Busanelli besungen:

Im Sommer sieht man beim Fresco
Auf dem Canal Grande zweirudrige Gondeln ohne Ende,
dazwischen die Klänge einer Geige,
und lautes Geschrei: fahr rechts, fahr links

Zugemauerte Tür in Campo S. Pietro

Überreste des Portals
des Klosters delle Vergini

1. San Pietro di Castello

Eine Zeit lang gab es in der Stadt auch Wettrennen auf der Straße; 1751 brachten witzige Zeitgenossen zwei Straßenkehrer namens Cosimo und Gasparo dazu, mit ihren Karren ein Wettrennen zu veranstalten. In kürzester Zeit verbreitete sich dieses Spektakel in der ganzen Stadt und fand großen Zulauf von Teilnehmern wie Zuschauern. Neben dem Kampanile sieht man in der Mauer des alten Patriarchenpalastes eine schöne zugemauerte Tür mit einem Giebelfeld aus dem 15. Jahrhundert. Hinter der Hausnummer 70 befindet sich der Kreuzgang, der heute in sehr bescheidene Wohnungen umgewandelt worden ist. Auf der Rückseite des Patriarchenpalastes stand das uralte Castello Olivolo.

Wenn man die Brücke gegenüber der Kirche überquert, kommt man in die **Cale Larga de Castelo**; am Haus mit der Nummer 77 sieht man unter dem Fenster im zweiten Stock das Wappen der Scuola della Misericordia (17. Jh.) sehen.

Es folgt die **Salizada Streta**, in der man zuerst nach rechts und anschließend nach links in die **Cale S. Daniel** abbiegt. Man überquert die gleichnamige, heute private Brücke und kommt in den **Campo S. Daniel**, in dem die alte, 820 von der Familie Bragadin gegründete Kirche stand. 1138 wurde sie vom Bischof von Castello dem Zisterzienserabt Manfredo überlassen, der sie vergrößerte und daneben das Kloster erbaute; die Einweihung erfolgte im Jahr 1219.

1437 lösten Augustinerinnen die Mönche ab. 1810 wurde das Kloster in eine Kaserne umgewandelt und die Kirche 1839 völlig abgerissen.

Sotoportego Surlin

Vom Campo aus sieht man jenseits des Kanals (Rio delle Vergini) in der Außenmauer des Arsenals das Giebelfeld des Portals (15. und 16. Jh.) des alten Klosters delle Vergini, das sich hinter der Mauer befand.

Ugolino, der Bischof von Ostia und spätere Papst Gregor IX., der als Gesandter von Papst Onorius III. nach Venedig gekommen war, empfahl 1224 dem Dogen Pietro Ziani, eine Kirche mit dem Namen S. Maria Nuova di Gerusalemme zu errichten, zur Erinnerung an die gerade in Palästina von den Sarazenen zerstörte Kirche.

Der Doge erfüllte den Wunsch und erbaute neben der Kirche ein Augustinerinnen-Kloster, weshalb beide Gebäude im Volksmund als S. Maria delle Vergini bezeichnet wurden. Nach Bränden im Jahr 1365 und 1478 wurden sie immer wieder aufgebaut. 1806 wurde der Komplex der venezianischen Marine übertragen und 1809 als Gefängnis benutzt. 1869 wurde er abgerissen, um Platz für ein neues Werftbecken zu schaffen.

Die Nonnen von S. Maria delle Vergini wohnten früher im gleichen Kloster wie die Mönche, die aus einsichtigen Gründen mehrfach aus dem Gebäude verwiesen wurden. Im 14., 15. und 16. Jahrhundert kam es beim Klerus zu zahlreichen Fällen von anstößigem Verhalten.

Der Doge und die Signoria besuchten die Kirche delle Vergini jedes Jahr am ersten Mai, um in den Genuss des von Bonifazius IX. gestifteten sogenannten »Portiuncula«-Ablasses zu kommen. Bei dieser Gelegenheit hielt die Äbtissin eine Ansprache vor dem Dogen und überreichte ihm einen Blumenstrauß, der mit einem goldenen Griff und venezianischen Spitzen verziert war.

Zurück in der Salizada Streta sieht man am Haus Nummer 99 ein griechisches Marmorkreuz aus dem 12. oder 13. Jahrhundert; am Haus Nummer 101 zwischen den Spitzen des Doppelbogens ein weiteres Emblem der Scuola della Misericordia von 1565; am Haus Nummer 126 im ersten Stock die Spirale des Bischofsstabes der Scuola di S. Giovanni Evangelista (15. Jh.). Auf der linken Seite der Salizada stößt man auf die **Cale del Terco**, nach dem Namen einer Familie, die sich im 17. Jahrhundert hier niedergelassen hatte. In der Calle gab es einige Häuschen, die von Bonifacio Antelmi 1610 als Obdach für verarmte Witwen gestiftet wurden.

Geht man weiter, findet man zur Rechten den **Sotoportego del Figareto**, nach einem Feigenbaum benannt, der hier einst stand; dann öffnet sich auf der linken Seite der niedrige

Campo S. Pietro, Emblem der Scuola von S. Pietro

Sotoportego Surlin, der in die gleichnamige Corte führt. Surlin, oder richtiger Zurlin war der Name einer schwerreichen und geizigen Familie; Pietro Ricci hat Zurlino Zurlin auf seinem Gemälde *Anbetung der heiligen drei Könige* in S. Pietro als die Figur dargestellt, die sich von dem Schrein aufrichtet, um die Ankunft der heiligen drei Könige zu sehen. Auf dem Campo sieht man am Haus Nummer 150 zwischen dem ersten und zweiten Stock das Wappen der Scuola di S. Pietro (16. Jh.), zwei parallele senkrechte Schlüssel.

Am Ende des **Campo de Ruga** stößt man auf der linken Seite auf die **Cale Maraffoni**, in der 1641 der Schiffseigner Gerolamo Maraffon zwei Häuser besaß.

Vom Campo de Ruga folgt man der **Cale Ruga**, die früher *Crosera* hieß, und findet zur Rechten **Cale Sporca**, die heute gleichfalls Ruga heißt, und zur Linken **Cale de le Ole**; »ola« heißt im Lateinischen Topf oder Kessel, aber der Name könne auch von einer Familie Ola stammen, die gegen Ende des 17. Jahrhunderts hier ansässig war.

Es folgt die **Cale Salomon**; die Familie Salomon kam aus Salerno nach Torcello und übersiedelte 1715 nach Venedig; ursprünglich hieß sie Barbolana oder Centranica. Der erste, der den Nachnahmen Salamon oder Salomon führte, war Pietro Centranico, der 1026 zum Dogen gewählt wurde. Die Familie erlosch 1768.

An der Calle gab es ein Hospiz für bedürftige Frauen, das 1438 von dem Ehepaar Caretto begründet wurde; an seiner Wand befand sich bis zum vorigen Jahrhundert eine Inschrift, die die Prokuratoren des Hospizes zu Ehren der Gründer 1750 hatten anbringen lassen.

Auf der rechten Seite der Calle Ruga öffnet sich der **Ramo Caparozzolo**, der in die gleichnamige Corte führt. Vielleicht stammt der Name von den vorzüglichen Muscheln der Lagune; sicher ist auf jeden Fall, dass 1740 hier ein Pietro Caparozzolo wohnte.

Zurück in der Calle Ruga stößt man auf der linken Seite auf die **Corte del Bianco**, ursprünglich Corte de Ca' Bianco, nach der Familie Bianco, die hier 1566 lebte. Auf dem Brunnen der Corte sind die Wappen eingemeißelt; außerdem gibt es einen bequemen Trinkbrunnen.

Über die **Ponte de S. Ana** kommt man auf die gleichnamige Fondamenta. Auf der linken Seite erhebt sich die heute geschlossene Kirche von S. Anna; sie wurde 1242 errichtet, 1634 neu erbaut, zusammen mit dem Kloster 1807 säkularisiert und in ein Marinekolleg verwandelt; seit 1867 ist es ein Marinekrankenhaus.

Calle S. Gioachino, Portal des Spitals (Hausnummer 450)

1. San Pietro di Castello

Im Kloster von S. Anna legten Ottavia und Perina Robusti, Töchter des berühmten Tontoretto, ihr Ordensgelübde; sie stickten einen seidenen Altarvorhang nach Vorlage der Kreuzigung, die ihr Vater für die Scuola di S. Rocco gemalt hatte. Es heißt, dass eine der beiden, kaum war die Arbeit beendet, erblindet sei.

Auf der Fondamenta ist am Haus Nummer 993/A eine Metalltafel angebracht, die an das Hospiz Foscolo erinnert, das Lucia Foscolo 1418 hier für verarmte Witwen einrichtete. Auf der Kanalseite trifft man auf die **Ponte de S. Gioachino**, überquert sie und stößt im linken Winkel der Fondamenta mit der Calle auf das Ospedale dei SS. Pietro e Paolo; es wurde im 11. Jahrhundert gegründet, um den Pilgern ins Heilige Land Unterkunft zu gewähren, und später, um Verletzte und Kranke zu behandeln.

Im Jahr 1350 wurde es vergrößert und 1368 unter den Schutz des Dogen gestellt; 1806 wurde es geschlossen. Am Ende der Calle sieht man noch das schöne Portal.

Man kehrt auf die Fondamenta S. Anna zurück, folgt ihr weiter nach rechts und kommt zur **Via Garibaldi**.

Diese Straße wurde in napoleonischer Zeit (1807) angelegt und zu diesem Zweck der Rio di S. Anna zum Teil zugeschüttet. Damals trug sie zu Ehren des Vizekönigs von Italien Eugene Beauharnais den Namen Via Eugenia; sie hieß auch Strada Nuova dei Giardini, weil sie zu den Giardini Pubblici führt.

Am 2. Mai 1867 wurde sie nach dem Willen der Bevölkerung nach Giuseppe Garibaldi benannt. Auf der rechten Seite finden sich:

Sotoportego e Cale Loredana (s. *S. Marziale*, Calle Loredana, S. 349).

Cale Frisiera o Friziera, nach der Familie Frizier, die zu Beginn des 16. Jahrhunderts hier zwölf Häuser besaß. Die Frizier hatten auch ein Geschäft »Zum goldenen Baum« in der Drapperia am Rialto und ihr Wappen »Turm mit einem

Brunnen in Corte Nova

Via Garibaldi, Wappen der Frizier

Baum darauf und rechts und links zwei Drachen« ist noch heute auf einer der Hausfassaden links am Anfang der Calle zu erkennen.

Cale S. Francesco, mit der Kirche von S. Francesco di Paola an der Ecke. Sie wurde 1619 auf einem Gelände errichtet, wo 1291 ein Lazarett für sechzehn Kranke und ein dem Heiligen Bartolomäus geweihtes Oratorium standen. Dreihundert Jahre später verwandelten die Paulinermönche das baufällige Gebäude in ein Kloster. 1806 wurde es zur Kaserne und um 1850 zu einer öffentlichen Schule umgebaut. Das Innere der Kirche ist einschiffig mit Presbyterium und zwei Apsiskapellen.

Cale Coltrera, vermutlich nach einem Deckenmacher [*coltre*: Decke] benannt; einer namens Cristofolo Benedetti machte 1481 sein Testament.

Cale de i Preti, nach einem gewissen Alvise de Preti, der 1740 hier in einem Haus des Ospedale dei SS. Pietro e Paolo wohnte; am Eingang des Portikus ist noch das Wappen des Spitals zu erkennen.

Corte Nova, in der am 15. Dezember 1719 ein schwerer Brand ausbrach, bei dem der Böttcher Giacomo del Missier und seine Frau Elisabetta den Tod fanden.

Am Haus Nummer 2031 ein Tabernakel mit einer *Madonna auf dem Thron* (15.Jh.); in der Corte gibt es außerdem zwei schöne Brunnen aus dem 14. Jahrhundert.

Cale del Forno, nach einem alten Backofen oder Bäckerladen. Am Haus Nummer 2079 gibt es ein bemaltes Holzrelief (15. Jh.), das die *Madonna dell'Umiltà* darstellt.

Cale Tagia Calze, benannt nach einem Scheider Rocco Villi, der am Anfang der Gasse wohnte. Die venezianischen Schneider unterschieden sich nach dem, was sie herstellten, in drei Klassen: Kleider, Jacken und Beinkleider; diese letzteren hießen Tagliacalze (s. SS. Apostoli, Fondamenta dei Sartori, S. 303).

Corte Polaca, die ihren Namen von einer Familie Polacco

Wappen der Dolfin in der Corte Dolfina

Corte Formenta

Via Garibaldi, schreitende Löwin

Via Garibaldi, Porta de le Pute

(Anfang des 16. Jh.) bekommen hat, die auch einen Capitano di Rialto stellte.

Cale Grimana, nach den Häusern, die Francesco Grimani 1661 hier besaß. Die Chronisten sind sich nicht einig über die Herkunft der Familie; die Mehrheit berichtet, dass ein Servadio Grimani von longobardischem Adel um 900 von Vicenza nach Venedig kam und sein Sohn Teodosio 940 zum Rat zugelassen wurde. Der Familie entstammen Dogen, Patriarchen, Militärkommandanten und zahlreiche Senatoren der Republik.

Cale Dolfina, (s. *S. Pantaleone*, S. 530) bemerkenswert das Familienwappen (15.Jh.) mit drei Delphinen am Anfang der Calle.

Cale Formenta, an deren Einmündung drei Kornähren grob eingemeißelt waren, das Wappen der Familie Formenti, die zur Urbevölkerung Venedigs zählt.

Eine gewisse India Formento machte vor ihrer Abreise ins Heilige Land am 28. Juni 1455 ihr Testament, setzte die Prokuratoren von S. Marco als Verwalter ein und hinterließ sieben Häuser in der Calle zur Gründung eines der Heiligen Maria della Scala geweihten Hospizes, das für männliche Pilger zum Heiligen Grab bestimmt war. Nach dem Ende der Pilgerreisen diente das Hospiz zur Versorgung der Armen, weshalb die Prokuratoren im Jahr 1661 den 10 Savi einige von der Formenti hinterlassene Häuser im Sestiere Castello

benannten, die armen Familien »amore Dei« [um Gotteslohn] überlassen wurden.
Kehrt man die Via Garibaldi auf der gegenüberliegenden Seite zurück, findet man:
Cale Pedrocchi, gleichfalls nach einer Familie benannt, die hier im 17. Jahrhundert wohnte.
Hausnummer 1581 ist die Casa Marcorà aus der Renaissance; das Familienwappen (15. Jh.) wird von zwei Sphinxen getragen. Im oberen Feld zwei Lilien, unter dem Mittelbalken drei Sterne.
Cale Zan del Verme o del Squero. Die erste Bezeichnung könnte von einem Giovanni Dal Verme aus der Patrizierfamilie stammen, die 1485 erlosch. Wahrscheinlicher ist, dass der Name von einer anderen, einfacheren Familie herrührt, die hier zu Beginn des 17. Jahrhunderts lebte. Die zweite Bezeichnung geht auf die Bootswerft zurück, die sich hier bis in die dreißiger Jahre des 20. Jahrhunderts auf das Bacino di S. Marco öffnete.
Am Haus Nummer 1594 zwischen dem ersten und zweiten Stock eine schreitende Löwin (15. Jh.).
Cale de Santi, in der 1740 ein Domenico Santo wohnte.
Cale del Pistor, halbversteckt neben dem Haus Nummer 1558/B, benannt nach einem Bäckerladen, den es hier einst gab. Bäcker gab es natürlich in der ganzen Stadt, und zahlreiche Straßen waren nach ihnen benannt. Es gab in Venedig zwei große »Panaterie«, wo sich die Brotläden konzentrierten, die eine in S. Marco beim Kampanile mit neunzehn Geschäften und die andere am Rialto neben den Beccarie mit fünfundzwanzig Läden.
Cale de Ca' Coppo, nach einer nicht zum Patriziat gehörenden Familien. Man weiß von einem »Antonius Copo q. Marini de confinio S. Petri de Castello« [Antonio Copo, Sohn des Marino, vom Rand von S. Pietro di Castello], der 1406 verurteilt wurde, weil er den Prior des Ospedale de S. Vito verwundet hatte.
Cale Cavalli, nach dem Namen einer Familie.
Cale Schiavona; die Scuola dei Schiavoni besaß 1566 zwei Häuser in S. Domenico am Rio di Castello; in der Nähe sieht man noch heute oben am Haus Nummer 1339 eine Darstellung des Heiligen Georg mit der Inschrift »Della Scola de Schiavoni« und der Jahreszahl MDCLXIIII, als die Häuser wahrscheinlich wieder neu errichtet wurden.
Die Slawonier schlossen sich in einer Brüderschaft zusammen, um ihre armen und kranken Landsleute zu unterstützen (s. *S. Francesco*, S. 69).

Cale Vechia, im Unterschied zu den neueren Calli, die in der Umgebung entstanden.

Cale S. Domenego. Diese ungewöhnlich lange Calle zieht sich an den Giardini Pubblici entlang. In der Mitte öffnet sich auf der rechten Seite **Sotoportego e Corte S. Domenego**, der Geburtsort Tiepolos (1696).

Giardini Pubblici, angelegt im Jahr 1807 nach Abriss der Kirche von S. Domenico (1317) und des vom Dogen Marino Zorzi gegründeten Klosters, der Kirche und des Klosters von S. Nicolò di Bari, des Seemannsspitals, der Kirche und des Klosters der Kapuzinerinnen und der Kirche und des Klosters von S. Antonio Abate.

Der Plan der Anlage stammt vom Architekten G. Antonio Selva. Auf der Seite längs des Rio di S. Giuseppe steht ein möglicherweise von Sammicheli erbauter Bogen, der früher am Eingang der Lando-Kapelle in der Kirche von S. Antonio stand. Den Mönchen von S. Domenico di Castello wurde 1560 von Papst Pius IV. das Inquisitionsgericht übertragen.

In der Nähe der Kirche von S. Domenico stand früher ein Hospiz oder Waisenhaus für Mädchen; das gotische Portal (Hausnummer 1310) mit den Heiligen Dominikus, Johannes der Täufer und dem Märtyrer Petrus, darüber der segnende Christus, ist noch heute an der Einmündung der Calle di S. Domenico zu sehen. Es trägt das Wappen der Zorzi und hieß früher »Porta de le Pute«.

Auf der heute zerstörten Brücke von S. Domenico verbrannten die Inquisitoren jedes Jahr am 29. April einen Stoß von verbotenen Bücher, die sie im vorhergehenden Jahr beschlagnahmt hatten.

Am Ende der Calle S. Domenico wendet man sich zuerst nach links, anschließend nach rechts und kommt wieder zur Anlegestelle des Vaporetto.

2. San Martino
San Martin

Man geht an der Anlegestelle ARSENALE an Land, geht nach rechts die Riva della Ca' di Dio entlang, überquert die Brücke und biegt dann nach links auf die Fondamenta dell'Arsenale; an deren Ende überquert man die Holzbrücke und den Campo dell'Arsenale mit dem Haupteingang des riesigen Komplexes. Dann biegt man in die kleine Fondamenta ein, die längs der Außenmauern verläuft und stößt bald zur Linken auf die Kirche von S. Martino.

Das Gebäude wurde wahrscheinlich zu Beginn des 7. Jahrhunderts erbaut, im Jahr 1161 neu errichtet und 1540 von Jacopo Sansovino ein weiteres Mal umgebaut. Auf der rechten Seite der Fassade befindet sich ein Löwenmaul für anonyme Anzeigen wegen Fluchens und Gottlosigkeit (17. Jh.). Der Kampanile aus dem 13.-14. Jahrhundert ist nur wenig höher als das Kirchendach.

Auf der rechten Seite erhebt sich die Scuola di S. Martino; die Brüderschaft hatte hier seit 1335 ihren Sitz. Infolge der Umbaumaßnahmen im 16. Jahrhundert ist die Scuola weitgehend in die neue Fassade integriert. Seit dem 17. Jahrhundert beherbergte die Brüderschaft in dem Gebäude auch die alte Zunft der Kalfaterer (s. in diesem Kapitel Calle della Pegola, S. 53). Über der Tür befindet sich ein Relief (15. Jh.) des Heiligen Martin, der seinen Mantel dem Armen schenkt.

Das Innere der Kirche hat einen quadratischen Grundriss, zwei Kapellen in jeder Ecke und ein Presbyterium mit einer Gewölbedecke.

Das Gelände, auf dem S. Martino steht, war ursprünglich äußerst sumpfig und bildete eine kleine Insel, die wegen ihrer Ähnlichkeit mit der Nachbarinsel, auf der sich S. Giovanni in Bragora erhebt, Gemini [Zwillinge] genannt wurde. Man nimmt an, dass dieser Name vom Castor und Pollux-Kult herrührt, dem die früheren Bewohner der Inseln anhingen.

Tritt man aus der Kirche und wendet sich nach rechts, kommt man auf die **Fondamenta de fazza a l'Arsenal**, die zum Haupteingang des größten Bauwerks von Venedig führt.

Über die Herkunft des Namens »Arsenale« gibt es verschiedene Hypothesen. Sansovino behauptet, es komme von »Ars Senatus«, Burg oder Festung des Senats. Mit Bezug auf Dantes Vers »Qual nell'arzanà de' Viniziani« (s. S. 370) nehmen andere an, es könne sich um einen eingedeichten, also mit Deichen umgebenen Ort handeln.

Galliccioli nimmt an, der Name komme von »Harras«, was bei den Orientalen eine »Werkstatt für eiserne Ausrüstungsgegenstände« bezeichnet. Muratori hat vielleicht am ehesten

Dauer

1h 30'

Linien (1)

2. San Martino

Gegenüber:
Kirche von S. Martino

2. San Martino

Eingang des Arsenals

Recht, wenn er ihn auf das ursprünglich arabische Wort »darsena« zurückführt, das einen Ort bezeichnet, wo Schiffe hergestellt und repariert werden.

Das Arsenal wurde um 1104 gegründet und erfuhr die erste Erweiterung 1303, als neue Werften angelegt und die Tana oder Casa del Canevo errichtet wurden, die Antonio da Ponte dann 1579 umbaute. Tana geht auf den alten Namen des Don (Tanai) zurück, an dessen Mündung die Venezianer und Genuesen im Mittelalter bedeutende Handelsniederlassungen hatten und von wo sie den aus Persien kommenden Hanf bezogen, der für die Schiffahrt gebraucht wurde.

Der Komplex erfuhr 1325 eine zweite Vergrößerung (Arsenale Nuovo), 1473 eine dritte (Arsenale Nuovissimo), kurz vor 1539 eine vierte (Riparto delle Galeazze), 1564 eine fünfte (Canale delle Galeazze oder Vasca) und zusätzliche Erweiterungen zu Beginn des 20. Jahrhunderts (alle großen Becken an der Nord-Ost-Ecke). Heute hat dort ein Marinekommando seinen Sitz.

Das Arsenal war das treibende Zentrum des venezianischen Staates und vermittelte die technologischen Kenntnisse, die dort im Laufe der Zeit entdeckt und entwickelt wurden, an alle Bereiche des produktiven Lebens der Stadt und des Staates. Seine besondere Leistung bestand darin, dass bei der Arbeitsorganisation Methoden angewendet wurden, die die moderne Fließbandtechnik vorwegnehmen. Im zweiten Weltkrieg versetzten die Vereinigten Staaten die Europäer in Erstaunen, als in ihren Werften pro Tag ein »Liberty«-Transporter vom Stapel lief und damit die Anstrengungen der Achsenmächte zunichte gemacht wurden, den Nachschub von Kriegsmaterial nach Europa zu verhindern.

Es gibt nichts neues unter der Sonne: Bei den Gästen der Republik löste es immer Erstaunen, Bewunderung und möglicherweise Neid aus, wenn sie im Arsenal an einem einzigen Tag eine vollausgerüstete Galeere entstehen sahen, die sofort in See stechen konnte.

Das Arsenal war so wichtig für die Venezianer, dass ein Sprichwort lautet: »Wer Venedig sieht, aber nicht das Arsenal, der sieht den Henkel, aber nicht den Pokal«; und es hatte seinen guten Grund, dass in der höchsten Blütezeit der Werft-Komplex über gut 16.000 Arbeiter verfügte.

Der Eingang von der Landseite ist durch eine vorgeschobene Sperre verschlossen, auf deren Säulen acht Statuen von Cabianca und Comino stehen, die heidnische Götter darstellen, sowie vier Löwen aus griechischem Marmor; zwei von ihnen hat Francesco Morosini, genannt Peloponnesiaco, 1687 aus Attika nach Venedig mitgebracht.

Der linke, der auf den Hinterläufen kauert, stand früher im Athener Hafen Piräus, wo er möglicherweise als Brunnen diente. Auf Brust, Rücken und Flanken trägt er in einem schlichten Flechtrahmen eine Reihe von Runeninschriften, die sich wahrscheinlich auf die Niederschlagung eines Volksaufstandes in Griechenland durch skandinavische Söldner beziehen, die 1040 vom Kaisers von Byzanz ins Land gerufen worden waren.

Die beiden anderen Löwen befanden sich offenbar schon früher in Venedig. Der zweite von rechts, dessen Kopf später angefügt wurde, ist 1716 zur Erinnerung an die Wieder-

Löwe mit Runeninschriften

eroberung von Korfu aufgestellt worden und stammt von der Insel Delos, wo er mit anderen Löwen eine Terrassenbrüstung zierte. Es handelt sich um eine archaische Skulptur aus dem 6. Jahrhundert vor Christus, möglicherweise aus der Schule von Naxos.

An der Außenmauer des Arsenals sieht man rechts neben dem Portal eine Büste von Dante Alighieri, die hier zur Erinnerung an den Besuch des großen Dichters angebracht wurde, der im August 1312 als Botschafter von Guido Novello da Polenta, dem Herrscher über Ravenna, nach Venedig kam. Im Arsenal kam es mehrfach zu Bränden. Der schlimmste brach kurz vor dem Krieg gegen die Liga von Cambrai aus. Ein anderer ereignete sich im Jahr 1569, doch trotz der schweren Schäden lief von hier die Flotte aus, die 1571 die türkischen Seestreitkräfte bei Lepanto vernichtete.

Der Bronzemast im **Campo de l'Arsenal**, der die Standarte trägt, wurde 1693 von G. Alberghetti gegossen. Die eine der beiden äußeren Holzbrücken, die direkt am Campo liegt und zur **Fondamenta de la Madona** führt, heißt **Ponte del Paradiso**, nach einem gleichnamigen Palast, der zusammen mit zwei weiteren, dem Palast des Fegefeuers und der Hölle, den Provveditoren oder Aufsehern des Arsenals als Wohnsitz dienten. Man erkennt deutlich die beiden Brückchen, die zu den beiden kleinen Palästen führen.

Die Fondamenta della Madonna trägt ihren Namen nach einer 1810 abgerissenen kleinen Kirche, die der Jungfrau Maria geweiht war und auf der linken Seite stand, wenn man vom Ponte del Paradiso kommt. Auf der anderen Seite des Rio liegt die **Fondamenta de l'Arsenal**, früher »dei Portinari« genannt, weil hier vier Häuser standen, die den »Portoneri« oder Torwächtern des Arsenals zugewiesen waren. Sie öffneten die Tore des Arsenals, damit die Schiffe hinein- und hinausfahren konnten.

Geht man die Fondamenta della Madonna weiter entlang und lässt den **Campo de la Tana** links liegen, kommt man zum Museo Storico Navale, das in alten Kornspeichern der Republik aus dem Jahr 1322 untergebracht ist; das Museum verfügt über eine Fülle von Erinnerungsstücken und Modellen der venezianischen Flotte und der italienischen Kriegsmarine. Seine Anfänge gehen auf das Ende des 17. Jahrhunderts zurück, als die Republik im Arsenal sämtliche Schiffsmodelle, die in den Werften gebaut wurden, in der »Casa dei Modelli« aufbewahren ließ. Während der Unruhen vom Dezember 1797 und Januar 1798 wurde fast der gesamte Bestand zerstört.

Der Bau der Modelle wurde unter der französischen und später der österreichischen Herrschaft wieder aufgenommen; das bedeutendste Modell ist das des Bucintoro. Es wurde im Auftrag des Marchese Amilcare Paolucci delle Roncole, Kommandant der Italienischen Kriegsmarine, hergestellt und ist eine Nachbildung des letzten Bucintoro, der 1728 vom Stapel lief.

Diese Geschichte dieses Bootes reicht sehr weit in die Vergangenheit zurück.

Unter dem Dogen Pietro Orseolo II. (991-1009) verfügte die Republik, dass zur Feier der Eroberung Dalmatiens, die am Himmelfahrtstag geschehen war, jedes Jahr vor dem Hafen von S. Nicolò am Lido in Anwesenheit des Dogen und der Signoria, des Klerus und der Bevölkerung die Zeremonie der Meeresweihe stattfand.

Als Papst Alexander III. dann im Jahr 1177 dem Dogen einen goldenen Ring schenkte mit dem Wunsch, »Euch sei das Meer untertan wie die Braut dem Bräutigam«, verfügte der Senat den Bau eines großen Ruderbootes, damit der Doge die Vermählung mit dem Meer vollziehen konnte.

Der erste Bucintoro lief 1277 vom Stapel und der letzte, der 1727 erbaut worden war, wurde bedauerlicherweise 1798 von den Franzosen zerstört, um das bei seiner Vergoldung verwendete Gold zurückzugewinnen. Das Boot war 43,80 m lang, 7,31 m breit und 8,35 m hoch; auf jeder Seite hatte es 21 Ruder, die von jeweils vier ausgesuchten Arbeitern des Arsenals gerudert wurden. Am Heck trug es eine Allegorie des Sieges auf dem Meer mit seinen Trophäen und am Bug war es mit einer Statue der Gerechtigkeit verziert, dem Symbol der venezianischen Bürgertugend.

Am Himmelsfahrtstag (»Sensa« vom lateinischen ascensio) lief der Bucintoro in Richtung Lido aus und machte unterwegs an der Insel S. Helena Halt, wo der Patriarch den Ring für die Zeremonie segnete. Draußen vor dem Hafen von S. Nicolò am Lido wurde dann ein Gefäß mit Weihwasser ins offene Meer geworfen und der Doge ließ durch eine

Fassade der Kirche von S. Biagio; links Museo Storico Navale, rechts Ponte della Veneta Marina

Öffnung hinter seinem Thron den Ring mit der feierlichen Formel »Wir vermählen uns mit dir, o Meer, zum Zeichen wirklicher und andauernder Herrschaft« ins Wasser fallen.

Auf der rechten Seite des Museums steht die Kirche von S. Biagio. Es heißt, dass diese Gegend ursprünglich eine Insel namens Ladrio oder Adrio gewesen sei. Die Kirche wurde 1052 erbaut und diente lange Zeit sowohl dem römischen wie dem griechisch-orthodoxen Ritus, bis die Griechen 1513 nach S. Giorgio (s. *S. Giovanni in Bragora*, S. 88) umzogen. 1754 wurde sie von Filippo Rossi, dem Oberbaumeister des Arsenals, im Stil der Spätzeit umgebaut, 1810 geschlossen und 1817 wieder eröffnet.

Die Brücke über den Rio dell'Arsenale gegenüber der Kirche heißt »della Veneta Marina«, weil sie früher aus Holz war und hochgezogen werden konnte, um die Boote und kleinen Schiffe durchzulassen, die auf dieser Seite in die Hafenbecken ein- und ausfuhren. Sie wurde 1936 in Stein errichtet (Architekt Duilio Torres) und ersetzte die frühere Eisenbrücke, die zu Beginn des 20. Jahrhunderts an die Stelle der alten hölzernen Zugbrücke getreten war, die wegen der Eisenketten, an denen sie auf beiden Seiten aufgehängt war, um die Durchfahrt der Schiffe zu ermöglichen, »Ponte delle Catene« genannt wurde.

Bei der Prozession am 8. Dezember 1720 brach die Brücke unter dem Gewicht der Menschenmenge zusammen und vier Personen ertranken.

Überquert man die Brücke über den Rio dell'Arsenale, kommt man auf die **Riva de Ca' di Dio**, wo seit alters her die Backöfen standen, die das Militär der Republik versorgten.

Im 15. Jahrhundert wurden sie erneuert und 1596 ein weiteres Mal instand gesetzt. Heute ist von ihnen nur noch die Fassade erhalten, während auf dem Gelände 1975 der Sportpalast der Stadt errichtet wurde.

Gegenüber:
Rio della Ca' di Dio

Fassade der Backöfen des Arsenals

Die Zwiebäcke, die in diesen wie in den Backöfen auf der Insel S. Helena hergestellt wurden, hatten durch einen speziellen, heute in Vergessenheit geratenen Zusatz die besondere Eigenschaft, dass sie nicht von Würmern befallen wurden. So fand man im Jahr 1821 auf Kreta perfekt erhaltenen Zwieback, obwohl die Venezianer die Insel schon 1669 verloren hatten.

Am 1. Mai 1721, so wird erzählt, hatte sich eine türkische Tartane vor der Küste auf die Lauer gelegt und nahm alles unter Feuer, was zu Wasser oder zu Land vorbeikam. Genau in diesem Moment kamen der Doge mit der gesamten Signoria auf einigen Booten vorbei, die sich auf dem Rückweg von der Kirche der Vergini (s. *S. Pietro di Castello*, S. 29) befanden, der sie jedes Jahr an diesem Tag einen Besuch abstatteten. Unter den Gewehrschüssen fielen ein englischer Matrose und ein Arbeiter aus dem Arsenal. In kürzester Zeit läuteten die Glocken in der Stadt Sturm, Bewaffnete kamen herbei und einigen mutigen Dalmatinern gelang es, von einem Boot aus das türkische Schiff in Brand zu setzen. Die Besatzung sprang ins Wasser und wurde durch Gewehrschüsse getötet.

Jenseits der **Cale de i Forni** befindet sich auf der gleichen Fondamenta die Ca' di Dio.

Die Hospize, die den Pilgern Herberge boten, hießen oft Case di Dio [Häuser Gottes], eine Bezeichnung, die heute noch in Frankreich existiert (Hôtel Dieu). Eines dieser Hospize stand in Venedig in der Pfarrei von S. Martino, und zwar ganz in der Nähe der Stelle, wo 1272 ein Mönch namens Francesco die Ca' di Dio begründete. Es heißt, dass 1360 dort einige Genueser Mönche wohnten, die den Plan hatten, das Arsenal von Venedig in Brand zu stecken.

Später diente das Gebäude als Hospiz für bedürftige Frauen und wurde der Aufsicht des Dogen unterstellt; heute ist ein modernes Altersheim darin untergebracht. Besonders schön ist die lange Reihe von Kaminen auf der Kanalseite des Gebäudes.

In Venedig bestand ein großer Bedarf an Brennholz, mit dem sowohl die Wohnungen wie die Glasöfen beheizt wurde. Der Transport vom Festland erfolgte mit großen Flusskähnen, den Burci, Padovane oder Rascone, die die Flüsse oder Kanäle hinter der Lagune hinabfuhren, oder mit Trabakeln aus Istrien oder Dalmatien. Diese Zweimaster mit trapezförmigen, rechteckigen und dreieckigen Segeln hatten, ähnlich wie bei den alten Griechen, zwei große Augen auf den Bug gemalt, die dazu dienen sollten, die Gefahren des Meeres

Calle del Piovan, Sankt Martin schenkt dem Armen seinen Mantel

abzuwehren und das Schiff auf dem richtigen Kurs zu halten. Durch die Calle dei Forni und dann links durch die **Cale de la Pegola** kommt man wieder zur Kirche von S. Martino zurück. Die Calle della Pegola trägt ihren Namen nach den Kalfaterern, auf Venezianisch Pegoloti, die hier wohnten. Sie dichteten die Decks, die Außenseiten und die Kiele der Schiffe mit Werg und Pech ab. Ihre Schutzheiligen waren S. Foca und die Jungfrau Maria und sie versammelten sich zuerst in der Kirche von S. Martino und ab dem 17. Jahrhundert in den Räumen der Scuola.

An jedem Feiertag errichteten sie auf der Piazzetta von S. Marco in der Nähe der Porta della Carta einen Stand, an dem die Vorsteher der Zunft über die Mitglieder Gericht hielten, die gegen die Regeln verstoßen hatten. Die Zunft teilte sich auf in die »Calafati da figger«, die mit Nägeln die Planken und die Schiffsstruktur befestigten und die »Calafati da maggio«, die mit Werg die Spalten verstopften und den Rumpf mit Pech bestrichen.

Die Kalfaterer des Arsenals genossen das Privileg, dass sie nicht zum Militär eingezogen wurden und auch außerhalb des Arsenals beim Bau von Frachtschiffen arbeiten konnten. Ihre Zahl betrug etwa 900.

Bevor man die Kirche erreicht, öffnet sich auf der Fondamenta zur Rechten **Cale del Piovan**, an deren Ende sich über einer Tür ein Relief (15. Jh.) befindet, das den Heiligen Martin darstellt, der dem Armen seinen Mantel schenkt.

Gegenüber der Kirche kommt man über die Brücke zur **Fondamenta de i Penini**, die am **Rio de le Gorne** und der Außenmauer des Arsenals entlang führt. Am Haus Nummer 2446 auf der Fondamenta sieht man eine Tafel, die das Haus des »Cappo M.ro Alle Seghe« bezeichnet, also des Verantwortlichen der Sägerei des Arsenals. Der Name der Fondamenta rührt vom Verkauf der »penini« her, gekochter Lamm- und Hammelfüße, die bis etwa 1800 hier in einem

Inschrift am Haus des Vorstehers der Sägemühlen des Arsenals auf der Fondamenta de i Penini

Brunnen auf dem Campo do Pozzi

Frauen am Brunnen, historische Fotografie

Geschäft verkauft wurden.

Der Rio hat seinen Namen nach den zahllosen Regenrinnen (gorne), die von den Dächern des Arsenals in diesen Kanal führten; das gleiche gilt für den **Campo de le Gorne**.

Kommt man von der Fondamenta auf den Platz mit einem Brunnen aus dem 14. Jahrhundert, biegt man nach links in die **Cale del Bastion**, die im weiteren Verlauf **Cale de le Muneghete** heißt. Bevor man in die Calle kommt, öffnet sich auf der linken Seite das schmale Gässchen **Calesela de l'Occhio Grosso**, nach einem gewissen Zuan Carlo Occhio Grosso benannt, der 1566 hier wohnte. Es ist die schmalste Durchgangsstraße der Stadt (58 cm).

In der Calle delle Muneghette wohnten seit 1427 einige Laienschwestern der Dominikaner. Heute dienen die Räumlichkeiten als Pensionat, das noch immer den Namen »Muneghete« trägt. Auf der Fassade sieht man ein schönes Relief der Rosenkranzmadonna mit dem Jesuskind aus dem 16. Jahrhundert.

Auf der rechten, schmaleren Seite der Calle befindet sich eine mit Mauern umgebene offene Fläche; dort stand bis 1810 die Kirche der Rosenkranzmadonna, genannt »delle Muneghette« (1649).

Grundriss und Querschnitt einer typischen venezianischen Zisterne

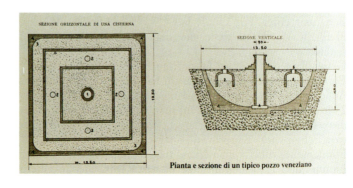

Zur Linken öffnet sich die **Pissina S. Martin** mit der **Corte de i Preti** auf der linken Seite; diese hat ihren Namen, wie aus einer Inschrift von 1494 über dem Portikus hervorgeht, nach einigen Häusern, die der Kongregation des venezianischen Klerus gehörten (s. *S. Stefano*, Calle Larga del Clero, S. 247).

Man kehrt in die Calle delle Muneghette zurück, geht sie bis zum Ende und kommt im **Campo Do Pozzi** heraus.

Es ist sicher, dass es hier zwei Brunnen gab, auch wenn heute nur einer zu sehen ist; Sabellico spricht von »geminos puteos«.

Marmorengel (13. Jh.) über dem Soportego de l'Anzolo

Der erhaltene Brunnen ist wegen der Ikonographie seiner Reliefs äußerst interessant. Er ist auf die ersten Jahrzehnte des 16. Jahrhunderts zu datieren und zeigt auf seinen Feldern neben zwei perspektivischen gotischen Brunnen auch die Figur des Heiligen Martin und drei Engel in halber Größe, die die Heilige Dreieinigkeit symbolisieren. Diese beiden Darstellungen erklären sich vermutlich aus dem Umstand, dass der Brunnen zwischen den Pfarreien von S. Martino und von S. Trinita stand.

Der Brunnenbau gehört zu den frühesten Gewerben in der Lagune. Die ältesten Vorschriften stammen aus dem 14. Jahrhundert. In den Chroniken der Zeit wird berichtet, dass die in Padua herrschende Familie Carrara heimlich Beauftragte schickte, um die Brunnen Venedigs zu vergiften; diese wurden aber entdeckt, verhaftet und geviertailt.

Um zu verhindern, dass jemand Gewinn aus dem Wasser zog, verbot die Republik 1536 per Gesetz den Tintori (Färbern), Barbieri (Friseuren), Triperi (Kuttelverkäufern), Pellizzeri (Kürschnern), Lavanderi (Wäschern), Soneri (Seifensiedern) und Luganegheri (Wurstmachern) die Nutzung der Brunnen. Um die Brunnen im Falle großer Trockenheit besser mit Wasser versorgen zu können, wurden 1540 in Lizza Fusina große Speicherbecken gebaut, in die das Wasser der Brenta durch einen künstlich angelegten Kanal namens Seriola geleitet wurde.

Die Brunnen in Venedig wurden ausschließlich durch Regenwasser gespeist. Sie bestanden aus einer großen, durch eine Tonschicht abgedichteten gemauerten Brunnenkammer, die sauberen Sand enthielt. In der Mitte erhob sich eine Röhre in durchlässigem Mauerwerk, die an der Oberfläche in eine »Vera da pozzo« [Brunnenstein] auslief, jenen Teil also, der noch heute zu sehen ist. Vier Abflüsse, normalerweise aus Marmor, leiteten das Regenwasser in das Innere der Zisterne, wo es durch den Sand gefiltert und mit Hilfe von Seilen, Rollen und Eimern nach oben geholt wurde.

In Trockenzeiten holten zahlreiche dafür eingesetzte Boote Brentawasser und speisten damit die Brunnen.

Auf der gegenüberliegenden Seite des Campo öffnet sich die **Corte Peschiera**; sehr wahrscheinlich hat sich hier die Erinnerung an die einstige Piscina oder Peschiera erhalten, um die es im 16. Jahrhundert zu einer Auseinandersetzung zwischen Marco Celsi und den Vorstehern des Arsenals kam.

Auf der linken Seite beginnt die **Cale Ca' Magno**, in der der Palazzo Manolesso (Hausnummer 2687) aus dem 16. Jahrhundert und der Palazzo Magno (Hausnummer 2693) aus dem 15. Jahrhundert steht. Die gleichnamige Familie kam aus Oderzo, ihr entstammten Tribune und sie gehörte immer dem Großen Rat an. Im Jahr 1852 erlosch sie.

In der Mitte der Calle auf der rechten Seite **Sotoportego e Corte de l'Anzolo**, nach einem Marmorengel (13. Jh.) über dem Durchgang zwischen zwei Adelswappen mit dem Igel der Familie Rizzo oder Erizzo (14. Jh.).

Die Calle Ca' Magno setzt sich als **Cale Celsi** fort, früher »Lago dei Celsi«, wo eine alte Familie dieses Namens wohnte.

Biegt man nach links in die **Cale Donà**, kommt man zum Palazzo Celsi, später Donà (Hausnummer 2716) und über die **Ponte Donà**, genannt »de la Scoazzera« (s. *S. Silvestro*, S. 493) zum **Campo S. Ternita** (s. *S. Francesco della Vigna*, S. 70).

Hier endet die Pfarrei S. Martino und von hier geht man zum Ausgangspunkt zurück.

3. San Francesco della Vigna

San Francesco de la Vigna

Von der Anlegestelle CELESTIA geht man geradeaus die Calle Sagredo bis zum Ende; dort biegt man nach rechts, folgt der anschließenden Biegung nach links, biegt wieder nach rechts ab und kommt im Campo della Confraternità neben der Kirche von S. Francesco heraus.

Unter den zahlreichen Weingärten Venedigs gehörte der größte und der früheste, der Früchte trug, der Familie Ziani. Darin stand eine kleine Kirche, die dem Heiligen Markus geweiht war. Nach der Volkstradition hatte der Evangelist nämlich an dieser Stelle übernachtet, als er in einen gewaltigen Sturm geraten war, in dessen Verlauf ihm ein Engel mit den Worten »Pax tibi Marce Evangelista Meus« erschienen war und ihm die künftige Gründung Venedigs vorhergesagt hatte.

Im Jahr 1253 vermachte Marco Ziani, der Sohn des Dogen Pietro, den Weingarten testamentarisch »den Minoriten, dem Predigerorden oder den Zisterziensern«. Die Minoriten erhielten den Vorzug und gründeten dort ein Kloster.

Sie erbauten auch eine neue Kirche nach den Plänen von Marino da Pisa, die alte Kirche von S. Marco blieb aber erhalten; leider wurde sie 1810 abgerissen.

1534 wurde die neue Kirche zunächst nach dem Entwurf Jacopo Sansovinos auf den alten Grundmauern völlig neu aufgebaut. Unstimmigkeiten und plötzliche Änderungen der architektonischen Konzeption führten jedoch zu heftigen Auseinandersetzungen und zur Entscheidung für die von Palladio entworfene Fassade. Spuren dieser Auseinandersetzungen finden sich in einer Inschrift an der Fassade: »non sine jugi exteriore, interiorique bello«.

Die Sakristei der Kirche wurde am 23. Juni 1916 von einer Bombe getroffen.

Hinter dem Gebäude steht der spitze Kampanile, der um 1581 durch Bernardino Ongarin fertiggestellt wurde; 1785 kam es zu Umbauten.

Der Campo S. Francesco wird neben der Kirche auch vom Palazzo Gritti oder della Nunziatura (Hausnummer 2787) begrenzt, in dem die apostolischen Nuntien wohnten. Der Palast in lombardischem Stil wurde 1525 von dem berühmten Dogen Andrea Gritti erbaut, dann von der Republik erworben und dem Papst Sixtus V. geschenkt, der ihn zum Sitz seiner Botschafter, der päpstlichen Legaten, machte.

In diesem Palast suchten 1607 die Attentäter des Servitenmönchs Paolo Sarpi Zuflucht. Die Empörung in der Bevölkerung war so groß, dass die Republik Wachen vor dem Palast aufstellen musste.

Dauer

2h

Linien

Kirche von S. Francesco, Fassade

Der Kampanile

3. San Francesco della Vigna

Am 9. August 1659 riss eine Windhose das Wappenschild der Chigi mit den Insignien von Papst Alexander VII. vom Portal des Palastes und trug es bis ins Arsenal.

Auf der Nordseite des Campo, die vom Kloster eingenommen wird, standen die Scuola di S. Francesco und die Scuola del Santissimo Nome di Gesù, die beide 1810 geschlossen wurden. Gleichfalls auf der Nordseite, in Richtung der Lagune, erstreckte sich der **Paluo de S. Francesco**, nach dem Ende der Republik in Piazza di Giustizia umbenannt, weil hier die Hinrichtungen stattfanden.

Gegenüber der Kirche von S. Francesco beginnt hinter einer breiten Calle auf der linken Seite die **Fondamenta S. Giustina**, auf der rechten steht die technische Oberschule »Paolo Sarpi«. Auf diesem Gelände befanden sich früher das Augustinerinnen-Kloster und der Garten von S. Giustina.

Auf der linken Seite, in Richtung **Campo S. Giustina**, stehen die Überreste der Kirche. Sie wurde im 7. Jahrhundert von S. Magno erbaut und 1219 neu errichtet; weitere Umbauten erfolgten im 16. und 17. Jahrhundert. 1810 wurde sie geschlossen, 1841 der Kirchturm abgerissen und 1844 das Gebäude in zwei Etagen unterteilt, da es als militärische Erziehungsanstalt genutzt wurde. In diesem Zusammenhang wurde der obere, kurvenförmige Teil der von Baldassare Longhena 1640 entworfenen Fassade zerstört. In der Kirche mit dem angeschlossenen Nonnenkloster ist heute eine Schule untergebracht.

Der Doge stattete der Kirche jedes Jahr zur Erinnerung an den großen Sieg bei Lepanto am 7. Oktober 1571, dem Namenstag der Heiligen, einen Besuch ab und schenkte den

Kirche von S. Giustina, heute Schule

Ponte Zon in S. Giustina

Heiligenbild am Fundament von Ponte del Fontego mit zwei Gondeln

Venezianisch-byzantinisches Portal von Palazzo Contarini del Ferro in Salizada S. Giustina

Nonnen einige Silbermünzen, sogenannte »Giustine«, die jedes Jahr zur Feier des Sieges geprägt wurden.

Auf der Rückseite der Kirche verläuft die **Cale del Te Deum**, die ihren Namen nach dem feierlichen *Te Deum* trägt, das alljährlich in der Kirche aus Anlass des Sieges gesungen wurde.

Vom Campo S. Giustina, der 1747 gepflastert wurde, sieht man die **Ponte Zon**, die  direkt in den Palazzo Cima-Zon führt. Die Brücke ist außergewöhnlich schön, und man erkennt deutlich, dass die Metallbänder erst in späterer Zeit angebracht worden sind. Wie auch die anderen Brücken Venedigs hatte sie ursprünglich keine Metallverstärkung; sie stammt aus dem Jahr 1759.

Auf der Rückseite des Palastes liegt die **Corte Zon**. Die Familie Bon kam aus Perugia, wo sie Boncambi hieß, und wechselte in Venedig den Familiennamen in Zon, nach einem entfernten Vorfahren namens Uguccione (entstellt zu Cion oder Zon); es war eine der größten Familien der Stadt und ein Zweig wurde 1651 zum Großen Rat zugelassen.

Am gegenüberliegenden Ende des Campo steht die **Ponte del Fontego**, an deren Sockel man ein schönes Kapitell (1621) mit zwei eingemeißelten Gondeln bewundern kann, eine Erinnerung an das alte Traghetto della Riva di Santa Giustina. Man überquert die Brücke und folgt der anschließenden gleichnamigen Calle, deren Namen auf einen »Fontico di farina«, ein Mehlmagazin, zurückgeht, das hier 1740 stand. Haus Nummer 2856 in der Calle ist Palazzo Venier (16. Jh.).

Anschließend kommt man in die **Salizada S. Giustina**.

Das Wort »salizada« kommt von »salizo«, der venezianischen Bezeichnung für Straßenpflaster. Man nimmt an, dass es sich um eine Entstellung des italienischen Wortes »selciato« für Pflasterung handelt.

Die Bezeichnung Salizada wurde für die ersten Straßen benutzt, die um 1252 gepflastert wurden. Anfangs wurden dafür in Fischgrätmuster verlegte Backsteine benutzt, »ammattonato a spica«, das römische *Opus spicatum*; seit 1767 verwendet man Trachytplatten aus den Euganeischen Hügeln.

Madonnenstatue in Salizada S. Giustina

S. Barbara in Calle de i Bombardieri

Auf der linken Seite der Salizada erhebt sich der Palazzo Contarini del Ferro oder Porton del Ferro, nach den Torflügeln mit Eisenbeschlägen, die 1839 entfernt wurden. Das prächtige Portal besteht aus einem venezianisch-byzantinischen Bogen, der im späten 14. Jahrhundert wiederverwendet wurde.

Sehr schön ist auch die Madonnenstatue an der Ecke der Gartenmauer des Palastes, ein Werk Torrettis von 1716.

Auf der rechten Seite der Salizada öffnet sich die **Cale de i Bombardieri**; am Haus Nummer 2936 befindet sich auf der Ecksäule die Figur der Heiligen Barbara, daneben ein Turm und darüber eine Kanone (1575). Gleiche Skulpturen finden sich an den Hausnummern 2938, 2939 und 2941.

Man weiß, dass die Venezianer seit den Zeiten des Krieges von Chioggia Bombarden einsetzten; einige Historiker sind der Ansicht, dass sie sie bereits früher kannten.

In den letzten Jahren der Republik waren die Bombardieri vor allem Stadtsoldaten. Ihre Zahl betrug zwischen 400 und 500 und sie trugen dunkelblaue Uniformjacken mit rotem Futter und roten Kragenspiegeln, Westen und Hosen aus Stoff, weiße Strümpfe und bändergeschmückte Schnallenschuhe; auf dem Kopf einen kleinen Dreispitz und in der Hand eine kurze Hellebarde.

Sie stellten die Ehrengarde bei öffentlichen Feierlichkeiten; ihre Schießübungen machten sie in S. Nicolò del Lido oder in S. Alvise in der Nähe des Klosters der Padri Riformati di S. Bonaventura.

Die Salizada setzt sich mit der **Cale del Morion** fort, früher Calle della Spezeria del Morion genannt; der »Morione« ist eine Art Sturmhaube oder Helm. Die Apotheke bestand bis zu Beginn des 18. Jahrhunderts.

Hausnummer 2953 ist der Palazzo Magno aus dem 15. Jahrhundert mit gotischem Portal.

In der Calle del Morion gab es ein kleines Hospiz für zwanzig bedürftige Frauen, das von Natichliero Cristian gegrün-

Corte Buello

det wurde; eine gotische Inschrift am Anfang der Calle erinnert daran: »Hospital De Ser Natichlier de Cha Christian«. Am Ende der Calle befand sich auf der linken Seite die malerische **Corte del Morion**.

Kehrt man an den Anfang der Salizada zurück, ist die erste Calle zur Rechten **Cale Zorzi**; hier findet sich auf der rechten Seite hinter einem Gitter die **Corte del Buello**, so benannt nach seinen Abmessungen. Auf der linken Seite ist die **Cale Capelera**, nach einem Hutmachergeschäft benannt, das hier im 18. Jahrhundert existierte.

In der Corte del Buello gibt es eine schöne Marmortreppe mit Muschelverzierungen an den Stufen und einen kleinen Brunnen. Man kommt so in die **Corte Nova**; am Anfang gibt es eine Inschrift, die daran erinnert, dass die Häuser von den Pestepidemien und den Bombenangriffen des Ersten Weltkriegs verschont blieben. Es wird erzählt, dass während der Pest von 1630 eine gewisse Johanna, die in der Corte Nova lebte, die verängstigten Bewohner ermahnt hatte, keine Angst zu haben und den Schutz der Muttergottes anzurufen. Nachdem sie eigenhändig ein Bild mit der Muttergottes und den Heiligen Rochus, Sebastian und Giustina gemalt hatte, hängte sie es in dem Durchgang auf. Die Bewohner der Corte wurden von der Krankheit verschont, weil die Pest, die in die Corte einzudringen versuchte, in der Mitte des Durchgangs vor dem Muttergottesbild zu Boden geschleudert wurde und anhielt.

Noch heute wird am 21. November die Erinnerung an dieses Ereignis gefeiert, und im Pflaster des Durchgangs markiert ein roter Stein die Stelle, wo die Pest anhielt.

Sotoportego di Corte Nova

Über die Brücke hinter dem Portikus überquert man den **Rio de S. Lorenzo**, geht die **Fondamenta de S. Zorzi de i Schiavoni** entlang und kommt über die **Ponte de la Comenda** wieder in die Pfarrei S. Francesco zurück; der Name geht möglicherweise auf die »Commanderia« zurück, da die Malteserritter ganz in der Nähe ihren Sitz hatten.

Auf der linken Seite steht direkt an der Brücke die Scuola di S. Giorgio degli Schiavoni, die 1550 von den Dalmatinern auf den Trümmern des alten Ospizio di S. Caterina neben der Kirche von S. Giovanni del Tempio (heute der Malteserritter) erbaut wurde.

Auf der rechten Seite der Scuola befindet sich die **Corte de S. Giovanni de Malta**, an deren Ende die zwischen dem 11. und 12. Jahrhundert gegründete gleichnamige Kirche steht. Der Bau wurde im 14. Jahrhundert erweitert und 1565 umgebaut; er ist das bedeutendste Zeugnis der Tempelritter in Venedig (s. *S. Marco*, Calle Vallaresso, S. 190) und ging nach der Auflösung des Ordens (1312) an die Johanniter über, die später »von Rhodos« oder »von Malta« genannt wurden. Die Kirche wurde 1810 geschlossen, kam 1839 wieder in den Besitz der Malteserritter und ist heute, zusammen mit dem benachbarten früheren Ospedale di S. Caterina, der Sitz des Großpriorats des Malteserordens der Lombardei und Venedigs. Der Orden der Malteserritter entstand im Mittleren Orient auf Initiative einiger Kaufleute aus Amalfi. Sein Hauptzweck war die Unterstützung der Pilger, die ins Heilige Land wallfahrteten; er hieß deshalb »Orden der Hospitaliter« und wurde von Benediktinermönchen geleitet. Unter dem Druck der Mohammedaner bekam er jedoch bald militärischen Charakter und änderte seinen Namen in »Johanniterorden von Jerusalem«.

Gegen Ende des 13. Jahrhunderts verlegten die Ritter nach dem Verlust des Heiligen Landes ihren Sitz auf die Insel Rhodos, gründeten dort einen unabhängigen Staat und bau-

Scuola di S. Giorgio degli Schiavoni

Die typischen venezianischen »Barbacani« (aus *Civiltà di Venezia*)

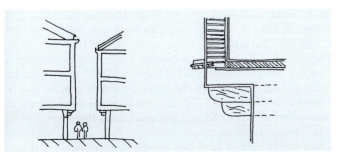

ten eine starke Handels- und Kaperflotte auf. 1523 geriet die Insel unter die Herrschaft Suleimans des Großen und die Ritter erhielten freien militärischen Abzug, gingen zuerst nach Kreta, dann nach Civitavecchia und schließlich nach Viterbo, bis Karl V. ihnen die Insel Malta verlieh.

Von dort wurden sie 1798 von Napoleon vertrieben und der Orden löste sich in einzelne Gruppierungen auf, die unter verschiedenen Namen noch heute in vielen Staaten Europas und in den USA existieren.

Am Ende der langen **Cale de i Furlani** mit zahlreichen »Barbacani« (in die Calle vorspringende Stützbalken für die oberen Stockwerke; s. *S. Silvestro*, Calle della Madonna, S. 491) biegt man nach links und kommt in den **Campo de le Gate**, der seinen Namen nicht etwa nach den zahlreichen Katzen trägt, die Venedig bevölkern, sondern nach der im Volksmund entstellten Form von »Legaten«, nämlich den päpstlichen Botschaftern, die bis zu ihrem Umzug in den Palast der Nuntiatur hier wohnten.

In diesem Campo wohnte 1796 der junge Ugo Foscolo mit Mutter und Schwester.

Am Ende des Campo, mit dem Rücken zum Foscolo-Gedenkstein, öffnet sich die **Salizada de le Gate**; die erste Quergasse rechts ist die **Cale de l'Ogio**, nach den Ölmagazinen benannt, die sich hier befanden.

Im ersten Stock der Hausnummer 3085 befindet sich ein Kreuz (12.-13. Jh.) mit einer segnenden Hand in der Mitte.

Geht man die Calle entlang, kommt auf der linken Seite die **Cale Erizzo o de le Bele Done**, nach dem Namen einer hier ansässigen Patrizierfamilie; das Wappen (14. Jh.) ist auf dem Portikus am Eingang der Calle zu erkennen. Die zweite Bezeichnung geht möglicherweise auf einen Marco Belladonna zurück, der hier wohnte.

Wappen der Familie Erizzo in Calle de l'Ogio

Auf der rechten Seite befindet sich die **Cale Drazzi o Drasi**, nach einer Familie, die hier im 16. Jahrhundert bezeugt ist.

Man geht die Calle dell'Olio entlang und kommt in die **Cale de la Vida**; man folgt ihr und biegt dann nach links in den **Ramo Baffo** ein, hält sich zur Rechten und kommt in den **Campo S. Ternita**.

Der Ramo Baffo hat seinen Namen nach der gleichnamigen Familie, die aus Parma nach Mestre und 827 nach Venedig übersiedelte. Sie erbaute die heute zerstörte Kirche von S. Secondo in Isola und 1222 die von S. Maria Maddalena, in deren Viertel sie ein Kastell namens Castel Baffo besaßen (s. *SS. Ermagora e Fortunato*, S. 364).

Die Familie behielt 1297 (als bei der historischen »Serrata«

die Adelsfamilien Venedigs endgültig festgelegt wurden) ihren Sitz im Großen Rat und brachte bedeutende Männer hervor.

Eine Frau aus dieser Familie, Cecilia Baffo, die mit ihrem Vater in türkische Gefangenschaft geriet, wurde die Gattin Amurats III. und brachte 1568 Mohammed III. zur Welt.

Ein Ludovico Baffo, ein tapferer Galeerenvogt, vollführte kühne Angriffe gegen die Türken, kämpfte bei den Dardanellen mit und hatte Anteil am Sieg über die Piratenschiffe bei Chios. Ein Verwandter von ihm war der berühmte Dichter Giorgio Baffo (1694 – 1768). Dieser war der letzte Vertreter der Familie (s. *S. Stefano*, Campo S. Maurizio, S. 250).

Auf der gegenüberliegenden, rechten Seite des Campo, neben dem **Ponte del Sufragio**, früher »di S. Ternita«, und dem Kanal steht die alte Kirche von S. Ternita (SS. Trinità), die im 11. Jahrhundert unter dem Dogen Pietro Barbolano oder Centranico von den Familien Celsi und Sagredo erbaut wurde.

Sie wurde im 16. Jahrhundert umgebaut und im 18. Jahrhundert restauriert; 1810 wurde sie geschlossen und 1832 abgerissen.

Nur der Kampanile blieb erhalten, in dem einige arme Familien wohnten, bis er am 13. Dezember 1880 plötzlich einstürzte und unter seinen Trümmern einen Maschinisten namens Giovanni Baratelli begrub.

Auf dem Campo steht ein sechseckiger Brunnen (1526) mit Reliefs von Johannes dem Täufer und dem Heiligen Franziskus von Assisi.

In der Pfarrei wohnte im 16. Jahrhundert der Patrizier Giovanni dalle Boccole. Eine Morgens hingen an seiner Haustür die Köpfe von zwei Ziegenböcken mit einem Zettel, auf dem seine Frau, Schwester und Schwiegermutter beleidigt wurden. Der Übeltäter war, wie sich herausstellte, der Sohn des Dogen Venier Luigi, der mit der Ehefrau von dalle Boccole, die seine Geliebte war, gestritten hatte.

Der Ehemann ging vor Gericht, das den Schuldigen zu 100 Dukaten Strafe und zwei Monaten Gefängnis verurteilte. Der Doge bestätigte das Urteil und unternahm keinerlei Schritte zu seiner Freilassung, obwohl er schwer erkrankte und schließlich im Gefängnis starb.

Neben der Kirche befand sich 1536 die Druckerei von Francesco Marcolini aus Forlì, der nicht nur Drucker, sondern auch Literat, Antiquar, Kupferstecher, Uhrmacher und Architekt war, wie die Ponte Lungo von Murano beweist, die

Eckpfeiler des Gebäudes der Confraternita delle Sacre Stimmate

er 1545 erbaute. Er war auch ein Freund Pietro Aretinos, der ein Verhältnis mit seiner Frau hatte.

Priester in S. Ternità war Michele Viti aus Bergamo, der zusammen mit anderen das Attentat auf den Mönch Paolo Sarpi verübte und deswegen 1607 vom Rat der Zehn verbannt wurde.

Die Familie Celsi, die die Kirche erbaut hatte, war seit ältesten Zeiten in der Pfarrei ansässig. Sie stammte aus Rom und kam über Ravenna nach Venedig, wo sie das Tribunen-Amt innehatte. Ein Nicolò Celsi wurde 1269 zum Prokurator von S. Marco gewählt; ein Lorenzo wurde 1361 Doge und unter ihm eroberten die Venezianer Kreta zurück. Petrarca, der mit ihm befreundet war, erwähnt ihn in den *Senili*. Es wird erzählt, dass sofort nach dem Amtsantritt Lorenzos sein Vater Marco ohne Mütze oder Kapuze durch die Stadt lief, um sie nicht vor seinem Sohn abnehmen zu müssen. Um dem Vater diese Peinlichkeit zu ersparen, ließ der Sohn ein Kreuz auf seiner Dogenmütze anbringen. Daraufhin zog Marco vor dem Dogen den Hut mit den Worten: »Ich ehre das Kreuz und nicht meinen Sohn, der mir untertan sein soll«.

Über die Ponte del Suffragio gelangt man in den **Campo de la Celestia**. Auf der rechten Seite befindet sich das Zisterzienserinnen-Kloster, in dem heute das Städtische Archiv von Venedig untergebracht ist.

Neben dem Kloster stand die Kirche der Celestia, die 1199 von der Familie Celsi erbaut und 1237 den aus Piacenza kommenden Nonnen übergeben wurde. 1569 stürzte sie in Folge des Brandes des nahegelegenen Arsenals ein und wurde 1611 wieder aufgebaut. 1810 wurde sie geschlossen und abgerissen. Der Name Celestia kommt von der alten Bezeichnung S.

Maria Celeste oder Assunta in Cielo [Himmelskönigin], was dann von der Bevölkerung in Celestia umgewandelt wurde.

Überquert man den Campo digonal, kommt man zur **Cale del Cimitero**, nach dem alten Friedhof von S. Francesco, der sich früher hier befand. Auf ihrer rechten Seite öffnet sich die **Cale Sagredo**, die nach der gleichnamigen Familie und ihrem Palast heißt. Wahrscheinlich wohnten die Sagredo hier seit ihrer Übersiedlung nach Venedig, zusammen mit den Celsi. Sie kamen aus Rom, von wo sie nach Dalmatien gegangen waren, um diese Provinz im Namen Caesars zu verwalten. Von dort übersiedelten sie 840 nach Venedig und wurden 1100 in den Großen Rat aufgenommen, weil sie Sebenik unterworfen hatten. Nach ihnen sind noch andere Straßen in der Stadt benannt. Die Familie erlosch 1871.

Die Calle del Cimitero mündet in den **Campo de la Confraternita**, der früher Campo a fianco la Chiesa hieß. Gleich auf der rechten Seite steht ein Gebäude aus dem 17. Jahrhundert, in dem sich die Confraternita delle Sacre Stigmate (1603) versammelte. Auf den Außenmauern sieht man die Wappen der Brüderschaft.

Der Platz neben der Kirche bis zum Kanal war bis zu den ersten Jahren des 16. Jahrhunderts dicht mit gotischen Häusern bebaut und es gab nur eine Gasse, die von der Brücke auf den Campo S. Francesco vor die Kirche führte. Im zweiten Viertel des 16. Jahrhunderts veränderte ein politisch-religiöses Projekt des Dogen Andrea Gritti und des Mönchs Francesco Zorzi vollständig die Umgebung, und zwar zeitgleich mit der Neugestaltung von Piazza S. Marco.

Wie bereits erwähnt, sah der Neubau nach den Plänen Sansovinos einen kreuzförmigen Grundriss mit nur einem Schiff und vier Kapellen auf jeder Seite vor, eine achteckige Kuppel und eine dreiteilige Fassade mit doppelter Säulenanordnung.

Nach dem ersten Jahr, als die Arbeiten im vollen Gang und Querschiff und Presbyterium bereits angelegt waren, wurde das Projekt tiefgreifend verändert und die Proportionen der Kirche nach einem eindeutig neopythagoreischem System der verschiedenen Dimensionen umgestaltet.

Entsprechend den früheren unbekannten Baumeistern der gotischen Kathedralen in Frankreich orientieren sich auch die Abmessungen von S. Francesco an heiligen Zahlen, speziell der Zahl 3, Ausdruck der göttlichen Vollkommenheit. Die Quellen für dieses in Venedig wie in der hermetisch-pythagoreischen Tradition einzigartige Vorgehen finden sich in einem von Zorzi 1525 veröffentlichten Traktat *Harmonia mundi totius cantica tria*.

In diesem Werk erscheint die Welt als Ausdruck der göttlichen Harmonie und beherrscht von Zahlen-Verhältnissen; durch das Studium der Zahlen gelangt der Mensch zum Verständnis der Schönheit der Schöpfung und des Plans ihres Schöpfers.

Damit endet der Spaziergang durch die Pfarrei von S. Francesco della Vigna.

4. San Giovanni in Bragora

San Zuane in Bragora

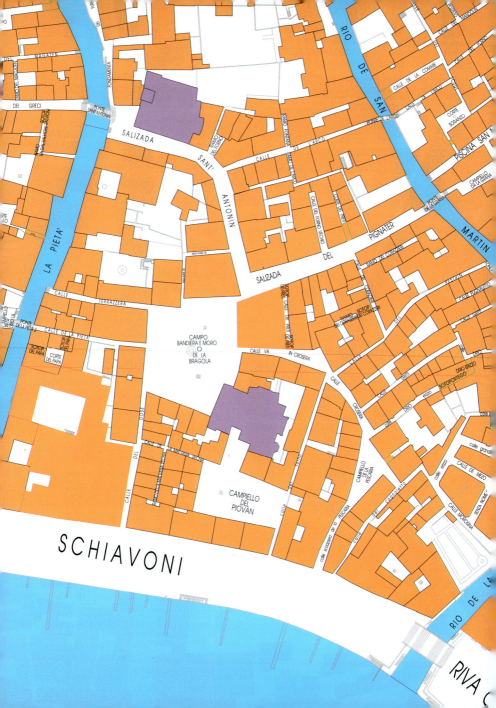

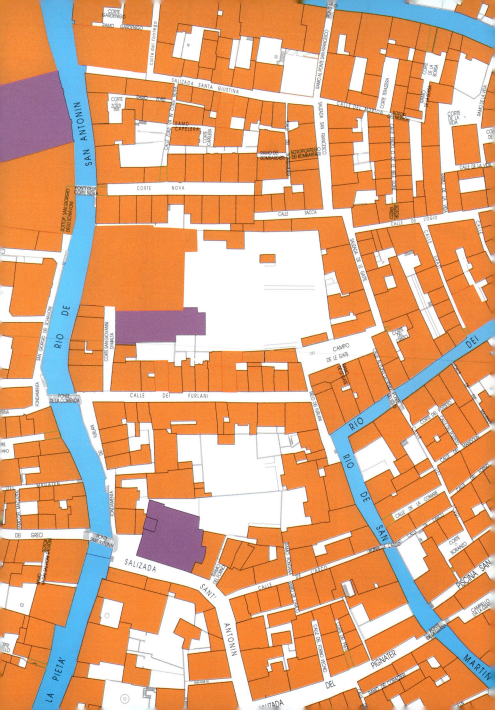

Man steigt an der Anlegestelle S. Zaccaria aus, geht nach rechts die Riva degli Schiavoni entlang und biegt nach der zweiten Brücken in die erste Calle links, die Calle del Doge. Am Ende der Calle liegt der Campo S. Giovanni in Bragora, heute Bandiera e Moro zur Erinnerung an die Venezianer Attilio und Emilio Bandiera und Domenico Moro, die 1844 in Cosenza von den neapolitanischen Bourbonen füsiliert wurden, weil sie es als erste gewagt hatten, sich für die nationale Unabhängigkeit einzusetzen.

Die Kirche lässt sich auf das Jahr 586 datieren und wurde durch S. Magno errichtet; 817 wurde sie erneuert und 1178 und 1475 zwei Mal neu errichtet. 1728 erfolgten weitere Restaurierungen, die das ursprüngliche primitive Aussehen veränderten. Das Innere hat die Form einer dreischiffigen Basilika mit drei Apsiden; an der Decke ist das offene Balkenwerk zu sehen. Im linken Seitenschiff steht der im 15. Jahrhundert aus einem gotischen Kapitell geschaffene sechseckige Taufstein, in dem Antonio Vivaldi getauft wurde.

Die Insel, auf der die Kirche steht, erhielt den Namen von S. Giovanni Battista, dem der Name Bragora angehängt wurde, manchmal auch »in gemino«.

Es gibt verschiedene Erklärungsversuche; viele nehmen an, dass der Name Bragora von einer Provinz im Orient kommt, aus der die Überreste des Heiligen Johannes stammten; andere führen ihn auf das orientalische Wort B'ragal zurück, was zwei Männer oder Helden bedeutet (Kastor und Pollux). Wieder andere leiten Bragora von *brago* (Schlick oder Schlamm) und *gora* (Brackwasserkanal) ab, was die ursprünglich schlammigen, von Wasser durchzogenen Bodenverhältnisse bezeichnet. Einige schließlich nehmen an, dass es vom griechischen *Agorà* (Platz) kommt.

Die Gründung der Pfarrei liegt weit in der Vergangenheit. Die Chronik berichtet, dass der Doge Michiel (1118-1129) in der Pfarrei S. Zuane in Bragora einen kleinen Palast mit Garten erbauen ließ. Im Februar 1756 m.v. (*more veneto*; s. *San Zaccaria*, S. 103) fand im Campo della Bragora eine prächtige Stierhatz statt; während des Festes traten auch zwei Seiltänzerinnen auf, die auf einem vom Campo zur Kirchturmspitze gespannten Seil hinauf und hinunterliefen. Der alte Kampanile aus dem 16. Jahrhundert wurde 1826 wegen Einsturzgefahr abgerissen.

Steht man mit dem Rücken zur Kirche, öffnet sich zur Linken die **Cale del Dose**, die auf die **Riva de i Schiavoni** führt. Die Calle hat ihren Namen nach einer Gewürzhandlung oder Apotheke »Zum Dogen«, die bis zum 16.

Dauer

2h 30′

4. San Giovanni in Bragora

Linien 1 82
N 20
41 42
51 52
71 72
6 14

Kirche und Glockenstuhl von S. Giovanni in Bragora

Jahrhundert an der Ecke zur Riva degli Schiavoni existierte.
In der Mitte der Calle öffnet sich auf der linken Seite der **Ramo drio la Malvasia**. Diese Straße hat ihren Namen, den es häufiger in Venedig gibt, von den »Malvasie«, wo Importweine ausgeschenkt wurden, speziell aus Malvasia, einer Stadt auf dem Peleppones, die seit Mitte des 15. Jahrhunderts in venezianischem Besitz war. Es gab süßen und trockenen Malvasierwein, und seine Verkäufer bildeten gegenüber den sonstigen Weinverkäufern eine eigene Zunft. Sie durften weder einheimischen Weine verkaufen, noch Essen zubereiten, Spielkarten ausgeben oder Reklameschilder aushängen.

Die Venezianer haben schon immer den Wein geschätzt, und Livius teil mit, dass die alten »Heneti« oder »Eneti«, also die Männer des Weins, später ihren Namen in »Veneti« abänderten. Der Wein wurde früher nicht, wie heute, pur getrunken, sondern mit Wasser verdünnt. Diese Angewohnheit ist bei alten Männern noch manchmal verbreitet, und das Getränk hat den Namen »Bevanda«. Eine hübsche Villanelle aus dem 12. Jahrhundert lautet folgendermaßen:

> Das Wasser, mit dem Busen und Gesicht du dir wäschst,
> Ich bitte dich, Schatz, schütt' es nicht weg;
> Damit wollen wir den Wein mischen,
> Wenn wir zu Abend essen.

Und ein venezianischer Trinkspruch aus dem 14. Jahrhundert:

> Wer gut trinkt – schläft gut
> wer gut schläft – denkt nichts schlechtes
> wer nichts schlechtes denkt – tut nichts schlechtes
> wer nichts schlechtes tut – kommt ins Paradies
> trinkt also jetzt gut – dann kommt ihr ins Paradies.

Der Brunnen im Campiello del Piovan

Man kommt im **Campielo del Piovan** heraus, auf dem zwei Brunnen aus dem 15. Jahrhundert stehen; aus einer Inschrift geht hervor, dass sie 1691 restauriert wurden.

Auf der dem Campiello zugewandten Seite der Kirche kann man einen seltenen würfelförmigen Brunnen sehen mit einer Reliefdarstellung des Heiligen Johannes (16. Jh.), einem griechischen Kreuz und zwei Inschriften »IN USUM PRESBYTERORUM«.

Die Bezeichnung »del Piovan«, die sich in vielen Straßen und Plätzen der Stadt findet, verweist darauf, dass sich hier früher die Wohnung eines Pfarrers befand.

In Venedig hieß der Pfarrer, bevor er Pievano genannt wurde, »Vicario« oder Rettore und konnte auch ein einfacher Diakon sein, der die Kirche verwaltete und die sakralen Handlungen vorbereitete. In den frühesten Zeiten wurde er von den Stifterfamilien der Kirche oder deren Nachkommen gewählt, später von den Gemeindemitgliedern. Um das 15. Jahrhundert gab es 76 Pfarreien, 120 Kirchen und 360 Priester, die unter der Führung des Bischofs von Olivolo oder S. Pietro in Castello und seit 1451 des Patriarchen den venezianischen Klerus bildeten (s. *S. Stefano*, Calle Larga del Clero, S. 246).

Trotz des Respekts und der Privilegien, die die Priester kraft ihres Amtes genossen, unterstanden sie doch den staatlichen Gesetzen wie alle anderen Bürger Venedigs auch. Sie wurden vom venezianischen Staat geschützt, aber auch gerichtet, und zwar ohne jede äußere Einmischung, speziell seitens der römischen Curie, der gegenüber Venedig trotz Interdikten und ständiger Kontroversen bis zum Ende seine Unabhängigkeit verteidigte.

Die Pfarrer glänzten nicht gerade durch ihre Bildung, obwohl sie sich einer Prüfung durch den Bischof unterziehen mussten. So wird erzählt, dass am 25. April 1584 Giacomo Comin nach seiner Wahl zum Subdiakon der Kirche von S. Cassiano vom Bischof aufgefordert wurde, einen Passus aus dem Katechismus wiederzugeben; er antwortete: »Monsignore, ich habe nicht die geringste Ahnung davon«, weshalb eine neue Wahl angesetzt wurde.

Campiello del Piovan

4. San Giovanni in Bragora

Diese Episode erinnert an die bekannte Geschichte von dem Priester, der die Worte des Evangeliums »in diebus illis« (in jenen Tagen) damit erklärte, dass »in die« von *indie* (Indien) oder *dindie* (Truthähne oder Perlhühner) komme und dann bei dem »bus illis« nicht mehr weiter wusste, woher die verbreitete Redensart stammt »Hier steckt das busillis«, wenn man auf Schwierigkeiten stößt.

Der Campo wird begrenzt von der **Cale del Forno**, wo sich früher ein Brotladen oder Backofen befand.

Die Bäckerzunft bildete sich 1445 und verfüge über zwei Andachtsräume, die Scuola dei SS. Tre Re Magi an der Brücke der Madonna dell'Orto mit einem Hospiz daneben und die Scuola della Beata Vergine in der Kirche von S. Maria Zobenigo.

Der Preis für das Brotbacken wurde 1649 auf 20 Soldi pro Scheffel festgesetzt. Das Schilfrohr, mit dem die Backöfen beheizt wurden, durfte aus Sicherheitsgründen nicht in der Nähe der Öfen gelagert werden. Im Jahr 1773 gab es 62 Backöfen mit 15 Meistern, 149 Gesellen und 22 Lehrlingen.

Aus dem Jahr 1819 wird die Geschichte erzählt, dass ein Elefant aus seinem Gehege auf der Fondamenta degli Schiavoni ausbrach und in die Calle del Forno lief. Hier zertrümmerte er eine Haustür, zerbrach den Brunnen und stürzte beim Versuch, eine Holztreppe hinaufzusteigen, mit dieser ein. Es wurden zahlreiche Schüsse auf ihn abgegeben, doch die Kugeln vermochten die harte Haut nicht zu durchdringen, im Gegensatz zu einem kleinen Zimmer im Erdgeschoss, in dem eine Witwe mit ihren vier kleinen Kindern schlief. Glücklicherweise lagen die Schüsse so hoch, dass niemand verletzt wurde. Der Elefant kam wieder auf die Beine, setzte seine Flucht fort und versteckte sich in der Kirche von S. Antonino, wo er von den Artilleristen mit einem kleinen Geschütz getötet wurde.

Das Ereignis inspirierte Buratti zu dem satirischen Gedicht *L'Elefantiade*, das ihm einen Monat Gefängnis einbrachte.

Folgt man der Calle del Forno links vom Campiello, kommt man in die **Cale Crosera**, die diesen Namen trägt, weil sich hier viele Gassen kreuzen.

Auf der gegenüberliegenden Seite beginnt die **Cale del Pestrin**, die durch die **Cale dei Corazzieri** in der **Salizada del Pignater** mündet; am Haus Nummer 3588 befindet sich ein Tabernakel aus dem 17. Jahrhundert.

Auf der Seite von Calle del Pestrin öffnet sich der **Sotoportego del Cason** (s. *SS. Apostoli*, Campiello della Cason, S. 300).

Kirche von S. Antonin

4. San Giovanni in Bragora

Campo und Kirche von S. Lorenzo

Pestrin bedeutet Milchverkäufer; ursprünglich hatten viele Milchgeschäfte den Kuhstall direkt nebenan.
Auf der linken Seite der Calle del Pestrin befindet sich die **Corte Margaritera**, die heute in Privatbesitz und nicht zugänglich ist. Das Gewerbe der Margariteri oder Perlenmacher, die die bunten Glasperlen namens »Margarite« (nach dem lateinischen *margarita*: Perle) herstellten, entwickelte sich in Venedig im 13. Jahrhundert.
Es heißt, dass ein gewisser Cristoforo Briani durch Marco Polo erfahren habe, dass die Küstenbewohner von Guinea verrückt nach Achaten, Granaten und anderen Edelsteinen waren, weshalb er beschloss, Glasimitate herzustellen. So begründete er in Venedig eine völlig neues Glasmachergewerbe, das »delle Margarite« genannt wurde. Die Glasperlen, von denen einige nur einen Millimeter Durchmesser hatten, wurden von Frauen, den sogenannten »Impiraresse«, in Heimarbeit zu langen Ketten aufgefädelt.

Eine »Impiraressa« beim Perlenauffädeln

Das Gewerbe der Corazzieri (Harnischschmiede) war in diesem Viertel stark vertreten und es gab zahlreiche Werkstätten in **Cale, Ramo, Sotoportego, Fondamenta** und **Ponte dei Corazzieri**. Fondamenta und Brücke sind mittlerweile verschwunden, weil der Kanal zugeschüttet wurde und heute die Salizada del Pignater bildet. Sein Name verrät, dass hier ein Kesselmacher oder –verkäufer seinen Laden hatte.
Die Salizada del Pignater grenzt an die **Salizada S. Antonin** und die gleichnamige Kirche. Sie stammt aus dem 7. Jahrhundert und wurde 1680 neu errichtet; der Kirchturm entstand um 1750.
Über die **Fondamenta dei Furlani**, die **Ponte de la Comenda**, die **Fondamenta de S. Zorzi de i Schiavoni** und

4. San Giovanni in Bragora

Rio S. Lorenzo in Richtung S. Marco mit dem schiefen Kampanile von S. Giorgio dei Greci

durch die **Cale de S. Lorenzo** gelangt man auf den **Campo S. Lorenzo**, der früher als »Corte« galt, weil er viel kleiner war als heute.

Die dem Kanal gegenüberliegende Seite nimmt die Kirche von S. Lorenzo ein, die im Jahr 809 unter dem Dogen Angelo Partecipazio erbaut wurde. 1105 wurde sie durch einen Brand zerstört, neu aufgebaut, mehrfach restauriert und erhielt 1595 ihre heutige Form. Früher verfügte sie über prachtvolle Verzierungen und eine Fülle von Gemälden, heute ist sie in Gemeindebesitz, kahl und ohne ein einziges der ursprünglichen Bilder. Das einschiffige Innere wird von drei Bögen in zwei Bereiche geteilt, der eine für die Gläubigen, der andere als Chor für die Nonnen; die beiden Seitenbögen sind durch ein Gitter geschlossen, im mittleren steht der beidseitig genutzte Altar.

In dem alten Kirchgässchen liegt der berühmte Reisende Marco Polo begraben, der in seinem Testament vom 10. Januar 1324 das Kloster bedachte, wo er beigesetzt werden wollte: »meam eligo sepolturam«. Das danebenliegende Kloster wurde von 841 bis zu seiner Schließung im Jahr 1810 von Benediktinerinnen bewohnt. Anschließend wurde es zur Casa dell'Industria und schließlich Altersheim. Es heißt, dass beim Umbau der Kirche (1592) zwei Amphoren voller alter Goldmünzen entdeckt wurden, die angeblich die Äbtissin Angela Michiel hier vergrub, als ihr Bruder, der Doge Vitale II., ermordet wurde (s. *S. Zaccaria*, S. 100).

Gegenüber der Kirche liegt die **Ponte de S. Lorenzo**. Wie die Chroniken berichten, zog einst die Confraternità di S. Giovanni Evangelista in einer Prozession über die Brücke,

Gegenüber:
Die Kirche von S. Giorgio dei Greci

um sich in die Kirche zu begeben. Dabei fiel der Reliquienschrein des Heiligen Kreuzes, den die Scuola 1369 zum Geschenk erhalten hatte, ins Wasser, schwamm aber wunderbarerweise auf der Oberfläche. Viele Mitglieder der Brüderschaft sprangen ins Wasser, um die Reliquie zu retten, doch sie ließ sich nur vom Vorsteher der Confraternita Andrea Vendramin anfassen, der sie ans Ufer brachte.

Ein Zeugnis dieses Wunders, das sich zwischen 1370 und 1382 ereignete, ist das berühmte Gemälde *Das Wunder der Kreuzreliquie* von Gentile Bellini, das man heute in der Accademia bewundern kann.

Man überquert die Brücke von S. Lorenzo und geht nach links die zur Pfarrei S. Zaccaria gehörende **Fondamenta di S. Lorenzo** entlang; am Haus Nummer 5106 befindet sich im zweiten Stock eine Statue von S. Lorenzo aus dem 16. Jahrhundert.

Über die **Ponte dei Greci** kommt man wieder in die Pfarrei S. Giovanni in Bragora zurück.

Hinter der Brücke führt eine kurze Fondamenta zur Kirche von S. Giorgio dei Greci. Daran grenzt die Scuola di S. Nicolò dei Greci, die 1678 nach einem Entwurf von Longhena erbaut wurde. Es ist überliefert, dass zwischen 1400 und 1437 zahlreiche Griechen nach Venedig einwanderten, und ebenso nach 1453 in Folge der Eroberung Konstantinopels durch Mohamed II. Die Republik ordnete an, dass die griechisch-orthodoxen Gottesdienste in der S. Orsola-Kapelle der Kirche von SS. Giovanni e Paolo und später in der Kirche von S. Biagio gehalten werden mussten.

1526 erwarben die Griechen ein leeres Grundstück in der Pfarrei von S. Antonino

4. San Giovanni in Bragora

(heute S. Giovanni in Bragora) und erbauten dort zwischen 1539 und 1573 eine Kirche für S. Giorgio Martire; der Architekt war Sante Lombardo. Über dem einschiffigen Inneren erhebt sich eine zentrale halbkugelförmige Kuppel. Auf der Rückwand befindet sich nach griechisch-orthodoxem Ritus die Ikonostase, die reich mit Marmordekorationen und Bildern aus der griechisch-byzantinischen Schule geschmückt ist. Der heute stark zum Wasser geneigte Kampanile wurde von Bernardo Ongarin (1587-1592) gebaut. Seitlich neben der Kirche steht ein Brunnen aus dem 16. Jahrhundert.

Kommt man die Brücke hinunter, steht auf der linken Seite der Palazzo Zorzi-Liassidis, der heute von der Universität genutzt wird; im Innenhof steht ein kostbarer Brunnen aus dem 15. Jahrhundert.

Man geht durch die **Cale de la Madona**, wahrscheinlich nach einem früheren Madonnenbild benannt, und kommt auf den **Campiello de la Fraterna**, der seinen Namen nach einer alten wohltätigen Einrichtung trägt, der 1535 von Bartolomeo Nordino aus Bergamo gegründeten Fraterna Grande. Mit jährlichen Einkünften von 50.000 Dukaten unterstützte diese Einrichtung die Armen der Stadt.

Von der kürzeren Seite des Campiello della Fraterna kommt man zur **Cale Maruzzi**, nach der aus Epirus stammenden Familie Maruzzi benannt, die so reich war, dass sie den erschöpften Staatshaushalt der Russischen Zarin Katherina II. finanzieren konnten.

Parallel zur Calle Maruzzi verläuft die **Cale Lion**.

Die seit alters her in Venedig ansässige Familie Lion hatte ihren Geschäftssitz in Acri in Syrien. Als die Stadt 1291 unter die Herrschaft des Sultans von Ägypten fiel, kehrte Domenico Lion nach Venedig zurück und ließ sich hier endgültig nieder. Es war sein Sohn Nicolò, der die Verschwörung Marin Falieros entdeckte. Als er durch eine wundertätige Lattichpflanze [italienisch *lattuga*] aus dem Garten der Minoritenmönche von S. Maria Gloriosa dei Frari von einer schweren Krankheit geheilt wurde, ließ er zum Dank daneben eine Kirche und ein Kloster errichten, S. Nicolò della Lattuga genannt (s. *S. Maria Gloriosa*, Kirche von S. Rocco, S. 518).

Man kehrt zum Campiello della Fraterna zurück und nimmt die die **Cale de i Greci**; am Haus Nummer 3417 befindet sich im zweiten Stock ein Relief mit S. Georg und dem Drachen (1658) und der Inschrift »Ο ΑΓΙΟΣ ΓΕΟΡΓΙΟΣ«. Die Calle ändert in der Folge ihren Namen in **Cale Boselo o Busella**, und man kommt zu einem Tabernakel aus dem 15

Heiligenbild in der Calle della Pietà

Inschrift gegen das Aussetzen von Kindern an der Kirche della Pietà

Jahrhundert in der **Cale drio la Pietà**. Die rechte Seite ist eine Sackgasse, die linke führt zur **Ponte de la Pietà**, auch »dei Bechi« genannt, nicht aus Bosheit [*becco* heißt Ziegenbock und meint gleichzeitig den gehörnten, betrogenen Ehemann], sondern weil hier die Ziegenböcke an Land gesetzt wurden, damit sie auf den Wiesen der Umgebung weideten. Hinter der Brücke befindet sich rechts **Sotoportego e Corte del Papa**; der Innenhof und die umstehenden Häuser bildeten den Wohnsitz der alten Tribunenfamilie Barbolani, die sich hier gegen Ende des 8. Jahrhunderts niederließ. Aus dem 10.-11. Jahrhundert dagegen stammen die Stützpfeiler des Bogens und das Portal an der Uferseite. 1417 kam hier Papst Paul II. (Pietro Barbo) zur Welt, der dieser Familie entstammte.

Geht man dagegen in Richtung der **Cale de la Pietà** weiter, kommt man zu den Renaissancepalästen Gritti und Capello-Memmo (Hausnummer 3702). Wenig später sieht man auf der rechten Seite eine Inschrift gegen das Aussetzen von Kindern. Am Ende der Calle erhebt sich die Kirche della Pietà. In Wirklichkeit ist sie Mariä Heimsuchung geweiht und steht an der Stelle, wo sich früher ein 1348 von Fra Pieruzzo aus Assisi gegründetes Hospiz befand. Der Mönch zog mit dem Ruf »Pietà« [Barmherzigkeit] durch die Stadt und bat um Hilfe für die ausgesetzten Kinder. Nach seinem Tod (1553) wurde das Hospiz 1388 zum ersten Mal erweitert, dann noch einmal 1493 und 1515. Hierher wurden alle Säuglinge gebracht, die vor den Toren der Klöster oder auf den Vorplätzen der Kirchen ausgesetzt worden waren.

Die heutige Kirche stammt von 1745 und wurde nach einem Entwurf von Giorgio Massari erbaut; die unvollendet geblie-

Kampanile von S. Maria della Visitazione (Pietà)

bene Fassade wurde zu Beginn des 20. Jahrhunderts dank einer Nachlassverfügung des Bankiers Gaetano Fiorentini beendet.

Das Innere, »einer der elegantesten und harmonischsten Sakralbauten des 18. Jahrhunderts«, mit ovalem Grundriss hat über dem Kirchenschiff eine gewölbte, über dem Presbyterium eine flache Decke. An den Seiten öffnen sich hinter schmiedeeisernen Gittern zwei Chöre; hier gaben die Mädchen, die in der Anstalt untergebracht waren, ihre berühmten Konzerte mit Instrumentalmusik und Gesang. Antonio Vivaldi wirkte und komponierte hier.

Der Kampanile ist auffallend klein.

Wenn man auf der Riva degli Schiavoni herauskommt und sich nach links wendet, stößt man auf die **Ponte del S. Sepolcro**.

Es heißt, dass Elena Celsi in ihrem Testament vom 2. Januar 1410 ein Haus hinterließ, das für die Pilgerinnen zum Heiligen Grab und die bedürftigen Frauen Venedigs bestimmt war. Nach dem Fall von Negroponte im Jahr 1471 flüchteten von dort einige fromme Frauen, schlossen sich mit anderen dem Franziskanerorden an, ließen sich in dem Hospiz nieder und erbauten dort eine Kirche mit einer Nachbildung des Heiligen Grabes in Jerusalem.

Die Zahl der Bewohnerinnen wuchs so stark, dass der Orden den naheliegenden Palazzo Molin dalle Due Torri erwarb, in dem 1362 Francesco Petrarca gewohnt hatte. Die Basis des einen der beiden Türme kann man noch heute in der Calle del Doge sehen. Im 17. Jahrhundert wurde die Kirche weiter ausgeschmückt; 1808 wurde sie geschlossen und später zusammen mit dem Kloster als Kaserne genutzt.

Die Brücke von S. Sepolcro hieß früher »della Pietà« oder »di Ca' Navager«, weil sie in der Nähe des Palastes der Familie Navagero stand. Auf der Brücke befand sich ein kleiner Bildstock mit einem als wundertätig geltenden Bild, das von den Seeleuten sehr verehrt wurde. An manchen Tagen war die Brücke kaum zu überqueren, so viele Menschen knieten vor dem mit zahlreichen Bildern und Exvoten geschmückten Bildstock, vor dem immer Kerzen brannten. 1867 wurde das Bild in die Kirche della Pieta verbracht und der Bildstock abgerissen.

Geht man weiter die Riva degli Schiavoni entlang, stößt man auf der linken Seite auf die Calle del Doge, durch die man in den Campo S. Giovanni in Bragora zurückkehrt.

Gegenüber erhebt sich der Palazzo Gritti-Badoer, der trotz Restaurierungen und Umbauten die schöne spitzbogige

Fassade der Kirche della Pietà

Fassade aus dem 15. Jahrhundert bewahrt hat; über dem Mittelfenster befindet sich eine byzantinische Skulptur aus dem 10. Jahrhundert.

Links neben dem Palast beginnt die **Cale de la Morte**, die so heißt, weil hier früher die Hinrichtungen stattfanden. Das geschah auf Befehl der Partecipazi oder Badoer, die in diesem Palast wohnten, als sie Tribunen der Gemini genannten Zwillingsinseln waren.

An der Ecke des Campo, dicht am Palazzo Gritti, befindet sich die **Cale Terazzera**, auch »del Terazzer« genannt, nach einem Fußbodenleger, der hier früher einmal wohnte.

Es waren die Römer, über die das Handwerk der Bodenleger nach Venedig kam. Die Terrazzoböden bestanden aus Kalk, Sand, Steinen und Ziegelsteinpulver, die festgestampft, mit Bimsstein geschliffen und mit Leinöl poliert wurden. Die Bodenleger, die sich 1736 in einer Zunft zusammenschlossen, hatten ihre Scuola in der Kirche von S. Paternian und den Heiligen Florian zum Schutzpatron.

Kehrt man durch die Calle del Doge zurück, kommt man wieder auf die Riva degli Schiavoni.

5. San Zaccaria

San Zacaria

Man steigt an der Anlegestelle S. Zaccaria aus, geht durch den Sottoportico fast genau gegenüber der Anlegestelle und kommt auf den **Campo S. Zacaria**.

Die Kirche von S. Zaccaria soll von S. Magno im 7. Jahrhundert auf einer Insel namens Ombriola erbaut worden sein. Die Dogen Angelo und Giustiniano Partecipazio errichteten daneben ein Benediktinerinnen-Kloster, als sie von dem oströmischen Kaiser Leo V. den Körper des Heiligen Zacharias zum Geschenk erhielten. Unter dem 864 gewählten Dogen Orso Partecipazio wurde das Kloster von seiner Tochter, der Äbtissin Giovanna, neu erbaut. Nach dem furchtbaren Brand im Jahre 1105, bei dem 100 Nonnen erstickten, die sich in die Krypta (10.-11. Jh.) gerettet hatten, wurden Kirche und Kloster wieder aufgebaut; der Eingang zur Krypta befindet sich rechts vom Hauptaltar.

In den Jahre 1456-1457 begann der Bau der heutigen Kirche, die 1515 unter Mauro Codussi fertiggestellt wurde. Rechts neben der Fassade kann man noch einen Teil des Mauerwerks der alten Kirche aus dem 15. Jahrhundert sehen, die in das Kloster einbezogen wurde. Daneben steht der Kampanile, einer der ältesten der Stadt; es ist ein venezianisch-byzantinischer Bau aus dem 12. Jahrhundert.

Das Kloster wurde 1810 geschlossen und dient nach verschiedener Nutzung heute als Carabinieri-Kaserne. Auf der linken Seite des Campo sieht man die Bögen des Kreuzgangs aus dem 16. Jahrhundert, die mittlerweile als Läden genutzt werden. In der Mitte des Campo steht ein formvollendeter Brunnen in lombardischem Stil, der aber erst vor fünfzig Jahren hier aufgestellt wurde.

Der dreischiffige Innenraum wird durch Säulen mit äußerst kunstvollen Kapitellen unterteilt. Die Decke besteht aus Kreuzgewölben und einer halbkugelförmigen Kuppel über dem Hauptaltar. Hinter diesem verlängern sich die Seitenschiffe zu einem Umgang mit vier Kapellen.

Papst Benedikt III. soll auf der Flucht vor dem Gegenpapst Anastasius von den Nonnen von S. Zaccaria aufgenommen worden sein und ihnen viele Reliquien geschenkt haben. Damals wurde der Brauch eingeführt, dass alljährlich der Doge und die Signoria am 13. September, dem Vortag des Einweihungsfestes, die Kirche besuchten.

Beim ersten Besuch erhielt der Doge Pietro Tradonico von der Äbtissin Morosini eine Dogenmütze zum Geschenk, die ganz aus Gold bestand und reich mit Edelsteinen geschmückt war; mit ihr wurden dann die neuen Dogen gekrönt.

In dem nahegelegenen Sottoportico, der zur Riva degli Schia-

5. San Zaccaria

Dauer

1h 30'

Linien (1) (82)
(N) 20
(41) (42)
51 52
71 72
(6) 14

Fassade der Kirche von S. Zaccaria

5. San Zaccaria

voni führt, wurde Pietro Tradonico 836 von Verschwörern ermordet. Der Besuch der Kirche wurde in den späteren Jahrhunderten auf Ostern verlegt und bis zum Ende der Republik beibehalten.

Am Durchgang, der vom Campo S. Zaccaria zum Campo S. Provolo führt, kann man ein Portal aus dem 15. Jahrhundert mit einem Relief der Muttergottes zwischen Johannes dem Täufer und dem Heiligen Markus bewundern.

Sowohl an diesem wie an dem anderen Portal befindet sich eine Inschrift mit der Ermahnung, sich an dem geweihten Ort würdig zu benehmen, denn der Campo gehörte zum Kloster und war tagsüber geöffnet, während nachts die beiden Tore geschlossen wurden.

Campo S. Provolo. Die Kirche von S. Proculo (umgangssprachlich S. Provolo), die 809 von den Partecipazi begründet sein soll, stand unter der Schirmherrschaft der Nonnen von S. Zaccaria. Beim Brand von 1105 wurde sie ebenfalls zerstört und 1646 wieder aufgebaut. 1808 wurde sie geschlossen und in ein Privathaus umgewandelt (Hausnummer 4704). Auf dem Campo kann man am Haus Nummer 4664 einen hübschen Balkon sehen, der statt der üblichen Löwenköpfe mit zwei Hundeköpfen verziert ist, die als Wachhunde dienen.

Gegenüber diesem Haus liegt die **Ponte de S. Provolo**, die zusammen mit der Brücke des Pfarrhauses aus Stein erbaut wurde (13. Jh.), damit der Doge bei seinem Besuch von S. Zaccaria die Kirche direkt vom Campo SS. Filippo e Giacomo aus erreichen konnte und nicht mehr über die Riva degli Schiavoni musste. Diese Maßnahme wurde nach der

Kreuzgang des Klosters von S. Zaccaria

Gegenüber: Früheres Tor des Klosters von S. Zaccaria

Werkstatt eines »Remer« (Rudermachers) an der Brücke dei Carmini

S. Lorenzo auf der Fondamenta del Osmarin

Ermordung des Dogen Vitale Michiel II. ergriffen, der zu Ostern des Jahres 1172 auf der Riva degli Schiavoni von einem gewissen Marco Cassolo umgebracht wurde. Der Mörder büßte sein Verbrechen am Galgen, und die Häuser, in denen er sich vor dem Verbrechen versteckt hatte, wurden dem Erdboden gleichgemacht mit dem ausdrücklichen Verbot, sie wieder in Stein aufzubauen. An der Stelle, an der diese Häuser standen, befindet sich heute das moderne Hotel Danieli Excelsior.

In der Nähe der Brücke von S. Provolo sieht man an einer Hauswand (Hausnummern 4620-4625) ein Marmorbild der Jungfrau Maria mit einer Inschrift darunter, die besagt, dass das Haus beim Brand von 1735 zerstört und 1737 wieder aufgebaut wurde.

Zurück im Campo S. Provolo durchquert man hinter dem Haus Nummer 4704 **Sotoportego e Cale S. Provolo** und kommt auf die **Fondamenta de l'Osmarin**. Auf der linken Seite sieht man einen kleinen Bildstock mit dem Bild der Madonna del Carmine; nach ihm heißt das nahegelegene Brückchen, das 1791 zum ersten Mal erbaut wurde, »Carmini«. Überquert man die Brücke, befindet sich zur Linken eine alte Werkstatt, in der Ruder hergestellt werden. Geht man das erste Stück der Fondamenta entlang, die ihren Namen nach einer hier am Ende des 17. Jahrhunderts ansässigen Familie trägt, kommt man auf der linken Seite zur **Ponte del Diavolo**, die in die gleichnamige Calle führt. Der Grund für diese Benennung ist nicht bekannt. Nach einer volkstümlichen Legende benutzten die Mönche von S. Severo und die Nonnen von S. Zaccaria diesen Durchgang, um sich heimlich zu treffen; daher der Name »Teufelsbrücke«.

Oben auf der Brücke kann man ein wunderschönes zweibogiges Eckfenster am Palazzo Priuli bewundern; schaut man nach rechts über die **Fondamentina de l'Osmarin**, sieht man einen Heiligen Laurentius (16. Jh.), der anzeigt, dass das Gebäude im Besitz des nahegelegenen Klosters von S. Lorenzo war.

Folgt man der Calle del Diavolo und biegt nach links, kommt

5. San Zaccaria

man auf den **Campo S. Severo**, wo an Stelle der alten Kirche aus dem Jahr 820, die 1808 geschlossen und 1829 abgerissen wurde, das politische Gefängnis aus dem 19. Jahrhundert steht. Heute ist das Gebäude Sitz des Nationalen Soldaten- und Kriegsheimkehrer-Verbands. Auf dem Campo steht der Palazzo Priuli (Hausnummer 4999), der von dem 1456 gestorbenen Giovanni Priuli begründet wurde. Das Gebäude war mit zahlreichen Malereine von Giacomo Palma il Vecchio verziert.

Man folgt der langen **Fondamenta S. Severo**, an der der Palazzo Querini aus dem 17. Jahrhundert steht (Hausnummer 5003). Auf der rechten Seite öffnet sich der **Borgoloco S. Lorenzo** mit zwei schönen Brunnen, der eine aus dem 13., der andere aus dem 14. Jahrhundert.

Man nimmt an, dass sich die Bezeichnung »borgo a loco« von dem venezianischen Ausdruck »tegnir uno a loco e foco« ableitet, was bedeutet, ihn zu beherbergen; wahrscheinlich gab es in dieser Straße zahlreiche Herbergen und Mietunterkünfte.

Das Gefängnis auf der Fondamenta S. Severo

Muttergottes mit Jesuskind über dem Portal von Ca' Donà-Ottoboni

Fondamenta S. Severo: Ponte di S. Severo; rechts Palazzo Zorzi, im Hintergrund Palazzo Priuli

Fondamenta S. Severo in Richtung Ponte Novo

Eine andere Erklärung stammt vom Ingenieur Miozzi, der annimmt, dass das zweite Wort der Ortsbezeichnung von »lucus« (Wald) stammt, und daran erinnert, dass es früher in Venedig große baumbestandene Flächen gegeben hat, in deren Nähe eine neue Ansiedlung [borgo] entstanden sein könnte.

Am Ende der Fondamenta erhebt sich Ca' Donà-Ottoboni (Hausnummer 5136). Auf dem Architrav des Portals befindet sich ein Relief der gekrönten Mutter Gottes, deren Hand auf dem Jesuskind auf ihrem Schoß ruht; neben ihr stehen der Heilige Franziskus von Assisi und die Heilige Klara von Montefalco. Der Bau wird Sansovino zugeschrieben und gehörte der Familie von Papst Alexander VIII.

Man kehrt die Fonadamenta S. Severo ein kleines Stück zurück, überquert den Rio über die **Ponte Nuovo** und kommt durch die enge **Cale de Mezo** in die **Ruga Giuffa**. Die Bezeichnung »Ruga« wird allgemein auf das französische »rue« zurückgeführt und wurde in Venedig für die ersten Straßen benutzt, an denen auf beiden Seiten Häuser und Geschäfte standen. Bei dem Wort »Giuffa« gehen dagegen die Meinungen auseinander. Galliccioli, der berühmte Historiker aus dem 18. Jahrhundert, leitet den Namen von der Stadt Julfa ab, aus der einige armenische Kaufleute gekommen waren, um sich in Venedig niederzulassen.

In den alten Urkunden findet sich jedoch die Bezeichnung »Ruga Gagiuffa«, und in einem Dokument der Signori della Notte, die über die öffentliche Ordnung wachten, einen Erlass gegen »gagiuffos«, also gegen »Betrüger, die bettelnd und wahrsagend mit Heiligenbildchen durch die Stadt zogen, kleine Kinder bei sich hatten und vorgaben, anständige und fromme Leute zu sein«. Die Beschreibung ist so exakt, dass wir darin die heutigen Zigeuner erkennen können. Und tatsächlich kommt das Wort »gaiufus« von dem dalmatinischen »gejupka«, also »Zigeuner«; hieraus entstand wahrscheinlich der italienische Begriff »gaglioffo« [Gauner].

Ist man aus der Calle di Mezzo nach rechts in die Ruga Giuffa gekommen, stößt man auf der linken Seite auf **Sotoportego e Corte de la Nunziata**, benannt nach einem kleinen Heiligenbild von Mariä Verkündigung, auf Italienisch Annunciazione. Bekanntlich herrschte bei den Venezianern eine besondere Verehrung der Verkündigung Mariäs, weshalb an ihrem Feiertag, dem 25. März, die Gründung der Stadt gefeiert wurde und an diesem Tag auch das neue Jahr begann; der Einfachheit halber wurde der Jahresbeginn dann auf Anfang März verlegt. Diese Art der Jahresrechnung bezeichnet man als »more veneto«, abgekürzt zu »m.v.«.

Biegt man dagegen nach links ab und geht die Ruga entlang, folgen:

L – **Sotoportego e Corte del Paradiso**, die ursprünglich »zur Hölle« hießen und aus Aberglauben umbenannt wurden.

L – **Cale de l'Arco detta Bon**, nach einem Bogen, der sie überspannte, und Bon genannt, weil hier 1713 der Edelmann G. Bon wohnte. Man nimmt an, dass die Familie in dem reich mit Skulpturen und orientalischem Marmor verzierten Palast (Hausnummer 4907-4908) am Ende der Calle wohnte. Ursprünglich gehörte er der Familie Zorzi, wie das Wappen über dem Bogen verrät (s. *S. Canziano*, Ramo Bon, S. 286).

R – **Cale Castagna**, nach einem gewissen Giacomo Castagna, der 1740 mit Leinwand, Stoffen und Kamelott-Geweben handelte.

R – **Cale de i Mercanti**; das Wappen und die am Eingang der Calle eingemeißelten Symbole lassen erkennen, dass hier im 16. Jahrhundert die Scuola dei Mercanti und die Scuola di S. Orsola Häuser besaßen. Erstere wurde 1261 unter dem Namen S. Maria della Misericordia e di S. Francesco beim Kreuzgang der Frari erbaut. Da die Räumlichkeiten zu klein waren, erhielt sie vom Rat der Zehn die Erlaubnis, die Scuola nach Madonna dell'Orto zu verlegen (s. *S. Marziale*, Scuola dei Mercanti, S. 354).

L – **Salizada Zorzi**, an deren Ende ein dem Architekten Codussi zugeschriebener Palast in lombardischem Stil steht, der auf den Kanal blickt und der Familie Zorzi gehörte.

Einige Nachkommen der alten Herzöge von Mähren kamen 411 im Kriegsdienst des Kaisers Onorius nach Italien. Sie

Kirche von S. Zani Novo

Frauenkopf an einem Gebäude (4432) am Campo S. Zani Novo

ließen sich in Pavia nieder, erwarben zahlreiche Kastelle und nahmen nach einem Familienmitglied namens Giorgio, der zu Zeiten des Bischofs S. Epifanio Pavia bei einer Belagerung befreit hatte, den Familiennamen Giorgi oder Zorzi an. Auf der Flucht vor Attila zog sich die Familie 453 in die Lagune zurück und wirkte beim Aufbau Venedigs mit. Ihr entstammen zahlreiche Bischöfe, der im Jahr 1311 gewählte Doge Marino, militärische Führer und verschiedene Literaten.

R – **Cale de le Corona**, nach einer Gastwirtschaft »Osteria alla Corona« im 18. Jahrhundert benannt. Man biegt in die Calle della Corona ein, die mit der gleichnamigen Brücke endet, die früher Lion hieß (Wappen der Lion aus dem 14. Jahrhundert am Gebäude über der Brücke); 1850 wurde sie erneuert und war die erste Eisenbrücke in Venedig. Geht man die Calle entlang, öffnen sich zur Linken **Sotoportego e Corte Briani**, in der der Edelmann Francesco Briani 1661 Häuser besaß. Seine Familie war im Zuge innerstädtischer Auseinandersetzungen aus Bergamo verbannt worden, hatte in Venedig Zuflucht gesucht und wurde zum Großen Rat zugelassen. Ab 1161 war ein Raffaele Briani Anführer der venezianischen Truppen im Kampf gegen Bologna.

Sehr viel später nahm ein Giovanni Briani, der 1651 verstarb, an den Seeschlachten gegen die Türken bei Nixia und Paros teil. Die Familie besaß Häuser auch in der Calle Briani in S. Marcuola.

Am Ende der Calle della Corona biegt man nach rechts in die **Cale drio la Chiesa** ein und kommt in den **Campo S. Zani Novo**, korrekt »S. Giovanni in Oleo«.

Die Kirche stammt von 968 und wurde 1463 erneuert; Mitte des 18. Jahrhunderts wurde sie nach Entwürfen von Matteo Lucchesi neu errichtet. Das einschiffige Innere hat eine von Doppelsäulen getragene Gewölbedecke; zwischen den Halbsäulen öffnen sich auf jeder Seite zwei Seitenkapellen. Das quadratische Presbyterium hat ein Tonnengewölbe.

Auf dem Campo findet man am Haus Nummer 4432 ein merkwürdiges Fragment einer Statue, einen Frauenkopf mit

turmverzierter Krone und herausgestreckter Zunge (17. Jh.?).
Auf der Mitte des Platzes steht ein Brunnen mit der Jahreszahl 1542 und vier Monogrammen der Jungfrau Maria, die sich vielleicht auf die Scuola della Purificazione di Maria beziehen, die in diesem Viertel ihren Sitz hatte.

Auf der rechten Seite des Platzes kommt man zum **Sotoportego de la Stua** und zur **Fondamenta del Remedio**. Mit Stua bezeichnete man den Ort, wo Bader Nägel schnitten und Hühneraugen entfernten; der Name Stua [*stufa*: Ofen] erklärt sich aus dem Umstand, dass an solchen Orten immer heißes Wasser bereit stand. Die Bader hießen »stueri« (Bademeister), weil man hier auch ein warmes Bad nehmen konnte. Neben der Fußpflege behandelten die Stueri auch Kranke mit Aufgüssen von Holz, Quecksilbersalben, Duftessenzen und anderen Präparaten und verursachten aufgrund mangelnder Erfahrung bei ihren Patienten häufig schwere Gesundheitsschäden. Die Stueri hatten gemeinsam mit den Chirurgen ihre Scuola in S. Paternian. Die *Stufe* wurden außerdem für galante Stelldicheins benutzt. Laut Coronelli war die *Stua* in S. Giovanni Novo die berühmteste von Venedig.

Die Fondamenta del Remedio trägt ihren Namen nach dem Betreiber der Malvasia (Ausschank von Importweinen), die seit 1570 hier existierte.

Die Malvasia del Remedio war sehr berühmt. Wenn ein junger Patrizier auf die Zwanzig zuging, erschien er an einem festgesetzten Tag in zerrissener Kleidung im Innenhof des Dogenpalasts, wo die Freunde seine Hand berührten und ihn umarmten. Die gleiche Zeremonie wiederholte sich am Rialto, nachdem der Patrizier vom Dogen empfangen worden war. Wenn alle Zeremonien absolviert waren, mit denen der junge Mann seine politische Laufbahn begann, ging er mit seinen Freunden zur Malvasia in der Calle del Remedio, wo man ihm bei Wein und Gesang eine glückliche Hochzeit und schnelle Beförderung wünschte.

In der Mitte der Fondamenta öffnet sich die **Cale del Remedio**; bei der Hausnummer 4412 ist der Eingang zu einer alten, heute privaten Corte namens **Corte Rota deta Campana**.

In der Corte kann man außer dem Brunnen einige Bögen des ursprünglichen venezianisch-byzantinischen Portikus bewundern.

Man kehrt in den Campo S. Giovanni in Oleo zurück, geht hinter der Kirche vorbei und stößt auf der rechten Seite auf die **Cale del Figher** ohne eigenes Straßenschild; sie heißt

nach einem Feigenbaum, der heute nicht mehr existiert.
Man folgt der Calle dietro la Chiesa und kommt an der Einmündung in den **Campo SS. Filippo e Giacomo** auf der linken Seite zur **Cale del Spizier**.

Die nahegelegene Apotheke »Zum Gekrönten Wolf«, früher eine Gewürzhandlung, ist schon sehr alt, denn schon 1554 gab es einen »Santo Locatello, Gewürzkrämer Zum Wolf« im Campo SS. Filippo e Giacomo. Über der Apotheke befinden sich zwei Reliefs (16. Jh.), die beide den Propheten Zacharias darstellen. In den Anfangszeiten der Republik gehörten die Apotheker zu den »Spezieri da grosso« [Gewürzhändlern] (s. Ruga degli Spezieri, S. 486); später bildeten sie eine eigene Berufsgruppe. Die Satzung der Ärzte und Apotheker stammt aus dem Jahr 1258.

Die Apotheker, die sich durch Dekret des Dogen Girolamo Priuli am 5. März 1565 in einer eigenen Zunft zusammenschlossen, hatten als Symbol die Verklärung Christi und versammelten sich in der Kirche und dem Kloster der Frari.

Sie waren weithin berühmt für ihren Heiltrank *Teriaca* oder *Triaca*, der bis in die entferntesten Länder verkauft wurde. Die Venezianer übernahmen das Rezept des Theriak von den Griechen und Arabern und erreichten wegen der ausgesuchten Ingredienzien und der Sorgfalt, mit der sie gemischt wurden, eine solche Berühmtheit, dass selbst die orientalischen Völker, die ursprünglich als einzige das Geheirezept des Arztes Andromachos kannten, den Theriak ausschließlich aus Venedig bezogen.

Er wurde unter anderem in der Apotheke »Zum Goldenen Kopf« am Rialto hergestellt, und zwar bis zum Jahr 1603, wie auf den Gefäßen vermerkt ist.

In den »Triacanti« genannten Apotheken wurden die Zutaten des Heilmittels zu festgesetzten Zeitpunkten drei Tage lang ausgestellt. Dann wurden sie von Dienstmännern, die ebenfalls »Triacanti« hießen, in Bronzemörsern pulverisiert, die an bestimmten, durch Kreise im Straßenpflaster markierten Stellen aufgestellt wurden.

Drache (16. Jh.) in der Corte Rosario

Die Triacanti trugen eine helle Jacke, rote Hose mit gelber Schärpe und eine hellblaue Mütze mit gelbem Band und einer Feder. Während der Arbeit begleiteten sie die Stöße des Mörsers mit den folgenden Versen:

Gegen Gift, Blähungen und andere Übel
Ist Theriak allhier das beste Mittel!

Da die Pharmazeutik als angesehener Beruf galt, hatten seine Vertreter das Recht, sich mit einer venezianischen Adeligen zu verheiraten.
Noch mehr Straßen in Venedig heißen »del Spezier«, aber nicht alle nach einer Apotheke, sondern einige tragen ihren Namen auch nach Gewürzhandlungen und Konfektläden.

Die rechte Seite des Campo grenzt an die **Ruga Giuffa S. Apolonia**; bevor man sie erreicht, öffnet sich auf der linken Seite des Campo eine schmale Calle, die in die **Corte del Rosario** führt, wo man über einer Tür in der Ecke eine merkwürdige Skulptur (14. Jh.) sieht, die einen Drachen darstellt, dessen von zwei Ringen geteilter Körper zur Hälfte Drache und zur Hälfte Schlange ist.
Im Folgenden ein kurzer Hinweis auf den vermutlichen Symbolgehalt des Werks. Die Figur vereint in einem einzigen Symbol die beiden Aspekte des Kosmos: Drache, *yang*, aktives Prinzip und göttliche Macht; Schlange, *yin*, Fortpflanzungsprinzip und Urflüssigkeit. Die doppelte Spirale dazwischen stellt die beiden Richtungen einer Bewegung dar: Gleichgewicht und Ungleichgewicht, Geburt und Tod, der Tod am Beginn eines Initiationsritus und die Wiedergeburt des neuen Wesens. Es ist der Verlauf der Mittellinie des *yang* und *yin*, die beiderseitige abwechselnde Ausdehnung, der

Dogenpalast am Rio Ducale, von der Ponte della Canonica aus gesehen; im Hintergrund die Seufzerbrücke

Fondamenta S. Apolonia: links die Scuola dei Linaroli; an der rechten Ecke der Eingang des Klosters von S. Apolonia

5. San Zaccaria

Kreuzgang des Klosters von S. Apollonia

Ruhepunkt der beiden entgegengesetzten kosmischen Kräfte. Die Corte trägt ihren Namen nach einem kleinen Altar der Rosenkranz-Madonna; erbaut und unterhalten wurde er von der Confraternità del Rosario, die sich seit 1712 in der Kirche von S. Zaccaria versammelte. Sie wurde 1810 aufgelöst.

Die Verehrung der Rosenkranz-Madonna war in Venedig seit den ältesten Zeiten sehr stark ausgeprägt und verstärkte sich noch erheblich, nachdem Papst Pius V. ihren Festtag zum Feiertag erklärte zum Dank für den Sieg bei der Insel Curzola im Jahr 1571.

Geht man die **Ruga Giuffa S. Apolonia** weiter und biegt vor der **Ponte de la Canonica** nach links, kommt man auf die **Fondamenta S. Apolonia**, wo einst die im Jahr 900 erbaute Kirche von SS. Filippo und Giacomo stand. Am Haus Nummer 4310 sieht man das Renaissanceportal der Scuola dei Linaroli [Flachskämmer], deren Schutzheilige S. Apollonia war. Am Ende der Fondamenta standen im neunten Jahrhundert die Häuser der Familie Orseolo. 1160 wurden diese zum größten Teil in ein Kloster für die Mönche von Ammiana verwandelt, die die (heute verschwundene) Insel verließen, weil sie unbewohnbar geworden war.

Kirche wie Kloster wurden 1683 neu errichtet.

Die Kirche wurde 1807 und das Kloster 1813 säkularisiert. Im Haus Nummer 4312, dem heutigen Diözesanmuseum für Sakralkunst, kann man noch den Kreuzgang von S. Apollonia aus dem 12. Jahrhundert bewundern, in dessen Mitte ein schöner Brunnen aus dem 9. Jahrhundert steht. Der Kreuzgang wird in D'Annunzios Roman *Il fuoco* erwähnt.

Die Ponte della Canonica hat ihren Namen von den Häusern, in denen neben dem übrigen Klerus der Markuskirche die Domherren selbst wohnten; auch heute noch haben sie dort ihre Wohnungen. Ursprünglich hießen sie Kapläne und wurden 829 eingesetzt. Diese Wohnungen hatten die Struktur eines Klosters mit eigenem Innenhof, einem Brunnen und einem Kreuzgang im Erdgeschoss und einem Korridor in der darüberliegenden Etage. Der Eingang lag an der Piazzetta dei Leoni; heute steht hier der Patriarchenpalast, der 1837 nach Plänen von Lorenzo Santi erbaut wurde.

Die Brücke wurde nach der Ermordung des Dogen Vitale Michiel II. im Jahr 1172 erbaut, damit die Dogen zu Ostern bei ihrem Besuch von S. Zaccaria nicht über die Riva degli Schiavoni mussten, sondern die Kirche über eine leichter zu kontrollierende Gasse zwischen den Häusern erreichen konnten. Die heutige Brücke stammt aus dem Jahr 1755.

Kirche von S. Teodoro

Um einen kleinen Abstecher in die Pfarrei S. Marco zu machen, überquert man die Brücke und geht in den Torgang auf der linken Seite.

Hier steht die kleine Kirche von S. Teodoro (15. Jh.) mit ihrer früher freskenverzierten Fassade, die Sitz der Heiligen Inquisition war. Außerdem kann man die Absiden von S. Marco (11. Jh.) bewundern und eine große Sammlung von Marmorfragmenten in einer Strebemauer. Es handelt sich um die bei Restaurierungsarbeiten an der Basilika gefundenen Bruchstücke aus dem 11. bis 16. Jahrhundert.

Man kehrt zum Campo SS. Filippo e Giacomo zurück und stößt auf der rechten Seite auf die außergewöhnlich lange **Cale de i Albanesi**, nach den dort stehenden Häusern von Albanern. Sie hatten ihre Scuola in der Kirche von S. Severo (1443), aber vier Jahre später verlegten sie sie nach S. Maurizio (s. *S. Stefano*, S. 249) in die Räumlichkeiten, die dort noch immer neben der Kirche zu sehen sind. Am Ende der Calle steht auf der rechten Seite das Gefängnisgebäude, das 1589 von Antonio Da Ponte erbaut wurde.

Man tritt auf den ältesten, 1294 erbauten Teil der Riva degli Schiavoni hinaus, wendet sich nach links und geht sofort wieder links in die **Cale de le Rasse**.

Die *Rascia* oder *Rassa* ist ein Wollgewebe, mit dem die »Felzi« der Gondeln bedeckt wurden, und hieß nach dem Königreich Rascia (heute Serbien), woher die Tuche kamen. Bis zum Ende des 18. Jahrhunderts bestand bei der gewaltigen Zahl von Gondeln in Venedig ein großer Bedarf danach. Die Werkstätten, in denen diese Wollstoffe gefärbt wurden, lagen fast alle in der Calle delle Rasse. Der venezianische Historiker Sabellico erwähnt diese Straße schon zu seiner Zeit als »Rascianum vicum«. Die »Felzi« waren die kabinenartigen Abdeckungen der Gondeln zum Schutz der Passagiere (s. *SS. Giovanni e Paolo*, Fondamenta dei Felzi, S. 124).

Ab der Calle delle Rasse in Richtung Markusplatz wie in den Osterie, die es früher auf der Piazza gab, durften nach Erlass des Rates der Zehn keine Prostituierten wohnen: »Meretrices non habitent a calle rassie citra versus Palat. neque in hospitiis Plateae«.

An der Ecke der Calle delle Rasse mit der Riva degli Schiavoni steht ein prachtvoller spitzbogiger Palast, der im 14. Jahrhundert von den Dandolos erbaut wurde. Auf diese Familie folgten viele andere: die Gritti, die Mocenigo, die Bernardo, bis 1822 das ganze Gebäude von Giuseppe dal Niel, genannt Danieli, aufgekauft und in das gleichnamige Hotel verwandelt wurde, das noch heute existiert.

Geht man über die Brücke, kommt man wieder an den Ausgangspunkt zurück.

6. Santi Giovanni e Paolo

San Zanipolo

6. Santi Giovanni e Paolo

Dauer 2h 30'

Linien 41 42 51 52 12 13

Man steigt an der Anlegestelle FONDAMENTE NUOVE aus und geht nach links die ganze Fondamenta entlang bis zur Ponte dei Mendicanti, überquert die Brücke und biegt sofort nach rechts auf die Fondamenta dei Mendicanti ein; an deren Ende liegt der **Campo SS. Giovanni e Paolo**.

Steigt man an der Anlegestelle OSPEDALE CIVILE aus, geht man nach rechts die Fondamenta entlang bis zum Ponte dei Mendicanti und dort nach links, um zum Campo SS. Giovanni e Paolo zu kommen.

Mit dem Bau der gotischen Kirche wurde 1246 im Auftrag der Dominikanermönche begonnen, und zwar auf einem Grundstück, das ihnen 1234 vom Dogen Jacopo Tiepolo geschenkt worden war und auf dem eine kleine, dem heiligen Daniel geweihte Kirche stand. Ein Historiker berichtet, dass das Gelände zum größten Teil bei Flut unter Wasser stand und deshalb mit Schlamm aus den umliegenden Kanälen erhöht wurde.

Die Schenkung durch den Dogen Tiepolo soll einer Legende zufolge deswegen erfolgt sein, weil dieser in einer Vision die Kapelle von S. Daniele und das umgebende Gelände voller duftender Blumen erblickte, über denen einige Tauben hin- und herflogen, während zwei Engel goldene Weihrauchfässer schwenkten und vom Himmel die Worte erklangen: »Dies ist der Ort, den ich für meine Prediger erwählt habe«.

Auf dem Grabmal Tiepolos, das sich auf der linken Seite befindet, wenn man vor der Kirche steht, sind die beiden Engel mit den Weihrauchfässern dargestellt. Auf der rechten Seite befindet sich ein marmornes Halbrelief, das Daniel in der Löwengrube darstellt; wahrscheinlich handelt es sich um einen Überrest der alten, dem Heiligen Daniel geweihten Kirche.

Die Arbeiten am Dominikaner-Kloster waren 1293 beendet, während die Kirche erst 1430 eingeweiht wurde. Sie wurde bei Beerdigungen der Dogen benutzt und viele von ihnen sind hier beigesetzt (21), weshalb die Kirche aus das »Pantheon der Dogen« genannt wird.

Am 13. September 1916 wurde sie von einer Bombe getroffen, die an der Decke einer Kapelle das Gemälde *S. Domenico in Gloria* von Piazzetta und das Denkmal Valiers am Ende des Mittelschiffs beschädigte.

Im Jahr 1810 wurde sie Pfarrkirche einer neuen Pfarrei, während das Kloster, zusammen mit dem Hospiz dei Mendicanti und der Scuola di S. Marco zuerst als Militärlazarett genutzt und 1819 zum Städtischen Krankenhaus Venedigs umgewandelt wurden.

Fassade von SS. Giovanni e Paolo

Brunnen auf dem Campo SS. Giovanni e Paolo

6. Santi Giovanni e Paolo

Das Innere der Kirche hat einen kreuzförmigen Grundriss, drei Schiffe mit Kreuzgewölbe, eine vieleckige Hauptapsis und vier Seitenkapellen. Fünf Säulen auf jeder Seite tragen die Spitzbögen und die Kreuzgewölbe, die nach venezianischem Brauch durch hölzerne Zuganker zusammengehalten werden, in die heute massive Eisenketten eingezogen sind. Über dem Schnittpunkt von Längs- und Querschiff erhebt sich eine weite Kuppel.

Der Kampanile, der dem der Frari ähnelt, kam nie über die Fundamente hinaus. Im 17. Jahrhundert wurde ein Glockenstuhl erbaut, der aber aus Gründen der Statik am Ende des 19. Jahrhunderts abgerissen und durch einen ähnlichen, aber wesentlich kleineren ersetzt wurde.

Hinter der Kirche, in Richtung **Barbaria de le Tole**, befand sich ein Schießstand, wo mit dem Bogen und der Armbrust geschossen wurde, ebenso wie auf den anderen, über die ganze Stadt verteilten Schießstände.

Auf dem Campo, und zwar in der Vorhalle der Cappella della Pace, die an der Ecke zwischen der Kirche und der Scuola S. Marco stand, wurde 1355 Marin Faliero beigesetzt. Als zu Beginn des 19. Jahrhunderts die Kapelle abgerissen wurde, grub man auch den Sarg des Dogen aus. Es war ein großer Marmorsarkophag mit einem Skelett, dessen Kopf zwischen den Knien lag zum Zeichen, dass er hingerichtet worden war. Die Knochen wurden auf die als Beinhaus dienende Insel S. Ariano in der Lagune gebracht und der Sarkophag kam in das Museo Correr.

Von den Merkwürdigkeiten, die sich in SS. Giovanni e Paolo zugetragen haben, sei ein Urteil der Signori di Notte gegen

Gegenüber:
Scuola Grande di S. Marco

Graffiti aus dem 15. und 16. Jh. am Torpfeiler der Scuola

Heiligenbild an Ponte Cavallo

Andrea Verrocchio, Reiterstandbild des venezianischen Generals Bartolomeo Colleoni

einen gewissen Alvise Benedetto von 1502 erwähnt, der seine Frau dazu zwang, sich zu prostituieren. Es wurde angeordnet, »dass besagter Hahnrei in gelben Kleidern mit einer Krone mit Hörnern auf dem Kopf auf einem Esel herumgeführt werde, damit alle ihn sehen, und so geschah es«.

Erinnert sei auch daran, dass im Januar 1506 wegen der großen Kälte viele Arme erfroren, so dass die Republik hinter der Apsis der Kirche beim Armbrust-Schießstand ein Brettergebäude für die Bedürftigen errichten ließ, die außerdem mit Stroh als Unterlage und mit Brennholz versorgt wurden.

Der Campo wurde das erste Mal 1682 auf Kosten der Mönche mit Trachyt gepflastert. Der Brunnen wurde erst 1825 aufgestellt und stammt aus dem Palazzo Corner in S. Maurizio.

Der Teil des Platzes, der sich an der Südseite der Kirche mit dem prächtigen Glasfenster aus dem 15. Jahrhundert entlangzieht, diente als Friedhof der Trientiner (Val di Ledro). Die Friedhofsgrenze ist noch mit einer Reihe weißer Steine im Pflaster gekennzeichnet, und eines der Eingangstore ist an der Kirchenmauer unter dem Glasfenster angebracht.

Gegenüber der Fassade befindet sich die **Ponte Cavalo**, benannt nach dem Reiterstandbild von Bartolomeo Colleoni aus Bergamo. Einundzwanzig Jahre war er venezianischer General, und als er 1475 in seiner Burg in Malpaga starb, hinterließ er der Republik einen großen Teil seines Besitzes mit der Auflage, dass man ihm ein Denkmal auf dem Markusplatz errichte.

Da die Statuten der Republik dies ausdrücklich untersagten, beschloss der Senat, es an der heutigen Stelle zu errichten, und zwar – vielleicht etwas boshaft – genau gegenüber der Scuola di S. Marco. Aber auch so erwies Venedig seinem General eine große Ehre, denn sein Denkmal ist das einzige, das in den elf Jahrhunderten der Republik unter freiem Himmel aufgestellt wurde. Das Reiterstandbild wurde von

Fondamenta dei Mendicanti, Kirche von S. Lazzaro

dem Florentiner Andrea Verrocchio gestaltet, und nach seinem Tod von Alessandro Leopardi gegossen, der auch den Marmorsockel entwarf.

Die Scuola di S. Marco gehörte zu den sechs »großen« Scuole von Venedig und hieß ursprünglich »dei Battuti«. Sie wurde 1260 zu religiösen und humanitären Zwecken erbaut und 1485 bei einem Brand fast völlig zerstört. Das heutige Gebäude wurde unter der Leitung von Pietro Lombardo zusammen mit seinen Söhnen und Buora zwischen 1487 und 1490 errichtet. Einige Teile wurden um 1495 von Mauro Coducci fertiggestellt. An den Türpfosten des Eingangs kann man Graffiti von Segelbooten (15. oder 16. Jahrhundert) und einige noch nicht entzifferte Schriftzeichen erkennen.

Über der Tür eines Hauses an der Ponte Cavallo kann man ein Relief mit der Verkündigung Mariens bewundern, das ein Werk Giusto Le Courts sein soll.

Ein Teil der Brücke stürzte 1772 bei der Beerdigung des Cancelliere Grande Giovanni Colombo wegen der zu großen Menschenmenge ein. Auf der dem Platz zugewandten Seite der Brückenfundamente befindet sich ein Tabernakel mit der Madonna und dem Jesuskind (1615).

Folgt man der **Fondamenta dei Mendicanti** längs der Scuola Grande in Richtung Lagune, kommt man zur Kirche S. Lazzaro dei Mendicanti mit ihren beiden Flügeln, früher das Ospedale dei Mendicante und heute Städtisches Krankenhaus.

Die Anfänge dieses Krankenhauses gehen auf das 13. Jahrhundert zurück, als die venezianischen Schiffe auf dem Rückweg von Syrien die Lepra einschleppten. Damals (1224) wurden die Erkrankten in einem Innenhof bei SS. Gervasio e Protasio untergebracht, der sogenannten Corte di S. Lazzaro, da man damals der Lepra den Namen des mit Geschwüren bedeckten Armen aus dem Gleichnis des reichen Prassers gab. 1252 wurden die Kranken auf eine kleine Insel verlegt, die aus dem gleichen Grunde Lazzaretto hieß und später auch für die Bettler und die pflegebedürftigen Alten genutzt wurde.

Zu Beginn des 17. Jahrhunderts entstand dank der Mildtätigkeit der Venezianer und zweier reicher Kaufleute nach den Plänen Scamozzis ein Hospiz innerhalb der Stadt, genauer, in der Nähe der Fondamente Nuove.

Die Kirche, die der Architekt in die Mitte des Krankenhauses gesetzt hatte, wurde 1636 eingeweiht.

Am Ende der Fondamenta dei Mendicanti befindet sich die gleichnamige Brücke, die gegen 1831 in Stein erbaut wurde. Überquert man sie, kommt man auf die **Fondamente Nove**, die sich bis zur **Saca de la Misericordia** erstrecken.

Sie wurden 1546 auf Anordnung des Senats erbaut. 1767 wurden sie grundlegend restauriert, da sie bei dem schrecklichen Sturm vom 20. Dezember 1766 beschädigt worden waren. Ihr Name erklärt sich aus dem Umstand, dass sie als einzige völlig neu angelegt wurden. Sie waren früher wegen der gesunden Luft stark besucht, da sie den Nord- und Nordostwinden ausgesetzt waren und laut Tradition nie von der Pest heimgesucht worden waren.

Hinter der Brücke biegt man nach links in die **Corte Berlendis o Semensi**, wo der Palazzo Semenzi, vormals Mosca aus dem 17. Jahrhundert steht (Hausnummer 6279). Man überquert die Corte und biegt nach rechts in die **Cale Berlendis** und nach wenigen Metern nach links in die **Cale del Squero**. Dieser Name findet sich häufig in Venedig und rührt daher, dass es vor dem Bau des Arsenals eine große Zahl von *Squeri* oder privaten Werften gab, in denen die Republik ihre Kriegsschiffe bauen ließ. Nach der Entstehung des Arsenals wurden in ihnen Fracht- und Zivilschiffe gebaut.

Der venezianische Historiker Galliccioli führt das Wort *squero* auf squadra [Winkelmaß] zurück, ein beim Bootsbau erforderliches Werkzeug, das auf Venezianisch »squara« heißt.

In der Calle del Squero findet man auf der rechten Seite zwei **Corte del Paluo**, deren Namen auf die frühere sumpfige Beschaffenheit des Boden verweist; *Paluo* entspricht dem italienischen Palude [Sumpf].

Von diesem »Paluo« ist in den Chroniken bei Aufzählung der Spenden anlässlich des Kriegs von Chioggia die Rede: »Nicola de Buora überlässt der Gemeinde Venedig ein Haus, das er im Viertel von S. Marina sopra el paludo besitzt«.

Geht man weiter, stößt man zur rechten auf die **Corte Cortese**, nach einem Nicolò Cortese, der 1514 anzeigte, dass er dort ein Haus besaß.

Bogen am Eingang von Cale de l'Anzolo

Einem Silberschmied Domenico Cortese verboten die Signori di Notte, weiter in seiner Werkstatt zu arbeiten, weil der Rauch die Nachbarn belästigte. Nach einem positiven ärztlichen Gutachten wurde ihm dann erlaubt, seine Tätigkeit weiter auszuüben.

Auf der linken Seite folgt **Sotoportego e Corte Nova** und wenig später **Cale de i Meloni**, nach den Melonenverkäufern, die früher hier wohnten. Die Calle stand mit der Fondamenta dei Mendicanti über eine gewölbte Holzbrücke in Verbindung. Sie wurde zu einem unbekannten Zeitpunkt im 19. Jahrhundert abgebrochen und ihr Name »dei Meloni« auf die Eisenbrücke (1855) über die Schiffseinfahrt des Städtischen Krankenhauses an der Fondamenta dei mendicanti übertragen.

Im weiteren Verlauf ändert die Calle ihren Namen in **Cale de la Testa**, nach einem Marmorkopf (17. Jh.) in einer Hauswand, einem Überrest eines alten Gebäudes.

Auf der rechten Seite der Calle sieht man am Anfang der **Cale de l'Anzolo** einen Bogen aus dem 16. Jahrhundert. Das gotische Wappen (Lanzoni?) wird von einem Löwen mit herausgestreckter Zunge gehalten. Der Kopf, nach der die Calle heißt, befindet sich gegenüber dem Eingang von Palazzo Grifalconi.

Palazzo Grifalconi (Hausnummer 6359) auf der linken Seite gehörte der gleichnamigen Familie, die auch in S. Margherita Häuser hatte. Um 1700 befand sich im Palast der Fondaco del Curame (Lederdepot); im Hof eine schöne Treppe aus dem 15. Jahrhundert.

Man folgt der Calle della Testa bis zur Kreuzung mit der

Glockenförmige Kamine am Palazzo Dandolo

Cale Larga Giacinto Gallina, die früher auf der linken Seite »Cale del Cavalo« und auf der rechten »Cale del Favro« hieß.

Geht man Calle della Testa immer weiter entlang, stößt man zur Linken auf die **Cale del Squero Vechio** und **Cale del Forno**; hier befand sich im Haus Nummer 6395 ein alter venezianischer Backofen, der 1932 geschlossen wurde.

Schließlich kommt man in der **Cale de le Erbe** aus, die nach dem Gemüselager benannt ist, das sich im 18. Jahrhundert hier befand.

Man folgt ihr nach links über die **Ponte Rosso** (wie eine Reihe von anderen nach der ursprünglichen Farbe des Mauerwerks benannt) und kommt über die **Fondamenta Dandolo** wieder in den **Campo S. Zanipolo**.

An der Ecke von Fondamenta und Campo steht der Palazzo Dandolo aus den Anfangsjahren des 17. Jahrhunderts mit drei auffallenden Kaminen.

Ist man auf den Platz hinausgetreten, hält man sich rechter Hand und kommt zuerst zur **Cale de i Morti**, wegen des früheren Friedhofs, heute »del Verrocchio«; anschließend folgen **Sotoportego** und **Corte Bressana** und schließlich die gleichnamige Calle. Hier steht der Palazzo Grimani (Hausnummer 6779-81) vom Ende des 16. Jahrhunderts, der später »Casa Bressana« genannt wurde, weil dort der Nuntius aus Brescia wohnte; hier war auch das Büro für die Post von und nach Brescia.

Einige der Republik unterstehende Gebiete wie Brescia, Bergamo, Chioggia, Lendinara, Badia, Feltre, Vicenza und Friaul hatten das Recht, in Venedig eigene Niederlassungen zu halten, um dort ihre Nuntien oder Botschafter und andere Honoratioren unterzubringen.

In der Corte Bressana stand ein wunderschöner Marmorbrunnen, eine Arbeit der Bon, mit dem Wappen der Familie Contarini della Zogia, der früher einmal die Häuser gehörten. Heute steht er im Museo Correr und ist durch einen völlig anonymen Brunnen ersetzt worden. Die Außentreppe ist der einzige Überrest des alten Gebäudes.

In der Corte stand früher eine Statue von Marco Agrippa aus dem Pantheon in Rom. Im 17. Jahrhundert erhielten die Grimani, denen die Statue gehörte, zahlreiche Angebote von Kunstsammlern, auch aus dem Ausland. Die Familie lehnte immer ab, bis sie schließlich einem besonders verlockenden Angebot von jenseits der Alpen nicht mehr widerstehen konnten.

Am Tag des Abtransports der Statue erschien unter den

Statue von Marco Agrippa, Museo Archeologico Venedig

6. Santi Giovanni e Paolo

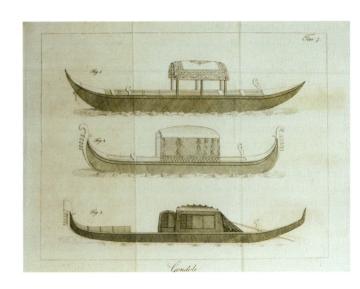

Gondel mit »Felze« (aus *Del Costume Veneziano sino al sec. XVII*)

Neugierigen, die sich in der Corte versammelt hatten, auch Cristoforo dei Cristofoli, der gefürchtete »Fante dei Cai« (Regierungsbote) in Amtstracht. Die Grimanis ließen sofort nachfragen, ob er etwas anzuordnen habe, worauf Cristofoli schroff erwiederte: »Ich bin hier im Auftrag der Republik, um Herrn Marco Agrippa gute Reise zu wünschen, bevor er aufbricht«. Die Grimanis verstanden den Wink und traten vom Vertrag zurück; die Statue blieb bis 1876 an ihrem Platz, dann wurde sie ins Archäologische Museum gebracht.

Man geht weiter und findet auf der rechten Seite die **Corte de la Madona** und die **Corte Veriera**, irrtümlich als Venier bezeichnet; sie trägt ihren Namen nach einer alten Glaserwerkstatt, die im 16. Jahrhundert den Grimanis gehörte.

Die Glaser [verieri] oder Glasverkäufer bildeten eine eigene Berufsgruppe, im Unterschied zu den Glasbläsern oder Besitzern von Glasöfen in Murano, mit denen sie oft im Streit lagen. Ihre Confraternita entstand 1436.

Folgt man nun genau den Angaben, kommt man in einen der verstecktesten und bestgehüteten Winkel Venedigs.

Man folgt der Calle, die die Fortsetzung der Corte Veriera bildet, durchquert den Portikus und kommt auf die **Fondamenta de i Felzi**.

Mehrere Straße tragen den Namen der »Felzi«, die Abdeckungen oder Kabinen der Gondeln, wie bereits bei Calle delle Rasse in der Pfarrei S. Zaccaria erwähnt.

Man nimmt an, dass das Wort Felzi von »Felci« [Farn] oder

anderen Gewächsen stammt, die man im Sommer über diese Kabinen breitete, um im Innern eine erträgliche Temperatur zu wahren. Es ist schwierig, wenn nicht gar unmöglich, das Geburtsjahr der Gondeln festzulegen und zu ermitteln, welche Form und Proportion das heute als Gondel bezeichnete Boot hatte.

Der Doge Vitale Falier befreite 1094 mit einem Erlass die Einwohner von Loreo, künftig den Dogen Gondeln zur Verfügung zu stellen: »Gondulam vero nullam nobis, nisi libera vostra voluntate facturi estis«. Hier sei auch die Legende angeführt, die erzählt, wie im Jahre 809 die schöne Estrella, die Tochter von Angelo Partecipazio, den König Pippin und Sohn Karls des Großen in einer Gondel aufsuchte. Der Frankenkönig hatte bereits die Hauptstadt Malamocco erobert und die Venezianer unter ihrem Anführer Angelo Partecipazio gezwungen, sich auf die Rialto-Insel zurückzuziehen. Die Verfolgung bis in ihren Schlupfwinkel erwies sich als so schwierig, dass er schnell einen Damm errichten ließ, um seine Truppen zum letzten Angriff vorrücken zu lassen.

Da ließ sich die schöne Estrella, auch »Rose von Venedig« genannt, mit einer Gondel zum Lager des Königs bringen und versuchte, ihn mit freundlichen Worten von seinem waghalsigen Unternehmen abzubringen. Der König jedoch ließ sich nicht von dem Reiz der schönen Venezianerin betören und blieb bei seinem Vorsatz, den Kampf fortzusetzen. Schließlich bat Estrella ihn, sie zu ihrer Gondel zu begleiten und zum Rialto zurückkehren zu lassen. Der König erlaubte dies ritterlich, und sie machte sich schleunigst davon, wobei

Corte Botera

sie im Stillen über die Naivität des Königs lachte, der nicht gemerkt hatte, dass während ihrer langen Unterhaltung die Flut den von den Soldaten erbauten Damm überschwemmt hatte. So war es für die Venezianer nicht schwer, den Feind zu besiegen und endgültig zurückzuschlagen.

Die Legende geht noch weiter und berichtet, dass die Gondel Estrellas, während sie unter dem Jubel der Sieger am Rialto anlegte, versehentlich durch einen von einem Katapult geschleuderten Stein zerstört wurde und die Heldin in den Fluten ertrank. An dieser Stelle erhebt sich heute die Rialto-Brücke.

Der Name »Gondola« stammt höchstwahrscheinlich von »cymbula«, einem kleinen, beidseitig spitz zulaufenden griechischen Boot. Anfangs waren diese Fahrzeuge schlicht und bescheiden, aber im 16. Jahrhundert, als es über 10.000 davon in der Stadt gab, wurden sie an Heck und Bug mit gebogenen Eisen verziert, die mit kleinen Spitzen versehen waren, und mit immer kostbareren Stoffen und Brokaten ausgeschmückt. Der Magistrato alle Pompe, also die zur Kontrolle des Luxus bestellten Aufseher, mussten eine lange Reihe von Bestimmungen erlassen, damit die Boote ausschließlich mit schwarzen »Rascia«-Tuchen verkleidet wurden. Am Ende des 18. Jahrhunderts wurde das Eisen am Heck entfernt, das Bugeisen verändert und die Gondeln bekamen ihre heutige Gestalt.

Doch zurück zu dem versteckten Winkel: auf der Fondamenta dei Felzi biegt man nach links und stößt auf einen weiteren Portikus, der auf eine Eisenbrücke führt. Anstatt über die Brücke zu gehen, betritt man eine winzige Fondamenta über dem Kanal, die nach den ersten Stufen auf der linken Seite beginnt. Man geht sie entlang, kommt durch ein Gittertor, einen Portikus, steigt einige Stufen hinunter und ist in der **Corte Botera**!

Ihr Name stammt von der Zunft der Botteri, der Böttcher; hier kann man die Überreste des allerersten Palastes der Contarini della Zogia aus dem 9. Jahrhundert bewundern. Das Portal am Ende der Corte ist das, was von dem einstigen schlichten Bau übriggeblieben ist.

Man kehrt zum Campo SS. Giovanni e Paolo zurück und folgt auf der rechten Seite der **Salizada S. Zanipolo**. Fast genau gegenüber dem Zugang zur Corte Veriera, an der Ecke von Campo und Salizada, liegt das heutige Dominikaner-Kloster, das die Stelle der früheren Scuola di S. Orsola und der Scuola della Beata Vergine del Rosario einnimmt.

Es sei daran erinnert, dass die im 14. Jahrhundert erbaute Cappella oder Scuola di S. Orsola den berühmten Gemälde-

zyklus enthielt, den Vittor Carpaccio am Ende des 15. Jahrhunderts malte; heute befindet sich der Zyklus in der Accademia.

Zwischen den Mauern des Gebäudes müssten sich auch die Gräber der Brüder Giovanni und Gentile Bellini befinden. Seit 1810 leben hier die Dominikaner.

Folgt man der Salizada, stößt man zur Rechten auf die **Cale de le Carozze** (s. *S. Stefano*, S. 238). Ihr gegenüber erheben sich Kirche und Ospedale di S. Maria dei Derelitti, von denen im weiteren Verlauf des Kapitels noch die Rede sein wird.

Eine Chronik berichtet, dass sich in einem Haus in der Nähe, an dem der Markuslöwe eingemeißelt war, eine Münzprägestelle befand. Galliccioli erinnert daran, dass zu seiner Zeit der Münzmeister dort freies Logis hatte; der Historiker nahm an, dass dort die abgenutzten und beschädigten Münzen umgeschmolzen und die sogenannten »Maggiorine«, die mit Kupfer versetzten Münzen geprägt wurden. Mit Sicherheit wurde dort das Gold geschmolzen, das für die Münzprägung diente, denn in einer *Beschreibung des Viertels* von 1661 ist hinter dem Ospedaletto die »Schmelzhütte der Münze« verzeichnet.

Geht man weiter, kommt auf der rechten Seite die **Cale de l'Ospedaletto** und die gleichnamige Brücke. Man überquert die Brücke und geht nach links die **Fondamenta de S. Zan Lateran** entlang, die zum alten Kloster gleichen Namens führt. Am Ende der Fondamenta biegt man nach rechts und dann nach links auf eine weitere Fondamenta, die man bis zur **Ponte Cappello** entlanggeht. Vor der Brücke biegt man nach links und kommt zum **Campielo Cappello**.

Corte Muazzo, Bögen und Detail eines Kapitells

6. Santi Giovanni e Paolo

Kirche von S. Maria dei Derelitti, Fassade und Details

Eine Nonne namens Mattia, die mit einigen Gefährtinnen das Kloster von SS. Rocco und Margherita verlassen hatte, kehrten 1504 reumütig zurück, um nach der Ordensregel des Heiligen Augustinus in einem Haus bei dem alten Oratorium von S. Giovanni Laterano (im Volksmund S. Zan Lateran) zu leben. Diese Bezeichnung erklärt sich aus dem Umstand, dass das Gebäude dem Kapitel der Canonici Lateranensi in Rom unterstand. Im Jahr 1519 wurden die Abtrünnigen wegen guter Führung in das Kloster von S. Anna geschickt und kehrten 1551 von dort in das erste Kloster zurück.

1573 wurde das Gebäude durch einen Brand zerstört, bei dem die Äbtissin Serafina Molin ums Leben kam.

Als das Kloster wieder aufgebaut wurde, waren nur zwei Nonnen übriggeblieben. Im Jahr 1599 betrug die Zahl bereits über fünfzig. Auch dieses Kloster wurde 1810 geschlossen und die Kirche nebenan abgerissen. An ihrer Stelle befindet sich heute der Campiello Cappello.

Das Klostergebäude diente später verschiedenen Zwecken: als Notariatsarchiv, Gymnasium, Volksschule, Technisch-nautische Oberschule »Paolo Sarpi« und Lehrerbildungsanstalt »N. Tommaseo«; das Gebäude ist vor kurzem renoviert worden.

Cappello geht auf den Namen einer alten Familie zurück, die von Capua nach Rom übersiedelte und statt Capuelli später Cappello hieß. Als römische Bürger waren sie von den

Triumvirn verbannt worden, kamen nach Padua und von dort zur Zeit Attilas nach Venedig, wo sie 1297 unter die Patrizier aufgenommen wurden.

Vom Campiello überquert man die **Ponte Muazzo**, geht durch zwei Sottoportici und kommt, wenn man sich nach rechts hält, in die **Corte Muazzo**, wo vor etlichen Jahren der Verfasser dieses Buches zur Welt kam. Bemerkenswert ist das Kapitell aus dem 11. Jahrhundert in byzantinischem Stil auf der Säule am Eingang der Corte.

Die Familie Muazzo kam im 8. Jahrhundert aus Torcello nach Venedig. 1168 wird ein Antonio Muazzo erwähnt, der die Kirche von S. Paterniano wieder aufbaute (s. *S. Luca*, S. 224). Ein Zweig dieser Familie bewohnte die Paläste, die auf den **Rio de S. Zan Lateran** blicken und zu Beginn des 17. Jahrhunderts von den Giustiniani erbaut worden waren.

Kommt man aus dem Portikus heraus und geht nach rechts die **Cale Muazzo** entlang, kommt man in der **Barbaria de le Tole** aus, die die Fortsetzung der Salizada SS. Giovanni e Paolo ist. Die Straße hat ihren Namen von den zahlreichen Holzlagern, die sich hier seit ältesten Zeiten befanden. Durch Filiasi, einen weiteren venezianischen Historiker, sind wir unterrichtet, dass die Venezianer Holz hierher transportierten und dass dieser Handel durch den Dogen Giustiniano Partecipazio im Jahre 822 gesetzlich geregelt wurde. Die Holzhändler waren nicht in einer Zunft zusammengeschlos-

sen, sondern in einer Genossenschaft, deren Mitgliedschaft erlosch, sobald jemand den Holzhandel aufgab.

Die Barbaria delle Tole ist mit der Erinnerung an zwei gewaltige Brände verknüpft, weshalb die beiden Seitenstraßen **Ramo primo Brusà** und **Ramo secondo Brusà** heißen. Der erste Brand ereignete sich im September 1683, als die ganze Bevölkerung in Castello zusammengeströmt war, um an der Jubelfeier anlässlich der Befreiung Wiens von den Türken teilzunehmen.

Das zweite Feuer brach am 2. Juni 1686, dem Vorabend des Pfingstfestes, in einem Holzlager aus und legte alle Gebäude vom Ospedaletto bis zur Kirche von S. Maria del Pianto am Ufer der Lagune in Schutt und Asche. Es wird erzählt, dass ein einziges Haus verschont blieb und dieses Wunder dem Heiligen Antonius zugeschrieben wurde, dessen Statue sich an der Fassade des Hauses Nummer 6663 befand. Heute ist das Heiligenbild verschwunden.

Hat man die Calle Muazzo verlassen, stößt man nach etwa hundert Metern auf der rechten Seite auf die **Corte de la Terazza**, die heute durch ein Gitter verschlossen ist (Hausnummern 6686 und 6687). Man muss klingeln, um hineinzukommen. In der Corte befindet sich eine Terrasse und eine Treppe, die von dem alten Palast Ca' Magno übriggeblieben sind. In der Mitte steht ein wunderschöner Brunnen in lombardischem Stil vom Ende des 15. Jahrhunderts.

Fast genau gegenüber der Corte della Terazza beginnt die

Oratorium in Campiello S. Giustina

Cale del Paruchier, nach einem Friseurgeschäft, das sich früher hier befand.

Die Zunft der Friseure war seit 1435 mit der der Barbiere vereint und beide hatten ihre Scuola mit den Schutzheiligen Cosmas und Damian in der Serviten-Kirche. Geht man in Richtung Campo SS. Giovanni e Paolo weiter, trifft man auf der rechten Seite auf die Kirche von S. Maria dei Derelitti, Ospedaletto genannt nach dem kleinen Spital, das 1527 von dem Wundarzt Gualtieri auf dem »Bersaglio« genannten militärischen Übungsplatz errichtet wurde.

Die Kirche, die aus dem Jahr 1528 stammt, erhielt ihre heutige Gestalt 1674 dank eines Vermächtnisses von Bartolomeo Carnioni, einem Kurzwarenhändler mit einem Laden »Zum Straußen« in der Merceria di S. Salvador. Der barocke und wuchtige Entwurf stammt von Baldassare Longhena; an der Fassade befindet sich eine Büste des Stifters.

Das Spital, das im 18. Jahrhundert nach Plänen von Matteo Lucchesi ebenfalls umgebaut wurde, existierte bis 1807; anschließend wurde es in ein Altersheim umgewandelt und erfüllt noch heute diese Funktion.

Man geht bis zum Anfang der Calle Muazzo zurück und weiter geradeaus in die **Cale del Cafetier**, deren Name von einem Kaffeehaus stammt, das hier früher existierte.

In der Calle findet man die Fassade von Palazzo Bragadin (Hausnummer 6480). Über der Tür sieht man ein modernes Medaillon des berühmten Marcantonio Bragadin, den die Türken bei der Belagerung von Famagosta 1517 bei lebendigem Leib häuteten und dessen Haut in der Kirche von SS. Giovanni e Paolo beigesetzt wurde (s. *S. Maria del Rosario*, Abbazia di S. Gregorio, S. 596). Am Haus Nummer 6481 befindet sich ein vorchristliches orientalisches Relief, das Daniel in der Löwengrube darstellt (5. Jh.). In der Mitte der Calle del Caffetier mündet kurz vor dem Palazzo Bragadin die **Cale de le Moschete**, nach dem Namen der Familie Moschetta oder Moschetti.

Kommt man auf den **Campielo S. Giustina**, »di Barbaria« genannt, findet man zur Rechten ein 1829 erbautes Oratorium, das den Campiello von einer Corte trennt, deren Name **Corte de le Do Porte** darauf zurückgeht, dass vor dem Oratorium hier früher eine Mauer mit zwei Eingangstoren stand.

An dieser Stelle, und zwar in Ca' Basadonna (Hausnummer 6493) lebte und starb (1628) Giacomo Palma il Giovane. An den Häusern Nummer 6488 und 6491 sieht man die Embleme der Scuola della Misericordia (17.-18. Jh.).

Verläßt man den Platz nach links, kommt man die in außerordentlich lange **Cale de le Capuzine**.

Die zweite Calle links ist die **Cale de Mezo**, in der sich am Haus Nummer 6613 über der Tür eine von acht Mitgliedern der Brüderschaft umgebene Madonna della Misericordia mit dem Symbol der Scuola della Carità befindet (1553). Daneben sieht man eine Gedenktafel, die an die Renovierung des Hauses durch den Guardian Grande Vincenzo Quartari erinnert.

Die Calle delle Cappuccine heißt nach einem mit der Kirche von S. Maria del Pianto verbundenen Kloster von Serviten-Nonnen, die Kapuzinerinnen genannt wurden. Beide Gebäude wurden 1647 von Baldassare Longhena auf Grund eines Gelübdes des Senats während des Türkenkrieges errichtet.

1810 wurden Kloster und Kirche geschlossen, aber im gleichen Jahr wieder geöffnet; die Nonnen blieben hier wohnen und leiteten das Istituto Canal in S. Maria del Pianto bis in die siebziger Jahre dieses Jahrhunderts. Heute ist das Kloster dem Städtischen Krankenhaus angeschlossen und die Kirche verfällt.

Hier angekommen, braucht man nur noch auf die Fondamente Nuove hinauszutreten, um zur gleichnamigen Anlegestelle des Vaporetto zu kommen.

7. Santa Maria Formosa

Der Weg zu dieser Pfarrei ist etwas schwieriger zu finden als zu den andern. Man steigt an der Anlegestelle RIALTO aus und geht zum Campo S. Bartolomeo, von dort durch den Sottoportego della Bissa und die anschließende Calle zur Ponte di S. Antonio, überquert sie und befindet sich in der Salizada S. Lio. Man folgt ihr und biegt ganz am Ende, wenn es nicht mehr geradeaus weitergeht, nach links in die Calle delle Bande, überquert die gleichnamige Brücke und kommt auf den Campo S. Maria Formosa.

Die Kirche wurde im 7. Jahrhundert mit Unterstützung der Familie Tribuno begründet. Es heißt, die Jungfrau Maria sei S. Magno, dem Bischof von Oderzo, erschienen und habe ihm befohlen, an der Stelle, wo sich vor seinen Augen eine kleine weiße Wolke bilde, eine Kirche zu errichten.

Sie wurde dem Fest von Mariä Lichtmess geweiht und im Volksmund zur Erinnerung an die Schönheit des erschienenen Marienbildes S. Maria Formosa genannt. Schon nach zweihundert Jahren wurde 864 eine neue Kirche erbaut und diese 1105 nach einem Brand wieder aufgebaut. 1492 wurde sie dann nach Plänen Mauro Codussis auf den alten Fundamente aus dem 9. Jahrhundert neu errichtet.

1541 wurde die Fassade auf der Kanalseite erbaut und 1604 mit Mitteln der Familie Cappello die Fassade zum Campo im Stil Sansovinos. Während des Ersten Weltkriegs wurde das Dach am 9. August 1916 von einer Brandbombe getroffen und brannte vollständig ab.

Das Innere hat die Form eines griechischen Kreuzes und besteht aus einem Mittelschiff und zwei Seitenschiffen, einem Presbyterium und einem zweiflügeligen Querschiff mit Kreuzgewölbe; über dem Schnittpunkt von Längs- und Querschiff erhebt sich eine halbkugelförmige fensterlose Kuppel, ebenso über den Seitenschiffen, die jeweils über Seitenkapellen mit zweibogigen Fenstern verfügen. Der Kampanile wurde 1611 nach Plänen des Priesters Francesco Zucconi erbaut und 1688 fertiggestellt.

Zwischen der Kirche und dem Kampanile steht die Scuola della Purificazione, die im 14. Jahrhundert nach Plänen Paolo Barbettas errichtet wurde.

Auf der rechten Seite der Hauptfassade, an der **Ponte de le Bande**, steht ein heute als Wohnhaus genutztes Gebäude, in dem sich die Scuola dei Bombardieri befand (s. *S. Francesco*, Calle dei Bombardieri, S. 66). Sie wurde 1501 gegründet, erhielt 1505 ihren Sitz bei der Kirche und behielt ihn bis 1797.

Die Schutzpatronin der Bombardieri war die Heilige Barba-

Dauer

3h

Linien

Maske am Kampanile von S. Maria Formosa

7. Santa Maria Formosa

ra, deren Bild (1598) noch heute an der Ecke zwischen dem Gebäude und der Ponte delle Bande und an dem Sockel am Kanalufer zu sehen ist. An diesen meist rechteckigen Sockeln aus Marmor wurde der rot gestrichene Fahnenmast mit dem Banner der Republik befestigt.

Auch die verschiedenen Brüderschaften pflegten auf diese Weise ihre Fahnen aufzuhängen.

Am **Campo de S. Maria Formosa** stehen zahlreiche Adelspaläste. Rechts von der **Ponte de Ruga Giuffa** steht der Palazzo Malipiero, später Trevisan, der im 16. Jahrhundert von Sante Lombardo erbaut wurde.

Auf der linken Seite, an der Einmündung der Calle degli Orbi, steht der spitzbogige Palazzo Vitturi (Hausnummer 5246) mit Fensterreihen, Kapitellen, Patera-Schalen und Kreuzen in venezianisch-byzantinischem Stil aus dem 12. und 13. Jahrhundert. Das Haus Nummer 6129 hinter der Einmündung der Calle Longa ist das Geburtshaus von Sebastiano Venier, dem Sieger von Lepanto. Es schließen sich die prächtigen Häuser der Donà mit dem Familienwappen an (Hausnummern 6121, 6123, 6126). Der von Bartolomeo Manopola (1580) entworfene Palazzo Ruzzini, später Priuli schließt die Nordseite des Platzes ab.

Auf dem Campo fand 1686 ein nächtliches Schauspiel mit Feuerwerk statt, um die Einnahme der Festung Napoli in Rumänien durch Francesco Morosini, genannt Peloponnesiaco, zu feiern. Man sah die mit Kanonen bestückte Festung und die Verteidiger in türkischer Tracht. Gegenüber erhob sich der Berg Palamedes, wo die Venezianer in Schlachtordnung aufgestellt waren. Mit Feuerwerk wurde die Bombardierung des Kastells vorgetäuscht, von wo das Feuer erwidert wurde.

Campo und Kirche von S. Maria Formosa

Ca' Donà am Campo S. Maria Formosa

Anschließend gab es Angriffe, Zusammenstöße und Minenexplosionen. Die Türken hissten schließlich die weiße Fahnen, die Geiseln wurden abgeführt und auf den Mauern erschien das Banner von S. Marco.

Im folgenden Jahr fand auf dem Platz zu Ehren des Großherzogs von Toskana Cosimo III. eine großartige Stier- und Bärenhatz statt.

Das Fest wurde jedoch von einem Unglück überschattet: ein Altan, also eine der Holzterrassen, die man auf den Hausdächern sieht, stürzte hinunter und riss zwei Frauen in den Tod; ein Priester konnte sich retten, indem er sich an einer Regenrinne festklammerte.

Auf dem Campo stand bis 1845 der Pranger, zu dem die Schuldigen bei bestimmten Verbrechen verurteilt wurden. Hier wurden übrigens nur die Frauen an den Pranger gestellt, die Männer dagegen auf der Riva degli Schiavoni beim Sottoportico di S. Zaccaria.

Geht man von der Ponte di Ruga Giuffa in Richtung Campo, stößt man auf **Sotoportego e Cale de i Orbi**, benannt nach einigen Häusern der Scuola dei Orbi [Blinde], die bereits 1315 in einer Confraternita unter der Schirmherrschaft von Mariä Geburt zusammengeschlossen waren.

In dieser Calle stürzte am 13. November 1813 während der Belagerung von 1813-1814 ein dreistöckiges Haus ein, in dem der Küster der benachbarten Kirche mit seiner Frau und eine Amme mit einem Säugling wohnten.

Der Küster fand sich im eigenen Bett im Kanal wieder,

Campo S. Maria Formosa: Palazzo Malipiero-Trevisan und Palazzo Ruzzini

zusammen mit seiner Frau, die sich ein Bein gebrochen hatte. Die Amme kam um und der Säugling blieb wie durch ein Wunder mit den Windeln an einem Balken hängen und wurde gerettet.

Ebenfalls auf der rechten Seite ist die **Cale Longa**, die ihren Namen ebenso wie andere Straßen in Venedig wegen ihrer Länge trägt. Sie ist mit dieser Bezeichnung seit dem 13. Jahrhundert bezeugt.

In dieser Calle verteidigte sich gegen Ende des 18. Jahrhunderts Almorò Morosini, der während einer Stierhatz von vier maskierten Schergen überfallen wurde. Er setzte sich nicht nur erfolgreich zur Wehr, bis ihm die Seinen zu Hilfe kamen, sondern tötete mit einem Stockdegen einen Bluthund, der auf ihn gehetzt worden war. Wegen dieses Vorfalls pflegten die Bewohner der Calle Lunga bei einer unüberwindlichen Schwierigkeit oder einem außerordentlichen Ereignis zu sagen: »Gnanca el stocco del Morosini che à tagià el can per mezo« (Nicht einmal der Degen Morosinis, der einen Hund mittendurch geschnitten hat).

Auf der linken Seite der Calle folgen:

Cale del Pestrin (Milchhändler). Haus Nummer 6140 ist Palazzo Morosini del Pestrin aus dem 17. Jahrhundert.

Cale Cocco o Coco; die Familie Cauca, später Coco oder Cocco genannt, stammte ursprünglich aus Konstantinopel, verließ dann Durazzo, siedelte nach Mantua über und kam im 10. Jahrhundert nach Venedig. Da sie in Notzeiten große Mengen Getreide beschafft und sich dadurch um die Republik verdient gemacht hatte, wurde sie zum Rat zugelassen. Ein heute erloschener Zweig der Familie hatte in der Calle einen kleinen Palast (Hausnummer 6165) mit Fassade auf den Rio del Pestrin.

Cale Schiavoncina (s. *S. Pietro in Castello*, S. 39).

Cale Trevisana, nach einem Haus im Besitz einer uralten Familie, die ursprünglich aus Aquileia und dann aus Treviso kam (s. *S. Maria del Rosario*, S. 603).

Cale del Console; so genannt, weil seit Mitte des 18. Jahrhunderts hier der holländische Konsul wohnte.

Cale Bragadin o Pinelli; in dieser Calle hatten 1661 die Edelleute Lunardo und Girolamo Bragadin ihre Häuser. Letzterer war Avogador di Comun. Die zweite Bezeichnung stammt von der Druckerei Pinelli, die am 17. Juni 1752 aus der Calle del Mondo Novo in den Palazzo Bragadin übersiedelte. In diesen Räumen (Hausnummer 6258) hatte unter der österreichischen Regierung die Druckerei Andreola ihren Sitz, später die der Gazzetta Ufficiale di Venezia und seit 1866 die

Druckerei Merlo mit einem Anker als Symbol. Heute ist davon nichts mehr erhalten.

Corte de la Malvasia; ohne eigenes Straßenschild (s. *S. Giovanni in Bragora*, Calle della Malvasia, S. 82).

Am Ende der Calle Lunga befindet sich die **Ponte Cavanis**. Die Familie Cavanis oder Cavagnis kam aus Bergamo und besaß lange Zeit ein Geschäft für Goldspitzen in Campo S. Bartolomeo mit dem Heiligen Antonius im Ladenschild.

Ein Antonio Cavanis, der 1696 eine Girolama Tetta geheiratet hatte, kaufte den Savorgnan den Palast jenseits de Rio ab, entrichtete die übliche Spende von hunderttausend Dukaten für den Krieg gegen die Türken und wurde 1716 als venezianischer Patriziern aufgenommen. Die Familie erlosch 1784. Der Palast befindet sich seit über hundert Jahren im Besitz der Evangelischen Waldensischen Kirche.

Man biegt nach links auf die **Fondamenta e Ponte Tetta**; die Adelsfamilie Tetta stammte aus Sebenik und war im 17. Jahrhundert nach Venedig übersiedelt. Von der **Ponte Pinelli** am Ende der **Cale Pinelli** sieht man ihr Haus (16. Jh.), das wie ein Schiffsbug den **Rio S. Zan Lateran** in zwei Arme teilt.

Man kehrt wieder in den Campo S. Maria Formosa zurück.

Auf der Rückseite der Kirche öffnen sich die **Campielli Querini**, die nach dem Palast der Familie Querini heißen, und zwar des Zweigs, der sich Stampalia nannte, weil ein Zuane Querini, der 1310 wegen Beteiligung an der Verschwörung Bajamonte Tiepolos aus Venedig verbannt worden war, nach Rhodos ging und die Insel Stampalia erwarb. Sie blieb bis 1537 im Besitz seiner Nachkommen, dann eroberte sie der türkische Kommandant Barbarossa ebenso wie die anderen kleinen Inseln des Archipels.

Die Familie stammt nach Meinung der Chronisten vom römischen Geschlecht der Sulspizier ab, die auch Galbajer

Opferstock an Ponte de Borgoloco

oder Galbaner genannt wurden und durch den Kaisers Galba berühmt waren. Man nimmt an, dass sie zur Zeit der blutigen Verfolgungen durch die Triumvirn Rom verließen und nach Padua gingen, von wo sie bei dem Einbruch Attilas nach Torcello und schließlich an den Rialto übersiedelten.

Der einstige Glanz der Familie setzte sich mit den frühesten Tribunen und zwei Dogen, dem Vater und Sohn Maurizio und Giovanni Galbaio fort; außerdem entstammen der Familie zahlreiche kirchliche Würdenträger, Amtspersonen und tapfere Kriegshelden. Der Graf Giovanni Querini Stampalia setzte nach seinem Tod am 25. Mai 1869 eine Wissenschaftliche Stiftung zum Universalerben ein, die den Namen Fondazione Querini Stampalia trägt. Sie hat ihren Sitz im Palazzo Querini und verfügt über eine umfangreiche Bibliothek, Gemälde, Medaillen und andere Antiquitäten. Die Familie erlosch im Jahr 1886.

Man kehrt auf den Campo zurück und folgt der Straße zwischen den Häusern der Donà und Palazzo Ruzzini bis zur **Ponte de Borgoloco** (s. *S. Zaccaria*, S. 101), auch »dell'Impresa« genannt, weil in dem Haus nebenan 1734 das erste öffentliche Zahlenlotto eingerichtet wurde. Diese Praxis hielt sich bis in die Anfangsjahre des 19. Jahrhunderts. In der Calle befindet sich ein kleiner Gedenkstein für Almosen zugunsten der Madonna del Parto.

Man folgt der **Cale de Borgoloco** und überquert die **Ponte Marcello o Pindemonte**.

Am Fuß der Brücke (Hausnummer 6108) erhebt sich Palazzo Marcello, der von den im 14. Jahrhundert aus Lucca gekommenen Anzelieri erbaut wurde und später in den Besitz der Familie Marcello kam. Das Gebäude wurde vom Dogen Nicolò Marcello erneuert, der hier 1399 zur Welt kam; später wurde es im Stile Longhenas umgebaut und kam 1701 an die Familie Pindemonte aus Verona, die seit 1409 zum Adel gehörten. Hier wohnte der Cavaliere Giovanni Pindemonte und manchmal auch sein Bruder Ippolito. 1808 erwarben die Grafen Papadopoli den Palast und renovierten ihn. Heute hat hier die Steuerbehörde ihren Sitz.

Man kommt auf den **Campo S. Marina**, dessen Kirche an der Stelle stand, an der sich heute die Häuser Nummer 6067 und 6068 erheben. Der Sakralbau wurde 1030 von der Familie Balbi errichtet. Anfangs war er S. Liberale geweiht, doch als im 13. Jahrhundert der Körper der Heiligen Marina nach Venedig gebracht wurde, weihte man ihr die Kirche. Sie wurde vielfach renoviert, die letzten Male 1705 und 1754. Im Jahr 1818 wurde sie geschlossen und in einen Weinausschank

Campo di S. Marina, Wappen der Familie Gaulo

umgewandelt. Cicogna berichtet in seinen *Diarii*, dass in den früheren Kirchenräumen die Kellner laut ihre Bestellungen riefen: »Einen Krug für die Madonna! Einen Krug für das Allerheiligste!«, je nachdem ob die Gäste in der früheren Kappelle der Madonna oder des Allerheiligsten saßen.

In der Kirche waren die Dogen Michele Steno (gestorben 1413) und Nicolò Marcello (gestorben 1474) beigesetzt, deren Grabdenkmäler nach SS. Giovanni e Paolo gebracht wurden. Jedes Jahr am 17. Juli besuchte der Doge die Kirche an ihrem Feiertag zur Erinnerung an die Wiedereroberung Paduas während des Krieges der Liga von Cambrai gegen Venedig (1509). 1820 wurde die Kirche abgerissen und auf ihren Fundamenten Wohnhäuser errichtet, an denen zur Erinnerung ein Bild der Heiligen angebracht wurde.

In der Pfarrei S. Marina wohnte der Maler Giovanni Bellini, der hier am 29. November 1516 starb und mit seinem Bruder Gentile in einer Grabstelle in der Scuola di S. Orsola bei SS. Giovanni e Paolo beigesetzt wurde.

Am Campo steht der spitzbogige Palazzo Dolfin, später Bollani (Hausnummer 6073). Die Häuser Nummer 6081-6093 bilden den heute durch ein Gittertor verschlossenen **Sotoportego de l'Indorador**. Auf der Fassade über dem Eingang befindet sich das Wappen der Familie Gaulo oder Gallo, ein gotisches Wappenschild mit einem Hahn. Hier wohnte und arbeitete 1661 der *Indorador* [Vergolder] Antonio Scalabrin.

Die venezianischen Vergolder genossen im 15. und 16. Jahrhundert höchstes Ansehen und wurden auch in andere Länder gerufen, um dort zu arbeiten.

Dieser Berufszweig gehörte zur Zunft der Maler, ebenso wie die Zeichner, Ledervergolder, Wappen- und Schildermaler, Maskenmacher, Spielkartenfabrikanten und Miniaturmaler. Sie versammelten sich neben der Kirche von S. Sofia in den von Vincenzo Catena (s. *S. Felice*, Calle Sporca, S. 313) hinterlassenen Räumlichkeiten; ihr Schutzpatron war Sankt Lukas. Als Meisterprüfung mussten die Vergolder eine flache und eine gewölbte, mit Ornamentschnitzereien verzierte Holzleiste zuerst mit Gips grundieren, mit Blattgold überziehen und anschließend polieren. Die Arbeit dauerte mehrere Tage und wurde in der Öffentlichkeit ausgeführt.

Hinter den an Stelle der Kirche errichteten Gebäuden beginnt der **Ramo Carabba** oder Brandolin, richtiger wohl Bragadin, deren Familienwappen mit einem Kreuz noch heute an der Außenwand zum Rio del Teatro Malibran zu sehen ist. Der Palast, dessen Fassade in der Calle zu sehen ist, wurde im 14. Jahrhundert erbaut und mehrfach renoviert.

Der letzte Vertreter des Bragadinzweigs von S. Marina war jener G. Matteo, der wegen eines versuchten Giftanschlags auf seinen Bruder Daniele, einen Prokurator von S. Marco, angeklagt wurde. Als er eines Abends einen Ball verließ, erlitt er einen Schlaganfall und wurde von dem berühmten Giacomo Casanova gerettet, weshalb er ihn künftig wie einen eigenen Sohn behandelte und immer beschützte.

Nach seinem Tod kam der Palast an einen anderen Zweig der Familie Bragadin und wurde später an Servadio Caraffa verkauft, dessen Familie aus Algerien stammte, von wo sie zunächst nach Kalabrien und dann nach Venedig übersiedelte. In Richtung Kanal kommt man zum malerischen **Campielo del Piovan**. In der parallel zum Ramo Carabba verlaufenden **Cale del Frutariol** finden sich auf der rechten Seite **Corte e Sotoportego Scaletta**, deren Namen auf eine Familie Scaletti zurückgehen, die hier im 17. Jahrhundert ansässig war.

Auf der linken Seite ist die **Corte Fontana**; 1566 wohnte ein Paolo Fontana in der Pfarrei von S. Marina »in den Häusern von Ca' Dolfin«.

Anschließend kommt, gleichfalls zur Linken, die **Cale del Piombo**; der Name, den auch der Rio nebenan trägt, lautete ursprünglich »del Forno del Brusa Piombo« nach einem Bleischmelzer, der hier im 16. Jahrhundert tätig war.

Auf der rechten Seite führt die **Cale de la Malvasia** in die **Corte Specchiera**, deren Name auf zwei Spiegelmacher zurückgeht, die 1661 hier ihre Werkstätten hatten.

Es folgen auf der rechten Seite die **Cale Martinengo da le Bale**, an der der Palazzo Martinengo (Hausnummer 5974) steht; die linke Seite der Calle trägt den Namen **Ramo Nasolin**, nach einer städtischen Familie aus dem 18. Jahrhundert.

Man nimmt die Calle della Malvasia und biegt vor der Corte Specchiera nach links in die **Cale del Pistor** (Bäcker). An ihrem Ende kommt man zur **Ponte del Pistor**, im Volksmund »de le Paste« [Gebäck] genannt, die früher auch Brücke von »Ca' Mocenigo« hieß wegen ihrer Nähe zu dem großen gleichnamigen Palast (Hausnummer 5990) aus dem 15. Jahrhundert. Sein Name lautete zuerst Cavazza, wurde

Brunnen in Campo S. Lio

dann zu Foscari und schließlich zu Mocenigo dalle Zogie. Überquert man die Brücke und biegt nach links, kommt man am Haus Nummer 5653 zu einer schönen Corte mit Terrasse und Außentreppe. Die in die Terrasse eingemauerten Marmorbruchstücke sind beachtlich.

Geht man weiter, kommt auf der rechten Seite die **Cale del Giazzo**, in der früher Eis verkauft wurde, wie aus dem Kataster von 1661 hervorgeht, in dem von der »Calle, wo Eis verkauft wird«, die Rede ist. Die Kaffeehausbesitzer hatten das Privileg auf den Verkauf von Eis und Branntwein.

Nun kommt man auf den **Campo S. Lio**. Die Kirche von S. Leone wurde von der Familie Badoer erbaut und war ursprünglich der Heiligen Katharina geweiht. Nach 1054 wurde sie zu Ehren des heiligen Papstes Leo IX. neu gebaut, der sich Venedig gegenüber Verdienste erworben hatte, als er den Patriarchen von Grado gegen die ungerechtfertigten Ansprüche des Patriarchen Gotebaldo von Aquileia verteidigte. Zu Beginn des 16. Jahrhunderts wurde die Kirche umgebaut und erhielt 1783 ihre heutige Gestalt; das Innere ist einschiffig. Die Kirche unterstand S. Maria Formosa; jedes Jahr kam die Scuola di S. Giovanni Evangelista hierher, weil man glaubte, dass sich an der Ponte di S. Antonio, früher »di S. Lio«, ein Wunder ereignet habe.

Als einst die Brüderschaft mit ihrem Kreuz zu einer Beerdigung ging, so wird erzählt, habe ein Mitglied der Scuola, ein völlig gottloser Mensch, zu einem andern gesagt:

Kirche de la Fava

»ich will nicht hinter dem Kreuz hergehen, und es ist mir egal, ob man mich mit dem Kreuz zu Grabe trägt.« Viele Jahre später starb er, und bei seiner Beerdigung zog die Scuola in einer Prozession mit dem Kreuz zur Kirche. Als sie an der Brücke von S. Lio in seine Pfarrei kamen, wurde das Kreuz plötzlich so schwer, dass es niemand mehr von der Stelle brachte. Alle waren verwirrt und bestürzt, doch da meldete sich der Freund und berichtete von ihrem damaligen Gespräch. Daraufhin wurde beschlossen, das Kreuz künftig nur noch an den großen Feiertagen mitzuführen. Es gibt eine Darstellung des Wunders von dem Maler G. Mansueti, die zunächst in der Scuola di S. Giovanni Evangelista hing und sich heute in der Accademia befindet.

Auf dem Campo steht ein Sockel für den Fahnenmast mit der Inschrift: »Vesillo della Unione delle Pistorie de Pane Restituita all'Italia li 30 ottobre 1866« [Fahne der Vereinigung der Brotbäcker, am 30. Oktober 1866 an Italien zurückgegeben]. Man geht in die schmale **Cale de la Fava** auf der anderen Seite des Campo, an deren Ende man auf den **Campo dela Fava** und die gleichnamige Kirche stößt.

Aus den Papieren der Familie Correr im Musei Civico geht hervor, dass in der Pfarrei S. Leone an der Ca' Dolce ein Bild der Jungfrau Maria hing, das für wundertätig gehalten wurde. 1496 kauften einige Gemeindemitglieder das Gebäude und errichteten an seiner Stelle eine kleine Kirche für das Heiligenbild. Diese Kirche hieß S. Maria della Consolazione oder auch della Fava, weil sie in der Nähe der **Ponte de la Fava o de le Fave** stand. Die kirchlichen Chronisten berichten, dass die Brücke ihren Namen dem Umstand verdankte, dass dort ein Verkäufer von dicken Bohnen [fave] wohnte; als er einmal geschmuggeltes Salz unter der Bohnenladung versteckt hatte, kam eine Polizeikontrolle, und er warf sich vor dem alten Modonnenbild auf die Knie und flehte um Hilfe. Bei der anschließenden Durchsuchung seines Hauses wurden nur frische Bohnen gefunden. Nach einer anderen Tradition befand sich in der Nähe der Brücke ein Laden, in dem das typische Gebäck verkauft wurde, das zu Allerseelen zubereitet wird und »fave« heißt. Dieses Gebäck hat eine sehr lange Geschichte und geht auf den Glauben der römischen Vorfahren zurück, in den Blütenblättern der Bohne seien Hinweise auf den Tod zu erkennen. Die Seelen der Toten wanderten angeblich in die Bohnen, weshalb sie bei den Totenmahlen gegessen wurden. Sie wurden bei den Lemurenfesten auch den Manen geopfert, wobei sie nach dem Ritus über die Schultern geworfen wurden.

Kreuz mit Golgotha-Berg an der Kirche della Fava

Die Venezianer behielten diese alte Tradition bei und aßen ebenfalls am 2. November Bohnen; außerdem wurden diese in großen Mengen an die Armen ausgeteilt und ebenso an die Gondolieri der Traghetti als Belohnung dafür, dass sie das ganze Jahr die Priester umsonst beförderten. Da diese Nahrung den Reichen nicht besonders schmeckte, wurden die Bohnen mit der Zeit durch kleine Süßigkeiten ersetzt, die den alten Namen bewahrten. Die Kirche, die anfangs dicht am Kanal stand, blieb bis 1662 unter der Aufsicht verschiedener Prokuratoren und ging dann an den Orden von S. Filippo Neri über. Im 18. Jahrhundert wurde sie abgerissen und in größerem Abstand vom Rio wieder aufgebaut; man nimmt an, dass der Architekt Antonio Gaspari war.

Die Kirche und das Oratorium dahinter wurden in napoleonischer Zeit geschlossen und 1821 wieder in Dienst genommen. Das einschiffige Innere hat einen rechteckigen Grundriss, ein Presbyterium mit einer Kuppel und Kapellen an den Seitenwänden.

Hinter der rechten Seite der Kirche führt ein verwinkelter Weg zur **Corte Licini**, die nach der gleichnamigen, aus Bergamo stammenden Familie heißt, die hier ein Haus hatte. In dem mit einem Eisengitter geschlossenen **Ramo Licini** (Hausnummern 5517-5523) befindet sich eine Außentreppe.

Byzantinischer Bogen
in Calle de le Vele

Haus Canalettos
in Cale Malvasia

Madonnenstatue
an Ponte del Paradiso

An der Ecke zwischen der Kirchenmauer und dem Nachbarhaus ist in der Calle eine interessante Kreuzdarstellung mit den Symbolen von Golgatha darunter angebracht, um zu verhindern, dass diese Ecke als Toilette missbraucht wurde.

Man kehrt in den Campo della Fava zurück, an dem der Palazzo Gussoni (Hausnummer 5527) aus dem 15. Jahrhundert steht, und von dort zur Fortsetzung des Spaziergangs wieder in den Campo S. Lio.

Am Ende des Campo biegt man neben der Kirche nach rechts in die **Salizada S. Lio**. Nach wenigen Metern stößt man auf der linken Seite unter einem prächtigen byzantinischen Bogen an einem Haus aus dem 13. Jahrhundert auf die **Cale de le Vele**, in der 1661 ein flämischer Segelmacher namens Giovanni De Pietro ein Haus besaß.

Zur Linken folgt die **Cale de la Nave**, nach einer Casseller-Werkstatt mit einem Schiff als Ladenschild. Von den Cassellieri (Kistenmacher), nach denen noch andere Straßen der Stadt benannt sind, wird später die Rede sein.

Auf der rechten Seite folgt der **Sotoportego Perina**, der in die gleichnamige Corte führt, in der der Schulmeister Giacomo Perini wohnte.

Nach der Corte folgt man der **Cale de l'Oratorio** und **Cale Malvasia**, wo das Haus steht, in dem Antonio Canal, genannt Canaletto, lebte und am 20. April 1768 starb.

Man geht in die Salizada zurück und kommt, wiederum auf der linken Seite, zur **Cale del Volto**, nach dem Bogen benannt, den man noch heute bewundern kann, und zur **Cale del Frutariol**, von der später bei einer gleichnamigen Straße die Rede sein wird.

Cale del Paradiso, eine der schönsten Ecken der Stadt, verdient eine genaue Besichtigung. Der Name ist bereits im 14. Jahrhundert nachgewiesen, und man nimmt an, dass er auf die reichen Verzierungen zurückgeht, mit denen die Straße bei den großen Feierlichkeiten in der benachbarten Kirche S. Maria Formosa ausgeschmückt wurde, vor allem zu Karfreitag. Die beiden Häuser über der Brücke sind mit einem wunderbaren Bogen verbunden, auf dem man eine

Darstellung der Jungfrau Maria mit Gläubigen zu ihren Füßen sieht. Der Bogen ist auf der einen Seite mit dem Wappen der Foscari und auf der anderen mit dem der Foscari und der Mocenigo verziert. Aus den Chroniken weiß man, dass eine Pellegrina Foscari 1491 einen Alvise Mocenigo dalle Zogie heiratete und die in die Ehe eingebrachten Güter in den Besitz der Mocenigo übergingen. Der Bogen stammt also aus dem 15. Jahrhundert.

Überquert man die **Ponte del Paradiso**, kommt auf der rechten Seite die **Fondamenta de i Preti** und die gleichnamige Brücke. Der Name stammt von den Kleriker-Häusern im Besitz der Kirche, die sich hier befanden. Haus Nummer 5850 ist ein Palast aus dem 17. Jahrhundert.

Neben der Brücke ist in einer Hausmauer eine römische Graburne eingemauert, die auf der einen Seite eine Figur und auf der anderen die Inschrift trägt:

> L. STATIO SABI
> FAUSTO
> ET NATALINE
> L. STATIUS PRUDENS
> CONLIBERTO
> VI

Man nimmt an, dass die Häuser an der Calle del Paradiso einst der Abtei von S. Maria di Pomposa in der Nähe von Comacchio gehörten, denn auf dem anderen Bogen gegenüber der Salizada S. Lio befindet sich die stark verwitterte Inschrift: »MCCCLVII Die VIII De Zugno Fo Comenzado Queste Caxe Soto Missier Don Andrea Abado De Pompoxa Gastoldo Sier Zane De Conteris Fator De Queste Caxe«.

Nach der Calle del Paradiso kommt man gleichfalls auf der linken Seite zu **Sotoportego e Cale Veniera**, nach einigen Häusern im Besitz der Patrizierfamilie Venier. Es folgt die **Cale del Mondo Novo**. Ihr Name stammt von dem Namen eines Weinausschanks, der in der Beschreibung des Viertels von S. Maria Formosa aus dem Jahr 1740 als »Bastion del Mondo Novo« aufgeführt wird. Am 4. März 1772 wurde das Lokal durch einen furchtbaren Brand zerstört; heute befindet sich die Osteria in der Salizada an der Einmündung der Calle. Es ist interessant, die verschiedenen Typen der alten venezianischen Osterien zu unterscheiden. Was heute Osteria genannt wird, wurde früher auf Venezianisch völlig anders genannt, je nach den unterschiedlichen Kategorien, in die sie entsprechend der strengen Hierarchie der venezianischen Gesellschaft unterteilt waren. Im 14. und 15. Jahrhundert gab

Gegenüber:
Römische Graburne an einer Hausecke bei Ponte de i Preti

es nur wenige und nicht immer klare Unterscheidungen. Doch später unterschied man zwischen den *Osterie*, in denen man essen und trinken konnte, den *Taverne*, wo der Wein en gros verkauft wurde, den *Caneve*, die Wein in kleinen Mengen verkauften und wo man trinken, aber nicht essen konnte, und schließlich den *Malvasie*, wo ausgesuchte griechische Weine ausgeschenkt wurden.

Während die Malvasie wie die heutigen Bars von Personen aus allen Schichten besucht wurden, bevölkerten die niederen sozialen Schichten die *Magazeni* oder *Bastioni*, die ihrerseits in *Samarchi* und *Samarcheti* unterschieden wurden.

Die Magazeni unterstanden dem Magistrato dei Sette Savi und wurden für zwei oder vier Jahre verpachtet. In ihnen wurde kein Essen zubereitet, weshalb sie normalerweise in der Nähe eines Lebensmittelladens lagen, die nach dem an ihnen angebrachten Wappen der Republik mit dem geflügelten Löwen *Luganegher* hießen (s. S. Pietro di Castello, Corte del Magazen, S. 26).

Im 19. Jahrhundert kam noch der *Bacaro* als neuer Typ hinzu. Der Name geht auf eine alten Gondoliere zurück, der bei der ersten Verkostung von Weinen aus Trani, die 1869 nach Venedig importiert wurden, ausrief: »Bon! Bon! Questo xe propio un vin... un vin de bacaro!« [Gut! Gut! Das ist wirklich ein Wein... ein Bacaro-Wein].

Er hatte den Namen aus dem Stehgreif geprägt, wahrscheinlich in Anlehnung an den venezianischen Begriff »baccara« und den Ausdruck »far baccara«, was so viel bedeutet wie »es sich gut gehen lassen, in fröhlicher Gesellschaft essen«.

Folgt man der Salizada S. Lio, kommt rechter Hand die **Cale del Mussato o Tasca**, benannt nach dem nahegelegenen Palazzo Veggia, später Papafava (Hausnummer 5402) aus dem 16. Jahrhundert, der in den letzten Tagen der Republik an die in Padua und Vicenza berühmte Familie Mussato vermietet war. Ihr entstammte jener Historiker und Dichter Albertino, der 1314 in Padua gekrönt wurde.

Schließlich stößt man links auf die **Cale de le Bande** und rechts die **Cale Casselaria**.

Der Name von Calle delle Bande stammt von der Brücke mit dem gleichen

Symbol der Confraternita dei Fruttarioli am Eckpfeiler eines Hauses am Rio di S. Maria Formosa

7. Santa Maria Formosa

Fondamenta de l'Anzolo, Muttergottes-Figur aus teilweise bemaltem Marmor an einer Hauswand über dem Kanal

Namen, die auf den **Campo S. Maria Formosa** führt. Man nimmt an, dass dieses die erste mit Seitenmauern (bande) versehene Brücke Venedigs war.
Calle Casselleria heißt die Fortsetzung von Calle delle Bande in Richtung **Campo de la Guera**, ebenso die erste Calle zur Linken. Hier hatten die Kistenmacher ihre Werkstätten, die Kisten für den Gütertransport und Hochzeits-Truhen für die Aussteuer herstellten. In vielen Familien wurden Hochzeits-Truhen aufbewahrt, die mit Elfenbein, Ebenholz und Perlmutt eingelegt waren.
Die Casselleri hatten ihre Scuola bei der Kirche von S. Maria Formosa; sie zeichneten sich bei der Verfolgung der Piraten aus, die aus Istrien gekommen waren und die venezianischen Bräute verschleppt hatten (s. *S. Pietro di Castello*, S. 29).
Bevor man aus der Calle Casselleria auf die Fondamenta kommt, öffnet sich links **Sotoportego e Corte del Frutariol**.
Hier hatte die Brüderschaft der Obsthändler seit 1423 ein Hospiz mit 19 Zimmern und ein Oratorium des Heiligen Josaphat. Außerdem hatten sie zusammen mit den Gemüsehändlern ein weiteres Oratorium beim Kampanile von S. Maria Formosa. Am rechten Türpfosten und auf dem

Architrav über dem Portikus befinden sich zwei Reliefs mit den Buchstaben I. O. und einer Krone darüber; es handelt sich um die Initialen des Heiligen Josaphat.

Aus der Casselleria kommt man auf die **Fondamenta de l'Anzolo** und zur gleichnamigen Brücke. Auf der Stirnseite eines Hauses sieht man von der Fondamenta aus deutlich ein Bild der Madonna mit dem Jesuskind zwischen zwei Engeln im oberen und dem Relief eines Engels im unteren Teil, der mit ausgebreiteten Flügeln die Erdkugel in seiner linken Hand segnet. Von der Gürtellinie abwärts bedecken zwei von einem Balken durchkreuzten Wappenschilder die Figur; die Adelswappen lassen sich auf die Familie Soranzo zurückführen.

In den *Annalen* der Kapuziner von Pater Boverio findet sich folgende Geschichte über die Entstehungsgeschichte der Figur: In dem besagten Haus wohnte 1522 ein Rechtsanwalt aus dem Anwaltskollegium des Dogenpalastes, der mit besonderer Andacht die Jungfrau Maria verehrte, aber trotzdem seine Einkünfte durch unredliche Geschäfte vergrößert hatte. Eines Tages lud er den Pater Matteo da Bascio, Ordensgeneral der Kapuziner und Mann von heiligmäßigem Leben, zu sich zum Essen ein und erzählte ihm von seinem Affen, der äußert geschickt sei und ihm alle Arbeiten im Haus erledige. Der Pater entdeckte, dass sich unter dem Äußeren des Affen der Teufel versteckte und gebot ihm, zu sprechen. Dieser antwortete, er sei im Haus, weil er nur darauf warte, die Seele des Rechtsanwalts mitzunehmen, das sei aber nicht möglich, weil dieser jeden Abend seine Seele Gott und der Jungfrau Maria empfehle. Als Pater Matteo dies hörte, befahl er ihm, auf der Stelle das Haus zu verlassen; da antwortete der Teufel, dass er das Recht hätte, dabei wenigstens einen Schaden anzurichten, und der Mönche gebot ihm, durch die Mauer zu entweichen. Der Teufel verschwand mit entsetzlichem Getöse und der Pater setzte sich mit dem Rechtsanwalt an den Tisch, nahm einen Zipfel des Tischtuchs und begann ihn auszuwringen; da floß Blut heraus und zeugte von den Armen, die ausgeplündert worden waren. Voller Entsetzen und Reue versprach der Anwalt, das unrechtmäßig erworbene Gut wieder zurückzugeben, und bat den Mönch um Rat, wie er die Mauer reparieren sollte. Pater Matteo beruhigte ihn und befahl ihm, über dem Loch in der Mauer einen Engel anzubringen, um die bösen Geister fern zu halten.

Das Haus war auch wegen der Außenfresken von Tintoretto berühmt, von denen sich aber keine Spur erhalten hat.

Hier endet die Pfarrei von S. Maria Formosa und beginnt die von S. Marco.

8. San Marco

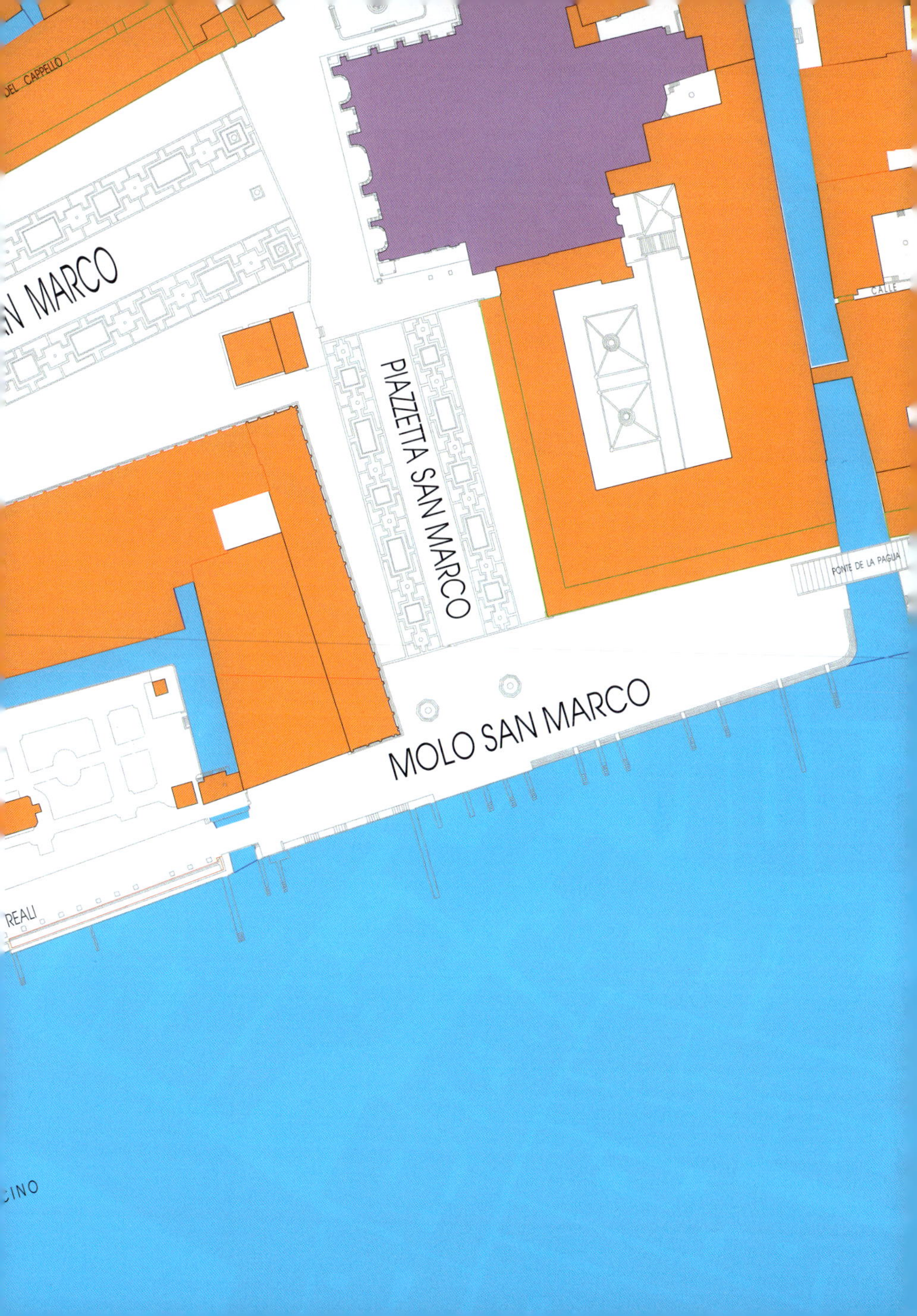

PIAZZETTA SAN MARCO

MOLO SAN MARCO

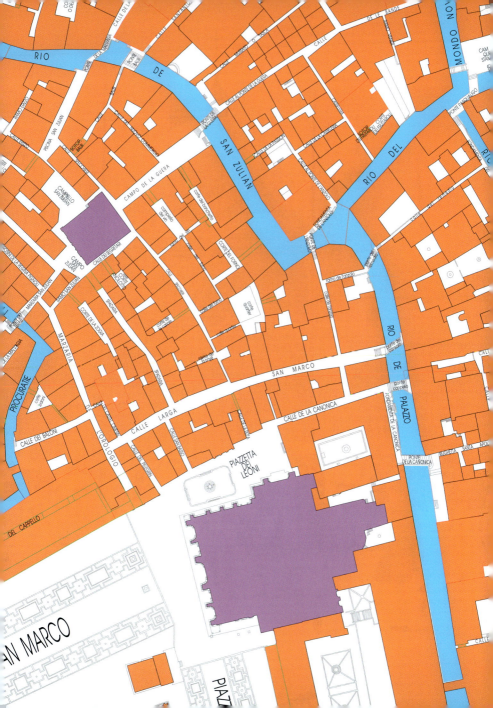

Man steigt an der Anlegestelle V‍ALLARESSO aus, geht nach rechts am Ufer entlang bis zur Piazzetta und kommt von dort auf den Markusplatz.

Der Platz, der ganz früher »Morso« hieß, vielleicht weil der Boden hier fester und stabiler war als die Umgebung, erhielt später den Namen »Brolo« [Garten], weil er grasbewachsen und von Bäumen umstanden war. Etwa in der Mitte durchquerte ihn ein Kanal, der Rio Batario, der das heutige Bacino Orseolo mit dem Kanal von S. Marco verband. An den beiden Kanalufern standen die kleinen Kirchen von S. Teodoro und S. Geminiano, erbaut von Narses, dem Kommandanten der griechischen Truppen, der im 11. Jahrhundert mit Hilfe der venezianischen Schiffe die Goten besiegt hatte.

Der Platz war damals sehr viel kleiner als heute; seine jetzige Abmessung verdankt sich dem Dogen Sebastiano Zani (1172-1178), der den alten Brolo entsprechend der Bedeutung und der politischen Macht der Republik vergrößerte. Die beiden Kirchen wurden abgerissen.

Wie die Chroniken berichten, wurde der Platz 1267 zum ersten Mal mit Ziegelstein gepflastert. Dann ist 1392 wieder davon die Rede, als der Doge Antonio Venier den Platz mit Backstein-Rechtecken und Marmorstreifen dazwischen pflastern ließ. Auf den Streifen waren zahlreiche Inschriften der Zünfte angebracht, die hier beim Wochenmarkt am Samstag ihre Stände hatten.

Es folgen die Neupflasterung von 1495 und 1566, die Renovierungen von 1626 und im Jahr 1723 die Pflasterung mit Trachyt aus den Euganeen-Hügeln nach den Entwürfen Tiralis. Sie blieb bis 1893 erhalten, dann wurde die Pflasterung nach Entwürfen Tiralis, die ursprünglich für die Piazzetta gedacht waren, erneuert.

Der Platz hat die Form eines Trapezes mit einer Länge von 175,70 m und einer Breite von 82 m auf der Seite des Markusdomes und 57 m auf der gegenüberliegenden Seite. Auf drei Seiten ist er von Gebäuden mit Bogengängen umgeben, den sogenannten Proku-

Dauer

4h 30′

8. San Marco

Linien

Der Markusdom und die Alten und Neuen Prokuratien am Markusplatz

8. San Marco

Markusplatz mit Napoleonischem Flügel in der Mitte

Rekonstruktion der Insel von S. Marco zwischen 829 und 1063 (aus *San Marco*, Ongania)

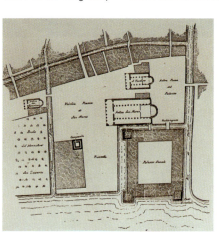

ratien, weil sie ursprünglich für die Prokuratoren von S. Marco bestimmt waren, nach dem Dogen das höchste Repräsentativamt der Republik. Steht man mit dem Rücken zur Kirche, sieht man zur Rechten die Alten Prokuratien; sie wurden ab 1517 unter der Leitung von Bartolomeo Bon nach dem Vorbild der früheren venezianisch-byzantinischen Gebäude aus dem 12. Jahrhundert errichtet, die an dieser Stelle standen.

Der Bau der Neuen Prokuratien auf der gegenüberliegenden Seite begann 1586 unter Vincenzo Scamozzi auf dem Gelände des abgerissenen alten Ospizio Orseolo und wurde um 1640 unter Baldassare Longhena fertiggestellt.

Auf der dritten, der Kirche gegenüberliegenden Seite stand die zweite Kirche von S. Geminiano, die nach einem Entwurf von Sansovino erbaut worden war. 1807 wurde das Gebäude auf Anordnung Napoleons abgerissen, um für den angrenzenden Palazzo Reale einen gewaltigen Ballsaal zu schaffen.

Die historische Erinnerung an den Abbruch der ersten S. Geminiano-Kirche und vor allem die gewaltsame Zerstörung der zweiten rief empörte Proteste bei der Bevölkerung hervor, die aber zu nichts führten. »Salvite Zeminian!«, rief damals die Menge, »che 'l caso è bruto« [Rettet S. Giminiano! Das ist eine böse Sache]; diese Redewendung hat sich erhalten, um auf eine drohende Gefahr hinzuweisen.

Die vierte Seite des Platzes nimmt der Markusdom ein.

Nachdem der Körper des Evangelisten Markus von Alexandria nach Venedig gebracht worden war, ließ Giustiniano Partecipazio 828 die Fundamente der

Basilika legen. 976 wurde das Gebäude bei dem Volksaufstand gegen die tyrannische Herrschaft Pietro Candianos IV. in Brand gesteckt und zerstört. Schon im gleichen Jahr wurde mit dem Wiederaufbau begonnen und die Basilika unter dem Dogen Pietro Orseolo II. 978 fertiggestellt.

Der Zuwachs an Macht und Reichtum wie der religiöse und künstlerische Eifer, der das christliche Abendland zu Beginn des zweiten Jahrtausends erfüllte, bewegte die Venezianer dazu, die Kirche größer und schöner zu gestalten. Der alte Markusdom und die Kirche von S. Teodoro daneben wurden abgerissen und im Jahr 1063 begann unter dem Dogen Domenico Contarini der Bau der heutigen, dritten Markuskirche. 1071 waren die Arbeiten bereits weit fortgeschritten und 1094 wurde sie unter dem Dogen Vitale Falier eingeweiht. Die Namen der Architekten sind nicht bekannt, doch der Stil ist griechisch-byzantinisch mit arabischen, lombardischen und deutschen Einflüssen.

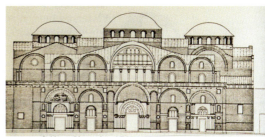

Die folgenden Generationen arbeiteten weiter am Ausbau und der Verschönerung des ursprünglichen einfachen Kerns. Sofort nach 1071 wurde mit der Marmor- und Mosaik-Dekoration der Mauern begonnen, wofür die Beutestücke von heiligen und unheiligen Kriegen im Orient und an der Adriaküste benutzt wurden, bis der heutige Zustand erreicht war. Bei den weltlichen Figuren verdient ein Relief auf der Seite zum Uhrenturm besonderes Interesse; es stellt Ceres mit einer brennenden Fackel in den Händen auf einem Wagen dar, der von geflügelten Pferden gezogen wird.

Der Markusdom ist das bedeutendste Baudenkmal der Stadt und Zentrum des weltlichen wie religiösen Lebens. Hier erfolgte die Weihe und Akklamation des neuen Dogen und beim Begräbnis machte der Leichenzug des verstorbenen Dogen hier Halt und der Sarg wurde neun Mal zum Gruß emporgehoben; hier erhielten die Befehlshaber der Flotten und die Heerführer die Insignien ihres Kommandos und in den Momenten großer Gefahr oder Freude versammelte sich hier die Bevölkerung. Päpste, Kaiser und Fürsten besuchten

Der Markusdom, vom Markusplatz aus gesehen, und Rekonstruktion des alten Kirchengebäudes in Ziegelstein (aus *Itinerari per Venezia*)

den Markusdom seit ältesten Zeiten. In seinen Mauern erfolgte unter dem Dogen Sebastiano Ziani 1177 die Aussöhnung zwischen Papst Alexander III. und dem Kaiser Friedrich Barbarossa. 1201 versammelte der greise Doge Enrico Dandolo hier die Kreuzfahrer vor ihrem Aufbruch zur Eroberung Konstantinopels während des vierten Kreuzzugs. In den tragischen Momenten des Kriegs gegen Genua brachte das Volk Vittor Pisani hierher, damit der Doge Andrea Contarini ihm das Kommando bei der Verteidigung der Stadt übertrug. Um den Markusdom versammelte sich am 12. Mai 1797 die treue Bevölkerung in den Tagen des traurigen Zusammenbruchs, als die Regierung alle Macht Napoleon übergeben und das Ende der Republik erklärt hatte; damals wie fünfzig Jahre später erklang hier der gleiche Ruf »Viva S. Marco«, als 1848 die Österreicher vertrieben wurden, Venedig seine Unabhängigkeit erklärte und ganz allein mehr als ein Jahr den feindlichen Streitkräften Widerstand leistete.

Die Fassade der Basilika besteht aus fünf großen Bögen, die auf Marmorsäulen in verschiedenen Farben ruhen. Wie bei vielen anderen europäischen Kirchen oder Heiligtümern finden sich auch hier auf Mauern und Türpfosten Graffiti von Schiffen. Besonders interessant sind acht Schiffe aus dem 14. bis zum frühen 16. Jahrhundert, bei denen es sich wahrscheinlich um Exvoten von venezianischen Matrosen handelt. Steht man vor der Basilika, befinden sie sich von links nach rechts im ersten Bogen auf der zweiten rechten Säule von hinten; im zweiten Bogen auf der zweiten, dritten und vierten linken und auf der zweiten, dritten und vierten rechten Säule von hinten; und im vierten Bogen auf der ersten linken Säule von hinten.

Vor der Basilika stehen drei Bronzeständer, in denen die Fahnenmasten befestigt sind; sie wurden 1505 von Alessandro Leopardi gegossen. An dieser Stelle fand bis 1576 der Sklavenmarkt statt.

Der in einiger Entfernung von der Kirche stehende Kampanile wurde im Jahre 888 unter dem Dogen Pietro Tribuno begonnen und in mehreren Etappen zwischen dem 12. und 14. Jahrhundert erbaut. Er steht auf den älteren römischen Fundamenten eines Beobachtungs- und Verteidigungsturms. Verschiedene Architekten lösten sich bei dem Bau ab, von denen hier ein Nicolò Barattieri (1180) und ein Montagnana (1329) genannt seien. 1489 brannte nach einem Blitzschlag die alte Glockenstube völlig aus und wurde zwischen 1511 und 1514 in ihrer heutigen Form von Bartolomeo Bon aus Bergamo erbaut. Von der Turmspitze hat man einen prachtvollen Blick über ein Meer von Dächern, Kaminen,

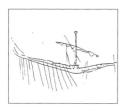

Graffiti von Schiffen auf den Säulen des Markusdomes

Kirchturmspitzen und ein Labyrinth von Plätzen, Straßen und Brücken. Dieses überwältigende Schauspiel genossen neben den meisten Venezianern auch die ausländischen Besucher, unter ihnen Fürsten, Prinzen, Kardinäle, Botschafter, Könige und Kaiser. Laut Überlieferung ritt Friedrich II. von Österreich auf seinem Pferd die 37 Rampen hinauf, die zur Glockenstube führen. Bestätigt wird diese Geschichte durch einen Pilger aus dem Heiligen Land, den Ritter Arnulf von Harff aus Köln am Rhein, der 1497 durch Venedig kam; er schrieb, »im Kirchturm gibt es eine Treppe, auf der man zu Pferd hinauf reiten kann, was der verstorbene Kaiser von Österreich auch getan hat, wie man mir versichert.« Im Jahre 1423 wurde der Kaiser Colajanni hinaufgeführt, 1569 stieg der österreichische Erzherzog Karl bis zur Spitze.

Nicht um den Ausblick zu bewundern, sondern mit der heimtückischen Absicht, die einfachsten Zugänge der Stadt für den Fall einer kriegerischen Besetzung auszukundschaften, bestieg im Oktober 1517 Ali Bey, der Botschafter des Sultans, den Turm. Begleitet von den Savi agli Ordini, die in der Glockenstube einen Imbiss »von Malvasia und Konfekt« vorbereitet hatten, wechselte der Botschafter freundliche Worte, studierte nach allen Seiten die Form der Stadt, der Inseln und der umgebenden Wasserflächen und stellte Fragen nach den einfachsten Zugangswegen in die Lagune. Die wachsamen Venezianer schnitten auf der Stelle die zudringlichen Fragen mit den Worten ab: »Dieser Boden ist so voller Menschen wie ein volles Ei, man kann ihn nicht erobern«. Der Botschafter war gewarnt und stellte keinen weiteren Fragen.

Eine weiterer berühmter Besucher war Galileo. 1609 führte er den Regierungsmitgliedern die Wunder des Fernrohrs vor.

Der Turm besteht aus einer massiven quadratischen Backsteinkonstruktion mit Lisenen von 49,50 m Höhe (die Hälfte der Gesamthöhe von 98,60 m), einer Glockenstube mit Bögen, auf denen ein großer Sockel ruht, über dem sich die pyramidenförmige Spitze mit dem Engel in vergoldeter

Der Kampanile von S. Marco

8. San Marco

Der Markusplatz nach dem Einsturz des Kampanile auf einer zeitgenössischen Fotografie

Schema der Anlage von Fundamenten auf Holzpfeilern

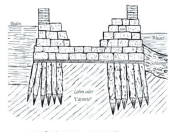

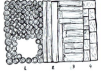

Bronze erhebt. Der schlichte, schmucklose, harmonische Turm, der früher ein Leuchtturm für die Seefahrer war, ist das erste, was man erblickt, wenn man über das Meer nach Venedig kommt. Trotz mehrfacher Blitzschläge, Erdbeben und Reparaturen stand er jahrhundertelang bis fast in unsere Zeit; am 14. Juli 1902 stürzte er morgens um zehn in sich selbst zusammen. Kein Mensch kam dabei zu Schaden, und wie durch ein Wunder waren auch die Schäden an der darunter liegenden Bibliothek und der Kirchenecke äußerst gering. Die Loggetta von Sansovino dagegen wurde völlig zerstört.

Von der Höhe des Schuttberges war der goldene Engel wie zu einer letzten Reverenz bis vor das Hauptportal der Kirche gerollt und die einzige heil gebliebene Glocke, die »Marangona«, schaute aus den Trümmern hervor. Die Nachricht vom Einsturz ging sofort um die ganze Welt, und noch am Abend des Unglückstages beschloss die Ratsversammlung Venedigs, dass der Turm wieder auferstehen sollte »wo er war und wie er war«. Von den zahlreichen Stimmen, die sich zu Ehren des alten Turms erhoben, sei hier das Gedicht der venezianischen Dichterin Maria Pezzè Pascolato angeführt:

Tausend Jahre habe ich mich gehalten – tausend Jahr / Mein altes Venedig, beklage dich nicht, / Weg da, Kinder, dass ich kein Unheil anrichte, / Pax tibi Marce, jetzt wo ich einstürze.

Ich setze mich auf die Erde, meiner Kirche gegenüber: / Ganz langsam komme ich herunter... Aber was ist das? / Ein Riss! So können die Könige [vom Uhrenturm] auf die Piazzetta sehen, / übrigens besser so: war es ein Fehler, verzeiht mir. (Venedig 1902)

Die Grundsteinlegung erfolgte am 25. April 1903 und neun Jahre später, am 25. April 1912 wurde der neue Kirchturm, »der Urvater der Kampanile« oder »der Hausherr«, eingeweiht. Für die, die es ganz genau wissen wollen: das Gewicht des neuen Kampanile wurde ab Bodenhöhe mit 8.900 Tonnen berechnet; einschließlich der Fundamente beträgt es 12.970 Tonnen. Für den Wiederaufbau waren 1.530 Kubikmeter Felsstein aus Istrien erforderlich neben den alten Blöcken, die wieder ihren alten Platz einnahmen. 1.204.000 Ziegelsteine und 11.860 Doppelzentner Zement wurden vermauert, außerdem verarbeitete man 39,38 Tonnen Metall für die Armierung des Stahlbetons, 6,23 Tonnen Eisen für den Metallkäfig der Glockenstube und 4,5 Tonnen Kupfer für das Dach.

Eine eigene Erwähnung verdienen die fünf Glocken, die – mit Ausnahme von einer – alle beim Einsturz zerbrachen. Sie wurden in den alten Formen und mit der alten Bronze neu gegossen. Es waren schon immer fünf Glocken, von denen jede ihren eigenen Namen hatte: *Marangona* hieß die größte Glocke, bei deren Schlag die Handwerker der verschiedenen Zünfte ihre Arbeit begannen oder beendeten; sie kündigte außerdem die Sitzungen des Großen Rats an, denen die Schläge der *Trottiera* folgten, deren Name sich daher erklärt, dass bei ihrem Klang die Patrizier sich beeilten, in den Dogenpalast zu kommen und ihre Reittiere in Trab versetzten. Dann gab es die *Nona*, die 12 Uhr mittags schlug, und die *Mezza Terza*, auch »dei Pregadi« genannt, weil sie die Senats-Sitzungen ankündigte; mit ihr wurden die Senatoren gebeten [pregati], zusammenzukommen und den Dogen zu beraten. Die letzte und kleinste war die *Renghiera* oder das Armsünderglöckchen, das eine Hinrichtung ankündigte. Dem Amt des Glöckners von S. Marco wurde eine solche Bedeutung beigemessen, dass der Große Rat am 23. September 1596 festsetzte, dass der Glöckner seit mindestens 25 Jahren die Bürgerrechte haben müsse, im Rat in Anwesenheit des Rates der Zehn mit mindestens Zweidrittelmehrheit gewählt worden sei und sein Amt ausschließlich in eigener Person wahrneh-

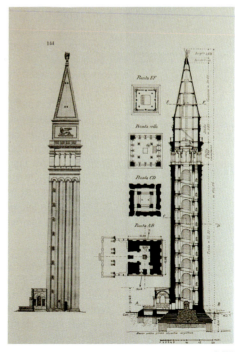

Bauzeichnung für den Wiederaufbau des Kampanile (aus *Il campanile de S. Marco riedificato*)

men müsse. Der Kampanile hat, wie die übrigen Gebäude Venedigs, besondere Fundamente: auf Holzstämmen (normalerweise Erle) ruht eine Bretterplattform, die die Blöcke aus istrianischem Felsstein trägt, auf denen sich dann über dem Boden das Mauerwerk erhebt. Die Holzstämme wurden so dicht in den Schlamm getrieben, bis keiner mehr dazwischen passte. Bei kleinen und leichten Gebäuden wurde die Holzkonstruktion nur unter den Außenmauern und den tragenden Innenmauern angebracht.

Mit der Geschichte des Kampanile ist auch die bekannte Strafe des Prangers verbunden, der sog. »Cheba«, einem quadratischen Holz- oder Eisenkäfig, der an einem Balken auf der Südseite hochgezogen wurde; auf diese Weise wurden Kleriker und Priester bestraft, die sich der Sittenlosigkeit schuldig gemacht hatten. Man erzählt, dass im 16. Jahrhundert in der Stadt die Liedchen eines gewissen Prè Agostino zirkulierten, der wegen Gotteslästerung zu zwei Monaten »Cheba bei Wasser und Brot« verurteilt worden war. Einige der Verse lauten folgendermaßen:

> Man reicht mir das Essen durch ein einziges Loch.
> Wasser geben sie mir statt Wein.
> Nun bekenne ich zu Recht meine Schuld;
> Am meisten quält mich, dass jeden Morgen und Abend,
> Zu Mittag wie zu allen andern Stunden
> Die Kinder zu mir hinaufschreien »O Prè Augustin!«
> Ihr Gekreisch ist manchmal so laut,
> Dass ich auf sie herunterpissen muss,
> Um meinem Schmerz Luft zu machen.

Die Cheba wurde im 16. Jahrhundert abgeschafft; der letzte Priester, der wegen Gotteslästerung zu dieser Strafe verurteilt wurde, war Prè Francesco von S. Polo.

Während des Himmelfahrtsfestes fand vom Turm aus ein Hochseilakt statt, der »Engels- oder Türken-Flug«, bei dem ein Seil von der Glockenstube zu einem Schiff auf dem Hafenbecken von S. Marco oder zur Loggia des Dogenpalastes gespannt wurde, an dem ein Akrobat hinunter glitt. Zu Füßen des Kampanile steht die Loggia, ein Werk Sansovinos von 1540. Ursprünglich war sie als Treffpunkt des Adels gedacht, diente aber ab 1569 als Wache für die Arsenalarbeiter, die sich hier während der Sitzungen des Großen Rats versammelten.

Die Chroniken berichten, dass nach der Abdankung Jacopo Contarinis (1280) einige Männer aus dem Volk Giovanni Dandolo, der sich gerade »in der Loggia neben dem Kampanile von S. Marco« aufhielt, von dort auf den Schultern zum Dogenpalast trugen und ihn zum Dogen ausriefen. Der Rat bestätigte den Wunsch des Volkes. Die Loggia existierte bereits im 14. Jahrhundert, als die Vorschrift erlassen wurde, dass die Prokuratoren sich dort während der Ratssitzungen aufhalten mussten. Sie wurde nach dem Brand von 1436, der zahlreiche Gebäude am Fuß des Turmes zerstörte, wieder aufgebaut. Dann legte sie ein Blitz in Trümmer, und nach dem Wiederaufbau stand sie bis 1511, als sie bei dem Erdbeben von herunterstürzenden Steinbrocken zerschmettert wurde.

Von neuem machte man sich an die Arbeit, sie wieder aufzubauen, und sie stand bis 1540, als Sansovino sie von den Grundmauern neu errichtete. Die Terrasse mit dem Geländer kam erst später hinzu (1663). Am 14. Juli 1902 wurde die Loggia beim Einsturz des Kampanile völlig zerstört, und nur dank der geduldigen Arbeit vieler Handwerker ist sie noch heute erhalten. Beim Wiederaufbau wurden die Seitenfassaden, die bis dahin aus Mauerwerk bestanden, mit Marmor verkleidet.

Einst war der Turm von niedrigen Holzbaracken umgeben, die an Händler, Bäcker, Krämer und Weinhändler verpachtet waren. Man nimmt an, dass der bis heute benutzte venezianische Ausdruck »ombra« [Schatten] für ein Glas Wein sich daher erklärt, dass man »im Schatten des Turmes« trinken konnte. Im Jahr 1582 wurde das Ospizio Orseolo dicht dicht neben Turm abgerissen, das als Unterkunft für die Pilger ins Heilige Land gedient hatte. Neben dem Markusdom stehen die *Pili Acritani*, zwei Steinsäulen, die aus S. Gio-

Gegenüber:
Die Loggetta Sansovinos am Fuß des Kampanile von S. Marco

Eine der beiden Säulen aus S. Giovanni d'Acri zwischen dem Markusdom und der Porta della Carta des Dogenpalastes

Unten:
Fassade des Dogenpalastes zur Wasserseite

vanni d'Acri (Syrien) stammen. Die Venezianer brachten sie 1256 als Siegestrophäen aus der dortigen Kirche von S. Saba mit, nachdem sie die Genuesen vertrieben hatten. Die beiden Monolithe sind interessante Beispiele syrischer Kunst des 6. Jahrhunderts.

An der Piazzetta erhebt sich der Dogenpallast. Er wurde wahrscheinlich von Angelo Partecipazio um das Jahr 814 errichtet, 977 vom Dogen Pietro Orseolo erneuert und 1173 vom Dogen Sebastiano Ziani erweitert. Von dem frühesten Gebäude hat sich keine Spur erhalten, aber man kann davon ausgehen, dass es die typische Gestalt der Zeit hatte, nämlich einen zinnengekrönte Mauerkranz mit Gräben, Zugbrücken und Ecktürmen, von denen einer möglicherweise noch in dem rechteckigen Bau links neben der Porta della Carta zu erkennen ist. Das »Castellum« dürfte eine Seitenlänge von etwa 240 römischen Fuß (71 m) gehabt haben und war zum Schutz vor den Überfällen der Langobarden unter König Rotari erbaut worden.

Der Neubau unter dem Dogen Ziani war ein in Form und Aussehen byzantinisches Gebäude mit Loggien und Bogengängen, in dem nach alten Angaben im Erdgeschoss auch Privatfamilien wohnten. An die Stelle dieses byzantinischen Baus trat das herrliche Bauwerk, das wir heute bewundern (14.-15. und 16. Jahrhundert). An der Seite zur Piazzetta kann man zwischen den einzelnen Bögen die mittelalterlichen Zunftzeichen der Steinmetze sehen, die die Steinblöcke für den Bau zurichteten.

Die »Tetrarchen« aus Porphyr an der Ecke neben der Porta della Carta

Markusplatz: Ecke der von Sansovino und Vicenzo Scamozzi erbauten Libreria Sansoviana; daneben das Gebäude der Münze, wo die venezianischen Zechinen geprägt wurden

Wer der Architekt war, von dem der Entwurf stammt, ist nicht mit Sicherheit bekannt, doch neben dem Namen von Filippo Calendario, »Steinmetz«, finden sich, möglicherweise als Verantwortliche für die Maurerarbeiten, ein Pietro Baseio, der in einer Urkunde von 1361 als »Oberbaumeister des neuen Palastes« erwähnt wird, und daneben ein anderer Oberbaumeister Enrico.

Fest steht, dass die unter ihnen tätigen Handwerker bereits nach dem von den Baumeistern aus Como eingeführten Vorbild organisiert waren.

Gegenüber dem Dogenpalast liegt die Libereria Sansoviana (heute Biblioteca Marciana), ein schönes klassisches Gebäude, das nach seinem Erbauer Jacopo Sansovino benannt ist.

Den Bau krönt eine Balustrade mit mythologischen Götterfiguren. Unter ihnen soll zwischen 1811 und 1814 auch eine Kolossalstatue Napoleons, ein Werk Domenico Bantis, gestanden haben, die wieder entfernt wurde, als sich das Glück des Kaisers wendete. Auf dem Grundstück standen früher alte Gasthäuser und eine der beiden Bäckereien der Stadt.

Es wird berichtete, dass während der Bauarbeiten der Bibliothek am 18. Dezember 1545 plötzlich die große Kuppel über dem Gebäude einstürzte. Dieses schwere Unglück ruinierte den Ruf des Architekten fast völlig; Sansovino wurde ins Gefängnis gesteckt und nur die gemeinsamen Anstrengungen Aretinos, Tizians und des Botschafters Karls V. vermochten ihn wieder aus der Haft zu befreien. Erst 1547 erhielt er sein Amt als Oberbaumeister wieder, nachdem er auf eigene Kosten den gesamten Schaden behoben und das Gewölbe durch ein normales flaches Balkendach ersetzt hatte. Der erste Teil des Gebäudes bis zum sechzehnten Bogen - vom Kampanile aus gesehen - wurde 1554 fertiggestellt.

Dann wurden die Bauarbeiten unterbrochen und erst 1583 durch Vincenzo Scamozzi fortgesetzt, der einige Häuser und die Schlachtbank abreißen ließ und den Bau bis an die Ecke der Hafenmole fortführte.

Sonnenaufgang über der Piazzetta von S. Marco; im Vordergrund die beiden Säulen mit dem Markuslöwen und dem »Todaro« (S. Teodoro); im Hintergrund, jenseits des Hafenbeckens von S. Marco, die Insel von S. Giorgio

Vom siebzehnten Bogen an diente das Gebäude als Münze.
Die älteste Münzprägeanstalt stand, wie man weiß, an der Riva del Ferro (s. *S. Salvador*, Riva del Ferro, S. 208); im 13. Jahrhundert befand sie sich bereits in S. Marco und unterstand zunächst der Kontrolle des Großen Rates, später des Rates der Zehn und schließlich des Senats.

Die venezianischen Münzen waren weit verbreitet und berühmt; sie zirkulierten in ganz Europa, einige davon, etwa die »Zechine«, wurden sogar im Fernen Osten verwendet. Schon zu Beginn des 15. Jahrhunderts prägte die Münze von Venedig jedes Jahr eine Million Golddukaten (Zechinen), zweihunderttausend Silbermünzen und achthunderttausend Silbergroschen.

Zwischen dem Dogenpalast und der Biblioteca Marciana stehen an der Uferseite zwei schöne Säulen aus orientalischem Granit, die im 12. Jahrhundert von einer griechischen Insel oder aus Ägypten nach Venedig gebracht wurden. Es wird überliefert, dass eine der ursprünglich drei Säulen beim Ausladen ins Wasser gefallen sei und nicht mehr geborgen werden konnte. Die beiden anderen wurden 1172 von Nicolò Baratteri, dem Baumeister der ersten, damals noch hölzernen Rialto-Brücke aufgestellt, und zum Dank wurde ihm das Privileg eingeräumt, zwischen den beiden Säulen öffentliches Glücksspiel (gioco di baratto) zu veranstalten, was ansonsten verboten war; die Spieler wurden entsprechend »barattieri« genannt.

Auf der einen Säule steht der bronzene Markuslöwe, vermutlich ein sassanidisches Werk; möglicherweise handelt es sich ursprünglich um eine Chimäre, der Flügel angesetzt wurden. Von der anderen Statue, die aus klassischen Fragmenten des 4. Jahrhunderts besteht, nimmt man an, dass sie S. Teodoro darstellt. Zwischen den beiden Säulen wurde üblicherweise das Gerüst für die Hinrichtungen aufgebaut.

Eine Erinnerung daran findet sich in der damals wie heute noch von den Venezianern gebrauchten Drohung: »Du wirst schon sehen, wieviel Uhr es ist«, denn der letzte Blick des zum Tode Verurteilen fiel auf den Uhrenturm, der sich auf der gleichen Achse wie die beiden Säulen befindet.

Im Unterschied zu den anderen Statuen in der Stadt hat der Löwe auf der Säule die rechte Vorderpfote auf dem Evangelium und trägt es nicht aufgeschlagen, wie sonst. Das hat bei vielen Betrachtern den falschen Eindruck erweckt, das Buch sei geschlossen. Bekanntlich wurde die Löwenfigur mit geschlossenem Evangelium nur im Kriegsfall verwendet.

Ein Gondolier, der zu Zeiten der Republik von einem

Fremden nach dem Grund für diese Darstellung gefragt wurde, erfand aus dem Stehgreif die folgende Erklärung: »Sehen Sie, wenn Sie zwischen diesen beiden Säulen stehen, dann ist die Abrechnung schon gemacht« – eine klare Anspielung auf die Hinrichtungen.

Auf dem Uferdamm in Richtung S. Elena spannt sich die **Ponte de la Pagia** über den **Rio del Palazzo**; sie trägt ihren Namen weniger nach dem Stroh, das hier für die Maultiere der Senatoren während der Sitzungen des Großen Rats ausgebreitet wurde, als nach den Strohschuten, die hier lagen. Bis 1356 war die Brücke aus Holz, dann errichtete man sie in Stein. 1854 wurde sie auf Kosten der öffentlichen Hand verbreitert. In der Vergangenheit gab es bei der Brücke eine Reihe von Osterien, eine »Zur Schlange«, eine andere »Zur Krone« und eine dritte »Zum Stern«. An der Brücke wurden auch die Ertrunkenen zur Identifizierung aufgebahrt.

Eine Legende erzählt, dass einst am 15. Februar 1340 ein armer alter Fischer bei einem schrecklichen Sturm mit seinem Boot Zuflucht unter der Brücke gesucht hatte. Da erschien ein Mann und bat, ihn auf die Insel von S. Giorgio überzusetzen; dort angekommen, stieg eine weitere Person zu und die beiden wollten nach S. Niccolò auf dem Lido gefahren werden, wo ein dritter Mann ins Boot stieg. Alle drei verlangten von dem entsetzten Fischer, aus dem Hafen aufs Meer hinauszufahren, und als sie auf offener See waren, erschien zwischen den Wellen ein Schiff voller Höllengeister. Bei diesem Anblick gaben sich die Passagiere zu erkennen: es waren S. Marco, S. Giorgio und S. Nicolò. Sie geboten den Dämonen, den Sturm zu beenden, der die ganze Stadt zu überschwemmen drohte. Vom Höllenschiff antwortete ein Chor von Spottreden und Schmähungen, worauf ein Blitz niederschlug und das Schiff im Handumdrehen verschwunden war. Sobald sich das Wetter beruhigt hatte, kehrten die Heiligen mit dem Schiffer zurück und der Heilige Markus gab ihm beim Abschied einen Ring mit dem Auftrag, ihn am nächsten Morgen dem Dogen während der Sitzung des Großen Rates zu geben. Man kann sich das gewaltige Erstaunen bei der Entdeckung vorstellen, dass der Ring zum Domschatz von S. Marco gehörte und von unsichtbarer Hand fortgenommen worden war.

Ein Löwe von der Piazzetta dei Leoncini

Diese Geschichte inspirierte den Maler Paris Bordone zu einem berühmten Gemälde für die Scuola S. Marco; heute ist das Werk in der Accademia zu sehen, eine Kopie hängt im Museo Corer.

Auf der dem Wasser zugewandten Seite der Ponte della Paglia ist der Tabernakel der Fraglia del Traghetto eingemauert, der ein kostbares Kunstwerk enthält: die *Madonna dei Gondolieri*. Das Relief stellt die Mutter Gottes in Anbetung des Jesuskindes dar; im Giebelfeld ist Gottvater dargestellt und unter der Inschrift zwei Gondeln. Das Werk stammt von 1583. Seit dem Mittelalter waren die einzelnen Handwerke und Berufsgruppen in Scuole oder Brüderschaften organisiert. Jede Scuola bestand ihrerseits aus verschiedenen »Fraglie« (vom lateinischen *fratria*, Gesellschaft oder Zusammenkunft), deren Leben durch eine eigene *Mariegola* (Satzung und Mitgliederverzeichnis) geregelt wurde und der ein demokratisch gewählter Gastalde vorstand.

Neben dem Uferdamm auf Seiten der Münze sieht man einen Park, die sogenannten Giardini Reali. Früher war dies ein Sumpfgelände, das nach der Trockenlegung den Namen Terra Nova verlor und bis 1310 unter dem Namen »Nuovo Arsenale« als Werftplatz für Galeeren und Handelsschiffe diente. Zum Schluß hieß es »Cabioni« oder Gabbioni [Käfige] nach der Tiermenagerie, die die Dogen hier unterhielten.

Das übrige Gelände wurde von Getreidemagazinen mit Zinnen eingenommen, die in napoleonischer Zeit abgerissen und durch den heutigen Park ersetzt wurden.

Man kehrt zum Markusdom zurück, an dessen linker Seite sich die **Piazzetta de i Leoncini** befindet, die nach den beiden Löwen aus rosa Marmor heißt, einem Werk Giovanni Bonazzas, die 1722 im Auftrag des Dogen Alvise III. Mocenigo hier aufgestellt wurden. Hinter den beiden Figuren steht ein großer Brunnen, der nach den Worten Gallicciolis der tiefste Brunnen von ganz Venedig sein soll. Auf der Piazzetta dei Leoncini wurde früher der Gemüsemarkt abgehalten.

An der Außenwand der Basilika steht der Sarkophag von Daniele Manin, dessen Überreste 1868 von Paris nach Venedig überführt wurden.

An dem Platz liegt die Kirche von S. Basso, die heute zum Teil in Ladenlokale umgewandelt worden ist und zum Teil für kulturelle Veranstaltungen genutzt wird.

Die erste Kirche ließ 1076 die Familie Elia errichten. Nachdem ein Brand sie 1105 zusammen mit zweiundzwanzig weiteren Kirchen zerstört hatte, wurde sie wieder aufgebaut und blieb bis 1661 erhalten; dann ereilte sie das gleiche Schicksal noch einmal. Der Neubau stammt von dem Architekten Benoni. 1810 wurde sie geschlossen und in eine Lagerhalle umgewandelt. Das Geläut aus dem 17. Jahrhundert kam 1834 in die neue Klarissenkirche nach S. Andrea.

In der **Cale S. Basso** kam es 1310 zu einem Zusammenstoß zwischen den Verschwörern Bajamonte Tiepolos und den

Gefolgsleuten des Dogen Pietro Gradenigos. Im Hinrichtungsverzeichnis in der Biblioteca Marciana findet sich ein Pfarrer von S. Basso namens Don Francesco, dessen Familienname nicht erwähnt ist. Zu ihm kam ein Mann und bekannte in der Beichte, dass er einen Edelmann getötet habe. Der Pfarrer ließ ihn am nächsten Tag wiederkommen, um die Beichte fortzusetzen, hatte aber einen Neffen in einem Schrank versteckt, so dass der alles mithören und anschließend den Mörder anzeigen konnte, um das Kopfgeld zu kassieren. Der Mörder wurde verhaftet und zum Tode verurteilt. Als er in Erwartung der Hinrichtung im Gefängnis vor einem Kreuz kniete, klagte er mit lauter Stimme zu Gott: »Es stimmt, dass ich schuldig bin, aber wie ist es möglich, dass man mich entdeckt hat, wo doch niemand davon wusste außer dir, o mein Herr, mir selbst und dem Pfarrer von S. Basso, dem ich es gebeichtet habe.«

Die Wärter hörten diese Worte und meldeten sie sofort dem obersten Gericht. Der Pfarrer wurde verhaftet, gestand unter der Folter sein Verbrechen und wurde am 22. April 1693 enthauptet. Dem Mörder des Edelmanns wurde das Leben geschenkt, er erhielt die zweitausend Dukaten Kopfgeld und musste binnen drei Tagen das Staatsgebiet Venedigs verlassen.

Die Calle S. Basso mündet in der **Cale Larga**, die die **Marzaria de l'Orologio** mit der **Ponte Morosini** verbindet. Die Calle trägt, wie noch andere in der Stadt, diesen Namen, weil sie breiter ist als normal. Ursprünglich hieß sie »Corazzeria« nach den zahlreichen Läden, in denen Harnische und Rüstungen verkauft wurden.

Der Durchgang, der sie mit der Merceria verbindet, wurde 1545 geschaffen, indem man ein Haus abriss. Die letzte kleine Calle vor der Merceria auf der rechten Seite ist die

Wappen der Spadari (Waffenschmiede) in der Spadaria

Kirche von S. Zulian

Calesela del Castel Cimesin, nach einem Kastell benannt, das möglicherweise aus der gleichen Zeit stammt wie das Castello d'Olivolo (s. *S. Pietro di Castello*, S. 27). Die in die Fassade des Hauses Nummer 283 eingemauerten Patera-Schalen beweisen, dass der Festungsbau noch im 9. und 10. Jahrhundert hier stand. Man folgt der Calle Larga zur anderen Seite in Richtung der Ponte Morosini. Im Haus Nummer 412 (Palazzo Anzelieri) befand sich die alte Apotheke »Al Redentor«, die heute in den typischen venezianischen Glasladen umgewandelt worden ist. Einige Regale mit alten Glas- und Porzellangefäßen haben sich noch erhalten. Das letzte Gebäude vor dem Kanal auf der linken Seite der Calle ist Palazzo Donà aus dem 15. Jahrhundert, in dem heute die Bank von S. Marco ihren Sitz hat.

Fast genau gegenüber der Calla S. Basso öffnet sich die **Spadaria**, wo die Waffenschmiede ihre Werkstätten hatten. Sofort am Anfang der Spadaria sieht man an Hausnummer 662 rechts oben an der Wand das Symbol ihrer Brüderschaft (14.-15. Jh.) mit dem Markuslöwen und darunter drei Schwertern. Die Waffenschmiede vereinigten sich 1297 in einer Zunft, zu der auch die Messerschmiede und die Scheidenmacher gehörten. Der venezianische Historiker Cicogna berichtet, dass in das Straßenpflaster der Spadaria vier Bälle eingemeißelt waren, mit denen man Einfaltspinseln und Ahnungslosen einen Strich zu spielen pflegte. Man schickte sie nämlich mit dem Auftrag, die vier Bälle zu kaufen, in den Laden gegenüber. Der Ladenbesitzer rief dann die Nachbarn zusammen und zeigte dem hereingefallenen Opfer die vier eingemeißelten Bälle und forderte ihn auf, sie mitzunehmen, wenn er dazu in der Lage sei. Die Platten mit den Bällen wurden 1815 auf Anordnung der Polizei entfernt.

Man folgt der Spadaria und kommt kurz vor dem **Campo S. Zulian** an einen Durchgang, in dem man eine kleine vorspringende Holzkonstruktion mit Gesimsen und Rahmen bewundern kann, wahrscheinlich das Werk eines »Marangon da noghera« [Nussbaum-Schnitzer] (s. *S. Maria del Rosario*, Calle del Marangon, S. 599).

Dann kommt man auf den Campo S. Zulian.
Die Kirche wurde um 829 von Giovanni Marturio erbaut, der während des Exils des Dogen Giovanni Partecipazio zusammen mit Orso, dem Bischof von Castello, den Staat lenkte. Sie steht auf einem sumpfigen Gelände, das sich am Rio S. Zulian zwischen einem befestigten Palast und dem ursprünglichen Markt von S. Bartolomeo erstreckte. Nach dem Brand von 1105 wurde sie auf Kosten der Familie Balbi in Form einer dreischiffigen Basilika wieder aufgebaut. 1553 wurde sie nach Entwürfen Sansovinos unter Mitwirkung Vittorias umgestaltet. Einen großen Teil der Kosten trug Tommaso Rangone aus Ravenna, Ritter, Philologe und berühmter Arzt.

Seine von Vittoria geschaffene Bronzestatue steht über dem Haupteingang. Die Kirche wurde 1580 eingeweiht und ist das früheste Beispiel, dass in einer venezianischen Kirche das Bild des Stifters die religiösen Themen ablöst.

Ursache dafür waren genaue Anweisungen Rangones, der auch eine griechische und eine hebräische Inschrift des Inhalts anbringen ließ, er sei Autor von vielen Büchern zu den unterschiedlichsten Themen, habe finanziell zum Umbau der Kirche beigetragen, in Rom, Bologna und Padua gelehrt und das Geheimnis entdeckt, hundertzwanzig Jahre alt zu werden. Er selbst starb jedoch am 13. September 1577 im Alter von 94 Jahren.

Das einschiffige Innere der Kirche hat einen quadratischen Grundriss mit einem Presbyterium und zwei kleinen Seitenkapellen. Der alte, einsturzgefährdete Kampanile wurde 1775 abgerissen und in seiner heutigen Form wieder aufgebaut.

Gegenüber dem Haupteingang der Kirche sieht man am Haus Nummer 606 zur Merceria hin ein Relief (14. Jh.) des Heiligen Georg mit dem Drachen und der Inschrift »SANCTUS GEORGIUS 1496«; es zeigt an, dass das Haus der Abtei von S. Giorgio Maggiore gehörte.

Campo S. Zulian, Relief des Heiligen Georg aus dem 14. Jh.

Auf der rechten Seite der Kirche öffne sich die **Corte Ancilotta**, nach einem Marco Ancilotta, der 1713 hier ein Kaffeehaus hatte, oder, wie man damals sagte, eine »Bottega da acqua« (s. *S. Salvatore*, Calle delle Acque, S. 202).

Die Familie Ancilotto, die auch hier in der Corte wohnte, war durchaus wohlhabend, denn sie besaß außerdem Häuser in S. Basilio, auf Murano sowie in Treviso und Padua.

Im Café Ancilotto, das auch Café di Spadaria genannt wurde, wollten in den letzten Jahren der Republik einige Jakobiner ein Lesekabinett mit Büchern und Zeitungen aus Frankreich eröffnen. Eines Tages stand der oberste Regierungsbote Cristoforo dei Cristofoli vor der Tür und teilte dem Inhaber mit, die Inquisitoren hätten angeordnet, dass der erste, der die neuen Räumlichkeiten betrete, sich am nächsten Morgen bei ihnen vor Gericht einzufinden habe. Das Lesekabinett wurde nie eröffnet.

Auf der rechten Seite beginnt die **Cale de i Specchieri** (s. *SS. Apostoli*, Salizada dei Specchieri, S. 303); man folgt ihr und trifft auf:

R – **Sotoportego, Cale e Corte de le Cariole**, nach einem Schreiner, der hier Schubkarren herstellte. Im Haus Nummer 635 wohnte bis zu seinem Tod 1899 Giuseppe Tassini, der Historiker der venezianischen Straßennamen, auf dessen Werk dieser Stadtführer im Wesentlichen basiert.

Zwischen den Hausnummern 449 und 463 sieht man an dem Bogen über der Einmündung von Calle del Forno auf einer schmalen Konsole ein Relief, das S. Zaccaria darstellt, außerdem eine Inschrift »CALE PROPRIA DEL MONASTERIO DE S. ZACC. [Straße Eigentum des Klosters von S. Zaccaria]1617«.

L – **Cale e Corte del Forno**; Haus Nummer 460 ist die Casa Mastelli aus dem 17. Jahrhundert, heute das Restaurant Do Forni. In der Corte steht der spitzbogige Palazzo Surian (Hausnummer 456) aus dem 15. Jahrhundert.

L – **Cale e Corte del Quartier**, auch Calle e Corte di Ca' Quartier genannt. Im Mitgliederverzeichnis der Scuola von S. Cristoforo all'Orto erscheint ein Zuane di Quartieri, der vorher der Scuola della Carità angehörte. Am Haus Nummer 430 sieht man die Überreste des Palazzo Quartieri, eine Tür mit dem Adelswappen darüber. Der spitzbogige Palast trat an die Stelle eines alten befestigten Gebäudes, das auch schon der Familie Quartieri gehörte; sie hatte sich mit Schmach bedeckt, da das Familienoberhaupt an der Verschwörung der Tiepolos (1310) teilgenommen hatte.

R – **Ramo de la Nave**, nach dem Namen des nahegelegenen Cafés, das im 19. Jahrhundert hier einen Hinterausgang hatte.

Piscina S. Zulian, Kreuz mit Golgatha-Berg am Eckpfeiler des Hauses Nummer 544/B zum Zeichen, dass es dem Kloster von S. Croce gehörte

Man kehrt nun wieder zur Kirche von S. Zulian zurück.

Hinter dieser liegt der **Campo de la Guera**, dessen Name auf die »Kriege«, d.h. Wettkämpfe mit Schilfrohren, Stöcken oder Fäusten zurückgeht, die zwischen den Stadtvierteln ausgetragen wurden; viele Brücken sind danach benannt.

Hinter Kirche beginnt auch die **Cale del Strazzariol**, die in die **Pissina S. Zulian** führt. An der Mauer des Kirchengebäudes sieht man ein Relief (12.-14. Jh.) der Madonna mit dem Jesuskind in einer Nische.

Die Zunft der Strazzeri (Lumpensammler) wurde 1419 aufgelöst und 1584 neu geordnet wegen der vielen Personen, die sich unberechtigterweise angeschlossen hatten. Nirgendwo in der Stadt durften Gegenstände, die der Zunft der Lumpensammler zustanden, verkauft oder erworben werden. Das war ausschließlich den Meistern erlaubt, die über einen offiziellen Schein verfügten, der die Zahlung der entsprechenden Steuern bestätigte.

Die Lumpensammler verfügten 1773 über siebenundfünfzig Läden und hatten ihren Versammlungsort in der Kirche von S. Zulian am Altar von S. Giacomo.

Am Haus Nummer 544/B befindet sich auf dem Eckpfeiler zur Piscina S. Zulian ein Kreuz mit dem Golgatha-Berg (1558). Die Inschrift darüber lautet:

MONALIUM SANCTAE CRUCIS
IN JUDAICA
AEDES INCENDIO ABSUMPTAE
AB IPSIS INSTAURATAE ET IN ELEGANTIOREM FORMAM
RESTITUTAE
ANNO SAL. MDLVIII

Der Uhrentum auf einem Stich von G. Pividor (aus *Relazione storico-critica della torre dell'Orologio di S. Marco*, 1884)

Sie besagt, dass das Gebäude dem Kloster von S. Croce gehörte.

In der Piscina di S. Zulian steht der Palazzo Balbi (Hausnummer 548) aus dem 17. Jahrhundert.

Wie bei anderen Straßen Venedigs verdankt sich der Name Piscina dem Umstand, dass es in der Stadt ursprünglich zahlreiche Teiche gab, die Laghi, Piscine, manchmal auch »Piscariae« genannt wurden und in denen gefischt und gebadet wurden. Sie wurden im Auftrag der Vorstände der Stadtviertel zugeschüttet, aber behielten ihren ursprünglichen Namen.

Von der Piscina kommt man durch den niedrigen **Sotoportego Primo Lucatello** und die gleichnamige Corte und Calle zur **Ponte de i Bareteri**.

In der Corte steht ein schöner Brunnen aus dem 14. Jahrhundert. Corte und Calle verdanken ihren Namen einem gewissen Francesco Lucadello oder Lucatello, der hier 1539 ein Haus kaufte, um darin zu wohnen und seinen Krämerladen aufzumachen.

Die breite Ponte dei Barettieri wird seit 1315 erwähnt und zu Beginn des 16. Jahrhunderts in Stein errichtet. 1741 wurde ein Haus abgerissen, um die Brücke zu verbreitern und 1772 wurde sie mit Balustraden versehen, die mit Löwen verziert waren, die heute aber nicht mehr erhalten sind.

Die Barettieri (Hutmacher) hatten hier zahlreiche Werkstätten. Sie betrieben einen blühenden Handel, der bis nach Istrien, Dalmatien und in die Levante reichte, wo die venezianischen Mützen wegen ihrer Verarbeitung und der Farbqualität sehr begehrt waren.

Kehrt man in Richtung S. Marco zurück, kommt man durch die **Marzaria (Merceria) de S. Zulian**, die zu dem gleichnamigen Platz zurückführt.

Die Mercerie sind die Straßen, die vom **Campo S. Bartolomeo** ausgehen und in **Piazza S. Marco** münden.

Sie werden unterschieden in Merceria di S. Salvador, Merceria del Capitello, Merceria di S. Zulian und Merceria dell'Orologio. Die Merceria di S. Salvador war die schmalste und wurde im Volksmund »Marzarieta« genannt. Im 19. Jahrhundert verbreiterte man sie, wofür zahlreiche Häuser abgerissen wurden, und heute heißt sie »Via 2 Aprile« zur Erinnerung an den Tag, an dem die Venezianer Widerstand »um jeden Preis« gegen die Österreicher proklamierten.

Der Name Marzaria kommt von den zahlreichen Krämerläden, die diese Straßen säumten. Die Krämerzunft war sehr alt in Venedig, seit dem Jahr 942 existieren Unterlagen; 1446 erhielt sie feste Statuten und Regeln. Ihre Mitglieder versammelten sich 1452 in einem Haus in S. Zulian in der **Cale a fianco de la Chiesa**.

In der Chronik von Dezan wird berichtet, dass 1339 in der Marzaria die vielen Bäume gefällt wurden, die dort wuchsen, um ihr ein ordentlicheres Ansehen zu geben. Sie war auch die

Mercerie dell'Orologio, Figur der »Alten mit dem Mörser« an der Fassade ihres Hauses

8. San Marco

erste Straße, in der das alte Ziegelsteinpflaster durch Steinplatten ersetzt wurde (1675-76).

Wendet man dem Portal der Kirche von S. Zulian den Rücken zu, ist die erste Straße links parallel zur Spadaria die **Marzaria de l'Orologio**, nach der Uhr auf dem Turm an der Einmündung in den Markusplatz benannt.

In der Merceria sieht man in der Fassade von Ca' Tomasi (Hausnummer 216) eine Nische mit einer Ikone der Madonna della Misericordia (1492) mit dem Jesuskind an der Brust, darunter das Symbol der Scuola della Misericordia.

In der benachbarten **Cale de i Baloni** befindet sich am Haus Nummer 203 ein Relief (1787) mit dem gleichen Thema.

Das Uhrwerk im Uhrenturm wurde von Paolo Rainieri und seinem Sohn Carlo gebaut und war 1496 fertig. Nachdem es nach Venedig gebracht worden war, beauftragte die Republik Mauro Codussi, einen passenden Turm dafür zu erbauen. Die Bauarbeiten dauerten von 1496 bis 1499; die beiden Seitenflügel entstanden zwischen 1500 und 1506. Der Zentralbau endet in einer Terrasse mit einer großen Glocke, an der die »Mohren«, zwei 1497 von Ambrogio de le Anchore gegossene männliche Bronzefiguren, die Stunden schlagen. Zweihundertfünfzig Jahre später war das Uhrwerk in einem so beklagenswerten Zustand, dass es von dem Mechaniker Bartolammeo Ferracina erneuert wurde (1752-1757). Er erhielt außerdem den Auftrag, den Turm oberhalb der Terrassen und die vier Bögen des Portikus zum Platz zu verschönern, in denen er acht Scheinsäulen anbringen ließ. Diese Baumaßnahme wurde eines Nachts von einem kritischen Geist mit den Versen kommentiert: »Hochedle Säulen, was macht ihr hier? – Das wissen wir eigentlich auch nicht«. 1858 wurde das Innere des Turms renoviert und auch das Uhrwerk überholt.

Am 15. Juni 1310, dem S. Veits-Tag, stürmten die Verschwörer Bajamonte Tiepolos aus der Merceria auf den Platz, wo sie von den bewaffneten Gefolgsleute des Dogen erwartet wurden. Es gab einen heftigen Kampf und die Anhänger Bajamontes wurden geschlagen, worauf ein Teil von ihnen durch die Merceria flüchtete. Hier wohnte dicht bei der Einmündung in den Markusplatz eine alte Frau namens Giustina oder Lucia Rossi,

Wappen der Familie Rota am Palazzo Rota in Cale de i Favri

die ein Spiegelgeschäft hatte. Der gewaltige Lärm des Kampfe lockte sie ans Fenster, und vom Balkon aus warf sie einen großen Mörser auf die Fliehenden hinunter, der den Fahnenträger Bajamontes erschlug.
Auf die Frage des Dogen und der Signoria, wie sie für ihre Tat belohnt werden wollte, erbat sie die Erlaubnis, am S. Veits-Tag und den anderen Feiertagen die Fahne des Heiligen Markus an ihrem Balkon aufzuhängen; außerdem sollte ihr die Miete, die sie der Republik für das Haus und den Laden zahlte, nie mehr erhöht werden. Der Doge gewährte ihr diese Wünsche und der Mietvertrag lautete bis zum Ende der Republik im Jahr 1797 auf 15 Dukaten Jahresmiete.
1861 ließ Elia Vivante Mussati an der Fassade das Bild der Alten anbringen, wie sie gerade den Mörser auf die Straße hinunterwirft; darunter steht »Addì XV guigno 1310«.
Auf der rechten Seite der Mercerie vor dem Turm kommt man zu **Sortoportego e Cale del Capelo**; die Osteria del Cappello, die hier seit dem 14. Jahrhundert existierte, gehörte zur Basilika von S. Marco und wurde von den Procuratori de Supra verwaltet. Sie bestand bis ins 19. Jahrhundert.
Das Lokal wird zum ersten Mal im Februar 1342 erwähnt und taucht auch in einem Urteil vom 27. September 1483 auf, mit dem ein türkischer Kapitän namens Jussuf zu lebenslänglicher Haft verurteilt wurde, weil er in einem Zimmer der Osteria del Cappello einen Jungen vergewaltigt hatte. Auch Sanudo erwähnt in seinen *Diarii* das Lokal, wo am 5. Mai 1515 ein vierzehnjähriger Junge aus der Picardie öffentlich zu Schau gestellt wurde, aus dessen Brust ein zweiter Oberkörper herauswuchs. Das monströse Wesen musste auf Anordnung des Rates der Zehn noch am gleichen Abend die Stadt wieder verlassen.
Die Calle endet am **Sotoportego de i Dai** und der gleichnamigen Brücke. Der Name ist gleichfalls mit der Verschwörung Bajamonte Tipolos verbunden. Es heißt, der Name dieser Brücke und der Straße komme von dem Geschrei der Bevölkerung »Dai! Dai« [Drauf! Drauf!], mit der die fliehenden Verschwörer verfolgt wurden. Man muss jedoch berücksichtigen, dass die Brücke in allen alten Dokumenten nicht »dei Dai«, sondern »dei Dadi« heißt, weshalb man davon ausgehen kann, dass hier Würfel verkauft oder mit Würfeln gespielt wurde. In einem Gesetz von 1433 heißt der Rio dei Dai »Rivus pontis Taxillorum« und Sabellico spricht vom »Tesserarum pons«. Die Brücke hieß auch »del Malpasso«, und auch hier geben die Chroniken unterschiedliche Erklärungen. Die einen führen ihn auf die Niederlage und Flucht der Verschwörer zurück, während andere behaupten,

Brunnen in der Corte Gregolina

dass die Bezeichnung bereits vor 1310 gebraucht wurde.

Die Brücke führt in die **Cale de i Favri**, nach den verschiedenen Schmiedewerkstätten, die sich einst hier befanden.

Am Fuß der Brücke beginnt rechts die **Fondamenta de i Dai**, die zu **Sotoportego e Corte Torrette** führt; ursprünglich hieß sie »Corte del Torretto« nach der Familie gleichen Namens, die hier im 16. Jahrhundert wohnte. Man kehrt zur Brücke zurück und folgt der Calle dei Fabbri nach rechts. Hausnummer 834 ist der Palazzo Rota aus dem 17. Jahrhundert mit einem prächtigen Wappenschild (14. Jh.) an der Fassade.

Im weiteren Verlauf der Calle dei Fabbri kommen auf der linken Seite **Cale e Corte de le Ancore**, nach einem Schmied, der hier Schiffsanker herstellte. Ein Gesetz von 1332 schrieb vor, dass für Anker und alle Eisenteile der Schiffe ausschließlich Metall aus Cadore verwendet werden durfte.

Anschließend öffnet sich zur Rechten die **Cale Fiubera**, die zur **Ponte dei i Ferali** führt.

Die Calle bekam ihren Namen von den zahlreichen Läden, in denen »Fiube« (Schnallen) für Gürtel und Schuhe verkauft wurden. An der Brücke dagegen gab es eine Unzahl von Werkstätten, in denen Laternen hergestellt wurden.

Die Feraleri hatten ihre Scuola in S. Zulian. 1128 wurden wegen der zahlreichen Morde, die auf den finsteren Straßen stattfanden, Öllampen oder »Cesendeli« vor den Heiligenbildern angebracht.

Im Jahr 1450 wurde die Verordnung erlassen, dass alle, die nach der dritten Nachtstunde in der Stadt unterwegs waren, eine Lampe mit sich führen mussten. Man benutzte dafür Kerzen, zweiarmige Leuchter oder Laternen, die sich die Adeligen oder Reichen von einem Diener vor sich her tragen ließen. Auf diese Angewohnheit geht der Beruf des »Codega« zurück, eine Art Dienstmann, der mit Laterne und Regenschirm bei den Cafés am Markusplatz oder an anderen belebten Straßenecken wartete und denen zu Diensten stand, die sich nach Hause begleiten lassen wollten. Viele Codega kamen aus dem Friaul; ihr Name kommt vom griechischen *odegos* (Führer).

1719 wurden in der Merceria die ersten Straßenlaternen angebracht, 1720 dann in den anderen Straßen, in denen Durchgangsverkehr herrschte. Am 23. Mai 1732 schließlich wurde die Beleuchtung von ganz Venedig angeordnet, wozu mit Ausnahme der Armen alle Einwohner herangezogen wurden. 1795 gab es in Venedig insgesamt 1964 Straßenlaternen.

Dicht beim Haus Nummer 790 steht ein Tabernakel aus dem 16. Jahrhundert, in dem S. Giuliano dargestellt ist. An Hausnummer 791/A sieht man zwischen dem zweiten und dritten Stock ein Kreuz von 1496. Vor der Brücke auf der rechten Seite, genau gegenüber der **Cale de i Armeni**, befindet sich der **Sotoportego de la Malvasia**, auf dessen Bogen man noch heute lesen kann, dass das Gebäude 1690 auf Kosten der Kongregation des venezianischen Klerus wieder aufgebaut wurde (s. *S. Stefano*, Calle Larga del Clero, S. 246).

Die Ponte dei Ferai hieß ursprünglich Ponte degli Armeni wegen der naheliegenden Kirche S. Croce degli Armeni, die am Ende der gleichnamigen Calle auf der rechten Seite unter dem Portikus liegt.

Das Kirchengebäude aus dem 17. Jahrhundert verfügt über einen kleinen Friedhof im Vorraum und eine mit dem Sternenhimmel ausgemalte Kuppel.

Hinter dem Portikus wendet man sich nach links in den **Rio Terà de le Colone**, einen 1837 zugeschütteten Kanal. Die Säulen (colonne) existieren heute noch. Auch die Brücke (Ponte delle Campane), die den Kanal am Ende des Portikus als Fortsetzung der Calle dei Fabbri überquerte, wurde damals abgerissen. Am Haus Nummer 1061 sieht man eine Gedenktafel, die an den zugeschütteten Kanal erinnert. Die Brücke

Kirche von S. Giorgio Maggiore

hieß nach einer Glockengießerei in der Nähe.

Geht man die Calle dei Fabbri nach rechts, folgen:

R – **Cale** und **Corte Gregolina**, möglicherweise nach einer Familie Gregolin. In der Corte stand ein Brunnen aus dem 15. Jahrhundert, das einzige bekannte Exemplar, das wie ein geflochtener Weidenkorb gestaltet war.

R – **Ramo Cale Gregolin**;

L – **Cale de le Strazze** (s. *S. Zulian*, S. 180); am Haus Nummer 1043 sieht man im ersten Stock eine Patera-Schale aus griechischem Marmor, auf der eine Sirene mit Vogelfüßen dargestellt ist, die an Stelle des Schwanzes ein Gesicht trägt und einen großen Fisch in den Armen hält. Das Werk wurde 1862 in die Mauer eingelassen, seine Herkunft ist unbekannt.

L – **Cale Scoacamini**, nach den zahlreichen Schornsteinfegern, die früher einmal hier wohnten.

Am Ende der Calle dei Fabbri stößt man auf die **Ponte de le Pignate**, nach dem Topfgeschäft, das in der ersten Hälfte des vorigen Jahrhunderts dort noch existierte. Vorher hieß die Brücke »Ponte del Bonomo«, und noch früher »Ponte del Bonomo fruttariol«, nach einem Bonomo, der hier im 17. Jahrhundert einen Obstladen betrieb. Die Pignateri (Topfmacher) bildeten zusammen mit den Squeleri (Schüsselmachern) und den Bocaleri (Krugmachern) eine gemeinsame Brüderschaft.

Man geht die Calle dei Fabbri wieder zurück und biegt kurz nach der Kreuzung mit dem Rio Terà delle Colonne nach rechts in die **Cale S. Gallo**, um zum **Campo S. Gallo** zu kommen.

Bevor man auf den Campo hinaustritt, kommt auf der rechten Seite die **Corte S. Zorzi**; im Jahr 1161 schenkte Buonafante, die Witwe Giovanni Foscaris, dem Kloster von S. Giorgio einige Holzhäuser in dieser Corte; nachdem sie in Stein errichtet worden waren, brachten sie dem Kloster etwa tausend Dukaten Jahresmiete ein. Der Abt Jacopo Milanese ließ sie 1542 neu erbauen, und noch heute sieht man über dem Eingang in die Corte den Heiligen Georg (16. Jh.) eingemeißelt. Das Benediktiner-Kloster S. Giorgio Maggiore wurde von Giovanni Morosini auf der Insel gegründet, die vor der Piazzetta des Markusplatzes lag; 982 hatte er sie vom Dogen Tribuno Memmo zum Geschenk erhalten. Sie hieß ursprünglich »Isola dei Cipressi« wegen der vielen Zypressen, die dort wuchsen, und erhielt den Namen »S. Giorgio« nach der

Oratorium in Campo S. Gallo

diesem Heiligen geweihten Kirche, die die Partecipazi 790 errichtet hatten, und S. Giorgio Maggiore, um sie von S. Giorgio in Alga zu unterscheiden. Kirche wie Kloster wurden mehrfach restauriert; im 16. Jahrhundert wurden sie von Palladio völlig neu gestaltet. Zu Beginn des 19. Jahrhunderts wurde die Insel in einen Freihafen verwandelt und das Hafenbecken mit den beiden Türmchen angelegt. 1800 versammelte sich in dem Kloster das Kardinals-Konklave, aus dem Barnaba Chiaramonti als Papst Pius VII. hervorging. Am 27. Februar 1774 stürzte der Kampanile völlig überraschend ein und zertrümmerte den Schlafsaal des Kreuzgangs, die Sakristei und den Chor der Kirche; ein Mönch wurde dabei getötet, zwei verletzt.

Das Bacino Orseolo

In diesem Jahrhundert hat Vittorio Cini einige Gebäude restaurieren und umbauen lassen, in denen heute die nach seinem Sohn Giorgio benannte Stiftung ihren Sitz hat.
Ursprünglich hieß der Campo S. Gallo »Rusolo«, wahrscheinlich eine Entstellung des Namens »Orseolo«, denn diese Familie besaß hier Häuser. Sie kam aus Deutschland, ließ sich zuerst in Torcello und dann unter den frühesten Dogen in Venedig nieder. Die Häuser der Orseolo standen auf dem Gelände zwischen dem Campo und dem Kanal, ebenso wie das Hospiz, das 1581 hierher verlegt worden war.
Das erste Spital für die Pilger ins Heilige Land war vom Dogen Pietro Orseolo I. im 10. Jahrhundert neben dem Kampanile von S. Marco erbaut worden; seine Fundamente befinden sich noch heute unter dem Pflaster des Markusplatzes zwischen dem Kampanile und den Neuen Prokuratien. Die Häuser und das Pilgerspital wurden in ein Hospiz für bedürftige Frauen umgewandelt, die »Ursulinerinnen von S. Gallo« genannt wurden.
1873 wurde ein Teil der Gebäude dem Hotel »Cavaletto« angegliedert, der andere abgerissen, um das **Bacino Orseolo** anzulegen. Auf dem Campo ist nur noch das Oratorium von S. Gallo erhalten, das 1703 seine heutige Form erhielt.
Man folgt neben der Kapelle **Cale, Ponte** und **Sotoportego**

del Cavaleto. Diese Straßen erhielten ihren Namen von einer der ältesten Osterien Venedigs, die bis in die Mitte des 19. Jahrhunderts in Betrieb war. In einer Mariegola (einem der alten Statuten von Zünften und Berufsgruppen) der Scuola Grande della Misericordia von 1308 bis 1499 findet sich der Name eines Mitglieds »Giacomello De Gratia vom Cavalletto«. In den Gebäude befindet sich auch heute noch das Hotel »Al Cavaletto«.

Man kommt auf diese Weise unter den Alten Prokuratien auf den Markusplatz, wendet sich nach rechts und durchquert den Portikus unter dem Napoleonischen Flügel, der den Platz auf der dem Markusdom gegenüberliegenden Seite abschließt, und kommt in die **Cale de l'Ascension**. Zur Rechten beginnt die **Cale del Salvadego**, benannt nach einer alten Osteria »Zum Wilden Mann«.

Dieses Lokal ist seit 1369 bezeugt, und bei seinem Namen sei an die satirischen Verse Dottis erinnert:

> Gelingt es diesen Zauberinnen,
> Einen Ahnungslosen anzulocken,
> Dann schleppen sie ihn in den Wilden Mann
> Und verführen ihn zu unzähligen Schandtaten.

Daraus geht hervor, dass diese uralte Osteria zumindest im 17. Jahrhundert einer der beliebtesten Treffpunkte unbekümmerten Lebens war. Doch diese galanten Erinnerungen werden durch das Andenken an den berühmten venezianischen Maler und Patrioten Ippolito Caffi getrübt, der am 20. Juli 1866 in den Gewässern von Lissa mit dem Panzerkreuzer »Re d'Italia« unterging (s. Gedanktafel am Anfang der Calle). Caffi hatte 1848 ein Verhältnis mit Virginia Missana, deren Vater der Besitzer des Hauses war, in dem sich der Salvadego befand, und ihre Briefe tragen wiederholt die Ortsangabe »Wirtshaus zum Salvadego«.

Man geht an dem Palast aus dem 14. Jahrhundert (Hausnummern 1240 und folgende) entlang und kommt in der **Frezzaria** aus, die bei Sabellico »vicus sagittarius« heißt; sie trug diesen Namen, weil hier Pfeile verkauft wurden.

Eine Reihe von Gesetzen aus dem 14. Jahrhundert verpflichteten die Venezianer, sich im Armbrustschießen zu üben. Alle Männer zwischen 16 und 35 waren in Gruppen eingeteilt und mussten Schießübungen veranstalten, das einfache Volk an den Feiertagen, die Adeligen an den übrigen Tagen. Der wichtigste Übungsplatz lag auf dem Lido.

Ist man in der Frezzeria und biegt nach rechts, kommen:
L – **Cale Piere Vive detta Bognolo**, deren erster Name sehr alt ist und auf ein Lager von Naturstein (pietre vive) zurückgeht. Bognolo ist ein Familienname.
L – **Cale del Caro**, nach einer Apotheke mit einem Karren im Ladenschild, die hier im 16. Jahrhundert existierte. In der Calle gab es ein Hospiz mit 12 Zimmern für arme Witwen, das von dem Arzt Pietro Tommasi durch eine Nachlassverfügung vom 10. November 1456 begründet wurde. Am Ende der Calle befindet sich Palazzo Cocco (Hausnummer 1629) im lombardischen Stil hinter einer verschlossenen Tür. Die Calle geht auf der linken Seite mit dem **Ramo Cale del Caro** weiter, der am Ende auf den schönen **Campielo del Caro** am Rio di S. Moisè führt.
Auf dem Campiello sieht man eine Tür (Hausnummer 1626) mit einem Wappen (16.-17. Jh.), dem letzten Überrest von Palazzo Sanuto.
Man geht wieder in die Frezzeria und stößt auf:
R – **Cale S. Zorzi**, nach einigen Häusern im Besitz des Klosters S. Giorgio Maggiore.
Sotoportego e Corte del Luganegher (Wurstmacher).
Cale de Pissina (s. Piscina S. Zulian); am Ende der Calle sieht man unter dem Portikus einen 1867 angebrachten Gedenkstein für Luigi Scolari. Hinter dem Portikus steht auf der linken Seite Palazzo Molin (Hausnummer 1659) in lombardischem Stil, der zum Teil als Kino genutzt wird.
Wieder in der Frezzeria folgen:
R – **Sotoportego e Corte de la Polvere**, nach der Puderfabrik von Bortolo Lucadello. Zu Zeiten der Republik wurde dieses Puder ausgiebig für die Haarteile der Damen und die Perücken der Männer verwendet; verkauft wurde es von den »Muschieri« (Parfümeriehändler).
L – **Cale Brentana**, richtiger »Bertana« nach dem Namen der Familie Bertani.
Cale Tron, nach einigen Häusern im Besitz der Patrizierfamilie dieses Namens.
Cale und **Corte del Spiron** heißen nach einer großen

Gondeln des Traghetto zur Salute am Ende von Calle Vallaresso

Apotheke »Zum Rammsporn«, die im 16. Jahrhundert in der Frezzeria existierte.

Die Frezzeria biegt nach links und bis zur Brücke folgen:

R – **Sotoportego e Corte de i Pignoli**, wahrscheinlich nach einem Verkäufer von Pinienkernen.

R – **Sotoportego e Corte de le Colone**, eine bereits erwähnte Straßenbezeichnung.

L – **Cale Veniera**, nach einigen Häusern im Besitz eines Zweigs der Familie Venier.

R – **Ramo de i Fuseri**, der über eine Brücke in die gleichnamige Calle führt, die nach den zahlreichen Herstellern von Webspindeln heißt, die hier wohnten.

R – **Cale Molin** (heute del Cuoridoro), mit einem Gitter verschlossen; im Innern erkennt man ein schönes Portal mit dem Wappen der Molin (15. Jh.) (s. *S. Maria del Giglio*, S. 266).

Am Ende der Frezzeria befindet sich die **Ponte dei Barcaroli**, die früher nach einer Werkstatt, in der Leder kunstvoll verarbeitet wurde, »del Cuoridoro« hieß. Die Brücke wurde dann in »Ponte dei Barcaroli« umbenannt, weil hier im 19. Jahrhundert ein Anlegeplatz von Gondeln eingerichtet wurde.

Kirche von S. Moisè

Links von der Brücke auf einer Fondamenta über dem Wasser steht Palazzo Basadonna (Hausnummer 1830) aus dem 16. Jahrhundert.

Man geht bis ans andere Ende der Frezzeria zurück; halblinks beginnt die **Cale Valaressa o Valaresso**, nach dem Namen einer alteingesessenen Familie, die hier seit dem 12. Jahrhundert Häuser besaß. Die Vallaresso stammen nach Meinung der meisten Historiker von einer römischen Familie ab, die vom Kaiser Diokletian in die Kolonien geschickt wurde, und zwar in seinen Heimatort Salona. Unter den ersten Dogen kamen sie dann nach Venedig. Auf der linken Seite der Calle steht das Hotel Luna. An dieser Stelle standen früher Kirche und Kloster dell'Ascensione, damals wegen der Position am Ende des Platzes »S. Maria in capo del Broglio« genannt. Am Anfang wurde die Kirche von den Tempelrittern genutzt, 1314 ging sie mit dem Kloster an den Johanniterorden über; diese verkauften den gesamten Komplex 1324 an die

Prokuratoren von S. Marco. Um die Mitte des 14. Jahrhunderts wurde das Kloster in die Herberge »Zum Mond« umgewandelt und nach sechshundertfünfzig Jahren existiert das Hotel noch heute. Die Kirche dagegen wurde 1824 abgerissen.
Die Tempelritter entstanden um 1120 zum Schutz der Jerusalempilger. Nachdem sie von Bernard von Clairveaux zur Zeit des Konzils von Troyes die Ordensregel erhalten hatten, breiteten sich die Tempelritter sehr schnell in ganz Europa aus. Durch die Anwerbung neuer Mitglieder wie durch Nachlässe und Schenkungen verfügte der Orden bald über ungeheure Reichtümer.

Die Brücke von S. Moisè von der Kirche aus gesehen mit den Häusern und der schmalen Calle, wie von John Ruskin in *Le pietre di Venezia* beschrieben; historische Fotografie

Außer in Frankreich entstanden Ordenszentren in England, Schottland, Spanien, Italien und im Heiligen Land. Am Ende des 13. Jahrhunderts war der Orden so verbreitet und mächtig, dass er tatsächlich einen Staat im Staat darstellte.
Der französische König Philipp der Schöne erließ am 14. September 1307 mit dem Einverständnis des französischen Papstes Clemens V. in Avignon einen Haftbefehl gegen alle Tempelritter Frankreichs, die der schlimmsten Verbrechen angeklagt wurden. Über Jahre folgten Prozesse, Folter und Hinrichtungen, bis am 18. März 1314 der Großmeister Jacques de Molay auf einer kleinen Seine-Insel bei lebendigem Leibe verbrannt wurde. Es wird erzählt, dass bei der Hinrichtung Louis Capets, des Nachkommen von Philipp, sich ein großgewachsener Mann durch die applaudierende Menge drängte, kaum dass dessen Kopf in den Korb der Guillotine gefallen war, auf das Gerüst hinaufstieg, den blutigen Kopf in die Höhe hob und ausrief: »Jaques de Molay, du bist gerächt!«
Am Ende der Calle befindet sich Harry's Bar und die Anlegestelle der Gondeln, die zur Salute übersetzen.
Kehrt man an den Anfang der Calle Vallaresso zurück und biegt nach links, kommt man in die **Salizada S. Moisè**, wo auf der linken Seite die **Cale del Ridotto** beginnt. In dieser Calle stand ein alter Palast, den Marco Dandolo im 14. Jahrhundert

erbaut hatte. Von den späteren Besitzern wurde das Gebäude an den französischen Botschafter vermietet (1542). Im Jahr 1630 kam der Palast wieder an die Dandolos zurück, die ihn 1638 als öffentliches Ridotto nutzten, einen Treffpunkt, in dem während des Karnevals unter der Aufsicht einiger Adeliger Glücksspiele erlaubt waren.

Die Bank hielten Patrizier mit Perücke, schwarzer Toga und ohne Maske, während die Spieler ausnahmslos maskiert waren. Alle möglichen Glücksspiele wurden gespielt: Sette e Mezzo oder *Maccà*, Lomber oder Rocolo, Zecchinetta, Erbette, Calabrache, Stopa, Cotechino, Meneghela und natürlich Pharao, das bekannteste von allen, das nach dem Ende der Republik unter dem Namen »Pharo« weiterlebte. Seit dem 19. Jahrhundert wurde das Ridotto für Tanzfeste und kleinere Theateraufführungen genutzt. Heute ist es geschlossen.

An der Außenwand auf der linken Seite der Calle sieht man einige Überreste des frühesten Baus aus dem 11. Jahrhundert. Am Ende der Calle steht am Rande des Canal Grande der spitzbogige Palazzo Giustinian aus dem 15. Jahrhundert.

Man kehrt wieder in die Salizada zurück, wendet sich nach links und kommt zum **Campo S. Moisè**.

Die Kirche wurde 797 von den Familien Artigera und Scoparia errichtet und war dem Heiligen Viktor geweiht. Da es jedoch ein Holzbau war, erwies sie sich bereits 947 als baufällig und wurde von Moisè Venier neu errichtet, der sie nach seinem Namenspatron benannte. Nach dem berühmten Brand von 1105 wurde sie wieder aufgebaut und das letzte Mal nach Plänen Alessandro Tremignon umgebaut.

In dieser Pfarrei starb am 5. August 1552 der Franziskaner Matteo da Bascio, der erste Ordensgeneral der Kapuziner (s. *S. Maria Formosa*, Rio und Ponte dell'Angelo, S. 154).

Ebenfalls in S. Moisè starb am 22. Juli 1591 die weithin berühmte Literatin und Kurtisane Veronica Franco.

Am 26. Mai 1752 schlug bei einem heftigen Gewitter ein Blitz in die Kirche ein, wurde von der Eisenkette, an der die brennende Lampe vor dem Altar der Schmerzensreichen Mutter Gottes hing, weitergeleitet und tötete den Priester Valentino Fava und seinen Messdiener während des Gottesdienstes. An der rechten Seitenwand der Kirche und unmittelbar an das Hotel Bauer Grünwald angrenzend steht die Scuola dei Fabbri e del SS. Sacramento (Hausnummer 1456).

Ebenfalls rechts neben der Kirche der Kampanile aus dem 14. Jahrhundert, der in einer Spitze aus Backstein ausläuft.

Vom Campo aus kommt man durch die Salizada und die **Boca de Piazza** wieder auf den Markusplatz.

9. San Salvatore

San Salvador

Man steigt an der Haltestelle RIALTO aus, biegt nach rechts in die **Cale larga Mazzini** ein und kommt an ihrem Ende auf den **Campo S. Salvador**.
Die Kirche von S. Salvador (S. Salvatore) wurde in frühesten Zeiten auf Anregung S. Magnos von den Familien Carosii und Gattolosi erbaut.
Es heißt, dass der Fußboden des ersten Kirchenbaus aus Eisengittern bestand, unter denen das Wasser durchfloss.
Die Kirche wurde 1177 neuerlich geweiht und 1209 neu errichtet, doch erst nach 1507 nahm die Kirche ihre heutige großartige Gestalt an und wurde 1534 vollendet. Die Arbeiten wurden von Pietro und Tullio Lombardo sowie von Sansovino geleitet.
Nach dem Brand von 1704 wurde die heutige Fassade nach einem Entwurf Giuseppe Sardis erbaut.
An der Ecke in Richtung Mercerie ist eine Kanonenkugel eingemauert, die während der österreichischen Belagerung am 6. August 1849 in das Gebäude einschlug.
Das Kloster von S. Salvador (Hausnummer 4826) mit zwei Kreuzgängen wurde 1564 nach Plänen der Architekten Lombardo und Sansovino an Stelle des alten Klostergebäudes errichtet. 1810 wurde es in eine Kaserne verwandelt und ist heute Sitz der Telefongesellschaft. Auf dem Architrav über der Tür stehen die Worte: »Vias Tuas D.ne Demonstra Mihi«.
Die Chroniken berichten, dass Papst Alexander III. 1177 unerkannt nach Venendig kam und die erste Nacht unter dem Portikus der Kirche verbrachte. Allerdings wird die gleiche Episode auch vom Sottoportico del Perdon in der Pfarrei von S. Silvestro erzählt.
Außerdem soll es auf dem Campo einen sehr tiefen, von Wasserbecken umgebenen Brunnen gegeben haben und daneben einen großen Feigenbaum, an dem Pferde und Maultiere angebunden wurden, da es nach einem Erlass vom 29. Februar 1288 wegen des dichten Verkehrs verboten war, in den Mercerie zu reiten.
Ursprünglich wurde in der Stadt wie auf dem Festland geritten, denn die Straßen waren entweder überhaupt nicht oder höchstens mit Ziegelsteinen gepflastert und die Holzbrücken waren flach und hatten keine Stufen. Die Chroniken überliefern, dass der Doge Steno wunderschöne Pferde besaß und häufig mit einem Gefolge von Edelmännern durch Venedig ritt. Die Pferdeställe des Dogen befanden sich an der Stelle, wo das Hotel del Cappello stand (s. *S. Marco*, Calle del Cappello, S. 183).
Von Pferden in der Merceria gibt es noch einmal am 23.

Dauer

1h 30′

Linien

9. San Salvatore

Die Kirche von S. Salvador und ihr Kampanile

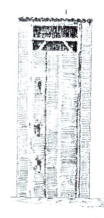

Dezember 1422 ein Zeugnis; darin wird berichtet, dass der Herzog von Ferrara mit zwei Söhnen zu Pferd in die Stadt kam und durch die Merceria ritt, weil die Kanäle zugefroren waren.

Mitten auf dem Campo steht eine mit Rammspornen versehene Säule, die 1898 anlässlich des fünfzigsten Jahrestages zur Erinnerung an den Widerstand Venedigs bei der Belagerung von 1848-49 aufgestellt wurde. Die Säule umgibt ein Bronzeband mit dem Datum »22. März MDCCCXLVIII«.

Am Campo steht die Scuola di S. Teodoro, eine der sechs Scuole Grandi; sie wurde 1530 durch das Vermächtnis des Kaufmanns Jacopo Galli begründet.

Die Fassade des zweistöckigen Gebäudes wurde 1648 nach Plänen Giuseppe Sardis und Baldassarre Longhenas erbaut. Heute finden hier Ausstellungen und kulturelle Veranstaltungen statt.

Die Scuola di S. Teodoro und Eckpfeiler mit der Darstellung des Heiligen, der den Drachen tötet

In der **Salizada S. Todaro** – einer früheren Piscina, die bis zum Rio del Lovo reichte – sieht man am Haus Nummer 4810 ein Relief (1580) des Heiligen Theodor, der mit dem Schild in der Hand auf dem Drachen steht, den er mit der Lanze getötet hat; dabei befindet sich auch eine Inschrift: »MDLXXX RAEFECTO COLLEGIO DIVI THEODORI IOSEPHO NEGRONIO NONIS AUGUSTI«.

Man folgt der **Marzaria S. Salvador** auf der linken Seite der Kirche und kommt zum Vestibül und dem Nebeneingang des Gebäudes. Oben rechts sieht man eine Darstellung Alexanders III. und darunter eine Inschrift, die an die bereits erwähnten Ereignisse erinnert, sowie ein Wappen der Familie Bandinelli, der der Papst entstammte.

Nach einer kurzen Strecke biegt man von der Merceria nach rechts und stößt wenig später in einer Einbuchtung der Calle auf der rechten Seite auf eine wunderschöne Madonna mit dem Jesuskind aus dem 17. Jahrhundert.

Nach diesem Werk Matteo Ingolis trägt die anschließende **Marzaria del Capitelo** ihren Namen. Man folgt ihr und biegt nach etwa dreißig Metern nach rechts in die **Cale de le Balote**. Ihr Name erklärt sich aus dem Umstand, dass hier im 16. Jahrhundert eine gewisse »Maria a Balottis« wohnte. Sie hieß entweder »dalle Ballotte« mit Familiennamen oder stelle die Kugeln her, die für die Abstimmungen mit Wahlkugeln (Ballotage) benutzt wurden. Diese bestanden zunächst aus Wachs, aber da sie manchmal in den Wahlurnen kleben blieben, wurde angeordnet, sie aus Leinenflicken herzustellen. Betritt man den Innenhof des Hauses Nummer 4866, kann man den quadratischen Kampanile von S. Salvador aus dem 14. Jahrhundert bewundern.

Das System, mit dem der Doge gewählt wurde, war äußerst merkwürdig. Um sich gegen die Ambitionen und daraus folgende Rivalitäten der Familien sowie gegen geheime Absprachen zwischen den mächtigen Adelshäusern zu schützen, wurde im Jahr 1268 eine scheinbar komplizierte, aber durchaus nicht unsinnige Prozedur entwickelt, die mit ihren Losentscheidungen jede Fraktionsbildung unterlief.

Das Verfahren sah folgendermaßen aus: 30 Mitglieder des Großen Rates wurden ausgelost; ihre Zahl wurde per Losentscheid auf 9 reduziert; diese 9 wählten dann 40 Mitglieder; diese wurden per Losentscheid auf 12 reduziert; diese 12 wählten 25 Mitglieder; diese 25 wurden per Losentscheid auf 9 reduziert; diese 9 wählten wählten 45 Mitglieder; diese wurden per Losentscheid auf 11 reduziert; diese 11 wählten 41 Mitglieder; diese 41 schließlich wählten den Dogen, der von einer Volksversammlung bestätigt werden musste. Ein hübsches Gedicht erinnert an diese Methode:

9. San Salvatore

Heiligenbild in Mercerie del Capitello

Dreißig wählt der Rat,
von denen neun gewinnen;
diese wählen vierzig;
Doch von diesen rühmen sich
Nur zwölf, die fünfundzwanzig
Machen; doch nur neun
Von ihnen sind es,
die mit ihrer Stimme
fünfundvierzig wählen,
von denen elf an der Zahl
einundvierzig bestimmen,
die alle einen einzigen
mit mindestens fünfundzwanzig
    Stimmen
zum erlauchten Fürst wählen, der
Satzungen, Anweisungen und Gesetze
    ändert.

9. San Salvatore

Man geht die Calle bis zum Ende und überquert die gleichnamige Brücke; auf der Höhe der letzten Stufen sieht man rechts auf der Mauer das Wappen der Tron mit einer Inschrift, die besagt, dass das Gebäude 1523 von Antonio Tron der Scuola dei Mercanti di S. Marco vermacht wurde.

Über die Brücke geht man die Calle delle Ballotte wieder zurück, biegt in die erste Calle rechts und kommt auf die **Fondamenta Morosini de la Regina**, die früher »dei Pignoli« hieß.

Die erste Bezeichnung ist eine Erinnerung an Tommasina Morosini, die Königin von Ungarn. Prinz Stefan von Ungarn verkehrte nämlich während seines Aufenthalts in Venedig im Hause Alberto Morosinis, verliebte sich in dessen Schwester, heiratete sie und wurde Vater des Fürsten Andreas mit dem Beinamen »der Venezianer«. Er wurde nach Ungarn gebracht und im Jahr 1290 zum König Andreas III. gekrönt. 1301 starb er ohne Nachkommen.

Die zweite Bezeichnung weist darauf hin, dass hier ein Verkäufer von Pinienkernen wohnte oder seinen Laden hatte. Auf der Fondamenta befindet sich die heute mit einer Tür verschlossene **Corte de la Malvasia** (Hausnummer 4890). In ihr steht ein wundervoller Brunnen, den die Familie Menor della Gatta bei den Bon in Auftrag gab.

»Am oberen Rand mit einem zierlichen Säulenkranz umgeben, zeigt er auf der ersten Seite inmitten von Girlanden aus Blumen und Früchten und Arabesken die Büste eines Mannes, der in der einen Hand eine Kugel hält und mit der andern hinter seinem Kopf ein Band flattern lässt, auf dem man den Namen Menor liest. Darunter befindet sich eine Art Brustpanzer mit einer Rose, der wie eine Trophäe auf einer Stange hängt, und noch tiefer zwei Katzen und zwei Kugeln.

Auf der zweiten Seite befindet sich eine sitzende Frauengestalt, die mit der rechten Hand eine kurze Säule stützt; ihr zur Seite stehen zwei geflügelte Figuren der Fama mit ihren Trompeten darüber.

Auf der dritten Seite sieht man oben das Adelswappen der Familie Menor mit zwei seitlichen Girlanden und zwei Katzen mit einer Maus im Maul und einem Kätzchen unter sich, das trinken will.

Auf der vierten ist eine andere Frauenfigur dargestellt, die ihre Hand auf den Kopf des einen der beiden Löwen legt, die neben ihr stehen; über ihr befinden sich zwei Girlanden.

An den Ecken sind vier auf Kugeln stehende Putten angebracht; zwei halten einen gesenkten Schild mit dem Kopf der Medusa, zwei tragen einen Schild mit dem Namen Menor«.

Das Wappen ist auch auf der Hausfassade angebracht.

Am Ende der Fondamenta öffnet sich der extrem niedrige **Sotoportego Tramontin o Basadonna**, der in die Corte gleichen Namens führt.

In ihr wohnte 1713 ein Elfenbeindrechsler Zuane Tramontin in einem Haus, das dem Edelmann Francesco Pasqualigo Basadonna gehörte. Dieser Zuane Tramontin besaß einen Elfenbein- und Nippes-Laden »Zu den zwei Elefanten« in der Merceria.

Ein Zweig der Familie Pasqualigo, der den zweiten Namen Basadonna führte, hatte im 18. Jahrhundert die Häuser und Läden geerbt.

Die Basadonna, die von Altino nach Burano und anschließend nach Venedig übersiedelten, waren berühmt, weil ihnen Tribunen und eine große Anzahl von Senatoren entstammten. Man überquert die Brücke gegenüber dem Haus Nummer 4890, biegt nach links auf die Fondamenta über dem Wasser und kommt auf die **Ponte dei Bareteri** (s. *S. Marco*, S. 181).

Man geht quer über die Plattform der Brücke und sieht über dem Sottoportico delle Acque im ersten Stock das Ridotto oder Casino Venier, das letzte dieser zahlreichen Lokale, in denen sich im 18. Jahrhundert die Patrizier zu Spiel, Konversation, Festessen und Liebeleien trafen.

Sie wurden sowohl von Männern wie Frauen des Adels betrieben, und nicht selten hatten Mann und Frau jeweils ein eigenes Casino.

Die Räumlichkeiten des Casino Venier, in dem sich jetzt die Büros der Alliance Française befinden, sind sehr gut erhalten und vor kurzem restauriert worden. Noch heute kann man unter einer Marmorfliese im Salon das Guckloch sehen, durch das sich der Eingang unter dem Portikus überwachen ließ.

Das Casino verfüge über drei Zimmer, einen Salon und eine Küche, die über eine in einem Schrank versteckte Durchreiche mit dem Saal verbunden war; auf diese Weise kamen Gäste und Dienerschaft nicht miteinander in Berührung.

Das Casino Venier, von Ponte dei Bareteri aus gesehen

9. San Salvatore

Hinter dem Salon und durch das Treppenhaus von ihm getrennt befand sich ein Kämmerchen, wahrscheinlich für die Musiker, die für die Gäste unsichtbar blieben und deren Musik durch zwei mit Gittern versehene Resonanzkästen übertragen wurde.

Der Weg führt nun weiter in den **Sotoportego de le Acque**. Sein Name rührt von einem der Lokale her, die heute als Café bezeichnet werden und ursprünglich »delle Acque« hießen. In ihnen verkaufte man »Schokolade, Kaffee, Eiswasser und Erfrischungsgetränke«. Das Café lag in der Calle nahe am Kanalufer und wurde von maskierten Angehörigen des Adels besucht.

Die Zahl der Botteghe da caffè in Venedig war so groß (über 200 im 18. Jahrhundert), dass Goldoni von ihnen sagte, »sie fressen sich gegenseitig auf«.

Allein am Markusplatz lagen die folgenden Cafés: La Venezia Trionfante (heute Florian), L'Arabo, Tamerlano, Al Coraggio, Alla Speranza, Dama Veneta, Re di Francia und Regina di Inghilterra. Alle waren sehr elegant, mit wertvollen Bildern, Geschirr und Lampen ausgestattet und Tag und Nacht ohne Unterbrechung geöffnet.

Über den Kanal führt eine private Brücke zu dem befestigten Palast der Michiel aus dem 10. Jahrhundert (Hausnummer 4932); 1164 wurde er an den späteren Dogen Sebastiano Ziani verkauft.

Man folgt der Calle delle Acque, an der die Häuser auf der rechten Seite im ersten Stock vorspringen, und kommt wieder in die Merceria S. Salvador. Dort steht auf der rechten Seite

Campo S. Bartolomeo mit dem Standbild Carlo Goldonis

der Palast Giustiniani Faccanon (Hausnummer 5016), in dem zuerst die Post untergebracht war, später die Lokalzeitung »Il Gazzettino« und dann der Sparkassenverband; heute steht er leer.

Die Venezianer hatten seit dem 12. Jahrhundert den Postdienst gesetzlich geregelt und ihn einem Kurierdienst übertragen, der aber erst ab dem 15. Jahrhundert regelmäßig funktionierte. Die Postbehörde der Republik Venedig, mit Ausnahme von Portogruaro, hatte ihren Sitz in S. Cassiano, während die ausländische Post an der Riva del Carbon abgefertigt wurde.

Im Jahr 1775 übernahm der Staat das Postmonopol und alle Postämter wurden in die Corte Barozzi (s. *S. Maria del Giglio*, S. 262) in S. Moisè zusammengelegt.

Der venezianische Kurierdienst existierte auch unter der österreichischen Herrschaft weiter und wurde erst 1806 aufgelöst, als die Postbehörde nach S. Lucia in den Palazzo Grimani verlegt wurde, von wo sie 1872 in den Palazzo Giustiniani Faccanon umzog. Am Ende des 19. Jahrhunderts wurde die Post dann endgültig im Fontego dei Tedeschi untergebracht.

Kurz hinter dem Palast biegt man nach rechts in die **Cale de i Stagneri**, nach den Zinn-Werkstätten benannt, die sich früher hier befanden.

Die Zinngießer und –schmiede hatten seit 1477 ihre Scuola in der Kirche von S. Salvador am Altar von Johannes dem Täufer. 1564 zogen sie in die Kirche von S. Bartolomeo um. Nach einer Erhebung aus dem Jahr 1773 gab es in der Stadt sechs Werkstätten, zwanzig Meister, neun Gesellen und einen einzigen Lehrling.

Auf der rechten Seite öffnet sich die **Cale del Calice**, nach einem Krämerladen »Zum Kelch«, der 1537 angemeldet wurde.

Am Eingang der Calle sieht man am Haus Nummer 5216 das Wappen der Venier, denen die Gebäude im 15. Jahrhundert gehörten. Auf der linken Seite der Calle degli Stagneri kommt dann **Ramo, Cale** und **Corte del Sabion**, nach einem Sandspeicher, der

Kampanile von S. Bartolomeo

9. San Salvatore

sich hier früher befand. Die »Sabbioneri«, die Sandverkäufer, belieferten die Glasöfen und die Schiffe, in denen der Sand als Ballast verwendet wurde. An den beiden Ecken am Anfang der Calle del Sabbion sieht man zwei Wappen, die anzeigen, dass die Gebäude auf der einen Seite einer religiösen Einrichtung und auf der anderen den Camerlenghi gehörten.

Die Gasse mündet am Ende in die **Cale de la Fava**, in die man nach links einbiegt und schließlich in den **Campo S. Bartolomeo** kommt.

Die Kirche von S. Bartolomeo auf der linken Seite der zur Rialtobrücke führenden Straße (**Salizada Pio X**) soll 840 gegründet worden sein und trug ursprünglich den Namen des Heiligen Demetrius, eines Märtyrers aus Saloniki. Unter dem Dogen Domenico Selvo wurde sie 1170 erneuert und dem Heiligen Bartholomäus geweiht. Sie wurde mehrfach restauriert, das letzte Mal 1723. Der Innenraum ist dreischiffig mit einer Kuppel über dem Querschiff und einer Apsis zwischen zwei Seitenkapellen.

Der alte Kampanile wurde 1747 abgerissen und in seiner heutigen Form 1754 wieder aufgebaut.

In der Nacht zwischen dem 12. und 13. Mai 1797 kam es in der Nähe der Kirche zu einem tragischen Ereignis, als die Bevölkerung von Venedig aus Empörung über die Auslieferung der Republik an die Franzosen die Häuser der Verantwortlichen zu plündern begann. Bernardino Renier befahl, oben auf der Rialtobrücke einige Geschütze aufzustellen, um zu verhindern, dass die Plünderer die Brücke überqueren. Die Menge zeigte sich davon wenig beeindruckt und zog mit großem Tumult heran. Da wurde Feuer an die Lunten gelegt und die Straße war mit blutigen Leichen bedeckt.

Salizada Pio X, Stein mit auf dem Kopf stehender römischer Zahl

Ladenschild der Apotheke »Zum goldenen Kopf«, die für die Zubereitung des Universal-Heilmittels »Theriak« berühmt war

Trauriges Geschick, dass die Kanonen von S. Marco das letzte Mal nicht auf die Feinde, sondern gegen das eigene Volk gerichtet wurden!

Auf der rechten Seite der Salizada in Richtung Brücke sieht man auf dem nächsten Pfeiler hinter dem Eckpfeiler zum Platz die eingemeißelte alte Hausnumerierung, allerdings auf der falschen Höhe und auf dem Kopf stehend; die richtige Zahl ist XXVI. Ob sich da ein Maurer geirrt hat?

Palazzo Moro am Campo S. Bartolomeo

Calle della Bissa, Pfeiler an Hausnummer 5512

Brunnen in Corte del Tentor

Wenige Meter dahinter ist die einstige Apotheke »Alla Testa d'Oro« [Zum goldenen Kopf], die heute durch ein Glasgeschäft verschandelt wird. Über der Tür kann man noch das alte Ladenschild und die verblasste Schrift »Theriaca d'Andromaco« (s. *S. Zaccaria*, Campo SS. Filippo e Giacomo, S. 106) erkennen.

Der Campo S. Bartolomeo wurde 1858 durch den Abriss von einigen Häusern vergrößert und 1883 das Goldoni-Denkmal in seiner Mitte eingeweiht.

Umrundet man den Platz von der Einmündung der Calle della Fava gegen den Uhrzeigersinn, stößt man auf:

Cale Galiazza o del Galiazzo, wahrscheinlich nach einem Obsthändler Galiazzo, der hier 1566 wohnte.

Sotoportego e Cale del Pirier oder »dell'Aquila Negra«; *Pirier* oder *Pirieta* hießen die Blechschmiede, die vor allem Trichter (pirie) herstellten. »All'Aquila Negra« [Zum schwarzen Adler] war das Wirtshausschild einer Osteria, die hier seit 1550 nachweisbar ist; das Lokal gibt es noch heute.

Bemerkenswert ist die Backsteinfassade von Palazzo Moro, ein typischer venezianischer Bau vom Anfang des 14. Jahrhunderts; im zweiten Stock von Hausnummer 5309 sieht man das Symbol der Scuola di S. Orsola (15. Jh.).

Cale de la Bissa; Sotoportego e Cale de la Bissa; der Name [*biscia*: Schlange] erklärt sich durch den gewundenen Verlauf der Calle (der Sottoportico ist modern und stamm von 1936). Der Historiker Sabellico nennt sie »vicus qui, in anguinis speciem retortus, anguineus dicitur«. Sie wird seit 1340 erwähnt. Hinter dem Portikus gibt es eine weitere Calle della Bissa. In dieser Calle und den umliegenden Häusern in Richtung

Ponte de l'Ogio ließen sich die Seidenweber aus Lucca nieder, die im 14. Jahrhundert wiederholt auswanderten und ihr Handwerk nach Venedig brachten, wo sie es noch verfeinerten.

Die Calle hieß deshalb auch »Calle dei Thoscani« (s. *SS Ermagora e Fortunato*, Volto Santo, S. 369).

Ihre Kirche war S. Giovanni Crisostomo (s. *S. Canciano*, S. 275), hinter der ein Haus steht, an dem die Wappen der Provveditori alla Seta angebracht sind, dazu die Inschrift »Provisores Sirici«. In der Calle gab es zahlreiche Seidenlager.

An die zweite Calle della Bissa, die sich in der Ecke des Platzes befindet, grenzen **Sotoportego e Corte de l'Orso**, die sich rechts neben Haus Nummer 5512 öffnen, auf dem ein Wappen mit einem dichtbelaubten Baum (vielleicht eine Maulbeere) eingemeißelt ist; links davon kommen **Sotoportego e Corte del Tentor**.

In dieser Corte steht ein bemerkenswerter Brunnen aus rotem Marmor mit vier auf einem Stab angebrachten Kreuzen mit Lilien aus der Zeit vor dem 14. Jahrhundert.

Die vorherige Corte hieß »Corte di Ca' Orso« und auf dem heute verschwundenen Brunnen befand sich ein Wappenschild mit einem aufgerichteten Bär in der Mitte.

Man nimmt an, dass es sich um die Familie Orso handelt, die im 14. Jahrhundert aus Lucca kam. Im 15. und 16. Jahrhundert gab es in der Corte dell'Orso eine Herberge namens Leon Bianco, die sich wahrscheinlich in dem hohen Gebäude befand, das die Corte auf zwei Seiten begrenzt.

Hier wohnten 1496 die Botschafter von Taranto, 1501 der Ban von Belgrad und 1502 ein Botschafter des Königs von Ungarn.

Geht man links vom Haus Nummer 5512 die **Cale del Pistor** weiter, stößt man auf die **Salizada del Fontego dei Tedeschi**

Der Fontego dei Tedeschi am Canal Grande

Tragheto del Buso neben dem Fontego dei Tedesci

(heute Calle dell'Olio), deren eine Seite das gleichnamige Gebäude einnimmt, in dem sich heute die Post befindet.

Der alte Bau, der 1505 durch einen schweren Brand zerstört wurde, diente den deutschen Kaufleuten in Venedig als Unterkunft und als Warenhaus.

Die Signoria ließ das Gebäude sofort auf eigene Kosten wieder aufbauen; der Entwurf stammt von Gerolamo Tedesco. Die Fassade zum Canal Grande wurde von Giorgione, die auf die Seitengasse von Tizian mit Fresken völlig ausgemalt; von all diesen Werken sind nur wenige Bruchstücke in der Ca' d'Oro erhalten.

Biegt man am Ende der Calle del Pistor nach links und sofort wieder nach rechts, kommt man zur **Cale del Fontego**, die am Gebäude entlangläuft und neben der Rialtobrücke am Canal Grande endet. Am Haus Nummer 5549 sieht man das Symbol der Scuola di S. Marco (16. Jh.), den Markuslöwen, der von zwei Mitgliedern der Brüderschaft emporgehalten wird.

Das letzte Stück der Calle heißt **Tragheto del Buso**, weil es fast wie in einem Loch [buco] unter der Brücke eingeklemmt scheint.

Es gibt auch eine amüsantere Erklärung: die Regierung der Republik hatte einst alle Prostituierten aus der Stadt verbannt, war aber wegen der entstehenden Unruhen gezwungen, sie wieder nach Venedig zurückzurufen. Als die Prostituierten wieder zurückkehrten, setzten viele an dieser Stelle über den Canal Grande, um wieder ihre Quartiere beim Rialto zu beziehen (s. *S. Cassiano*, S. 464).

Palazzo Manin, heute Sitz der Banca d'Italia

So kam das Traghetto zu dem Namen, den es noch heute trägt. Diese Geschichte wird von einer Notiz in Coronellis *Viaggi* (1697) bestätigt, in der vom Traghetto dei Ruffiani [Zuhälter], heute del Buso die Rede ist.

Überquert man die erste Brückenrampe parallel zum Kanal, kommt man auf die **Riva del Fero**, deren erstes Stück dicht an der Brücke **Pescaria** heißt, weil hier früher ein Fischmarkt war. Auf der linken Seite öffnet sich die **Corte de la Cerva**, nach dem Wirtshausschild einer sehr alten Osteria; das Lokal

Traghetto an der Riva del Carbon

Calle dei Favri, Hausnummer 4720, Relief aus dem 16. Jh.

ist seit dem September 1370 bezeugt. Die Corte führt in die **Cale de i Bombasieri**; 1661 hatten hier 12 Bombasieri oder Baumwoll-Verkäufer ihre Läden. Ihre Brüderschaft versammelte sich in der nahegelegenen Kirche von S. Bartolomeo. Man geht wieder auf die Riva del Ferro. Ursprünglich hieß sie »della Moneta« nach einem uralten Gebäude, das als Münze gedient hatte und wo zwischen 855 und 890 die ersten venezianischen Silbermünzen geprägt worden sein sollen. Der Bau, der dem Dogen Ordelaffo Falier gehörte, wurde 1112 anderweitig genutzt. Man folgt dem Ufer des Canal Grande, durchquert den **Sotoportego de Palazzo Manin**, in dem heute die Banca d'Italia untergebracht ist, und geht über die **Ponte Manin**.

Im 16. Jahrhundert erbaute Sansovino an dieser Stelle für die Familie Dolfin della Ca' Grande einen Palast, der dann an die Pesaro und schließlich an die Manin kam. Der letzte Doge Ludovico wollte ihn von Grund auf neu errichten, behielt dann aber auf Anraten von Benedetto Buratti die Fassade bei; den Innenausbau leitete der Architekt Selva. Hätten sich die politischen Ereignisse am Ende der Republik nicht so überstürzt, hätte der Palast bis zum Campo S. Salvador reichen sollen. Im Jahre 1801 bezog Lodovico, mittlerweile als schlichter Privatmann, zusammen mit seinen Enkeln den Palast und starb dort wenig später.

Seine Familie stammte ursprünglich aus der Toskana, wo sie berühmte Generäle und Gonfalonieri hervorgebracht hatte. 1312 übersiedelten sie wegen der Auseinandersetzungen zwischen Guelfen und Ghibellinen nach Udine und schließlich nach Venedig, wo sie 1651 als Patrizier zugelassen wurden.

Lodovico Manin war zwar weder dem hohen Amt noch den stürmischen Zeitläuften gewachsen, doch ein absoluter Ehrenmann und großer Wohltäter, wie die Summe von 100.000 Dukaten beweist, die er zur Betreuung von Geisteskranken und Waisen hinterließ.

Hinter der Brücke beginnt die **Riva del Carbon**, an der die Schiffe mit Holzkohle entladen wurden.

Die Kohlenhändler bildeten seit 1476 eine eigene Brüderschaft und hatten ihre Scuola in S. Salvador. Sie waren vom

Militärdienst befreit, da sie das Arsenal und die Münze gratis belieferten. Ihre Anzahl war auf 25 begrenzt und sie wurden von der Republik eingesetzt.

Seit Anfang 1551 wohnte der berühmte Pietro Aretino bis zu seinem Tod am 21. Oktober 1556 an der Riva del Carbon.

In der benachbarten **Cale del Carbon** (heute Bembo) wohnten zahlreiche Prostituierte, die die Gasse so dicht bevölkerten, dass Gaspare Gozzi sie zu Beginn des 18. Jahrhunderts mit diesen Worten charakterisierte: »eine Straße namens del Carbon, wo in niedrigen Häusern die übelsten Dirnen auf Männerfang ausgehen«. Die Calle Bembo trägt ihren Namen nach dem Palast, der auf den Kanal geht; die Familie Bembo übersiedelte vor dem 6. Jahrhundert aus Bologna nach Venedig.

In Erinnerung geblieben sind ein Giovanni Bembo, Tribun von Eraclea, ein Bischof Leo (1110), ein Seliger Antonio Bembo (1395), eine Selige Illuminata (†1483), ein Giovanni Matteo, der Verteidiger von Cattaro (1539), ein Giovanni, der die Uscocchi-Piraten vernichtete und 1615 zum Dogen gewählt wurde, verschiedene Generäle und Admiräle sowie schließlich der Gelehrte Pietro Bembo, der 1539 die Kardinalswürde erlangte und auch wegen seiner ständigen Auseinandersetzungen mit Pietro Aretino berühmt ist.

In der Calle Bembo sieht man über der Tür der Hausnummer 4780 ein Relief (17.-18. Jh.), das die Muttergottes mit dem Jesuskind darstellt, die von vier Jungen und einem Mann angebetet werden.

Am Ende der Calla Bembo beginnt auf der linken Seite die **Cale del Lovo**, deren Name auf einen Antonio Lovo zurückgeht, der 1566 in S. Salvador wohnte.

Man geht jedoch weiter geradeaus in die **Cale de i Fravi** (s. *S. Marco*, S. 184); in ihrem Verlauf stößt man auf:

R – **Cale S. Luca**, nach dem naheliegenden Campo.

L – am Haus Nummer 4720-21 der Calle dei Fabbri befindet sich auf der Säule eines Geschäfts ein Relief (16. Jh.) mit einer Glocke; wahrscheinlich bezieht es sich auf eine alte Gießerei (s. *S. Marco*, Rio Terà delle Colonne, S. 185).

L – **Cale Scotti** (heute de le Scale); die erste Benennung stammt von einer aus Bergamo kommenden Familie, die hier seit 1338 wohnte; die heutige Bezeichnung geht auf einige (heute verschwundene) Außentreppen zurück, die in die Wohnungen hinaufführten. Von dieser Calle aus kommt man in den **Sotoportego** und **Ramo del Falcon** mit einem stark beschädigten Brunnen. Es scheint, dass der Name von einer Familie Falcon herrührt, die im 15. Jahrhundert in der Pfarrei wohnte.

R – **Cale de le Balanze** (genannt di Mezzo), nach einigen Werkstätten zur Herstellung von Waagen, die es hier früher gab. An der Einmündung in den Campo S. Luca sieht man einen Bogen mit dem Wappen der Pesaro, denen die Häuser in der Calle gehörten.

R – **Ramo de la Malvasia**, nach zwei Verkaufsstellen für ausländische Weine, die hier einmal existierten (s. *S. Giovanni in Bragora*, Calle della Malvasia, S. 82).

L – **Cale del Monti**, nach der venezianischen Kaufmannsfamilie, die einen Gewürzladen und vorher einen Eisenladen »Zum Krebs« besaßen.

Von der Calle del Monti geht man über die Brücke und durch die Calle delle Ballotte in die Merceria S. Salvador zurück und kommt von dort wieder auf den gleichnamigen Campo.

10. San Luca

Man steigt an der Anlegestelle RIALTO aus und geht die Fondamenta nach rechts durch den Portikus von Palazzo Manin, überquert die nächste Brücke und befindet sich auf der Riva del Carbon. Die zweite Gasse links ist **Sotoportego e Ramo va in riva del Carbon**, von dem man in die **Corte del Teatro** neben dem Teatro Goldoni kommt.

Das Theater von S. Luca, oder von S. Salvatore, wie es früher hieß, wurde 1622 erbaut und gehörte der Patrizierfamilie Vendramini.

Nach einem Brand wurde es 1661 wieder aufgebaut. Ein weiterer Brand ereignete sich 1740, anschließend wurde es nach Plänen Pietro Chezias in harmonischerer Form neu errichtet. 1833 erhielt es den Namen Teatro Apollo und wurde 1875 zu Ehren des berühmten Komödiendichters in Teatro Goldoni umbenannt. 1947 wurde es geschlossen und zwischen 1969 und 1979 nach Plänen Vittorio Morpurgos umgebaut.

Besondere Aufmerksamkeit verdient der Marmorkopf einer alten Frau, den man neben den Wappen der Familien Bembo und Moro und den Symbolen der Confraternita di S. Rocco an einer der Mauer der Corte entdeckt. Es ist unbekannt, wen dieser Kopf darstellt, doch mit einiger Sicherheit wurde er von der Familie Querini angebracht, die hier im 14. Jahrhundert verschiedene Häuser besaß. In einer notariellen Urkunde vom 8. November 1387 über den Verkauf von Häusern wird ein steinerner Frauenkopf erwähnt, ebenso in einem Kaufvertrag von 1545. Es ist durchaus möglich, dass sich der Name der benachbarten Apotheke »Zur Alten« auf diesen Kopf bezieht. Hier noch eine andere Geschichte über den Ursprung des Namens der Apotheke. Gradenigo erzählt in seinen *Commemoriali*, dass eine alte Frau in der Pfarrei von S. Paternian ihre Ersparnisse im Futter eines alten Mantels zu verstecken pflegte, der auf dem Speicher lag. Ihr Sohn, der ein ausgesuchter Schlingel, dabei aber sehr mitleidig war, sah eines Tages einen Armen, der unter der großen Kälte litt, und schenkte ihm voller Mitleid den alten Mantel, um sich vor dem strengen Winter zu schützen. Als seine Mutter in der darauffolgenden Woche auf den Speicher ging, um wieder etwas Geld beiseite zu bringen, entdeckte sie, dass der Mantel verschwunden war, stellte den Sohn zur Rede und erfuhr die ganze Geschichte. Verzweifelt erzählte sie ihm von dem geheimen Versteck und gemeinsam überlegten sie, wie sie wieder an das Geld kommen könnten. Der Junge verkleidete sich als Bettler und setzte sich auf die untersten Stufen der Rialtobrücke in der Hoffnung, den Unbekannten wiederzutreffen, dem er den Mantel geschenkt hatte.

Dauer

1h 30′

10. San Luca

Linien

Kirche von S. Luca

Adelswappen und Kopf einer alten Frau in der Corte del Teatro

10. San Luca

Eines Tages entdeckte er ihn, sprach ihn an und bot ihm zum Tausch gegen seinen alten Mantel einen besseren an. Der Arme ging freudig darauf ein, und die beiden kamen auf diese Weise wieder an ihr Geld, mit dem sie sofort eine Apotheke aufmachten. Der Junge hieß Vincenzo Quadrio und war der erste Apotheker unter dem Ladenschild »Zur Alten«.

Die Geschichte ist möglicherweise erfunden; sicher ist jedoch, dass die Hauptperson im 16. Jahrhundert in Venedig lebte und ihr Name als Nacherbe in einem Testament der damaligen Zeit genannt wird. Eine andere Erklärung für den Namen der Apotheke findet sich anlässlich von Campo S. Luca am Ende dieses Kapitels. In der Corte steht ein spätgotischer Brunnen mit dem Wappen der Familie Scarpa aus Pellestrina. Die **Cale Dandolo**, die auf der gegenüber dem Theater liegenden Seite des Campo beginnt, führt in die **Cale del Carbon**, durch die man auf die Riva del Carbon zurückkommt.

Auf der rechten Seite, hinter der Calle Dandolo und der **Corte del Teatro**, entdeckt man in dem neueren Mauerwerk die Überreste des alten Palastes (9. Jh.) der Familie Dandolo. Am Haus Nummer 4171 erinnert eine Tafel aus dem 19. Jahrhundert an die alte Patrizierfamilie. Ihre Geschichte reicht weit zurück, ursprünglich stammte sie aus Gallipoli, Andro, Riva und weiteren Orten Griechenlands.

Im Jahr 1130 war ein Enrico Dandolo Patriarch von Grado; dies war der Onkel des anderen Enrico, der 1192 zum Dogen gewählt und durch die Eroberung Konstantinopels berühmt wurde. Von seinen beiden Söhnen wurde Fantino Patriarch von Konstantinopel und Ranieri, ein Procuratore von S. Marco, erwies sich als tapferer Krieger; er starb 1213 auf Kreta an einem vergifteten Pfeilschuss.

Sein Sohn Gilberto nahm den Genuesen 1260 vier Galeeren weg und seine Tochter Dandola heiratete den König von Rascia (Serbien). Auch Giovanni, der Sohn Gilbertos, wurde 1280 zum Dogen gewählt und war der Vater jenes Andrea Dandolo, der sich bei seiner Gefangennahme durch die Genuesen im Jahr 1295 umbrachte, indem er mit dem Kopf gegen den Mastbaum des Schiffes rannte.

Zwei weitere Dogen entstammten der Familie, Francesco im Jahr 1328 und Andrea 1342. Der erste, ein schöner, kluger und tapferer Mann, hatte ein Verhältnis mit Isabella Fieschi, der Frau des Fürsten von Mailand Luchino Visconti, als sie zur Himmelfahrtsmesse nach Venedig kam. Der zweite, ein Gelehrter und Liebhaber der Literatur, war ein Freund Petrarcas und verfasste eine venezianische Chronik.

Von der Calle del Carbon (s. *S. Salvatore*, S. 209) kehrt man

Case dei Dandolo an der Riva del Carbon, Überreste eines alten Palastes aus dem 9. Jh.

zum Ufer des Canal Grande zurück, wendet sich nach links und kommt zu Palazzo Loredan und Palazzo Farsetti, in denen die Stadtverwaltung Venedigs ihren Sitz hat. Der erste Palast in byzantinisch-lombardischem Stil heißt auch Palazzo Memmo und gehörte ursprünglich der Familie Boccasi. Dann ging er an die Familie Zani und später an die Familie Corner über; im 17. Jahrhundert wurde er von G. Battista Corner restauriert, dem Vater von Elena Corner, der ersten Frau in der Geschichte, die am 25. Juni 1678 die Doktorwürde erwarb und 1684 in Padua verstarb (siehe den Gedenkstein an der Ecke mit der Calle del Carbon).

Riva del Carbon:
Ca' Loredan
und Ca' Farsetti

Zu Beginn des 18. Jahrhunderts wurde der Palast an die Familie Memmo vermietet. Nach dem Erlöschen der Zweigs der Familie Corner ging das Gebäude an die Loredani über, bis es 1867 von der Gemeinde Venedig angekauft und durch einen Übergang mit Palazzo Farsetti verbunden wurde, der sich bereits im Besitz der Gemeinde befand. Zwischen den beiden Palästen verläuft die **Cale Piscopia o Loredan già Memmo**. Die Familie Memmo geht wahrscheinlich auf das Geschlecht der Memmia in Rom zurück; in der Vergangenheit nannte sie sich auch Monegaria oder Tribuna und stellte vier Dogen.

Palazzo Farsetti wurde Anfang des 14. Jahrhunderts erbaut und seine Fassade ging ursprünglich auf den Campiello della Chiesa. Die Dandolos bauten ihn um, diesmal mit der Fassade zum Canal Grande. Nach verschiedenen anderen Eigentümern kam er 1670 in den Besitz der Familie Farsetti, die aus der Toskana stammte und 1664 unter die venezianischen Patrizier aufgenommen wurde. Der letzte Farsetti starb 1808 verarmt in S. Petersburg. Seine Witwe verkaufte den Palast 1826 an die Gemeinde.

Daneben verläuft die **Cale Cavalli**, nach einer nicht dem Adel angehörenden Familie. In der Mitte der Calle öffnet sich auf der rechten Seite der **Sotoportego del Volto**, nach einem der Bögen benannt, die in Venedig sehr häufig die Häuser verbinden; in den meisten Fällen wurden die Bögen angebracht, um zu signalisieren, dass es sich um den gleichen Besitzer handel-

Gedenktafel
an der Ca' Loredan
zur Erinnerung an Elena
Corner, die als erste
Frau am 25. Juni 1678
die Doktorprüfung
ablegte

10. San Luca

te. Nach dem Portikus und dem Haus Nummer 4047 sieht man eine private Corte mit einem schönen Brunnen.

Geht man weiter die Calle Cavalli entlang, kommt man in den **Campielo de la Chiesa** mit der Kirche von S. Luca. Sie wurde im 11. Jahrhundert von den Familien Dandolo und Pizzamano erbaut, 1442 erweitert und im 16. Jahrhundert neu errichtet. 1827 stürzte sie teilweise ein und wurde 1832 restauriert. Daneben steht der gotische Backstein-Kampanile aus dem 15. Jahrhundert, dem die Spitze fehlt.

Gegenüber dem Seiteneingang der Kirche kann man auf dem Campiello das Portal von Palazzo Magno (Hausnummer 4038) mit einem dreieckigen Türgiebel aus dem 13. Jahrhundert bewundern.

Am Ende der nahegelegenen Fondamenta erhebt sich Palazzo Grimani, »dalla Ca' Granda« genannt, den Girolamo Grimani, der Vater des Dogen Marino, 1590 nach Plänen Sammichelis errichten ließ. Hier wurde 1576 zu Ehren des Herzogs und der Herzogin von Mantua ein Fest veranstaltet, an dem 100 der schönsten adeligen Damen der Stadt teilnahmen, die allesamt in Weiß gekleidet waren. In diesem Palast wurde am 4. Mai 1597 Morosina Morosini, die Frau des Dogen Marino Grimaldi, gekrönt und hier starb sie auch am 29. Januar 1614, wobei sie dem Markusdom die goldene Rose vermachte, die ihr Papst Clemens VIII. zur Krönung geschenkt hatte. Heute befindet sich in dem Palast das Berufungsgericht.

Man überquert die Eisenbrücke über den Rio di S. Luca und kommt am Kino Teatro Rossini vorbei. Das heutige Gebäude steht auf den Überresten des alten Teatro di S. Benedetto, das 1755 von den Grimanis nach Plänen Francesco Costas erbaut wurde. 1773 wurde es durch einen Brand zerstört und nach einem Entwurf von Pietro Chezia wieder aufgebaut. Bis zum Bau der Fenice war es das vornehmste Theater Venedigs, und hier fand 1780 der berühmte Ball statt, an dem die russischen Erbprinzen teilnahmen, die Venedig unter dem Namen der Conti del Nord besuchten.

Das Theater wurde 1875 renoviert und erhielt zu Ehren des berühmten Komponisten den Namen Rossini.

Heiligenbild in der Corte S. Andrea

In der zweiten Hälfte dieses Jahrhunderts wurde es völlig erneuert.
Durch den **Sotoportego de le Muneghe** kommt man in die **Cale de le Muneghe**.
Auf der rechten Seite öffnet sich die ziegelgepflasterte **Corte S. Andrea**, auf der linken die gleichnamige Calle.
Die Mönche von S. Andrea del Lido oder della Certosa besaßen in dieser Calle eine Art Hospiz, wo sie wohnten, wenn sie in Venedig zu tun hatten. Dieses Hospiz war mit Hilfe einiger Nachlässe Alice da Pontes gebaut worden, die diese dem Augustiner-Abt Leonardo Marcello 1272 vermacht hatte. Über der Tür befand sich ein Relief des Apostels, auf den Seiten der Mönch Marco Minotto und Lodovico Da Ponte im Gebet und das Wappen der Familie Minotto. Darunter erinnerte eine Inschrift, dass der Abt Minotto 1356 die Arbeiten hatte ausführen lassen: »MCCCLVI del mese de cugno frar Marcho Minoto prior de S. Andrea de Lido fe far qvesto lavorier Madona Alixe Da Ponte si lasa qveste posesion al dito Monasterio«. Heute befindet sich das Relief in der benachbarten Corte S. Andrea.
Über **Ramo e Corte Contarini** kommt man zu einem Palast, der auf den Rio di S. Luca blickt; möglicherweise ist es ein Werk Sante Lombardos. Der Palast weist noch Reste des spitzbogigen Stils auf und gehörte ursprünglich den Corner; dann ging er in den Besitz der Contarini über und kam schließlich an die Mocenigo (Hausnummer 3978). Heute ist auch hier das Berufungsgericht untergebracht.
Nach der Überlieferung gehen die Contarini auf die Aurelier Cotta aus Rom zurück, die als Präfekten an den Reno geschickt wurden und entsprechend Cotta Rheni oder Conti del Reno genannt wurden.
Die Familie ist seit den Anfängen in Venedig präsent und stellte acht Dogen. Domenico, der 1043 gewählt wurde, unterwarf Dalmatien, eroberte Zadar, das sich gegen Venedig auflehnt hatte, nahm dem Patriarchen von Aquileia Grado wieder ab und gründete das Kloster von S. Nicolò am Lido.
Andrea wird in den Chroniken auch wegen der folgenden Geschichte gerühmt: als junger Mann gelang es ihm, ein Stelldichein mit einer Nonne der Celestia zu arrangieren. Dabei sah er einen Ring an ihrem Finger blitzen, fragte sie neugierig, was das bedeute, und erhielt zur Antwort, dies sei das Zeichen ihrer Heirat mit Christus. Da bereute er sein Vorhaben und entfernte sich unter dem Vorwand, er habe seine Börse in der Gondel vergessen. Als er durch einen Flur des Klosters ging, sah er, wie ein Kruzifix sich zum Dank ver-

neigte, und in einer Vision wurde ihm vorhergesagt, dass er zum Dogen gewählt würde. Dies geschah 1367, und er erwarb sich durch die Rückgewinnung Chioggias und die Vernichtung der genuesischen Flotte 1380 große Verdienste.

Weitere berühmte Dogen der Familie Contarini sind Nicolò, der 1631 die Salute erbauen ließ, und Carlo wegen des Sieges bei den Dardanellen im Jahr 1655. Die Familie war in achtzehn Zweige aufgeteilt, nach denen viele Straßen in Venedig benannt sind. Das Ansehen, das sie wegen ihrer Dogen und der zahlreichen Kleriker sowie öffentlichen und militärischen Amtspersonen genoss, wurde zum Teil durch jenen Andrea Contarini getrübt, der am 21. März 1430 zwischen den beiden Säulen auf der Piazzetta enthauptet wurde. Er hatte sich um das Kommando im Golf beworben und nach der Ablehnung dem Dogen Foscarini aufgelauert, als dieser in den Markusdom ging, und ihn schwer an der Nase verletzt. Seither hieß dieser Zweig der Familie »Contarini dal Naso«.

Am Ende des Ramo Contarini steht der Palazzo Contarini Mocenigo (Hausnummer 3980).

Am Ende der **Cale S. Andrea** biegt man nach rechts in die **Salizada del Teatro**; an der Fassade der »Casa del Vicario« (Hausnummer 3964) befindet sich ein wunderschönes Relief mit einem Engel.

Von der Salizada kommt man in den **Campo S. Beneto**; die Erhöhung in der Mitte entspricht der darunterliegenden Zisterne (s. *S. Trovaso*, S. 575). Er wird von der gleichnamigen Kirche und dem Palazzo Pesaro, heute Fortuny, aus dem 15. Jahrhundert begrenzt (Hausnummer 3958). Der ovale Bau hieß auch »Orphiker-Palast«, weil er im 18. Jahrhundert Sitz der Philharmonischen Gesellschaft »L'Apollinea« war. Zu Beginn des 20. Jahrhunderts wurde das Gebäude dann von dem spanischen Maler und Sammler Mariano Fortuny Y Madrazo erworben und 1956 von seiner Witwe der Gemeinde geschenkt, um darin Ausstellungen und künstlerische Veranstaltungen zu organisieren. Heute befindet sich dort das Museum Fortuny und das Fotografische Dokumentationszentrum.

Die Kirche wurde 1005 von den Caloprini, Burcali und Falieri erbaut und 1013 an das Kloster von Brondolo abgetreten, das bis 1435 in ihrem Besitz blieb. Nachdem sie zur Ruine verkommen war, wurde sie 1619 auf Kosten des Patriarchen Giovanni Tiepolo wieder aufgebaut und 1695 geweiht. Das Innere besteht aus einem einzigen Schiff.

Eine alte Chronik berichtet, dass der Kampanile von S. Benedetto am 25. November 1540 einstürzte und dabei auch einen Teil der Kirche beschädigte; er wurde in der zweiten Hälfte des 17. Jahrhunderts wieder aufgebaut und man sieht ihn von der **Corte Tron** aus, wenn man in Richtung Campo zurückgeht.

Steht man vor der Fassade, beginnt auf der linken Seite die **Cale del Traghetto**, die am Canal Grande endet.

Hier steht der Palazzo Talenti, heute Volpi, aus dem 17. Jahrhundert (Hausnummer 3947).

Viele Straßen in Venedig heißen »del Traghetto«, da es zahlreiche Stellen gab, an denen man in Gondeln oder Booten zur anderen Seite des Canal Grande übersetzen konnte. Es sei daran erinnert, dass bis zur österreichischen Herrschaft der Rialto die einzige Brücke über den Canal Grande war. Die Traghetti sind seit dem 11. Jahrhundert nachgewiesen; damals setzte man in kleinen Booten über, die »Sceole« hießen, und der Tarif war ein »Quartarolo«. Die Bootsleute der Traghetti bildeten eine eigene Brüderschaft (s. *S. Marco*, Ponte della Paglia, S. 173). An jedem Traghetto oder *Stazio* (Haltepunkt) stand eine Laterne, die die Anlegestelle markierte, und häufig auch ein Bild der Madonna oder anderer Heiligen. Die Standbilder und Laternen wurden von den Brüdern vom Traghetto betreut, die dafür sorgten, dass die Laternen immer brannten. Das älteste Traghetto, von dem sich Nachrichten erhalten haben, ist das von S. Canciano (s. *S. Canciano*, Campiello della Cason, S. 300), wo im 9. Jahrhundert auf Anweisung des Dogen Angelo Partecipazio bewaffnete Boote bereitlagen, die die Verbindung nach Murano sicherten. Später kamen zahlreiche andere Traghetti im Canal Grande und in der Lagune hinzu. Dabei pachteten die Bootsleute die Liegeplätze für die Gondeln, mit denen die Passagiere übergesetzt wurden. Mit diesem Gewerbe ließ sich viel Geld verdienen, und die Berechtigung dazu hieß »Freiheit«. Auf diese Weise wurde das Traghetto eine Art Aktiengesellschaft, die durch einen alljährlich aus ihrer Mitte gewählten Aufsichts- und Schlichtungsrat geleitet wurde, der aus einem Vorsteher (dem Gastalden), seinem Vertreter und einem Schreiber oder Kassenführer bestand.

Campo S. Beneto

Gegenüber:
Der Kampanile

Im Laufe der Zeit erhöhte sich die Anzahl der Traghetti und zu denen im Canal Grande kamen Verbindungen zwischen Cannareggio und Mestre, S. Marco und Chioggia sowie Rialto und Padua hinzu. Bei diesen Fahrten durch die Lagune wurden statt der Gondeln größere Boote verwendet, die »Burchielli« hießen.

Die Gondolieri vertrieben sich die seltenen Augenblicke der Muße oder ihre Ruhezeiten, indem sie schliefen, erzählten oder Romanzen und die berühmten Stanzen aus dem Tasso sangen. Diese Texte wurden auf eine ganz bestimmte Weise gesungen: der Gondoliere mit der kräftigeren Stimme blieb mit seiner Gondel am Ufer, während der andere mit der schwächeren Stimme aufs offene Wasser hinausruderte; und dann begannen sie ihr merkwürdiges Duett.

Auch Goethe hörte in einer Mondnacht im Giudecca-Kanal zwei Gondolieri, die von zwei verschiedenen Punkten aus abwechselnd die Stanzen Tassos deklamierten. Die Traurigkeit, die von dem Ort, der Stunde und dem Gesang ausging, war so stark, dass Goethe zu Tränen gerührt war.

Von der **Cale Pesaro** zweigt parallel zur Calle del Traghetto die **Cale Benzon** ab.

Die Familie Benzon ist so alt, dass sie einen Heiligen Venturino Benzon, der im Jahr 120 den Märtyrertod erlitt, und einen Heiligen Benzone Benzon aus dem Jahr 124 zu ihren Vorfahren zählt.

Die Familie bewohnte ursprünglich die Burg von Parrasio, die wegen des Verdachts der Ketzerei in Brand gesteckt wurde, und begründete 951 die Stadt Crema. Im Jahr 1407 ließ sich Giorgio Benzone, Herr über Missano, Agnadello und Pandino, Fürst von Crema, als venezianischer Patrizier aufnehmen und 1426 als Heerführer der Republik anwerben. In der jüngeren Zeit (19. Jh.) sei an Maria Benzon, geborene Querini erinnert, die wegen ihres Geistes und ihrer Galanterie berühmt war; sie setzte sich lachend über alle Bosheiten hinweg, die böse Zungen im Café Florian über sie in Umlauf brachten. In ihrem Salon in S. Benedetto empfing sie als brillante Gastgeberin die berühmtesten Geister ihrer Zeit, darunter Lord Byron, Ippolito Pindemonte, Luigi Carrer und Ugo Foscolo. Eines Abends unternahm sie mit dem venezianischen Dichter Antonio Lamberti eine Gondelfahrt, und was zwischen den beiden in dieser Nacht geschah, schildert der Dichter in dem berühmten Gondellied *La biondina in gondoleta*, die in der musikalischen Fassung von Simone Mayr sehr bald nicht nur in Venedig, sondern in ganz Europa überaus bekannt und beliebt war.

Rechts neben der Calle Benzon liegt die heute durch ein Gitter verschlossene **Cale Mazena**, die nach einer alten Kornmühle heißt, die es hier einst gab.

Durch die Calle Pesaro kommt man zur **Ponte Michiel**; auf der linken Seite kann man die Palast-Fassade auf den Rio di Palazzo Pesaro bewundern.

Auf der anderen Seite der Brücke beginnt die gleichnamige Calle (s. *SS. Apostoli*, S. 299), die in die **Cale de i Avocati** führt. In der Vergangenheit wie in unserer Zeit wohnten hier viele Rechtsanwälte. Zu Zeiten der Republik war ihre Zahl nicht festgelegt. Sie mußten jedoch im Staatsgebiet geboren oder seit mindestens zehn Jahre mit ihrer Familie dort ansässig sein, durften nicht wegen eines ehrenrührigen Verbrechens verurteilt sein, mussten ihren Doktor an der Universität Padua gemacht haben und vier Jahre Praxis nachweisen können.

In der Calle stehen der Palazzo Michiel (Hausnummer 3907) und der Palazzo Martinengo aus dem 17. Jahrhundert (Hausnummer 3914).

Am Ende der Calle degli Avvocati lässt man den Campo S. Angelo zur Rechten und biegt in die erste Gasse nach links, die **Cale del Spezier**; auf der linken Seite stößt man auf den **Rio Terà de la Mandola** (vor 1790 zugeschüttet), in der Mitte auf die **Cale de la Mandola** und rechter Hand auf den **Rio Terà de i Assassini**.

Die Bezeichnung Mandola oder Mandolina geht auf den Brauch zurück, in einer nahegelegenen Malvasia den Branntwein mit einer Mandel zu servieren.

Über den Rio degli Assassini [*assassini*: Mörder] führte bis zu seiner Zuschüttung eine Brücke gleichen Namens, der auf die zahlreichen Verbrechen zurückgeht, die sich in der Vergangenheit hier bei Nacht ereigneten. Als Gegenmaßnahme verbot die Regierung 1128 das Tragen von falschen Bärten, mit denen sich die Übeltäter unkenntlich machten, und ordnete an, dass in den gefährlichen Straßen bei Nacht einige Laternen zu brennen hatten.

Parallel zur Calle dello Spezier verläuft von einer Ecke des Campo S. Angelo die **Cale de la Madona**; hier wurde am 27. Januar 1713 um vier Uhr früh Bartolomeo Dotti tödlich verletzt.

Campo Manin, Tafel im Straßenpflaster mit Darstellung der ursprünglichen Bebauung

Campo Manin mit dem Denkmal von Daniele Manin; im Hintergrund das Gebäude der Sparkasse Venedig

Er kam 1642 in Valcamonica zur Welt, wurde wegen seiner Satiren im Kastell von Tortona eingesperrt, wo er sich über seine Richter lustig machte, während der Scharfrichter seine Gedichte verbrannte. Es gelang ihm, aus dem Gefängnis zu entkommen, indem er einen Fluss durchschwamm, und kam nach Venedig, wo er auf den Galeeren der Republik Militärdienst leistete. Nach seiner Erhebung in den Adelsstand ging er als Nuntius, d. h. Konsul nach Brescia. Etwa zwanzig Jahre später jedoch wurde er wegen seiner satirischen Gedichte von seinen Feinden ermordet.

1779 wohnte Gaspare Gozzi in der Calle della Madonna im Haus des Druckers Modesto Fenzo.

Am Ende der 1870 verbreiterten Calle della Mandola beginnt bei der **Ponte de la Cortesia** die gleichnamige Calle, die nach einem Gasthaus dieses Namens benannt ist, das hier bis 1805 existierte.

Der **Campo Manin** ist das Ergebnis der rücksichtslosen Abrissmaßnahmen des 19. Jahrhunderts. Der Größenwahn Napoleons, das rücksichtslose Bedürfnis Österreichs nach Ordnung und Symmetrie und schließlich das blinde Vertrauen in die modernen Zeiten bei den Herrschern des Hauses Savoyen fügten dem alten Stadtbild schreckliche Wunden zu und zerstörten eine Unzahl historischer Denkmäler, deren die Menschheit für immer beraubt wurde.

An Stelle von Campo Manin existierte nur der kleine Campo S. Paternian mit seiner Kirche und einem fünfecki-

Kirche und Kampanile von S. Paternian auf einer historischen Fotografie vor dem Abriss im 19. Jh.

gen Kampanile. Eine Platte im Straßenpflaster dicht beim Denkmal erinnert an das alte Aussehen.

Es wird berichtet, dass die Familie Andrearda im 9. Jahrhundert eine Holzkirche zu Ehren des Bischofs S. Paterniano errichtete, dessen Bild aus der Mark Ancona nach Venedig gebracht worden war und in einem kleinen Tabernakel an der Gasse verehrt wurde.

Die Kirche wurde in den Jahren 976, 1105, 1168 und 1437 durch Feuer zerstört und immer wieder aufgebaut. Sie blieb bis 1810 in Funktion, dann wurde sie geschlossen und in eine Lagerhalle verwandelt.

1871 wurde sie zusammen mit dem uralten Kampanile abgerissen, den einige venezianische Arbeiter errichtet hatten, die sich vor der Sklaverei der Sarazenen hatten retten können.

Die eine Seite des Campo nimmt die Stadtsparkasse von Venedig ein. Das erste, vom Ingenieur Enrico Trevisanato im Stil der Neorenaissance entworfene Gebäude wurde zwischen 1880 und 1883 auf dem Gelände der Kirche und des Palazzo Zane errichtet. Die Stadtsparkasse wurde am 12. Februar 1822 mit Billigung der österreichischen Besatzung gegründet, um die Ersparnisse der venezianischen Bevölkerung zu sammeln und die öffentliche Darlehensbank zu finanzieren.

1903 wurde das Gebäude zum Campo S. Luca hin erweitert, wo sich im 15. und 16. Jahrhundert die Werkstatt der berühmten venezianischen Druckerfamilie Manuzio befunden hatte. Nach ihrem bekanntesten Vertreter Aldo dem Älteren werden die seltensten und wundervollsten Klassiker-Erstausgaben »Aldinen« genannt.

1964 wurde der gesamte Komplex abgerissen, um Platz für das heutige Gebäude zu schaffen, das auf Plänen des Ingenieurs Nervi und des Architekten Scattolin beruht.

Im Campo S. Paterninan wohnte Daniele Manin; seine von Luigi Borro geschaffene Statue wurde 1875 eingeweiht und steht mitten auf dem Platz.

Nimmt man die **Cale de la Vida o de le Locande**, die auf der linken Seite auf

10. San Luca

Die Wendeltreppe von Palazzo Contarini del Bovolo

der Höhe der Statue beginnt, stößt man auf **Cale** und **Corte del Maltese**, »dei Risi« genannt, die heute für den Verkehr gesperrt sind.

Im weiteren Verlauf kommt man zur **Corte de i Amai o Diamai**, heute »Contarini dal Bovolo« (s. *S. Canciano*, Corte Amadi, S. 276); hier sieht man eine wundervolle freistehende Wendeltreppe [*bovolo*: Schnecke im venezianischen Dialekt] aus dem 15. Jahrhundert, möglicherweise von einem Vertreter der Familie Lombardi an den Palazzo Contarini (Hausnummer 4298) angebaut, der deshalb Contarini dal Bovolo heißt. Die Fassade des Gebäudes geht auf den Rio Menuo. In der Corte sieht man Bögen und Brunnen, die aus der zerstörten Kirche von S. Paternian stammen.

Der Palast blieb bis zum Beginn des 19. Jahrhunderts im Besitz der Contarini, wurde dann verkauft und an einen gewissen Arnoldo Marseille vermietet, der hier lange Jahre ein Hotel namens Albergo del Maltese betrieb.

Die zweite Benennung ist sehr viel älter und muss eigentlich »dei Rizi« und nicht Risi heißen. Wahrscheinlich wohnte hier eine Familie Rizo oder Rizzo, denn in einer Urkunde aus dem 14. Jahrhundert taucht eine Zamaria Rizo von S. Paternian auf und im Jahr 1582 wohnte hier ein Piero de Rizi.

In der Calle delle Locande und der angrenzenden Calle della Vida gab es zahlreiche Hotels, eines davon »Zu den drei Schlüsseln«, ein anderes »Zu den drei Rosen« und ein drittes »Zu den drei Gesichtern«. Die Herbergswirte hatten keine eigene Brüderschaft, sondern gehörten zum Collegio della Milizia de Mar.

Im Jahr 1773 gab es in Venedig 48 Herbergen, die für althergebrachte Sittenlosigkeit bekannt waren, da dort nicht nur Dienstmägde, sondern sogar hübsche Knaben den Gästen zu Dienste standen.

Es wurde auch ein Gesetz erlassen, das es den Herbergswirten untersagte, weibliches Personal unter dreißig Jahren zu beschäftigen.

In der Mitte der Calle auf der rechten Seite kommen **Sotoportego** und **Cale Coppo**; der große Bogen, durch den man von der Calle in den Portikus kommt, stammt aus dem 8. Jahrhundert und führte ursprünglich in einen heute zugeschütteten Kanal.

Corte del Forno Vecchio mit Oratorium della Beata Vergine Assunta

Die Calle delle Locande mündet in die **Cale de i Fuseri**.

Dort biegt man nach rechts und nach wenigen Metern nach links in den **Sotoportego de la Malvasia**.

Hinter dem Portikus beginnt auf der rechten Seite **Cale de le Schiavine**; so wurden große Wolldecken genannt, mit denen ein schwunghafter Handel betrieben wurde. Es gibt einen Erlass des Dogen von 1744, aus dem hervorgeht, dass Venedig die einzige Stadt des Staatsgebiets war, wo die Herstellung der Schiavine erlaubt war.

Auf der linken Seite kommt der **Sotoportego del Forno Vechio**, der in die gleichnamige Corte führt; dort steht das 1815 von Giovanni Bollani erbaute Oratorio della Beata Vergine Assunta und ein achteckiger Brunnen vom Beginn des 16. Jahrhunderts; achteckig sind auch der Sockel und die Erhöhung der Klärkammer für das Regenwasser.

Campo S. Luca

Man geht weiter geradeaus und kommt hinter dem Sottoportico della Malvasia in den **Campielo de la Regina d'Ungheria** (s. *S. Salvatore*, S. 200), in den auf der rechten Seite die **Cale de le Colone** (s. *S. Marco*, S. 185) einmündet. Man verlässt den Campo nach links durch die **Cale Goldoni** und kommt auf den **Campo S. Luca**.

Bei den massiven Eingriffen im 19. Jahrhundert sind auch die »Cale dei Zendai« und »Sotoportego e Corte Lavezzara« verschwunden. Die »Zendai«, auch Zendati oder Cendai genannt, war die typische Tracht der Aristokratinnen und der Frauen der besseren Stände. Sie bestand aus einem Rock aus schwarzem »Zendado« (Seidenstoff) und einer Stola aus dem gleichen Material auf dem Kopf, mit dem sich das Gesicht verbergen oder offen zeigen ließ. Der Stoff konnte auch von anderer Farbe sein.

Lavezzara oder Lavezzera bezeichnet die Corte, in der sich die Wohnung oder Werkstatt eines »Lavezer« befand. Die Lavezzeri oder Conzalavezzi waren die Kesselflicker, die die Kupfergefäße flickten und das Tongeschirr mit Draht und Kitt reparierten. Dieses Handwerk florierte seit den ältesten Zeiten, und auch der Verdienst war offenbar nicht schlecht, denn 1379 liehen ein Andrea »Lavazzer de S. Luca« und ein Marin Brigada »Lavazzer de S. Paternian« der Republik Geld.

In der Mitte von Campo S. Luca stand ein marmorner Sockel für den Fahnenmast, an dem an Feiertagen ein Banner aufgezogen wurde. Es handelte sich um eine Kopie des ursprünglichen Sockels (1310) aus dem Jahr 1791.

Dieser Sockel trug die Wappen der Scuola della Carità und der Scuola dei Pittori sowie die Jahreszahl MCCCX. Man nimmt an, dass damit an den Sieg dieser Scuole über einen Teil der Verschwörer um Bajamonte Tiepolo erinnert werden sollte. Der heutige Sockel stammt von 1913, sein Vorläufer steht im Innenhof des Museo Correr. Auf diesem Campo - wie auch auf anderen Plätzen - veranstaltete man in der Mitte der Fastenzeit die Verbrennung der Alten auf einem Scheiterhaufen. Zunächst wurde Geld gesammelt, dann errichtete man ein etwa drei Meter hohes Holzpodest mit einer Puppe darauf, die mit einer Haube auf dem Kopf und einer Maske vor dem Gesicht eine alte Frau darstellte. Zwei Wachposten erwiesen ihr komische Ehrenbezeigungen und das ganze wurde musikalisch auf mehr oder weniger verstimmten Instrumenten begleitet.

Darum herum fanden weitere Belustigungen statt, etwa ein eingefetteter Holzmast, den man hinaufklettern musste, um eine Wurst oder eine Flasche Wein zu gewinnen, oder ein Bottich mit schwarz gefärbtem Wasser, aus dem man nur mit dem Mund einen Aal ziehen musste.

Am Ende des Festes wurde unter dem Podest ein Feuer entzündet und unter allgemeinem Jubel die Puppe verbrannt. Ursprünglich wurde die Puppe in der Mitte durchgesägt, wobei Blumen und Süßigkeiten aus ihrem Bauch fielen, um die sich sofort die Kinder balgten.

Vom Campo kehrt man durch die Calle del Carbon zur Riva del Carbon am Canal Grande zurück.

Der Canal Grande, der auch Canalazzo genannt wird, teil Venedig in zwei Hälften, die früher »hüben« und »drüben« genannt wurden.

Wahrscheinlich handelt es sich um ein früheres Flußbett der Brenta. Er wurde mehrfach vertieft, und 1433 wurde die Schließung aller Schiffsbau-Werkstätten in S. Marco und S. Croce angeordnet. Ein Dokument, das Galliccioli auf das 15. oder 16. Jahrhundert datiert, zählte 18.619 Fenster und Balkone, die auf den Canal Grande gingen.

11. Santo Stefano

Man steigt an der Anlegestelle S<small>ANT</small>'A<small>NGELO</small> aus, geht in die Corte dell'Alboro und biegt dort nach links in die Calle; an deren Ende geht man nach rechts auf die Fondamenta und überquert die Brücke auf der linken Seite.

Hinter der Brücke biegt man in die erste Calle rechts, die Calle degli Avvocati, die zum Campo S. Angelo führt.

Der Spaziergang beginnt auf dem **Campo S. Anzolo**, der erhöht ist, weil sich darunter die Regenwasserzisterne befindet. Der große Brunnen aus dem 15. Jahrhundert ist mit dem Erzengel Michael und der Verkündigung Mariens verziert.

Die heute nicht mehr vorhandene Kirche wurde 920 von den Familien Morosini und Lupanizzi erbaut und war S. Mauro geweiht. Nach der Renovierung von 1069 wurde sie in S. Michele Arcangelo [Erzengel Michael] umbenannt und hieß im Volksmund »S. Angelo«. Diesen Namen behielt sie auch nach den Umbauten von 1431 und 1631. 1810 wurde sie geschlossen und 1837 abgerissen; an der Stelle befindet sich heute ein Gedenkstein. Beim Erdbeben von 1347 stürzte neben anderen auch der Kampanile von S. Angelo ein, nachdem vorher die Glocken von alleine geläutet hatten. Da der neue Kampanile ziemlich schief stand, wurde er 1455 von dem berühmten Bologneser Ingenieur und Architekten Bartolomeo Fioravanti, der den Beinamen Aristoteles trug, wieder senkrecht aufgerichtet, stürzte jedoch am nächsten Tag ein und zerstörte dabei einen Teil der Kirche und einige Räume des nahegelegenen Klosters von S. Stefano, wobei zwei Mönche ums Leben kamen. 1456 wurde er von Marco Furi wieder aufgebaut und 1487 nach einem Blitzschlag repariert. Er wurde zusammen mit der Kirche abgerissen.

Auf dem Campo steht noch das Oratorio dell'Annunziata, das von der Scuola dei Zoti [*zoppi*: die Lahmen] genutzt wurde. Die Brüderschaft wurde 1392 gegründet und erhielt gleichzeitig von der Familie Morosini einen Betsaal auf dem Campo S. Angelo. Dieses Oratorium war von den Morosini 920 errichtet worden und wurde 1528 neu erbaut. Die Lahmen gingen jedes Jahr im April zu den Contarini bei der Carità zum Mittagessen, wo sie bei Tisch von der Adelsfamilie bedient wurden.

Am Platz stehen der Palazzo Duodo aus dem 14. Jahrhundert (Hausnummer 3584), auf der gegenüberliegenden Seite Palazzo Somacchi, heute Trentinaglia, aus dem 17. Jahrhundert (Hausnummer 3831) und der gotische Palazzo Morosini (Hausnummer 3832), an dessen Stelle schon ältere Gebäude standen.

Man überquert die **Ponte de i Frati**, folgt der **Cale de i Frati**

Dauer

2h

Linien 1

11. Santo Stefano

Campo S. Angelo mit dem Kampanile von S. Stefano

Portal des Klosters von S. Stefano

Stufen zum Campielo Novo

und biegt nach rechts in die **Cale del Pestrin**, nach einem *Pestrin* (Milchverkäufer) benannt, der dort auch seinen Kuhstall hatte, wie seit dem 15. Jahrhundert bezeugt ist. Sabellico erwähnt ihn im Zusammenhang mit der Kirche und dem Kloster S. Stefano: »In fronte coemeterium; mox est vicus cum bubulis stabulatis et lacte omnifariam venali«. In der Calle befindet sich am Haus Nummer 3475 das Symbol der Scuola della Misericordia.

Auf der linken Seite öffnet sich der **Campielo Novo**, der ursprünglich der Friedhof der Mönche von S. Stefano war. Er wurde 1838 erhöht, wie aus einer Inschrift an der Mauer hervorgeht:

LOCUM COEMETERII
VETUSTATE DESUETI
PATEFACTUM A MDCCCXXVIII
AERE CIVICO.

Hier führte vor langer Zeit Paolo da Campo aus Catania ein Büßerleben, vorher ein schrecklicher Seeräuber, der 1490 bei Ragusa vom Kapitän Tommaso Zen gefangen und zu lebenslänglicher Haft verurteilt wurde.

Im weiteren Verlauf kommt auf der rechten Seite die **Corte de le Pizzocare**; hier lebten in einem Haus der Familie Lezze die Pinzocchere Agostiane (Laienschwestern des Augustinerordens).

Am Haus Nummer 3508 sind an der Fassade zur Corte wie zur Calle vier schöne Patera-Tafeln eingemauert. In der Mitte der Corte steht ein Brunnen (2. Hälfte des 15. Jh.) mit dem Wappen der Familie Lezze.

Am Ende der Calle wurde 1855 der alte Durchgang zur **Ponte del Pestrin** wieder geöffnet.

Hinter der Brücke biegt man nach rechts auf die **Fondamenta Narisi**, die nach einer venezianischen Familie heißt, und kommt in die **Corte de l'Albero**, die von dem riesigen Gebäudekomplex umgeben ist, den der Architekten Alessandri und der Ingenieur Fantucci zu Beginn des 20. Jahrhunderts in venezianisch-byzantinischem Stil erbauten.

Patera-Tafel mit Pfauen in der Cale del Pestrin

Diese Corte hieß ursprünglich »Corte di cha Marcello ovvero dall'Alboro«, nach einem Baum, der hier früher stand.
Haus Nummer 3870 ist Palazzo Sandi aus dem 17. Jahrhundert.
In der Stadt hat sich die Erinnerung an verschiedene große Bäume erhalten, etwa den große Feigenbaum im Campo S. Salvador und den große Holunder in der Merceria, an dem es zum Kampf zwischen den Parteigängern des Dogen Gradenigo und den Verschwörern Bajamonte Tiepolos kam.
Auf der freien Fläche neben dem Platz stand das bekannte Theater von S. Angelo, das 1676 eröffnet wurde, 1759 noch Opernaufführungen zeigte und gegen Ende des 18. Jahrhunderts geschlossen wurde.
Man kehrt zur Ponte del Pestrin zurück und geht über eine Fondamenta über dem Wasser und die anschließende Eisenbrücke weiter. An deren Ende beginnt auf der rechten Seite die **Cale del Tragheto o de Ca' Garzoni**. Im Jahr 1289 kam ein gewisser Zuane (Giovanni) Garzoni aus Bologna nach Venedig; 1335 erhielten seine Söhne das venezianische Bürgerrecht. Die Familie wohnte zunächst im Campo S. Polo und kam in der Mitte des 18. Jahrhunderts in den Besitz des spitzbogigen Palastes am Canal Grande in S. Samule.
In der **Pissina S. Samuel** steht der Palazzo Pisani (Hausnummer 3395); am Haus Nummer 3427 sieht man ein Relief mit einer Pietà; am Ende der Piscina steht der Palazzo Querini aus dem 15. Jahrhundert (Hausnummer 3431). Ein Gedenkstein an der Fassade erinnert an den Entdecker Francesco Querini, der 1904 bei der Polarexpedition des Duca degli Abruzzi den Tod fand.
In der Piscina S. Samuele gab es 1290 Auseinandersetzungen zwischen Marco und Tomaso Bando und den Nachbarn um die Festlegung der Grundstücksgrenzen. Man geht wieder zurück und biegt nach links in den **Ramo Pissina**. Am Ende öffnet sich rechts die **Cale Corner**, die unter einem gotischen Bogen aus dem 15. Jahrhundert zum Palazzo Corner Gheltoff führt. Geradeaus geht es in die **Salizada S. Samuel**.
Auf der linken Seite kommt man zu **Sotoportego** und **Corte de la Pele**, die nach den Ledermagazinen der deutschen Schuhmacher heißen, die in der benachbarten **Cale de le Boteghe** ihr Hospiz hatten.
Die deutschen Schuhmacher gründeten ihre Brüderschaft am 15. Juli 1383 in der Kirche von S. Stefano. Ihr Hospiz stammt aus dem gleichen Jahrhundert und wurde 1482 vergrößert. 1659 wurde es neu errichtet, wie aus der Inschrift an der Fassade des Hauses Nummer 3127 in der **Crosera** hervorgeht.

11. Santo Stefano

Eingang der Corte de le Pizzocare

Inschrift an der Fassade des Ospizio dei Calegheri tedeschi (deutsche Schuhmacher)

11. Santo Stefano

Unter dem Relief von Mariä Verkündigung sieht man den Umriss eines Schuhs, und auch an den Eckpfeilern des Gebäudes sind Schuhe eingemeißelt. In diesem Hospiz wurden die armen deutschen Schuhmacher aufgenommen und medizinisch behandelt; durchreisende Schuhmacher aus Deutschland fanden hier drei Tage lang Obdach und Verpflegung. Die deutschen Schuhmacher hatten in der Kirche von S. Stefano ihre Grabstätte mit der Inschrift: »MCCCCXXXVI a DI 13 Lujo Sepolture De Tedeschi Lavoranti Caleghieri«.

Geht man weiter die Salizada entlang, sieht man am Haus Nummer 3149 zwei Löwen, die sich gegenübersitzen; am Haus Nummer 3337 erinnert eine Gedenktafel an den Maler Paolo Veronese; an der Scuola dei Zotti (Hausnummer 3154) ein Relief der Verkündigung Mariens (1683) mit Cherubim und der Inschrift »Case Della Scola Dela Sa.ta Anu.ta De Poveri Zotti A S. Angiel Restaurate Lano MDLXXXIII Dei Beni Di Scola«.

Am Ende die Scuola dei Mureri [Maurer] aus dem 15. Jahrhundert (Hausnummer 3216); auf dem Türbalken die Handwerkssymbole (Winkelmaß und Hammer).

Die Brüderschaft bildete sich im 13. Jahrhundert und hatte den Heiligen Magno und den Apostel Thomas zu Patronen. Nur die Meister galten als Mitglieder der Brüderschaft und wurden umgangssprachlich »Cazziole« [Kellen] genannt, denn nur sie durften die Kellen benutzen, während es den Gesellen und Lehrlingen bei hoher Strafe verboten war, diese Werkzeuge auch nur anzurühren.

Hier beginnt die **Cale de le Carozze**. Kutschen wurden zwar in Venedig selbst nicht benutzt, jedoch für das Festland hergestellt, weshalb einige Straßen nach ihnen benannt sind.

In der Calle sieht man am Haus Nummer 3220 ein Relief des Heiligen Georg mit dem Drachen.

Man kommt nun zur Kirche von S. Samuele, die früher S. Matteo geweiht war; sie wurde im Jahr 1000 von der Familie Boldù erbaut. Nach dem Brand von 1105 wie dem von 1107 wurde sie wieder aufgebaut. Nach fast sechs Jahrhunderten errichtete man sie 1683 fast von den Grundmauern auf neu. Das Innere ist dreischiffig.

In der Mitte des Campo steht der charakteristische Kampanile (12. Jh.), der bis ins kleinste Detail völlig intakt auf uns gekommen ist. Über der Tür eine Darstellung des Kreuzes auf dem Golgotha, das nach altem Glauben die Mächte des Teufels vertrieb, die die Eingänge der Kirchtürme belagern.

S. Samuele war auch wegen der zahlreichen Prostituierten berühmt, die in diesem Viertel wohnten; ein Gesetz von 1468

Tür des Kampanile von S. Samuele

lautet: »zehn Lire Strafe und fünfundzwanzig Peitschenhiebe für die Dirnen, die zwischen der schmalen Calle an der Kirche bis zur Apotheke S. Stefano auf der Straße stehen und Männer ansprechen.«

Ein Spottvers beschrieb das Viertel von S. Samuele mit diesen Worten: »Kleiner Kampanile mit zwei Glocken / die Männer Hahnreie und die Frauen Huren«. Und ein anderer, nach dem Vorbild des ersten: »S. Samuel, kleines Viertel, großes Bordell, keine Brücken, schlechte Glocken, Männer Hahnreie und Frauen Huren«. Die Freudenmädchen übten ihr Gewerbe in der Calle delle Muneghette aus, bis sie 1483 von dort verwiesen wurden.

In der Pfarrei wohnten 1521 die Bildhauer Tullio und Antonio Lombardo und 1583 der Maler Paolo Caliari, genannt Veronese, der hier 1588 starb. An der rechten Seite des Campo steht Palazzo Grassi. Die Familie Grassi, die auf eine äußerst lange Geschichte zurückblicken kann, übersiedelte 1230 von Bologna nach Chioggia, wo sie 1646 das Bürgerrecht erhielt. Von dort kamen sie dann nach Venedig und wurden 1718 als Patrizier anerkannt.

Angelo Grassi erbaute den prachtvollen Palast um die Mitte des 18. Jahrhunderts und ließ im Treppenhaus für seine Kinder den folgenden Spruch anbringen: »Concordia Res Parvae Crescunt; Discordia Etiam Maximae Dilabuntur«. Die Familie erlosch in der ersten Hälfte des 19. Jahrhunderts und der Palast kam in andere Hände. Heute finden hier bedeutende Kunstausstellungen statt.

Auf dem Campo steht neben dem Kampanile ein kleiner Palast mit Fresken von Augusto Sezanne.

Vom Campo S. Samuele nimmt man rechts neben der Kirche die **Salizada Malipiero**, nach dem gleichnamigen Palast benannt, der im 17. Jahrhundert erneuert wurde (Hausnummer 3200). Die Malipiero, die ursprünglich aus Altino kamen und seit den Anfängen in Venedig lebten, nannten sich Magistrelli und später Mastropieri. Seit 908 gehörten sie dem Rat an; Orio Mastropiero wurde 1178 zum Dogen gewählt,

Campo S. Samuele am Canal Grande

Palazzo Grassi

Cale Malipiero, Gedenkstein zur Erinnerung an den Geburtsort Giacomo Casanovas

unterwarf die Hafenstadt Zadar und unternahm einen Feldzug ins Heilige Land. Ein Pierazzo wurde 1370 bei der Verteidigung Mestres gegen Padua zum Befehlshaber gewählt und eroberte der Republik 1380 Capodistria zurück.

Sofort hinter dem Palast rechts beginnt die **Cale Malipiero**. Unter dem Straßenschild erinnert eine Tafel daran, dass Giacomo Casanova am 2. April 1725 in dieser Calle zur Welt kam.

Man folgt weiter der Salizada und kommt auf der rechten Seite zur **Corte Moretta**, deren Name auf eine Familie Moretti zurückgeht, die wahrscheinlich bei den Malipiero in Dienst stand.

Gleichfalls auf der rechten Seite beginnt die **Cale de i Todeschi**, nach einigen deutschen Bäckern benannt, die nach Venedig gekommen waren, um bei der Herstellung des Militärzwiebacks mitzuarbeiten. Zunächst arbeiteten sie auf der Insel S. Elena, wo die staatlichen Backöfen standen, und erwarben 1433 einige Häuser in S. Samuele, um darin ein Hospiz für ihre kranken Landsleute einzurichten.

Auf der linken Seite der Calle dei Tedeschi kommt als erstes die **Cale de i Zoti**. Die Brüderschaft, von der bereits in Campo S. Angelo die Rede war, besaß hier zahlreiche Häuser. Als nächstes kommt zur Linken die **Cale de i Orbi** (s. *S. Maria Formosa*, S. 141). Man biegt in sie ein und geht nach rechts in Richtung Canal Grande; es folgen:

L – **Ramo de le Muneghe**.

L – **Cale Nani**, nach einem gewissen Francesco Nani, der 1537 hier Häuser besaß.

L – **Corte de la Vida**, nach einer alten Weinrebe, die früher hier wuchs.

L – **Cale del Stampador**, mit Zinnen am Eingang; sie ist nach einer Druckerei benannt, die hier um die Mitte des 16. Jahrhunderts existierte. Die Buchdruckerkunst wurde von Giovanni da Spira in Venedig eingeführt, wie aus einem Privileg der Signoria von 1469 hervorgeht; er selber kam zwar nicht mehr in dessen Genuss, da er kurz darauf

Überreste der Ca' del Duca

starb, doch sein Bruder Vindellino setzte zusammen mit Jenson und Valdarfer erfolgreich das Gewerbe fort.

Im Jahrhundert darauf folgten die Aldo, Gioliti, Giunti und viele andere, die sich durch die Qualität des Papiers, die sauberen Buchstaben und die sorgfältigen Korrekturen auszeichneten; 1773 gab es fünfunddreißig Druckereien in der Stadt.

Die Drucker hatten sich seit 1548 zusammen mit den Buchhändlern in der gleichen Brüderschaft zusammengeschlossen, die seit 1642 unter dem Schutzpatron des Heiligen Thomas von Aquin ihren Sitz in der Kirche von SS. Giovanni e Paolo hatte.

L – **Corte del Teatro**. Auf der rechten Seite der Corte kommt man zum **Ramo Cale del Teatro**, der in die **Corte del Duca Sforza** führt. Dort stand ganz früher ein Brennofen. Andrea Corner ließ 1453 die Fundamente für einen Palast legen, der die Macht und den Reichtums einer der mächtigsten Familien Venedigs zum Ausdruck bringen sollte.

Wie aus den Unterlagen hervorgeht, war ein Hauptsaal von 55,5 m Länge geplant, der noch größer als der Saal des Großen Rats im Dogenpalast geworden wäre und 600 Personen hätte fassen können. Der Plan stammte von Bartolomeo Bon, möglicherweise mit Unterstützung eines Meisters Paolo (Bregno?), der am Markusdom tätig war. Einige Jahre später überließ Marco Corner, der Vater von Caterina Corner, der Königin von Zypern, den im Bau befindlichen Palast dem Herzog von Mailand Francesco Sforza im Tausch gegen ein Gebäude am Campo S. Polo, das die Republik dem Herzog geschenkt hatte.

Dieser setzte die Bauarbeiten nach Plänen von Antonio Averlino, genannt Filarete, aus Florenz fort. Es kam jedoch zu Unstimmigkeiten zwischen den beiden Staaten, und als die Auseinandersetzungen heftiger wurden, beschlagnahmte die Republik den ganzen Komplex und errichtete dort später ein bescheideneres Gebäude, die Ca' del Duca, in der zuerst der Architekt Bartolomeo Buono (Bon) und später Tiziano Vecellio wohnten. Das Gebäude hat die Hausnummer 3052.

Man kehrt in die Corte del Teatro zurück und geht in den **Ramo del Teatro**. Wo heute die Schule steht, befand sich früher das alte Theater von S. Samuele, das die Grimani 1655 eröffneten. 1747 bauten es die Architekten und Theatermaler Romualdo und Alessandro Mauri wieder neu auf. Nach dem Zusammenbruch der Republik verlor es seine einstige Berühmtheit, existierte noch eine Weile unter dem Namen seines neuen Besitzers als Teatro Comploy und wurde schließlich geschlossen und gegen Ende des 19. Jahrhunderts abgerissen.

Durch den Portikus kehrt man in die Calle dei Orbi zurück, biegt nach rechts und geht bis zum Ende in die Calle delle Botteghe, die hier **Crosera** heißt. Sofort auf der rechten Seite, parallel zur Calle dei Orbi, kommen **Sotoportego e Cale de le Munegehete**, von denen schon die Rede war. Man folgt der Calle bis zur Kreuzung mit der **Cale de le Boteghe** und biegt dort nach rechts.

Im Jahr 1485 zog die Confraternita di S. Rocco in das kleine Oratorium von S. Susanna um, das seit unvordenklichen Zeiten existierte. Da sie es als Kirche neu aufbauen wollten, kauften sie einige benachbarte Häuser auf, änderten aber dann ihre Pläne und überließen das Ganze einer Laienschwester aus dem Kloster von S. Margarita auf Torcello namens Chiara. Da die Gebäude baufällig waren, ließ Chiara mit Hilfe einiger adeliger Gönner eine Kirche und ein Kloster (1488) erbauen. Doch inzwischen hatten die Nonnen die Gebäude auf der Insel instand setzen lassen und wollten nicht mehr in die Stadt umziehen. So bezog Schwester Chiara selbst den Komplex und bald kamen weitere Frauen hinzu, die nach der Ordensregel des Heiligen Augustinus leben wollten.

Kirche und Kloster wurden 1810 geschlossen und die Gebäude 1818 von dem Priester Pietro Ciliota erworben. Heute befindet sich dort das Istituto Ciliota, das von den Barmherzigen Schwestern geleitet wird.

Die Calle delle Botteghe führt in den **Campo S. Stefano**.

Die Augustinermönche hatten hier 1274 einige Häuser gekauft und begannen mit dem Bau einer Kirche und eines Klosters, die dem Heiligen Stephanus geweiht waren. 1294 wurde der Grundstein gelegt und 1325 waren die Bauarbeiten beendet. Nach der Einweihung musste die Kirche sechs Mal neu geweiht werden, weil in ihr Menschen überfallen und

Fassade der Kirche von S. Stefano und Kreuzgang des Klosters

Campo S. Stefano: die Kirche und auf der gegenüberliegenden Seite das Denkmal Nicolò Tommaseos, Palazzo Loredan und die Kirche von S. Vidal

Bärenhatz auf dem Campo S. Stefano (aus *Curiosità veneziane*)

verwundet worden waren. 1743 wurde sie restauriert. Die schlichte Backsteinfassade stammt aus dem 14. Jahrhundert und wird durch ein Portal aus der ersten Hälfte des 15. Jahrhunderts verschönt, eine Arbeit aus der Werkstatt Bartolomeo Bons. Im dreischiffigen Inneren wechseln sich Säulen aus griechischem Marmor mit rotem Brokatmarmor aus Verona ab. In der ersten Hälfte des 15. Jahrhunderts wurde auch die prachtvolle Spitzgewölbedecke eingezogen und die Wände mit Fresken ausgemalt. Hinter der Kirche steht der geneigte Kampanile aus der Spätrenaissance, dessen obere Hälfte 1544 erneuert wurde.

Eine Chronik berichtet, dass am Abend des 7. August 1585 ein Blitz die Glockenstube des Kampanile in Brand setzte und dabei die Glocken schmolzen. Die Signoria überließ den Mönchen im Austausch gegen die geschmolzene Bronze und einen Aufpreis vier Glocken aus England, wo Königin Elisabeth die katholischen Kirchen und Kirchtürme hatte abreißen lassen. Die Kosten für das Uhrwerk und die Stundenglocke dagegen übernahmen die venezianischen Rechtsanwälte, die im nahegelegenen Gericht darauf angewiesen waren zu wissen, wie spät es war. Das Uhrwerk wurde in Serravalle hergestellt, während die ursprüngliche Kuppel nicht wieder aufgebaut wurde.

Nach einem Brand wurde das Kloster S. Stefano nach den Plänen des Mönchs Gabriele da Venezia 1530 wieder aufgebaut. Heute sind Behörden darin untergebracht. Der Kreuzgang, dessen Säulengang möglicherweise Scarpagnino entworfen hat, wurde nach dem Brand von 1529 angelegt und zwischen 1665 und 1680 von Pater Fiorello erweitert; die Fassaden auf den Innenhof waren mit Fresken verziert, die zum großen Teil Giovanni Antonio de Sacchi, genannt Pordenone (1483-1540), zugeschrieben werden.

Im Kreuzgang sind berühmte Persönlichkeiten beigesetzt, darunter Francesco Novello da Carrara, der letzte Herr über Padua, den die Republik zusammen mit

11. Santo Stefano

seinen zwei Söhnen im Gefängnis erdrosseln ließ, außerdem Marsilio da Carrara, ein weiterer Sohn Francescos, und der Bildhauer Pietro Lombardi.

Auf dem Campo hielt am 25. Februar 1521 ein gewisser Bruder Andrea aus Ferrara eine Predigt zu Gunsten der lutherischen Reformation.

Außerdem fanden dort Wettspiele und Turniere statt, darunter das denkwürdige vom 17. Februar 1549, an dem auch Antonio Castriota, Herzog von Ferrandina, teilnahm. Er wurde während des anschließenden nächtlichen Fests versehentlich von zwei venezianischen Adeligen getötet, die ihn wegen seiner Maske nicht erkannt hatten. Zu der Auseinandersetzung war es gekommen, weil der Herzog Modesta Michiel, der Frau von Danielo Veniero, zu sehr den Hof gemacht hatte. Der Listone di S. Stefano war der öffentliche Spaziergang, der auf einem gepflasterten Weg quer über den ansonsten noch grasbewachsenen Campo gemacht wurde. Dieser Brauch wurde in den letzten Jahren der Republik auf den Markusplatz verlegt, wo er noch heute stattfindet.

1807 wurde der Wochenmarkt, der bis dahin auf dem Markusplatz stattgefunden hatte, hierher verlegt, 1809 dann auf den Campo S. Polo. Kommt man aus der Calle delle Botteghe, befindet sich auf der linken Seite (Hausnummer 3467) das alte Gebäude der Scuola dei Laneri [Wollhändler und -verarbeiter] (s. *S. Simeone profeta*, Campo della Lana, S. 433), die 1810 aufgelöst wurde. Auf dem Türbalken sieht man noch die Widmung: »Divo Gabrieli Archangelo Dicatum«. Hier hing der Zyklus von Vettor Carpaccio mit den fünf Geschichten des Heiligen Stephanus (1511-1520), die heute in verschiedene italienische und ausländische Sammlungen verstreut sind.

Campo S. Stefano: Fassade von Palazzo Loredan

Rechts von der Calle della Botteghe stehen die folgenden Gebäude am Platz:
- Palazzo Bontremolo vom Anfang des 16. Jahrhunderts (Hausnummer 2955);
- Palazzo Barbaro (Hausnummer 2947);

– Palazzo Loredan (Hausnummer 2945) wurde im 15. Jahrhundert von den Mocenigo erbaut, dann 1536 an die Loredan verkauft und nach Plänen Scarpagninos völlig neu errichtet.

Auf der Mitte des Campo steht die Marmorstatue des Literaten und Patrioten Nicolò Tommaseo, der mit einem Stapel Bücher hinter sich dargestellt ist, was ihm den Spitznamen »cagalibri« [Bücherscheißer] eingebracht hat.

Vom **Campielo Loredan** neben dem Palast kommt man zur **Ponte de S. Vidal**, Vitturi genannt. Im Campiello sieht man links vor der Brücke am Haus Nummer 2864 einen schönen Markuslöwen mit der Jahreszahl MDCCLX. Die Brücke heißt Vitturi nach der aus Rom stammenden Familie, von der in einer Urkunde aus dem Jahr 1151 Giovanni, Marino, Orlando und Silvestro Vitturi erwähnt werden. Ein Daniele besiegte 1260 die gemeinsame Flotte der Genuesen und Pisaner; ein Lampirio war 1315 Bischof der kroatischen Stadt Trau; ein Giovanni, der 1510 Provveditore im Friaul war, besiegte die Feinde bei Cormons, wurde 1513 zur Unterstützung in das von den Deuschen bedrohte Udine geschickt, kam 1527 dem in der Engelsburg belagerten Papst Clemens zu Hilfe, wurde 1537 zum Admiral der Armada im Golf ernannt und 1539 Provveditore Generale über Kreta; er starb 1542.

Die **Ponte Vitturi** wurde auch »dello Scutelio« genannt, nach einem Arzt Gerolamo Scutelio, der 1781 ganz in der Nähe wohnte.

Hinter der Brücke beginnt die **Calle del Frutariol** mit:

L – **Sotoportego e Corte Miani**, nach der alten, aus Aquileia oder Oderzo stammenden Familie, die sich 917 an der Gründung der Kirche von S. Vitale beteiligte. Die Familie erlosch 1790.

R – **Cale Larga del Clero**, nach einigen Häusern, die der

Campo S. Stefano: Fassade der Kirche von S. Vidal und Inschrift am Kampanile

Kongregation des venezianischen Klerus 1224 von einem Giovanni Giusto vermacht worden waren.

Später wurden die Gebäude restauriert, wie aus einer Gedenktafel von 1842 am Haus Nummer 2936 hervorgeht.

Die neun Kongregationen des Klerus, die auch Chieresie hießen, waren Zusammenschlüsse von Priestern, die sich zur Aufgabe gemacht hatten, mit öffentlichen Gebeten Fürbitte für die Verstorbenen zu leisten. Die ersten Anfänge gehen auf das Jahr 977 unter dem Dogen Pietro Orseolo zurück. Im 12. Jahrhundert erlebten sie sich dank privater Nachlässe einen beträchtlichen Aufschwung und vor 1123 gab es bereits fünf, vor 1192 sechs Kongregationen. Die restlichen drei bildeten sich im 13. Jahrhundert.

L – **Cale Giustinian**, nach dem nahegelegenen Palast (Hausnummer 2893) am Canal Grande, der einem Zweig der Familie Giustinian gehörte, die nach Heirat mit einer anderen Familie Giustinian-Lolin hießen. Das Gebäude ging im 14. Jahrhundert an die Herzogin von Parma über und wurde 1623 nach Plänen Longhenas neu erbaut.

R – **Cale Vitturi**;

L – **Cale Vitturi o Falier**; wahrscheinlich wohnte die Familie Falier hier seit 1084, als der Doge Vitale Falier die nahegelegene Kirche von S. Vitale erbauen ließ.

Die aus Fano stammende Familie übersiedelte zuerst nach Padua und dann nach Venedig; ihr entstammen Tribunen und Dogen. Vitale Falier entdeckte 1094 den Körper des Heiligen Markus und weihte den Markusdom ein; heute ruht er rechts in der Vorhalle des Haupteingangs. Sein Sohn Ordelafo wurde 1102 zum Dogen gewählt, kam Balduin, dem König von Jerusalem zu Hilfe, nahm Acri ein, eroberte die jugoslawische Hafenstadt Zadar zurück, besiegte Padua und starb 1117 als Held im Kampf gegen die Ungarn. Marino, der eine Verschwörung anzettelte, um sich selbst zum absoluten Herrscher über Venedig zu machen, wurde entdeckt und am 7. April 1355 enthauptet (s. *S. Maria del Giglio*, S. 257; *SS. Giovanni e Paolo*, S. 118; *S. Canziano*, Palazzo Falier, S. 282).

Kehrt man in den Campo S. Stefano zurück, liegt auf der rechten Seite die Kirche von S. Vidal und dahinter der gleichnamige Campo. Die Kirche wurde, wie bereits erwähnt, 1084 vom Dogen Falier erbaut. Nach dem Brand von 1105 wurde sie wieder aufgebaut, ebenso am Ende des 17. Jahrhunderts; die heutige Fassade stammt von Andrea Tirali. Das Innere ist einschiffig und hat eine Gewölbedecke. Am Sockel des Kampanile befanden sich zwei römische Grabsteine, die laut Sansovino aus Pola stammten. Einer ist heute verschwunden.

Der Kampanile von S. Vidal

Campo S. Stefano: Palazzo Pisani

Über der Tür stellt ein Rundrelief aus dem 15. Jahrhundert S. Gregorio dar.

Der **Campo S. Vidal** war ein Schießplatz des Viertels von S. Marco (s. *SS. Giovanni e Paolo*, S. 119). Das wissen wir aus einem Urteil vom 4. April 1335, mit dem ein gewisser Thomadus de Thomado wegen Vergewaltigung eines Mädchens namens Soprana, Tochter des Bartolammeo da Pirano, zu einer Geldstrafe von 700 Liren verurteilt wurde, die dazu dienten, die Unglückliche entweder zu verheiraten oder in einem Kloster unterzubringen. 1584 wurde im Canal Grande in der Nähe von S. Vidal eine Süßwasserquelle entdeckt. Am 2. Januar 1785 starb in S. Vidal der berühmte Komponist Baldassarre Galuppi, genannt Buranello. Auf der einen Seite des Campo erhebt sich der prächtige Palazzo Franchetti (15. Jh.) mit einem Garten, der einst Palazzo Cavalli und noch früher Palazzo Gussoni hieß (Hausnummer 2847).

Man kehrt wieder auf den Campo S. Stefano zurück; es folgen, entgegen dem Uhrzeigersinn:

Fondamenta Barbaro mit dem spitzbogigen Palazzo Barbaro, vermutlich aus dem 14. Jahrhundert (Hausnummer 2840). Die Familie, nach der mehrere Straßen Venedigs benannt sind, kam ursprünglich aus Rom, übersiedelte nach Istrien, später nach Triest und schließlich 868 nach Venedig. Sie trug ihren Namen nach einem Marco, der als Anführer der vom Dogen Michiel ins Heilige Land geführten Streitmacht das in die Hände der Barbaren gefallene Banner des Heiligen Markus wieder entriss.

Campo Pisani, Hausnummer 2809 der gleichnamige Palast aus dem 17. Jahrhundert. Der Architekt ist nicht bekannt, wahrscheinlich war es Girolamo Frigimelica aus Padua; man nimmt an, dass die Arbeiten in der Mitte des 16. Jahrhunderts begannen; sie müssen auf jeden Fall Unsummen verschlungen haben. Die Familie Pisani stammte von den Grafen Bassi aus Pisa ab und gehörte dem Rat an. Ihr entstammen weltliche und geistliche Würdenträger und auch der 1735 gewählte Doge Alvise.

Doch der berühmteste Vertreter war der Admiral und General Vettor Pisani; er besiegte die Genuesen bei Brodolo und nahm Chioggia, Capodistria und weitere Städte ein; bei den Vorbereitungen, den Krieg bis in das Herz Genuas zu tragen, starb er völlig überraschend am 14. August 1380.

Es folgt die **Cale Streta Morosini e Pisani**, die zum Palazzo Morosini (Hausnummer 2803) aus dem 17. Jahrhundert führt; hier lebte der berühmte Francesco Morosini, der wegen seiner Siege über die Türken auf dem Peleponnes den Beinamen »Peloponnesiaco« erhielt. Schon als junger Mann ergriff er das Kriegshandwerk. Während seiner Laufbahn eroberte er 37 befestigte Orte, 1360 Kanonen und brachte fast 200.000 Feinde in die Sklaverei oder zu Tode. Als Oberkommandierender im Golf von Euböa wurde er zum Dogen gewählt. Er starb 1694 in der rumänischen Stadt Napoli.

Cale de Ca' Morosini ist von einem Gittertor verschlossen. Man nimmt die **Cale del Spezier**, **Ponte S. Maurizio** und **Cale del Piovan** und kommt auf den **Campo S. Maurizio**. Von der Brücke aus sieht man deutlich, wie der Rio del Santissimo [Kanal vom Allerheiligsten], der von Campo S. Angelo in den Canal Grande mündet, unter der Kirche von S. Stefano hindurchführt, und zwar genau unter dem Hauptaltar; daher sein Name. Die Kirche wurde von der Familie Candiana, genannt Sanudo, erbaut und dem Heiligen Maurizius mit seinen Gefährten und dem Märtyrer S. Adriano geweiht. Nach dem Brand von 1105 wurde sie wieder aufgebaut und stand bis 1590; dann wurde sie völlig neu errichtet. 1795 wurde sie noch einmal nach Plänen des Patriziers Pietro Zaguri umgebaut und 1806 fertiggestellt. Die Fassade ist neoklassizistisch und eine Nachbildung der zerstörten Kirche von S. Geminiano am Markusplatz. Das Innere hat die Form eines griechischen Kreuzes mit einer Zentralkuppel und vier Seitenarmen mit fensterlosen Kuppeln.

Auf der linken Seite der Calle steht die Scuola degli Albanesi aus dem Jahr 1531 (s. *S. Zaccaria*, Calle degli Albanesi, S. 110). Auf dem Türbalken ist eingemeißelt: »SCOLA Sta MARIA SAN GALLO DI ALBANESI«; auf der Fassade drei Wappen von S. Marco und den Familien Loredan und Lezze sowie die Figuren von S. Gallo, der Jungfrau Maria, S. Maurizio und des Sultans Mohammed, der auf die Festung Scutari blickt, die 1479 von den Türken eingenommen wurde.

1780 wurde die Scuola geschlossen und die Scuola dei Pistori (Bäcker) zog in das Gebäude ein.

Auf der rechten Seite des Campo (Hausnummer 2760) steht Palazzo Bellavite, der im 16. Jahrhundert von dem Öl- und

Campo S. Stefano: Portal von Palazzo Morosini

Mehlkaufmann Dionisio Bellavite erbaut wurde. Er ließ die Fassade von Paolo Veronese ausmalen, wovon sich keine Spur mehr erhalten hat. Es scheint, dass der Palast an der Stelle steht, auf dem sich früher der alte Kampanile von S. Maurizio erhob, denn es gibt Unterlagen über die Zahlung einer Erbpacht der Bellavite an die Kirche von S. Maurizio »wegen des abgebrochenen Kampanile«.

An der Fassade erinnern zwei Marmortafeln daran, dass hier der Dichter Giorgio Baffo (1694-1768) lebte und starb (s. *S. Francesco della Vigna*, Ramo Baffo, S. 70) und dass Alessandro Manzoni von 1803 bis 1804 in diesem Palast wohnte. Giorgio Baffo war der letzte Vertreter einer bis in das 12. Jahrhundert zurückreichende Patrizierfamilie; er war Vorsteher der Schlachtbank, Magistrat in Brescia und dann Mitglied der Kriminalbehörde Quarantia Criminale. Neben seinen öffentlichen Ämtern entfaltete er eine umfangreiche Produktion von freizügigen Gedichten in venezianischem Dialekt; sie wurden erst nach seinem Tod 1771 von einigen Freunden veröffentlicht.

Die 1789 von Lord Pembrocke in Cosmopoli (d. h. Venedig) herausgebrachte Ausgabe hatte größeren Erfolg. Dennoch blieb der Dichter in Italien nahezu unbekannt und wurde erst durch die französische Übersetzung Apollinaires von 1911 wieder entdeckt. »Es sind die Augen Baffos, durch die der französische Kritiker und Dichter das Venedig des 18. Jahrhunderts sah, "citè humide, sexe femelle de l'Europe", mit seinen Festen, Banketten und amourösen Vergnügen in einem ewigen Taumel, hinter dem sich bereits das gipsbleiche Gesicht des Todes verbarg«.

Haus Nummer 2758 ist der spitzbogige Palazzo Molin.

Die **Cale del Dose da Ponte** heißt nach dem Dogen Nicolò da Ponte. Folgt man ihr, kommen

L – **Cale del Forno**, nach einem alten Brotladen.

R – **Sotoportego e Corte de i Gobi**, heute von einem Eisengitter verschlossen (Hausnummern 2754-56), nach einem Antonio Gobbi, der 1740 hier wohnte.

R – **Cale de i Righetti**, richtiger Richetti. Der erste Vertreter der Familie ist Paolo, ein Söldnerführer der Republik aus dem 16. Jahrhundert.

Dann folgt Lodovico, der am Rialto einen Weinladen »Zum Fuchs« betrieb.

Campo und Kirche von S. Maurizio

Haus Nummer 2746 ist der Palazzo da Ponte, der 1578 im Auftrag des Dogen Nicolò erbaut wurde. Es war ein Treffpunkt der bedeutendsten Köpfe der Epoche, die sich um die berühmte Irene da Spilimbergo versammelten, die hier mit ihrem Onkel Gian Paolo Da Ponte lebte. 1810 wurde der Palast nach einem heftigen Brand von Selva restauriert. Die Familie da Ponte, die aus Griechenland, möglicherweise aber auch aus Deutschland stammen soll, kann sich seit dem Jahr 959 eines Botschafters namens Giovanni am Hof des Papstes Johannes XII. rühmen, verschiedener Bischöfe, des 1578 gewählten Dogen Nicolò und 1741 eines Bischofs von Ceneda. An der Palastfassade sieht man ein nach dem Brand ausgeführtes Fresko von Giulio C. Lombardo, auf dem eine Justitia dargestellt ist, die auf einem geschlossenen Buch steht, das Schwert nach unten gewendet und unter dem Arm eine zerbrochene Waage. Es ist kein historisches Ereignis bekannt, das dieses Bild erklären könnte; manche wollen einen Zusammenhang mit dem venezianischen Sprichwort erkennen:

> Wenn die Macht dem Recht widerspricht,
> siegt die Macht, und die Vernunft unterliegt.

R – **Corte Da Ponte**;
L – **Cale e Corte del Tagiapiera**; letztere mit einem Gitter verschlossen und einem rotem Marmorbrunnen (wegen des Namens s. *S. Silvestro*, S. 495).
R – **Corte del Pozzeto**, nach dem kleinen Brunnen, der hier früher stand.
R – **Fondamenta del Tragheto S. Maurizio**. Sie führt zu **Sotoportego e Corte del Santissimo**. Der Name rührt von einer Darstellung des Allerheiligsten an der Fassade des Hauses Nummer 2717, über dem die Worte stehen: »Sia Laudato il SantiS. Sacramento« und darum herum die folgenden: »Regi Seculorum Immortali Et Invisibili Domus Et Om.ia P.ri Caimi M.ci VIII 7bris Die Nativitatis Virg.s Mariae Anno Domini MDCLXV«. Sie lassen sich so übersetzen: »Dem unsterblichen und unsichtbaren Herrscher der Jahrhunderte (weiht) der Arzt Pietro Caimo die Häuser und allen seinen Besitz am 8. September, dem Tag von Mariä Geburt, im Jahr des Herrn 1665«.
In den Campo S. Maurizio zurückgekehrt, wendet man sich nach rechts und sieht am Haus Nummer 2673 die folgende Inschrift: »Antiquitus Plebaniae S. Mauritii MCCCXX Monalium S. Maphaei de Majurbio MCXXLXII R.Ma D.D. Marianna Manzoni Abbatissa Restauratae«.

Das nächste Gebäude ist Palazzo Zaguri (Hausnummer 2668), dahinter kommt **Cale Zaguri**, die zur **Fondamenta Corner Zaguri** führt.

Die Bezeichnung stammt vom Palazzo Corner (Hausnummer 2662) am Ende der Fondamenta, der wegen seiner Pracht »la Ca' Granda« genannt wurde, und vom Palazzo Zaguri, der näher an der Brücke steht.

Palazzo Corner wurde von dem unglaublich reichen venezianischen Kaufmann Bartolomeo Malombra erbaut, der um 1450 lebte und »Malombra von dem schönen Haus« genannt wurde. Das Gebäude wurde dann von Giorgio Corner, dem Bruder der Königin von Zypern, für 22.000 Dukaten erworben. Doch in der Nacht vom 16. August 1532 wurde es durch einen schweren Brand zerstört, der durch glühende Kohle ausgelöst worden war, mit der man einige feucht gewordene Zuckerkisten trocknen wollte. Vom Gebäude blieb nach den Worten Sanudos »nur das Ufer mit den Säulen«. Wenig später wurde es nach Plänen Sansovinos wieder aufgebaut; 1817 wurde der Palast nach einem erneuten Brand restauriert.

Der spitzbogige Palazzo Zaguri wurde im 14. Jahrhundert von der Familie Pasqualini erbaut, wie man noch heute an dem Wappen (Hausnummer 2631) erkennen kann, das aus dem Buchstaben P und drei Balken darunter besteht; es befindet sich an der Fassade und im Innern auf dem Brunnen. Die Familie kam aus Mailand und erwarb großen Reichtum beim Handel mit Seidenstoffen. Der Palast kam 1521 an die Priuli und von diesen 1740 an die Zaguri.

Die Adelsfamilie Zaguri aus Cattaro, wo sie »Saraceni« hieß, übersiedelte 1504 nach Venedig; 1653 wurden sie als Patrizier anerkannt. Ihr entstammen Soldaten, Dichter, Philosophen und Bischöfe; die Familie erlosch 1810.

Auf der rechten Seite der Fondamenta öffnet sich die **Corte de le Muneghe**, nach den Häusern der Nonnen von S. Maffio in Mazzorbo benannt. Hier steht ein schöner Brunnen aus dem 14. Jahrhundert, der auf zwei an großen Haken hängenden gotischen Wappen ein Prozessionskreuz zeigt, das eindeutig religiösen Ursprungs ist.

Man kehrt auf die Fondamenta zurück und kommt durch Calle Zaguri, Campo S. Maurizio, Calle del Spezier, Campo S. Stefano und Calle und Ponte dei Frati wieder auf den Campo S. Angelo zurück, wo der Spaziergang begonnen hat.

12. Santa Maria del Giglio

Santa Maria Zobenigo

12. Santa Maria del Giglio

Dauer 1h 15'

Linie ①

Man steigt an der Anlegestelle S. MARIA DEL GIGLIO aus, folgt der langen Calle, die direkt an der Anlegestelle beginnt, und kommt am andern Ende auf dem **Campo S. Maria Zobenigo** aus.

Die Kirche erhielt ihren Namen nach der Familie Jubanico, die sie zusammen mit anderen Familien um 900 gründete. Sie heißt auch S. Maria del Giglio, weil sie dem Geheimnis der Verkündigung geweiht ist, das üblicherweise durch einen Engel dargestellt wird, der mit einer Lilie [giglio] in der Hand vor der Jungfrau Maria steht.

Die Kirche brannte 966 und 1105 ab. Bis 1660 wurde sie vielfach restauriert und 1680 nach Plänen Sardis völlig neu errichtet; die Kosten für die Fassade übernahm die Familie Barbarigo oder Barbaro.

Auf der Fassade sieht man neben den fünf Marmorfiguren, die Mitglieder der Familie Barbaro darstellen, die Grundrisse von Zadar, Candia auf Kreta, Padua, Rom, Korfu und Spalato. Die Statue von Antonio Barbaro wurde am 8. Juli 1759 durch einen Blitzschlag beschädigt.

Im Innern ist die Kirche einschiffig und verfügt über Seitenkapellen und ein Presbyterium.

Von dem alten Kampanile haben sich nur die Erinnerungen erhalten: »In templo S. Mariae, ut vocant, Zobenigo facies pulchra ex marmore, turris studiose inclinata«. Da die Neigung des Turmes zu Sorge Anlass gab, wurden Techniker bestellt, die sie als gefährlich einstuften, und durch ein Senatsdekret wurde der Turm 1775 abgerissen. Man plante, ihn wieder aufzubauen, doch die Arbeiten kamen nicht über den Sockel hinaus, der heute mit einem Dach versehen ist und als Lagerraum genutzt wird.

Am Ufer des Canal Grande zog sich im Jahr 906 eine lange Mauer von S. Maria Zobenigo bis nach S. Pietro di Castello hin, die der Doge Pietro Tribuno zum Schutz der Stadt hatte errichten lassen.

Vom Endpunkt der Mauer in S. Maria Zobenigo wurde eine große Kette zur andern Seite des Kanals nach S. Gregorio gespannt, um feindliche Schiffe an der Einfahrt in Kanal und Hafen zu hindern. Diese Kette wurde das letzte Mal während des Krieges von Chioggia (1380) eingesetzt.

In der Pfarrei lebte jener Patrizier Michele Steno, der im Jahr 1355 eines Abends an einem Ball des Dogen Marino Falier teilgenommen und sich dabei einen nicht genauer bekannten geschmacklosen Scherz mit einer Hofdame der Frau des Dogen, oder sogar mit dieser selbst erlaubt hatte. Auf Anweisung Faliers wurde er des Saales verwiesen.

Kirche von S. Maria del Giglio

Unten:
Zwei der Festungspläne (Padua und Candia) auf der Kirchenfassade

Er rächte sich dafür mit den Spottversen auf dem Thron des Dogen:

> Marin Falier mit der schönen Frau,
> andere genießen ihre Gunst, aber er kommt für sie auf

Wegen dieser Beleidigung wurde er zu einer leichten Strafe verurteilt.

Falier, der vielleicht gehofft hatte, dass Steno zum Tode oder wenigstens zu lebenslänglicher Haft verurteilt würde, organisierte eine Verschwörung, um sich an den Richtern zu rächen und die Macht an sich zu reißen. Die Verschwörung wurde entdeckt und er enthauptet. Steno dagegen wurde in hohem Alter 1400 zum Dogen gewählt.

Auf der Rückseite der Kirche und hinter der **Ponte de la Feltrina** liegt der gleichnamige Campiello.

In der Beschreibung des Stadtviertels von 1740 heißt es »Feltrina genanntes Haus, von der Stadt Feltre gemietet und von der Aufseherin Signora Elisabetta Severi bewohnt«. Diese Häuser dienten, wie bereits anlässlich der Corte Bressana angemerkt, als Unterkunft für Botschafter und Würdenträger von solchen Städten, die besondere Beziehungen zu Venedig unterhielten. 1786 wurden die Gebäude in eine Herberge namens »Locanda alla Feltrina« umgewandelt; sie befand sich in dem spitzbogigen Haus Nummer 2513 auf der rechten Seite des Campiello, wenn man von der Kirche kommt.

Die Brücke links neben der Ponte della Feltrina ist die **Ponte Duodo o Barbarigo** und führt auf die gleichnamige Fondamenta. Die Familie Duodo, die vom Peloponnes stammte, wohnte seit dem 13. Jahrhundert in der Pfarrei.

Ein Leonardo Duodo saß von 1295 bis 1302 im Rat; die Erben von Simone und Pietro Duodo liehen dem Staat 1379 Geld; Pietro kommandierte die Flotte auf dem Gardasee bis 1438; ein Francesco Duodo war Literat und Botschafter.

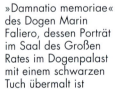

»Damnatio memoriae« des Dogen Marin Faliero, dessen Porträt im Saal des Großen Rates im Dogenpalast mit einem schwarzen Tuch übermalt ist

Dieser war es auch, der nach der Rückkehr aus Polen 1588 Samozzi damit beauftragte, den heutigen Palast (Hausnummer 2506) auf der Fondamenta zu errichten. Er ließ auch bei Monselice die sieben Kirchen nach dem Vorbild der sieben Basiliken Roms erbauen und starb 1611. Der Palast wurde 1741 durch einen Brand schwer beschädigt.

Die Fondamenta heißt auch Barbarigo nach einer anderen Patrizierfamilie, früher die Herren von Muggia bei Triest, die nach der Überlieferung den Namen Barbarigo annahm, nachdem ein Familienmitglied namens Arrigo 880 die Sarazenen besiegte und aus ihren Bärten einen Kranz flocht, den er im Triumph mit nach Hause brachte.

Das Traghetto von S. Maria del Giglio

Die Barbarigo kamen nach diesem Ereignis nach Venedig und gründeten mit der Familie Jubanico die Kirche. Zwei Bischöfe, ein Patriarch und drei Kardinäle, darunter der Selige Gregorius, der 1691 auf die päpstlichen Würden verzichtete, entstammten der Familie Barbarigo, ebenso zwei Dogen und zahlreiche Krieger, etwa jener Agostino, der sich in der Schlacht von Lepanto (1571) durch seine Tapferkeit auszeichnete und, von einem feindlichen Pfeil tödlich ins Auge getroffen, doch noch über die Vernichtung des Gegners jubelte.

Man kehrt wieder in den Campo S. Maria Zobenigo zurück. Die Verlängerung des Platzes reicht unter dem Namen **Campo del Traghetto** bis zum Canal Grande, wo noch heute eines der alten Traghetti funktioniert.

Haus Nummer 2465 ist Palazzo Mocenigo aus dem 14. Jahrhundert; Nummer 2467 ist Palazzo Pisani-Gritti, heute ein Hotel; Nummer 2470 ist Palazzo Dona; Nummer 2473 Palazzo Grimani in lombardischem Stil.

An dieser Stelle wird einmal im Jahr, und zwar am 21. November, eine Schiffsbrücke aus Holz über den Canal Grande geschlagen, um der Bevölkerung zu ermöglichen, mit dem Besuch der Kirche auf der anderen Seite das alte Gelübde einzulösen, das einst der Jungfrau Maria während der Pest von 1630 gemacht worden war.

Auf dem Campo S. Maria Zobenigo beginnt die **Cale de le Ostreghe**, die zur gleichnamigen Brücke führt. Die ursprüngliche Holzbrücke wurde 1824 durch Mauerwerk ersetzt trägt ihren Namen nach den Muscheln, die die Fischer hier direkt von den Booten aus verkauften. Rechts hinter der Brücke erbaute Giovanni Gallo 1815 eine Theaterarena, die 1823 zerstört wurde. Sie nahm die äußerste Fläche der Fondamenta direkt hinter dem Palazzo Flangini-Fini ein, der nach Plänen Tremignons 1688 von der Familie Fini aus Zypern erbaut wurde.

Auf die Fondamenta mündet die **Cale Minotto**, nach einem Zweig der berühmten Familie benannt (s. *S. Nicola da Tolentino*, S. 410). Am Haus Nummer 2330 sieht man eine schöne Verkündigung, vielleicht der Überrest eines älteren Gebäudes.

Von der Calle kommt man in den **Ramo Primo Minotto** und von dort auf den **Campielo Contarini**.

Haus Nummer 2307 ist der spitzbogige Palast Contarini-Fasan aus dem 15. Jahrhundert (Haus der Desdemona). Ursprünglich war es der alte Giustinian-Turm, an dem die Sperrkette des Canal Grande befestigt war.

Vom Campo aus nimmt man die **Cale del Pestrin** (Milchverkäufer); auf der rechten Seite kommt man zur **Cale del Pirier o dei Bergamaschi**. Zum ersten Namen vgl. *S. Salvatore*, S. 205; der zweite geht auf die zahlreichen Bürger Bergamos zurück, die in diesem Viertel wohnten. Sie verarbeiteten im 16. und 17. Jahrhundert das Getreide und hatten zwei Scuole, eine mit dem Heiligen Alexander als Schutzpatron in der Kirche von S. Silvestro, die andere mit der Himmelfahrtsmadonna als Patronin in der Kirche S. Giovanni di Rialto.

Am Ende der Calle del Pestrin kommt man in die **Cale Larga XXII Marzo**, früher »Calle Lunga« genannt. Zu ihrer Verbreiterung wurden eine Reihe von Häusern abgerissen, und am 22. März 1881 wurde sie in Erinnerung an den 22. März 1848 eingeweiht, den Tag, an dem die Österreicher kapitulierten und in Venedig die Provisorische Regierung ausgerufen wurde.

In der Via XXII Marzo biegt man nach rechts in Richtung **Ponte de S. Moisè**; auf der rechten Seite folgen:

Cale Bergamaschi, deren Name bereits erklärt wurde.

Cale Pedrocchi, nach einer Familie, die hier im 18. Jahrhundert lebte; ein Gerardo Pedrocchi, genannt »dalle Biave« starb hier am 14. Juni 1715. Die Calle endet in der **Corte Labia**, die heute gesperrt ist (s. *S. Geremia*, S. 392).

Cale e Corte del Teatro S. Moisè; das kleine Theater von S. Moisè gehörte ursprünglich der Familie Giustinian, ging dann an die Zane über und kam schließlich 1715 wieder an die Giustinian zurück. Die erste Oper, die hier aufgeführt wurde, war die *Arianna* von Ottavio Rinuccini mit der Musik von Claudio Monteverdi (1640). Später wurde es renoviert und für Komödien und Opern genutzt, von denen einige hinter den Kulissen gesungen wurden, während auf der Bühne Holz- oder Wachsfiguren agierten. 1818 wurde das Theater geschlossen, aber 1872 erneut renoviert und einige Jahre als Marionettentheater genutzt. Haus Nummer 2241 mit einer Außentreppe ist Palazzo Giustiniani aus dem 15. Jahrhundert mit geringen Resten der ursprünglichen byzantinischen Architektur; an der Hausnummer 2244 eine Gedenktafel an das Theater. Dort wurde zum ersten Mal ein Film gezeigt (Lumière), und die Tafel erinnert an das Ereignis.

Cale del Tragheto; **Cale del Squero**; für beide gilt, was bereits früher gesagt wurde, dass nämlich hier ein Traghetto auf die andere Seite des Canal Grande übersetzte, und in der Vergangenheit in einer Schiffswerkstatt Boote gebaut wurden.

Campielo Barozzi; **Sotoportego va in Corte Barozzi**, durch den man in den **Ramo Secondo Barozzi** und die **Corte Barozzi** kommt. Hier stand im 10. und 11. Jahrhundert ein gotischer Palast mit Türmen und Zinnen, den man auf dem von Jacopo de' Barbari in Holz geschnittenen und 1500 gedruckten Stadtplan von Venedig noch deutlich erkennt. Dieser Palast (Hausnummer 2156) der Familie Barozzi wurde im 17. Jahrhundert im Stil Longhenas neu erbaut und kam dann durch Heirat an die Corner, die Emo und zuletzt an die Treves, denen sich der heutige Name verdankt.

Die Familie Barozzi lebte hier schon vor 1100; sie stammte aus Padua, von wo sie nach Torcello und später nach Venedig übersiedelte und dem Rat angehörte. Ihr entstammen ein Giacomo Barozzi, der von den Kaisern von Konstantinopel zum Freiherrn ernannt wurde; sein Sohn Andrea, der 1264 die Genuesen besiegte und die syrische Stadt Acri einnahm; ein Patriarch von Grado und ein Patriarch von Venedig, eine

Stadtplan Venedigs von Jacopo de' Barbari (1500): in der Mitte ist der zinnengekrönte Palazzo Barozzi zu erkennen

Scuola di S. Girolamo in Campo S. Fantin

Reihe von Bischöfen sowie weitere bedeutende Männer.

Nach 1775 wurde die staatliche Postbehörde, die vorher in S. Cassiano war, in die Corte Barozzi verlegt und blieb hier bis 1806; dann zog sie in den Palazzo Giustiniani-Faccanon in der Nähe der Calle delle Acque in S. Salvador um.

Man kehrt wieder in die Via XXII Marzo zurück und folgt ihr in umgekehrter Richtung. Auf der rechten Seite kommen:

Corte Lovisella, mit einem Gittertor gesperrt; der Name stammt von einem gewissen Zuane Antonio Lovisello, der 1624 von den Governatori alle Intrade ein kleines Grundstück erwarb, um sich darauf ein Haus zu bauen. Die letzten Hinweise auf die Familie stammen von 1740.

Cale del Cristo, wie auch in anderen Fällen nach einem Kruzifix benannt.

Cale del Sartor da Veste und **Ponte de le Veste**; nach einer Scheiderei für »veste da Zentilomeni« [Adelskleidung], die 1713 von einem Bernardo Franalonga geführt wurde und bis zum Ende der Republik existierte. Sie lag hinter der Brücke dicht am Campo S. Fantin, wo 1800 ein Café eröffnet wurde, das dem nahegelegenen **Sotoportego** und **Ramo del Cafetier** seinen Namen verlieh.

Die »veste da zentilomo« war eine schwarze Toga nach griechischem Muster, die von den Patriziern und einigen Amtspersonen getragen wurde. Im Sommer trug man sie offen, im Winter geschlossen mit einem Gürtel und breiten, »feude« genannten Lederstreifen eingefasst. Ursprünglich wurde diese Kleidung auch vom einfachen Volk getragen, weshalb es sehr viele Schneider für »veste« gab, deren Vorsteher den Namen eines »Gastaldo da veste« trug.

Nach der Rückkehr in die Calle larga XXII Marzo folgen auf der rechten Seite:

Sotoportego e Corte de la Vicenza, nach einem Gasthaus für die ausländischen Besucher aus Vicenza. Es ist 1642 im Einwohnerregister und 1789 in der »Gazzetta Urbana« erwähnt. Von der alten Herberge ist nichts als die charakteristische offene Außentreppe geblieben.

Man kehrt in die Calle delle Veste zurück, überquert die

Brücke und kommt auf den **Campo S. Fantin**. Die Kirche wurde, so nimmt man an, von den Familien Barozzi, Aldicina und Equilia in den allerfrühesten Zeiten gegründet. Später erbaute die Familie Pisani sie neu, als ein wundertätiges Madonnenbild aus dem Orient hergebracht wurde, weshalb sie in der Folge S. Maria delle Grazie e di S. Fantino hieß. Im 15. Jahrhundert wurde sie ein weiteres Mal umgebaut; der Doge legte dazu am 25. März 1507 den Grundstein. Der Entwurf soll von Tullio Lombardo oder von Scarpagnino stammen.

Der Innenraum ist dreischiffig, davor erhebt sich eine Vorhalle mit abwechselnden Tonnen- und Kreuzgewölben.

In einem Haus der Pfarrei S. Fantin wohnte Vittor Pisani, der Sieger des Krieges von Chioggia. Nach seiner Freilassung aus dem Gefängnis, in das er aufgrund falscher Beschuldigungen gebracht worden war, begleitete ihn, wie Barbaro überliefert, halb Venedig auf dem Weg nach Hause, vor allem die Matrosen, die ihn mit dem Ruf »Viva Vettor Pisani!« hochleben ließen. Doch er gab zur Antwort, sie sollten lieber »Viva S. Marco!« [d.h. Es lebe die Republik] rufen. Als dies einer seiner Bewunderer mitbekam, ging er zu ihm und sagte: »Das wäre die richtige Gelegenheit, sich zum Herrscher wählen zu lassen«. Da versetzte Pisani ihm einen Faustschlag ins Gesicht und rief »Schweig, du Verräter!«

Man nimmt an, dass das Haus Pisanis auf dem Gelände des heutigen Fenice-Theaters standen, denn in dessen Außenwand ist das Wappen der Molin eingemauert, deren Häuser an die der Pisani angrenzten.

Auf der einen Seite des Platzes steht die Scuola di S. Girolamo, »della Buona Morte« [zum guten Tod] genannt. Die Brüderschaft hatte die Aufgabe, in schwarzen Gewändern und mit schwarzen Kerzen die zum Tode Verurteilten in einer Prozession zur Hinrichtung und anschließend zum Begräbnis zu begleiten. Deshalb wurde sie auch Scuola dei Picai (*impiccati*: Gehängte) oder della Giustizia genannt.

1806 wurde die Scuola geschlossen, aller Kunstwerke beraubt und durch napoleonisches Dekret der »Società Veneta di Medicina« überlassen, die sich mit anderen wissenschaftlichen Gesellschaften zusammenschloss und das Ateneo Veneto begründeten, das heute hier seinen Sitz hat.

Es gibt ein venezianisches Sprichwort, das mit dieser Brüderschaft verbunden ist. Von einem dunkelhäutigen oder ungewaschenen Menschen sagte man: »Er ist schwarz wie die Stäbe von S. Fantin«, so schwarz also, wie die Kerzenstäbe, die die »sfadighenti« (Träger) bei den Prozessionen trugen.

Das Gebäude wurde nach dem Brand von 1562 von Antonio

Contin nach Vorschlägen von Alessandro Vittoria wieder völlig neu aufgebaut.

Hinter der Scuola starb in einer Juninacht des Jahres 1622 die Kurtisane Angela Celsi bei einem Raubüberfall an zwölf Kopfverletzungen.

In einer Ecke des Campo (ab Hausnummer 1865) folgen **Cale, Sotoportego e Corte Minelli**; früher hießen sie »di Ca' Maccarelli«, weil Gregorio Maccarelli hier 1604 einige Häuser kaufte, die dann durch Heirat an die Minelli kamen. Diese aus Bergamo stammende Familie war ursprünglich allereinfachster Herkunft und hatte am Anfang der Casaria di Rialto einen Laden. Durch Zahlung der üblichen hunderttausend Dukaten ließ sich Lorenzo Minelli 1650 in den Rat aufnehmen. Die Chroniken berichten, dass er auch am Tag seiner Wahl Wurst und Käse verkaufte, während sein älterer Bruder in der »traversa«, der dunkelblauen Krämerschürze, am Rialto Ball spielte. Die Familie erlosch 1793.

Auf der anderen Seite des Platzes stehen die Ruinen (2001) der Fenice. 1791 wurde das Theater nach Giovanni Antonio Selvas Plänen in nur achtzehn Monaten erbaut und am Himmelfahrtstag 1792 mit der Oper *I giochi di Agrigento* (Text Alessandro Pepoli, Musik Giovanni Paisiello) eröffnet.

Der Bau wurde von einer Sozietät von Adeligen in Auftrag gegeben, der bereits das Theater von S. Benedetto gehörte. Bei den Ausschachtungsarbeiten stieß man zwölf Fuß (etwa 3,5 m) unter der Wasseroberfläche auf einen großen, noch in der Erde verwurzelten Baumstumpf und einen geflochtenen Weidenzaun. Der Bau Selvas löste heftige Kritik aus, die in einem in der Stadt zirkulierenden Epigramm gipfelte, in dem die Inschrift »SOCIETAS« auf der Fassade in »Sine Ordine Cum Irregularitate Erexit Theatrum Antonius Selva« [Ohne Ordnung und regelwidrig erbaute dieses Theater Antonio Selva] aufgelöst wurde. Am 13. Dezember 1836 wurde das Theater durch ein heftiges Feuer fast vollständig zerstört, so dass nur noch die Außenmauern und eine Querwand standen. In nur sieben Monaten wurde es von den Gebrüdern Meduna wieder aufgebaut; von dem ursprünglichen Gebäude blieb nichts als die Fassade. Im Januar 1996 legte ein weiterer furchtbarer Brand das Theater in Schutt und Asche, von dem heute nur die leeren Mauern stehen.

Links daneben öffnet sich der **Campielo S. Gaetano**, nach der alten Scuola di S. Gaetano, die zur Arciconfraternita della Trinità an der Sixtus-Brücke in Rom gehörte. Sie wurde am 24. Februar 1691 gegründet und mietete 1722 von den Molin einige Häuser, die sie dann 1752 kaufte.

12. Santa Maria del Giglio

Fassade des Theaters La Fenice vor der Zerstörung durch den Brand von 1996

1869 erbauter kleiner Palast am Campiello Marinoni mit österreichischen Kanonenkugeln und Kanonen von der Beschießung Venedigs im Jahr 1849

Von außergewöhnlicher Schönheit ist trotz späterer Eingriffe die Außentreppe der spitzbogigen Casa Molin (15. Jh.); interessant auch das Familienwappen und einige venezianisch-byzantinische Fragmente aus dem 13. Jahrhundert. Der Palazzo Molin wurde 1468 von Marco und Girolamo Molin begründet. Die Familie kam schon vor 887 wahrscheinlich aus Mantua nach Venedig und blieb auch nach der »Serrata« von 1297 im Rat. Ihr entstammen ehrliche und tüchtige Männer, ein Doge Francesco im Jahr 1646 und tapfere Kämpfer in den Türkenkriegen. Nach der Familie heißen noch mehrere Straßen in Venedig.

Neben dem Ateneo Veneto beginnt die **Cale de la Verona**, die zur gleichnamigen Brücke führt. 1740 gab es eine Locanda alla Verona, die von einem gewissen Pellegrino Mandelli betrieben wurde. Aus den Verzeichnissen der Provveditori al Comun geht hervor, dass die Ponte della Verona 1758 völlig erneuert wurde. Von der Brücke aus sieht man auf der rechten Seite Palazzo Mora (Hausnummer 3666), heute Marcello (15. Jh.) und erkennt im Hintergrund die Fassade von Palazzo Contarini del Bovolo (15. Jh.). Ursprünglich hießen **Ponte e Fondamenta de la Verona** »del Tintor«, während die Calle nach der eben erwähnten Scuola »Calle della Scoletta« genannt wurde.

Man geht wieder auf den Campo S. Fantin zurück. Rechts neben den Ruinen der Fenice beginnt die **Cale del Forno o del Teatro**, an deren rechter Seite sich der **Campielo Marinoni o de la Fenice** öffnet, der zu **Sotoportego e Ponte de la Malvasia Vechia** führt. Am Campiello steht ein kleines Gebäude von 1869, dessen Fassade mit Kanonen und Geschossen verziert ist, die die Österreicher bei der Beschießung

Sotoportego S. Cristoforo am Rio de la Verona hinter dem Theater La Fenice

Venedigs 1849 einsetzten, sowie einem Porträt Daniele Manins zur Erinnerung an die Proklamation des venezianischen Widerstands gegen Österreich (2. April 1849). Am Haus Nummer 1925 sieht man ein Relief mit einem Greif.
Man folgt der Calle del Forno und biegt nach links in Richtung **Sotoportego, Ponte** und **Fondamenta S. Cristoforo**. Der ursprüngliche Verlauf des Portikus, der unter dem heutigen noch sichtbar ist, war viel tiefer und steht heute bei Flut unter Wasser.
Am Ende der Fondamenta überquert man auf der rechten Seite die **Ponte Storto o de i Calegheri**, krumm [*storto*] wegen ihres Aussehens und »dei Calegheri« wegen der Schuster, die in den umliegenden Häusern wohnten (s. *S. Stefano*, S. 237), und kommt in die **Cale Caotorta**, die in den Campo S. Angelo mündet.
Die Legende erzählt, dass Antiphon, der Sohn des Königs Pylaimenes von Paflagonien, nach dem Untergang Trojas mit Antenor nach Italien gekommen und an der Insel Olivolo gelandet sei; von dort habe sich die Familie Stivacali oder Samacali ausgebreitet, die später Capotorto und umgangssprachlich Caotorta hieß. Fest steht, dass die Familie seit den frühesten Anfängen in Venedig lebte, das Tribunenamt innehatte und in Castello die Kirche SS. Sergio e Bacco erbaute. Die Familie teilte sich in verschiedene Zweige auf, von denen einige noch zu Beginn des 19. Jahrhunderts existierten.
Man geht auf die Fondamenta S. Cristoforo zurück, von dort nach links in den **Ramo primo de i Calegheri,** wieder links über eine weitere **Ponte Storta** und kommt auf die Fondamenta delle Case di S. Rocco, heute **Fondamenta de la Fenice**, deren Name von einigen Häusern der gleichnamigen Arciconfraternita herrührt (s. *S. Maria Gloriosa dei Frari*, S. 518). Von hier geht man durch die **Cale del Piovan o Gritti**, lässt die **Cale Rombiaso** und die **Cale de la Vida** linkerhand liegen und kommt wieder in den **Campo S. Maria Zobenigo**. Die Familie Rompiasio, Rompiasi, Rombiasio oder Rombiasi war seit längsten Zeiten auf der Giudecca ansässig, wo sie verschiedene Häuser besaß. 1440 kaufte sie die Besitzungen von Brenta Secca, die vorher dem Aufrührer Anselmino Anselmi aus Padua gehörten. Die Familie hatte seit 1484 das Bürgerrecht und brachte eine Reihe von Amtspersonen hervor, darunter jenen Giulio, der als Jurist beim Magistrato alle Acque beschäftigt war und die 1733 veröffentlichten Gesetze zusammenstellte.
Hier endet der Spaziergang durch die Pfarrei von S. Maria Zobenigo.

13. San Canziano
San Canzian

Man steigt an der Anlegestelle <u>RIALTO</u> aus, wendet sich nach links und geht die erste Treppenrampe der Brücke hinauf. Dort biegt nach wenigen Metern nach rechts und steigt die Stufen in die Salizada Pio X hinunter, an deren Ende Campo S. Bartolomeo liegt. Auf dem Platz biegt man nach links und geht immer geradeaus bis zur Ponte dell'Olio.

An dieser Brücke direkt am Fontego dei Tedeschi, in dem sich heute die Post befindet, beginnt unser Spaziergang.

Ponte und **Rio de l'Ogio**, früher auch »del Fontego« genannt, tragen ihren Namen nach den großen Lagerhallen von Ca' Ruzzini, in denen früher neben anderen Gütern auch Ölfässer gelagert wurden. 1586 brach in den Räumlichkeiten ein gewaltiger Brand aus.

Die Brücke wurde 1321 ein erstes Mal instand gesetzt; in der Nacht vom 4. November 1504 stürzte sie ein und riss dabei Benedetto Bernardo in den Tod.

Man überquert die Brücke und folgt der **Cale S. Zuane Crisostomo**; auf ihrer linken Seite zweigen ab:

Cale de l'Aseo, nach einer Essigfabrik, die es hier früher gab.

Cale G. Modena o del Civran; die Familie Civran ist seit ältesten Zeiten in Venedig ansässig und scheint bereits an der allerersten Dogenwahl von 697 teilgenommen zu haben. Wahrscheinlich kam sie aus Cervia und hatte in ihrem Wappen einen silbernen Hirsch auf blauem Grund.

Ein Pietro Civran, Provveditore der Armada gegen die aufrührerische Hafenstadt Zadar, besiegte 1345 den König von Ungarn. Ein Andrea war 1511 Provveditore der albanischen Truppen in Istrien und schlug den kaiserlichen Feldherrn Cristoforo Frangipane; 1513 unterjochte er die Ungarn, hielt die Türken in Schach und belagerte Crema; 1528 war er Befehlshaber der albanischen Kavallerie in Apulien und eroberte das Land im Auftrag der Franzosen zurück. Er starb in Manfredonia.

Ein Antonio richtete 1603 ein Blutbad unter den Korsaren an, kämpfte 1614 im Golf gegen die Uscocchi-Piraten und wurde zum Kommandanten der Armada ernannt.

Man kommt nun zur Kirche in **Campo S. Zuane Crisostomo**.

Im Jahr 1080 ließ die Familie Cattaneo eine Kirche errichten, die 1488 wenig mehr als eine Ruine war. 1497 wurde sie daher nach Plänen Tullio Lombardos neu erbaut. Am 27. Februar 1918 wurde sie durch eine Fliegerbombe beschädigt.

Das Innere hat den Grundriss eines griechischen Kreuzes mit einer Kuppel, die von vier auf Pfeilern ruhenden Bögen getragen wird; an den vier Ecken kleinere Kuppelgewölbe.

Dauer

2h

13. San Canziano

Linien ①

Ⓝ ④

Gegenüber: Kirche und Kampanile von S. Giovanni Crisostomo

13. San Canziano

Der alte Kampanile wurde 1531 im Zuge der Verbreiterung der Salizada abgerissen und neben der Kirche wieder aufgebaut.

Ein wunderschöner Brunnen, der heute bedauerlicherweise vom Pavillon eines Restaurants verdeckt wird, markiert den Übergang von der Gotik zur Renaissance. An den vier Ecken befinden sich mächtige Löwenköpfe; die Arbeit stammt vom Ende des 15. Jahrhunderts.

In dieser Pfarrei wohnte die berühmte Angela Serena, die Geliebte Aretinos, der für sie ein Gedicht in Stanzen verfertigte. Auch Angela war eine Liebhaberin der Poesie; bekanntlich verfasste sie einige Gedichte für die Kaiserin Isabella, die Frau Karls V.

Veronica Franco, eine berühmte Kurtisane, wohnte ebenfalls in S. Giovanni Crisostomo, als ihr Heinrich III., König von Polen und Frankreich, 1574 einen Besuch abstattete.

Rechts neben der Kirche beginnt die **Cale de l'Ufizio de la Seda**. Sofort rechter Hand folgt **Cale Morosina**, die in die **Corte Morosina** und **Corte Amadi** führt.

Calle und Corte Morosina, die zum Teil noch die alte Backsteinpflasterung aufweist, heißen nach dem gleichnamigen Palast, der von der Corte bis zum Rio de l'Ogio reicht. Von Interesse sind der byzantinische Marmorbogen über dem Eingangstor der Corte (9. und 10. Jh.) und venezianisch-byzantinische Marmorbruchstücke in der Fassadenmauer über dem Eingang. Das Wappen der Morosini stammt aus dem 13. Jahrhundert.

Bevor der Palast im vorigen Jahrhundert in Privatwohnungen umgebaut wurde, konnte man auf dem Sockel einer Säule der alten Eingangshalle noch die Inschrift lesen: »Marinus Maurocenus Auctor 1369 – Vincentius Descendens Restaurator 1715«.

In jedem Falle handelt es sich bereits um einen Bau aus späterer Zeit, da der ursprüngliche befestigte Palast aus dem 9. und 10. Jahrhundert stammte.

In diesem Palast kam vor etlichen Jahren die Frau des Verfassers zur Welt.

Die Familie Morosini kam in den allerfrühesten Zeiten nach Venedig; im 10. Jahrhundert ließ sie die Kirche von S. Michele Arcangelo (S. Angelo) und das Kloster S. Giorgio Maggiore erbauen.

Der Familie Morosini entstammen vier Dogen, drei Frauen von Dogen und zwei

Portal von Palazzo Morosini

Königinnen, nämlich Tommasina, die Frau des Königs Andreas von Ungarn, und Costanza, die Frau des serbischen Königs Ladislaus; außerdem Kardinäle, viele tapfere Heerführer und zwei Lokalhistoriker, Andrea und Paolo Morosini. Die Familie hatte Besitztümer in Latisana und in Istrien.

In die **Corte Amadi o dei Amai** kommt man durch einen Portikus, an dessen Stirnseite man noch die Überreste eines Markuslöwen erkennen kann, der der bilderstürmerischen Wut der Franzosen 1797 zum Opfer fiel.

Die Familie Amadi, auch Amai genannt, stammte ursprünglich aus Bayern, von wo sie in verschiedene italienische Städte übersiedelte. Ein Zweig der Familie kam im Jahr 820 aus Cremona nach Venedig und erlosch 1286. Ein anderer Zweig kam 1210 aus Lucca und gehörte bis 1297 dem Rat an.

Einige Amadi kamen auch im 14. Jahrhundert zusammen mit Seidenhändlern und –webern aus Lucca. Die Amadi waren immer eine reiche und blühende Familie, die zahlreiche Besitztümer und Häuser besaß, darunter das Gebäude am Ende der Corte, dessen spitzbogige Fassade auf den Rio dell'Olio geht. In der Corte steht ein Brunnen aus dem 15. Jahrhundert mit primitiven Menschenköpfen in den Zwickeln. In der Fassade eines rotgestrichenen Hauses eine schöne Patera-Schale (zweite Hälfte des 11. Jh.) aus griechischem Marmor.

Man kehrt in die Calle dell'Ufficio della Seta zurück und kommt durch die Tür mit der Jahreszahl 1528 gegenüber der Fassade der einstigen »Uffici della Seta« (s. *S. Salvador*, Calle della Bissa, S. 205) in **Corte prima** und **Corte seconda del Milion**, die früher nach einem Backofen »Corte del Forno« und nach einem Sanddepot für Glasöfen, die sich hier früher befanden, »Corte Sabbionera« hießen.

Die Umbenennung, die neueren Datums ist, geht auf den Umstand zurück, dass hier anstelle der beiden Corti und des benachbarten Teatro Malibran früher die Häuser der Familie Polo standen. Die neue Bezeichnung erinnert an Marco Polos (1259-1323) Beschreibung seiner Reisen, die er zwischen 1271

Corte Seconda del Milion

Bogen in der Corte Seconda del Milion

13. San Canziano

und 1295 in den fernen Orient an den Hof des Großmogul unternahm und die im Italienischen den Titel *Il Milione* trägt. Marco Polo diktierte dieses Werk einem gewissen Rusticiano aus Pisa, während sie beide nach der Schlacht von Curzolari in genuesischer Gefangenschaft waren.

Von der Corte Seconda del Milion, in der einige Gebäude wertvolle Überreste venezianisch-byzantinischer Architektur wie Patera-Schalen, Pfeiler und Spitzbogenfenster aus dem 11. und 12. Jahrhundert sowie vorspringende Dächer auf Stützbalken (15. Jh) aufweisen, kommt man durch einen Bogen mit wundervollen Marmorverzierungen aus dem 11. und 12. Jahrhundert, der zum befestigten Morosini-Palast gehörte, zum Malibran-Theater. Es trägt diesen Namen seit 1834 zu Ehren der berühmten Sängerin. 1667 wurde es von Giovanni Grimani als Teatro S. Giovanni Crisostomo auf dem Gelände der Häuser der Familie Polo erbaut. 1886 wurde es restauriert und 1920 erneuert; unlängst ist es wieder restauriert worden (2001).

Das Malibran-Theater

Durch die **Cale del Teatro o de l'Opera** kehrt man auf den Campo S. Giovanni Crisostomo zurück und setzt den Weg nach rechts in Richtung der gleichnamigen Brücke fort. Bevor man dort ankommt, münden auf der linken Seite:

Cale del Stramazer o Sernagioto, in die man durch einen Sottoportico kommt, weshalb sie früher »Calle del Sottoportico del Stramazer« hieß; ihr Namen geht auf einen Stramazer (Matrazenmacher) zurück, der hier im 18. Jahrhundert tätig war.

Die Zunft der Matrazenmacher wurde 1643 begründe und hatte den Heiligen Jakob zum Schutzpatron. 1773 gab es neunundvierzig Werkstätten, dreiundzwanzig Meister und sechsundzwanzig Gesellen. Der zweite Name geht auf die Familie Sernagiotto zurück, die 1854 der Gemeinde die Calle abkaufte, um am Ende einen Palast mit Blick auf den Canal Grande zu errichten; der Entwurf stammte von G. B. Benvenuti.

Corte del Scalater detta de la Stua, nach einem Scalater (Kuchenbäcker).

Nach den Kuchenbäckern heißen viele Straßen in der Stadt; ihr venezianischer

Name geht auf einen besonderen, auch bei Hochzeiten viel verwendeten Kuchen zurück, der Ähnlichkeit mit einer Leiter [scala] hatte, weil in ihn Formen eingedrückt wurden, die wie Leitersprossen aussahen.

Die Zunft der Scaleteri wurde 1493 gegründet und ihre Scuola war in S. Fantin. Um die Mitte des 18. Jahrhunderts waren zahlreiche Mitglieder Graubündner, also Protestanten; die Scuola von S. Fantin wurde aufgegeben und die Versammlungen fanden im Magistrato al Fontego della Farina am Rialto statt. Das hatte zur Folge, dass der Senat ein Verbot erließ, Graubündner in die Zunft aufzunehmen. Im Jahr 1773 gab es 59 Bäckereien von Scaleteri.

Der zweite Name kommt von »stua« [*stufa*: Ofen]; so bezeichnete man den Ort, wo Bader Nägel schnitten und Hühneraugen entfernten; zu diesem Zweck hielten sie immer heißes Wasser bereit (s. *S. Zaccaria*, Campo S. Giovanni Novo, S. 105).

Geht man in die Corte hinein, stößt man außerdem auf:

Corte, Sotoportego und **Campielo del Remer**, mit Sicherheit nach der Werkstatt eines Rudermachers benannt. Im Campiello sieht man die bemerkenswerten Überreste des alten Palazzo Lion mit einer Außentreppe (in jüngerer Vergangenheit willkürlich wieder aufgebaut). An dem Gebäude ist der Übergang vom arabisch-byzantinischen Stil des Eingangs zum spitzbogigen Stil der Fenster (Ende 12. Jh.) deutlich zu erkennen.

Außergewöhnlich schön ist der Brunnen aus rotem Marmor, der vor etwa fünfzig Jahren hier aufgestellt wurde und sich sehr gut in die Umgebung einfügt.

Mit größter Wahrscheinlichkeit gehörte der Palast der Familie Lion und hätte nach dem Verrat von Maffeo Lion 1542 abgerissen werden sollen; er blieb jedoch verschont, weil Lion einen Teil seiner Frau als Sicherheit für ihre Mitgift übertragen hatte und ein anderer Teil seinem Bruder Ludovico gehörte.

Lion war als Spion des französischen Königs im Staatsgebiet der Republik tätig; als er entlarvt worden war, warnte ihn ein Freund oder Kumpan und er floh aus der Stadt.

Die Regierung verbannte ihn aus dem gesamten Staatsgebiet, setzte ein Kopfgeld von tausend Scudi auf ihn aus und ordnete an, dass seiner gesamten Nachkommenschaft bis in die vierte Generation der Adelsstand entzogen wurde.

Er flüchtete an den französischen Hof, fand dort aber keinerlei Unterstützung, so dass er gezwungen war, sich sein Brot mit Grammatikstunden zu verdienen. Die Fürsten lieben

Steintafel
im Sotoportego Falier

Fassade von
Ca' da Mosto
am Canal Grande

bekanntlich den Verrat, aber nicht die Verräter.

Seine Familie erlosch zu Beginn des 18. Jahrhunderts (s. *S. Giovanni in Bragora*, Calle Lion, S. 88).

Man kehrt in die Salizada zurück und biegt nach links in Richtung der **Ponte S. Zuane Crisostomo**, überquert die Brücke, hält sich weiterhin nach links und kommt auf den **Campielo Dolfin,** heute Riccardo Selvatico. Geht man diagonal über den Campiello, stößt man auf die **Cale de la Posta de Fiorenza**, die nach der hier befindlichen Post von Florenz hieß.

Auf der Basis von Sondervereinbarungen wurden einige Postdienste ins Ausland nicht von den venezianischen, sondern von ausländischen Kurierdiensten durchgeführt, und zwar die von Flandern, Wien und Florenz, die natürlich ihre eigenen Postämter hatten.

Hinter der Calle Dolfin öffnet sich auf der linken Seite der **Sotoportego Falier**; zwischen ihm und der Calle steht auf der Wasserseite eine weiße Steintafel mit einem Erlass der Republik zum Schutz der Bäcker.

Der Sottoportico wird von Säulen getragen, die von einem Gebäude aus dem 13. Jahrhundert übriggeblieben sind; an seinem Ende befindet sich rechts die **Ponte S. S. Apostoli**. Geht man dagegen weiter geradeaus, kommt man in **Campielo e Corte del Leon Bianco**, die früher »del Tragheto del Leon Bianco« hießen.

Um zum Traghetto zu kommen, muss man heute durch einen langen Korridor gehen, der sich in Privatbesitz befindet und mit einem Tor verschlossen ist.

Die Ortsbezeichnung geht auf die Herberge »del Leon Bianco« [Zum weißen Löwen] zurück, die sich früher in dem Palast über dem Traghetto befand und auf den Canal Grande blickte. Sie war vor allem in den letzten Jahren der Republik bekannt wegen der berühmten Persönlichkeiten, die hier abstiegen, darunter der österreichische Kaiser Joseph II. und die russischen Erbprinzen.

Die Stadt bot eine Fülle von Lokalen, Osterien, Tavernen und Gasthäusern, die seit dem 14. Jahrhundert vor allem zwischen S. Marco und Rialto entstanden waren.

Nur einige Namen: Il Cappello, Il Pellegrino, Il Salvadego, Il Cavaletto, La Luna, La Cerva, La Donzella, L'Angelo, Lo Sturion, La Simia, La Verona, La Feltrina, La Bergamasca, La Serpa...; sie haben sich in den Straßennamen und in einigen noch heute existierenden Hotels erhalten.

Der Palast, in dem sich die Herberge befand, stammte aus dem 10. Jahrhundert und wurde nach dem Brand von 1105 wieder aufgebaut; die Fassade ist mit Statuen verziert, die von dem ursprünglichen Bau stammen. Gegen Ende des 16. Jahrhundert wurde das Gebäude aufgestockt. Durch Nachforschungen Tassinis weiß man, dass der Bau der Adelsfamilie »da Mosto« gehörte.

Diese Familie kam in ältesten Zeiten aus Padua, nach anderen Quellen aus Oderzo. Ein Alvise da Mosto wurde durch seine langen Reisen berühmt. Mit zweiundzwanzig Jahren hatte er schon mehrfach das Mittelmeer befahren und war in Flandern gewesen. Auf einer weiteren Reise dorthin begegnete er bei einem Zwischenaufenthalt in Gibraltar dem Infanten D. Enrico von Portugal, der ihn einlud, an einer Entdeckungsreise längs der afrikanischen Küste teilzunehmen.

Zusammen stachen sie am 22. März 1455 in See, liefen Madeira an, segelten an den Kanarischen Inseln vorbei und kamen zur Mündung des Senegal; als sie sich anschickten, Kap Verde zu umfahren, trafen sie den Genuesen Antonio Usodimare, der da Mosto überredete, sich bis zur Mündung des Gambia vorzuwagen.

Im nächsten Jahr erforschten sie die Kapverdischen Inseln und fuhren den Gambia siebzig Meilen weit hinauf.

Anschließend reisten sie noch weiter in Richtung Süden bis zum Rio Grande und kehrten dann nach Portugal zurück.

Der Familie da Mosto entstammt auch ein Vittore, der 1701 ein Schiff befehligte, 1708 Admiral über die Flotte war und 1709 Provveditore in S. Maura.

Im gleichen Jahr kam er jedoch bei der Explosion der Waffenkammer seines Schiffes zusammen mit den 260 Besatzungsmitgliedern ums Leben; damals war er gerade dreißig Jahre alt.

Um auf das Traghetto und die Herberge zurückzukommen, sei daran erinnert, dass nach einer Entscheidung vom 5. Oktober 1461 jeder bei den Traghetti gegen eine Einstandsgebühr von einem Dukaten mitrudern konnte; die einzige Ausnahme war das Traghetto von Ca' da Mosto, weil es der Familie unterstand.

In der Herberge »del Leon Bianco« kam es am 3. Januar zu einem Duell zwischen einem Hauptmann und einem Oberst

des Regiments Schulemburg, bei dem beide tödlich verletzt wurde. Der eine starb auf der Anlegebrücke des Traghetto, der andere unter dem Portikus, der zur Brücke von SS. Apostoli führt.

Über dem Portikus erhebt sich Palazzo Falier, der traditionell dem Dogen Marin Falier zugeschrieben wird; bemerkenswert sind die architektonischen und dekorativen Überreste aus dem 11. und 12. Jahrhundert (s. *SS. Apostoli*, S. 297).

Man kehrt auf den **Campielo F. Corner** zurück und geht am Fuß der Brücke von S. Giovanni Crisostomo in die **Salizada S. Cancian**; auf der rechten Seite steht Palazzo Corner aus dem 17. Jahrhundert (Hausnummer 5904). Nach etwa fünfzig Schritt stößt man auf den **Rio Terà del Bagatin**, der den Rio di SS. Apostoli mit dem Rio di S. Giovanni Crisostomo verband. Der Kanal hieß nach einem gewissen Agostin Bagatin, der laut Einwohnerverzeichnis von 1642 eine Schmiedewerkstatt an der alten Brücke hatte, die den Kanal an der Stelle der heutigen Kreuzung überquerte. Außerdem wird ein Pietro Lazzari, genannt Bagatin erwähnt, ein Schmied »am Holzbrückchen« in S. Cancian. Der Kanal wurde 1774 zugeschüttet.

Im weiteren Verlauf kommt linker Hand der **Ramo del Cavaleto**, der nach einem Tomio Cavalletto heißt, der hier in der zweiten Hälfte des 17. Jahrhunderts wohnte.

Zur Rechten öffnet sich **Cale Ca' Boldù**, die in den **Campielo S. Maria Nova** und die **Cale de i Miracoli** führt; auf deren rechter Seite beginnt die **Cale Maggioni**, deren Name auf den 1750 verstorbenen Alessandro Maggioni und einen 1781 im Goldenen Buch verzeichneten Kaufmann Giovanni Maggioni zurückgeht.

Die Calle dei Miracoli endet an der **Ponte dei Miracoli**, an der auf der anderen Seite die gleichnamige Kirche liegt.

Ein Francesco Amadi, der im Bezirk von S. Marina wohnte, hatte an seinem Haus, und zwar am Eingang zur heute nicht mehr existierenden Corte Nuova, ein Bild der Jungfrau Maria anbringen lassen. Da es als wundertätig galt, wurde es schon bald verehrt und Geschenke und Almosen wurden ihm darge-

13. San Canziano

bracht. Ein Enkel Amadis namens Angelo brachte das Bild in die Corte de Ca' Amadi und errichtete dort eine Holzkapelle. Es wurden sechs Prokuratoren gewählt, mehrere Häuser abgerissen und das Bild am 25. Februar 1481 in die Kapelle gebracht. Im März des gleichen Jahres begann nach Plänen Pietro Lombardis der Bau der Kirche und des angeschlossenen Klosters, in dem dann zwölf Nonnen aus S. Chiara von Murano lebten. Am 31. Dezember 1489 wurde das wundertätige Bild in die Kirche gebracht und diese geweiht.

1810 wurde die Kirche in einen Betsaal und das Kloster in Privatwohnungen umgewandelt. Gegen Ende des Jahrhunderts wurde die Kirche dann restauriert und wieder eröffnet. In den letzten Jahren fand eine weitere sorgfältige Restaurierung statt.
Die glatten Wände des einschiffigen Innenraums sind mit Marmor verziert, darüber erhebt sich ein Tonnengewölbe. Der Kampanile mit einer kleinen Kuppel an der Spitze steht auf der Kanalseite.
Im Januar 1622 breitete sich ein Brand der Häuser der Badoer bis zum Kloster aus und beschädigte es.
Im **Campo dei Miracoli** steht das wunderschöne Portal des alten Palazzo Amadi, durch das man in die **Corte de le Muneghe** kommt.
An der Ponte dei Miracoli hatte 1713 ein »Caregheta« (Stuhlmacher) seine Werkstatt, bei dem ein sechzehnjähriger Geselle namens Antonio Codoni aus Belluno arbeitete. Eines Morgens weckte ihn die Magd etwas früher als gewöhnlich und er beschimpfte sie deshalb aufs Übelste; zur Strafe wurde er geprügelt und entlassen. Um sich zu rächen, wartete er, bis die Magd allein im Haus war, und brachte sie um, wobei er auch einige Wertgegenstände entwendete. Die Polizei fasste ihn und er wurde zum Strang verurteilt. Als am 3. Juli 1713 der Henker zwischen den beiden Säulen auf der Piazzetta den Galgenstrick vorbereitete, machten ihn einige Bootsleute vom nahegelegenen Traghetto darauf aufmerksam, dass die

Gegenüber:
Die Kirche dei Miracoli und der Kampanile

Auf dieser Seite:
Fassade von Palazzo Bembo-Boldù und Detail der Figur mit einer Sonnenscheibe

13. San Canziano

Schlinge zu lang sei. Er gab ihnen grob zur Antwort, wenn er die Schlingen für sie machen werde, sollten sie schon zufrieden sein.

Tatsächlich war die Schlinge zu lang und verursachte einen langsamen und furchtbaren Tod. Die aufgebrachten Bootsleute fielen über den Henker her und es kam zu schweren Ausschreitungen mit Toten und Verletzten.

Über die **Ponte S. Maria Nova** kommt man auf der Rückseite der Chiesa dei Miracoli hinter der **Cale de fianco la Chiesa** auf den **Campo S. Maria Nova**, der durch den Abriss der gleichnamigen Kirche entstand.

Sie wurde im Jahr 971 von der Familie Borselli gegründet und Mariä Himmelfahrt geweiht; den zweiten Namen erhielt sie erst im 13. Jahrhundert.

1535 stürzte die Kirche überraschend ein und wurde auf Kosten des Subdiakons Nicolò dal Negro wieder aufgebaut, möglicherweise nach Plänen Sansovinos. 1760 wurde sie renoviert und 1808 geschlossen, diente dann als Lagerhalle und wurde 1852 abgerissen. Dabei stürzte am 6. Dezember plötzlich eine der Mauern auf die Bauarbeiter, doch es gab nur drei Verletzte, von denen sich einer durch einen Sprung in den Kanal rettete.

Der Kampanile war bereits 1839 abgebrochen worden.

Auf der linken Seite des Campo liegt der **Campielo S. Maria Nova**. Sofort links beginnt die **Cale Cappelli**, an deren Ende sich eine schöne Darstellung der Jungfrau mit dem Jesuskind (17. Jh.) befindet.

Auf dem Campiello sieht man an der Fassade des Palazzo Bembo-Boldè (Hausnummer 5999) aus dem 15. - 16. Jahrhundert eine Nische mit der Figur eines langhaarigen, bärtigen Alten, vielleicht eine Darstellung Saturns oder der Zeit. In beiden Händen hält er Stifte, an denen eine Sonnenscheibe befestigt ist.

Unter der Nische liest man folgende Inschrift: »Dum Volvitur Jad. Asc. Justinop. Ver. Salamis Creta Jovis Testes Erunt Actor. Pa.Jo.Se.M°.«

In diesem Haus lebte G. Matteo Bembo, der mit diesem Spruch darauf hinweisen wollte, dass die Orte Zadar (Jadera), Cattaro (Ascrisium), Capodistria (Justinopolis), Verona, Zypern (Salamis) und Kreta, die Wiege des Zeus (Creta Jovis) von seinen Taten (Actorum) kündeten, solange sich die Sonne um die Pole bewegte. Die vier letzten Abkürzungen stehen für die Namen von Paolo Jovio oder Giovio und Sebastian Münster, die in ihren Geschichtswerken die Taten Bembos erwähnt hatten.

13. San Canziano

Man kehrt wieder auf den Campo S. Maria Nova zurück; an der Ecke zur **Cale Larga Widmann** existiert noch heute die alte Osteria »Gatoleto« (Hausnummer 6055), deren Namen nach einer volkstümlichen Überlieferung auf einen Abwasserschacht (gatolo) zurückgeht, in dem wunderbarerweise eine große Menge Quecksilber gefunden wurde. Diese Osteria war wie viele andere auch ursprünglich ein Bäckerladen, in dem auch Wein verkauft wurde, und zwar »per esportazione« und »con fermativa«, zwei aus dem Mittelalter stammende und noch heute benutzte Ausdrücke, um den Preisunterschied beim Wein zu bezeichnen, der mitgenommen oder im Lokal selbst getrunken wird.

Die Calle Larga führt zur Ponte und zum Palazzo Widmann-Foscari (Hausnummer 5403-04). Haus Nummer 6059 ist der Palazzo Loredan-Widmann. Das Gebäude mit einer Fassade aus dem 17. Jahrhundert wurde von Longhena erbaut und gehörte anfangs der Familie Saviotti. Am 24. August 1752 wurde es von einem Blitz getroffen, der vorher in die Kirche von S. Canciano eingeschlagen war und das Wappen der Widmann in ihrer Kapelle gestreift hatte.

Ein junger Widmann, der 1586 aus Villach in Kärnten nach Venedig gekommen war, brachte es durch Handel zu solchem Reichtum, dass er seinen Söhnen 1634 über eine Million Dukaten hinterließ, die sie zum Teil dazu benutzten, den venezianischen Adelstitel zu erwerben.

Der Sohn Martin erwarb die Grafschaft Ortenburg und die Baronie Paternian und Sumerech in Kärnten; Christoph wurde 1647 von Papst Innozenz X. zum Kardinal geweiht und David wurde General des päpstlichen Heeres gegen den Herzog von Parma, dem er Castro (1649) abnahm. Der letzte Vertreter der Familie, ein Giovanni Abbondio Widman, starb 1878.

Man überquert die **Ponte Widmann** und kommt rechts auf der Fondamenta zum Portikus eines schlichten Hauses aus dem 16. Jahrhundert (Hausnummer 5410), das mit vielen Patera-Schalen und Einrahmungen im venezianisch-byzantinischen Stil verziert ist, die von dem vorhergehenden Bau aus dem 9. Jahrhundert stammen.

Hinter dem Portikus biegt man nach links in den **Rio Terà del Persemolo**, heute »dei Birri«, an dem der Palazzo Loredan (Hausnummer 5396) aus dem 15. Jahrhundert steht. Birri heißt das ganze Viertel, das von der Rückseite der Kirche von S. Canciano bis zu den Fondamente Nuove reicht und das früher von dem alten Kanal Biria durchquert wurde, wodurch sich der Name erklärt. In Trevisans Chronik heißt es: »das

13. San Canziano

Wasser bildete eine Einbuchtung mit einem festen Erdrücken und einem Biria genannten Kanal, der jenes Gebiet bildet, das heute Birri genannt wird«.

Biria ist wahrscheinlich die entstellte Form von *Bierum*, womit man einen Kanal bezeichnete, dessen Wasser Mühlen antrieb. Das Viertel wurde in Birri Grande und Birri Piccolo unterteilt; die Calle Stella bildete die Grenzlinie. Vom Rio Terà dei Birri geht man nach links in den **Campielo Widmann già Biri** und von dort diagonal auf den **Campielo Stella**. An dessen Ende beginnt rechts die **Cale Stella**, die nach einem heute zerstörten Palast heißt. Die Familie Stella kam um die Mitte des 15. Jahrhunderts aus Bergamo. Ein Domenico Stella hatte die Aufgabe, die Schriftstücke des Rates der Zehn zu registrieren, und wurde später der Sekretär; seine Ernennung erfolgte am 17. Februar 1472. Sein Sohn Pietro wurde 1516 zum Cancellier Grande gewählt und führte zweiundzwanzig Gesandtschaftsreisen ins Ausland an. Ein Luca Stella war Erzbischof von Zadar und weihte 1619 die Kirche von S. Lio. Die erste Calle auf der rechten Seite des Campiello ist der **Ramo Secondo detto Bon**, nach den Häusern von Andrea und den Gebrüdern Bon aus dem 18. Jahrhundert.

Einige Historiker nehmen an, dass die Bon ursprünglich aus Bologna stammten, nach Torcello und später nach Venedig übersiedelten und von einer einzigen Familie abstammen; andere vertreten die Ansicht, sie stammten aus verschiedenen Ländern, da ihre Wappen unterschiedlich sind.

Im Viertel Birri wohnte mit Sicherheit der Zweig der Familie, der »dalle Fornase« hieß wegen der zahlreichen Glasöfen, die sie früher besaßen. Der Familie Bon entstammen in allen Epochen berühmte Männer; ein Buono Bon von Malamocco und ein Rustico Bon von Torcello brachten 828 den Körper des Heiligen Markus von Alexandria nach Venedig.

Erwähnt wird auch jener Antonio Bon, der verschiedene militärische Positionen innehatte und 1508 als Provveditore von Peschiera auf Befehl des französischen Königs Franz I. zusammen mit seinem Sohn Leonardo an den Zinnen der Festung aufgehängt wurde. Außerdem gab es einen Pietro Bon, der 1571 als tapferer Krieger bei Curzolari den Tod fand, und Ottaviano, der ein Mäzen der Literaten und 1620 der Bürgermeister von Padua war.

In der Mitte der Calle Stella folgen:

R – **Ramo primo Michiel**;

L – **Corte del Pozzeto d'Oro**, die in den **Ramo del Figo** und von dort in die **Cale del Fumo** führt, die nach einer Fabrik für schwarze Farbe heißt.

13. San Canziano

Ist man in die Calle del Fumo gekommen, biegt man nach rechts und kommt in der Mitte der Calle rechter Hand zu **Ramo** und **Cale Propia**, deren Namen darauf zurück geht, dass sie früher in Privatbesitz waren.

Am Ende der Calle del Fumo biegt man nach rechts in die **Cale de i Boteri** und stößt sofort auf der linken Seite auf die **Cale Ruzzini**, nach einem Gerolamo Ruzzini, der 1661 bei der Angabe seines Besitzstandes erklärte, er habe ein Haus in der »Racchetta dei Birri«. Er entstammte einer Familie, die 1125 aus Konstantinopel gekommen war. Ihr gehörte auch jener Marco Ruzzini an, der 1358 die Genuesen bei Negroponte besiegte. Die Republik erklärte den Tag des Sieges (29. August) zum Feiertag. Ein weiterer Carlo Ruzzini, ein literarisch und politisch gebildeter Mann, wurde 1732 zum Dogen gewählt.

Die Bezeichnung »Racchetta« stammt von dem gleichnamigen Tennis-Spiel, das neben der Calle Ruzzini praktiziert und vor allem von den »Compagni della Calza« gespielt wurde. Dazu wurden hölzerne Schläger [racchetta] benutzt, die mit Darmsaiten bezogen waren.

Kommt man aus der Calle del Fumo und biegt nach links in die Calle dei Botteri, folgen:

L – **Cale Cordoni**; die Herstellung von Schnüren, Tressen etc. lag in den Händen der Zunft der Passamaneri [Posamentierer]; und ein »Valentin passamaner« wohnte 1666 in der Calle dei Cordoni. Die Passamaneri schlossen sich 1593 in einer Zunft zusammen und hatten ihre Scuola bei der Kirche der Crociferi (später der Jesuiten); ihr Schutzpatron war der Schutzengel. 1773 verfügten sie über insgesamt 205 Webstühle, 42 Werkstätten, 53 Meister, 36 Gesellen und 4 Lehrlinge.

Man folgt der Calle dei Cordoni und die zweite Calle rechts heißt **Ramo de la Carità** (16.-17. Jh.), der an die gleichnamige Corte angrenzt; das Wappen der Confraternita della Carità an der Mauer des Ramo bezeugt, dass sie hier einige Häuser besaß. Insgesamt waren es 16, und sie stammten aus dem Nachlass Tommaso Trevisans vom 26. Februar 1490. Die Confraternita della Carità wurde 1260 in der Kirche von S. Leonardo gegründet. Später zog sie auf die Giudecca um und errichtete ein dem Heiligen Jakob geweihtes Oratorium. Dann kam sie wieder nach Venedig zurück und erbaute 1344 ihre Scuola beim Kloster von S. Maria della Carità. Diese Confraternita war eine der sechs Scuole Grandi und wurde 1807 aufgelöst.

Man kehrt wieder in die Calle dei Botteri zurück.

Der Brunnen im Campiello del Pestrin

Pietà an einem Eckpfeiler im Campiello del Pestrin

R – **Cale de la Vida**, nach einem Weinstock, die hier früher einmal wuchs.

R – **Cale de la Colombina**, nach dem Ladenschild eines nicht mehr existierenden Geschäfts. Nach einem Dokument starb am 1. Juli 1551 ein sechsmonatiges Mädchen, die Tochter von Francesco dalla Colombina, und im Einwohnerverzeichnis von 1642 erscheint ein Giacomo Gambirasi, Krämer »Zur Colombina«.

Zwischen Calle della Colombina und der folgenden Calle delle Tre Crose steht auf der linken Seite die Casa Pollini (Hausnummer 5113), in der ab 1531 der berühmte Maler Tizian bis zu seinem Tod am 28. August 1576 lebte.

R – **Cale de le Tre Crose**; die Herkunft des Namens ist ungewiss und geht vielleicht auf die Einmündung verschiedener Gassen zurück (s. *S. Giovanni in Bragora*, Calle Crosera, S. 84).

L – **Cale de la Pietà**, nach Häusern im Besitz des Ospizio della Pietà, die am 9. April 1598 vermietet wurden.

Folgt man der Calle della Pietà, kommen auf der linken Seite **Ramo** und **Campo Roto** (heute »del Tiziano«), nach eingestürzten Häusern und Ruinen benannt, die ihn säumten.

Am Ende der Calle stößt man auf **Cale de l'Acquavite** und **Campielo de la Pietà** mit der **Ponte de l'Acquavite** auf der rechten Seite. Hier gab es einen Branntweinladen, der von Elia Giamazzi betrieben wurde (1713).

Zu den *Acquavitai* (Branntweinverkäufern) gehörten auch die Kaffeehausbesitzer, die das Privileg zum Verkauf von Eis und Branntwein besaßen. Diese Zunft betrieb nicht nur den Ausschank, sondern handelte auch mit den in Venedig hergestellten Likören.

Die Acquavitai existierten als Zunft seit 1601 und versammelten sich in der Kirche von S. Stefano Confessore (umgangssprachlich S. Stin), ihr Schutzpatron war Johannes der Täufer. 1773 betrug ihre Anzahl 218, die der Schankstellen 155.

Man überquert den Campiello diagonal und kommt durch einen schmalen Durchgang in die **Cale Nova**; diese führt in die **Corte Contarina**.

Auf der gegenüberliegenden Seite der Corte beginnt in der

linken Ecke **Cale de la Mora**, nach dem Namen einer Familie. Hinter der Calle liegt links der **Campielo de la Madona**; am Haus Nummer 5432 erinnert eine Gedenktafel daran, dass hier Francesco Guardi wohnte.

Man verlässt den Campiello auf der Seite des Portikus durch die **Cale Morandi**, die nach einem Weber Marcantonio Morando heißt, der zu der aus Bergamo stammenden Seidenwerberfamilie Morandi gehörte. Das erste Seidengeschäft »Zu den zwei Mohren« wurde in S. Bartolomeo beim Fontego dei Tedeschi eröffnet.

Am Ende von Calle Morandi biegt man nach links in die **Cale Varisco** und folgt ihr bis zum **Campielo del Pestrin** (Milchverkäufer), genannt »del Galeto«; in der Mitte steht ein wunderbarer Brunnen (1712) unter einer alten Weinrebe.

Die Calle Varisco trägt ihren Namen nach der aus Bergamo stammenden Familie, die gleichfalls als Seidenweber tätig waren. Der Stammvater in Venedig war ein »Petrus de Varisco a serico«, der in Bergamo geboren war und sich im 15. Jahrhundert in Venedig niedergelassen hatte.

An der Ecke zwischen Campiello und Calle sieht man auf dem Pfeiler ein Relief der Pietà (17. Jh.); die gegenüberliegende Seite der Calle endet am Kanal; sie ist mit 53 cm von Wand zu Wand die schmalste Gasse von Venedig überhaupt.

Vom Campiello del Pestrin kehrt man in die Calle Varisco zurück und biegt in die erste Calle links, die **Cale Bandi** heißt und zur **Ponte Noris** führt, einer Eisenbrücke, die nach den Gebrüdern Noris heißt, die am 30. März 1589 ein Haus in S. Cancian erwarben. Es gibt auch einen Matteo Noris, einen Leinwandhändler »Zum Turm« beim Fontego dei Tedeschi. Dies war der Matteo aus Bergamo, der nach sechsundzwanzigjährigem Aufenthalt in der Stadt am 29. Juli 1581 das Bürgerrecht erhielt.

Hinter der Brücke beginnt die **Cale Noris**; am Haus Nummer 5504 sieht man ein Medaillon mit einem segnenden Christus (15. Jh.).

Anschließend kommt **Cale Moretta**, hier biegt man nach links und geht bis zur **Cale Pasqualigo**, der man nach rechts folgt bis zu **Cale e Campielo Crosetta**, die nach einer Familie benannt sind, um dann auf der Rückseite der Kirche von S. Canciano herauszukommen.

Die Kirche scheint von Flüchtlingen aus Aquileia (7. und 8. Jh.) gegründet worden zu sein, die sie den drei römischen Märtyrergeschwistern Canziano, Canzio und Canzianella weihten, die im Jahr 304 in Aquileia den Märtyrertod starben. Das genaue Datum der Gründung ist unbekannt; man weiß

13. San Canziano

lediglich, dass die erste Kirche 1105 abbrannte, später wieder aufgebaut und 1351 von dem Bischof Marco von Jesolo geweiht wurde. Im 16. Jahrhundert wurde sie neu errichtet und erhielt im 18. Jahrhundert ihr heutiges Aussehen.

Der Innenraum ist dreischiffig und hat ein Presbyterium und zwei Seitenkapellen; die Gewölbedecke ruht auf Säulen.

Der Kampanile stammt aus dem 15. Jahrhundert; auf der Mittellisene sieht man eine Gedenktafel und ein Relief aus dem 13. Jahrhundert mit der Darstellung des Christus Pantokrator.

In der Pfarrei wohnte Zuane Bon, Steinmetz; wahrscheinlich war es der Vater des Architekten Bartolomeo Bon II.

Hier wohnten im 16. Jahrhundert auch die Strozzi, eine reiche Adelsfamilie, die Florenz verlassen hatte. Man nimmt an, dass ihnen das Haus an der Brücke von S. Canciano, am sogenannten Traghetto di Murano, gehörte; heute sieht man an seinen Mauern die Überreste von griechischen Statuen, die die beiden berühmten Antiquitätenhändler Amedeo Svayer und Davide Weber anbrachten, denen die Häuser zwischen dem 18. und 19. Jahrhundert gehörten.

In der Pfarrei starben außer Tizian auch Francesco da Ponte, genannt Bassano, und Leonardo Coronoa. (Für genauere Informationen über das Traghetto di Murano s. *SS. Apostoli*, Campiello Cason, S. 300).

Über Salizada S. Cancian, Campiello F. Corner, Ponte und Calle S. Giovanni Crisostomo kommt man wieder zur Ponte dell'Olio und damit an den Ausgangspunkt zurück.

14. Santi Apostoli

Man steigt an der Anlegestelle CA' D'ORO aus, folgt der langen Calle, die in die Strada Nuova mündet, biegt nach rechts und kommt nach einigen hundert Metern auf den **Campo SS. Apostoli**.

Nach einer Legende erschienen im 7. Jahrhundert dem Heiligen Magno die zwölf Apostel und verlangten von ihm, er solle an der Stelle, an der zwölf Kraniche erschienen, ihnen zu Ehren eine Kirche errichten.

Die Kirche wurde mit Unterstützung der Gläubigen und eines gewissen Gardo Gardolico errichtet, vielfach renoviert und schließlich 1575 völlig neu erbaut.

Wesentlich später, in der Mitte des 18. Jahrhunderts, verlieh ihr der Architekt Giuseppe Pedolo ihre heutige Gestalt. Das Innere ist einschiffig mit doppelten Pfeilern. In dieser Pfarrei brach im Januar 1105 der furchtbare Brand aus, der fast ein Viertel der Stadt zerstörte und durch den Wind auch auf einige Pfarreien jenseits des Canal Grande übersprang.

An der **Ponte de i SS. Apostoli** sieht man noch immer den Palast des Dogen Marin Faliero.

Seine Verschwörung wurde durch einen Kürschner namens Vendrame oder Beltrame entdeckt; zur Belohnung erhielt er »das große Haus in SS. Apostoli mit Säulen, am Fuß der Brücke, das Marin Falier gehörte, einst unwürdiger Doge«. Von alten Überresten haben sich die beiden Brunnen in der Mitte, zahlreiche Patera-Schalen und das Wappen der Falier erhalten.

Am Fuß der Brücke sieht man auf der rechten Seite ein kleines Gebäude, das halb auf der Erde und halb auf hohen Pfählen über dem Kanal steht; bis vor zwei Jahren war darin der Laden eine Obst- und Gemüsehändlers. Auf einem hübschen Stich Canalettos von vor zweihundert Jahren sieht man an der gleichen Stelle ein Vordach mit Obstkörben und eine entsprechende Struktur kann man auch auf dem Stadtplan Jacopo de' Barbaris (1500) erkennen.

1579 hielt ein Kapuziner in der Kirche von SS. Apostoli heftige Predigten gegen die neueste Damenmode der Zeit, die tiefe Ausschnitte oder sogar völlig freie Brüste vorschrieb.

Eine weitere Überlieferung berichtet, wie der alte Pfarrer Domenico Longo, »Bacchettin« genannt, die Bauarbeiten am neuen Kampanile beaufsichtigte und dabei aus der Glockenkammer stürzte; doch sein Sturz wurde von den Uhrzeigern aufgehalten, in denen sich seine Kleider verfingen, und er blieb dort oben hängen, bis er gerettet werden konnte. Das Uhrwerk wurde 1820 renoviert und die heutigen Glocken stammen aus dem Jahr 1840.

Dauer

1h 30'

Linien ①

14. Santi Apostoli

Gegenüber:
Kirche und Kampanile von SS. Apostoli

Die Kuppel des Kampanile wurde am 28. Oktober 1779 durch Blitzschlag beschädigt. Am Campo SS. Apostoli beginnt die **Strada Nova**, ein schrecklicher Einschnitt in das alte Gewebe der Stadt, der von den Österreichern während ihrer Herrschaft begonnen und 1871 unter dem Königreich Italien im letzten Teilstück zwischen Ca' d'Oro und SS. Apostoli fortgesetzt wurde.

Für diese Zerstörung gibt es als einzige Entsprechung die Vernichtung des mittelalterlichen Stadtkerns von Paris durch die Boulevards. Im blinden Bemühen um einen einheitlichen und symmetrischen Straßenverlauf wurden nicht nur zahlreiche Häuser abgerissen, sondern dort, wo die Fassaden nicht auf der geplanten Fluchtlinie lagen, wurden Erdgeschossetagen mit Terrassen eingefügt, schräge Mauern gezogen oder, wie im Falle der Kirche von S. Sofia, ein Haus mit dreieckigem Grundriss errichtet, das fast die ganze Fassade und den wunderschönen Kampanile verdeckt.

Bedauerlicherweise erwies sich das ganze 19. Jahrhundert als äußerst schädlich für die alten Baudenkmäler und die Stadt. Im Zuge einer falschen Erneuerungswut wurden wesentliche Zeugnisse der vorhergehenden Kultur ohne Rücksicht auf ihr Alter und ihre Bedeutung für immer zerstört.

Vom Anfang der Straße folgen:

L – Scuola dell'Angelo Custode, 1713 vom Architekten A. Tirali entworfen. Die Scuola wurde am 11. Januar 1557 gegründet und hatte ihren Altar in der Kirche von SS. Apostoli; durch napoleonisches Edikt wurde sie geschlossen und dann zur Deutschen Evangelischen Kirche.

R – **Cale de la Madona**;

L **Ramo Dragan**, nach einem Antonio Dragan, der hier im 15. Jahrhundert wohnte.

R – **Cale del Duca o Bembo**, die diesen Namen trägt, weil sie zu einem Palast führt, der anfangs (12. Jh.) den Grimanis gehörte und dann den Zenos, die ihn in der zweiten Hälfte des 17. Jahrhunderts von Grund auf neu errichten ließen. Später erwarb ihn Ferdinando Carlo Gonzaga, der letzte Herzog von

Scuola dell'Angelo Custode in Campo SS. Apostoli

Mantua und Monferrato. Dann kam er an die Grafen Conigli aus Verona, von diesen an die Michiel und dann an den Grafen Leopardo Martinengo, der ihn den Donà vermachte. Er ist allgemein unter dem Namen Palazzo Michiel dalle Colonne bekannt, allerdings wegen seiner Säulenfassade, und weniger wegen der Michiels, denn der Palast hieß bereits »dalle Colonne«, als er noch den Zenos gehörte.

L – **Cale Michiel** ohne eigenes Straßenschild, nach dem gotischen Palazzo Michiel (Hausnummer 4280), genannt »dal Brusà«, weil er 1774 durch die Achtlosigkeit einer Magd abbrannte und 1777 auf Staatskosten wieder aufgebaut wurde.

Auf der linken Seite der Calle liegt die kleine, sehr charakteristische **Corte de la Pegola** (Pech) mit einem Brunnen.

Es heißt, der Stammvater der Familie Michiel sei Angelo Frangipane gewesen, der Sohn des römischen Senators Flavio Anicio Pier Leone Frangipane, der im fünften Jahrhundert mit zwei Brüdern nach Venedig kam und vielleicht wegen seiner Stärke und Güte vom Volk »Michiele« [Sankt Michael] genannt wurde.

Die Familie stellte seit den frühesten Zeiten Tribunen und nahm 697 an der ersten Dogenwahl teil. Vitale Michiel, der 1096 das Dogenamt antrat, schickte den Kreuzfahrern eine starke Seemacht unter dem Kommando seines Sohnes Giovanni zu Hilfe. Nach wenigen Regierungsjahren wurde er umgebracht.

Domenico Michiel, der Sohn Giovannis und seit 1117 Doge, ließ bei der Belagerung von Tyros zur Beruhigung der Truppen die Ausrüstung der Schiffe an Land bringen. Dann eroberte er die Festung im Sturmangriff.

Vitale Michiel II., der Sohn Domenicos, erzielte einen Sieg über den Patriarchen von Aquileia; doch auch er wurde, wie sein Vorfahr, 1172 umgebracht (s. *S. Zaccaria*, S. 100).

Man kehrt wieder auf den Campo und zur Kirche von SS. Apostoli zurück.

Rechts neben der Kirche führt ein Durchgang zum **Campo drio la Chiesa**; auf der gegenüberliegenden Seite öffnen sich **Sotoportego** und **Corte de i Catecumeni**, die kein eigenes Straßenschild haben.

In Venedig gab es schon immer eine große Zahl von »Ungläubigen«, d. h. von Anhängern anderer Religionen als der katholischen. Die meisten waren Moslems, die sich in Venedig als Geschäftsleute aufhielten oder als Sklaven dorthin gebracht worden waren, als die Venezianer im Jahr 1099 am ersten Kreuzzug teilgenommen hatten, 1122 nach Asien zurückkehrten, um Balduin II. zu unterstützen, oder infolge anderer Kriegsereignisse. Zunächst gab es keine geeigneten Räumlichkeiten für diejenigen, die nicht der Kirche angehörten und ihr beitreten wollten; sie wurden in Privatwohnungen untergebracht, die ihnen aus christlicher Barmherzigkeit zur Verfügung gestellt wurden. Erst 1557 wurde zu diesem Zweck in der Pfarrei von SS. Ermagora e Fortunato ein Hospiz eingerichtet. Wenig später wurde diese Einrichtung zu den SS. Apostoli verlegt, und es hat sich ein Zeugnis vom Tod des Priors des Katechumenenhauses am 24. Februar 1560 in dieser Pfarrei erhalten. Das Gebäude stand hinter der Kirche in der Corte, die ebenso wie der benachbarte Sottoportico nach den Katechumenen heißt. Als nach der Schlacht von Lepanto im Jahr 1571 die Zahl der Sklaven beträchtlich anstieg, wurden die Neugetauften in ein größeres Gebäude in der Nähe von S. Gregorio verlegt (s. *S. Maria del Rosario*, Rio Terà dei Catecumeni, S. 595).

Vom Campo dietro la Chiesa nimmt man die **Cale del Manganer**, hält sich rechts und kommt in den **Campielo de la Cason**.

Die Calle del Manganer heißt nach der Wohnung und »Manganer«- Werkstatt eines Pietro Bonora im Jahr 1713. Die Manganeri (Textilmangler) wurden je nach der Art der verarbeiteten Stoffe in »Seidenmangler« und »Wollmangler« unterschieden. Sie hatten ihre Scuola in S. Maria Formosa und die Confraternita ist seit 1603 bezeugt.

Campiello della Cason: »Cason« bedeutete früher »Gefängnis«. Jedes Stadtviertel von Venedig hatte in der Vergangenheit ein eigenes Gefängnis, in dem Schuldner und leichte Straftäter eingesperrt wurden. Das belegt ein Beschluss des Großen Rates vom 19. März 1551, in dem es heißt: »In jedem Viertel unserer Stadt gibt es ein Cason oder Gefängnis, in das die Schuldner gesteckt werden«.

Im Campiello della Cason bei SS. Apostoli war das Gefängnis des Viertels Cannaregio.

Doch die Örtlichkeit wird noch viel früher erwähnt (8. Jh.). Nicolò Zeno erzählt nämlich 1557: »Die Partecipazi regierten als Tribunen jahrhundertelang über Rialto und sprachen bei SS. Apostoli Recht; in diesem Stadtviertel sieht man noch die Spuren im Campo della Casone, wo das Gefängnis des Viertels ist, nämlich zwei alte herrschaftliche Türen und die Fundamente eines uralten Palastes«. Und der Chronist fährt fort, dass an der Ecke der Brücke die Anlegestelle der Boote von Murano, Torcello, Mazzorbo und Istrien war, weshalb die Calle nebenan »del Traghetto« hieß.

Der Tribunenpalast erstreckte sich bis zum heute zugeschütteten Rio del Barba, der damals Rivo Baduario hieß; auf der anderen Seite endete er in der **Calle Larga**, wo ein Wachlokal war. Diese Situation blieb unverändert bis in die Zeit des Dogen Angelo Partecipazio (810), als der Dogenpalast in S. Marco fertiggestellt wurde.

Einen Sottoportico del Cason gibt es auch in S. Giovanni in Bragora, wo das Gefängnis für die Häretiker stand.

Eine Calle und Corte del Cason existierten auch in S. Marco dicht bei der Frezzeria; sie verschwanden, als 1869 das sogenannte Bacino Orseolo angelegt wurde. Von diesem Gefängnis ist in Priulis Tagebüchern die Rede, wo er am 20. Januar 1511 erzählt, dass einige Patrizier ein Loch in die Mauer brachen, um den wegen Schulden einsitzenden Alvise Soranzo zu befreien, und die Wachen in die Flucht schlugen, die aufgrund des Lärms vom Markusplatz herbeigekommen waren.

Am Campiello stehen die Casa Negri aus dem 16. Jahrhundert (Hausnummer 4494), Palazzo Badoer aus dem 17. Jahrhundert (Hausnummer 4496), Palazzo Morosini aus dem 16. Jahrhundert (Hausnummer 4509) und Palazzo Priuli, später Minazzo, vom Ende des 16. Jahrhunderts (Hausnummer 4511).

Man geht durch den **Sotoportego Volto de la Cason**, biegt am Ende nach links und kommt in die **Cale del Tragheto**. Am Haus Nummer 4574 liest man an unter einem Fenster die Worte: »Spes Meo in Deo est«.

Von der Calle biegt man in die erste Seitenstraße rechts und kommt in **Cale** und **Campielo Valmarana**, nach dem alten Palast der Familie Erizzo, der später nach dem Entwurf Palladios von den Morosini neu erbaut und schließlich an die Valmarana vermietet wurde. Im 19. Jahrhundert wurde er völlig zerstört. Die Valmarana behaupten, sie stammten von dem römischen Marius-Geschlecht. Der erste, der den neuen Namen angenommen habe, sei ein Sohn des Konsuls von Vicenza Regolo del Gallo und Brunhildes mit Namen Mario gewesen, der die Burg von Valmarana erbaute und 1031 vom Kaiser Konrad II. zu deren erblichem Grafen ernannt worden sei. Ein Zweig der Familie Valmarana, die Karl V. zu Grafen von Nogara ernannte, kam nach Venedig und wurde in den städtischen Adel aufgenommen.

Neben dem Campiello Valmarana befinden sich **Cale** und **Corte de la Posta de Fiorenza**; zu Beginn des 18. Jahrhunderts lebte in der Corte nachweislich die Familie von Taxis, die seit dem 16. Jahrhundert mit dem kaiserlichen Postdienst betraut worden war, der umgangssprachlich »Posta di Fiandra« genannt wurde, weshalb die Gasse auf der anderen Seite »Calle della Posta di Fiandra« heißt.

Portal mit Wappen der Familie Zen

14. Santi Apostoli

Man kehrt in die Calle del Traghetto zurück und folgt ihr bis zu einer Kreuzung auf der rechten Seite. Dort sieht man am Haus Nummer 4571/A die Worte: »Soli Deo Honor et Gloria«. Die Tür gehört zum Palazzo Morosini, später »Dalla Torre« aus dem 16. Jahrhundert; im Innenhof stand ein wunderbarer Brunnen mit dem Motto »Servendo se acquista« [Durch Dienstbarkeit gewinnt man] und ein Wappen mit einem Turm. Heute ist nur noch das Motto auf einer Säule in der Corte übriggeblieben.

Man kommt nun in die **Cale Larga de i Proverbi**, die nach zwei Sprichworten heißt, die an den Balkonen eines 1840 abgerissenen Hauses angebracht waren. Das erste lautete: »Wer Dornen sät, sollte nicht barfuß gehen«, und das zweite »Bevor du (schlecht) von mir redest, sprich lieber von dir selbst«.

In der Calle sieht man einen Türbogen mit dem Wappen der Zen (Hausnummer 4564). In diesem Haus brach der furchtbare Brand von 1105 aus; über dem Bogen aus dem 14. Jahrhundert Patera-Schalen aus griechischem Marmor (11. Jh.).

Am Ende der Calle an der Hausnummer 4587 alte Patera-Schalen und Adelswappen.

Man biegt nach links in die **Salizada del Pistor**; Haus Nummer 4558 ist ein Gebäude mit zwei kleinen Spitzbogenfenstern aus dem 14. Jahrhundert, das später aufgestockt wurde.

Man geht die Salizada bis zum **Rio Terà de i Franceschi** zurück, der nach der Familie Franceschi heißt, die schon 1525 in Venedig durch einen »Spezier« (Apotheker) Lucio bei SS. Apostoli nachgewiesen ist.

In dem 1806 zugeschütteten Rio Terà wendet man sich nach rechts und sieht am Haus Nummer 4609 ein kleines Relief des Heiligen Georg mit dem Drachen.

Man geht den Rio Terà bis zum Ende, biegt nach links in den **Rio Terà SS. Apostoli**, der 1781 zugeschüttet wurde, und folgt ihm bis zum **Rio Terà Barba Frutarol**, der 1822 entstand.

Wie bereits anlässlich des Campiello della Cason dargelegt, kommt die Bezeichnung Rio Barba möglicherweise von Rio Branduario, aber weshalb dann »Barba Frutarol« [Obsthändler]?

Es gibt noch eine weitere Version, nach der der Name auf einen »Barba« zurückgeht, der sein Gewerbe als Obsthändler an der heute zerstörten Brücke Ponte di Bar-

Zweibogiges Fenster in der Salizada del Pistor

ba Frutariol ausübte. In einer Chronik wird die Erneuerung der Brücke im Jahr 1587 erwähnt.

Das Wasser des Rio Terà Barba Frutarol floss in den Rio dell'Acqua Dolce [Süßwasser], dessen Namen darauf zurückgeht, dass hier die Boote lagen, die bis ins 19. Jahrhundert Süßwasser aus der Brenta holten und es in die Zisternen Venedigs verteilten (s. *S. Martino*, S. 56). Geht man in der gleichen Richtung wie der Rio Terà SS. Apostoli weiter, kommt man in die **Cale del Spezier**, die früher »Salizada dei Specchieri« hieß. Die Spiegelherstellung scheint in Venedig von Nicolò Cauco, Muzio da Murano, dem Deckenfabrikanten Francesco und einem Bartolomeo eingeführt worden zu sein; sie schlossen am 5. Februar 1318 einen Vertrag mit einem Meister dieses Handwerks in Deutschland, »der Spiegel aus Glas herstellen konnte, und sie ließen ihn dieses Handwerk in Venedig ausüben«.

Später schloss sich ein Antonio Bartolini, genannt Gigante, der Erfinder der Schleifsteine für den letzten Feinschliff der Spiegel, mit einem Bernardo Ponti zusammen und verließ die Glasbläserzunft von Murano; allerdings war er verpflichtet, die Glaspasten von den Glasöfen auf Murano zu beziehen.

Hinter der Eisenbrücke **Ponte de i Sartori** beginnt links die **Fondamenta de i Sartori** mit siebzehn Häusern, die die Schneiderinnung im 18. Jahrhundert hier besaß. Noch heute sieht man an einem der Häuser an der Fondamenta (Hausnummer 4838) ein Relief der Jungfrau Maria mit dem Jesuskind zwischen S. Omobono und S. Barnaba, dem Schutzpatron der Schneider, und darunter die Inschrift: »Ospedal dei Poveri Sartori« [Spital der armen Schneider] und die Jahreszahl 1511.

Die Schneiderinnung wurde 1391 gegründet und hatte ihre Scuola gegenüber der Jesuitenkirche. (Weitere Informationen s. *S. Pietro di Castello*, Calle del Tagliacalze, S. 37).

In der Mitte der Fondamenta gab es früher »Ponte und Corte

Oben: Relief des »Ospedal dei Poveri Sartori« (Schneider) an der Fondamenta de i Sartori

Ponte dei Gesuiti, Relief der Jungfrau Maria mit dem Symbol der Scuola della Carità auf der Brust

Campo dei Gesuiti, links das Oratorium dei Crociferi, rechts die Fassade der Jesuiten-Kirche

del Pozzo d'Oro« [Goldbrunnen]; die Brücke ist verschwunden und die Corte hinter Haus Nummer 4839 geschlossen. Sehr wahrscheinlich beruhte der Name auf der ausgezeichneten Wasserqualität des Brunnens.

Geht man von der Ponte dei Sartori geradeaus, überquert man die **Salizada Sceriman o Seriman** mit dem spitzbogigen Palazzo Dolce (Hausnummer 4851), später Sceriman, aus dem 15. Jahrhundert. Hinter dem Palast gibt es einen Garten, an dem Palazzo Venier stand, der um 1830 abgerissen wurde. Die Familie Sceriman lebte unter dem Namen Sarath in Julfa in Armenien, wo sie Gotteshäuser und Gebäude für die Missionare errichtete. Deshalb wurde sie verfolgt und floh gegen Ende des 16. Jahrhunderts nach Italien. Ihr entstammen römische Prälaten, Komture und Kammerherren am österreichischen Hof und tapfere Generäle des deutschen Reiches. Sie liehen der Republik beim Krieg um Kreta beträchtliche Summen und hatten ihre Familiengrabstätte in der Kirche della Fava (s. *S. Maria Formosa*, S. 147).

Vor der Ponte dei Gesuiti stehen auf der rechten Seite über der Hausnummer 4585 eine doppelte Häuserreihe, die der Scuola della Carità gehörten. Das beweist das Relief in der Calle sowie die wundervolle Darstellung der Jungfrau Maria mit dem Symbol der Scuola auf der Brust, die die Gläubigen unter ihren Mantel nimmt. Man kann die Figur von der Höhe der Brücke aus sehen, wenn man nach rechts blickt.

Über die **Ponte de i Gesuiti** kommt man auf den gleichnamigen Platz.

Ballspiel auf dem Campo dei Gesuiti (aus *Curiosità Veneziane*)

In den Gebäuden auf der rechten Seite von Hausnummer 4876/A bis 4885 befanden sich: das Kloster der Jesuiten (vorher der Kamillianer), der Saal der Annunziata, die Scuola der Passamaneri (s. *S. Canziano*, Calle dei Cordoni, S. 287), der Saal von S. Barbara und S. Omobono, die Scuola dei Sartori, die Jesuitenkirche, der Saal von S. Stefano und die Scuola dei Spechieri.

Am Haus Nummer 4881, dem Kloster der Kamillianer (Scuola dell'Immacolata Concezione) ein Relief aus dem 15. Jahrhundert, das die schwangere Mutter Gottes auf dem Thron darstellt, darunter auf dem Architrav die Inschrift »SCOLA DE LA CONCECION DELLA MADONA MDCVIII«.

Zwischen Hausnummer 4881 und 4882, der Scuola dei Sartori, zwei Reliefs mit zwei Scheren (16.-17. Jh.).

Auf dem Campo stand ein Brunnen mit der Jahreszahl 1527 und einem Relief des Heiligen Franziskus, das sich vielleicht durch den folgenden Umstand erklärt.

Im Jahr 1150 oder 1155 errichteten die Kamillianer-Mönchen, die umgangssprachlich »Crosechieri« genannt wurden, mit Hilfe von Pietro Gussoni und Cleto Gransoni ein Kloster, ein Spital und eine Mariä-Himmelfahrts-Kirche; diese wurde nach dem Brand von 1214 wieder aufgebaut.

Da die Kamillianer nicht mehr die strengen Ordensregeln einhielten, versuchte die venezianische Regierung, sie durch Franziskanerinnen, Ordensgeistliche vom Heiligen Geist oder durch Servitenmönche zu ersetzen. Doch alle Versuche waren erfolglos. 1514 brannte das Kloster ab und wurde wieder aufgebaut. Im Jahr 1656 schließlich wurde der Orden von Papst Alexander VII. aufgelöst und seine Besitztümer der Republik übertragen, die durch den Krieg um Kreta sehr geschwächt war.

Als die Jesuiten, die 1606 nach Auseinandersetzungen zwischen der Republik und Papst Paul V. die Stadt verlassen mussten, wieder zurückkehrten, erwarben sie das Kloster für fünfzigtausend Dukaten und ließen sich dort 1657 nieder.

Die baufällige Kirche wurde abgerissen und zwischen 1715 und 1731 nach Plänen Domenico Rossis wieder aufgebaut. Die Fassade stammt von G. B. Fattoretto. Der prunkvolle und überladene Innenraum hat den Grundriss eines griechischen Kreuzes mit drei Seitenkapellen, Querschiff und Presbyterium und eine Gewölbedecke.

Als der Jesuitenorden 1773 aufgelöst wurde, diente das Kloster als öffentliche Schule und 1807 als Kaserne. Heute werden die Gebäude restauriert.

Auf dem Gelände der **Cale de i Gesuiti**, die heute zu Unrecht

Relief am Gebäude der Purificazione di Maria Vergine (Hausnummer 4905)

»Calle dei Spechieri« heißt und auf den Fondamente Nuove mündet (s. *S. Giovanni e Paolo*, S. 121) stand die alte Scuola dei Varoteri (Kürschner) mit einem Bogen, durch den man in die Lagune kam.

Auf dem Campo wurde Ball gespielt, bis dies vom Rat der Zehn am 11. April 1711 verboten wurde.

Man kehrt auf den Campo zurück. Auf der der Kirche gegenüberliegenden Seite folgen: die Scuola dei Botteri [Böttcher], an die heute nur der Name der Calle und drei Inschriften erinnern, eine der Böttcher-Innung von 1290 und zwei aus dem Jahr 1798; das vom Dogen Renier Zeno im 13. Jahrhundert gegründete Oratorium der Kamillianer und das Hospiz für bedürftige Frauen, das uralte Spital der Kamillianer; der Saal von Mariä Lichtmess (Hausnummer 4905) mit der Darstellung der Muttergottes mit Jesuskind und S. Magno (14. Jh.) an der Fassade; **Cale** und **Corte de le Candele**, nach einer alten Kerzenzieherei (16. Jh.) benannt; die **Fondamenta Zen**.

An dieser steht der gleichnamige Palast (Hausnummer 4921-25) aus dem 16. Jahrhundert; das Gebäude ist in drei Teile unterteilt und wurde von dem 1538 verstorbenen Patrizier Francesco Zen entworfen.

Im Jahr 1553, als die Aufteilung vorgenommen wurde, war der Bau noch nicht fertig. Die Außenwände waren mit Fresken von Tintoretto und Schiavone verziert, die heute verschwunden sind.

Es scheint, dass die Familie Zen von dem römischen Fania-Geschlecht abstammte, aus dem die beiden oströmischen Kaiser Zenone und Leone II. hervorgingen.

Ein Zweig der Familie übersiedelte zunächst nach Padua, später nach Burano und unter dem Dogen Angelo Partecipazio schließlich nach Venedig.

Ein Renier Zen unterwarf 1240 das aufständische Zadar, trug einen Sieg über die Genuesen davon und unterwarf sie schließlich als Doge im Jahr 1252.

Ein Pietro Zeno, genannt Dragone, wurde 1334 zum General über 100 Galeeren gegen die Türken gewählt; 1337 kämpfte er gegen die Veronesen und eroberte 1344 Smyrna. Im gleichen Jahr fiel er im Kampf gegen die Türken.

Noch glänzender, abenteuerlicher und erzählenswerter war das Leben seines Sohnes Carlo, der seine Kindheit am päpstlichen Hof und die Jugend an der Universität Padua verbrachte. Anschließend ging er für fünf Jahre zum Militär. Bei der Verteidigung der Stadt Patras gegen die Türken wurde er verwundet und für tot gehalten; er sollte bereits begraben werden, als er Lebenszeichen gab und in kurzer Zeit wieder genas.

Er war für den König von Zypern Pietro Lusignano tätig und ging anschließend an den Hof des Kaisers Karl, mit dem er durch ganz Europa reiste. Nach seiner Rückkehr nach Patras heiratete er eine reiche Frau aus Chiarenza; nach deren Tod ging er nach Venedig und verheiratete sich mit einer Tochter Marco Giustinianis. Seine Geschäfte führten ihn an die Mündung des Don und nach Konstantinopel, wo er versuchte, den Kaiser Colajanni zu befreien, der vom eigenen Sohn Andronico gefangen gehalten wurde. Als das Vorhaben entdeckt wurde, floh er auf den venezianischen Galeeren, kam 1377 zur Insel Tenedo vor der türkischen Küste und überzeugte den Kommandanten, die Insel den Venezianern zu überlassen.

Im Kampf gegen den Patriarchen von Aquileia wurde er zum Kommandanten der Landstreitkräfte gewählt und 1379 in den Kaperkrieg gegen die Genuesen geschickt, denen er dreiundzwanzig Schiffe abnahm.

1380 kam er gerade rechtzeitig nach Venedig zurück, um die Stadt vor dem unmittelbar bevorstehenden Untergang zu retten, als die Genuesen nach der Einnahme Chioggias gegen Venedig vorrückten.

Trotz all seiner Verdienste kam er 1406 ein Jahr ins Gefängnis, wie es heißt, weil er Geld von den in Padua herrschenden Carrara angenommen hatte. Nach Verbüßung der Strafe ging er nach Palästina, wo er den Sohn Peter des schwedischen Königs kennenlernte, der ihn zum Ritter schlug. Dann kehrte er nach Zypern zurück, wo er den König Giano im Kampf um den Thron gegen die Genuesen unterstützte. Nach seiner Rückkehr in die Heimat heiratete er ein drittes Mal, widmete sich der Literatur und verstarb am 8. Mai 1418.

Zwei seiner Brüder, Nicolò und Antonio, rüsteten auf eigene Kosten ein Schiff aus und befuhren den Atlantischen Ozean so weit nach Norden, bis sie Labrador entdeckten (damals Drogeo genannt). Zu ihrer Erinnerung ist eine Gedenktafel an der Fassade des Palazzo Zen angebracht.

Die Familie, der zahlreiche weitere berühmte Männer entstammen, teilte sich in verschiedene Zweige auf, nach denen weitere Straßen in Venedig benannt sind.

Die Fortsetzung der Fondamenta Zen bildet die **Fondamenta S. Caterina**.

An ihrem Ende stehen die Kirche und das Kloster gleichen Namens, die von Augustinern gegründet wurden, die auch Büßermönche oder wegen ihrer sackähnlichen Kutten Sacchini oder Sacchisti genannt wurden. Als dieser Orden 1274 aufgelöst wurde, erwarb der Kaufmann Giovanni Bianchi den

Gebäudekomplex und schenkte ihn Bortolotta Giustinian, die ihn unter dem alten Namen »S. Catterina dei Sacchi« den Augustinerinnen überließ.

Bortolotta war die Tochter des berühmten Nicolò Giustiniani, der vorher Mönch in S. Nicolò am Lido war und mit päpstlicher Dispens das Kloster verlassen hatte, um sich mit Anna Michiel zu verbinden und auf diese Weise das eigene Geschlecht fortzusetzen, das 1172 von der Pest völlig ausgelöscht worden war. Die beiden machten sich ans Werk und nach acht Jahren garantierten acht kleine Giustiniani den Fortbestand der alten Familie. Nachdem sie ihre Aufgabe erfüllt hatten, nahmen sie Abschied von einander und kehrten ins Kloster zurück. 1807 wurden die Nonnen mit denen von S. Alvise zusammengelegt und im Kloster wurde per Erlass die Internatsschule »Marco Foscarini« einquartiert.

Die Kirche hat eine gotische Spitzgewölbedecke (14. Jh.) und eine breiten Empore über alle drei Kirchenschiffe. Heute ist die Kirche geschlossen und dient als Lagerhalle.

Sanudo berichtet, dass der Patriarch in S. Caterina eine Frau aus dem Hause Michiel zur Nonne weihen wollte, obwohl ihr Ehemann noch am Leben war. Die Nonnen wehrten sich dagegen so erbittert, dass zum Schluß die Staatsgewalt eingreifen musste und die Klostertüren mit Gewalt aufgebrochen wurden. Doch die Nonnen gaben sich nicht geschlagen, sondern schlossen sich im Kampanile ein und begannen Sturm zu läuteten, was zu einem großen Tumult im ganzen Stadtviertel führte.

Man kehrt auf den Campo dei Gesuiti zurück und von dort über die schon bekannten Straßen zum Campo SS. Apostoli.

15. San Felice

Man steigt an der Anlegestelle CA' D'ORO aus, folgt der langen Calle, die in die Strada Nuova mündet, biegt hier nach rechts und kommt nach einigen hundert Metern auf den Campo SS. Apostoli.

Nach den ersten Straßen, die im vorigen Spaziergang durch die Pfarrei SS. Apostoli beschrieben sind, folgen:

R – **Cale del Duca**, an die sich ein Stück der **Cale de l'Oca** und die **Cale del Verde** (heute Verdi) anschließt. Letztere heißt nach einer alten Familie, die sich bis in die Mitte des 16. Jahrhunderts zurückverfolgen lässt und deren Wappen – ein Baum mit einem Arm – man in der Calle dell'Oca sehen kann, wo diese in die Calle del Verde mündet (Hausnummer 4329). Die Calle dell'Oca ist nach einem Obstladen »Zur Gans« benannt. In der Calle sieht man zwischen zwei Häusern gegenüber einer Osteria einen Architrav mit einem Löwen inmitten einer fast unleserlichen Inschrift, die an die Eröffnung der Calle erinnert.

Aus den Verzeichnissen der Hauseigentümer geht hervor, dass ein Giulio Negri bei SS. Apostoli in »Calle del Frutarol dell'Oca« zwei Häuser mit Läden hatte. Bei der Erhebung von 1661 gab ein Antonio Verdi an, er besitze ein Haus in der Calle dell'Oca, mit »unten einem Obstladen Zur Gans«.

In der Calle gab es zu Zeiten der Republik ein kleines Theater, in dem nur sechs Stücke aufgeführt wurden, das letzte im Jahr 1707.

R – Kirche von S. Sofia, deren Fassade bedauerlicherweise von einigen Häusern verdeckt ist. Die Kirche existierte bereits 866 und war von einem Giorgio Trilimpolo erbaut worden; andere schreiben ihre Gründung der Familie Gussoni oder einem gewissen Giorgio Tribuno im Jahr 1020 oder 1025 zu. Das Kirchengebäude wurde zwei Mal neu errichtet, das erste Mal 1225, das zweite 1568 und wurde 1698 tiefgreifend restauriert. 1810 wurde die Kirche geschlossen und 1836 wieder geöffnet. Der Kampanile stammt aus dem 10. Jahrhundert.

R – Neben der Kirche befand sich an der Einmündung der **Cale Sporca o Priuli** die Scuola dei Pittori sacra a S. Luca (Hausnummern 4186 und 4190); auf den beiden Eckpfeilern zeugen Reliefs (1572) von den früheren Besitzern des Gebäudes.

Der Bau wurde mit dem Geld errichtet, das der Maler Vincenzo Catena 1532 hinterlassen hatte; die Gedenktafel, die daran erinnert, ist in das Seminar an der Salute gebracht worden. Sie lautete: »Pictores Et Solum Emerunt Et Has Construxerunt Aede Bonis A Vincentio Catena Pictore Suo Collegio Relictis MDXXXII«.

Dauer

2h

15. San Felice

Linien ① Ⓝ

Patera-Schale in der Calle dell'Oca

Gegenüber: Die Kirche von S. Sofia in Strada Nuova

Die Ca' d'Oro am Canal Grande

Die Statuten der Scuola bezeugen, dass auch der Maler Gentile da Fabbriano Mitglied war, der vor 1408 aus Florenz nach Venedig gekommen war, um im Saal des Großen Rats die Seeschlacht zwischen dem Dogen Ziani und Otto, dem Sohn von Kaiser Friedrich, zu malen. Er soll der Lehrmeister von Jacopo Bellini gewesen sein, der seinen Sohn, der gleichfalls ein bedeutender Maler wurde, in Erinnerung an ihn Gentile nannte.

L – **Campo S. Sofia** mit dem spitzbogigen Palazzo Foscari (Hausnummer 4203) aus dem 15. Jahrhundert auf der linken Seite; an der Fassade ist das Familienwappen zu erkennen. Hinten rechts steht der gotische Palazzo Sagredo (Hausnummer 4199) vom Ende des 14. Jahrhunderts, dessen Fassade Überreste eines früheren venezianisch-byzantinischen Gebäudes (13. Jh.) enthält. Am Ende des Platzes befindet sich das Traghetto von S. Sofia.

R – **Cale de le Vele**, nach den Segelmachern, die hier ihre Werkstätten hatten.

L – **Cale de la Ca d'Oro**, nach dem benachbarten berühmten Palast am Canal Grande. Sein Name erklärt sich aus der teilweisen Vergoldung der Fassade, die von Giovanni und Bartolomeo Bon zwischen 1424 und 1430 geschaffen wurde. Der Palast steht auf dem Gelände eines früheren byzantinischen Gebäudes, der »Domus Magna« der Familie Zen, und gehörte später den Contarini. Von diesen kam er durch Heirat an die Marcello, ging nach der Mitte des 17. Jahrhunderts in das Eigentum der Bressa über und hatte noch mehrere andere Besitzer, bis der letzte Eigentümer, der Baron Giorgio Franchetti, den Bau 1917 dem italienischen Staat schenkte.

R – **Corte de i Pali detta Testori**, füher »Campiello del Pistor«, mit einem der wenigen öffentlichen Brunnen aus dem 19. Jahrhundert. Einige Autoren setzen die beiden Bezeichnungen in Verbindung und nehmen an, dass hier früher Seidenweber ansässig waren, deren Gewerbe auf die Anfänge des Jahres Tausend zurückgeht. Zu diesem Zeitpunkt ordnete der Doge Ottone Orseolo nämlich an, dass diese Produkte nur auf dem Markt von S. Martino in Strata (das heutige Campalto), in Pavia und auf dem Markt von Olivolo verkauft werden

Das Traghetto von S. Sofia zum Markt am Rialto

durften. Richtiger ist vielleicht die Annahme, dass die Corte an die beiden Familien Pali und Testori erinnert. Im Mitgliederverzeichnis der ganz in der Nähe liegenden Scuola Grande della Misericordia findet sich nämlich ein Zuane Palo, und die benachbarte Calle wurde auch »del Palo« genannt.

Ein Ignazio Testori von S. Felice war der letzte Spross einer reichen Mailänder Familie, die sich am Wiederaufbau der Jesuitenkirche beteiligte. Gegenüber der Corte beginnt die alte **Cale de i Pali**, die durch einen diagonalen Portikus in die **Corte de i Pali** führt. Die Namensänderung geht wahrscheinlich auf die letzten Abrissmaßnahmen während der Regierungszeit von Vittorio Emanuele II. zurück.

L – **Cale Fontana**, nach einer Familie aus Piacenza, die 1549 nach Venedig übersiedelte, sich dem Handel widmete und dabei reich wurde. 1771 wurde sie zum Rat von Padua zugelassen und 1819 bestätigte die österreichiche Regierung ihren Adelstitel. Haus Nummer 3830 ist Palazzo Fontana, der im 17. Jahrhundert im Sansovino-Stil erbaut wurde; hier kam 1693 Papst Clemens XIII. zur Welt.

Man überquert die **Pont Nuovo de S. Felice**, die 1872 zusammen mit dem letzten Teilstück von Strada Nuova erbaut wurde, und kommt in den gleichnamigen Campo. Die Kirche von S. Felice wurde 960 oder 966 von der Patrizierfamilie Gallina erbaut; wegen drohender Einsturzgefahr wurde sie im 16. Jahrhundert neu erbaut. Das Innere hat den Grundriss eines griechischen Kreuzes mit einer Kuppel auf vier großen Zentralbögen; der Kampanile stammt aus der gleichen Zeit.

Brücke und Kirche von S. Felice

Gegenüber der Kirche öffnet sich die **Cale del Tragheto**; man folgt ihr bis zum Canal Grande. Auf der mächtigen Säule, die die Hausecke darüber abstützt, sieht man das witzige »Ratten-Denkmal«, ein Graffito von 1644, das die berüchtigte Kanalratte darstellt, die unbestrittene Herrscherin im Untergrund Venedigs.

Man kehrt wieder zur Kirche zurück, auf deren rechter Seite die **Fondamenta S. Felice** beginnt.

Auf der rechten Seite steht neben der neuen die alte **Ponte de S. Felice**, die im 16. Jahrhundert von einem Pietro Michieli

Das »Ratten-Denkmal« am Ende der Calle del Tragheto

Die Fondamenta di S. Felice mit dem Rio und der alten Ponte di S. Felice aus dem 16. Jh. neben der neuen Brücke

erbaut wurde. Gegenüber der Brücke öffnet sich auf der andern Seite der Fondamenta der **Sotoportego del Tagiapiera**; an der Hausnummer 3710 sieht man die Überreste des Palazzo Priuli Scarpon, der am 8. März 1739 in Brand geriet. Haus Nummer 3713 ist ein Gebäude aus dem 16. Jahrhundert.

Auf der linken Seite der Fondamenta folgen:

Cale de la Stua (s. *S. Zaccaria*, Sottoportego de la Stua, S. 105) ohne eigenes Straßenschild, die mit der Hausnummer 3628/A beginnt. Die Calle führt auf die gleichnamige Fondamenta längs des Rio di Noal.

Cale de Ca' Salamon (s. *S. Pietro di Castello*, Calle Salamon, S. 35); am Ende der Calle steht der Palast (Hausnummer 3610-11), der an der Fassade zum Rio di Noal zwei Mal das Familienwappen aufweist.

Am Ende der Fondamenta sieht man auf der rechten Seite **Ponte Chiodo**, eine private Brücke ohne Brüstungen, die letzte ihrer Art in der Stadt.

Auf der linken Seite kommt man zur **Ponte de la Misericordia** (s. *S. Marziale*, S. 345); auf der Gartenfläche an der Ecke zwischen der Fondamenta und der zur Brücke führenden Calle stand der alte Palazzo Antelmi, der nach 1815 abgerissen wurde.

Man geht die Fondamenta S. Felice zurück, überquert den Kanal über die erste Brücke auf der linken Seite und kommt in den **Sotoportego** und die **Corte de i Preti** (s. *S. Maria Formosa*, Fondamenta dei Preti, S. 151).

Am Ende des Portikus biegt man nach links und folgt der langen **Cale de S. Caterina o de la Racheta** (s. *S. Canziano*, Calle Ruzzini, S. 287) bis zur **Ponte Molin o de S. Caterina**.

In der Calle sieht man am Haus Nummer 3737 das gotische Wappen der Basadona (15. Jh.) unter einem schreitenden Markuslöwen; am Haus Nummer 3745 im zweiten Stock ein Relief aus dem 14. Jahrhundert, das einen jungen Heiligen im Gebet (wahrscheinlich S. Felice) darstellt, ebenso an Hausnummer 3748.

Haus Nummer 3764 ist Palazzo Pesaro, später Papafava, mit einem fünfbogigen und weiteren spitzbogigen Fenstern. An

Ponte Chiodo ohne Brüstungen am Ende der Fondamenta di S. Felice

der Hausnummer 3781 erkennt man zwischen dem ersten und zweiten Stock das Wappen der Scuola della Carità (15. Jh.).
Vor der Brücke beginnt der **Sotoportego Molin**, über dem das Adelswappen der Familie angebracht ist.
Es folgen die armseligen Überreste von Palazzo Molin, früher einmal der Wohnsitz des berühmten Gelehrten A. Molin (s. *S. Maria del Giglio*, S. 266).
Nun empfiehlt es sich, über die **Fondamenta de S. Caterina** zu gehen; man hält sich nach der Brücke rechts, folgt der Fondamenta ein Stück weit und kommt über die **Ponte Zanardi ora S. Caterina** und die gleichnamige Calle wieder in die Pfarrei S. Felice zurück.
Palazzo Zanardi (Hausnummer 4132) gehörte ursprünglich der Familie Rizzo, die dann nach Madonna dell'Orto umzog. Der Palast ging 1540 an Benedetto Ragazzoni über, 1624 an G. B. Combi, 1651 an G. Domenico Biava und schließlich 1661 an G. Andrea Zanardi.
Dieser stammte aus dem Umland von Bergamo und arbeitete in dem Gewürzladen »Zum Handschuh« bei der Ascensione an der Gewürzmühle; dann wurde er Ladengehilfe und Lehrling im Geschäft Polferini und brachte es zu solchem Reichtum, dass er 1653 während des Krieges um Kreta die üblichen hunderttausend Dukaten bezahlte und den venezianischen Adelstitel erwarb. Die Zanardis bewohnten den Palast bis zum Erlöschen der Familie im Jahr 1757.
Im weiteren Verlauf der **Cale Zanardi** sieht man an Hausnummer 4140 ein schöner Steinkopf und später linker Hand **Sotoportego** und **Corte Grassi**, nach einer Familie, und rechts die **Fondamenta S. Andrea** und daneben **Corte Finetta**, heute Ramo Finetti. Die Fondamenta heißt nach dem Kanal, die Corte dagegen nach der im 14. Jahrhundert aus Ferrara gekommenen Familie Finetti. Die Familie teilte sich in mehrere Zweige, von denen einer seit dem 16. Jahrhundert in der Pfarrei S. Sofia Häuser besaß. Am Zugang zur Corte ist das Familienwappen angebracht, mit dem Motto »Dominus custodiat introitum ed exitum«.
An der Fondamenta steht der Palazzo Albrizzi aus dem 16. Jahrhundert (Hausnummer 4118).
Man kehrt zur **Ponte de S. Andrea** zurück, die ebenso wie der Kanal nach den Nonnen von S. Andrea benannt ist, die hier eine Reihe von Häusern besaßen; an einem von ihnen sieht man mehrfach das Bild des Apostels.
Hinter der Brücke beginnt die **Ruga Do Pozzi**, nach den beiden hier stehenden Brunnen benannt. Sämtliche Häuser an dieser Straße gehörten dem Dogen Marin Faliero und wurden

Palazzo Priuli, Details des Portals

1355 bei ihrer Versteigerung von der Familie Ziliolo erworben. An den mehrfach restaurierten Fassaden haben sich einige antike Patera-Schalen erhalten.
Am Ende der Ruga zur Rechten **Fondamenta de le Guera detta Priuli** ohne eigenes Straßenschild und an der Kanalseite die gleichnamige Eisenbrücke (s. *S. Maria del Carmine*, Ponte dei Pugni, S. 548).
Auf die Fondamenta münden: **Cale de i Albanesi**, **Ramo de i Albanesi** (s. *S. Zaccaria*, Calle degli Albanesi, S. 110) und **Cale Corente**, die wie viele andere in der Stadt deshalb so heißt, weil sie die direkte Zugangsstraße zu einem bestimmten Ort ist. Als Beispiele seien die Calle Corrente alla Ca' d'Oro und Calle Corrente verso la Chiesa in S. Sofia angeführt. Der vollständige Name der Calle Corrente lautete »Calle Corrente di Campo dell'Erba« wegen der Nähe zu dem Campo gleichen Namens, den man über die erste Querstraße links in der Mitte der Calle erreicht.
Er hieß **Campo de l'Erba** [Wiese], weil er wie viele andere als Viehweide diente.
Man kehrt auf die Fondamenta della Guerra zurück, überquert die gleichnamige Brücke, die heute »Ponte Priuli« heißt, und kommt in die **Cale Priuli**, in der der Palast dieses Namens aus dem 16. Jahrhundert steht (Hausnummer 4011). Über dem Portal ein Relief mit einer sitzenden, dem Betrachter zugewandten Hundefigur und der Inschrift »TUTO A BON / FIN PE(N)SATE«.
Am Haus Nummer 4010 findet man eine schöne moderne Nachbildung des Markus-Symbols.
Man folgt der Calle und kommt an der Kirche von S. Sofia aus; von dort erreicht man über Strada Nuova die Anlegestelle bei der Ca' d'Oro.

16. San Marziale
San Marcilian

Dauer

3h

Linien (1)

16. San Marziale

Von der Anlegestelle CA' D'ORO geht man auf die Strada Nuova, biegt dort nach links, überquert zwei Brücken und kommt etwa zweihundert Meter hinter der zweiten Brücke zum **Campo S. Fosca** auf der rechten Seite.
Dort steht das von E. Marsili geschaffene und 1892 enthüllte Denkmal Paolo Sarpis.
Betritt man die **Ponte de S. Fosca** im Rücken der Statue, sieht man vier marmorne Fußabdrücke, die die Ausgangspositionen bei den traditionellen Wettkämpfen zwischen den einzelnen Stadtteilen markierten; aus diesem Grund hieß die Brücke »della Guerra« [Kriegsbrücke].
Da die Pfarrei eine sehr große Fläche einnimmt, ist sie hier in vier Abschnitte aufgeteilt, die durch außerordentlich lange Kanäle voneinander getrennt sind, und zwar: Rio di S. Girolamo, della Misericordia, della Sensa, dei Riformati, di S. Alvise und della Madonna dell'Orto.
Der erste Teil umfasst die Inseln S. Marziale, Ghetto Nuovo und Chiovere.
Der zweite beschreibt die lang hingezogene Insel zwischen dem Rio della Misericordia und der Sacca di S. Alvise.
Der dritte betrifft die nicht minder lange Insel, die vom Rio della Misericordia bis zu den Chiovere reicht.
Der vierte Teil umfasst die beiden Inseln im äußersten Norden der Stadt, die von der Sacca della Misericordia zum Ospedale Umberto I. reichen, heute ein Sozial- und Pflegezentrum.

ERSTE INSEL

Am Fuß der Brücke von S. Fosca war es, wo der berühmte Servitenmönche Paolo Sarpi (1552-1623) am 5. Oktober 1607 bei einbrechender Dunkelheit von fünf gedungenen Mördern überfallen wurde, die von der römischen Kurie geschickt worden waren. Sarpi hatte sich den Hass Roms zugezogen, weil er Venedig gegen das 1606 von Papst Paul V. erlassene Interdikt verteidigt hatte, und man verdächtigte den Apostolischen Nuntius, die Mörder angeheuert zu haben (s. *S. Francesco della Vigna*, S. 63).
Der Mönch wurde von drei Dolchstichen verletzt, zwei am Hals und einer im Gesicht, wobei das Stilett im Schädelknochen stecken blieb. Sarpi schwebte eine Weile in Lebensgefahr, wurde glücklicherweise aber wieder gesund. Als der Arzt bemerkte, er habe noch nie so merkwürdige Verletzungen behandelt, soll Sarpi zur Antwort gegeben haben: »Man sagt allgemein, hier sei der Stil [und doppeldeutig: das Stilett] der

Campo S. Fosca mit dem Denkmal Paolo Sarpis

16. San Marziale

Römischen Kurie am Werk gewesen«. Die aus der Wunde gezogene Waffe wurde in der Serviten-Kirche unter einem Kreuz mit der Inschrift »Dei Filio Liberatori« aufgehängt.

Hinter Brücke links beginnt die **Fondamenta Diedo**, an der der Palazzo Diedo steht, ein Bau Tiralis aus dem 18. Jahrhundert. Wahrscheinlich befand sich an dieser Stelle schon ein älteres Gebäude, denn die Diedos waren bereits seit dem 14. Jahrhundert in S. Fosca ansässig. Die Familie kam 790 aus Altino und brachte Krieger, Literaten, drei Bischöfe und einen Architekten hervor. Heute befindet sich in dem Palast das Bezirksgericht.

In der **Cale Diedo** seitlich neben dem Palast sieht man auf einem Türsturz (Hausnummer 2386/A) einen merkwürdigen Löwenkopf mit Fledermausflügeln.

Oben:
Palazzo Diedo, Türsturz des Seiteneingangs

Ruinen der Serviten-Kirche

Am Ende der Fondamenta steht die **Ponte Diedo**, die zur **Fondamenta de i Servi**, heute D. Canal, hinüberführt.

Einige Serviten, die 1316 nach Venedig gekommen waren, errichteten mit Unterstützung eines Giovanni Avanzo ein Kloster und eine Kirche, für die am 24. März 1318 der Grundstein gelegt wurde; doch erst 1474 waren die Arbeiten endgültig beendet. Kirche und Kloster wurden 1813 fast völlig zerstört. Die Überreste Paolo Sarpis wurden in die Vorhalle der Kirche von S. Michele in Isola überführt. 1862 erwarb der Abt Daniele Canal das Gelände und die Überreste, um dort ein Heim für arme Kinder zu gründen.

Man geht wieder an den Fuß der Brücke von S. Fosca zurück. In direkter Fortsetzung beginnt die **Cale de la Zancana o Zancani**, nach einem gewissen Zuane

Zancan benannt, der hier 1713 einen Obstladen hatte. Er zahlt seine Miete an die »Convicini di S. Marziale«, und tatsächlich kann man an der Kanalfassade der letzten Gebäude in der Calle eine Inschrift sehen, die auf die Besitzer verweist: »Caxe deli Convecini de S. Marcial«. Eine ähnliche Tafel findet man am letzten Haus vor der nächsten Brücke (Nummer 2495). In diesem Zusammenhang sei daran erinnert, dass der Bau der Brücken von den Vierteln selbst getragen werden musste, wobei in S. Marziale solche Geldsummen zusammenkamen, dass in den folgenden Jahren bedeutende Beträge angelegt werden konnten. Von diesen Erträgen wurden mehrere Häuser gebaut, deren Mieteinnahmen zum Teil der Kirche zugute kamen und zum Teil dafür genutzt wurde, arme Mädchen mit einer Aussteuer auszustatten. Der Fond wurde von den Hauseigentümern des Viertels verwaltet, und diese Gesellschaft trug den Namen »Convicinato de S. Marziale«.

Die Kirche von S. Marziale

Man kehrt zur Ponte S. Fosca zurück. Rechter Hand, wenn man die Brücke hinabkommt, beginnt die **Fondamenta de Ca' Vendramin**, nach der Familie dieses Namens, deren Palast aus dem 15. Jahrhundert die Hausnummer 2399 hat. Auf die Fondamenta münden:

Sotoportego del Diamanter, benannt nach einem Zuane Zoppis Diamanter, der 1790 hier wohnte. Die Diamanteri [Edelsteinschleifer] wurden in Diamantschleifer und Edelsteinschleifer und Gemmenschneider unterschieden.

Sie gehörten der Confraternita der Goldschmiede an und hatten ihre Werkstätten am Rialto in den Gewölben über den Bogengängen.

Sotoportego Rigo; an Stelle des ursprünglichen Zugangs steht heute das Haus Nummer 2403. Hier lebte seit den ersten Jahren des 18. Jahrhunderts die Familie Rigo.

Von der Calle Zancani kommt man über die gleichnamige Brücke in den **Campo S. Marzial**; hinter der Brücke links folgt die **Fondamenta Moro**, die an der **Ponte Moro** über dem **Rielo Grimani** endet. Die Häuser auf der Fondamenta gehörten einem Zweig der Familie Moro von S. Girolamo.

16. San Marziale

Am Haus Nummer 2450 erkennt man das Symbol des Ospedale dei SS. Pietro e Paolo, zwei gekreuzte Schlüssel mit einem Schwert (16. Jh.). Sansovino erwähnt, dass der Senator Leonardo Moro ein Gebäude errichten ließ, das wie eine große Burg mit vier Türmen aussah. Heute existiert es nicht mehr. Die Familie kam aus Padua und stand seit dem Jahr 1280 in hohem Ansehen durch einen Marino Moro, der den Aufstand in Triest niederschlug und das Ospedale della Misericordia begründete.

Den Dogen Cristoforo Moro dagegen zeichneten mehr seine Milde und die Freundschaft mit dem heiligen Bernardino da Siena aus als seine kriegerischen Tugenden.

Da er nicht an dem von Papst Pius II. ausgerufenen Kreuzzug teilnehmen wollte, so wird erzählt, sagte der Kapitän Vettore Cappello vor versammeltem Senat zu ihm: »Wenn Eure Hoheit nicht freiwillig mitkommen, werden wir Euch zwingen, denn das Wohlergehen und die Ehre dieses Landes liegt uns mehr am Herzen als Eure Person«. Der Familie entstammten außerdem mehrere Bischöfe und tapfere Generäle.

Zwischen dem Campo und dem **Campielo S. Marzial** stand in dem Durchgang zwischen einigen Häusern mit prächtigen Barbacani, den Stützbalken der vorspringenden Obergeschosse, und der Ecke der Kirche die 1810 geschlossene Scuola della Madonna. An einer Hausfassade (Nummer 2489) befindet sich ein Relief, das den segnenden S. Marziale mit einem kleinen Kirchenmodell in der Hand darstellt (15. Jh.). Am Haus Nummer 2491 das Symbol der Scuola della Visitazione di Maria, umgeben von einer Inschrift (1424), die leider nicht mehr zu entziffern ist.

Hinter der Brücke rechts folgt die **Fondamenta del Trapolin**, nach der aus Zypern zugewanderten Familie, die hier im 16. Jahrhundert lebte.

Relief an einem Haus im Campo S. Marziale

Fondamenta del Trapolin, Marmormaske

Auf die Fondamenta mündet die **Cale del Lezze**, die nach der Patrizierfamilie Lezze benannt ist (s. Zweite Insel, Palazzo und Calle Larga Lezze, S. 345). Am Haus Nummer 2483 sieht man eine schöne Marmormaske, an Nummer 2475 ein Relief mit einem liegenden Greis, einer Flussgottheit der Antike.

Man geht wieder auf den Campo, auf dem ein schöner Brunnen vom Anfang des 15. Jahrhunderts steht. Die Kirche von S. Marziale, im Volksmund S. Marcilian genannt, wurde wahrscheinlich im Jahr 1133 von der Familie Bocchi auf einem Gelände errichtet, das im 8. Jahrhundert von der Familie Dardani trockengelegt worden war. Der Bau wurde 1693 erneuert und 1721 neu geweiht. Eine Legende erzählt, dass ein Hirte aus Rimini eine Madonnenstatue schnitzte, sie in ein kleines Boot setzte und aufs Meer treiben ließ. Nach langen Irrfahrten landete das Boot schließlich am Ufer vor der Kirche und wurde im Beisein von Doge und Senat in der Kirche aufgestellt.

Umfassungsmauer des Servitenklosters

Der Innenraum der Kirche ist einschiffig und hat eine Gewölbedecke.

Der Namenstag von S. Marziale gehörte wegen dreier berühmter Siege – der erste an der Bastei von Zadar, der zweite in einer Seeschlacht gegen die Türken vor Rumänien, der dritte über Padua – seit 1373 zu den offiziellen Feiertagen, den sogenannten »Ferie di Palazzo«.

Auf der Brücke von S. Marzial wurden ebenso wie auf der von S. Fosca Wettkämpfe mit Stöcken und Fäusten ausgetragen.

In der Chronik von Barbo wird berichtet, dass am 17. Oktober 1545, einem Sonntag, auf der Brücke von S. Marcilian der Kampf heftig tobte und die Castellani [Bewohner des Viertels Castello] die Oberhand gewannen; da begannen einige Nicolotti [von S. Nicolò dei Mendigoli im Viertel Dorsoduro], von den Dächern Dachziegel auf die Gegner zu werfen, was zu einem gewaltigen Tumult führte. Die Waffen wurden gezogen und zahlreiche Menschen wurden getötet, erstickten oder ertranken. Die Schuldigen, ein »Priester Paris, ein Barbier Iseppo und ein Gefährte von ihm« wurden entdeckt und bestraft.

Campo del Ghetto Nuovo

In der Pfarrei von S. Marziale brach die furchtbare Pest von 1575 im Haus des Vincenzo Franceschi aus, wo ein Reisender aus Trento die Krankheit eingeschleppt hatte. An der Brücke von S. Marziale wurde Alvise Mocenigo dalle Zogie in der Nacht vom 18. Oktober 1619 mit einem Musketenschuss heimtückisch umgebracht.

Auf der Fondamenta di S. Marziale, heute **Fondamenta del la Misericordia**, ermordete der Rechtsanwalt Nicolò Morosini einen Juden, der ihm Geld verweigert hatte. Man überquert die Brücke und biegt nach links auf die Fondamenta della Misericordia.

Von hier sieht man auf der andern Seite des Kanals die Umfassungsmauer des alten Servitenklosters mit der Statue der Jungfrau Maria an der Ecke. Man folgt der lang hingezogenen **Fondamenta de i Ormesini** bis zur eisernen **Ponte del Gheto**, über die man in das **Gheto Novo** kommt.

Der Name Ormesini geht auf eine bestimmte Sorte Seidenstoffe zurück, die ursprünglich aus der Stadt Hurmuz in Asien stammten. Die Stadt existiert nicht mehr, weil sie im 14. Jahrhundert auf eine benachbarte Insel des Persischen Golfs verlegt wurde, die heute ihren Namen trägt. Die Venezianer erlernten schnell die Herstellungstechnik dieser Stoffe, die im 16., 17. und 18. Jahrhundert; groß in Mode waren und aus denen Kleider, Mieder und Hosen genäht wurden.

Der größeren Geschlossenheit wegen erscheint es sinnvoll, Ghetto Vecchio, Nuovo und Nuovissimo gemeinsam zu behandeln, obwohl diese in Wirklichkeit zu drei verschiedenen Pfarreien gehören.

Das **Gheto Vechio** von 1541 (s. *S. Geremia*, S. 385) erhebt sich auf einem Gelände, das »il ghetto« oder »il getto« genannt wurde, weil sich hier die alten öffentlichen Gießereien befanden, in denen die Bombarden gegossen [gettare] wurden, kurze Kanonen, deren Geschosse eine gekrümmte Flugbahn hatten.

Diese Gießereien existierten seit dem 14. Jahrhundert und wurden zu Beginn des 15. in das Arsenals verlegt. Das gesamte Gelände war mit einer Mauer umgeben und durch ein kleines Tor kam man über eine Holzbrücke auf ein benachbartes Grundstück, auf dem die Gießschlacken und die Asche der Schmelzöfen abgeladen wurden. Auch dieses zweite Gelände wurde wegen der Nähe zum ersten oder weil auch hier Schmelzöfen standen, »Ghetto« genannt, allerdings mit dem Zusatz »Nuovo«, im Unterschied zu dem anderen, das entsprechend »Vecchio« hieß. Das eine wie das andere Gelände wurden 1516 zum Wohnsitz der Juden bestimmt, und dieser Name wurde so bekannt, dass er in der ganzen Welt benutzt wird, um den Ort zu bezeichnen, an dem die Juden zwangsweise leben müssen. Im 17. Jahrhundert stellte die Republik ein weiteres benachbartes Gelände zur Verfügung, das »Ghetto Nuovissimo« genannt wurde (1633).

Die Juden lebten seit 1152 in der Stadt, wahrscheinlich standen ihre Häuser auf der Giudecca (s. *SS. Redentore*, S. 617). Im 14. Jahrhundert wurden sie wegen Unregelmäßigkeiten beim Geldverleih nach Mestre verbannt, später aber wieder nach Venedig zurückgerufen, wo sie sich gegen Zahlung gelegentlicher Gebühren niederlassen konnten. Im Jahr 1534 bildeten sie eine Universität, die aus den drei großen landsmannschaftlichen Gruppen bestand, der Nazione Levantina [Osten], Ponentina [Westen] und Tedesca [Deutsch, gemeint ist Nordosteuropa].

Sie durften kein ehrliches Handwerk ausüben, mit Ausnahme der Medizin, und nicht einmal Handarbeit verrichten; außerdem durften sie keine Häuser oder andere Immobilien besitzen. Sie waren gezwungen, im Ghetto zu wohnen, dessen Tore von Sonnenuntergang bis Sonnenaufgang geschlossen wurden und das bewaffnete Wachen kontrollierten, die ununterbrochen mit Booten auf den Kanälen um die Insel patrouillierten. Auch heute noch ist das Viertel vom Rest der Stadt nur über drei Brücken zu erreichen: **Ponte de Gheto Novo**, **Ponte de Gheto Vechio** und **Ponte de Gheto Novissimo**. Im Innern stehen die Häuser dichtgedrängt bis zu sieben Stockwerken hoch; in der Mitte befindet sich ein Platz mit drei Brunnen, die das Wappen der da Brolo tragen, die in der Mitte des 15. Jahrhunderts die Zisternen anlegen ließen. Constantino und Bartolomeo da Brolo entstammten einer städtischen Familie, die aus Verona zugewandert war, und waren Kaufleute. Die Familie erlosch in der ersten Hälfte des 18. Jahrhunderts.

Rund um den Platz fällt die komplexe architektonische Gebäudestruktur mit Vorbauten in Stein oder Holz und Altanen auf, Ausdruck der drängenden Enge im Innern der Häuser.

Einstiger Sitz des Banco Rosso im Campo del Ghetto Nuovo

Ghetto Nuovo, Synagoge am Campo delle Scuole

Einst waren die zahllosen Läden und die drei Wechselstuben durch einen nahezu ununterbrochener Bogengang geschützt, über dem kleine Anbauten vorsprangen. Der letzte Rest des Portikus auf der Westseite trägt einen merkwürdigen Aufbau in klassischem Stil; im östlichen Portikus ist noch das Schild des Banco Rosso zu erkennen (Hausnummer 2812).

Man geht diagonal über den Platz und über die **Ponte de Gheto Vechio** und kommt in die Pfarrei S. Geremia. Auf der linken Seite der sich anschließenden **Cale de Gheto Vechio** öffnen sich **Cale** und **Corte de l'Orto**, die nach einem bis zum Beginn dieses Jahrhunderts existierenden Garten heißen. In der Vergangenheit, vor allem im 16. Jahrhundert, verfügte Venedig über eine Fülle von Nutz- und Ziergärten, von denen die Gärten der Erizzi bei S. Canciano, der Michieli bei SS. Gervasio e Protasio und der Bon bei S. Angelo besonders berühmt waren.

Man geht in die Calle del Ghetto Vecchio zurück und folgt ihr nach links bis zum **Campielo de le Scuole**, an dem die religiösen Gebäude des Ghetto Vecchio stehen: die 1528 begründete und 1630 nach Plänen Longhenas neu erbaute Spanische Synagoge und die Levantinische Synagoge von 1585.

Der Campiello stellt das von der alten Hauptstraße durchquerte Zentrum des Ghettos dar.

Man geht die Calle del Ghetto Vecchio in Richtung Ghetto Nuovo zurück und kommt sofort zur **Corte Scala Mata** auf der linken Seite; die Herkunft des Straßennamens ist unbekannt, möglicherweise handelt es sich um eine Entstellung des Familiennamens Calamatta. An der Ecke zwischen Corte und Calle steht eine gusseiserne Straßenlaterne, vielleicht das letzte Exemplar einer mittlerweile ausgestorbenen Gattung.

Das Ghetto ist ein Gewirr von Gassen und Gässchen, die (zwischen Sottoportico di Ghetto Vecchio und Ponte de Gheto Novo) von der Hauptstraße abzweigen, an der sich die Geschäfte aufreihten, die die völlige Unabhängigkeit der Gemeinde sicherstellten. Außer den Läden drängten sich in den beengten Räumlichkeiten ein Wirtshaus, ein Café, zwei Buchläden, ein Gasthof mit 24 Zimmern (neben der Levantinischen Synagoge), ein Spital, eine Kinderschule im Mezzanin der Spanischen Synagoge, zwei Synagogen und verschiedene kulturelle und wohltätige Einrichtungen, darunter eine Brüderschaft für die Zahlung von Lösegeld zur Befreiung der Gefangenen.

Man geht über die Ponte di Ghetto Nuovo zurück, biegt nach links und folgt dem letzten Stück der Fondamenta degli Ormesini. Bei der nächsten Brücke links, **Ponte di S. Girolamo**, überquert man den Kanal dann wieder.

Hinter der Brücke rechts beginnt die lange **Fondamenta S. Girolamo**; auf ihrer linken Seite stand das alte Oratorio di S. Giuliano, das einst für seine wertvollen Gemälde bekannt war und Anfang des 19. Jahrhunderts geschlossen wurde.

Im Jahr 1364 flohen die Augustinerinnen Bernarda Dotto und Girolama Lero vor den Ungarn aus Treviso und kamen nach Venedig, wo sie in einem Haus in S. Vitale zurückgezogen lebten. Mit Hilfe der Schenkungen des Geistlichen Giovanni Contarini konnten sie später ein Kloster mit einer Kirche errichten. 1425 wurden die Gebäude vergrößert; 1456 brannten sie ab, wurden mit Mitteln des Senats wieder aufgebaut und standen bis 1705, dann brannten sie erneut ab. Dank der Mildtätigkeit der Gläubigen erstanden sie neu und blieben bis zur Auflösung der religiösen Ordensgemeinschaften in Betrieb. Heute werden die privat genutzt. Jenseits der Kirche stehen nur moderne Gebäude, die auf den brachliegenden Flächen namens Chiovere (s. S. *Geremia*, Calle delle Chioverette, S. 385) erbaut wurden.

Hinter den Chiovere liegt die **Fondamenta del Batelo**, wo das Traghetto nach Mestre abfuhr. Der Name der Fondamente geht auf den Umstand zurück, dass die einstigen Eigentümer des Kanals, die Nonnen von S. Girolamo und die Mönchen von S. Secondo den Bau einer Brücke für den Durchgangsverkehr so lange wie möglich verhinderten, weshalb er mit einem Boot bewerkstelligt werden musste.

Unter der Republik wurden am Tag von S. Girolamo die neuen Magistrats-

16. San Marziale

Kirche von S. Girolamo

16. San Marziale

beamten ernannt, die ihre Vorgänger nach Ablauf der Amtszeit ablösten. Am gleichen Tag begann der sommerliche Landaufenthalt der Venezianer.
Hier endet die erste Insel.

ZWEITE INSEL

Man nimmt die (1811 wieder aufgebaute) Holzbrücke rechts hinter der Kirche und folgt der **Fondamenta de le Capuzzine** nach rechts. Gegenüber der Brücke steht die Kirche gleichen Namens. Die nach einem Goldschmied Zuane Amigoni, der hier 1609 ein Haus und ein Ölmagazin besaß, benannte **Cale de l'Amigoni** ist heute nicht mehr zugänglich.

Gegen Ende des 16. Jahrhunderts zog sich Angela Crasso mit einer Gefährtin in ein Haus beim Oratorio della Fava zurück, um Nonne zu werden. Von dort zogen die beiden Frauen in ein anderes Haus beim Ospedaletto dei SS. Giovanni e Paolo um. Da die Zahl der Nonnen anstieg, übersiedelten sie ein größeres Gebäude bei S. Ternita. Als ihre Zahl dann auf zwölf zurückgegangen war, gingen sie in ein Kloster in Quintavalle di Castello und traten in den Kapuzinerorden ein (1609). Sie waren aber mit dieser Situation nicht zufrieden, sondern erbauten 1612 an der Fondamenta ein Kloster gegenüber der Kirche von S. Girolamo und fügten 1614 noch eine Kirche hinzu, die Maria, der Mutter des Erlösers, S. Franziskus und der Heiligen Klara geweiht war. Das Kloster wurde 1818 aufgelöst und in eine Irrenanstalt für Frauen verwandelt. 1827 wurde es den Nonnen zusammen mit der Kirche zurückgegeben. An der Kirchentür sieht man eine Statue der Madonna mit dem Jesuskind von Gerolamo Campagna (Ende 16. Jh.).

Auf der rechten Seite der Fondamenta folgen:
Sotoportego e Corte Nova; an Haus Nummer 3038 ein Relief mit dem segnenden Gottvater von Anfang des 15. Jahrhunderts.

Sottoportico und Corte Nuova, Relief mit der Figur Gottvaters

Cale Ca' Rizzo; eine gewisse Laura Rizzo erklärte 1514, fünf Häuser gegenüber der Kirche von S. Girolamo zu besitzen. Sie entstammte der Familie Rizzo (s. *S. Luca*, Calle Maltese dei Risi, S. 226), die einen Igel über Rosen in ihrem Wappen führte und ihr Familiengrab in der Frari-Kirche hatte.

In der Ca' Rizzo in S. Girolamo, wo der Herzog Annibale Moles wohnte, wurden am 1. Februar 1723 die Haushälterin des Herzogs und ihre Bekannte Laura, die ihr während der Abwesenheit des Hausherrn Gesellschaft leisten wollte, verbrannt aufgefunden.

Cale Contarina, nach einigen Häusern im Besitz der Patrizierfamilie Contarini.

Cale del Squero, nach der alten Bootswerft, die an ihrem Ende am **Rio de la Sensa** lag.

Der Kanal trägt seinen Namen nach den ihn flankierenden Lagerhallen, in denen die Buden der Himmelfahrts-Messe eingelagert waren, die am Himmelfahrtstag (15. August) auf dem Markusplatz stattfand.

Seit dem Jahr 1180 feierte Venedig den Sieg über die Narentaner (997), die von den dalmatischen Inseln aus im Adriatischen Meer Piraterie betrieben, mit einer großen Messe, auf der sie ihren Warenreichtum den staunenden Augen zur Schau stellte. Für eine Woche, später für zwei, verwandelte sich der Markusplatz in einen gewaltigen Markt, wo in offenen Buden alles verkauft wurde, von den einfachsten Produkten bis zu den teuersten und seltensten Waren.

Cale del Magazen (Weinverkauf); auf der rechten Seite öffnet sich die **Corte Corelie**, heute Borella, die auf die gleichnamige Fondamenta führt. Der Name geht auf die Familie Corelia zurück, die mit anderen Seidenwebern im 14. Jahrhundert aus Lucca nach Venedig kam.

Man folgt der Fondamenta und überquert dann die **Ponte de le Torete**, nach zwei Türmchen benannt, die sich früher auf einem der umgebenden Gebäude erhoben (s. *S. Giovanni in Bragora*, Palazzo Molin dalle due Torri, S. 91).

Auf der anschließenden Fondamenta dei Ormesini folgen:

Cale Turlona; aus den Einwohner-Registern geht hervor, dass die Familie Turloni im 16. Jahrhundert in S. Polo lebte, und zwar in der sogenannten Calle Pezzana (s. *S. Maria Gloriosa dei Frari*, S. 509), aber gleichzeitig eine Ruga mit vierundzwanzig Häusern bei S. Girolamo besaß. Die Familie stammte aus Bergamo und erwarb mit der Wollverarbeitung große Reichtümer. 1599 erlosch sie mit einem Gaspare Turloni. Im gleichen Jahr erwarb Paolo Antonio Labia die Häuser Gaspares vom Staat und renovierte sie 1606. In einem dieser Häuser wurden 1746 Opern aufgeführt, wobei auf der Bühne Holzfiguren agierten, während die Sänger mit Orchesterbegleitung hinter den Kulissen sangen.

Corte Zappa mit Ziegelsteinpflaster, nach einem Giorgio de Galliera, genannt Zappa, der in seinem Testament vom 2. September 1391 ein Hospiz für sechzehn Seeleute erwähnt, mit dessen Bau er begonnen hatte; falls die Arbeiten nicht vor einem Tod beendet seien, sollten sie aus seinen nachgelassenen Mitteln finanziert werden, wozu er die Prokuratoren von S. Marco zu Testamentsvollstreckern ernannte.

16. San Marziale

Die Corte war ursprünglich durch eine Mauer mit einem schönen spitzbogigen Eingangstor verschlossen. In dem Bogenfeld befand sich eine Darstellung des Heiligen Georg, der den Drachen tötet, zwischen zwei von einem Balken geteilten Wappen mit einem Löwen im unteren Feld und einer knienden Figur, vielleicht Giorgio Zappa, in einem der oberen Felder. Eine Zeichnung dieser Figur von Grevembroch befindet sich im Museo Correr.

Im Innern der Corte steht ein Brunnen mit drei Hacken [Zappa] auf dem äußeren Ring.

Cale de la Malvasia (s. *S. Giovanni in Bragora*, S. 82).

Cale del Calergi o Caleri, nach dem Edelmann Vittore Grimani Calergi, der 1661 hier mehrere Häuser besaß. Er war der Sohn von Vincenzo Grimani und Marina Calergi; sie entstammte einer reichen Familie von Kreta, die lange für die Unabhängigkeit der Insel und gegen Venedig kämpfte. Im Jahr 1258 unterwarfen sie sich Venedig und Alessio Calergi wurde mit seinen Nachkommen zum Großen Rat zugelassen. Auf dem Totenbett verpflichtete er seine Söhne zur Treue zum Banner von S. Marco. Drei von ihnen hielten sich an das väterliche Gebot, doch der vierte namens Leone lehnte sich auf und wurde im Jahr 1300 in einen Sack genäht und ins Meer geworfen. Aus dem gleichen Grund wurde 1330 ein Evagora Calergi getötet und 1364 wurde ein Carlo Calergi aus einem Palast gestürzt, während ihn unten die Soldaten mit aufgepflanzten Waffen erwarteten; ein Giovanni Calergi schließlich wurde mit seinen Brüdern Alessio und Giorgio enthauptet. Die Familie erlosch im 17. Jahrhundert und Vincenzo Grimani übernahm durch Heirat ihren Besitz; seither führen seine Nachkommen den Doppelnamen.

Sotoportego e Cale Alberagno o Alberegno; 1661 besaß Lorenzo Alberegno hier mehrere Häuser. In den Chroniken werden die Männer der Familie, die die Kirche von S. Salvador auf Murano erbaute, als rechtschaffen und gerecht geschildert. Im Jahr 1301 bemühte sich Giacomo Alberegno ein Rechtsanwalt beim Uffizio del Proprio, vergeblich um die Aufnahme als Patrizier. Ein Zweig der Familie widmete sich dem Tuchhandel.

Cale del Giudio; der Name rührt von einer Apotheke »de Zudio«, die hier im 16. Jahrhundert existierte. Auf der Fondamenta sieht man an dem Eckhaus zur Calle die Überreste einer Sonnenuhr aus dem Jahr 1566.

Cale Cordellina; in dem Einwohnerverzeichnis von 1713 werden in dieser Calle Anzola und ihre Schwester Cordellina als Mieterinnen aufgeführt.

16. San Marziale

Cale del Forno, nach einem alten Backofen.

Sotoportego e Cale Lezze; einige Autoren behaupten, die Familie Lezze sei 973 aus Lecce in Apulien gekommen, andere sind der Überzeugung, sie sei 1005 aus Ravenna gekommen und mit der Familie Traversari verwandt; der neue Familienname sei von der Regierung gesetzlich angeordnet worden. Im Jahr 1488 beteiligten sich die Lezze am Bau der Kirche von SS. Rocco e Margherita. Ein Antonio Lezze nahm an der Verteidigung Scutaris teil (1476) und ein Giovanni, von Karl V. zum Graf von S. Croce sulla Piave ernannt, war Provveditore in Dalmatien und Albanien. An der Ecke zwischen der Fondamenta und der Calle steht Palazzo Lezze (Hausnummer 2651) aus dem 16. Jahrhundert. In der Calle sieht man vorspringende Obergeschosse auf Stützbalken; an der Außenmauer eines Gartens eine Madonnenstatue.

Sotoportego e Ponte del Lustraferi; hier – wie an anderen Orten der Stadt – befand sich die Werkstatt eines »Lustraferri«, eines Metallpolierers, speziell der eisernen Gondel-Schnäbel. Eine Chronik berichtet, dass im Jahr 1760 der tüchtigste Metallpolierer für Gondelschnäbel an der **Ponte de l'Aseo** bei S. Marziale wohnte. Ponte dell'Aseo liegt direkt neben dem Sottoportico Lustraferri. Hinter der Brücke liegt der Palazzo Caotorta (Hausnummer 2625) aus dem 17. Jahrhundert.

Sotoportego e Corte de la Rafineria; Galliccioli erinnert daran, dass hier eine Zuckersiederei existierte (s. *S. Maria del Rosario*, Calle dello Zucchero, S. 599). Im Jahr 1713 wurde sie von einem Francesco Astori betrieben. Die erste Zuckersiederei in Venedig wurde 1598 von dem Portugiesen Rodrigo di Marchiano begründet. Dieses Gewerbe gehörte zur Zunft der »Spezieri da grosso« [Süßwaren- und Gewürzhändler] und war eine venezianische Besonderheit. Die Einführung von Zuckerraffinerien in Ancona, Triest und anderen Orten verursachte den Niedergang dieses Gewerbes; 1773 gab es noch sieben Betriebe in der Stadt.

Cale Longo führt an einem spitzbogigen Palast der Patrizierfamilie Longo (Hausnummer 2591) aus dem 15. Jahrhundert entlang; die Familie kam 1043 aus Rimini und stammte von den dortigen Herrschern ab. 1381 wurde sie zum Großen Rat zugelassen wegen der Verdienste, die Nicolo Longo im Krieg von Chioggia erworben hatte; dieser hatte eine Apotheke am Rialto und wohnte in »S. Marcilian«.

Er erbaute vermutlich auch den Palast, aber die Longos besaßen an dieser Stelle auch schon vor Ende des 14. Jahrhunderts Häuser.

Kapelle von S. Antonio in der Calle Larga

16. San Marziale

In dem Verzeichnis der Häuser, die entweder abgerissen, versteigert oder mit dem Markuslöwen gekennzeichnet wurden, weil sie Teilnehmern an der Tiepolo-Verschwörung (1310) gehörten, erscheint nämlich auch »Ca' Longo in S. Marcial bei den Serviten«.

Großen Ruhm erwarb die Familie durch einen Girolamo, der auf einer Galeasse gegen die Türken gekämpft hatte, in Gefangenschaft geriet und wegen seiner Weigerung, dem christlichen Glauben abzuschwören, zwischen zwei Bretter gebunden und in der Mitte durchgesägt wurde (1463). Haus Nummer 2588 ist der Palazzo Tirabosco aus dem 16. Jahrhundert.

Cale Calderer; hier wohnte 1713 ein gewisser Ercole Angiana, von Beruf Calderer [Kesselschmied].

Die Calderai, deren Confraternita 1294 gegründet wurde, gehörten ebenso wie die Lavezzeri und Consalavezzi [Kesselflicker] (s. *S. Luca*, Corte Lavezzera, S. 227) zur Schmiedezunft. Vier Kesselschmiede mussten während der Himmelfahrtsmesse ihre Waren auf dem Markusplatz verkaufen; wer sich weigerte, wurde davon befreit, musste aber drei Dukaten an die Scuola zahlen.

Cale Larga, nach ihrer Breite benannt. Hier befindet sich eine kleine hölzerne Votivkapelle mit zwei schmiedeeisernen Gittertoren, in dem ein Bild des Heiligen Antonius von Padua hängt.

Cale Groppi, nach der gleichnamigen Familie aus Bergamo, die wegen des Seidenhandels nach Venedig kam. Ihr entstammen eine Reihe von Doktoren, Sekretären und Kaufleuten.

Palazzo Lezze, alchemistische Darstellung

Kirche und Scuola von S. Maria Valverde

Auf der Fondamenta steht der Palazzo Michiel (Hausnummer 2536) aus dem 16. und 17. Jahrhundert.

Sotoportego e Corte de i Fachini; in jedem Stadtviertel gab es eine große Zahl von Dienstmännern, die unter anderem auch für die Sauberkeit der Abflüsse und Zisternen zuständig waren. Sie kamen vor allem aus dem Veltlin und hatten eine eigene Confraternita (1626) unter der Schirmherrschaft von Mariä Heimsuchung. Auf der Fondamenta della Misericordia war einer ihrer Standorte.

Abtei della Misericordia

Auf der Fondamenta steht ein spitzbogiger Palast (Hausnummer 2527) aus dem 15. Jahrhundert.

Cale de la Fossa; die Herkunft des Namens ist unbekannt, vielleicht geht er auf eine frühere Bodensenke zurück.

Cale del Zoccolo, nach einer Familie »dal Zoccolo«, die im 17. Jahrhundert hier wohnte.

Campielo de i Trevisani, nach einem Hospiz für Arme aus Treviso. Es unterstand dem Spital von Treviso, wie aus der Inschrift »Hospitalis Divae Mariae Virginis Tarvisii« hervorgeht, die unter dem Wappen an der Fassade auf den Rio della Sensa angebracht ist; von der **Ponte de Corte Vechia** aus kann man sie sehen. In einem Erlass von 1581 ist festgelegt, dass die Boote aus Treviso an der Fondamenta della Misericordia anlegen mussten.

Frachtschiff an einem Altar in der Fondamenta della Misericordia

Cale Larga del Lezze, siehe oben (S. 335).

Der 1654 nach Plänen Longhenas erbaute Palazzo Lezze wurde während des traurigen Endes der Republik bedauerlicherweise geplündert. Hier befand sich auch die berühmte Druckerei Antonelli. Auf der Fassade erkennt man an der linken Ecke unter dem Balkon ein Relief von eindeutig alchemistischem Charakter, gefolgt von einem weiteren in der Ecke und zwei anderen weiter oben.

Campo e Scuola della Misericordia; 1308 wurde eine Scuola von S. Maria Valverde, genannt »della Misericordia« neben der Abteikirche gleichen Namens errichtet. Später wurde der Komplex vergrößert und ein Spital und eine Kapelle hinzugefügt. Da die Zahl der Mönche weiter anstieg, beauftragten sie 1532 Sansovino, einen neuen, prächtigeren Bau zu errichten. Dieser wurde um 1583 fertiggestellt und durch den Dogen Nicolò da Ponte und die Signoria feierlich eingeweiht.

Kirche della Misericordia

Ein charakteristischer »Squero« bei Ponte dei Muti

Die Scuola wurde 1806 geschlossen und der unvollendete Bau diente zuerst dem Militär, dann als städtische Lagerhalle, als Wehrerfassungsamt und schließlich als Turn- und Basketballhalle. Derzeit wird das Gebäude restauriert.

Der untere Saal ist zweischiffig mit einer doppelten Säulenreihe in der Mitte, der obere einschiffig.

Neben dem Gebäude erstreckt sich die **Fondamenta de la Misericordia**, die zur gleichnamigen Brücke führt; früher war sie aus Stein, seit 1833 ist sie aus Holz. Hier befindet sich eine schöner Tabernakel (16.-17. Jh.), der früher der Scuola dei Mercanti gehörte. Auf der Vorderseite des Altars sieht man eine Madonna della Misericordia, die von zwei Mitgliedern der Brüderschaft angebetet wird; auf den beiden seitlichen Rundbildern sind zwei Handelsschiffe dargestellt.

Hier endet die zweite Insel.

DRITTE INSEL

Jenseits der Brücke erhebt sich die Kirche von S. Maria della Misericordia, die im Jahr 939 mit der angeschlossenen Abtei von den Familien Giulia und Moro auf einem Wiesengelände namens Valverde errichtet wurde.

Der Platz hat ein Pflaster aus Backsteinen in Fischgrätmuster mit weißer Zwischenstreifen, wie früher auch einmal der Markusplatz. Bemerkenswert ist der Brunnen aus dem 14. Jahrhundert; auf drei Seiten trägt er die Darstellung von zwei knienden Mitgliedern der Brüderschaft, die das Symbol der Scuola hochhalten (»S M V« mit einer Krone darüber). Am Anfang wurde die Kirche den Eremiten anvertraut, später wahrscheinlich der Augustinern, die daneben das

Das Haus Tintorettos

Kloster errichteten. 1348 starben sämtliche Mönche an der Pest, mit Ausnahme des Abtes, der vor seinem Tod sein Amt an Luca Moro übergab. Dieser erreichte im Jahr 1369, dass seiner Familie auf immer das Patronat über die Kirche übertragen wurde. Die Fassade wurde im 17. Jahrhundert von dem Philosophen Gasparo Moro nach Plänen Clemente Molis neu gestaltet.

»Sior Antonio Rioba« und ein anderer »Mohr« am Campo dei Mori

1868 wurde die Kirche geschlossen, doch 1884 erwarb sie der Patriarch von Venedig Domenico Agostini, um sie wieder kirchlich zu nutzen. Auf der Fassade befindet sich eine schöne Darstellung der Madonna mit dem segnenden Jesuskind, ein Werk venezianischer Kunst aus dem 13. Jahrhundert.

Auf der linken Seite steht der älteste Bau der Scuola Vecchia della Misericordia. Der gotische Kampanile stammt aus dem 14. Jahrhundert.

Das Gebäude der Scuola Vecchia wurde 1303 begonnen und wahrscheinlich von der Baumeisterfamilie Bon in der ersten Hälfte des 14. Jahrhunderts fertiggestellt. 1612 wurde es an die Scuola dei Tessitori di Lana [Wollweber] abgetreten und zu Beginn des 19. Jahrhunderts säkularisiert.

Hier beginnt die lange Folge von Fondamente, die sich am **Rio de la Sensa** hinziehen; dies sind der Reihe nach: **Fondamenta de l'Abazia**, **Fondamenta de i Mori** und **Fondamenta de la Sensa**.

Auf der rechten Seite der ersten Fondamenta kommt man zu Ca' Rubini (Hausnummer 3554) aus dem 17. Jahrhundert. Es folgen:

Palazzo del Cammello

Corte Nova, in der die Scuola Grande della Misericordia ein Hospiz für arme Mitglieder besaß. Über dem Eingangsbogen sieht man eine Figur der Jungfrau Maria (Ende 14. Jh.) und darunter eine Inschrift, dass diese Häuser 1505 unter dem Dogen Leonardo Loredan erbaut wurden.

Corte Vechia, im Gegensatz zur Corte Nuova.

Ponte de i Muti, eine Holzbrücke, von der

aus man eine der letzten charakteristischen Bootswerften bewundern kann, die mittlerweile auch schon geschlossen ist. **Corte de i Muti**, mit dem Renaissance-Palast Fonte (Hausnummer 3449), der nach der Familie heißt, die am Ende des 16. Jahrhunderts von Bergamo nach Venedig kam.

Man geht auf die **Fondamenta de i Mori** hinüber; auf sie münden **Cale de le Do Corti** und anschließend **Cale del Tintoretto**.

In dem gotischen Haus Nummer 3399 aus dem 15. Jahrhundert wohnte Jacopo Robusti, genannt Tintoretto, der das Gebäude 1574 kaufte und zwanzig Jahre später hier starb. An der Fassade befindet sich ein schönes römisches Relief des nackten Herkules mit seiner Keule neben einem Baum. Am Haus Nummer 3398 die Staue eines »Mohren« auf einem verzierten Sockel.

Auf den **Sotoportego Porton de i Mori** mit verzierten Säulen auf antiken Säulenfüßen folgt der **Campo de i Mori**, wahrscheinlich nach dem Fondaco degli Arabi genannt, der sich hier in der Nähe befand. Auf der rechten Seite des Platzes steht ein zum großen Teil umgebauter und modernisierter alter Gebäudekomplex, der vom Rio della Sensa bis zum Rio della Madonna dell'Orto reicht. In der Außenmauer sind drei Männerstatuen (Ende 13. Jh.) in orientalischer Tracht eingefügt; eine von ihnen ist unter dem Namen »Sior Antonio Rioba« bei den Venezianern berühmt. Sior Antonio war lange Zeit der »Pasquino« von Venedig, unter dessen Namen Witze, Spottverse und auch beißende Kritik verbreitet wurden. Der Name »Moro« geht, wie bereits erwähnt, vielleicht auf den alten Fondaco zurück, vielleicht auch auf den Umstand, dass die Gebäude von den drei Brüdern Rioba, Sandi und Afani erbaut wurden, die aus der Morea [Peleponnes] gekommen waren und deshalb im Volksmund »Mori« hießen. Diese Annahme wird bestätigt durch die drei Statuen, deren Namen auf den Körben steht, die sie auf dem Kopf tragen.

Am Ende des Platzes steht in der inneren Corte des Hauses Nummer 3381 ein Brunnen mit dem Wappen der Familie Mastelli, einem Wappenschild mit Querbalken in Schachbrettmuster.

Wappen der Familie Brazzo an Ponte Brazzo

Der Palast heißt »del Cammello« nach der Figur eines Mannes in orientalischer Tracht mit einem Kamel, die in die Fassade auf den Rio della Madonna eingemauert ist. Man sieht sie deutlich, wenn man von der Brücke nach rechts schaut.

Die Familie Mastelli, die in den alten Ratsversammlungen saß, nahm 1202 an dem vom Dogen Enrico Dandolo angeführten Kreuzzug teil. Später eröffneten sie einen Fondaco (Lagerhaus) für Gewürze, der vielleicht in Anspielung auf diese Figur »Zum Kamel« hieß. Sie erwarben von der Signoria die Mautgebühren des »Passo di Moranzano« über die Brenta und lebten bis zum Erlöschen der Familie 1620 im Genuss des erworbenen Reichtums. Der Palast kam dann durch Heirat an die Familie des Notars Prezzato.

Die Chronik berichtet, dass im Jahr 1757 mehrere Abende hintereinander immer zur gleichen Zeit die fünf Klingeln der Zimmer gleichzeitig zu läuten begannen. Das verursachte große Angst, Frauen fielen in Ohnmacht, Aderlässe waren nötig und zum Schluss wurde der Pfarrer gebeten, das Haus zu segnen; als auch das nichts half, wurde der Kaplan von S. Fantin, ein bekannter Exorzist, hinzugezogen, um die bösen Geister zu vertreiben.

Im weiteren Verlauf der Fondamenta folgen Häuser aus dem Besitz der Scuola della Misericordia (Hausnummer 3365).

Corte Gregolina o Gregoriana oder »del Quartier«, nach der Getreidehändlerfamilie Gregolin, die hier seit 1484 wohnte. Der zweite Name »del Quartier« könnte eine Entstellung von »Partìo« sein, denn unter diesem Namen wird sie 1711 wegen ihrer Zugehörigkeit zum »Partito del Tabacco« erwähnt.

Man überquert die **Ponte Brazzo** und kommt auf die Fondamenta della Sensa, auf der der spitzbogige Palazzo da Brazzo (Hausnummer 3355) aus dem 15. Jahrhundert steht.

Cale Brazzo, nach der alten Familie Brazzo, deren Wappen man an der Fassade sieht. Sie kam im 15. Jahrhundert aus der Toskana und widmete sich dem Handel; 1645 erlosch sie.

Cale Arigoni, nach der gleichnamigen Familie, die weitere Häuser in Venedig und Güter in Mansè bei Oderzo besaß. An der Fondamenta steht Palazzo Arrigoni (Hausnummer 3336) mit einem dreibogigen Fenster.

Cale Caotorta, nach einem Zweig der alten Familie benannt (s. *S. Maria del Giglio*, S. 267). An der Fondamenta steht Palazzo Loredan (Hausnummer 3318) aus dem 17. Jahrhundert.

Cale Loredana, nach der uralten Familie Loredan. Die Chroniken berichten, dass die Mainardi, also die Nach-

16. San Marziale

kommen von Muzius Scaevola, die in Rom »manus ardeo« genannt wurden, im Laufe der Zeit wegen der vielen Siege, die sie errangen, den Familiennamen Laureati, Lauretani und schließlich Loredani erhielten. Später hätten sie Rovigo errichtet und seien im Jahr 1015 nach Venedig gekommen. Doch den wirkliche Ruhm erwarben die Loredan durch ihre Taten. Ein Pietro Loredan, der drei Mal Seekommandant war, eroberte 1416 Traù, besiegte die Türken bei Gallipoli und nahm ihnen fünfzehn Galeeren ab. 1431 besiegte er Mailänder und Genuesen im Golf von Rapallo, kaperte acht Galeeren und nahm den gegnerischen General Spinola gefangen. Sein Sohn Giacomo setzte 1453 zweiundzwanzig Schiffe der Ungläubigen in Brand und besiegte sie 1464. Auch der Cousin Luigi und sein Sohn Antonio brachten wiederholt dem moslemischen Halbmond auf dem Meer Niederlagen bei. Erinnert sei außerdem an die Dogen Leonardo, Pietro und Francesco Loredan, mehrere Bischöfe und höchste weltliche Würdenträger.

Ponte Rosso o de i Trasti; früher »Ponte di Santo dei Trasti« genannt, nach einem gewissen Santo, der *Trasti* herstellte, jene Bretter also, die quer über die Boote oder Gondeln genagelt werden, um ihnen Stabilität zu verleihen und eine Sitzmöglichkeit zu bieten. Mit einem Gesetz von 1623 wurde untersagt, die Trasti aus Ebenholz herzustellen oder sie mit Ebenholz-Intarsien, Figuren, Pyramiden, Knäufen usw. zu verzieren.

Cale de le Muneghe; die Herkunft des Namens steht nicht mit Sicherheit fest.

Cale del Capitelo; um in den frühesten Zeiten die Stadt angesichts der zahlreichen Morde sicherer zu machen, wurden in den gefährlichsten Straßen in der Nähe von Heiligenbildern Laternen aufgestellt, die wegen ihres schwachen Lichtscheins wie Glühwürmchen (»cicendelae«) aussahen und deshalb »cesendeli« genannt wurden. Dies ist, neben der Frömmigkeit der Bevölkerung, der Grund für die auffallend große Zahl von Heiligenbildern in Venedig. Der deutsche Ordensbruder Faber, der 1489 sein »Evagatorium oder Reise ins Heilige Land« veröffentlichte, schreibt, dass sich in Venedig an allen Ecken und Enden Bildstöcke finden und dass nachts vor dem Bild der Madonna eine brennende Lampe hängt.

Kirche und Kreuzgang von S. Alvise

Cale e Corte Rubina, nach der aus Bergamo kommenden Familie Rubini, die zunächst mit Seide und später mit Seife handelte; 1646 wurde sie unter die Patrizier aufgenommen und erlosch 1756. An der Fondamenta steht der Palazzo Cassetti (Hausnummer 3240) aus dem 16. Jahrhundert und ein kleiner Bau aus dem achtzehnten (Hausnummer 3233).

Cale de la Cenere, nach den Aschelagern benannt, die sich außer in S. Giuseppe auch hier befanden (s. *S. Pietro in Castello*, Corte della Cenere, S. 25).

Cale Pisciutta, nach einem Barbier Matteo Pisciutta oder Pischiutta, der am Anfang des 18. Jahrhunderts hier wohnte.

Corte Zamenghi o Zaminghi, heute bei Hausnummer 3220 gesperrt; nach der gleichnamigen Familie benannt. Dicht bei der Corte und fast genau gegenüber der **Ponte Turlona** steht der zu Beginn des 16. Jahrhunderts in lombardischem Stil erbaute Palazzo Michiel (Hausnummer 3218). Hier wohnte Arnoldo Ferrier, der französische Botschafter bei der Republik.

Cale de i Riformati, früher »dei Frati«; benannt nach den Franziskanermönchen (Francescani Riformati), die in dem nahegelegenen Kloster an der Fondamenta dei Riformati lebten.

Kampanile und Apsis der Kirche von S. Alvise

VIERTE INSEL

Man folgt der Calle dei Riformati und überquert die **Ponte de S. Bonaventura**.

Haus Nummer 3145 war das 1620 von den Franziskanern gegründete Kloster der Karmeliter-Nonnen mit der S. Bonaventura geweihten Kirche. 1810 wurden die beiden Gebäude säkularisiert, 1859 von der Gräfin Paolina Giustinian, verwitwete Malipiero, aufgekauft und 1875 in ein Kloster der Karmelitanerinnen der Heiligen Theresa verwandelt. Am

Haus Nummer 3148 bildet der Kopf eines Fauns (16. Jh.) den Schlussstein des Bogens.

Man geht die **Fondamenta de i Riformati** entlang, den gleichnamigen Kanal zur Rechten; auf der linken Seite folgen: **Cale del Capitelo**, früher »Corte und Cale de le Sechere«; so werden die Stellen genannt, die bei Flut unter Wasser stehen und bei Ebbe trocken liegen.

Cale de la Rotonda, nach einem Rundbau, der früher als Treffpunkt und Musikakademie des Adels diente und heute abgerissen ist. Nach dem Untergang der Republik wurde er für die Herstellung von Weinstein genutzt. Auf der Giudecca gab es ein ähnliches Gebäude, das gleichfalls nicht mehr existiert.

Im weiteren Verlauf kommt man zur **Fondamenta de S. Alvise**; ebenfalls auf der linken Seite folgen:

Campo und **Chiesa de S. Alvise**; die Kirche von S. Lodovico (umgangssprachlich S. Alvise) verdankt ihre Entstehung nach dem Bericht der Chronisten einer Vision, die Antonia Venier im 14. Jahrhundert hatte. Darin erschien ihr der Heilige Ludwig, Bischof von Toulouse, und befahl ihr, ihm eine Kirche zu erbauen. Antonia Venier ließ auch ein Kloster errichten, in das sie sich mit einigen Gefährtinnen zurückzog, um nach der Ordensregel des Heiligen Augustinus zu leben. Das Kloster vergrößerte sich, nachdem etliche Augustinerinnen hinzu kamen, die vor dem Krieg aus Serravalle geflohen waren.

1807 fanden auch die Nonnen von S. Caterina hier Aufnahme. 1810 wurde das Kloster geschlossen und diente als Heim für weibliche Findelkinder; später zogen hier die Barmherzigen Schwestern ein, die von S. Lucia gekommen waren. Heute sind ein Kindergarten und eine Volksschule darin untergebracht (Hausnummer 3207).

Die Kirche wurde 1388 erbaut, 1430 erneuert und gegen Ende des 17. Jahrhunderts renoviert. Über dem Portal die segnende Statue von S. Alvise (15. Jh.).

Das Innere ist - wie für Klosterkirchen typisch – einschiffig mit einer alten Empore, die von Säulen und gotische Stützmauern aus dem 15. Jahrhundert getragen wird.

Hinter der Kirche steht ein schöner Backstein-Kampanile aus dem 14. Jahrhundert mit einer kegelförmigen Spitze und vier Ecktürmchen. Auf dem Campo S. Alvise wohnte 1566 der Maler Antonio Palma, der Vater des berühmten Jacopo Palma, genannt »der Jüngere«.

Man geht über **Ponte de S. Alvise** und durch die **Cale del Capitelo** wieder auf die **Fondamenta de la Sensa** zurück;

Madonna dell'Orto

16. San Marziale

Die Sacca della Misericordia, rechts das Casino degli Spiriti von Palazzo Contarini del Zaffo;
im Hintergrund und hier unten der Kampanile von Madonna dell'Orto

dort biegt man nach links, überquert die **Ponte de i Trasti**, nimmt links die **Calle Loredana**, geht bis zur hölzernen **Ponte Loredan** am Ende, hinter der man auf der **Fondamenta de Gradisca** ist. Halblinks gegenüber beginnt die **Cale Gradisca**, nach der Heimatstadt einiger Wollwirker benannt, die im 14. und 15. Jahrhundert aus Gradisca d'Isonzo bei Gorizia nach Venedig kamen.

Man geht die ganze Fondamenta entlang; auf der linken Seite folgen:

Corte Cavalo; in dem Kapitel über die Pfarrei SS. Giovanni e Paolo war schon von der Ponte Cavallo die Rede, und zwar anlässlich des Reiterstandbilds Bartolomeo Colleonis, das genau gegenüber der Brücke steht. Man wird sich erinnern, dass die Statue von Alessandro Leopardi gegossen wurde, der von diesem Moment an den Namen Alessandro del Cavallo trug, und Corte del Cavallo hieß auch die Corte neben seiner Wohnung, in der der Bronzeguss ausgeführt wurde. Auf dem Brunnen, der einst in der Mitte der Corte stand, war das Leoparden-Wappen zu sehen, das genau so auch seine Grabstätte im benachbarten Kloster von Madonna dell'Orto ziert. Heute ist der Brunnen verschwunden. An Hausnummer 3494 sieht man noch Überreste des Palazzo Leopardi aus dem 16. Jahrhundert.

Man folgt der Fondamenta und kommt nach etwa hundert Metern zur Scuola dei Mercanti; sie wurde 1261 unter dem Patronat von S. Maria della Misericordia und S. Francesco beim Kreuzgang der Frari errichtet. Da die Räumlichkeiten zu eng waren, erhielt die Scuola 1434 vom Rat der Zehn die

Erlaubnis, in ein geeigneteres Lokal umzuziehen, blieb aber trotzdem bis 1570 in den alten Räumlichkeiten; nach Streitigkeiten mit den Mönchen verlegte sie 1570 ihren Sitz nach Madonna dell'Orto, wo sie sich mit einer anderen Brüderschaft von Kaufleuten vereinigte, die seit 1377 unter der Schirmherrschaft des Heiligen Christophorus existierte. Die neue Brüderschaft hieß »Confraternita di S. Maria della Misericordia, di S. Cristoforo e di S. Francesco«.

Das Gebäude der Scuola (Hausnummer 3520) steht neben der Kirche und wurde 1570 renoviert, wie aus einer Inschrift über der Tür hervorgeht; heute wird sie von der Pfarrei genutzt. Über dem Portal sieht man zwischen S. Francesco und S. Marco (?) eine wundervolle Madonna della Misericordia mit dem Jesuskind an der Brust, die von Mitgliedern der Brüderschaft angebetet wird.

Chiesa della Madonna dell'Orto; Marco Tiberio aus Parma, der Ordensgeneral der Humiliaten, erbaute um die Mitte des 14. Jahrhunderts eine Christophorus-Kirche und dazu ein Kloster. Später erhielt die Kirche den Namen Madonna dell'Orto oder S. Maria Odorifera, weil 1377 eine Madonnenstatue aus einem benachbarten Garten in ihr aufgestellt wurde. 1399 war das Gebäude einsturzgefährdet, weshalb der Große Rat 200 Golddukaten für den Wiederaufbau bewilligte. Das lasterhafte Leben der Humiliaten im 15. Jahrhundert zwang Papst Pius II. dann, sie aus ihrem Kloster zu verweisen und an ihrer Stelle die Brüderschaft der Kanoniker von S. Giorgio in Alga zu setzen, was 1462 geschah. Damals wurden Kloster und Kirche in der Form errichtet, in der wir sie heute sehen. Wahrscheinlich blieb dabei aber die alte Fassade von Tiberio di Parma erhalten.

Die Kanoniker wurden 1668 aufgelöst und die Zisterzienser aus dem verfallenden Kloster von S. Antonio auf Torcello übernahmen den Komplex. Nach dem Auszug der Zisterzienser (1787) kam die Kirche unter öffentliche Verwaltung. 1810 wurde sie zum Oratorium erklärt und 1841 ordnete die österreichische Regierung eine Generalrestaurierung auf eigene Kosten an, die aber bis 1855 auf sich warten ließ. Später wurde die Kirche vom Militär als Strohscheune genutzt.

Vom Kloster ist nichts außer dem Kreuzgang aus dem 15. Jahrhundert erhalten. 1864 wurden die Restaurierungsarbeiten wieder aufgenommen und 1869 abgeschlossen.

Die Fassade ist das besterhaltene Beispiel einer gotischen Kirchenfassade in Venedig vom Beginn des 15. Jahrhunderts. Das Portal stammt aus der Renaissance. In dem dreischiffigen Inneren ohne Querschiff trennt eine Doppelreihe von griechischen Marmorsäulen die Apsiskapellen; am Ende befindet sich das Presbyterium in einer fünfeckigen Apsis.

Der Kampanile, eines der schönsten Exemplare von Venedig, wurde 1503 beendet. Diese Jahreszahl stand auf einer Bleikassette, die neben anderen Erinnerungsstücken in der alten Kuppel gefunden wurde; nach der Restaurierung von 1864 kam sie wieder an ihren alten Platz.

Bei Madonna dell'Orto wohnte der Architekt Bartolomeo Bon, von dem die Porta della Carta im Dogenpalast stammt.

Folgt man der **Fondamenta Gasparo Contarini**, sieht man am Haus Nummer 3526 ein Relief (16. Jh.) mit der Darstellung des Heiligen Martin, der dem Armen seinen Mantel schenkt.

Haus Nummer 3534 ist ein Palast aus dem 17. Jahrhundert; es folgt Palazzo Minelli (Hausnummer 3536) aus dem gleichen Jahrhundert und am Ende der Fondamenta Palazzo Contarini dal Zaffo (Hausnummer 3539) mit einer Fassade vom Ende des 16. Jahrhunderts. Diese für ihre Vornehmheit und Bildung bekannte Patrizierfamilie war berühmt für die literarischen Versammlungen und Diskussionen, die in den herrlichen Gärten beim Casino degli Spiriti stattfanden; sein Name [Geisterhaus] stammt aus späterer Zeit, als das Gebäude völlig verlassen war und der heftige Wind aus der Lagune darin heulte.

Am Ende der Fondamenta und des Spazierganges kommt man zur **Saca de la Misericordia**. Als Sacca bezeichnet man eine Einbuchtung der Küste, die fast eine Reede bildet. Früher gab es eine ganze Reihe von solchen Buchten, aber sie wurden mit der Zeit zugeschüttet, um Bauland zu gewinnen; der alte Name ging dabei auf das neue Gelände über (z.B. Sacca Sessola, Sacca Fisola).

Diese Umwandlungen wurden vom Senat mit einem Erlass vom 3. Dezember 1460 gebilligt und setzten sich bis in die Gegenwart fort. In der Sacca della Misericordia legten die Holzflöße [zattere] an, die von den legendären »Zattieri« aus dem Cadore die Flüsse hinabgeflößt wurden.

Man überquert die Brücke, anschließend die Corte Vecchia und kommt linker Hand auf die Fondamenta dell'Abbazia zurück. Von dort geht es über die Holzbrücke und die Fondamenta della Misericordia, die Ponte di S. Marziale schließlich auf den Campo S. Fosca und damit wieder zum Ausgangspunkt zurück.

17. Santi Ermagora e Fortunato

San Marcuola

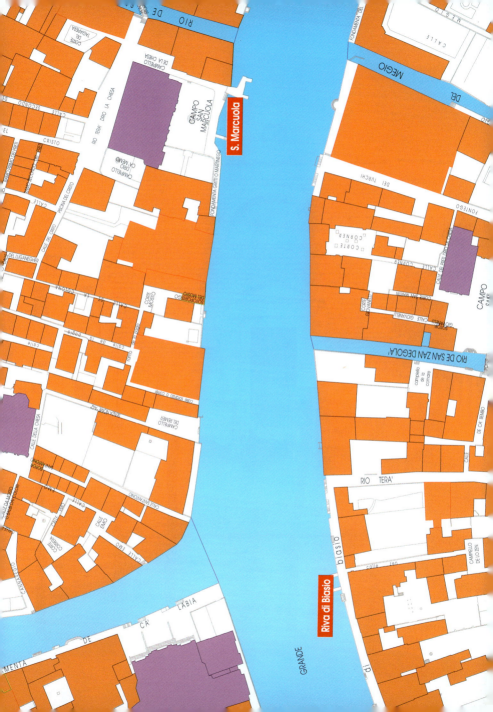

Von der Anlegestelle Ca' d'Oro geht man durch die Calle bis zur Strada Nuova, biegt dort nach links und folgt der Straße bis zur zweiten Brücke »Ponte di Noal«, heute »Pasqualigo«. Hinter der Brücke beginnt die **Cale de Noal** (heute Strada Nuova); Hausnummer 2290 ist der Palazzo Pasqualigo, später Giovanelli, und Nummer 2292 Palazzo Donà, später gleichfalls Giovanelli, aus dem 15. Jahrhundert.

Sofort hinter der Brücke links beginnt die (andere) **Cale de Noal**; man biegt in sie ein und auf der linken Seite folgen: **Cale e Corte del Minio**, deren Namen auf die Familie Minio-Gussoni zurückgeht, der in der Mitte des 17. Jahrhunderts das Gebäude gehörte. Am Ende der Corte steht Palazzo Gussoni-Grimani dalla Vida, der im 16. Jahrhundert nach Plänen Sammichelis erbaut wurde (Hausnummer 2277). **Sotoportego e Corte Zuliani** oder Zulian; auch diese Corte führt auf einen gleichnamigen Palast (Hausnummer 2268), der im 17. Jahrhundert an Stelle eines älteren Gebäudes entstand. Die Familie ist seit dem Jahr 1120 bezeugt, als ein Marco Zuliani Kirche und Kloster della Carità erbauen ließ; ein Francesco und ein Polo Zuliani erscheinen 1379 in den städtischen Registern. Polo war ein Botschafter und wurde 1382 zum Herzog von Kreta ernannt, lehnte aber aus Bescheidenheit ab; 1410 wurde er zum Procuratore gewählt.

Campielo de i Fiori; der Name geht auf einen Blumenladen zurück, der 1713 von einem gewissen Francesco Zanotto geführt wurde. Der Berufszweig der Blumenhändler, der 1716 eine eigene Innung gründete, verfügte über zahlreiche Läden.

In Venedig wurden viele Schnittblumen verwendet, besonders bei Hochzeiten, denn der Pate musste der Braut die sogenannte »Banda«, das Hochzeitsbouquet, schenken. Die Blumenpreise waren sehr hoch.

Vom Campiello geht man nach links in die **Cale e Corte Bragadin** (s. *SS. Giovanni e Paolo*, Calle del Cafetier, S. 131); hier stehen der Palazzo Barbarigo (Hausnummer 2255) aus dem 16. Jahrhundert und der Palazzo Bragadin (Hausnummer 2256). Anschließend überquert man die hölzerne **Ponte de l'Ogio** sowie die gleichnamige Corte,

Dauer

1h 30'

Linien

17. Santi Ermagora e Fortunato

Die Kirche von S. Marcuola am Canal Grande

Ponte dell'Olio

deren Name auf die Ölmagazine zurückgeht, die sich früher hier befanden.

Auf der linken Seite der **Corte de l'Ogio** folgt die **Corte de la Comedia**; die Herkunft des Namens ist unbekannt.

Hinter der Corte de l'Ogio nimmt man die **Cale de l'Ogio**, biegt am Ende nach rechts und kommt zu **Fondamenta e Sotoportego de le Colonete** auf der linken und zu **Ponte e Cale Correra** auf der rechten Seite.

Die Familie Correr oder Carraro kam zu Beginn des 9. Jahrhunderts aus Torcello. Ihr entstammen berühmte Kirchenmänner: ein Pietro Correr (1270) war Erzbischof von Kreta und Patriarch von Konstantinopel; ein Angelo Correr wurde später Papst Gregor XII.; der Sohn dessen Schwester Beriola, Gabriele Condulmer, regierte als Papst Eugen IV.; der Enkel Beriolas war Paul II. Barbo.

Antonio Correr, Kardinal und Bischof von Porto, Ostia und Velletri, Neffe von Papst Gregor XIII. starb 1445 im Ruf der Heiligkeit. Ein anderer Antonio, der dem Predigerorden angehörte, wurde 1406 zum Bischof von Ceneda geweiht. Gregorio, der Neffe des Kardinals Antonio, wurde 1459 zum Bischof von Vicenza und 1464 zum Patriarchen von Venedig.

Antonio Francesco Correr schließlich durchlief alle Rangstufen der Militärmarine, wurde dann Kapuziner und 1734 zum Patriarchen von Venedig gewählt. Nicht vergessen sei auch Todaro Correr, der bei seinem Tod 1830 der Stadt seinen Palast in S. Zan Degolà mit seinen enormen Sammlungen von Statuen, Büchern, Manuskripten und Medaillen vermachte, die heute im Museo Correr am Markusplatz zu bewundern sind.

Am Ende des Sottoportico delle Colonette steht, direkt an die Kirche von S. Maria Maddalena angebaut, die Scuola dei Fenestreri (Fenstermacher), deren Schutzpatronin die Heilige war.

Die Kirche wurde 1222 von der Familie Baffo erbaut; 1701 ließ der Pfarrer Francesco Riccardi sie renovieren, ebenso den Kampanile, der über die alte Basis hinaus erhöht wurde. Es handelte sich um einen alten Turm des Palazzo Baffo, der am Ufer eines seit 1398 zugeschütteten Kanals stand. Die Kirche

Gegenüber:
Die Kirche von S. Maria Maddalena

Sottoportico delle Colonnette

17. Santi Ermagora e Fortunato

Campo della Maddalena: charakteristische Kamine auf den umstehenden Häusern; ein Renaissance-Brunnen und die Fassade von Palazzo Magno

wurde dann in der zweiten Hälfte des 18. Jahrhunderts nach Plänen Temanzas von Grund auf neu errichtet. 1810 wurde sie in ein Oratorium umgewandelt.

Das Innere ist sechseckig; auf jeder Seite öffnen sich kleine Kapellen hinter Bögen, auf denen die große Kuppel mit der Laterne ruht. Auf dem Campo sieht man das schöne spitzbogige Portal von Palazzo Magno (Hausnummer 2143) aus dem 15. Jahrhundert. In der Mitte des Platzes steht ein prachtvoller Renaissance-Brunnen. Schaut man von diesem auf die schönen, typisch venezianischen Häuser mit ihren hohen Kaminen, sieht man linker Hand die **Cale de la Madalena**, die zum **Campielo Erizzo** führt; auf ihm steht Palazzo Marcello (Hausnummer 2137) aus dem 17. Jahrhundert.

Steht man mit dem Rücken zur Kirche und verlässt den Campo nach rechts, kommt man über die **Ponte de S. Antonio** auf den **Campo S. Fosca** mit der gleichnamigen Kirche.

Die Kirche von S. Fosca soll im Jahr 873 durch Crasso Fazio, den Bischof von Olivolo, erbaut worden sein; wahrscheinlicher ist jedoch, dass dies erst nach der Überführung des Körpers der Heiligen aus Sabatra nach Torcello und später nach Venedig geschah. Der Bau wurde 1257 nach byzantinischem Modell mit dreischiffigem Grundriss neu errichtet; Ende des 17. Jahrhunderts wurde die Kirche abgerissen und einschiffig wieder aufgebaut (1679).

Fünfzig Jahre später wurde sie durch einen Brand beschädigt und die Familie Donà spendete beträchtliche Summen für die Renovierung, eine neue Decke und den

Wiederaufbau der Fassade (1741), wie aus dem Schriftband über dem Portal hervorgeht. Das Innere ist einschiffig, am Ende liegt das quadratische Presbyterium und an den Seiten zwei kleine Kapellen. Der alte Kampanile stürzte 1410 bei einem gewaltigen Wirbelsturm ein, der in der Stadt Schäden für mehr als sechzigtausend Dukaten anrichtete. Beim Wiederaufbau wurde eine gotische Glockenstube aus dem 15. Jahrhundert auf den übriggebliebenen romanischen Turm gesetzt, der an den kleinen Bögen erkennbar ist. Auf der Spitze erheben sich über dem Gesims vier gotische Spitzsäulchen und eine bleiverkleidete Kuppel.

Aus S. Fosca kam der Priester Agostino, der als Gotteslästerer und Spieler am 7. August 1542 zwischen den beiden Säulen an den Pranger gestellt und am nächsten Tag in der »Cheba« (Käfig) außen am Kampanile von S. Marco hochgezogen wurde, wo er bis Ende September gefangen blieb.

Anschließend wurde er für den Rest des Jahres zu schwerem Kerker verurteilt und schließlich auf ewig aus dem Staatsgebiet verbannt (s. *S. Marco*, Kampanile, S. 168).

An der Außenwand der Apsis kann man einen Engel mit Weihrauchfass (12.-14. Jh.) sehen, eine vorzügliche Arbeit.

Auf der gegenüberliegenden Straßenseite hat sich die alte venezianische Apotheke »Zum goldenen Herkules« in der Einrichtung des 17. Jahrhunderts und dem Gebälk im Stil Sansovinos erhalten. Im 18. Jahrhundert veröffentlichte Giovanni Girolamo Zanichelli, Apotheker Zum goldenen Herkules, beachtliche Werke der Botanik und Naturgeschichte und wurde der Lehrer von G. B. Morgagni, dem späteren berühmten Anatomen an der Universität Padua.

Man kehrt über die Ponte di S. Antonio wieder in Richtung Strada Nuova zurück. Die Straße heißt **Rio Terà de la Madalena**; in ihrem Verlauf folgen:

R – Palazzo Donà dalle Rose (Hausnummer 2343) aus dem 17. Jahrhundert; dahinter ein spitzbogiger Palast (Nummer 2347) aus dem 15. Jahrhundert.

Kirche von S. Fosca: Fassade und Apsis mit Kampanile

Ca' Vendramin Calergi: Fassade zum Canal Grande und Brunnen im Innenhof

Corte del Strologo

L – **Cale del Fante**; Herkunft des Namens unbekannt.
L – **Ramo e Cale del Cristo**, nach einem Kruzifix, das hier früher hing.
L – **Sotoportego Vendramin**
L – **Cale Larga** und **Campielo Vendramin**, nach dem nahegelegenen Palast. In dessen Cortile steht ein Brunnen aus dem 11. Jahrhundert im venezianisch-byzantinischen Stil.
Nach den Familienregistern ordnete Andrea Loredan 1481 den Bau des Palastes mit Fassade auf den Canal Grande an. Nach einigen Jahren erhob sich jenes Meisterwerk, das auch unter dem Namen »non nobis« bekannt ist, nach dem Motto der Tempelritter an der Fassade: »Non Nobis Domine, Non Nobis Sed Nomine Tuo Dà Gloriam«. Der Bau wurde zuerst an den Herzog von Braunschweig, dann an den Herzog von Mantua und 1589 schließlich an Vittore Calergi verkauft. 1740 ging der Palast nach dem Erlöschen der männlichen Linie der Calergi in den Besitz der Vendramin über, die nun Vendramin Calergi hießen. Bis 1844 blieb er im Eigentum der Familie. Am 13. Februar 1883 starb hier der berühmte Komponist Richard Wagner.
In der Mitte der Calle Larga folgt auf der linken Seite die **Corte del Strologo** (s. Hausnummern 2044-48), die heute geschlossen ist und zum Teil als Garten genutzt wird; hier wohnte vielleicht ein Astrologe, Zauberer oder Wahrsager.
In Venedig war der Patrizier Francesco Barozzi berühmt, der behauptete, er könne jeden überirdischen Geist in magischen Zirkeln erscheinen lassen, die mit einem blutigen Messer gezogen wurden. Außerdem hatte er nach eigenen Angaben auf Kreta eine Pflanze entdeckt, die einen Esel in einen

Weisen verwandeln konnte, und behauptete, er kenne das Geheimnis, wie das ausgegebene Geld wieder in die eigene Tasche zurückkomme und wie man sich unsichtbar machen könne. Alle diese Fähigkeiten halfen ihm jedoch nichts, als er von den Häschern entdeckt, gefangen genommen und dem Inquisitionstribunal übergeben wurde, das ihn am 16. Oktober 1587 zu lebenslänglicher Haft verurteilte. Eine ähnliche Berühmtheit erlangte ein Francesco Priuli, der glaubte, fliegen zu können, aus dem Fenster sprang, aber jämmerlich auf dem harten Erdboden landete und beide Beine brach.

Cale Colombina, heute Calle P. Favretti; nach einer Familie, die – vielleicht nach ihrem Ladenschild – »della Colombina« hieß. 1582 gaben Isabeta und Cristina da la Colombina an, ein Haus in der Pfarrei zu besitzen.

R – **Cale Tornielli**, nach dem nahegelegenen Palast (Hausnummer 2370) aus dem 17. Jahrhundert mit Fassade auf den Rio dei Servi. Am Ende der Calle befand sich auf der Kanalseite eine heute zerstörte (1854) Holzbrücke, die auf den Campo dei Servi führte.

R – **Cale e Corte del Volto Santo**; 1360 kamen einige Kaufleute aus Lucca nach Venedig, um hier die Seidenverarbeitung weiter zu vervollkommen. Mit Erlaubnis der Regierung gründeten sie eine fromme Brüderschaft mit Namen »Volto Santo« [Christuskopf], also dem gleichen Namen wie das als wundertätig verehrte Kreuz in Lucca in der Basilika von S. Martino.

1370 erhielten sie das Gelände hinter der Kirche der Servi jenseits des Kanals, um dort ein Oratorium zu erbauen und einen Friedhof anzulegen. 1398 erwarben sie von den Servitenmönchen ein Grundstück auf der anderen Kanalseite, um dort einen Versammlungssaal und zehn Häuser als Hospiz für ihre armen Landsleute zu errichten. Diese Gebäude, die auf der Fassade eine Darstellung des Volto Santo tragen, gerieten 1789 in Brand, als aus einem nahegelegenen Magazin brennendes Öl den Kanal hinabfloss. Ein Jahr später wurden die Häuser wieder aufgebaut und an der Fassade zwei Inschriften zur Erinnerung an dieses tragische Ereignis angebracht.

Man überquert die **Ponte de l'Anconeta** und kommt auf den gleichnamigen Campiello. Dieser Platz ist das Ergebnis der sinnlosen Abbrucharbeiten des 19. Jahrhunderts, bei denen 1855 Häuser und die alte Kirche dell'Anconeta abgerissen wurden. Einige junge Gläubige gründeten eine Brüderschaft

Brunnen in Corte del Volto Santo mit Christuskopf

und hängten in der Kirche der heiligen Ermagora und Fortunato ein Madonnenbild auf. Nach Zwistigkeiten mit dem Klerus der Kirche brachten sie das Bild ein kleines selbst errichtetes Oratorium, das »dell'Anconeta« hieß, der Verkleinerungsform von »ancona«, das von dem griechischen eikòn (Bildnis) stammt. Das Oratorium wurde 1623 vergrößert und 1652 dem Schutz der Signoria unterstellt.

Auf der rechten Seite **Cale de l'Aseo** (s. *S. Canziano*, Calle de l'Aseo, S. 275), an deren Ende an der gleichnamigen Brücke der spitzbogige Palazzo Loredan (Hausnummer 1864), später Ghelthof, aus dem 15. Jahrhundert steht. Wenn man hinter dem Platz geradeaus weitergeht, kommt man nach etwa hundert Metern an die Stelle, wo der **Rio Terà de S. Leonardo** von links und der **Rio Terà Farsetti** von rechts zusammenfließen. Bevor die Kanäle zugeschüttet wurden, hieß diese Stelle »Locale dei Due Ponti«, und die Kanäle ihrerseits »Rio dei Due Ponti« und »Rio del Balbi«. Der Rio dei Due Ponti hieß vor dem Jahr Tausend »Rio dei Chiusi« [Schleusen].

An dieser Stelle empfiehlt es sich, zuerst den Teil links vom Campiello dell'Anconeta zu besichtigen.

Man kommt sofort auf den **Campielo del Boter**, an dem man auf einer Fassade einen schönen Markuslöwen mit der Inschrift »Domus Ecclesie Sa Marci Venetia« sehen kann. Es folgen **Campielo** und **Sotoportego del Pegoloto**, die am Kanal enden. Auf ihrer rechten Seite beginnt die **Cale del Cristo**; ungefähr in der Mitte von ihr öffnet sich die **Cale Seconda del Cristo**, die zur Rückseite der Kirche der heiligen Ermagora und Fortunato (umgangssprachlich S. Marcuola) führt. Die Bezeichnung »Pegoloto« geht auf die Kalfaterer (s. *S. Martino*, Calle della Pegola, S. 53) zurück, die hier lebten; ihre Aufgabe war es, die Fugen zwischen den Planken und an Deck mit Werg abzudichten und dann die ganze Außenhaut der Schiffes mit Pech zu überziehen.

Bei dieser Gelegenheit sei an die berühmten Dante-Verse erinnert (*Inferno*, XXI, 7-15):

> Wie man zur Winterszeit im Arsenal
> Venedigs sieht den Teer zähflüssig kochen,
> Neu zu kalfatern lecker Schiffe Zahl,
> Weil dann die Schiffahrt ruht -: hier stehn und pochen
> Am neuen Fahrzeug diese, andre heilen
> Die Rippen dem, das oft in See gestochen,
> Am Stern und Bugspriet Zimmrer sich beeilen,
> Man hockt, zerfetzte Segel auszuflicken,
> Hier schnitzt man Ruder, dort dreht man an Seilen -:

Man kommt zur Fassade der Kirche. Wahrscheinlich wurde sie zur Zeit der Langobarden-Einfälle von Flüchtlingen vom Festland auf einer Insel namens Lemeneo erbaut. Im 12. Jahrhundert wurde sie durch die Familien Memmo und Lupanizza neu aufgebaut, als sie durch einen Brand nach einem heftigen Erdbeben zerstört worden war. Von 1728 bis 1736 wurde sie nach Plänen Massaris noch einmal aufgebaut. Die Fassade ist unvollendet geblieben.

Die Kirche von S. Marcuola und das gleichnamige Traghetto, von der anderen Seite des Canal Grande aus gesehen

Der alte Kampanile, der vom gleichen Architekten entworfen wurde, wurde im 19. Jahrhundert abgerissen.

In der Kirche wird die rechte Hand Johannes des Täufers verehrt; jedes Jahr am 24. Juni wird die Reliquie ausgestellt.

Über dem Portikus der alten Kirche wohnten sechs Frauen, die nach der Ordensregel des Heiligen Augustinus lebten. Sie hatten ein kleines Oratorium, das 1610 geweiht worden war. Als der alte Bau abgerissen wurde, siedelten sie in die Pfarrei von SS. Gervasio e Protasio über.

Das Innere der Kirche ist einschiffig mit einem quadratischen Presbyterium am Ende.

Auf dem Platz steht ein monumentaler, ersichtlich barocker Brunnen (1713), der mit vier Löwenköpfen verziert ist. Der Brunnen war ausschließlich den Armen vorbehalten.

Vor der Kirche befindet sich das Traghetto zur anderen Kanalseite. Auf der linken Seite, gegenüber der Kirche, steht die alte Scuola dei Tessitori [Weber], die S. Elena geweiht ist. Heute dient sie als Pfarrerwohnung.

Man geht zur Rückseite der Kirche; rechts im **Rio Terà** steht die Scuola del Cristo an der Ecke der gleichnamigen Calle. An der Außenwand der Apsis kann man ein Relief sehen, das eine Odighitria-Madonna auf dem Thron zwischen den Heiligen Petrus und Markus darstellt (14. Jh.).

In der Scuola hatte eine Brüderschaft ihren Sitz, die sich neben anderen Werken der Barmherzigkeit die würdige Bestattung unbekannter Ertrunkener zur Aufgabe gemacht hatte.

Über dem Portal des Gebäudes steht: »D.O.M. Scuola del San-

Die Scuola del Cristo hinter der Kirche von S. Marcuola

tissimo Crocefisso Aggregata A Quelle Della Morte di Roma Fondata l'Anno 1644«.

Auf den Sockeln der Säulen lassen sich einige Kreuze und Daten erkennen, die vielleicht von einem Reisenden oder Pilger stammen.

Der gesamte Bezirk zwischen der Kirche, dem Rio Terà S. Leonardo und der Kirche von S. Leonardo war ursprünglich ein großer Sumpf oder Piscina, die 1070 durch Domenico Stornato zugeschüttet wurden.

Geht man an der Fassade der Scuola vorbei, kann man in der Piscina del Cristo an Haus Nummer 1718 zwischen dem Erdgeschoss und dem ersten Stock das Symbol der Scuola di S. Giovanni Battista sehen; die Darstellung bezieht sich auf die in der Kirche aufbewahrte Handreliquie Johannes des Täufers.

Man geht geradeaus in die **Calle del Cristo**, wo am Haus Nummer 1690 eine kleine Marmorstatue des Heiligen Ermagora steht. Am Ende der Calle öffnet sich links die **Cale de la Colona**, die in die **Corte Mosto** (s. *S. Canziano*, Corte del Leon Bianco, S. 280) führt.

Von der Corte nimmt man den **Ramo de la Pagia**, biegt dann nach rechts und folgt der **Cale de la Pagia**, an die sich die **Cale del Zavater** anschließt. Diese trägt ihren Namen nach einem Pantoffelmacher G. B. Torre, der 1713 hier seine Werkstatt betrieb. Die Pantoffelmacher gehörten der gleichen Zunft an wie die Schuster.

Am Ende der Calle Zavater kommt man wieder in den Rio Terà S. Leonardo. Man biegt nach links und sieht zur Rechten am Haus Nummer 1356 einen von einem Gittertor verschlossenen Sottoportico und dahinter eine private, noch backsteingepflasterte Corte mit einer venezianisch-byzantinischen Tür und drei Patera-Schalen darüber.

Auf der linken Seite beginnt **Cale Mazor** (Maggiore). Sehr bald kommt man zum Campo S. Leonardo (umgangssprachlich S. Lunardo).

Säulenfuß an der Fassade der Scuola del Cristo mit alten Graffiti

Symbol der Scuola di S. Giovanni Battista in Piscina del Cristo; die Hand des Heiligen wird in der Kirche aufbewahrt

Die Kirche am Platz wurde 1205 von der Familie Crituazio erbaut, erlebte zahlreiche Umbauten, den letzten 1794 durch Bernardino Maccaruzzi. Die Scuola della Carità zog jedes Jahr am Namenstag von S. Leonardo in einer Prozession hierher; 1807 wurde die Kirche geschlossen. Später diente sie als Übungsraum für die Städtische Musikkapelle und ist heute der Versammlungssaal des Viertels.

Die Chroniken berichten, dass am 24. August 1595 der Kampanile völlig überraschend einstürzte, dabei zwölf Häuser und einen Teil der Kirche zertrümmerte und zehn Menschen erschlug.

In der Mitte des Platzes steht ein schöner achteckiger Brunnen, ein Werk zum Nutzen aller, das gleichzeitig die Erinnerung an seinen Erbauer wachhält – so die Inschrift von 1518.

Kirche von S. Leonardo, heute Versammlungssaal des Viertels

Am Ende des Campo öffnet sich **Cale Emo**; seit 1301 lebte hier die Familie gleichen Namens, deren Palast (Hausnummer 1554) eine Serie von Umbauten erlebte und in seiner heutigen Form aus dem 18. Jahrhundert stammt.

Die Familie Emo stammte aus Griechenland, übersiedelte dann nach Dalmatien und im Jahr 997 schließlich nach Venedig. Seit den frühesten Zeiten gehörte sie dem Großen Rat an. Ein Pietro Emo war 1628 Bischof, doch sie alle überstrahlt der Admiral Angelo Emo, letzte große Gestalt eines Venezianers und Kriegers; er starb 1792, so dass er das klägliche Ende der Republik nicht mehr miterleben musste.

Neben der Calle Emo ist die **Cale da Mosto de i Colori**; Haus Nummer 1534 ist Palazzo da Mosto aus dem 17. Jahrhundert. Die Bezeichnung »Colori« [Farben], die sich auch in anderen Straßennamen findet, geht auf den Umstand zurück, dass dort früher eine Farbfabrik stand; in Venedig wurde nämlich Kupfergrün, Zinnober, Zyanidblau usw. hergestellt. Die Farbenfabrikanten bildeten eine eigene Zunft und versammelten sich in der Kirche S. Francesco della Vigna, wo sie am 5. August das Fest der Madonna della Neve, ihrer Schutzpatronin, feierlich begingen.

Ponte delle Guglie

Man kehrt in den Rio Terà zurück und kommt an dessen Ende an den Rio de Canaregio, der von der schönen **Ponte de le Guglie** überspannt wird, die nach den vier dekorativen Obelisken benannt ist. 1285 wurde sie erstmals in Holz erbaut und löste das alte Traghetto-Floß ab; 1580 errichtete man sie in Stein und restaurierte sie 1776 und neuerlich in unseren Tagen.

Auf dem Rückweg in Richtung Campiello dell'Anconeta stößt man zur Linken auf den **Rio Terà Farsetti**, der 1911 zugeschüttet wurde und nach der Familie Farsetti heißt (s. *S. Luca*, Ca' Farsetti, S. 217).

Man folgt der Strada Nuova bis zur Einmündung der Calle, die zur Anlegestelle an der Ca' d'Oro zurückführt.

18. San Geremia

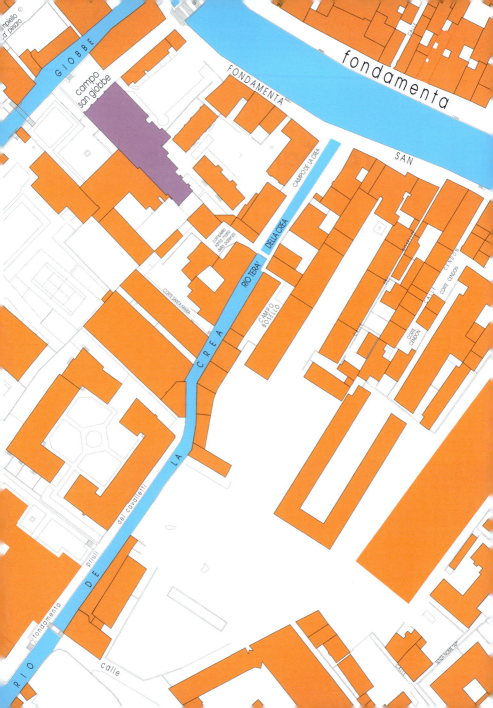

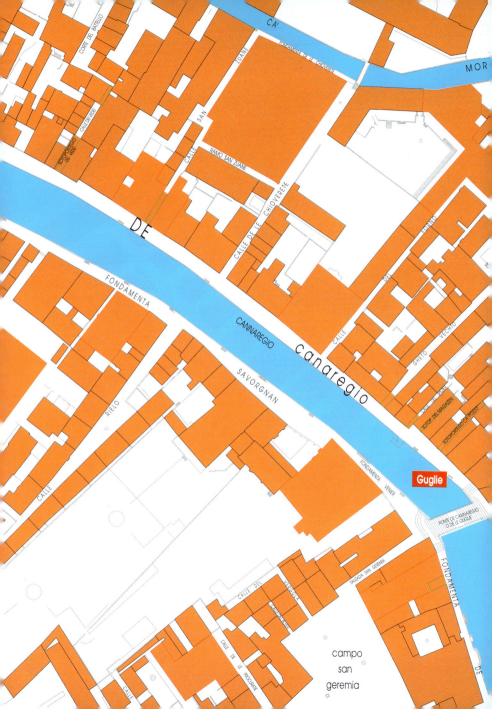

Man steigt an der Anlegestelle P<small>ONTE DELLE</small> G<small>UGLIE</small> aus, biegt nach rechts und folgt der Fondamenta bis zur **Ponte de le Guglie**.
Wie bei S. Marziale empfiehlt es sich, den Spaziergang in zwei Abschnitte einzuteilen, und zwar in die rechte und die linke Seite des Rio di Cannaregio.
Am Fuß der Ponte delle Guglie beginnt die **Fondamenta de la Pescheria**, an die sich die **Fondamenta de Canaregio** und die **Fondamenta de le Penitenti** anschließen.
Auf der rechten Seite der ersten Fondamenta folgen:
Palazzo Superchio (Hausnummer 1295) vom Anfang des 16. Jahrhunderts.
Sotoportego e Corte de Ca' Pozzo, nach den Häusern im Besitz Ludovico Pozzos. Die Familie stammte aus Mailand und wurde berühmt, weil ein Giovanni Pozzo, der seit 1040 in Venedig lebte, eine Nichte des Dogen Flabanico heiratete. 1297 wurden sie unter die Stadtbürger aufgenommen; die Mitglieder der Familie zeichneten sich in Friedens- wie in Kriegszeiten aus.
Cale del Spezier, nach einem Apotheker.
Sotoportego de Gheto Vechio (s. *S. Marziale*, Erste Insel, S. 336).
Cale del Forno, nach einem alten Backofen.
Haus Nummer 1105 ist Palazzo Nani aus dem 16. Jahrhundert.
Cale de le Chioverete; Chioverette sind kleine Chiovere, d. h. kleine geschlossene oder eingezäunte Bezirke, wo die frisch gefärbten Stoffe getrocknet wurden. Der Name kommt vom lateinischen »clauderiae«; in der Calle gibt es einen bequemen Trinkwasserbrunnen. 1713 wird die Calle folgendermaßen beschrieben: »Ort, wo holländische Stoffe hergestellt werden, Chiovere, Färberei, Feld, Garten, Schuppen, Wohnhaus und weitere kleine Häuser und Werkstätten«.
Sotoportego S. Zuane, nach den Gebäuden, die die Scuola Grande di S. Giovanni Evangelista hier besaß. Es waren insgesamt sechs Häuser, die der Scuola am 15. Mai 1453 von einem Apotheker namens Marco di Vanto aus Pirano vermacht wurden. Die Fassade des anschließenden Palastes (Hausnummer 1065) stammt aus dem 17. Jahrhundert.

Dauer

2h

Linien **41** **42** **51** **52**

Gegenüber.
Die Fassade von S. Geremia zum Platz

Unten:
Die Anlegestelle Ponte delle Guglie

Sotoportego e Corte de i Vedeli; es hat den Anschein, als hätte hier früher die politische Gruppierung der Vitelli existiert, die dann nach S. Girolamo verlegt wurde. Ein »Zuane Piceni, Parteigänger des Vitello« starb 1688 in der Pfarrei.

Sotoportego Scuro; der Grund für die Benennung [finster] ist offensichtlich. Marco Morosini errichtete hier 1679 ein kleines Theater, das aber nur bis zum Ende des 17. Jahrhunderts existierte.

Auf der Fondamenta erinnert am Haus Nummer 997 eine Marmortafel daran, dass hier früher die »Trattoria al Cervo« war. Hausnummer 996 ist Ca' d'Asfalto (17. Jh.), dessen Fassade aus Naturstein von Rovigo in typischer Barockmanier völlig überladen ist.

Haus Nummer 994 ist ein Palast aus dem 16. Jahrhundert.

Cale de la Madona (Hausnummern 977-981), nach einiger Häusern, die der Confraternita di S. Maria della Misericordia gehörten.

Haus Nummer 967-969 ist der Palazzo Surian aus dem 16. Jahrhundert. Er wurde von der gleichnamigen Familie erbaut und ging dann teilweise an die Familie Bellotto über. Verschiedene Botschafter nutzten ihn als ihre Residenz und von 1743 bis 1744 weilte hier J.-J. Rousseau als Sekretär des französischen Botschafters de Montaigue.

Fondamenta di Cannaregio: Palazzo Surian und Ansicht der Fondamenta di S. Giobbe auf der anderen Kanalseite

Sotoportego del Cristo, der in eine kleine Corte mit Außentreppe führt (Hausnummer 962).

Sotoportego del Barbier (Hausnummern 957-960) nach einem alten Barbierladen. Die Zunft der Barbiere ist sehr alt; man weiß, dass sie sich im Jahr 1268 bei dem Festzug der Zünfte anlässlich der Wahl des Dogen Lorenzo Tiepolo auszeichnete. Die Zunft wurde von dem 1306 aus Angst vor Bränden erlassenen Verbot ausgenommen, am Rialto Feuer zu machen. 1435 vereinigte sie sich mit den Friseuren in einer Brüderschaft mit den Heiligen Philipp und Jakob als Schutzpatronen; 1465 zog sie jedoch zu den Serviten um, wo sie 1468 eine eigene Scuola erbauten. Nach dem Brand im Jahr 1769 wurde das Gebäude 1772 wieder aufgebaut.

Auf der linken Seite steht die **Ponte de i Tre Archi**, die früher »di S. Giobbe« hieß; anfangs war sie aus Holz, wurde dann in Stein errichtet und 1688 nach Plänen Tiralis neu aufgebaut.

Cale del Faraon, ohne eigenes Straßenschild, richtiger »Calle del Fera«, nach dem Namen einer Familie, die hier im 17. Jahrhundert lebte. Man betritt sie durch einen Portikus.

Corte Giustiniana, wahrscheinlich nach einigen Gebäuden im Besitz der Familie Giustinian.

Fondamenta und **Chiesa de le Penitente**; zu Beginn des 18. Jahrhunderts machte der Priester des Oratoriums der Madonna della Pietà den Vorschlag, ein Hospiz zu gründen für auf Abwege geratene Frauen, die ihre Fehler bereuten. Mit Hilfe privater Spender, vor allem Maria Elisabetta Rossis, wurden einige Büßerinnen in einem Haus in der Corte Borella bei SS. Giovanni e Paolo untergebracht. Im Laufe der Zeit stieg die Zahl der Frauen und der Platz reichte nicht mehr, weshalb sie am 20. November 1705 in ein größeres Haus umquartiert wurden, das in Cannaregio gegenüber von S. Giobbe gemietet worden war.

Mit Hilfe Marino da Lezzes und anderer konnte das Haus gekauft und das heutige Gebäude sowie die angeschlossene Kirche nach Plänen Massaris erbaut werden; 1763 wurde sie geweiht. 1807 wurden in dieser Einrichtung auch die Frauen der Casa del Soccorso aufgenommen; heute ist hier das Hospiz von S. Giobbe.

Am Ende der Fondamenta stand einer der schönsten venezianischen Paläste des 16.

Kirche delle Penitenti

Ponte dei Tre Archi am Rio di Cannaregio, von Ponte della Saponella aus gesehen

Fondamenta di S. Giobbe: früherer Schlachthof, heute Fakultät der Universität

Jahrhunderts, der den Gonella gehörte, einer reichen städtischen Familie. In dem Gebäude, das später an die Valier überging, kamen im 17. Jahrhundert die Dogen Bertucci und Silvestro Valier zur Welt. 1756 wurde der Palazzo dei Gonella durch einen Brand zerstört und vollständig abgerissen.

Man geht zur Ponte dei Tre Archi zurück und hinüber auf die **Fondamenta de S. Giobe** auf der anderen Seite. Kommt man die Brücke hinunter, führt rechter Hand die **Ponte de la Saponella** über den **Rio de S. Giobe**. Aus der Beschreibung des Viertels von 1713 geht hervor, dass an dieser Brücke ein Francesco Saponello wohnte, vielleicht der gleiche, der der Scuola di S. Maria della Misericordia angehörte und am 23. Februar 1762 starb.

Geht man die Fondamenta entlang, folgen auf der linken Seite:

Cale de le Cane, die in eine Corte führt, die gleichfalls »de le Cane« heißt, weil sich dort ein Magazin für Schilfrohr befand, das gebraucht wurde, um die Schiffe mit Pech zu bestreichen und die Backöfen zu beheizen. In der Corte steht ein Brunnen mit dem Wappen der Farsetti; Haus Nummer 655 ist Palazzo Amadi mit dem Wappen aus dem 15. Jahrhundert.

Die Kirche von S. Giobbe

Corte del Brazzo Nudo, ohne eigenes Straßenschild (Hausnummern 664-669); der uralte Name [nackter Arm] geht möglicherweise auf ein Ladenschild oder einen Familiennamen zurück: Braccioduro, Bracciodoro oder Braccioforte.

Cale e Corte Gonella (Hausnummer 681); das Wappen der Familie Gonella, ein großer Stern, sieht man noch an der Wand von Hausnummer 679. Der Palast, einer der schönsten des 16. Jahrhunderts, wurde nach einem Brand 1805 abgerissen. Die Familie kam aus Cremona; ihr Stammvater war ein Physiker namens Pietro Gonella, der im 14. Jahrhundert lebte. Auch ein Vettor Gonella ist bekannt, der bis 1511 der Gastalde des Dogen war; seine Enkel wurden 1596 als Stadtbürger zugelassen.

Die Familie erlosch 1729.

Cale e Corte de l'Ospedaleto, heute privat (Hausnummern 685-688); s. weiter unten.
Corte Baleran, nach einem Tommaso Baleran, der hier zwischen dem 16. und 17. Jahrhundert lebte; gleichfalls privat.
Altes Eingangstor des Ospedale di S. Giobbe, das auf dem Türsturz den Namen und die Jahreszahl MDXXVII trägt.
Cale de le Becarie; hier existierten 1713 zwei große Schlachthäuser mit angeschlossenen Rinder-Schlachthöfen, für die die Metzger 4 Soldi pro geschlachtetes Rind Miete zahlten. Bis vor wenigen Jahren war hier noch das städtische Schlachthaus, ein neoklassizistischer Komplex der Architekten Salvadori und Meduna, der 1841 begonnen wurde, um die Tierschlachtung an einem einzigen Ort zu konzentrieren. Heute ist hier eine Abteilung der Universität untergebracht.
Der letzte Teil der Fondamenta heißt **Fondamenta del Tintor** (s. *S. Maria del Carmine*, Rio dei Tentori, S. 565).
Man geht zur Ponte dei Tre Archi zurück, um die Kirche von S. Giobbe zu besichtigen. Die Bauarbeiten begann um die Mitte des 15. Jahrhunderts und wurden 1493 dank einer Geldspende des Dogen Cristoforo Moro abgeschlossen. Das einschiffige Innere hatte ursprünglich eine Holzdecke, die dann durch die heutigen Kreuzgewölbe ersetzt wurde. Am Ende befindet sich das Presbyterium mit dem großen Triumphbogen und der tiefe Chor hinter dem Hauptaltar, darüber erhebt sich eine Kuppel. Man nimmt an, dass der Bau ein Werk Pietro Lombardos ist.

Kirche und Kreuzgang von S. Giobbe

Rechts neben der Kirche kann man den Kreuzgang sehen, der letzte Überrest des 1812 abgerissenen Klosters. In der Mitte steht ein Brunnen, in dem noch die Pumpe erhalten ist, die über eine lange Eisenstange bedient wurde. Das Wasser kam aus einem Rohr an der Seite, das mit einem Haken versehen war, um die Eimer daran aufzuhängen; auf diese Weise brauchte man nicht die Eimer ins Wasser hinunterzulassen und die Zisterne war verschlossen und blieb entsprechend sauber. Der schöne Backstein-Kampanile stammt aus der gleichen Zeit wie die Kirche.
Man kehrt auf die Fondamenta zurück und geht nach rechts weiter; es folgen:

18. San Geremia

Corte de l'Ospital, genannt Borghetto; an der Ecke zur Fondamenta stand das Oratorio di S. Giobbe dell'Ospedaletto, das heute zerstört und durch Wohnhäuser ersetzt worden ist.

Der venezianische Patrizier Giovanni Contarini ordnete 1318 den Bau eines Hospitals oder Hospizes für die Armen der Gemeinde S. Geremia an. 1380 wurde das Gebäude vollendet, 1389 vergrößert und eine kleine, dem Heiligen Hiob geweihte Kirche wurde hinzugefügt. Nach dem Tod Contarinis nahm seine Tochter 1428 einige Hieronymiten und Observanten in dem Gebäude auf. Nachdem das Grundstück in den Besitz der Mönche übergegangen und das Oratorium in der Kirche des Heiligen Hiob, die gerade gebaut wurde, aufgegangen war, gaben sie das alte Oratorium auf; dies ist der Grund, warum es zwei Gebäude gibt, das eine in der Corte des Hospitals, das andere am Fuß der Ponte Saponello.

Das erste hieß Ospital della Croce, das zweite Ospital delle Vecchie; beide existieren heute nicht mehr.

Man geht wieder auf die Fondamenta zurück; Haus Nummer 613/A ist das Ospizio Zuane Contarini, das von dem Priester 1378 gegründet wurde. Im weiteren Verlauf kommt man zum **Rio Terà de la Crea**, der in jüngster Zeit (1998) wieder in seinen ursprünglichen Zustand zurückversetzt worden ist, nämlich in einen Kanal zur Fortsetzung des unterbrochenen Rio Bosello; natürlich ist eine neue Brücke errichtet worden.

Gegen Ende des 16. Jahrhunderts besaß ein Pietro Bosello mehrere Häuser auf der Fondamenta di S. Giobbe in S. Geremia. Er handelte mit Zucker und Gewürzen und starb 1616 im Alter von 90 Jahren. Sein Haus verfügte über einen prächtigen Garten, der von Sansovino in seinem »Venetia« lobend erwähnt wird.

Palazzo Savorgnan am Rio di Cannaregio

Auf der rechten Seite des Rio Terà, der heute noch Fondamenta ist, steht das 1810 geschlossene Oratorio della Dottrina Cristinana. Heute wird der Bau als Turnhalle genutzt.

Auf der linken Seite beginnt die Calle Bosello, die in die gleichnamige, zum Teil noch ungepflasterte Corte führt.

Man kehrt erneut auf die Fondamenta S. Giobbe zurück; geht man in Richtung Ponte delle Guglie, folgen:

Cale Bosello; die Herkunft des Namens wurde bereits erwähnt.

Cale del Cendon, die an dem kleinen

Palazzo Cendon (Hausnummer 534) aus dem 15. Jahrhundert entlangführt. Unter dem Balkon erkennt man das Wappen (1437), das in der Mitte einen Pfahl mit drei Sternen aufweist. Auf dem oberen und unteren Rand kann man die beinahe unleserliche Inschrift entziffern: »Centonia Fam. Nob. Olim Rom. Parm. Q. Ex Qua Pata. Et Vene. Civil. MCCXXXVII«. Daraus geht hervor, dass die Familie Centon oder Cendon einst in Rom und Parma ansässig war und von dort nach Padua und Venedig kam, wo sie sich mit Adelsfamilien verschwägerte.

In den Tagebüchern Sanudos wird im August 1501 erwähnt, dass man bei Säuberungsarbeiten im Bett des Rio di Cannaregio auf der Höhe des Hauses der Centon auf eine salzige Quelle stieß. Man grub sehr tief, in der Hoffnung, die Quelle als Trinkwasser nutzen zu können, doch vergeblich: das Wasser blieb ungenießbar.

Cale Colombina, nach einem gewissen Giacomo Colombina, der 1661 hier wohnte.

Cale prima e seconda de le Do Corti [der zwei Corti] bedarf keiner weiteren Erklärung.

Cale del Rielo, möglicherweise nach einem kleinen, heute zugeschütteten Rio benannt, dessen Erinnerung sich verloren hat. In der Calle steht neben dem großen, 1547 begonnen Komplex von Reihenhäusern ein Brunnen aus dem 17.-18. Jahrhundert.

Cale Pesara, wahscheinlich nach einigen Häusern der Pesaro (s. *S. Cassiano*, Calle Pesaro, S. 471).

Die Fondamenta heißt von hier ab »Savorgnan« nach dem gleichnamigen Palast (Hausnummer 349) der ältesten Familie vom Festland, die zum venezianischen Patriziat zugelassen wurde.

Der Bau vom Ende des 17. Jahrhunderts wurde im Stil Sardis errichtet und verfügte über einen prächtigen Garten, der früher mit Statuen und Zitrusbäumen in großen Blumentöpfen verziert war. 1752 wurde der Palast von einem Blitz getroffen; 1765 wurden die Seitenflügel angebaut und 1778 brach ein schwerer Brand aus. Einige Historiker führen die Savorgnan auf lango-

Palazzo Venier, vormals Priuli

Palazzo Labia am Rio di Cannaregio

bardische Ursprünge zurück, andere auf das Geschlecht der Severi in Rom, und zwar auf jenen Severiano Aquilese, der die Burg von Severiano gründete, die später zu Savorgnan entstellt wurde.

Der Familie entstammt ein Alberto Savorgnan, Herr über Friaul und Patriarch von Aquileia; 1385 wurde der Ritter Federico zum Patriziat zugelassen und setzte sich sehr dafür ein, dass Udine und der Friaul unter die Herrschaft Venedigs kamen. 1390 ließ ihn der Patriarch von Aquileia in einer Kirche ermorden, während er der Messe beiwohnte, doch schon bald wurde er von seinem Sohn Tristano gerächt, der seinerseits den Patriarchen umbrachte.

Die Familie Savorgnan brachte viele tapfere Krieger und Heerführer hervor, darunter jenen Girolamo, der in der Zeit der Liga von Cambrai zahlreiche Feinde vertrieb und 45 Tage lang in seiner Burg in Osoppo der ganzen Heeresmacht des Kaisers Maximilian trotzte.

Nun beginnt die **Fondamenta Venier** mit dem Palazzo Venier, früher Priuli (Hausnummer 342). Der Erbauer war Angelo Maria Priuli (1484-1550) der 1517 eine Adriana Venier heiratete. Zweihundert Jahre später wurde der Palast nach einem Entwurf Tiralis neu erbaut und änderte im Zuge einer Heirat den Namen in Venier. 1787 wurde er an den Grafen Manfrin Di Zara verkauft.

Man lässt die Ponte delle Guglie links liegen und kommt auf die **Fondamenta Labia**, die nach dem großen Palast benannt ist, der sich hier erhebt.

Haus Nummer 330 ist der spitzbogige Palast Zatta.

Die Labias stammten aus Gerona in Katalonien und kamen über Avignon nach Florenz und von dort nach Venedig. 1646 wurde ein Giovanni Francesco Labia zum Patriziat zugelassen, nachdem er dreihunderttausend Dukaten für den Krieg um Kreta gespendet hatte. Er war wahrscheinlich der Erbauer des Palastes, dessen Fassade zum Kanal von Cominelli stammen soll, die auf den Campo von Tremignon.

Am Ende der Fondamenta steht die vom Salzwasser zerfressene Statue des Heiligen Nepomuk von G. Marchiori (18. Jh.). Durch die **Salizada S. Geremia**, die an der **Ponte delle Guglie** beginnt, kommt man auf den **Campo S. Geremia**. Auf der rechten Seite folgen:

Cale Vergole, richtiger »Calle del Vergolo«, da hier 1713 ein Alessandro Zentilini, von Beruf Vergola, wohnte. Schon vorher (1630) finden sich Hinweise auf einen Vergola oder Vergoler in der gleichen Pfarrei. *Vergole* waren um extrem dünne Papierröllchen gewickelte Seidenschnüre, die zur Verzierung der Kleidung gebraucht wurden. Gegen Ende der Republik, so liest man, waren die Kleider voller »Vergole, Puder und Schleifen«. Vergole hießen auch die Drahtnetze, mit denen die Frisuren gestützt wurden. Mit dem Wandel der Mode ging dieses Handwerk verloren.

Cale del Boter, nach der Werkstatt eines Böttchers (s. *S. Cassiano*, Calle dei Botteri, S. 465).

Auf dem Campo stehen vier Brunnen; der nächste an der Kirche mit kleinen Bögen ist ein Exemplar in schmucklosem venezianisch-byzantinischem Stil; der zweite, von den Souvenirständen fast verdeckte Brunnen ist gotisch ebenso wie der dritte dicht beim Palazzo Labia, das einzige Exemplar in der Stadt mit vorspringenden gotischen Bögen auf allen vier

Brunnen in Campo S. Geremia

Stierhatz in Campo S. Geremia (aus *Feste e spettacoli in Venezia*)

Seiten. An der Nordseite des Platzes steht der vierte runde Brunnen aus dem 16. Jahrhundert.

Wegen seiner Größe wurde der Platz für Ballspiele und Stierhatzen genutzt. Letztere fanden während des ganzen Karnevals statt, am aufwendigsten aber am Fettdonnerstag, zur Erinnerung an den Sieg des Dogen Vitale Michiel II. über den Patriarchen Ulrich von Aquileia.

Die Historiker berichten, dass Ulrich im Jahr 1162 mit Unterstützung einiger Feudalherren aus dem Friaul den Patriarchen von Grado Enrico Dandolo angriff und ihn zwang, sich nach Venedig zu flüchten. Unverzüglich führte der Doge Vitale Michiel II. seine Truppen gegen Ulrich, besiegte ihn und nahm ihn mit seinen zwölf Kapitelherren gefangen.

Für seine Freilassung musste er versprechen, Venedig einen jährlichen Tribut von zwölf Broten, zwölf Schweinen und einem Stier zu entrichten. »Die Schweine und der Stier wurden am Fettdonnerstag, dem Jahrestag des Sieges, vom Magistrato del Proprio zum Tode verurteilt und anschließend auf dem Markusplatz geschlachtet, wobei jeder Senator ein Stück Fleisch bekam, während die Brote unter den Gefangenen verteilt wurden... Im 16. Jahrhundert beschloss man, das Fest würdiger zu gestalten. Das Abstechen der Schweine und die den Sieg symbolisierende Zerstörung von hölzernen Festungen wurde aufgegeben, jedoch der Besuch des Dogen im Saal des Piovego beibehalten, und das Fest spielte sich bis zum Ende der Republik auf folgende Weise ab: Mitten auf der Piazzetta von S. Marco wurde am Fettdonnerstag zwischen zwei großen Tribünen oder "lalaj" ein Holzgerüst, das wie ein quadratischer Turm aussah, für das Feuerwerk aufgebaut. Rundherum verfolgten aus Zuschauerlogen der Doge, die Räte, die Vorsteher der Quaranta al Criminale, die Vorsteher des Rates der Zehn, die Avogadori, die Censori und die ausländischen Botschafter das Schauspiel. Eröffnet wurde es vom Aufzug der Zünfte der Schmiede und Metzger in besonderen Kostümen, die drei mit Girlanden geschmückte Stiere mit sich führten, denen sie im Angesicht des Dogen mit einem gewaltigen zweischneidigen Schwert unter dem Jubel und Applaus der Zuschauer mit einem einzigen Hieb den Kopf abschlugen«.

Im 18. Jahrhundert wurden die berühmtesten Stierhatzen für Friedrich Christian von Polen (1740), Karl Eugen von Württemberg (1767) und die Conti del Nord (1782) veranstaltet. Sie fanden vornehmlich während des Karnevals (vom 26. Dezember bis zum Sonntag vor Beginn der Fastenzeit) und während des restlichen Jahres bei besonderen Anlässen statt.

Besonders die größeren Plätze der Stadt wurden dafür genutzt: S. Giovanni in Bragora, S. Maria Formosa, S. Maria del Giglio, S. Agnese, S. Giacomo di Rialto, San Stae, S. Tomà, S. Stefano, S. Barnaba, S. Geremia, S. Giacomo dell'Orio, S. Polo, S. Margherita und nur ausnahmsweise der Markusplatz.

Die Tiere wurden auf Booten vom Schlachthof zum festgelegten Platz gebracht und dort herumgeführt, damit die Zuschauer sie bewundern konnten. Die Männer, die damit beauftragt waren, trugen traditionell kurze schwarze Samthosen, eine rot und weiß geblümte Weste, einen scharlachroten Mantel und einen Dreispitz.

Ein Trompetensignal kündete den Beginn des Spektakels an. Dazu wurden scharfe Hunde auf die Stiere gehetzt, die eigens darauf abgerichtet waren, ihnen die Ohren zu zerfetzen oder abzureißen, so dass sie vor Schmerz wilde Sprünge vollführten oder verzweifelt zu fliehen versuchten.

Am Ende wurden die Hunde von Bediensteten in weißen Kitteln eingefangen und die Stiere aus der Arena gebracht, um neuen Platz zu machen.

Das Schauspiel endete damit, dass einem oder zwei Stieren mit einem zweihändigen Schwert mit einem einzigen Hieb der Kopf abgeschlagen wurde, ohne dass die Klinge anschließend den Boden berührte.

Vor allem an eine Stierhatz in der zweiten Hälfte des 18. Jahrhunderts sei erinnert, an der zahlreiche Persönlichkeiten teilnahmen, darunter auch der spanische Botschafter, der besonderes Interesse an diesem Schauspiel bekundete.

Als die Stierhatz vorüber war, schlug Girolamo Savorgnan, ein kräftiger und großgewachsener junger Mann, zwei ungarischen Stieren mit dem beidhändigen Schwert den Kopf ab, ohne ihnen vorher die Hörner absägen oder mit Stoff umwickeln zu lassen.

Die Tat erregte großes Aufsehen bei den Zuschauern, denn eine solche Kühnheit hatte man noch nicht erlebt. Zwar hatten auch schon andere zwei Stiere auf einmal geköpft,

18. San Geremia

Kirche von S. Geremia, vom Canal Grande aus gesehen

18. San Geremia

aber ihnen vorsichtshalber vorher die Hörner kürzen lassen.

Die Kirche von S. Geremia, deren Gründung Mauro Tosello oder Marco Torcello und seinem Sohn Bartolomeo zugeschrieben wird, wurde im 11. Jahrhundert begonnen; im Jahr 1174 wurde sie durch den Dogen Sebastiano Zani neu erbaut. 1753 schließlich wurde sie von Grund auf neu errichtet, und zwar nach Plänen des Priesters Carlo Corbellini, der 1760 die erste Messe las, obwohl der Bau noch nicht fertig war.

Bis zum letzten Neubau hatte die Kirche nur eine Westfassade zum Platz in Richtung Palazzo Flangini und an der Seite einen langen Bogengang. Nachher hatte sie zwei Fassaden, eine in Richtung Norden und die andere in Richtung Osten auf den Rio di Cannaregio. Ihre Fertigstellung im Jahr 1871 verdankt sich der Großzügigkeit des Baron Revoltella. Bei Restaurierungsarbeiten wurde der Marmor durch den Brand des Gerüstes (27. Juni 1998) erheblich beschädigt.

In dieser Kirche predigte der Mönch Bartolomeo Fonzio, der zum Ketzer erklärt und zum Tod durch Ertrinken verurteilt wurde; am 4. August 1562 wurde er mit einem Stein am Hals in der Lagune ertränkt.

Der Innenraum hat die Form eines griechischen Kreuzes mit Emporen an den vier gleich langen Armen; in der Mitte erhebt sich eine große, eiförmige Kuppel, die auf großen Pfeilerbündeln ruht.

Auf der linken Seite zwischen Kirche und Kampanile war früher der **Sotoportego del Campanil**, der heute geschlossen und in den Palazzo Labia einbezogen ist. Nur der untere Teil des Kampanile stammt aus der Anfangszeit, der Rest wurde später hinzugefügt.

Rechts neben der Kirche steht Palazzo Flangini aus dem 17. Jahrhundert, ein Werk Domenico Rossis; bedauerlicherweise fehlt bei der Fassade auf den Canal Grande der rechte Flügel. Er gehörte eine Adelsfamilie aus Zypern. Ihr entstammte ein Alvise Flangini, der 1376 bei der Einnahme von Nicosia fiel. Nach der Übersiedlung nach Venedig erhielt die Familie den Titel der Grafen von S. Odorico und vom Kaiser den Adelsstand des Heiligen Römischen Reiches. 1664 wurden sie zum Großen Rat zugelassen. 1804 erlosch die Familie.

Hier beginnt der **Rio Terà Lista de Spagna**, früher **Fondamenta de Rielo** und **Salizada S. Geremia**, bis 1840 der Kanal zugeschüttet wurde.

Auf der rechten Seite folgen:

Cale de le Procuratie, nach den Häusern, die die Prokuratoren von S. Marco hier einigen armen Familien »um Gotteslohn« zur Verfügung stellten; die Häuser wurden von den Prokuratoren de Citra verwaltet. Zu Beginn des 9. Jahrhunderts begann man in Venedig einen Prokurator zu wählen, der die Oberaufsicht über den Bau des Markusdomes hatte. Später wurden ihm weitere Kollegen an die Seite gestellt, und zwar der erste im Jahr 1231, ein weiterer 1239, ein dritter 1261 und zwei weitere 1319. Diese sechs wurden in drei Gruppen geteilt; zwei hießen »de Supra«, zwei »de Ultra« und zwei »de Citra«.

Die beiden Prokuratoren de Supra hatten die Aufgabe, sich um den Markusdom und den Platz zu kümmern; in die Kompetenz der zwei Prokuratoren de Ultra fiel das Stadtgebiet jenseits, in die der beiden de Citra das Gebiet diesseits des Canal Grande.

1353 kam zu den beiden Prokuratoren de Supra ein dritter hinzu. 1442 legte der Große Rat ihre Anzahl auf neun fest, drei pro Amtsbereich. Das Amt des Prokurators, das auf Lebenszeit ausgeübt wurde, kam direkt nach dem des Dogen.

Cale Gioachina, nach dem Namen einer Familie aus dem Volk, die hier im 17. Jahrhundert wohnte.

Haus Nummer 168 ist die Casa dei Frizier, dann dei Renier Zeno (1613) und schließlich spanische Botschaft; gegen Ende des 18. Jahrhunderts wurde des Gebäude vom Conte Giuseppe Montealegre neu erbaut. 1857 wurde es mit Geldern aus dem Nachlass des letzten Dogen Ludovico Manin und des Grafen Sceriman in ein Waisenhaus für Jungen umgewandelt. Heute ist es Sitz der Regione Veneto.

Die Lista de Spagna trägt ihren Namen nach der »lista« genannten Zone um die Botschaften, die als extraterritorial galt.

Cale de la Misericordia, nach den zahlreichen Häusern im Besitz der Scuola Grande della Misericordia, die der Abt des Ospedale S. Lazzaro Pietro Agresti ihr am 14. Februar 1438 vermacht hatte.

In der Calle steht der spitzbogige Palazzo Pisani (Hausnummer 119) aus dem 15. Jahrhundert und Palazzo Barziza-Calbo-Crotta (Hausnummer 122).

Cale Priuli detta de i Cavaleti; die Edelfrau Paolina Priuli besaß hier neunundfünfzig kleine Häuser. Der zweite Name geht möglicherweise auf die Gestelle zurück, auf denen die Weber und Färber die Stoffe zum Trocknen aufhängten. Aus den Registern geht hervor, dass in dieser Calle viele Weber und Färber wohnten.

Chiesa di S. Maria di Nazareth, genannt degli Scalzi.

Die Karmeliter sind seit 1633 in Venedig vertreten; damals mietete der Mönch Agatangelo da Gesù e Maria mit einem

18. San Geremia

Der Bahnhofsvorplatz

Die wegen des Bahnhofsbaus abgerissene Kirche von S. Lucia auf einer historischen Fotografie

Gefährten ein Haus in S. Girolamo. 1635 zogen die Karmeliter in ein größeres Haus auf der Giudecca um und 1647 in die Abtei S. Gregorio. Da sie sich nicht auf den Kaufpreis einigen konnten, kamen sie hierher und errichteten ein Kloster und eine kleine Kirche, die wegen eines kleinen Bildes der Jungfrau Maria, das von der Insel des Lazzaretto Vecchio stammte, S. Maria di Nazareth geweiht wurde.

Der Bezeichnung »Lazzaretto« ist möglicherweise auch eine Entstellung des Namens Nazareth. Um 1656 wurde die Kirche abgerissen, um den heutigen Bau nach Plänen Longhenas zu errichten; die Fassade stammt von Sardi.

In dem einschiffigen Innern öffnen sich zwischen den hohen korinthischen Doppelpfeilern sechs Seitenkapellen. Am Ende befindet sich ein großes Presbyterium, der Hauptalter und der Chor. Zwischen 1853 und 1862 wurde das Gebäude auf Kosten der österreichischen Regierung tiefgreifend restauriert. In der Nacht vom 24. Oktober 1915 wurde die Kirche von einer Bombe getroffen und dabei ein wertvolles Tiepolo-Fresko zerstört, das die Überführung der Santa Casa nach Loreto darstellte. Das Kloster wurde 1810 geschlossen und an Privatleute sowie die Baugesellschaft des Bahnhofs verkauft. Um 1840 kauften die Karmeliter den vorderen Teil des Gebäudes zurück, errichteten ein Hospiz und nahmen das Kloster wieder in Betrieb, das noch heute in ihrem Besitz ist. Hinter der Kirche erstreckt sich der Bahnhofsplatz und die Gebäude der Eisenbahnverwaltung.

Pläne, Venedig an die Eisenbahn anzuschließen, gab es seit Anfang des 19. Jahrhunderts. Cesarini entwickelte 1823 Pläne für eine Verbindung zwischen S. Marziale und Campalto, ein Projekt Giuseppe Picottis (1830) sah eine etwa neun Meter breite Straße auf gemauerten Bögen zwischen dem Schießstand von S. Alvise und Campalto vor.

Der Bahnhof, der als einfacher Güterbahnhof geplant war, wurde zwischen 1841 und 1845 zusammen mit der Eisenbahnbrücke zwischen Venedig und dem Festland erbaut. Der Entwurf der Brücke stammte von Tommaso Meduna und Luigi Duodo; sie ruht auf 222 Bögen und ist 3.601,43 m lang.

Historische Fotografie der alten Eisenbrücke (1858) und der neuen Steinbrücke (1934) nebeneinander; im Hintergrund die Kirche der Carmelitani Scalzi und das alte Bahnhofsgebäude

Während der Belagerung von 1849 wurde sie schwer beschädigt und von dem Ingenieur Gaspare del Mayno wieder repariert; am 30. Juni 1850 wurde sie wieder für den Verkehr freigegeben. Das Bahnhofsgebäude wurde zwischen 1861 und 1865 errichtet und in den fünfziger Jahren des 20. Jahrhunderts (1954) durch einen Neubau ersetzt.

Auf dem Gelände, das heute die Eisenbahn einnimmt, standen im Anschluss an die Kirche der Scalzi folgende Gebäude, die abgerissen wurden, um dem Fortschritt Platz zu machen:
das Kloster der Carmelitani Scalzi;
Palazzo Bragadin-Vescovi (1730-60);
Palazzo Barziza, später Calbo-Crotta (1710), ein zweistöckiger Bau im Stil Longhenas;
Kirche und Kloster von S. Lucia;
Palazzo Lion-Cavazza (Mitte des 17. Jh.);
Scuola del SS. Sacramento, genannt »dei Nobili«, gegen Ende des 15. Jahrhunderts gegründet und die früheste der »Scole«;
Kirche und Kloster von Corpus Domini.

Von all diesen Bauwerken ist keine Spur geblieben außer einer Marmortafel im Pflaster des Bahnhofsplatzes, die aber nur an die Kirche von S. Lucia erinnert.

Gegenüber der Scalzi-Kirche kann man den kühnen Bogen (44 m) der gleichnamigen Steinbrücke bewundern, die 1934 nach Plänen des Ingenieurs Eugenio Miozzi erbaut wurde und die Eisenbrücke der englischen Firma Neville ersetzte, die am 29. April 1858 eröffnet worden war. Bei dem Namen Miozzi sei daran erinnert, dass von ihm auch die Papadopoli-Brücke und die »provisorische« Holzbrücke an der Accademia stammt.

Geht man zum Campo S. Geremia zurück, folgen auf der rechten Seite:

Der spitzbogige Palazzo Da Lezze (Hausnummer 134/A) aus dem 15. Jahrhundert;

I Sabioni, nach der sandigen, ungepflasterten Fläche benannt, die sich hier früher erstreckte. Sie führen auf die **Fondamenta Crotta**, benannt nach Giuseppe und Giovanni Crotta, die nach Zahlung der üblichen 100.000 Dukaten zum Patriziat zugelassen wurden. In ihrem Aufnahmeantrag betonten sie, dass ihr Vater Francesco, der aus einer Mailänder Adelsfamilie stammte, im 17. Jahrhundert nach Belluno gekommen war, um die Bergwerke von Agordo zu betreiben, in denen er auf eine Kupferader stieß. Aus diesem Grund war er in den Rat von Belluno aufgenommen worden. Die Familie erlosch 1740.

Cale del Forno;

Cale del Spezier; am Haus Nummer 233 ein schönes spitzbogiges Portal aus dem 15. Jahrhundert, früher der Eingang des Palazzo Morosini della Trezza, der zu Beginn des 19. Jahrhunderts zerstört wurde.

Cale Flangini.

Man kommt so auf den Campo S. Geremia zurück und von dort über die Ponte delle Guglie zur Anlegestelle.

19. San Nicola da Tolentino

Tolentini

Der Spaziergang beginnt auf der Fondamenta della Croce an der Vaporetto-Anlegestelle P‍IAZZALE R‍OMA.
Zunächst sei daran erinnert, dass es in diesem Teil Venedigs, wie häufig am Stadtrand, zu tiefgreifenden Veränderungen im Stadtbild gekommen ist (sprich: Anlage des Piazzale Roma, an dem der Autoverkehr endet, zusätzlich zum Passagierhafen). Dadurch sind das ursprüngliche Aussehen und die großzügige Anlage des westlichen Stadtgebietes am Rand der Lagune weitgehend verloren gegangen; einiges hat sich aber trotzdem erhalten.

Steigt man aus dem Vaporetto aus, befindet man sich auf dem **Campo Morto**, auf dem ein Brunnen im spätgotischen Stil aus dem Jahr 1470 steht, der zum zerstörten Kloster della Croce gehörte.

Vom Campo aus geht man linker Hand auf die **Fondamenta de la Crose**. An der Eisenbrücke über den **Rio Novo**, der in den 30er Jahren des 20. Jahrhunderts angelegt wurde, um eine schnellere Verbindung zwischen der Ankunftsstelle und S. Marco zu schaffen, sieht man auf der Fondamenta, die sich auf der rechten Seite öffnet, ein merkwürdiges architektonisches Überbleibsel mit Fenstern, Vertiefungen, Konsolen und einem ovalen Drillingsfenster. Die Mauer ist der Überrest einer byzantinischen Verteidigungsanlage (6. oder 7. Jh.), die an der Biegung des Canal Grande stand, wie man auf Jacopo de' Barbaris Stadtplan von 1500 deutlich erkennen kann.

Man überquert die Eisenbrücke und folgt der anschließenden Fondamenta am Giardino di Papadopoli entlang bis zur **Ponte de la Crose**. Die Kirche und das Kloster von S. Croce, nach denen das Viertel benannt ist, wurden sehr wahrscheinlich von den Flüchtlingen zur Zeit der langobardischen Invasion gegründet. Obeliato Massimo, der im Jahr 774 gewählte erste Bischof von Olivolo, weihte die Kirche und bestimmte sie zur Pfarrei. Die Familie Badoaro hatte bis 1109 das kirchliche Patronat, dann trat sie es an die Brüderschaft von Cluny des Heiligen Benedikt ab, die ein Kloster erbaute und über zweihundert Jahren in seinem Besitz blieb.

Die skandalöse Lebensführung der Mönchen zog ihnen den Unwillen der Bevölkerung in einem solchen Maße zu, dass sie es vorzogen, das Kloster zu verlassen. Es ging an das Kapitelkollegium der Priester über, die 1342 die Kirche neu erbauen ließen.

Nach dem Verfall des Klosters erhielten die zwei Einsiedlerinnen Sofia Veneziana und Agnese Ungara die Erlaubnis, bei der Kirche zwei Zellen zu errichten, die den Beginn der neuen Ordensgemeinschaft von S. Chiara (1470) bildeten. Zu

Dauer

1h 30′

Linien 1 82 N 4 41 42 51 52 61 62 71 72

19. San Nicola da Tolentino

Überreste einer byzantinischen Festungsanlage (6. oder 7. Jh.) am Anfang von Rio Nuovo

19. San Nicola da Tolentino

Beginn des 16. Jahrhunderts wurde die Kirche neu gebaut, da sie vom Einsturz bedroht war.

1810 wurden Kirche und Kloster geschlossen und in Lagerhallen umgewandelt. Nach dem Abriss der Gebäude wurde 1834 auf dem Grundstück der Giardino Papadopoli nach Entwürfen F. Bagnaras angelegt. 1863 wurde die Gartenanlage nach dem Modell des Franzosen Marco Guinon umgestaltet.

In die Außenmauer des Parks ist an der Ecke zwischen den beiden Fondamenta eine Säule aus grauem Granit mit einem griechischen Marmorkapitell eingemauert, auf dem sich ein ähnliches Monogramm findet wie auf den beiden Pili Acritani seitlich neben dem Markusdom. Da diese beiden Säulen, die in Wirklichkeit Türpfosten waren, 1256 aus Tolemaide nach Venedig gebracht wurden, stammt möglicherweise auch diese Säule von dort und gehörte vorher zum Grabdenkmal des Dogen Domenico Morosinis oder Orio Mastropieros, die beide in der zerstörten Kirche beigesetzt waren.

Mutinelli dagegen nimmt an, dass vor dieser Säule den Schwerverbrechern die rechte Hand abgeschlagen wurde, bevor sie zwischen den beiden Säulen auf der Piazzetta hingerichtet wurden (s. im Folgenden Ponte Papadopoli, S. 413).

Man biegt nach rechts auf die **Fondamenta del Monastier** ohne eigenes Straßenschild, deren Namen natürlich auf das alte Kloster zurückgeht. Man folgt der Fondamenta und überquert die erste Brücke links, die **Ponte de i Tolentini**. Gegenüber liegt die Kirche von S. Nicolò da Tolentino.

Bei der berühmten Plünderung Roms (1527) durch das Heer Karls V. flüchteten die Mönche des Theatinerordens im Gefolge von S. Gaetano da Thiene nach Venedig. Zunächst wohnten sie im Ospedale degli Incurabili, dann auf der Giudecca und in S. Gregorio und übernahmen schließlich (1528) das 1505 zu Ehren von S. Nicolò da Tolentino erbaute Oratorium. 1591 vergrößerten sie Kirche und Kloster nach Plänen Scamozzis.

Die Fassade ist jünger (Anfang 18. Jh.) und stammt von Andrea Tirali. In sie ist eine Bombe aus der Zeit der Belagerung von 1849 eingemauert.

Der Innenraum hat klassischen Charakter mit einem Grundriss in Form eines lateinischen Kreuzes, einem Presbyterium mit geradem Abschluss und einem Chor hinter dem Hauptaltar; über der Vierung erhebt sich eine Kuppel mit flachem Abschluss. Der Kampanile endet in einer Kuppel und entstand zur gleichen Zeit wie die Kirche.

1810 wurde das Kloster in eine Kaserne umgewandelt und die

Gegenüber:
Kirche und Kampanile der Tolentini

Granitsäule an Ponte de la Crose

Kirche als Pfarrkirche genutzt; heute ist im Kloster die Architekturfakultät untergebracht.

Gegenüber der **Fondamenta de i Tolentini** liegt die **Fondamenta Condulmer** (auf die man aber nicht geht). Die uralte Tribunen-Familie Condulmer oder Gondulmer stammt aus Pavia. Drei Zweige der Familie wurden zum Rat zugelassen: der erste 1381 wegen seiner Verdienste im Krieg von Chioggia, der zweite 1431 anlässlich der Erhebung Gabriele Condulmers zu päpstlichen Würden unter dem Namen Eugen IV., der dritte 1653 dank der unvermeidlichen 100.000 Dukaten.

Auf der Fondamenta liegen Palazzo Papadopoli (Hausnummer 250) aus dem 17. Jahrhundert, Palazzo Condulmer aus dem 18. und ein weiterer Palast (Hausnummer 265) aus dem 17. Jahrhundert; auf seiner Fassade sieht man ein Relief (16. Jh.) mit zwei knienden Angehörigen einer Bruderschaft, die einen Rundschild halten, dessen Inhalt heute weggemeißelt ist; wahrscheinlich war es ein Markuslöwe, als Hinweis, dass das Haus Eigentum der Scuola Grande di S. Marco war (s. *SS. Giovanni e Paolo*, S. 120).

Man folgt der Fondamenta dei Tolentini und stößt linker Hand auf die **Cale del Clero**, nach einigen Häusern im Besitz der Kleriker-Kongregationen benannt (s. *S. Stefano*, Calle Larga del Clero, S. 246).

Eine Inschrift von 1492 (Hausnummer 180) verweist auf die Besitzer:

CONGREGATION
TOCIUS CLERI VE
NETIAR. ANNO D
MCCCCLXXXXII KLEND AUGUSTI

Am Ende der Fondamenta folgt die **Ponte del Gaffaro** über den gleichnamigen Kanal; vielleicht heißen sie nach dem Wohnhaus eines der »Gaffer« genannten arabischen An-

19. San Nicola da Tolentino

führer, worauf das Wort »Kalif« zurückgeht. Man geht nicht über die Brücke, sondern biegt nach links auf die **Fondamenta Minotto**, nach dem Palast (Hausnummer 143) aus dem 15. Jahrhundert; die Familie kam aus Rom oder Albanien, wo sie Minoxi geheißen hatten. Auch sie gehörte zu einer der ältesten Familien Venedigs, der einige Tribunen entstammten.

1297 blieb sie im Rat vertreten und stellte berühmte Männer, etwa einen Marco Minotto, der 37 Galeeren gegen die Griechen befehligte und die Insel Stalimene eroberte; ein Demetrio, der im 14. Jahrhundert im Ruf der Heiligkeit stand; ein Pasqualino eroberte 1364 Kreta für Venedig zurück; ein Giovanni Luigi schlug 1646 die türkische Armada und ein Giovanni war 1742 Bischof von Padua.

Auf der linken Seite der Fondamenta folgen **Cale e Corte de i Spiriti**; in der Calle sieht man eine Steinmaske (17. Jh.), früher der Schlussstein eines Bogens. Für den Namen gibt es Hinweise aus dem Jahr 1347, als ein gewisser Francesco Spirito am 25. Juni starb; Francesco und Matteo Spirito erscheinen im Einwohnerregister von 1379 und ein Pietro wurde 1386 zum Pfarrer von S. Marcuola.

Hausnummer 134 ist der spitzbogige Palazzo Marcello aus dem 15. Jahrhundert.

Am Ende der Fondamenta geht man nach rechts über die Ponte Marcello. Die Familie stammt von dem römischen Geschlecht der Claudia Marcella ab und kam zu Beginn des 7. Jahrhunderts in die Stadt. Nach den Worten späterer Chronisten entstammten der Familie »uralte Tribunen, unglaubliche Lügner, große Kämpfer, aber streitsüchtig und von geringem Verstand«.

Weiteren Glanz gewann die Familie durch den 1473 gewählten Dogen Nicolò und einige Bischöfe; bei kriegerischen Unternehmungen durch Giacomo Antonio gegen die Mailänder im Jahr 1483, durch Pietro, der 1482 den Polesine im Kampf gegen den Herzog von Ferrara eroberte, durch einen weiteren Giacomo, der als Admiral 1484 vor Gallipoli durch einen Bombarden-Schuss getötet wurde, schließlich durch Lorenzo, »Schlachtenblitz« genannt, der 1638 als Kommandant der venezianischen Galeazzen bei einem Seegefecht einen Arm verlor, aber die feindlichen Galeeren besiegte, und der

Fondamenta Minotto, Corte und Treppe (Hausnummer 151)

1656 an den Dardanellen durch einen Kanonenschuss in die Seite getötet wurde.

Die Familie kann sich noch einer weiteren Auszeichnung rühmen, die den anderen abgeht, nämlich Benedetto Marcello (1686-1739) hervorgebracht zu haben, der für seine poetischen und musikalischen Werke berühmt war und den Ehrentitel eines »Fürsten der venezianischen Musik« erhielt. Neben der Brücke sieht man die alte, dem Heiligen Bernhard geweihte Scuola dei Laneri [Wollhändler und -verarbeiter], die am 26. Mai 1620 abbrannte.

1633 wurde sie so wieder aufgebaut, wie sie noch heute steht (s. *S. Pantaleon*, Salizada S. Pantaleon, S. 530).

Von der Brücke geht man nach links auf die **Fondamenta del Malcanton** und folgt dem Kanal. Aus einem Fenster von Palazzo Surian (Hausnummer 3552) aus dem 17. Jahrhundert wächst ein Baum, der im Hausinnern gepflanzt wurde.

Am Ende kommt man durch die **Calesela del Malcanton** auf die **Fondamenta Bembo o Malcanton**.

Man nimmt an, dass die Fondamenta anfangs diesen Namen hatte, weil an der engen Kurve für den, der Außen ging, das Risiko bestand, ins Wasser zu fallen; eine andere Erklärung könnte sein, dass sie immer menschenleer und dunkel war, weshalb sie sich für Überfälle anbot, wie auch Calle della Bissa und Ponte degli Assassini (s. *S. Lucca*, Rio Terà degli Assassini, S. 223).

In einigen Chroniken erscheint die Fondamenta auch im Zusammenhang mit einem historischen Ereignis. Zu Beginn des 14. Jahrhunderts verlangte der Bischof von Castello Ramperto Polo vom Pfarrer von S. Pantaleone den Zehnten auf die Toten der Gemeinde, wie er sie auch von den Pfarrern der anderen Kirchen einforderte.

Der Pfarrer von S. Pantaleone, der in der Vergangenheit davon befreit worden war, verweigerte jedoch die Zahlung. Als Ramperto zu ihm kam, um die Abgabe mit Gewalt einzufordern, wurde er auf dieser Fondamenta von dem empörten und aufgebrachten Volk angegriffen und getötet. Auf dieses Ereignis soll die berüchtigte Feindschaft zwischen Castellani und Nicolotti zurückgehen, die dann in den Festen dei Pugni gipfelte (s. *S. Marziale*, S. 331 und *S. Maria del Carmine*, Ponte dei Pugni, S. 548).

Man folgt der Fondamenta Bembo und stößt rechter Hand auf **Cale e Corte del Basegò**; wahrscheinlich handelt es sich um die entstellte Form des Familiennamens Basilicò (umgangssprachlich Basegò). Ein Giovanni Basilicò wurde 1684 zum Kanzleidienst zugelassen.

Ponte de i Squartai

Die Tre Ponti, von der Fondamenta del Magazen aus gesehen

In der Corte steht ein roter Marmorbrunnen aus dem Jahr 1436, der vom Kloster S. Salvadore vor dessen Wiederaufbau von 1530 stammen soll.

Am Ende der Corte stehen einige moderne Gebäude. Bei ihnen geht man nach links bis zur **Fondamenta del Rio Novo**, folgt ihr bis zur zweiten Brücke und biegt nach rechts in die **Cale de le Cereria**, die nach den Werkstätten der Kerzenzieher heißt, die sich hier früher befanden. Die Kerzenzieher waren ein Zweig der Spezieri da Grosso. Die Venezianer bezogen den Wachs aus der Levante, von der Moldau und aus der Walachei; wegen der besonderen Lage der Stadt wurde der Wachs bei der Verarbeitung nicht durch Staub verunreinigt, weshalb die venezianischen Kerzen sehr gesucht waren.

Im 18. Jahrhundert war in Venedig ein G. Battista Talamini berühmt, der ein Geschäft »Zum Brunnen« am Rialto hatte und am 10. April 1760 starb. Dank eines Geheimnisses und eigens entwickelter Werkzeuge gelang es ihm als erstem, das Wachs so zu verarbeiten, das er damit Pflanzen, Blumen, Früchte und Tiere nachbilden konnte, wobei das Wachs so hart blieb, dass es sogar für einige Zeit in Form von Tassen oder Gefäßen für alle erdenklichen Getränke genutzt werden konnte.

Am Ende der Calle ist man wieder an der Ponte del Gaffaro; vor ihr biegt man links und kommt an eine kleine Brücke, die auf die Fondamenta Condulmer führt.

Der Name der Brücke ist alles andere als heiter: **Ponte de i Squartai** (die Gevierteilten); es fehlt jeder historische Hinweis auf diese Brücke, die wahrscheinlich eine der vier Stellen in der Stadt war, wo die Überreste der auf S. Marco hingerichteten und gevierteilten Missetäter ausgestellt wurden.

Man folgt der **Fondamenta del Magazen** bis zu den **Tre Ponti**, wo drei Brücken über drei verschiedene Kanäle in einem Punkt zusammenlaufen.

Heute sind es fünf Brückenbögen, denn 1933 wurde die Brücke über den Rio Novo hinzugefügt und in unseren Tagen wurde die **Ponte Zuccato** zwischen der Fondamenta und dem **Campielo de i Lavadori** erbaut.

Die 1933 vom Ingenieur Miozzi (s. *S. Geremia*, Ponte degli Scalzi, S. 399) entworfene Holzbrücke stellt eine Neuheit unter den venezianischen Brücken dar, denn ihre gebogene Holzkonstruktion überwindet die normalerweise gradlinige natürliche Balkenstruktur.

Vom Ing. Miozzi stammt auch der Entwurf der nahegelegenen **Ponte Papadopoli**, die aus vorgefertigten Bauelementen besteht, die dann mit istrianischem Stein verkleidet wurden.

An den Tre Ponti wohnte ein gewisser Battista Piantella, *Saoner* (Seifensieder) von Beruf, der wegen Diebstahls entlassen und für zwanzig Jahre verbannt worden war. Er wartete, bis sein früherer Meister bei ihm vor dem Haus vorbeikam, stieß ihn hinein und erschlug ihn mit einem Prügel. Anschließend zog er dessen Kleider an, ging zu ihm nach Haus, tötete die Magd und stahl, was ihm in die Hände fiel; dann ergriff er die Flucht.

Doch die venezianische Justiz war schnell und effektiv; der Täter wurde in Treviso eingeholt, nach Venedig zurückgebracht, verurteilt und nach der Folter am 1. Februar 1711 hingerichtet.

Das Urteil führt minuziös auf, was mit Piantella zu geschehen hatte und auch geschah; empfindliche Gemüter überspringen am besten die folgenden Zeilen:

»Er soll am Schandpfahl auf einem großen Lastkahn nach S. Croce gebracht werden, wobei er unterwegs an jedem Traghetto insgesamt fünf Mal mit einer glühenden Zange ge-

Historische Fotografie der Tre Ponti vor den Abrissarbeiten in den 20er und 30er Jahre des 20. Jahrhunderts

19. San Nicola da Tolentino

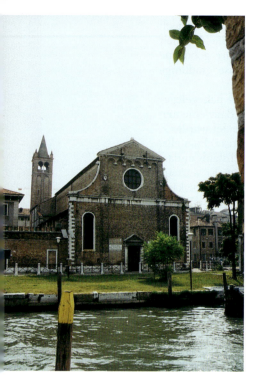

Kirche S. Maria Maggiore

zwickt werde soll. In S. Croce angekommen, soll ihm der Scharfrichter die rechte Hand abschlagen, so dass sie vom Arm abgetrennt ist; dann hänge man sie ihm um den Hals und schleife ihn am Schwanz eines Pferdes an den Ort des Verbrechens in S. Andrea, wo ihm die andere Hand abgeschlagen und gleichfalls um den Hals gehängt werden soll; dann schleife man ihn auf die Piazza zwischen die beiden Säulen von S. Marco, wobei unterwegs seine Schuld öffentlich bekannt gemacht wird, und dann schlage ihm der Scharfrichter auf einem Podest den Kopf ab, dass er vom Körper getrennt ist und er stirbt; sein Körper soll in vier Viertel geteilt und diese an den üblichen Stellen bis zur Verwesung ausgehängt werden«.

Jenseits der Brücken erstrecken sich zwei Fondamenta, die **Fondamenta Fabrica Tabachi** und die **Fondamenta de le Burchiele**. Die eine führt zur Staatlichen Tabakmanufaktur, die zu Beginn des 20. Jahrhunderts etwa tausend Frauen beschäftigte, die andere heißt nach den »Burchielle«, die hier lagen; dies waren kleine Lastkähne für Abfälle und Holz, die den »Burchieri da Rovinassi e Cava Fanghi« [Bauschutt und Kanalschlamm], den »Burchieri da Stiore« [Schilfrohr und Binsen] und den »Burchieri da Legna« [Holz] gehörten. Ihre Innung existierte seit 1503 und hatte ihre Scuola auf dem benachbarten Campo S. Andrea. Dieses Gewerbe war das Monopol einiger Familien, die es aber nicht selbst ausübten, sondern durch bezahlte Arbeiter den Kanalschlamm, den Bauschutt und die Abfälle einsammeln und zu den vorgesehenen Deponien transportierten ließen.

Von den Brücken geht man nach links auf die **Fondamenta Bernardo**, die nach einer alten Familie benannt ist (s. *S. Maria Gloriosa*, Calle Bernardo, S. 509).

Man biegt sofort nach rechts und kommt in den **Rio Terà de i Pensieri**; er hieß wahrscheinlich so wegen der Düsterkeit der Fondamenta, die sich in einem dunklen und verlassenen Kanal spiegelte.

Am Ende des Rio Terà öffnet sich auf der linken Seite der **Campo de S. Maria Mazor**.

19. San Nicola da Tolentino

Im 15. Jahrhundert ging das Gerücht um, dass ein in diesem abgelegenen Teil der Stadt lebender Eremit wiederholt eine wunderschöne Frau mit einem Kind auf dem Arm über die Lagune habe wandeln sehen, und dass auch einige Fischer aus der Umgebung diese Erscheinung bewundert hätten. Daraufhin bat eine Nonne von S. Agnese namens Catterina den Senat um Erlaubnis, eine kleine Kirche und ein Kloster erbauen zu dürfen; dies wurde ihr bewilligt und im Jahr 1497 entstanden die beiden Gebäude.

Die Kirche wurde 1502 mit Unterstützung Luigi Malipieros neu gebaut und erhielt den Namen S. Maria Maggiore, weil sie nach deren römischem Vorbild erbaut worden war. Auch das Kloster wurde 1503 erweitert. 1810 wurde es an das Militär übergeben und brannte 1817 vollständig nieder. Die Kirche wurde der Tabakmanufaktur zugeschlagen, die eine Lagerhalle daraus machte. Der Kampanile im spitzbogigen Stil trägt das Wappen der Malipiero. Gegenüber der Kirche steht ein freistehendes Gebäude (Hausnummer 322); dies war die 1507 errichtete Scuola dei Strazzaroli [Lumpensammler], die der zum Himmel aufgefahrenen Muttergottes geweiht war.

S. Andrea della Zirada

Auf dem Gelände des 1914 abgerissenen Klosters steht heute das Gefängnis. Eine Brücke verbindet den Campo im Westen mit dem **Campo de Marte** (heute Stazione Marittima), der zu Beginn des 19. Jahrhunderts mit Hilfe des Schlamms aus den Kanälen und Bauschutt aufgeschüttet wurde.

Die Eröffnung war am 31. August 1828. Der Platz war von Bäumen umstanden, hatte zur Lagune hin eine »Montagnola« genannte Erhöhung und war vom Rio di S. Maria Maggiore und einem 1885 zugeschütteten Rio dei Secchi umgeben. Er diente vor allem als Exerziergelände der Artillerie.

1910 wurde er teilweise der Eisenbahn überlassen, teilweise der Gasgesellschaft, die hier Gasometer aufstellte.

Man folgt der **Fondamenta de S. Maria Mazor** und der anschließenden **Fondamenta de Ca' Rizzi**. Die Familie, deren Palast aus dem 17. Jahrhundert hier steht (Hausnummer 315-

316), hatte früher einen Goldschmiedeladen am Rialto. Ein Giuseppe Rizzi wurde 1687 gegen Zahlung der üblichen hunderttausend Dukaten zum Großen Rat zugelassen. Haus Nummer 297 ist der Palazzo Dolce.

Anschließend kommt man auf die **Fondamenta de la Cazziola**, die nach der Maurerkelle benannt ist; dort biegt man nach links und geht die **Fondamenta del Pagan** und die **Fondamenta de i Tre Ponti** entlang und kommt so wieder zu den Tre Ponti.

Oben auf den Tre Ponti biegt man nach links, als wollte man wieder auf die Fondamenta Fabbrica dei Tabacchi; doch man hält sich leicht rechts und nimmt die **Fondamenta S. Andrea**, die nur am Anfang am Kanal und anschließend am Piazzale Roma entlangläuft. Das Wasser am Brunnen ist trinkbar.

Man folgt ihr immer weiter, wobei man sich links hält, und kommt dann zwischen zwei modernen Garagengebäuden hindurch. Weiterhin links geht es hinter hohen Platanen vorbei; in die Mauer, die zum alten Kloster gehörte, ist eine Steintafel mit einem Erlass der »Esecutori contro la biastema« vom 10. September 1640 eingelassen; darin wird mit Angabe der üblichen Strafen verboten, auf dem Platz »Karten oder Ball zu spielen und Schimpfwörter zu benutzen«. Am Ende liegt der **Campo S. Andrea** mit der Kirche von S. Andrea de la Zirada, die am Ufer des **Rio de S. Chiara** liegt.

Auf der Seitenwand der Kirche sieht man ein Relief (14. Jh.) mit dem segnenden Heiligen Andreas, zu dessen Füßen ein Gläubiger kniet. Die Lünette des Portals hat unten ein Relief aus der Zeit des Kirchenbaus, während der Christus darüber aus spätgotischer Zeit (1475) stammt.

Quer durch den Campo führte ein 1511 zugeschütteter Kanal; der Platz wurde durch eine am 1. Mai 1881 eingeweihte Brücke mit der Stazione Marittima verbunden.

Vier venezianische Adelige, Francesca Corraro oder Correr, Elisabetta Gradenigo, Elisabetta Soranzo und Maddalena Malipiero erhielten 1329 die Erlaubnis, an dieser Stelle, die »cao de zirada« hieß (s. *S. Pietro di Castello*, Regatten, S. 31), ein Oratorium und ein Hospiz für arme Frauen unter dem Namen des Apostels Andreas zu errichten. Im Jahr 1331 war das Gebäude fertig und wurde bis 1684 benutzt.

Die Kirche stammte aus dem gleichen Jahr und wurde 1475 auf öffentliche Kosten neu gebaut; im 17. Jahrhundert wurde sie restauriert und dient heute nicht mehr religiösen Zwecken, sondern ist das Atelier eines Bildhauers. Das Kloster wurde zu Beginn des 19. Jahrhunderts abgerissen.

An die Fondamenta S. Andrea schließt sich die Fondamenta S.

Chiara an; auf der rechten Seite steht das gleichnamige Oratorium, das 1822 nach Plänen Selvas in eine Kirche umgewandelt wurde. Heute ist auch dieses Gebäude geschlossen.
Eine Holzbrücke verbindet die Insel von S. Chiara mit der Fondamenta. Die Kirche von S. Chiara entstand in der Mitte des 13. Jahrhunderts auf einem abgelegenen Gelände, das auch heute, trotz der Verunstaltung durch die Autobrücke, diesen Charakter bewahrt hat. 1236 wurde die der Muttergottes geweihte Kirche von Giovanni Badoer einer Costanza geschenkt.
Im angeschlossenen Kloster lebten Franziskanerinnen. 1574 wurde das Gebäude durch einen Brand zerstört und 1620 wieder aufgebaut und neu geweiht.
Nach der Auflösung (1806) diente das Kloster bis 1819 als Militärlazarett; dann wurde die Kirche abgerissen. Heute dient der Bau als Kaserne der Staatspolizei.
Die Schwester Maria Felice dalla Vecchia, Äbtissin des Klosters von S. Chiara, berichtet am Ende des 16. Jahrhunderts, dass etwa dreihundert Jahre früher ein Pilger an die Klosterpforte gekommen sei und der Schwester Pförtnerin ein Kupferkästchen und einen Ring übergeben habe mit der Auflage, beides nur dem auszuhändigen, der einen gleichen Ring vorweisen könne. Viele Jahre vergingen, ohne dass jemand Anspruch auf das Kästchen erhoben hätte; deshalb beschlossen die Nonnen, es zu öffnen, und fanden darin einen Nagel und ein Pergament mit dem Hinweis, dass der Nagel die Füße Christi durchbohrt habe und die Reliquie dem Heiligen Ludwig, König von Frankreich, gehöre. Wahrscheinlich war der König unerkannt und als Pilger verkleidet nach Venedig gekommen. Das Pergament verbrannte bei einem Feuer; der Nagel wird noch heute in der Kirche von S. Pantaleon verehrt.
Hier sei kurz auch die zweite Verbindung Venedigs mit dem Festland erwähnt, nämlich die Autobrücke. Verschiedene Projekte wie das des Arztes Foratti, der 1867 eine Straße auf einem Damm parallel zur Eisenbahn vorschlug, oder das des Ingenieurs Baffo (1879), das eine Straßenbahn auf Eisenträgern zwischen Campo SS. Apostoli und Campalto über S. Michele (Friedhof) und Murano vorsah, führten zu langen und heftigen Auseinandersetzungen zwischen Befürwortern und Gegnern der Brücke, die bis zu Beginn des 20. Jahrhunderts andauerte.
Verfechter der Verbindung waren auch Torres und Vendrasco (1898), Donghi (1906) und Setti (1916); 1903 wurde auch ein Komitee Pro Ponte gegründet. Nach dem Ersten Weltkrieg

machte die Stadtverwaltung eine öffentliche Ausschreibung, die eine Menge extravaganter Vorschläge hervorbrachte, so zum Beispiel: eine Straßenbahnlinie bis zur Riva degli Schiavoni, die in einem Tunnel unter der Stadt hindurchführte; eine Transportband, das auf einem Damm bis nach S. Giobbe führte; ein Viadukt über der Eisenbahn, ein langer Tunnel unter der Lagune und ähnliches mehr.

Das Vorhaben schleppte sich bis 1929 hin, dann entwickelte der Ingenieur Fantucci im öffentlichen Auftrag ein Projekt, das einige Jahre später von Miozzi zusammen mit der Anlage des Rio Nuovo verwirklicht wurde.

Die Brücke wurde in weniger als zwei Jahren (1931-1933) fertiggestellt; sie ist 4 km lang, 20 m breit und wurde parallel zur Eisenbahn gebaut.

Man folgt der **Fondamenta S. Chiara** und kommt so zur Anlegestelle zurück.

20. San Simeone profeta
San Simon Grando

20. San Simeone profeta

Dauer

1h 40'

Linien

① 82
Ⓝ
③ ④
41 42
51 52
71 72

Man erreicht die Kirche von der Anlegestelle STAZIONE FERROVIARIA aus; dort überquert man die Ponte degli Scalzi, geht geradeaus die Calle Lunga entlang, nimmt die zweite Querstraße links, den Ramo Gradenigo, genannt Calle della Bergama, und überquert die gleichnamige Brücke.

Die Kirche heißt umgangssprachlich S. Simon Grando, um sie von der ganz in der Nähe liegenden anderen Kirche von SS. Simeone e Giuda zu unterscheiden, die früher wesentlich kleiner war und deshalb S. Simeone Piccolo hieß.

Die erste Kirche wurde im Jahr 967 von den Familien Ghisi, Aolo und Briosi errichtet und später mehrfach neu erbaut.

Während der Pest von 1630 wurde in der Kirche ein Opfer der Epidemie beigesetzt; daraufhin verurteilte die Gesundheitsbehörde, der Magistrato alla Sanità, den Pfarrer dazu, den alten Fußboden durch einen neuen Bodenbelag versiegeln zu lassen. Dieser wurde jedoch 1860 entfernt und es kam wieder der alte Fußboden mit den Grabplatten zum Vorschein. Am 18. März 1795 wurde die Adelige Lucrezia Cappello durch ein herabstürzendes Stück der Decke schwer verletzt. Die Fassade wurde 1861 restauriert.

Das Innere hat den alten Grundriss bewahrt und ist eine dreischiffige Basilika mit alten Säulen; zu Beginn des 1800 Jahrhunderts wurde sie modernisiert und umgebaut.

Unter dem seitlichen Portikus sieht man ein Marmordenkmal, das Ähnlichkeit mit einem Grabmal hat; zwischen zwei kannelierten Säulen und zwei Engeln mit Weihrauchfässern, die einen Vorhang zur Seite ziehen, sieht man eine Figur im Priestergewand mit im Gebet erhobenen Armen. Es ist allerdings keine Darstellung von S. Simeone, sondern von S. Ermolao, dessen Gebeine 1205 nach Venedig gebracht und in der Kirche von S. Simeone beigesetzt wurden.

Diese Marmortafel stammt aus dem Jahr 1382 und wurde von der Brüderschaft gestiftet, deren Schutzpatron S. Ermolao war. Ursprünglich befand sie sich unter dem Vordach der Kirche zum Platz, das aber heute nicht mehr existiert.

Bei der Bevölkerung galt sie als eine Darstellung von S. Simeone, die eine eigene Redewendung hervorbrachte: »S. Simon, da misch' ich mich nicht ein«. Dieser Ausdruck geht darauf zurück, dass die Figur die Hände in die Höhe hebt, als wollte sie sagen: »Damit will ich nichts zu tun haben«.

Der Kampanile steht zwischen dem Portikus und den benachbarten Häusern; er wurde ebenfalls mehrfach erneuert.

In der Pfarrei von S. Simeone wohnte auch ein gewisser Francesco Fontebon oder Fantebon, der an der Verschwörung Bajamonte Tiepolos beteiligt war, aber trotzdem begnadigt

Gegenüber:
S. Simeone Grande

Marmorfigur
von S. Ermolao
im Durchgang neben
der Kirche

20. San Simeone profeta

Campo S. Simone Grande

wurde. Das hinderte ihn nicht daran, weiter gegen die Regierung zu polemisieren und öffentlich zu erklären, mit zweihundert Mann würde er die Macht übernehmen. Außerdem streifte er bei Nacht durch die Stadt und fragte jeden, dem er begegnete, ob er Guelfe oder Ghibelline sei, und brachte einige von ihnen sogar um. Er ging sogar so weit, die Schandsäule zu zerstören, die auf öffentliche Anordnung dort aufgestellt worden war, wo die Häuser Bajamontes gestanden hatten. Wegen dieser Vergehen wurde er verhaftet, man machte ihm den Prozess und das Urteil lautete auf Abschlagen der Hand, Blendung und Verbannung.

Auf der linken Seite des Campo S. Simeone stand ein Hospiz für arme Frauen, das Pietro Morosini im 17. Jahrhundert begründet hatte. An der Fassade (Hausnummer 929) sieht man noch das Wappen der Morosini della Tressa mit einer Inschrift.

Auf der Rückseite der Kirche befindet sich in der **Salizada de la Chiesa** am Haus Nummer 963 ein Relief des Propheten Simeon von 1670. Das Werk beweist, dass die Gebäude neu gebaut wurden.

Bogen am Eingang zur Corte Pisani in der Lista Vecchia dei Bari

Am Ende der Salizada öffnet sich linker Hand die **Lista Vechia de i Bari**, früher Rielo (kleiner Rio) genannt.

Galliccioli schreibt anlässlich dieses Ortes: »einst war es eine kleine Insel zwischen Scopolo und Birri«. Baro bezeichnet noch heute im venezianischen Dialekt ein Busch- oder Dorndickicht.

Die Bezeichnung Lista geht, wie schon bei der Lista di Spagna erwähnt (s. *S. Geremia*, S. 397), auf den Umstand zurück, dass eine Botschaft in der Nähe lag, in deren Umkreis man auf extraterritorialem Gebiet war. Dies war die Lista des kaiserlichen Botschafters, der im heute zerstörten Palazzo Correr (Hausnummer 1302) residierte, dessen Fassade auf die Riva di Biasio ging.

Auf der linken Seite der Lista folgen:

Corte Pisani (s. *S. Stefano*, Campo Pisani, S. 248) mit dem Familienwappen (14. Jh.) über dem Eingang. Als Kapitelle über den Torpfosten fungieren zwei rechteckige Tierdarstellungen (Löwe und Greif) aus dem 10. oder 11. Jahrhundert, die unlängst gesäubert und restauriert wurden.

Detail des Bogens am Eingang zur Corte Pisani in der Lista Vecchia dei Bari

Cale del Pistor (Bäcker);

Cale del Figher, nach einem Feigenbaum, der hier früher wuchs.

Cale Pugliese und **Corte Pugliese**, nach einem gewissen Zuane Batta Pugliese benannt, der 1582 hier wohnte.

Cale Sagredo, nach der gleichnamigen Familie (s. *S. Francesco della Vigna*, Calle Sagredo, S. 73).

Ramo und **Campielo Zen**, die nach einigen Häusern im Besitz der Familie Zen hießen (s. *SS. Apostoli*, Fondamenta Zen, S. 306). Vom Campiello kommt man in die **Cale Zen**, an deren Ende man nach rechts auf die **Riva de Biaso** am Canal Grande kommt.

Um diesen Namen rankt sich eine Legende, die allerdings in den offiziellen Unterlagen nirgends auftaucht. 1503 oder 1520 soll auf dieser Fondamenta Biagio Cargnio oder Carnico sein Wurstgeschäft betrieben haben, der das zarte Fleisch von Kindern benutzte, um den »Sguazzetto« zuzubereiten, eine bei der Bevölkerung hochgeschätzte Spezialität. Eines Morgens habe ein Arbeiter in seiner Essschale ein ganzes Stück Finger mit Fingernagel gefunden, daraufhin die Justiz informiert, und Biagio sei nach dem Eingeständnis seiner Verbrechen an den Schwanz eines Pferdes gebunden und vom Gefängnis zu seinem Laden geschleift worden; dort seien ihm die Hände abgeschlagen und er auf dem Rückweg mit Zangen gefoltert worden, bevor er zwischen den Säulen von S. Marco enthauptet und sein Körper in vier Teilen an den entsprechenden Stellen ausgehängt wurde. Doch das ist nur eine Legende. Die Herkunft des Namens ist unbekannt, und der früheste Hinweis findet sich in den Prozessakten gegen einen anderen Biagio, von Beruf *Varoter* (Kürschner) vom 7. Juni 1395.

An der Riva di Biasio steht der Palazzo Toderini (Hausnummer 1289) aus dem 18. Jahrhundert.

Man nimmt rechter Hand den **Rio Terà**, biegt hinter der Hausnummer 1280 nach rechts und kommt über den **Campielo Rielo** wieder auf die Lista Vecchia dei Bari.

Die zweite, extrem schmale Gasse links führt auf den **Campielo de l'Orsetti**. Ein Giuseppe Orsetti wohnte 1740 auf dem Campo und ein Carlo Domenico Orsetti wurde 1762 Pfarrer von S. Simeone.

Am Haus Nummer 1413 kann man ein Relief der Scuola di S. Giovanni Evangelista in lombardischem Stil (15. Jh.) sehen.

Auf den Campiello mündet eine breite Calle namens **Galion**; der Name geht möglicherweise auf das Wirtshausschild einer Osteria zurück. Der Namen ist aber mit Sicherheit relativ neu. Diese Straße war eine der beliebtesten Flanierstrecken der Stadt; eine Villanelle aus dem 19. Jahrhundert erinnert daran:

> Willst du zwei Rosen an einem Zweig sehen,
> Dann geh auf dem Galion bei den Bari spazieren.
> Dort siehst du die Tochter, und auch die Mutter:
> Willst du zwei Rosen an einem Zweig sehen.

Hinter dem Campiello und dem anschließenden Ramo kommt man auf den **Campo Nazario Sauro**, nach dem Helden des Ersten Weltkriegs benannt; vorher hieß er »Campo dei Tedeschi« wegen seiner Nähe zur Calle Gradisca, wo viele Wollarbeiter aus der Gegend von Isonzo lebten, die umgangssprachlich wegen der Nähe ihrer Herkunftsregion

Monogramm, vielleicht Kaufmannszeichen in der Calle Gradisca (Hausnummer 984)

zu den Deutschen gleichfalls »Tedeschi« genannt wurden. Die alte Bezeichnung hat sich an der einen Seite des Campo erhalten.

Man überquert den Campo diagonal und kommt in die **Calle Gradisca**; auf dem Türsturz von Hausnummer 983 findet sich die Inschrift: »Nil Domestica Sede Iucundius«, am Nachbarhaus (Nummer 984) kann man über der Tür ein merkwürdiges Monogramm sehen, vielleicht ein Kaufmannszeichen aus dem 14. oder 15. Jahrhundert.

Am Ende der Calle biegt man nach rechts in den **Ramo va in Campo**, geht dann über den **Campielo de le Strope** und durch die **Cale del Cristo** und kommt schließlich zum **Campielo del Cristo** und der gleichnamigen Brücke.

Auf der andern Seite sieht man linker Hand die **Ponte de la Late**, deren Name auf Giovanni a Lacte, einen Goldschmied aus Reggio, zurückgeht, der 1371 das venezianische Bürgerrecht erhielt. Die Brücke bestand ursprünglich aus Holz und wurde in der zweiten Hälfte des 19. Jahrhunderts durch eine Eisenkonstruktion ersetzt.

Sanudo berichtet, dass hier am 31. August 1505 einem Albaner, der einen Kommandanten der Stadtwache getötet hatte, die Hand abgeschlagen wurde; auf dem Weg zur Hinrichtung nach S. Marco näherte sich ihm seine Frau, und während er so tat, als wolle er sie küssen, biss er ihr die Nase ab.

Aus dem Jahr 1844 wird überliefert, dass viele Menschen von einem schwachen Licht angelockt wurden, das jeden Abend zwischen neun Uhr und Mitternacht an einem Fenster der benachbarten Scuola di S. Giovanni Evangelista (s. *S. Maria Gloriosa dei Frari*, S. 514) erschien, die man von der Eisenbrücke rechts liegen sieht. Die Neugierigen drängten sich, und es war von Teufeln, Hexen und den Geistern von Verstorbenen die Rede. Da kurz vorher in der Calle di S. Giovanni, genannt »del Bo«, ganz in der Nähe eine Frau getötet worden war, behaupteten die Nachbarinnen, es sei ihre Seele und man höre auch Seufzer und Klagen. Das Ereignis erregte ein solches Aufsehen, dass die Polizei eingriff, Nachforschungen anstellte und dabei entdeckte, dass ein kleines Lämpchen, das abends in der Wohnung einer armen Familie brannte, sich in dem großen Fenster der Scuola spiegelte und die Ursache des ganzen Aufruhrs war.

Vor der Ponte del Cristo biegt man nach rechts auf die **Fondamenta de Rio Marin o de i Garzoti**, die sehr wahrscheinlich nach jenem Marino Dandolo heißt, der den Kanal im 9. Jahrhundert graben ließ. Die frühesten Zeugnisse stammen von 1080, und in einem Dokument von 1100 im Archiv von S.

Zaccaria wird eine »Stefania di Rivo Marin« erwähnt. Der zweite Name geht auf die Textilarbeiter zurück, die das Tuch mit einer besonderen Distelart, die »Garzo« hieß, aufrauhten. Anfangs hatten die Cardatori und die Cimadori (Tuchscherer) eine gemeinsame Confraternita und ihre Scuola mit dem Schutzpatron S. Nicolò stand auf dieser Fondamenta. Später zogen sie unter dem Schutz von Mariä Verkündigung in die Kirche von S. Simeone Grande um, wo sie einen Altar mit einem Gemälde von Palma il Giovane errichteten, auf dem die Verkündigung und die Dreieinigkeit dargestellt war; die Inschrift lautete: »Altar Della Scuola Et Arte Delli Garzoti MDCXI«.

Die Innung wurde 1787 aufgelöst.

»Ponte dei Garzoti« heißt auch die benachbarte Brücke; wie die anderen Bezeichnungen »della Lana«, »Gradisca« und »dei Tedeschi« ist es ein Beleg, dass in diesem Teil der Stadt vor allem Wolle verarbeitet wurde. Heute heißt die Brücke auch »Ponte Cappello«. Am Rio Marin befand sich der sogenannte »Purgo«, ein Gelände mit Stollen und kleinen Kanälen, in denen die Wolle und die Stoffe gewaschen wurden; im 17. Jahrhundert wurde er an das Ende der Fondamenta di S. Croce verlegt.

Jahrhundertelang wurde der Name irrtümlich auf das Wort »purgare« [reinigen] zurückgeführt, das für das Waschen der Wollstoffe benutzt wurde. In Wirklichkeit geht die Bezeichnung auf einen Festungsbau byzantinischen Ursprungs (s. *S. Nicolò da Tolentino*, Fondamenta della Croce, S. 407) zurück; »Purgo« bedeutet im Griechischen »befestigte Burg«, wie auch aus den Namen auf Karten und Plänen des 17. und 18. Jahrhunderts hervorgeht.

Auf der rechten Seite der Fondamenta folgen:

Cale Venzato o del Caustico, in der laut Einwohnerverzeichnis von 1761 ein Handwerker namens Giovanni Venzato wohnte. Die zweite Bezeichnung geht wahrscheinlich auf die Herstellung von Kaustikum zurück, einem alten Heilmittel.

Cale del Baldan; am 23. November 1599 wohnte hier nachweislich ein gewisser Lorenzo Baldan, von Beruf Simador. Viele »Simadori«

Inschrift über dem Eingang von Calle della Croce

oder Tuchscherer wohnten hier in der Gegend und hatten ihre Scuola, die S. Nicolò geweiht war, auf der Fondamenta.
Cale de la Crose, nach dem Kreuz (1577?) auf dem Eingangsbogen; am andern Ende der Calle ist eine Inschrift angebracht, die besagt, dass diese Straße, die von Häusern der neun Kleriker-Kongregationen gebildet wird, am 14. August 1578 für den öffentlichen Verkehr geöffnet wurde. Aus diesem Grund erscheint sie auf manchen alten Stadtplänen auch mit dem Namen »Calle del Clero«.

Palazzo Gradenigo am Rio Marin

Sotoportego e Corte de i Squelini, nach den »Squelini«, den Herstellern von »Scuele« (Tonschüsseln), die hier ihren Brennofen hatten. Man kehrt ein kurzes Stück zurück und überquert den Kanal bei der **Ponte Cappello**, die nach dem nahegelegenen Palast (Hausnummer 770-772) aus dem 16. Jahrhundert heißt, der ursprünglich den Priuli gehörte, später den Bragadin, den Soranzo und zum Schluss den Cappello (s. *SS. Giovanni e Paolo*, Ponte Cappello, S. 127).

Am Ende der **Fondamenta Gradenigo**, die rechts hinter der Brücke beginnt, steht der Palazzo Gradenigo (Hausnummer 768) aus dem 17. Jahrhundert. Der Bau wurde nach Plänen der Schule Massaris erbaut und war von einem riesigen Garten umgeben, um den man vierspännig mit der Kutsche fahren konnte. Am 10. Februar 1768 wurde dort eine Stierhatz veranstaltet. Von diesem Komplex ist nur ein armseliger Rest geblieben, da alles übrige 1921-22 für den Bau von Eisenbahnerwohnungen genutzt wurde. Der Park wird auch in G. D'Annunzios Roman *Il fuoco* erwähnt.

Die Patrizierfamilie Gradenigo stammte aus Transsylvanien, wo sie gewaltige Besitztümer besaßen. Wegen politischer Auseinandersetzungen übersiedelte sie nach Aquileia, wo sie bis zur Zerstörung der Stadt blieb. Dann rettete sie sich nach Grado und von dort nach Venedig. Ihr entstammen zahlreiche Patriarchen, Bischöfe, Generäle, Senatoren, aber auch drei Dogen, darunter Pietro Gradenigo, der 1297 das berühmte Gesetz einbrachte, durch das die ursprünglich demokratische Verfassung Venedigs zugunsten des Erbadels umgewandelt

Palazzo Contarini an der Fondamenta di Rio Marin

wurde. Dieser Doge schlug den Aufstand Bajamonte Tiepolos nieder.

Auf der Fondamenta links von der Brücke, die gleichfalls »di Rio Marin« heißt, folgen:

Campielo Nerini und **Cale e Corte Canal**; die Herkunft des Namens Nerini ist unbekannt, Canal geht auf die Patrizierfamilie gleichen Namens zurück (s. *S. Maria del Carmine*, Rio Terà Canal, S. 548).

Cale de la Vissiga, nach einer Familie dieses Namens. Ein Giovanni Vesiga wird 1510 in Sanudos Tagebüchern als Kurier der Republik erwähnt.

Cale Larga Contarini, nach dem Palast (Hausnummer 802-813) aus dem 17. Jahrhundert (s. *S. Luca*, Ramo und Corte Contarini, S. 219).

Dieser Palast ist mit der Geschichte der Freimaurerei in Venedig verbunden. Bei der Bevölkerung gingen Gerüchte um, dass im Palazzo Contarini vor allem nach Mitternacht ein auffallendes Kommen und Gehen herrsche. Ein Schreiner aus der Nachbarschaft, bei dem ein Unbekannter einen Schrank bestellt und im Voraus mit der Auflage bezahlt hatte, ihn in der Eingangshalle des Palastes abzuliefern, bohrte ein Loch in den Fußboden und entdeckte darunter einen völlig schwarz ausgeschlagenen Saal, in dem etliche Personen bei Laternenlicht diskutierten. Voller Schrecken berichtete er dem Pfarrer von seiner Entdeckung, und dieser gab ihm den Rat, das Tribunal der Zehn zu informieren. Die oberste Justizbehörde schickte den gefürchteten Gerichtsboten Cristoforo dei Cristofoli mit einer vierundzwanzigköpfigen Eskorte zum Palast und im Anschluß an diesen Besuch wurde die Loge am 6. Mai 1785 aufgelöst.

Nach einer anderen Version wurde die Freimaurerloge per Zufall entdeckt, als die Gondolieri einige mit Zeichen und Hieroglyphen bedeckte Blätter zwischen den Kissen der Gondel von Girolamo Zusto fanden und bei der Obrigkeit ablieferten. Soweit bekannt, wurde die erste Loge 1774 von dem Senatssekretär Pietro Grattarol gegründet und hatte ihren Sitz in einem Palast in der Corte da Mosto in der Pfarrei von S. Marcuola. Daneben gab es noch eine weitere, 1814 auf-

gehobene Loge auf der Fondamenta delle Erbe in S. Marina.
Sotoportego e Corte Malipiero (s. *S. Stefano*, Corte Malipiero, S. 239); die Corte hat noch das alte Backsteinpflaster.
Cale S. Zuane, nach der Scuola Grande di S. Giovanni Evangelista, die auf der anderen Seite des gleichnamigen Kanals liegt (s. *S. Maria Gloriosa dei Frari*, Campiello S. Zuane, S. 513).

Man geht bis zur Ponte Cappello zurück, biegt nach links in den **Campielo Nerini** und kommt durch einen Portikus in die **Corte Canal**; in beiden Corti stehen schöne Brunnen. Man geht bis zum Ende der Corte Canal, biegt nach rechts in die **Cale Sechera** und anschließend in die zweite Straße links, den **Ramo de le Muneghe**. Auf dessen rechter Seite stößt man auf die **Cale del Gesù e Maria**. Der Name geht auf eine Vereinigung frommer Frauen zurück, die hier ein der Geburt Christi (umgangssprachlich Gesù e Maria) geweihtes Oratorium hatten, das 1623 von Angela und Lucia Pasqualigo gegründet worden war. 1805 wurden die Nonnen mit den Ordensfrauen von S. Andrea vereinigt; 1821 übernahmen die Serviten-Nonnen das Kloster.

Man geht wieder an den Ausgang der Corte Canal zurück; die Straße gegenüber führt in den **Campo de la Lana**, während sich auf der linken Seite am Kanalufer **Sotoportego e Corte de Ca' Dario** anschließen. Sie sind nach den zahlreichen Häusern benannt, die ein Zweig der Familie besaß, deren Palast am Rio di S. Croce stand.

Die Familie stammte aus Dalmatien und wurde gegen Ende des 15. Jahrhunderts durch einen Giovanni Dario berühmt, einen Senatssekretär, der in Konstantinopel als »Bailo« (Botschafter) amtierte und 1479 den Friedensvertrag mit den Türken unterzeichnete. Er errichtete oder erneuerte doch mindestens den Palast von S. Gregorio am Canal Grande, der die Inschrift »Genio Urbis Joannes Darius« trägt; später ging er durch Erbschaft an die Familie Barbaro über und anschließend im Lauf der Jahrhunderte an verschiedene Besitzer, die merkwürdigerweise vom Unglück heimgesucht

Scuola dei Tessitori di Pannilana an der Fondamenta di S. Simone Piccolo

20. San Simeone profeta

wurden oder eines gewaltsamen Todes starben. Der letzte Besitzer war Raul Gardini.

Der Campo della Lana, auf dem Kirche und Kloster von Gesù und Maria standen, hieß früher »Businello« (ein Familienname) und später »della Lana«, weil hier eine Reihe von Wollarbeitern wohnten und weil hier das Hospiz der deutsche Tuchweber stand.

Seit den ältesten Zeiten sorgte die Regierung dafür, dass in Venedig die Wollverarbeitung florierte; durch ein Dekret aus dem Jahr 1272 wurde all denen, die zur Wollverarbeitung in die Stadt kamen, freies Logis gewährt wurde. Die Zahl der Zuzügler aus den verschiedensten Ländern, darunter auch Deutschland, war sehr groß, und sie verteilten sich über die ganze Stadt.

Die venezianischen Tuche waren berühmt wegen ihrer Qualität und ihrer leuchtenden Farben. Außerdem wurden einfache Stoffe für die Bevölkerung und das Militär hergestellt. Der Textilhandel war eine der bedeutendsten Einnahmequellen der Republik, in der zweiten Hälfte des 15. Jahrhunderts sogar die wichtigste. Gegen Ende der Republik war dieser Wirtschaftszweig fast völlig bedeutungslos geworden.

Am Ende des Campo kommt man durch den **Sotoportego de la Lana** auf die **Fondamenta de i Tolentini**. Dort geht man nach rechts bis zur **Ponte de la Crose**, die man aber nicht überquert; stattdessen biegt man nach rechts auf die **Fondamenta de S. Simon Picolo**.

S. Simone Piccolo am Canal Grande

Am Ufer steht der Palazzo Diedo, später Emo (Hausnummer 561), aus dem 17. Jahrhundert. Hier kam am 3. Januar 1732 der letzte berühmte Admiral der Republik Angelo Emo zur Welt.

Man folgt der Fondamenta und kommt zum **Campo S. Simon Picolo**, an dem die 1553 erbaute Scuola dei Tessitori di Pannilani [Wollweber] (Hausnummer 697) steht. Die Zunft wurde 1787 aufgelöst. Am zweiten Stock sieht man ein Relief (14.-15. Jh.) von S. Giuda Taddeo.

Man kehrt auf die Fondamenta zurück und kommt zum Palazzo Adoldo, später Spiera (Hausnummer 711-712) aus dem 16. Jahrhundert. 1661 gehörte er den

Foscari, die ihn kurz vor 1740 an die Curnis verkauften.
Über der Tür kann man die folgende Inschrift lesen:

> Has o lector aedes ex humili
> Jamque Collabente Domo Col-
> legio Et Fabricae Divorum Si-
> monis Et Judae A Lucia Adolda
> Quondam Legata Aere Proprio
> Victor Spera In Ampliorem Hac
> Quam Vides Formam Reposuit
> Huiusce Rei Nolui Te Ignarum
>   Vale MDXX

Die Inschrift steht auf einem Marmorband, das zwei kleine Figuren in Talaren halten, die die beiden Apostel Simenon und Juda darstellen; neben der einen sieht man ein Wappen mit einem Vogel in einem Schrägbalken, neben der andern eine kleine leere Nische. Aus der Inschrift geht hervor, dass Lucia Adoldo den Palast der Kirche von S. Simeone und Giuda schenkte und Vittore Spiera ihn 1520 in größerer Form neu errichtete. Von den Aoldi, Adoldi oder Adoaldi ist bereits in den ältesten Chroniken die Rede; sie kamen aus Griechenland und wurden als venezianische Patrizier zugelassen. Ihnen gehörte die Insel Andro ganz und die Insel Sercine zur Hälfte; ihr Wappen ist oben beschrieben. Die Familie Spera oder Spiera war deutschen Ursprungs und obwohl sie nicht zum Patriziat gehörte, war sie eine der angesehensten der Stadt. Der in der Inschrift genannte Vittor Spiera hatte eine Tochter von G. Francesco Foscarini geheiratet. Die leere Nische enthielt wahrscheinlich das Wappen der Spiera.

Über der dritten Tür (Hausnummer 711) stehen die folgenden Worte:

> Nutrices Fuimus Pueri Et Pia Cura Relicti
> Qui Vir Mox Nobis Haec Monumenta Dedit.
> Indole De Illius Spes Nobis Creverat Ingens,
> Hanc Tamen Excessit, Nomen Et Inde Tulit.
> Nam Quia Spem Vicit Victor Cognomine Spera Est,
> In Nobis, In Divum Templa Benignus Opum.
> Proin Quicumque Legis Nobis Gratare, Poliq.
> Adscribas Donis Quae Rata Vora Cadunt.

Auch diese Inschrift steht auf einem Marmorband, das von zwei weiblichen Figuren gehalten wird, von denen eine einen Zirkel und die andere eine Sanduhr in der Hand hält. Auf den ersten Blick könnte man sie für realistische Frauenfiguren halten, doch die Gegenstände in ihren Händen weisen sie eher als symbolische Darstellungen aus, die möglicherweise die Erziehungskunst versinnbildlichen.

Ganz oben an der Fassade befindet sich eine Taube, darunter die Worte »Bonum Est In Deo Sperare«.

Im Palazzo Foscari (Hausnummern 713 und 715, nicht mehr erhalten) aus dem 12. Jahrhundert kam der Doge Francesco Foscari (1373-1457) zur Welt; der Palast wurde im 16. Jahrhundert neu erbaut.

Die Kirche von S. Simeone e Giuda wurde im 9. Jahrhundert von den Familien Aoldo und Brioso erbaut. Sie wurde mehrfach umgebaut, wie die drei in Form und Material verschiedenen Bodenbeläge beweisen, die 1718 zum Vorschein kamen, als die Kirche abgerissen und nach Plänen Giovanni Scalfarottos von Grund auf nach dem Vorbild des römischen Pantheon neu errichtet wurde.

Die Geldmittel für den Wiederaufbau (1720-1738) brachte der damalige Pfarrer Gian Battista Molin, genannt Mamera, mit Einfallsreichtum und Skrupellosigkeit zusammen, indem er eine Lotterie erfand, bei der es jedes Jahr 14 vollkommene Ablässe zu gewinnen gab.

Über dem runden Bau erhebt sich eine hohe, wenig elegante Kupferkuppel, die für das Gebäude zu groß ist. Am 26. Februar 1918 wurde die Vorhalle von einer Bombe getroffen, die die linke Säule zerstörte und die Gondeln der benachbarten Anlegestelle versenkte.

Von der Kirche geht man zurück zur **Ponte de i Scalzi**.

21. San Giacomo dell'Orio

21. San Giacomo dell'Orio

Dauer

1h 30'

Linie ①

Man steigt an der Anlegestelle RIVA DE BIASIO aus, wendet sich nach links, folgt der Fondamenta und biegt dann nach rechts in den **Rio Terà S. Simon Grando**. Etwa in der Mitte der Straße kommt auf der linken Seite die **Cale Bembo**, die auf die **Fondamenta Priuli** zur **Ponte de S. Zuane Degolà** führt.

Man nimmt links vor der Brücke die **Fondamenta S. Zuane Degolà** mit Palazzo Gidoni (Hausnummer 1317) aus dem 17. Jahrhundert und kommt in den **Campielo de le Comare**, der seinen Namen einer Hebamme verdankt, wie hier wohnte. Es gibt noch mehr Straßen mit diesem Namen in der Stadt.

In einem Dekret vom 26. September 1689 erließ der Magistrato alla Sanità eine Reihe von Vorschriften für die Frauen, die den Hebammenberuf ausüben wollten.

Vor allem mussten sie lesen und schreiben können, um das Buch mit dem Titel *Über die Hebamme* verstehen zu können; außerdem mussten sie eine Bescheinigung vorlegen, dass sie zwei Jahre lang an den anatomischen Sitzungen ihres Berufszweiges teilgenommen sowie weitere zwei Jahre bei einer anerkannten Hebamme ein Praktikum abgeleistet hatten. Am Ende stand eine strenge Prüfung unter dem Vorsitz eines Oberarztes, an der auch die Vorsteher der Ärztekammer sowie zwei Hebammen teilnahmen, die neben dem Oberarzt auch ihrerseits die Kandidatin prüfen konnten, »wenn sie es für angebracht und erforderlich hielten«.

Man geht auf die Fondamenta zurück, überquert die Brücke und kommt auf den **Campo S. Zuan Degolà** (umgangssprachlich für *S. Giovanni Decollato*: Johannes der Täufer). Die Kirche wurde zu Beginn des 11. Jahrhunderts von der Familie Venier auf einer kleinen Insel errichtet. Im 13. Jahrhundert wurde sie von den Pesaro erneuert und erhielt 1703 ihre heutige Gestalt.

Trotz der Umbauten, die das ursprüngliche Aussehen verändert haben, lässt der Innenraum deutlich den Typus der dreischiffigen Basilika aus dem 11. Jahrhundert mit je acht Säulen aus griechischem Marmor erkennen. An der Außenwand zum Platz ist ein Relief mit dem Kopf des Täufers auf einer Schale angebracht. Weil die venezianische Flotte die Genuesen 1358 bei Negroponte

Gegenüber: Campo und Kirche von S. Giovanni Decollato

Relief mit Kopf des heiligen Johannes an der Kirchenmauer zum Platz

am Tag des Heiligen Johannes besiegte, machte die Regierung den Jahrestag zum Festtag. Doch da die Kirche zu klein war, fand die Feier immer im Markusdom statt.

Am 21. November 1500 wurden in der Gemeinde drei Tote entdeckt, ein bereits schwer kranker Mann, sein Sohn und dessen arabische Frau; die Wohnung sah ausgeraubt aus. Es wurden Ermittlungen angestellt und ein Priester namens Francesco, der in der Kirche Messe las, wurde des Verbrechens angeklagt. Am 19. Dezember des gleichen Jahres erging das Urteil: am Ort des Verbrechens wurde ihm die Hand abgeschlagen, dann wurde er an den Schwanz eines Pferdes gebunden, nach San Marco geschleift, dort enthauptet und anschließend geviertelt.

An der linken Seite der Kirche kommt man in die **Salizada del Fontego de i Turchi**. Dort biegt man nach links und kommt am Ufer des Canal Grande zum Fontego, heute das Naturgeschichtliche Museum.

Um die Mitte des 16. Jahrhunderts hielt sich eine recht große Zahl von Türken in der Stadt auf. 1574 machte ein Francesco de Dimitri Litino dem Senat den Vorschlag, sie gemeinsam in einer Herberge unterzubringen, über die er und seine Nachkommen die Aufsicht führen sollten. Am 16. August 1575 wurde der Vorschlag angenommen und ein Haus in S. Matteo di Rialto dazu bestimmt, in der sich auch eine Osteria »Zum Engel« befand. Später wurde ein Gebäude bei SS. Giovanni e Paolo in der Calle della Testa gefunden, doch die Türken blieben immer in S. Matteo.

1621 wies der Doge Antonio Priuli ihnen einen Palast zu, der in der ersten Hälfte des 13. Jahrhunderts von den Pesaro erbaut worden war. Im Jahr 1381 hatte ihn die Republik gekauft, um ihn Nicolò d'Este zum Geschenk zu machen, und die folgenden zweihundert Jahre ging er durch verschiedene Hände, bis ihn schließlich die Priuli erwarben. Der Bau weist griechische und arabische Stilmerkmale auf und mit Sicherheit wurde auch Material älterer Gebäude verwendet.

Als die Türken dort eingezogen waren, wurden einige Fenster zugemauert und Frauen und Kindern der

Brunnen auf dem Campo S. Giovanni Decollato

Zutritt verboten; außerdem waren im Gebäude weder Schießpulver noch Feuerwaffen erlaubt. Der Bau diente bis 1838 als Fondaco. 1860 ging er in den Besitz der Gemeinde über, die ihn renovierte und als Museum nutzte.

Man geht die Salizada zurück; Haus Nummer 1740 ist Palazzo Sanudo. Am Ende wendet man sich nach links in die **Cale del Spezier**, die zur **Ponte del Megio** führt, überquert die Brücke, folgt dem **Ramo del Megio** und biegt nach links in die **Cale del Megio**, die man bis zum Ende geht. In dieser Gegend stehen am Ufer des Canal Grande noch die großen staatlichen Kornspeicher, die »Magazzini del Megio« genannt werden.

Der Name erklärt sich aus dem Umstand, dass während der Hungerzeiten hier große Mengen von Hirse [miglio; venez. *megio*] eingelagert waren, aus der Brot gebacken wurde.

Man geht in die Calle del Megio zurück; auf der linken Seite folgen:
Ramo Corte Scura;
Corte Chiara;
Hausnummer 1777 ist Palazzo Priuli-Stazio aus dem 16. Jahrhundert, der nach Plänen Sansovinos an Stelle des alten Palazzo Surian neu errichtet wurde. Daneben stand der 1811 zerstörte Palazzo Renier; in ihm kam der vorletzte Doge Paolo Renier zur Welt und ebenso seine Tochter Giustina, verheiratete Michiel, die bekannte Verfasserin der *Feste Veneziane*.
Ramo del Tintor;
Am Ende der Calle geht man wieder über Ramo und Ponte

Canal Grande:
Der Fontego dei Turchi
und die Magazzini
del Megio

del Megio zurück. Wenn man oben von der Brücke nach rechts auf die Fondamenta del Megio schaut, sieht man am Anfang ein Renaissancehaus (Hausnummer 1757), das dem berühmten Historiker Marin Sanudo gehörte; an der Fassade erinnert eine Gedenktafel daran.

Von der Brücke aus nimmt man linker Hand die **Cale Larga**; bevor man auf den **Campo S. Giacomo dell'Orio** hinaustritt, kommt auf der linken Seite Palazzo Mutti delle Contrade (Hausnummer 1666) aus dem 17. Jahrhundert und anschließend Palazzo Badoer (Hausnummer 1661).

Anschließend folgt links die **Cale del Colombo**, die nach einer aus Tuscolano (Salò) stammenden Familie heißt, die hier im 17. Jahrhundert lebte.

Die Kirche S. Giacomo Maggiore Apostolo heißt nach Überlieferung einiger Chronisten »dell'Orio«, weil sie auf der kleinen Insel steht, die in den ältesten Zeiten Venedigs Lupao, Lupi, Lupriolo, Lupario, Lorio, Orio und Lauro genannt wurde. Neben S. Giacomo umfasste sie S. Chiara, S. Croce, S. Giovanni Evangelista, S. Giovanni Decollato und S. Cassiano. Andere führen »Orio« auf einen Familiennamen zurück.

Die Kirche wurde im 6. Jahrhundert von den Familien Campoli aus Oderzo und Mutti dalle Contrade gegündet; 1225 setzten die Familien Badoer und da Mula sie wieder instand. Im 16. Jahrhundert wurde sie radikal renoviert. Das dreischiffige Innere hat die Form eines lateinischen Kreuzes mit Querschiff und zentraler Apsis, die auf den Grundriss des 12. und 13. Jahrhunderts zurückgehen. Die wie ein Bootsrumpf geformte spitzbogige gotische Decke stammt vom Anfang des

21. San Giacomo dell'Orio

Die Kirche von
S. Giacomo dell'Orio:
Fassade zum Kanal
und Apsis zum Campo

Gegenüber:
Ponte del Megio

15. Jahrhunderts. Die Granitsäule mit venezianisch-byzantinischem Kapitell, auf der die Marmorkanzel in lombardischem Stil ruht, ist vielleicht ein Überrest der älteren Baustufen.

Der Kampanile ist ein venezianisch-byzantinischer Bau aus dem 13. Jahrhundert. Auf dem Campo trafen sich die Patrizier regelmäßig zum Ballspiel.

Kommt man aus der Calle Larga auf den Campo, folgen im Uhrzeigersinn:

Cale und **Sotoportego Zambelli**, nach der aus Padua zugewanderten Familie benannt, der der benachbarte Palast gehörte; nachdem sie mit dem Betrieb von »Malvasie« reich geworden waren, erwarben sie 1648 das venezianische Bürgerrecht. 1821 erlosch die Familie; ihr Palast (Hausnummer 1624) aus dem 17. Jahrhundert weist eine auffallende Besonderheit auf. Die seitlichen Fenstereinfassungen sind nicht rechtwinklig, wie gewöhnlich, sondern angeschrägt, so dass die Fenster auf die Calle Larga und nicht auf die Apsiden gerichtet sind. Dies scheint auf einen Juden zurückzugehen, der nicht immer direkt auf die Kirche blicken wollte.

Sotoportego, **Cale** und **Corte de Mezo**, weil sie sich in der Mitte zwischen zwei früheren Straßen befinden. Auf der rechten Seite des Sottoportico stand am Campo das Ospedaletto di S. Ubaldo (umgangssprachlich S. Boldo).

Cale del Tentor (s. *L'Angelo Raffaele*, Calle dei Tintori, S. 565).

Gebäude des früheren Anatomiesaales der Stadt

Cale und **Ponte de l'Anatomia** mit dem früheren Gebäude der Anatomie auf der rechten Seite. Ein Gesetz von 1368 schrieb vor, dass jährlich zu einem bestimmten Zeitpunkt die Leichen anatomisch untersucht werden mussten. Das wurde zunächst in der Kirche von S. Paternian durchgeführt, dann im Ospedaletto von SS. Giovanni e Paolo, im Karmeliterkloster, im Kloster von S. Stefano, in dem der Frari, in der Scuola von S. Teodoro und auch an anderen privaten Orten.

Um 1480 schlug der Arzt Alessandro Benedetti die Einrichtung eines Anatomiesaales vor, doch sein Projekt wurde erst zweihundert Jahre später dank einer Spende von dreitausend Dukaten seitens des Patriziers Lorenzo Loredan verwirklicht. Das anatomische Theater und die daran angeschlossene Schule wurden am 11. Februar 1671 eröffnet. 1763 wurde es renoviert und 1800 durch einen Brand zerstört; es wurde zwar sofort wieder aufgebaut, war aber nur wenige Jahre in Dienst, weil der Anatomiesaal in das Städtische Krankenhaus verlegt wurde.

In dem Gebäude (Hausnummer 1507) befand sich die alte, mittlerweile geschlossene Trattoria »Alla Vida«. An der Fassade befindet sich über der Tür folgende Inschrift (1671):

D.O.M. MEDICORUM
PHYSICORUM COLLEGIUM.

Die Ponte dell'Anatomia führt in die gleichnamige Corte; man überquert sie diagonal und kommt hinter einem Durchgang auf den **Campielo de le Strope**.

Der Name geht auf den Umstand zurück, dass hier einst die »strope« wuchsen, die dünnen Weidenzweige, mit denen auch heute noch die Weinreben festgebunden und Körbe geflochten werden.

Der schöne Brunnen stammt aus der Zeit zwischen dem 14.

Corte del Tagliapietra in der Calle del Tentor

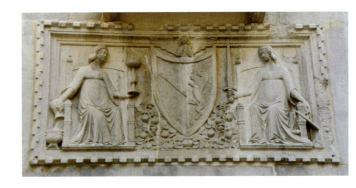

und 15. Jahrhundert und ist mit dicken Blättern und dem Kopf eines Wilden Mannes verziert. Auf dem Campiello wohnte 1750 Gaspare Gozzi.

Man kehrt auf den Campo S. Giacomo dell'Orio zurück und setzt den Weg im Uhrzeigersinn fort.

Ganz in der Nähe steht die **Ponte de Ruga Bella**, die nach der einstigen Schönheit des Ortes benannt ist.

Geht man um die Kirche herum, folgen:

Ponte Ruga Vecchia, die in die Straße gleichen Namens führt; in ihr steht ein ungewöhnlicher Brunnen, dessen runde Basis in einem rechten Winkel ausläuft, wo sich das Trinkbecken für Tiere befindet.

Seit 1795 gab es eine Verordnung, die am Sockel der Brunnen Trinkbecken für Katzen und Hunde vorschrieb; die Dienstmänner auf den Plätzen, die den Vorstehern der einzelnen Stadtviertel unterstanden, hatten für ihre Sauberkeit zu sorgen.

Ponte de le Savie; diese (heute private) Brücke in der Nähe des **Sotoportego de le Colone** hieß auch »Ponte Storto« [Schiefe Brücke]. Wie aus den Unterlagen hervorgeht, wohnte 1661 eine Paulina de Savi, die der städtischen Familie Savia angehörte, »in S. Giacomo dell'Orio, bei der schiefen Brücke unter den Säulen«.

Man geht nicht über die Brücke, sondern im Uhrzeigersinn weiter und kommt zu **Sotoportego e Corte Scura** (Hausnummern 1465-1476), ein Name [*scuro*: dunkel], der keiner weiteren Erklärung bedarf.

Es folgt die **Cale de l'Isola**; ursprünglich gab es auch die Ponte dell'Isola. Ein kleiner, heute zugeschütteter Kanal (1968) verlief um den ganzen Häuserblock und mündete auf beiden Seiten in den Rio di S. Zuane Degolà. Daraus erklärt sich der Name »Insel«.

Ca' Soranzo-Pisani, Relief aus dem 15. Jh.; in der Mitte das Familienwappen und zwei Frauenfiguren: Mäßigung und Gerechtigkeit

Cale de la Vida, nach der Weinrebe, die früher hier wuchs. Damit ist man wieder am Ausgangspunkt an der Calle Larga. Nun geht man in die **Cale del Tentor** auf der gegenüberliegenden Seite des Platzes; in sie münden:
R – **Cale de le Oche**, nach den im Volksmund als Gänse bezeichneten Vögeln auf den kleinen Patera-Schalen an der Fassade des Palazzo Talenti (Hausnummer 1033) am Fuß der Brücke auf der anderen Seite des Kanals.
L – **Sotoportego** und **Corte Marioni**, richtiger Mariani, nach der Familie, die hier 1560 lebte. Man nimmt an, dass ihnen der Palast (Hausnummer 1586) gehörte, dessen Fassade an den Platz und dessen Rückseite an die Corte grenzt.
R – **Cale** und **Corte del Tagiapiera**, eine der zahlreichen Straßen, in denen ein Steinmetz arbeitete oder wohnte.
Am Ende der Calle del Tentor liegt links die **Fondamenta del Parucheta**, die nach einem Getreidehändler benannt ist, der hier sein Geschäft hatte und wegen seiner merkwürdigen Perücke diesen Spitznamen trug.
Hinter der Ponte del Parucheta und am Ende des **Rio Terà Primo** steht die spitzbogige Ca' Soranzo-Pisani (Hausnummer 2279/B) aus dem 15. Jahrhundert. Über der Tür befindet sich ein Relief mit dem Familienwappen in der Mitte, darüber ein segnender Engel und auf den Seiten zwei sitzende weibliche Figuren, die die Gerechtigkeit und die Mäßigung darstellen.
Man geht zum Campo S. Giacomo dell'Orio zurück, umrundet die Kirche und kommt wieder zur Ponte delle Savie, die man diesmal überquert; man folgt der **Cale de le Savie** und biegt nach rechts in die **Salizada** und den **Campielo Zusto**, die nach der 454 aus Padua nach Venedig gekommenen Familie Giusto oder Zusto heißen. Die Giusto hatten das Tribunenamt inne, beteiligten sich an der Gründung verschiedener Kirchen und brachten Almorò Giusto hervor, der 1276 die Bologneser besiegte.
Die Familie wohnte seit 1397 in der Pfarrei; ihr Palast hat die Hausnummern 1359-1362. In der Salizada findet man an Hausnummer 1399 ein Symbol der Scuola S. Rocco (17. Jh.), ebenso an Hausnummer 1402.
In der Mitte der Salizada biegt man nach rechts in den **Ramo Rio Terà** und anschließend in den Rio Terà S. Simeon Grande, dem man bis zum Ende folgt; damit befindet man sich wieder auf der Riva di Biasio.

22. San Cassiano

San Cassian

Der Spaziergang beginnt an der Anlegestelle SAN STAE.
Über die Entstehung der Kirche von S. Eustachio (umgangssprachlich S. Stae) gibt es verschiedene Theorien. Die einen schreiben die Gründung der Familie Dal Corno zu einem unbekannten Zeitpunkt zu, die andern den Familien Tron, Zusto und Adoaldo im Jahr 966; das erste sichere Zeugnis stammt von 1290. In ihrer heutigen Gestalt wurde die Kirche 1709 vom Dogen Alvise Mocenigo nach Plänen des Architekten Domenico Rossi erbaut.

Das einschiffige Innere hat eine Gewölbedecke und je drei Seitenkapellen. Rechts hinter der Kirche steht der Backstein-Kampanile vom Ende des 17. Jahrhunderts (1701); über der Tür befindet sich die Büste eines Engels (13. Jh.) und die spätere Jahreszahl 1702.

Man geht in die **Salizada S. Stae**.

Die erste Calle rechts ist **Cale Tron**. Die Chronisten sind sich uneinig, woher die Familie Tron stammt, aber alle gehen davon aus, dass sie seit den frühesten Zeiten in Venedig ansässig war, und zwar – wie es scheint – an der Stelle, an der später die Kirche entstand, da die Trons 966 zu den Gründerfamilien von S. Eustachio gehörten.

Sie waren berühmt wegen des 1471 gewählten Dogen Nicolò Tron und wegen ihrer Verdienste im Kampf gegen die Türken. Den einzigen dunklen Fleck stellt der 1504 zwischen den beiden Säulen hingerichtete Girolamo Tron dar, der als Gouverneur von Lepanto den Ungläubigen gegen ein Bestechungsgeld die Festung übergeben hatte.

Am Haus Nummer 1961 sieht man das Portal des von einem Brand zerstörten Palazzo Contarini. Am Ende der Calle steht Palazzo Tron (Hausnummer 1954) aus dem 16. Jahrhundert. Hier lebte in der zweiten Hälfte des 18. Jahrhunderts die berühmte Caterina Dolfin, die in zweiter Ehe mit Andrea Tron verheiratet war.

Ihr Mann war so mächtig, dass er in Venedig »el paron« [*il padrone*: der Chef] hieß; sie selber, eine wunderschöne, geistreiche und verführerische Frau mit blondem Haar und blauen Augen war die Muse von zahlreichen Künstlern und Literaten.

Nicht minder berühmt war Cecilia Zen, die Frau Francesco Trons, eine reizende und geistreiche Dame, die den Mundartdichter Angelo Maria Barbaro inspirierte und die Tugend des alten Parini auf die Probe stellte, der sie in seiner Ode *Pericolo* (1787) porträtierte. Sie führte ein glänzendes und aufwendiges Leben, gab märchenhafte Empfänge und versammelte in ihrem Salon die bekanntesten Geister Italiens und

Dauer

2h

Linien ①

22. San Cassiano

Kirche von S. Stae, daneben die Scuola dei Battioro e Tiraoro von 1711

des Auslands. Ihr Haus stand jedem Herrscher offen, der Venedig besuchte. Neben diesen Vorzügen war sie außerdem von äußerst freizügigem Benehmen und es hieß, dass sie in der Liebe durchaus nicht wählerisch sei.

Als die Herzöge von Kurland 1784 während ihres Venedigaufenthalts eine eigene Loge im Theater S. Benedetto haben wollten, vermietete ihnen Cecilia Tron die ihre für achtzig Zechinen. Das brachte ihr bei den Venezianern einen Spottvers ein, in dem sie für ihre Geschäftstüchtigkeit gelobt wurde, da sie ihre Loge teurer verkaufe als ihre Gunst.

Auf Cecilia bezieht sich auch ein anderes populäres Gedicht:

> Wer spaziert denn da am Ufer?
> Die schöne Lucieta,
> Ihre stumme Schwester,
> Die Tron, die Benzon
> Und noch ein paar andere Weibsbilde.

Lucieta war Lucia Fantini, die Frau des Edelmanns Nicolò Foscarini; die stumme Schwester eine weitere Tochter Fantinis, verheiratete Zanetti, und die Benzon war Maria Querini, die Frau des Edelmanns Pietro Benzon (s. *S. Luca*, Calle Benzon, S. 222).

Man geht die Salizada weiter; es folgen ein hübscher kleiner Palast (Hausnummer 1985) aus dem 16. Jahrhundert; ein spitzbogiger Palast (Hausnummer 1988); und Palazzo Mocenigo (Hausnummer 1992-93) aus dem 17. Jahrhundert; hier kam 1624 der Doge Alvise Mocenigo zur Welt.

Die Familie stammte aus Mailand. Es heißt, dass ein Benedetto Mocenigo in alten Zeiten die Stadt verlassen und die Burg von Musestre am Fluss Sile erbaut habe. Später sei er nach Venedig übersiedelt, als Patrizier aufgenommen und im Rang eines Generals nach Istrien geschickt worden, um das Land zu verteidigen.

Ein Tommaso Mocenigo besiegte 1395 und 1413 die Ungläubigen und wurde wegen seiner Verdienste zum Dogen gewählt. Sein Neffe Pietro zerstörte Smyrna, vertrieb die Ungläubigen aus Caramania und eroberte zahlreiche Städte. Dann ging er nach Zypern, um die Königin Caterina Cornaro zu unterstützen und wurde 1474 seinerseits zum Dogen gewählt. Doge wurde 1570 auch Alvise, unter dem die Venezianer den berühmten Sieg bei Curzolari erkämpften. Ein weiterer Alvise aus der gleichen Familie besiegte 1647 die Türken im Hafen von Chios, verteidigte 1648 zwei Jahre lang Kreta so erfolgreich, dass die Feinde zum Rückzug gezwun-

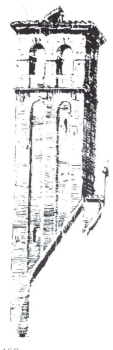

Der Kampanile von S. Stae

gen waren, und kämpfte auch 1651 und 1652 weiterhin gegen die Türken. Er starb 1654 auf Kreta.

Dieser Held, der in der Kirche der Mendicanti begraben ist, wurde nicht nur von seinen Freunden, sondern sogar von seinen Feinden betrauert und bei seinem Begräbnis waren alle Boote schwarz gestrichen und schleppten die Fahnen auf dem Wasser hinter sich her.

Nicht minder heldenhaft waren Lazzaro und Alvise III., der 1700 die Dogenwürde erhielt. Die Familie Mocenigo brachte noch drei weitere Dogen hervor. Im Palazzo Mocenigo ist heute das Textil- und Kleidermuseum untergebracht.

Man folgt nun der Salizada S. Stae und ihrer Fortsetzung, der **Salizada Carminati**. Deren Name geht auf eine Familie aus der Gegend von Bergamo zurück. Im Jahr 998 zeichnete sie sich durch einen Piero Carminati aus, der mit großer Tapferkeit gegen die Sarazenen kämpfte und 1006 von Papst Johannes XVIII. den erblichen Titel eines Grafen und Ritters erhielt.

Das Wappen der Carminati, die 1687 zum venezianischen Patriziat zugelassen wurden, ist auf der Fassade ihres Palastes aus dem 17. Jahrhundert zu sehen.

Auf der rechten Seite der Salizada Carminati folgen:
Cale del Tintor
Ramo terzo Carminati und Palazzo Carminati (Hausnummer 1882).

Man geht die Salizada zurück und biegt nach rechts in den **Ramo Ponte de la Rioda**, der zur Brücke gleichen Namens führt. Der Name geht auf das Rad (möglicherweise das Wappen der Familie Molin) zurück, das man an der Wand des letzten Gebäudes am Kanal in Richtung Canal Grande sieht.

Man überquert die Brücke und kommt in den **Campielo del Spizier**, der nach einer alten Apotheke oder Drogerie heisst, die sich hier befand. Auf der linken Seite des Campiello öffnet sich die **Corte Zanetti**, in der die Häuser und der Krämerladen »Zum Karren« der gleichnamigen Familie standen. Nachdem sie durch den Handel reich geworden war, erhielt sie das Bürgerrecht und den Adel des Heiligen Römischen Reiches sowie weitere Auszeichnungen von den Herrschern Europas. Am Haus Nummer 2045 sieht man die Überreste des Palazzo Zanetti vom Anfang des 13. Jahrhunderts, der in späteren Zeiten stark umgebaut wurde; in der Corte haben sich Spuren von Säulen und Fresken erhalten. Auf dem Campiello findet man einen bequemen Trinkbrunnen.

Links von der **Ponte de la Rioda** beginnt die **Fondamenta de le Grue**, möglicherweise nach der Familie Grua, die in einer Handschrift der Biblioteca Marciana erwähnt wird. Ein Marco sowie ein Polo und ein Nicolò Grua waren Mitglieder der Scuola Grande della Misericordia.

Auf der linken Seite der Fondamenta folgen:

Sotoportego e Corte del Nonzolo; die Küster hießen »nunzii«, im Dialekt »nonzoli«, weil sie die Aufgabe hatten, der Gemeinde die Anfangszeit des Gottesdienstes bekanntzugeben. Sie versammelten sich in der Kirche von S. Basilio und hatten S. Costanzo zum Schutzpatron. An verschiedenen Stellen der Stadt sind Straßen, in denen Küster wohnten, nach ihnen benannt.

Sotoportego e Corte del Filatoio, nach einem Spinner benannt, der hier wohnte; im Gesundheitsregister von 1615 ist an diesem Ort ein Spinner namens Bartolo bezeugt. Von großer Schönheit ist das Ufer des **Rio de la Pergola** am Ende der Corte. Am Ende der Fondamenta delle Grue sieht man am Haus Nummer 2002 eine venezianisch-byzantinische Patera-Tafel aus dem 13. Jahrhundert mit zwei Pfauen und einem Adler, der einem Löwen in den Kopf hackt.

Ramo Fondamenta de le Grue führt in die **Cale Modena** und zur **Ponte de la Modena**, früher S. Baldo, auch »della Chiesa« genannt nach der benachbarten, heute zerstörten Kirche von S. Ubaldo. Die Brücke erinnert an eine Familie aus Modena, die in der Nähe wohnte und mit Wurstwaren handelte (1713).

Von der Brücke ging der Name auch auf die Calle über; dicht bei der Brücke steht der alte Palast der Familie Secco (Hausnummer 2005) aus dem 16. Jahrhundert mit dem Adelswappen, einem Löwen mit Schrägbalken. Hier wohnte der Botschafter des Herzogs von Modena. Man kehrt nun auf den Campiello del Spezier zurück; auf der andern Seite der Brücke sieht man die **Fondamenta rimpeto Mocenigo**, die diesen Namen trägt, weil sie auf die Rückseite von Palazzo Mocenigo blickt. Zwischen den Hausnummern 2054 und 2055 sieht man das wunderschöne zugemauerte Portal von Palazzo Zanetti (13. Jh.).

Man geht zum Campiello del Spizier zurück, überquert ihn und ebenfalls die **Ponte del Cristo o del Tentor**, die nach einem Kruzifix heißt, das hier hing.

Patera-Tafel in der Fondamenta de le Grue

Muttergottes in Calle S. Maria Materdomini (Hausnummer 2118)

Es folgt die **Cale de la Chiesa**, die neben der Kirche von S. Maria Mater Domini verläuft. Am Ende kommt man linker Hand zur **Corte del Diavolo**; wie bei der gleichnamigen Brücke in der Pfarrei von S. Zaccaria nimmt man an, dass der Name auf die Düsterkeit oder Unzugänglichkeit des Ortes zurückgeht. Am Zugang zur Corte sind zwei Adelswappen (Zane) mit aufgerichteten Windhunden (15. Jh.) angebracht. Man folgt jedoch weiter der Calle della Chiesa, die nach rechts abbiegt und auf den **Campo S. Maria Mater Domini** führt. In der Calle kommt man an einer zauberhaften Darstellung der Muttergottes mit dem Jesuskind und der Jahreszahl MDLXXV vorbei (Hausnummer 2118); auf den beiden seitlichen Pfeilern sieht man das gekrönte Monogramm der Madonna, ein Hinweis, dass das Gebäude im Besitz der Scuola di S. Maria della Misericordia war.

Laut Überlieferung wurde die Kirche von S. Maria Mater Domini im Jahr 960 von den Familien Zane und Cappello erbaut und war S. Cristina geweiht. 1503 wurde sie abgebrochen und neu erbaut, wobei die Ausrichtung des Gebäudes umgedreht wurde. Man muss also davon ausgehen, dass die alte Fassade auf den Rio della Pergola gerichtet war.

Der Innere im Stil von S. Marco hat die Form eines griechischen Kreuzes mit einer von Pfeilern getragenen Kuppel über dem Schnittpunkt der Kirchenschiffe; man erkennt auch Ähnlichkeiten mit S. Giovanni Crisostomo und S. Felice.

Der ursprünglich von den Cappello erbaute Kampanile wurde 1743 erneuert.

22. San Cassiano

In einem interessanten Erlass des Rates der Zehn vom 24. April 1488 wurde angeordnet, den Portikus der Kirche von S. Maria Mater Domini mit Brettern zu verkleiden und mit einer Türe zu versehen, die nach 24 Uhr zugesperrt wurde, weil es dort zu »Sodomie und anderen Sittenlosigkeiten« gekommen sei. Das Gebäude neben der Kirche ist Palazzo Viaro, später Zane (Hausnummer 2121-23) aus dem 13. Jahrhundert mit späteren Umbauten. Auf der Fassade ist ein nach rechts gewandter Löwe zu erkennen, der wahrscheinlich von den Franzosen angebracht wurde.

Außerdem stehen am Campo die alten Häuser der Familie Zane (Hausnummer 2172-74) aus dem 12. Jahrhundert, die nach den Chroniken mit dem Markus-Symbol gekennzeichnet wurden, weil die Zane an der Tiepolo-Verschwörung teilgenommen hatten.

Neben der **Ponte de S. Maria Mater Domini** steht der Palazzo Barbaro (Hausnummer 2177) aus der Mitte des 15. Jahrhunderts mit einer Außentreppe im Innenhof.

Am Anfang der **Cale Longa** sieht man rechts am Haus Nummer 2124 an den Türpfosten der Gartentür das Wappen der Cappello; dort stand früher der alte Familienpalast.

Aldo Manuzio der Jüngere berichtet in seiner Biographie Cosimos de Medici, dass dieser mit seiner Mutter Florenz habe verlassen müssen und in diesem Palast gewohnt habe. Eines Tages sei er beim Spielen mit Gleichaltrigen in den Rio della Pergola gefallen und wäre ertrunken, hätte ihn nicht seine Cousine Luigia d'Appiano bei den Haaren gepackt und an Land gezogen.

In der Calle Lunga nimmt man die erste Querstraße links, die **Cale de Ca' Bonvicini** mit dem Palazzo Bonvicini (Hausnummer 2161) und überquert anschließend die **Ponte de l'Agnella**.

Ganz in der Nähe wohnte auf der Fondamenta (Hausnummer 2274) die Familie Dall'Agnella (umgangssprachlich Agnello). Ihr entstammte ein Marino Dall'Agnella, der 1152 Pfarrer in S. Martino war. Im Krieg von Chioggia meldete sich ein Lunardo Dall'Agnella freiwillig und zahlte 150 Ruderern den Monatssold aus eigener Tasche. Als Anerkennung für diese Großzügigkeit wurde er 1381 für den Großen Rat vorgeschlagen.

Man folgt der **Cale de l'Agnella** und stößt nach etwa der Hälfte rechter Hand auf die **Cale de la Comedia**, die in die **Corte del Teatro** führt, an der das Teatro di S. Cassiano stand. An einigen Häusern der Corte finden sich Hinweise, dass sie der Scuola di S. Giovanni Evangelista gehörten.

Palazzo Moro (Hausnummer 2265) aus dem 15. Jh. in Calle della Regina: Innenhof mit Außentreppe und Detail

Das erste Theater in Venedig wurde 1565 von Palladio aus Holz in der Vorhalle des Klosters della Carità errichtet, während vorher die Aufführungen auf Wanderbühnen in den Sälen und Innenhöfen der Paläste oder in den Klöstern stattfanden.

Die ersten Theater Venedigs waren äußerst einfach und meist aus Holz; die Innenbeleuchtung bestand aus zwei Fackeln, die rechts und links vom Bühnenvorhang brannten. Bei Beginn der Aufführung wurden die Lichter an der Rampe angezündet und die Notenpulte des Orchesters mit kleinen Talglichtern beleuchtet. Dazu kamen noch die Lichter in den Privatlogen, in denen gegessen, gespielt, geschmust und sonst noch alles mögliche getrieben wurde und aus denen gern auf das Volk hinuntergespuckt wurde, das sich im Parterre drängte.

Die Theatersaison der Stadt begann Mitte Oktober. Die Einnahmen vom Parterre gingen an die Truppe, während die Abonnements und die Logenmieten dem Theaterbesitzer oder dem Impresario zustanden.

22. San Cassiano

Ponte de le Tete

Schauspieler und Komiker waren bei der kirchlichen Obrigkeit nicht gern gesehen und die Theatertruppen wurden häufig aus der Stadt verwiesen oder ihre Mitgliedern willkürlich angeklagt und verurteilt.

So wird erzählt, dass die Tänzerin Stella Callini, eine der Hauptattraktionen des Teatro Vecchio di S. Cassiano, von dem Sittenrichter Tommaso Sandi angeklagt wurde, ein liederliches und zweifelhaftes Leben zu führen; als erste Maßnahme wurde sie aus ihrer Wohnung gewiesen. Der Richter hatte diese ehrenrührigen Beschuldigungen erhoben, nachdem die junge Frau seine Avancen zurückgewiesen hatte.

Sie war sich jedoch ihrer Sache sicher und wandte sich sofort an das oberste Gericht der Zehn, dem sie zu ihrer Entlastung die Bescheinigung von zwei Hebammen vorlegte, dass sie noch Jungfrau sei. Das Urteil wurde umgehend zurückgezogen und die Cellini konnte weiter tanzen.

Der Vorfall erregte großes Aufsehen in der Stadt, und die Gondoliere schwo-

22. San Cassiano

ren künftig nicht mehr bei der »Jungfrau Maria«, sondern bei der »Jungfrau Cellini«.

Man kehrt in die Calle dell'Agnella zurück und geht weiter in Richtung **Ponte de le Tete**. Vor der Brücke kommt man zur **Fondamenta de la Stua** (s. *S. Zaccaria*, Sottoportico della Stua, S. 105); auf der anderen Seite des Kanals liegt die **Fondamenta de le Tete**.

Bekanntlich erstreckten sich die Häuser der Prostituierten, also die Carampane, bis zu dieser Brücke und Fondamenta, und die Damen pflegten mit nacktem Busen auf dem Balkon zu stehen, um die Passanten anzulocken. Der Brauch soll auf ein Gesetz zurückgehen, mit dem die Männer auf diese Weise von der Homosexualität abgebracht werden sollten.

Diese war in Venedig recht verbreitet, wie aus den Chroniken hervorgeht. 1482 etwa vergewaltigte ein Bernardino Correr in der Calle de Ca' Trevisan bei S. Bartolomeo einen gewissen Gerolamo Foscari.

Es gibt auch einige Dekrete des Rates der Zehn, aus denen hervorgeht, dass »zur Ausrottung des Lasters der Sodomie« in jedem Stadtviertel zwei Adelige gewählt wurde; jeden Freitag mußten die Beauftragten zusammenkommen und gegen die Sodomiten ermitteln; alle Ärzte und Bader waren verpflichtet, binnen drei Tagen Anzeige zu erstatten, wenn sie zu einem Mann oder einer Frau gerufen wurden, die »hinten durch Sodomie entstandene Verletzungen« aufwiesen; die Sodomiten wurden zwischen den beiden Säulen gehängt und anschließend zu Asche verbrannt.

Diese Strenge geht wahrscheinlich auf den Hass zurück, den die Venezianer gegen die Türken hegten, bei denen diese Praxis mit Männern, Knaben und auch mit Tieren üblich war. Hinter der Brücke folgt man nach rechts dem **Rio Terà de le Carampane** und biegt etwa in der Mitte nach links in den **Sotoportego de le Carampane** und die **Carampane**. In der kleinen Gasse steht der teilweise wieder aufgebaute Palazzo Rampani (Hausnummer 1517) aus dem 12. Jahrhundert.

Bis 1358 galt die Vorschrift, dass die Vorsteher der Stadtviertel am Rialto ein Gebäude finden mussten, in dem sämtliche Prostituierten untergebracht wurden. Es hieß »il Castelletto« und wurde von sechs Aufsehern überwacht; beim dritten Glockenschlag von S. Marco wurde es zugesperrt und blieb an allen hohen Kirchenfesten geschlossen.

Die Prostituierten unterstanden einigen »Matronen«, deren Aufgabe es war, die Einnahmen zu verwalten und am Monatsende jeder ihren Anteil zuzuteilen.

Mit der Zeit breiteten sich diese Bordelle vom Castelletto über die ganze Stadt aus, besonders in dem Viertel, das Carampane hieß nach Ca' Rampani, dem Namen der alten Patrizierfamilie, die hier Häuser hatte. Trotz aller Verbote kamen die Prostituierten immer wieder zurück und umgingen das Gesetz, das sie auf das Castelletto beschränkte.

Außerdem durften sie keine Wohnungen am Canal Grande haben und nicht mehr als hundert Dukaten Miete zahlen; der Canal Grande war ihnen zur Stunde des Corso untersagt, und ebenso, mit zwei Ruderern durch die Stadt zu fahren; sie durften nicht die Jungfrauentracht tragen, ebensowenig Gold, Schmuck und echte oder falsche Perlen (Erlass der Provveditori alle Pompe vom 9. Dezember 1628). Außerdem waren sie bei Strafprozessen nicht als Zeugen zugelassen und erhielten kein Gehör, wenn sie die Bezahlung ihrer Dienstleistungen einklagen wollten.

Aus der kleinen Calle kommt man auf die **Cale de i Boteri** [Böttcher], eine außerordentlich lange Straße, die bis zur Riva dell'Olio am Canal Grande führt.

Die Zunft der Böttcher stand unter der Schirmherrschaft von Mariä Lichtmess und hatte ihre Scuola gegenüber der Jesuitenkirche. Nach einer merkwürdigen Tradition mussten sie die Fässer des Dogen unentgeltlich reparieren, allerdings waren Fassreifen, Weidenruten und das Essen der Arbeiter dabei nicht inbegriffen. Aus dem Mitgliederverzeichnis der Scuole Grandi geht hervor, dass seit dem 13. und 14. Jahrhundert zahlreiche Böttcher in der Pfarrei wohnten.

Im weiteren Verlauf der Calle folgen:

R – **Ramo Raspi**;

L – **Ramo de la Bota**, nach einer Familie dieses Namens. Ein Seidenhändler Bernardin Botta besaß hier im Jahr 1537 viele Häuser.

R – **Cale de Ca' Raspi**, die zur Ponte Raspi o Sansoni führt; der Name geht auf eine Familie zurück, die von Mantua nach Bergamo übersiedelte, wo sie 1209 in den Adelsstand erhoben wurde. 1360 kam sie nach Venedig und brachte es durch Handel zu großem Reichtum. 1662 wurde Gianmaria Raspi nach Zahlung der üblichen hunderttausend Dukaten zum Großen Rat zugelassen. Haus Nummer 1557 ist der spitzbogige Palazzo Raspi aus dem 16. Jahrhundert; der Bau weist noch Spuren des frühesten Gebäudes (9. Jh.) auf. Haus Nummer 1560 ist Palazzo Priuli-Pesaro (17. Jh.).

L – **Cale de Ca' Muti**; am Ende der Straße steht auf der linken Seite der 1602 erbaute Palast der Familie Muti (Hausnummer 1865-66). Gegen Ende des 17. Jahrhunderts kam er in den Besitz der Acquisti und zu Beginn des 18. Jahrhunderts

Corte del Teatro Vecchio

in den der Vezzi. 1750 erwarben ihn die Baglioni.

Die Familie Muti stammte aus der Lombardei und teilte sich in mehrere Zweige; sie gehörten zur ältesten Einwohnerschaft. Haus Nummer 1560 ist der Palazzo Priuli aus dem 17. Jahrhundert.

L – **Campielo del Forner**.

Am Haus Nummer 1735 sieht man zwischen dem ersten und zweiten Stock das Wappen der Comendoni (1532) und die Inschrift:

> INCEND. CONSUMPT.
> RESTITUIT. ANT
> COMENDONUS
> MDXXXII.

L – **Cale de i Cristi**, nach einem Kreuzschnitzer, der hier zwischen dem 17. und 18. Jahrhundert tätig war.

L – **Cale de l'Erbariol**; hier hatte ein Gemüsehändler sein Geschäft.

Am Haus Nummer 1574 kann man ein Relief (1588) der Muttergottes sehen, der sich das nackte Jesuskind an den Hals schmiegt.

R – **Sotoportego e Cale del Capeler**, nach einem Hutmacher, der Ende des vorigen Jahrhunderts hier seine Werkstatt hatte. Sottoportico und Calle heißen auch »dalla Pigna« nach der gleichnamigen Familie, die hier wohnte; an der Wand des Sottoportico ist das Familienwappen zu sehen.

Die Bezeichnung »Capeler« findet sich auch an anderen Orten der Stadt. Filzhüte kamen um die Mitte des 15. Jahrhunderts in Gebrauch, wurden in Venedig aber erst sehr viel später getragen. Einem Gesetz aus dem 17. Jahrhunderts lassen sich die unterschiedlichen Qualitäten der Hüte entnehmen, die damals in Mode waren: Biber, Halb-Biber, spanisches Lamm, Kamelhaar, Padua-Lamm und schließlich normale Wolle.

R – **Cale del Ponte de le Becarie** (s. *S. Geremia*, Calle delle Beccarie, S. 389).

L – **Sotoportego e Cale del Pino**; die Familie Pin oder del Pino stammte aus Caorle und saß seit 1652 im Rat. Die Calle heißt auch »della Scrimia«, eine Entstellung von »scherma« [Fechtkunst], da sich hier eine bekannte Fechtschule befand.

Einer der Lehrer war ein gewisser Giacomo Borgoloco, der den Söhnen Joseph und Karl des Kaisers Leopold von Österreich Fechtunterricht erteilte.

L – **Sotoportego e Corte Nova**.
Man kommt schließlich auf die **Riva de l'Ogio** [Öl], deren Name darauf zurückgeht, dass hier das Öl ausgeladen und in vielen Geschäften verkauft wurde. Seit den ältesten Zeiten wurde das Öl vom Magistrato della Ternaria Vecchia überwacht; später kamen die Ternaria Nova und die Provveditori sopra Olii hinzu.
Das Ufer hieß auch »Riva dei Sagomadori« nach dem griechischen »sacoma«, was auf Lateinisch »aequipondium« und auf Italienisch »Richtmaß« heißt, da hier das Fassungsvermögen der Ölfässer mit Kanalwasser nachgemessen wurde. Die Riva hieß außerdem auch »Riva delle Legne«, weil hier auch Holz ausgeladen wurde.
An dieser Fondamenta befand sich die uralte Abfahrtsstelle der Boote nach Mestre, die bereits in einem Gesetz vom 23. September 1342 erwähnt wird.
Auf der Riva wendet man sich nach links und biegt in die **Cale del Campanil**. Die erste Querstraße rechts ist die **Cale Michieli**, von der man nach links in die **Cale e Corte del Teatro Vechio** kommt, in der sich zahlreiche mittelalterliche Überreste finden, darunter ein schöner Brunnen aus dem 13. Jahrhundert in rosa Marmor aus Verona.
Man geht wieder in die Calle del Campanil zurück; Haus Nummer 1789 ist Palazzo Morosini dal Gardino aus dem 15.

Kirche von S. Cassian, von der gleichnamigen Brücke aus gesehen

Der Kampanile von S. Cassiano

22. San Cassiano

Jahrhundert. Von hier geht man bis zum **Campo S. Cassian**. Zwischen der Kirche und dem Kampanile gibt es einen Bereich, der »Archette« heißt, der letzte Überrest des alten Friedhofs von S. Cassiano (s. Steintafel im Pflaster).

Die Kirche wurde an Stelle eines älteren Oratoriums der Heiligen Cäcilia von den Familien Micheli, Minotti und Miani errichtet und S. Cassiano geweiht. Nach dem Brand von 1105 wurde sie wieder aufgebaut und 1205 und 1350 renoviert. 1611 erhielt sie ihre heutige Gestalt, bis auf den Portikus, der im 19. Jahrhundert abgebrochen wurde. Die Bogengänge dienten vor allem für die öffentlichen Bußen, ein Brauch, der sich bis in die Mitte des 16. Jahrhunderts erhielt; später wurden sie einer nach dem andern wegen der Misstände, die sich dort ereigneten, abgerissen.

Der Kirchenraum ist dreischiffig und hat eine Decke mit Kreuzschiff und Kuppelzwickeln. Der Kampanile wird 1292 erwähnt, scheint aber sehr viel älter und ursprünglich ein Turm (vielleicht aus dem 9. Jh.) gewesen zu sein.

In der Mitte der Kanalseite des Platzes steht die **Ponte de l'Anguria**, die in die gleichnamige Corte führt. Beide heißen nach einer Herberge »Zur Melone«, die es hier zwischen 1661 und 1713 gab; Brücke und Corte sind heute im Privatbesitz. Auf der anderen Seite der Kirche stand in der Ecke zwischen der Kirche und den Häusern am Fuß der **Ponte dei Morti**, heute »Ponte della Chiesa«, die 1488 erbaute Scuola dei Osti mit Johannes dem Täufer als Schutzpatron. Wie auch an anderen Stellen der Stadt geht der Name der Brücke auf einen Friedhof in der Nähe zurück. 1488 war die Brücke aus Stein, 1502 wurde sie aus Holz neu errichtet und 1605 dann wieder in Stein.

Die Beisetzung der Toten in oder bei den Kirchen wurde in der christlichen Welt etwa ab dem Jahr 1000 praktiziert. In den Jahrhunderten davor wurden die Toten nach altem römischem Brauch außerhalb der Stadtmauern beerdigt. Nach und nach breiteten sich die Leichname über Kirchen, Plätze, Klöster und Kreuzgänge aus und es entstanden ernste Probleme wegen der Überfüllung und der hygienischen Konsequenzen. 1808 wurden die Beisetzungen innerhalb der Stadt von Napoleon verboten und seit damals dienen die nebeneinander liegenden Inseln S. Cristoforo und S. Michele als städtischer Friedhof. Die letzte Fahrt macht man in Venedig mit dem Boot.

Auf einem Pfeiler des Hauses dicht bei der Brücke (Hausnummer 1854) kann man die folgende Inschrift lesen, die sich auf Ereignisse während des türkischen Einfalls nach Europa beziehen:

Die Eroberung Budapests durch die Türken (1686); Inschrift auf einem Pfeiler (Hausnummer 1854) an der Ponte dei Morti in Campo S. Cassiano

1686
ADI 18 ZUGNO
BUDA
FU ASSEDIATA ET ADI 2
SETTEMBRE FU PRESA
1686

[Am 18 Juni 1686 wurde Budapest belagert und am 2. September eingenommen]

Man überquert die Ponte della Chiesa, folgt der **Cale de i Morti** und kommt in die **Cale de la Regina**; dort biegt man nach rechts und geht die Calle bis zum Canal Grande. Im folgenden heißt die Straße **Cale de Ca' Corner**. Am Ende liegt Palazzo Corner, in dem 1454 die berühmte Caterina Cornaro oder Corner zur Welt kam, die nach der Heirat mit Jacopo da Lusignano Königin von Zypern wurde. Als sie Witwe geworden war, trat sie ihr Königreich an Venedig ab und erhielt in einem wenig vorteilhaften Tausch das Schloss von Asolo in den Hügeln von Treviso. Dort hielt sie einen kleinen Hof, dessen Glanzlicht der gelehrte Dichter Pietro Bembo war.

Während des Krieges mit der Liga von Cambrai floh sie vor den Kriegsgefahren nach Venedig, wo sie 1510 im Alter von 56 Jahren starb. In der Kirche von S. Salvador fand sie ihre letzte Ruhestätte.

Der Palast, in dem Caterina zur Welt kam und starb, existiert heute nicht mehr, sondern wurde 1724 durch einen anderen ersetzt. Der letzte Vertreter der Familie Corner schenkte ihn dem Papst Pius VII., der ihn seinerseits den Cavagnis-Brüdern überließ; von denen erwarb ihn die Gemeinde, um darin das öffentliche Leihhaus einzurichten. Heute ist das Historische Archiv für Zeitgenössische Kunst der Biennale darin untergebracht. Der Bau steht am Ende der Calle am Canal Grande (Hausnummer 2214).

Man geht die Calle Corner zurück und stößt auf der rechten Seite auf **Ramo e Cale del Correggio**, nach der Familie aus Bergamo benannt, die nach Venedig kam und beim Fontego dei Tedeschi einen Laden »Zu den drei Gürteln« aufmachte; auch das Adelswappen weist drei Lederriemen auf.

Palazzo Agnusdio (Hausnummer 2060) an der Ponte del Forner

22. San Cassiano

Ca' Pesaro am Canal Grande

1646 wurde sie dank der berühmten 100.000 Dukaten zum venezianischen Patriziat zugelassen; der Palazzo Correggio (Hausnummer 2207) stammt aus dem 16. Jahrhundert.

Sotoportego e Corte de i Pontei, nach den Stützpfeilern, mit denen früher die umstehenden Häuser abgestützt waren. Im Kataster von 1582 erscheint eine »Calle dei Pontei sive travetti, a S. Cassiano«. In der Corte steht ein schöner Brunnen aus dem 14. Jahrhundert,

Man nimmt die **Cale del Ràvano** und überquert die gleichnamige Brücke über den **Rio de le Do Torri**.

In Venedig gab es mehr als eine Familie Ravano, darunter auch die bekannten Buchdrucker aus dem 16. Jahrhundert. 1516 ist ein Buchdrucker Pietro Ravano aus Brescia und 1531 ein Vettore Ravano mit seiner Druckerei »Zur Sirene« nachgewiesen. Der Kanal heißt nach einem Haus mit zwei Türmen, das vor dem Brand von 1105 in der Nähe stand.

Man folgt der **Cale del Tiozzi**, nach der gleichnamigen Familie benannt, die einst eine Goldschmiedewerkstatt »Zum Samson« in

Groteskmasken an der Ca' Pesaro längs des Rio de le Do Torri

der Ruga Rialto hatte und in der Münzanstalt mit Gold und Silber handelte.
Gegenüber dem Ende der Calle del Tiozzi stößt man auf **Ponte e Cale del Forner**; an Hausnummer 2060 sieht man ein schönes spitzbogiges Portal, zu dem einige Friese aus dem 14. und Wappen und ein Engel vom Beginn des 15. Jahrhunderts verwendet wurden.
Dies ist der Eingang von Palazzo Agnusdio [Lamm Gottes], nach der Patera-Schale (14. Jh.) über der Wasserpforte des Palastes benannt. Sehr schön ist auch das fünfbogige Fenster, gleichfalls von Anfang des 15. Jahrhunderts, das mit den Symbolen der vier Evangelisten verziert ist.
Man nimmt nun rechter Hand die **Fondamenta Ca' Pesaro**, die nach dem nahegelegenen Palast (Hausnummer 2076) am Canal Grande heißt. Das Gebäude wurde nach einem Entwurf Longhenas 1679 begonnen und 1710 fertiggestellt. Auf dem Grundstück stand mit Sicherheit bereits vorher ein anderes Gebäude der Familie Pesaro. Heute ist es das Städtische Museum für Moderne Kunst. Die Familie stammte aus Pesaro, wo sie sich Palmieri nannten, und kam 1225 nach Venedig. Ein Benedetto Pesaro eroberte Cefalonia, S. Maura und Alessio, entsetzte das belagerte Napoli in Rumänien und starb 1503 auf Corfu; ein Giacomo, Bischof von Pafos auf Zypern, wurde 1501 zum päpstlichen Legaten gewählt; ein Francesco Pesaro, Erzbischof von Zadar und anschließend Patriarch von Konstantinopel, starb 1544; ein Giovanni Pesaro wurde 1658 zum Dogen gewählt.
Die Familie errichtete die Kirche von S. Giovanni Decollato, erbaute verschiedene Paläste und gab verschiedenen Straßen Venedigs ihren Namen. Sie erlosch im 19. Jahrhundert.
Am Ende der Fondamenta überquert man die **Ponte Pesaro**, die in die gleichnamige Calle führt. An deren Ende folgen auf der rechten Seite **Sotoportego** und **Ponte Giovanelli**, die nach dem benachbarten Palast heißen, der ursprünglich der Familie Coccina aus Bergamo gehörte, dann an die Foscarini und schließlich an die Giovanelli kam. Diese stammten aus Bergamo und waren durch Bergwerke in Ungarn reich geworden, wo sie auch in den Adelsstand erhoben wurden.

Die Scuola dei Battioro e Tiraoro in S. Stae

1668 wurde die Familie zum venezianischen Patriziat zugelassen und brachte drei Prokuratoren, einen Patriarchen und weitere verdiente Männer hervor.

Auf dem **Campo S. Stae** steht direkt an der Brücke neben der Kirche die Scuola dei Battioro e Tiraoro [Hersteller von Blattgold und Golddraht] aus dem Jahr 1711.

Hier endet der Spaziergang durch die Pfarrei von S. Cassiano.

23. San Silvestro

Zunächst sei vorausgeschickt, dass die Orientierung in dieser Pfarrei angesichts der labyrinthischen Fülle von Gassen und Gässchen nicht ganz einfach ist. Man sollte daher den Hinweisen sehr genau folgen und falls man sich verlaufen hat, sich von einem Passanten den Weg zum Rialto oder wenigstens zum Ufer des Canal Grande erklären lassen.

Vom Ausgangspunkt **Campo S. Bartolomeo** überquert man die **Ponte di Rialto** in Richtung Markt.

Rialto war eine der größeren Inseln; zu Beginn des 9. Jahrhunderts wurde der Sitz des Dogen hierher verlegt. Der Name der Insel geht möglicherweise auf das Flüsschen Realto oder Prealto zurück, das nach Ansicht einiger Historiker hier zusammen mit einem Nebenarm der Brenta vorbeifloss, oder mit größerer Wahrscheinlichkeit auf Rivoaltus (Anhöhe).

Ursprünglich wurde das Gebiet in zwei Teile unterschieden, von denen der eine namens »ultra canalem« den heutigen Rialto umfasste, während der andere »extra canalem« hieß und S. Bartolomeo, S. Salvador, S. Marco und S. Maria Formosa einschloss.

Manchmal wurde sogar Venedig insgesamt als Rialto bezeichnet, weil hier der Regierungspalast, die wichtigsten Behörden, das Gefängnis, die Wache, die Sportstätte, das Handelsgericht und die Lager der kostbarsten Waren konzentriert waren.

Die erste Rialto-Brücke wurde 1175 oder 1180 von Nicolò Starattoni oder Barattieri als Schiffsbrücke erbaut und hieß »della Moneta« [Münze] wegen der Gebühr, die man bezahlen musste, um sie zu überqueren. 1264 wurde sie auf Pfählen errichtet und stand bis zum Jahr 1310, als sie beim Rückzug der Tiepolo-Verschwörer zerstört wurde. 1444 stürzte sie unter der Menschenmasse ein, die zusammengelaufen war, um die Braut des Marchese von Ferrara vorbeifahren zu sehen.

Sie wurde wieder aufgebaut, wie vorher aus Holz und als Zugbrücke, mit Läden auf beiden Seiten. 1588 begann man sie in Marmor zu errichten, wozu drei Jahre Arbeit und 250.000 Dukaten erforderlich waren. Die langen Auseinandersetzungen in der Signoria, die Vielzahl von

Dauer

4h

23. San Silvestro

Linien

Gegenüber:
S. Giacomo di Rialto

Entwurf von
A. Palladio (1570)
für die Rialtobrücke
(aus *Itinerari per Venezia*)

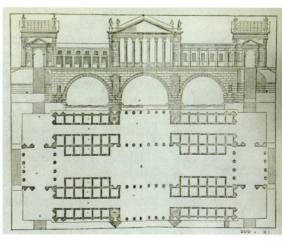

23. San Silvestro

Rialtobrücke

Palazzo dei Camerlenghi, Kapitell mit Frau (Sphinx) und Mann (Satyr)

Entwürfen, unter anderem von Sansovino, Michelangelo, Palladio, Scamozzi, Boldù und da Ponte sowie die gewaltigen Kosten hatten auch bei der Bevölkerung zu einer Polarisierung in Befürworter und Gegner der neuen Brücke geführt.

Zu den Gegnern gehörten auch ein alter Mann und eine alte Frau, die eines Tages bei einem Glas Wein in einer Schenke am Rialto saßen. Die Diskussion mit Befürwortern der Brücke wurde so hitzig, dass der Alte ausrief: »Wenn die Brücke gebaut wird, soll mir ein Fingernagel am Glied wachsen«, und die Alte »Und mir soll die Scham in Flammen aufgehen«. Auf diese Worte, die bald in der ganze Stadt bekannt waren, soll sich, so will es die Überlieferung, Guglielmo Bergamasco bezogen haben, als er auf einem der Säulenkapitelle des benachbarten Palazzo dei Camerlenghi eine sitzende Frau (Sphinx) darstellen ließ, deren Scham in Flammen steht, und gegenüber einen ebenfalls sitzenden Mann (Satyr), zwischen dessen Beinen ein drittes mit Fußnägeln hervorkommt.

Die nach Plänen da Pontes erbaute Brücke besteht aus einem einzigen Bogen von 28 Metern Weite und 7,50 Metern Höhe, der durch zwei Bogengänge mit Geschäften in drei Spuren aufgeteilt ist. Die Steinfundamente ruhen auf Pfahlunterbauten, die aus 6.000 Ulmenpfählen von 30 Fuß (10 m) Länge bestehen, auf denen Lärchenplanken von eine Spanne Dicke liegen. Wie der Markusplatz war auch die Rialtobrücke ein Knotenpunkt der Stadt. Entsprechend der Geschichte der Apotheke »Zur Alten« (s. *S. Luca*, S. 215) gibt es eine volkstümliche Legende, nach der Marco Polo zusammen mit Nicolò und Matteo 1295 so verdreckt und abgerissen nach Venendig zurückkehrten, dass die Frau Nicolòs eines der Kleidungsstücke einem Armen schenkte, ohne zu ahnen, dass darin Edelsteine versteckt waren, die die Reisenden vor der Habgier der Wegelagerer gerettet hatten. Als Nicolò dies erfuhr, tat er, als sei er wahnsinnig geworden, stellte sich auf die Rialtobrücke und fing an, ein Rad zu drehen; auf die Frage, was er da mache, gab er zur Antwort: »Er wird schon kommen, so Gott will«. Alle waren überzeugt, er habe den Verstand verloren, und die Nachricht verbreitete sich in der ganzen Stadt. Nach zwei oder drei Tagen kam auch der Bettler vorbei, der das Kleidungsstück geschenkt bekommen hatte. Nicolò bot ihm auf der Stelle im Tausch gegen das alte ein besseres Gewand an und kam so wieder in den Besitz seines Schatzes.

Palazzo dei Camerlenghi am Fuß der Rialtobrücke

Geht man die Brücke hinunter, steht auf der rechten Seite der bereits erwähnte Palazzo dei Camerlenghi, der in der ersten Hälfte des 16. Jahrhunderts (1525) an der Stelle erbaut wurde, an der vorher die Loggia dei Capitani stand. Man nimmt an, dass der Entwurf von Guglielmo Bergamasco stammt. Das Gebäude war der Sitz der drei Camerlenghi, die die Staatsfinanzen überwachten, und anderer Behörden. Im Erdgeschoss befand sich das staatliche Schuldnergefängnis. Zwischen dem Palazzo und der Kirche befindet sich die **Naranzaria**, eine Reihe von kleinen, niedrigen Lagerräumen, die zum Palast gehörten und zur Aufbewahrung von Zitrusfrüchten dienten. Sofort anschließend steht rechts die Kirche von S. Giacomo. Es heißt, sie sei die älteste Kirche Venedigs und 421 von einem Eutinopo Greco erbaut worden, der bei einem großen Brand, bei dem am Rialto 24 Häuser abbrannten, dieses Gelübde abgelegt habe. Andre nehmen an, sie stamme von 428, und wieder andere, von 540. Jedes Jahr kam der Doge zur Erinnerung an die von Papst Alexander III. gewährten Ablässe am Gründonnerstag in die Kirche.

Bis zum 16. Jahrhundert hatte die Kirche noch die alten Mosaiken aus dem 11. Jahrhundert, aus der Zeit also, als die Kirche wieder aufgebaut worden war (1071-1084). Der Grundriss und die Höhe des Gebäudes wurden auch bei den grundlegenden Renovierungsarbeiten beibehalten, die die Signoria 1601 durchführen ließ und bei denen der Fußboden angehoben wurde, um die ständigen Überschwemmungen zu vermeiden. An der Fassade befindet sich ein Relief (14.-15. Jh.), das die Madonna dell'Umiltà (Madonna de i Alboreti) darstellt.

Vor der Fassade steht noch der charakteristische gotische Portikus (15. Jh.), über den alle alten venezianischen Kirchen

Campo di Rialto
mit der Kirche
von S. Giacometto

Colonna del Bando,
von der Erlasse
und Urteile verlesen
wurden; im Volksmund
»Der Bucklige von
Rialto« genannt

verfügten. Im Innern haben sich zum Teil noch Materialien aus dem 11. Jahrhundert erhalten; in dem quadratischen Innenraum kreuzen sich Längsschiffe und Querschiff. Im Zentrum erhebt sich die Kuppel.

Der Platz vor der Kirche wurde 1758 zum ersten Mal mit Steinplatten gepflastert. In einem Erlass vom 15. Dezember 1542 wurde festgelegt, dass hier ähnlich wie auf dem Markusplatz eine hölzerne Kanzel errichtet wurde, von der ein eigens dafür bezahlter Geistlicher dem Volk nach dem Mittagessen predigte. Dieser Brauch wurde am Rialto aufgegeben, auf dem Markusplatz aber bis in die ersten Jahre des Königreichs Italien fortgesetzt. In der letzten Nacht des Karnevals wurde die Kanzel, die mit Rädern versehen war, beim Schlag der großen Glocke unter großem Jubel auf dem Platz herumgezogen.

Kommt man die Brücke hinunter, befindet sich auf der linken Seite, unter den Fabbriche Vecchie, die **Ruga de i Oresi** (Goldschmiede). Der Große Rat hatte am 23. März 1331 festgelegt, dass die Goldschmiede an keinem andern Ort der Stadt als am Rialto ihre Werkstätten betreiben und Gold- und Silberprodukte verkaufen durften. Obwohl dieses Gesetz später zurückgenommen wurde, blieb doch der größte Teil der Goldschmiede am Rialto, und zwar in der Straße, die noch heute ihren Namen trägt.

Sabellico nennt diesen Teil der Stadt »degli Anelli« wegen der vielen Ringe, die hier hergestellt wurden. Neben den Ringen waren die Goldschmiede auch für eine besondere Art von Ketten, die sogenannten »manine«, berühmt, die früher auch »entrecosei« (verwickelt) hießen, weil sie aus miteinander verflochtenen, extrem dünnen Goldkettchen bestanden, oder weil sie sich so leicht ineinander verwickelten.

Die Goldschmiede waren in Venedig seit den ältesten Zeiten ansässig; so finden sich die Unterschriften einiger »aurifices« in Verträgen zwischen dem Dogen Ottone Orseolo und den Bewohnern von Eracleia sowie in einem Dokument aus dem Jahr 1015. Sie schlossen sich im 14. Jahrhundert mit den Juwelieren und den Edelsteinschleifern in einer Zunft zusammen, deren Schutzpatron S. Antonio Abate war. Das mittlerweile säkularisierte Gebäude der Scuola steht noch heute auf dem Campo di Rialto Nuovo (Hausnummer 554). In der Ruga degli Orefici fanden mehrmals im Jahr, vor allem aber am Faschingsdonnerstag, Stierhatzen statt. Die ursprünglich offenen Bögen der Ruga wurden ebenso wie die auf der gegenüberliegenden Seite zur Ruga di S. Giovanni von der Regierung als (noch heute existierende) Läden vermietet, um die gewaltigen Kosten des gegen die Türken geführten Kriegs um Kreta aufzubringen, der 25 Jahre dauerte (1644-1669).

An den Hausnummern 90 und 94 sieht man an einem Türpfosten und auf dem entsprechenden Außenpfeiler zwei Symbole der Scuola di S. Rocco.

Gegenüber der Kirche steht die (1836 restaurierte) Colonna del Bando, von der die Signoria – wie von der Pietra del Bando auf dem Markusplatz – Verfügungen, Kundmachungen und Verurteilungen öffentlich bekanntmachen ließ. Bei der Bevölkerung heißt sie »Gobbo di Rialto« [der Bucklige vom Rialto] wegen der unter dem Gewicht gebückten Männerfigur, die die Stufen (16. Jh.) trägt; es handelt sich um ein Werk Pietro Graziolis aus Salò. Der »Gobbo« ist bekannt für die Possen, sarkastischen Kommentare und die Satiren, die ihm – wie dem römischen Pasquino - traditionell zugeschrieben werden.

Eckpfeiler des Bogengangs am Rialto mit Markuslöwe und Kreuz, »dei Frustai« genannt, weil hier die öffentlichen Auspeitschungen stattfanden

1577 wurde die Figur erstmals in gedruckter Form zum Sprechen gebracht in einem »Dialog zwischen dem Gobbo di Rialto und dem Melonen-Marocco von den Säulen auf dem Markusplatz über den Kometen, der in den letzten Tagen am Himmel erschienen ist«, wobei mit Marocco diejenige der kleinen Eckfiguren am Sockel der beiden Säulen an der Mole gemeint ist, die Melonen trägt.

Mit dem Gobbo di Rialto verbindet sich auch der Pranger, zu dem die Schuldigen verschiedener Verbrechen verurteilt wurden. Lediglich die Adeligen und vornehme Ausländer waren davon befreit; bei ihnen reichte es aus, dass das Urteil von der Pietra del Bando in der Piazzetta S. Marco oder von der Säule des Gobbo öffentlich bekannt gemacht wurde. Der Pranger wurde erst gegen Ende des 18. Jahrhunderts abgeschafft. Nicht einmal die Frauen waren davon befreit; so geht aus den Tagebüchern des 18. Jahrhunderts hervor, dass am 30. April 1720 eine gewisse Diamante Vicentina an den Pranger gestellt wurde. Am 27. April 1721 wurde ein Schmied namens Daniel dazu verurteilt, der Nachschlüssel hergestellt hatte; nach einer Stunde am Pranger wurde er mit einem glühenden Eisen auf der Stirn gebrandmarkt und zu 10 Jahren Gefängnis verurteilt. Am 9. März 1760 kamen drei Zollbeamte von der »Dogana di Mar« wegen Unterlagenfälschung an den Pranger.

Das Gerüst für die Frauen wurde normalerweise auf dem

Campo S. Maria Formosa aufgestellt; das für die Männer stand gegenüber dem Sottoportico di S. Zaccaria. Der Pranger wurde erst 1845 endgültig abgeschafft, als der Priester De Grandis, der sich an einigen Jungen sexuell vergriffen hatte, diese Strafe erleiden sollte. Der Patriarch von Venedig Jacopo Monico richtete ein Bittgesuch an den Kaiser Franz I., dem Priester den ersten Teil der Strafe, die außerdem in lebenslänglicher Haft bestand, zu ersparen. Der Kaiser bewilligte das Gesuch und ordnete die Abschaffung des Prangers im gesamten österreichisch-ungarischen Kaiserreich an.

An dem Eckpfeiler des Portikus in Richtung Campo sieht man einen schönen Markuslöwen und ein Kreuz. Beide Symbole wurden am 1. März 1545 angebracht, damit die am Rialto zur Auspeitschung Verurteilten vorher das Kreuz und nicht wie üblich die Figur des »Gobbo« küssten. Löwe und Kreuz hießen deshalb »dei Frustai« [der Ausgepeitschten].

Hinter der Säule des Gobbo befindet sich der Portikus des **Banco Giro**, wo sich früher die Kaufleute trafen, um ihre Verhandlungen zu führen, und wo sich auch die mobile Kreditbank befand, die danach ihren Namen Banco Giro erhielt. Sie wurde in Venedig bereits im 12. Jahrhundert (1157) eingerichtet und bis 1585 von den Adeligen betrieben, bevor sie dann direkt vom Staat übernommen wurde.

Die Gebäude, die den Platz an drei Seiten umgeben, heißen Fabbriche Vecchie, da die ursprünglichen Bauten auf die frühesten Zeiten der Republik zurückgehen. Nach dem Brand von 1514 wurden sie nach Plänen Scarpagninos wieder aufgebaut.

In den Bogengang hinter dem Gobbo mündet die **Cale de la Sicurtà**, deren Name auf die Büros der Kaufleute zurückgeht, die sich verpflichteten, ihre Kollegen zu entschädigen, wenn deren Waren beim Schiffstransport untergingen oder geraubt wurden, und die deshalb »assicuratori« [Versicherer] hießen. In der Beschreibung des Viertels Rialto von 1740 finden sich zahlreiche »Versicherungs-Büros« in dieser Calle. Man folgt dem Bogengang, an dem der Gobbo steht, wendet sich am Ende nach links und steht bald zwischen den Ständen des Obst- und Gemüsemarkts. Dort geht man nach rechts und kommt zum Gebäude der **Corderia** [Seilerei], hinter der die **Fabriche Nove** am Canal Grande stehen. Die Seiler hatten in der Corderia 17 Werkstätten. Sie bilde-

Obst- und Gemüsemark am Rialto

ten mit den Hanfspinnern eine gemeinsame Zunft und hatten ihre Scuola bei der Kirche von S. Chiara mit S. Ubaldo als Schutzpatron. Die Zunft der Hanfspinner war ausschließlich Venezianern vorbehalten. In der Corderia brach am Abend des 10. Januar 1514 ein schreckliches Feuer aus, das fast den ganzen Rialto zerstörte. Die zwischen 1552 und 1555 nach Plänen Sansovinos erbauten Fabbriche Nuove erhielten diesen Namen, um sie von dem älteren Gebäudekomplex zu unterscheiden.

Die Pescaria Nuova am Canal Grande

Zwischen den Hausnummern 175 und 184 befindet sich die **Casaria**; so hieß der Ort, an dem Käse verkauft wurde. Eine weitere Casaria war in S. Marco an der Brücke hinter der Münze, wo sich heute der Park befindet. Die Zunft der Käsehändler wurde 1436 gegründet und versammelte sich in der Kirche von S. Giacomo di Rialto, ihres Schutzpatrons.

Hinter der Corderia öffnet sich ein Platz, der heute für den Obst- und Gemüsemarkt genutzt wird; früher fand hier der Fischmarkt statt, daher der Name **Pescaria**.

Sie wurde 1332 eingerichtet und ein Chronist der Zeit berichtet darüber: »Fondamenta della Pescaria di Rialto in Stein und Fondamenta della Fruttaria, die vorher aus Holz war, reicht vom Palast der Camerlenghi bis zum Traghetto von S. Sofia, wo die Boote nach Padua abfahren«.

Fischmarkt am Rialto

Wie aus einem Erlass von 1381 hervorgeht, wurden hier nicht nur Fisch, sondern auch Vögel verkauft und dieser Brauch dauerte auch in den folgenden Jahrhunderten an. Bei Sanudo findet sich der Hinweis, dass 1531 beschlossen wurde, »die Pescaria, die durch den Brand in der Osteria La Torre zerstört wurde, wieder zu pflastern«. 1884 wurde über der Pescaria ein recht schwülstiges Metalldach angebracht; zu Beginn des 20. Jahrhunderts wurde es wieder abgerissen und durch einen neugotischen Bau in Backstein und Marmor ersetzt.

Fischer gab es gegen Ende der Republik zu Tausenden, doch nur hundertachtundfünfzig Fischverkäufer.

Dieses Gewerbe war den Fischern von S. Nicolò und Poveglia vorbehalten, vorausgesetzt, sie hatten mindestens zwanzig Jahre den Beruf ausgeübt und waren über fünfzig. Auf diese Weise wollte man die Männer entschädigen, die im Fischfang

23. San Silvestro

tätig gewesen waren und die Anstrengungen, schlaflosen Nächte und Gefahren des Meeres nicht mehr aushielten.

Die Fischhändler versammelten sich in der Kirche der Beata Vergine del Carmine, ihr Schutzpatron war S. Nicolò; die Fischer dagegen besaßen eine eigene, dem Heiligen Albert geweihte Scuola neben der gleichen Kirche.

Am Haus Nummer 204 befindet sich ein Relief (16. Jh.) von S. Lorenzo, darunter das Wappen der Ziani. Die Häuser gehörten dem Kloster von S. Lorenzo. Darstellungen und Symbole des Heiligen finden sich in großer Zahl an Türpfosten, Fassaden und Architraven. Am Haus Nummer 255/A ganz in der Nähe sieht man im dritten Stock S. Servilio mit dem Drachen (15. Jh.).

Auf der linken, der Casaria gegenüberliegenden Seite, öffnen sich zahlreiche Gassen. Zwischen Hausnummer 220/A und 206 beginnt die **Cale de la Simia**, genannt »de le Spade«; seit 1498 trägt die Calle diesen Namen, der auf eine Osteria »della Scimmia« [Zum Affen] zurückgeht. Außerdem ist bekannt, dass am 2. September 1227 in dieser Calle ein Gebäude stand, das den Nonnen von S. Lorenzo gehörte, und dass die gleichen Nonnen 1382 Räumlichkeiten an eine Osteria »Zum Affen« vermietet hatten. 1514 berichtet Sanudo vom Brand der »Hostaria de la Scimia, die den Nonnen von S. Lorenzo gehört und ganz neu war«. In der gleichen Calle gab es auch eine Osteria delle Spade [Zu den Schwertern]. Bevor man in die Calle hineingeht, sieht man an der rechten Ecke zwei Adelswappen der Zane (16. Jh.), die genau denen in der Corte del Diavolo in S. Cassiano entsprechen.

Am andern Ende mündet die Calle in die **Ruga de i Spezieri**. Sie heißt nach den Läden der »Spezieri da grosso« [Süßwaren und Gewürze], die seit 1383 ihre Scuola unter dem Schutzpatron S. Gottardo in der (heute zerstörten) nahegelegenen Kirche von S. Matteo hatten.

Am 9. September 1394 erhielten sie vom Rat der Zehn die Erlaubnis, die Scuola nach S. Apollinare (S. Aponal) zu verlegen, da die Umgebung in S. Matteo von Prostituierten und liederlichem Volk dicht bevölkert war. Die Brüderschaft kam im

Symbol der Obsthändler in Ruga degli Spezieri

Erdgeschoss des Gebäudes der Scuola dei Tagliapietra [Steinmetze] bei der Kirche zusammen.

Die Zunft der »Spezieri da grosso« hieß »Università«, weil sie die Berufszweige der Zuckerbäcker, Gewürzhändler, Wachsverkäufer, Zuckersieder und Mandelöl-Hersteller umfasste. 1675 kamen noch die Mandelhändler hinzu.

Geht man die Ruga nach rechts, folgen:

R – **Cale drio la Scimia**;

L – an der Ecke mit dem **Ramo do Mori** (Hausnummern 379 und 395) sieht man am Eckpfeiler zwei Reliefs (17. und 18. Jh.) der Zunft der Obsthändler (s. *S. Maria Formosa*, Sottoportego del Fruttarol, S. 153) mit zwei Pfirsichen, deren Stiele miteinander verflochten sind; zwei ähnliche Früchte, die am gleichen Ast hängen, kann man auch an Hausnummer 374 in der Ruga sehen.

R – **Cale de la Donzela** und **Cale prima de la Donzela**; hier betrieb Pietro de Pieri 1740 die Osteria della Donzella.

R – **Cale de l'Ostaria de la Campana**, nach einem seit 1341 bezeugten alten Lokal. 1514 gehörte es dem Chronisten Marin Sanudo und war bis in die zweite Hälfte des 19. Jahrhunderts in Betrieb.

Die Wirte waren durch einen Erlass des Rates der Zehn vom 18. Juni 1355 als eine Berufsgruppe zusammengeschlossen und hatten ihre Scuola in der Kirche von S. Matteo am Rialto; 1488 wurde sie nach SS. Filippo und Giacomo verlegt.

Bereits 1355 gab es in Venedig 24 Herbergen mit 960 Betten. Bis zum 15. Jahrhundert verfügten sie außerdem über Ställe und Pferde, denn in einem Gesetz war der Preis für die Unterbringung der Pferde festgelegt.

R – **Cale de le Becarie o Panataria**, nach den Brotgeschäften, die es hier seit ältesten Zeiten gab; bereits 1341 heißt es in einer Entscheidung des Großen Rates, dass das Brot am Rialto an der Mauer der Beccarie nuove verkauft wird. Die Brotgeschäfte blieben bis zum Ende der Republik an dieser Stelle.

Kommt man aus der Ruga auf den **Campo de le Becarie**, sieht man rechts ein neues Gebäude (um 1900), das als geschlossener Fischmarkt dient und an der Stelle des Palazzo Querini Ca' Mazor steht, der nach der Tiepolo-Verschwörung (1310) zum Teil abgerissen und ab 1339 als öffentliches Schlachthaus genutzt wurde. Für kurze Zeit erfüllte es während der Belagerung Venedigs im Jahr 1849 noch einmal diese Funktion, als der Schlachthof von S. Giobbe in der Reichweite der österreichischen Kanonen lag.

Seit den frühesten Anfängen wurde in Venedig die Belieferung mit Fleisch kontrolliert. Drei Adelige, »Sopra le Beccarie e Pubblici Macelli« genannt, überwachten den Fleischhandel; die frühesten Erlasse stammen von 1249. Die Metzger versammelten sich in der Kirche ihres Schutzpatrons S. Matteo und hatten das Recht, den Pfarrer zu bestimmen.

Kommt man von der Ruga auf den Campo delle Beccarie, stößt man linker Hand auf die **Cale de l'Anzolo**, die ihren Namen von der Osteria »Zum Engel« hat, in der eine Zeit lang die Türken untergebracht waren, bevor sie 1621 in den Palazzo des Duca di Ferrara verlegt wurden.

In der Calle folgen:

R – **Sotoportego de le Spade**, der auf der linken Seite zur **Corte de i Pii** und zur **Ponte de le Spade** führt. Die Osteria delle Spade, die sich hier befand, war schon sehr alt, denn ein Gastalde der Confraternita der Wirte war schon im Jahr 1488 »Hosto all'insegna delle Spade«. Auch Sanudo spricht von der Osteria delle Spade am Rio delle Beccarie am Rialto. Die Ponte delle Spade bestand zunächst aus Holz, wurde 1886 aber durch eine Eisenbrücke ersetzt.

An einem Karnevalsabend des Jahres 1745 entdeckten ein Edelmann aus dem Hause Balbi und Giacomo Casanova eine hübsche Frau aus dem Volk, die mit ihrem Mann und Freunden in einem Weinausschank an der Croce saß. Die beiden gaben sich als Amtspersonen aus und zwangen den Ehemann und die andern, ihnen im Namen des Rates der Zehn auf die Insel S. Giorgio zu folgen. Dort setzten sie die Ärmsten ab und fuhren nach Venedig zurück, wo sie die Frau in Gesellschaft einiger Freunde zurückgelassen hatten. Sie nahmen sie mit in die Osteria delle Spade, aßen dort zusammen zu Abend und vergnügten sich dann die ganze Nacht mit ihr in einem Zimmer; anschließend schickten sie sie nach Hause. Die Episode findet sich in den *Memoiren* Casanovas.

Schiefe Tür (Hausnummer 963/A) beim Campiello dei Sansoni

Die Corte dei Pii (*piedi*: Füße) hieß nach den gekochten Rinds-, Kalbs- und Hammelfüßen, die hier von den *Luganegheri* (Wursthändler) gekocht wurden; diese besaßen in der Corte auch ein Haus.

L – **Cale de le do Spade**;

R – **Cale de la Riveta**, die mit einem kleinen Uferstück am Kanal endet.

L – **Cale del Manganer**, nach der Werkstatt eines Stoffmanglers (s. *SS. Apostoli*, Cale del Manganer, S. 300) in der Nähe.

Man folgt der Calle del Manganer und kommt in den **Ramo S. Matio**, früher dicht an der gleichnamigen Kirche, die 1807 geschlossen und später abgerissen wurde.

Im Ramo biegt man nach rechts und sofort wieder nach links in die **Cale S. Matio**, wo man einen Halbbogen und eine Reihe von Barbacani (Stützbalken vorspringender Obergeschosse) sieht. Vor dem Halbbogen biegt man nach rechts und nach wenigen Metern, auf der Höhe eines hohen großen Bogens links oben, wieder nach rechts, um in den **Campielo de i Sansoni** zu kommen; genau unter dem Bogen sieht man am Haus Nummer 963/A eine Tür, deren Pfosten recht weit aus dem Lot sind. Der Name des Campiello geht auf die venezianische Familie Sanson oder Sansoni zurück. Sie ist seit 1427 bezeugt und stammte wahrscheinlich aus Saragozza; im Jahr 1678 erlosch sie. Auf dem Campiello befindet sich an der Mauer bei der Brücke ein Gedenkstein (1786) an diese Familie. Steht man auf der **Ponte Raspi o Sansoni**, sieht man zur Linken den spitzbogigen Palazzo Sansoni (Hausnummer 898) aus dem 14 Jahrhundert mit dem Familienwappen.

Man kehrt zurück bis zum Halbbogen, durchquert ihn und geht durch die **Cale del Volto** oder **Ruga Vechia** bis zur **Cale de l'Arco**. In dieser folgen:

L – der malerische **Ramo de l'Arco**;

L – **Cale del Pozzetto**, nach einem kleinen, heute verschwundenen Brunnen. Die Fortsetzung der Calle dell'Arco ist die **Cale de l'Ochialer** (Brillenmacher), nach einem gewissen »ochialer« Zuane, der hier 1619 wohnte.

In der gleichen Richtung schließt sich der **Ramo de i do Mori** an; in ihn münden:

L – **Cale de i do Mori**, ohne eigenes Straßenschild und mit schönen Barbacani. Am Haus Nummer 433/A

ist der Hinweis auf die Scuola de S. Alvise als Eigentümer in einen Türpfeiler eingemeißelt: »1649 / DEI SCO / DI SCO / DI SANTO / ALVISE / DI VENE«.

Am Haus Nummer 428 sieht man ebenfalls auf einem Türpfeiler ein Relief aus dem 17. Jahrhundert, das möglicherweise S. Antonio di Padova darstellt und sich auf die gleichnamige Scuola in der alten Pfarre von S. Matteo bezieht. Im Ramo dei do Mori befindet sich an den Häusern Nummer 395 und 396 ein Emblem der Scuola dei Mercanti (16.-17. Jh.)

L – **Ramo primo de la Galiazza**, an dessen Ende man am Haus Nummer 401 und an der Ecke mit der **Cale del Bo** unter einem eucharistischen Monogramm (18. Jh.) einen

Emblem der Scuola dei Mercanti im Ramo dei Do Mori (Hausnummer 396)

Kampanile von S. Giovanni Elemosinario in Ruga Vechia S. Zuane

Markuslöwen (17. oder 18. Jh.) sieht. Am Haus Nummer 402 befindet sich das Relief eines Mönchs, ein Gegenstück zu dem in der Calle dei do Mori.

Die Straße hieß früher »Calle della Galia« nach dem Ladenschild eines Goldschmieds Marco della Galia, der 1566 hier seine Werkstatt hatte.

R – **Cale Galiazza**

Am Ende der Calle dell'Ochialer kommt man wieder in die Ruga dei Spezieri, biegt nach rechts und sofort wieder nach rechts in die **Ruga Vechia S. Zuane**.

In ihr kommt man zu:

L – Kirche von S. Giovanni Elemosinario, genannt »S. Zuane de Rialto«. Sie wurde von der Familie Trevisan zu einem unbekannten, aber sehr frühen Zeitpunkt begründet, denn man weiß, dass der Kampanile 1071 einstürzte. Wahrscheinlich wurde er noch einmal neu aufgebaut, denn der heutige Kampanile stammt von 1410. Er verfügte über ein von Gasparo Ubaldini angefertigtes Uhrwerk mit zwei Männern, die die Stunden schlugen; vorher erschien zu jeder Stunde ein Hahn und krähte drei Mal. Das Uhrwerk wurde beim Brand von 1514 zusammen mit der Kirche zerstört. Das Kirchengebäude wurde anschließend vom Architekten Scarpagnino wieder aufgebaut (1539) und 1572 neu geweiht. Das Innere hat die Form eines griechischen Kreuzes und an den vier Ecken abwechselnd Kreuz- und Tonnengewölbe; in der Mitte befindet sich das Presbyterium und darunter die Krypta, darüber erhebt sich eine Kuppel. Über dem Eingangsbogen sieht man ein schönes Relief (um 1539) des Heiligen Johannes, der Almosen an die Armen verteilt. Neben der Kirche stand eine Lehranstalt, in der vom Staat bezahlte Lehrer vormittags und nachmittags öffentliche Vorträge über philosophische und theologische Themen hielten.

R – **Cale Galiazza**, an deren Ecke man prächtige Barbacani in Form von Schiffskielen sehen kann, darunter eine uralte Säule aus grauem Granit.

R – **Sotoportego de i do Mori**, über dem man ein Relief des Heiligen Georg (16. Jh.) erkennt. Es ist der Hinweis darauf, dass die Gebäude dem Kloster von S. Giorgio Maggiore gehörten. Der Name des Portikus geht auf ein in den letzten

Jahren der Republik eröffnetes Café »Zu den zwei Mohren« zurück. In der »Gazzetta veneta« vom 21. Juni 1760 kann man die folgende Anzeige lesen: »In dem Lokal Zu den zwei Mohren gegenüber der Kirche von S. Giovanni Elemosinario am Rialto wird ein Getränk namens Alphabet zu 5 Soldi die Tasse ausgeschenkt«.

R – **Ramo de l'Ochalier**;

L – **Cale Toscana**; im 14. Jahrhundert kam eine große Zahl von toskanischen Seidenwebern aus Lucca nach Venedig, und zwar infolge politischer Auseinandersetzungen in mehreren Wellen; ein Teil kam vor 1302, andere in den Jahren 1309, 1314 und schließlich 1317. Die Chroniken berichten, dass sich die Toskaner zunächst in der Umgebung von S. Bartolomeo und S. Giovanni Crisostomo niederließen und später am Rialto Nuovo. Sie genossen zahlreiche Privilegien, darunter das venezianische Bürgerrecht, wodurch sie sich mit den wichtigsten Patrizierfamilien verschwägerten und als Adelige im Rat saßen.

L – **Cale de la Madona**, nach einem alten Heiligenbild der Jungfrau Maria. Bevor man am Ende auf die Riva del Vin hinaustritt, sieht man am letzten Haus auf der linken Seite einen Barbacane (Stützbalken des vorspringenden Obergeschosses) aus Marmor, der für alle hölzernen Barbacani in der Stadt die erlaubte Länge vorgab.

L – **Sotoportego e Cale de i Cinque**, nach dem Magistrat der fünf Ältesten oder Provveditoren oder Friedensrichter, der hier seit 1341 seinen Sitz hatte. Gegen Ende der Republik war er im Palazzo delle Beccarie bei S. Matteo di Rialto untergebracht. Die Ältesten waren fünf Aristokraten, die über die Streitfälle unter der Bevölkerung und die Schlägereien entschieden, bei denen die Grenze leichter Körperverletzung nicht überschritten worden war. Diese Magistratur war um das Jahr 870 eingerichtet worden und wurde bis 1295 von Kirchenvertretern ausgeübt.

L – **Ramo de la Dogana de Tera**, nach dem Amtsgebäude, dessen Fassade am Canal Grande man auf einem Gemälde Canalettos sehen kann. Im oberen Teil war an einen vorspringenden Balken ein Rad befestigt; mit Hilfe dieses Mechanismus wurden diejenigen bestraft, die sich in öffentlichen Ämtern strafbare Handlungen hatten zuschulden kommen lassen.

In den Häusern Nummer 646 und 649 war früher der »Bacaro Grande«. In

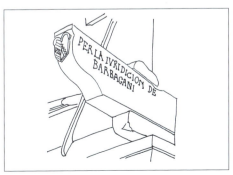

Barbacane aus Marmor als Richtmaß für die hölzernen Barbacani in der Stadt; am Ende der Calle della Madonna in Richtung Riva del Vin

diesem Lokal erfand 1869 ein alter Gondoliere, der einen neuen Wein aus Süditalien kostete, dafür den Terminus »Bacaro«, der dann auf die Lokale überging, in denen diese Weine ausgeschenkt wurden (s. *S. Maria Formosa*, Calle del Mondo Novo, S. 151).

L – **Ramo del Sturion**, nach der uralten Osteria dello Storione [Zum Stör]. 1398 wurde ein Wirt des »Sturion« verurteilt, weil er den Wein in kleineren als den vorgeschriebenen Trinkgefäßen ausschenkte: »Guilelmus hospes ad Sturionem in Rivoalto«. In diesem Gasthaus wurden am 16. September 1418 sieben Botschafter aus dem Friaul mit ihrem fünfzigköpfigen Gefolge untergebracht. Die Räumlichkeiten gehörten der Stadt; 1511 wurden sie geschlossen und an ihrer Stelle begann man ab 1531 die Dogana di Terra zu erbauen.

R – **Cale del Fontego del Curame**, nach einem alten Lederlager.

L – **Cale del Paradiso**; der Name geht auf die alte Apotheke »Zum Paradies« zurück, die 1661 von Francesco Raffali geführt wurde, seines Zeichens »spicier al Paradiso«. 1753 wurde sie zusammen mit den Nachbarhäusern bei einem heftigen Brand zerstört.

Campiello del Sole

L – **Cale del Stivaleto**, nach einem Schusterladen »Zum Stiefelchen«, den es hier im 18. Jahrhundert gab; sehenswert der Bogen und die Kamine rechts oben.

Nun beginnt die **Rugheta de Ràvano**; es gab zahlreiche Familien dieses Namens in der Stadt, darunter auch die bekannte Buchdruckerfamilie aus dem 16. Jahrhundert. Hier handelte es sich aber wohl um den Schneider Gasparo Ravano, »sartor in Rialto«, wie aus der Eigentumserklärung von 1537 hervorgeht.

In der Rughetta folgen:

R – **Cale Larga de la Donzela**, in der es eine weitere Osteria gab, die gleichfalls Pietro de Pieri gehörte (s. oben Calle della Donzella).

L – **Cale del Galizi**; 1740 wohnte hier ein Osvaldo Galizi und betrieb seinen Ölladen. Die Calle führt in den **Campielo Curnis**, nach der gleichnamigen Familie, die aus Bergamo kam und hier mit Süßwaren handelte; hier wächst ein riesiger amerikanischer Wein.

L – **Rio Terà S. Silvestro**;
R – **Rio Terà S. Aponal**.

Man biegt nach rechts, folgt diesem Rio Terà und stößt auf der rechten Seite auf den **Campielo del Sol**, der früher »Campielo de la Scoazera« hieß. »Scoazera« bezeichnete eine mit hohen Mauern umgebene und zu einer Seite offene Sammelstelle für die Abfälle, umgangssprachlich »scoazze«; von dort brachten sie die Burchieri aus der Stadt (s. *S. Nicola da Tolentino*, Fondamenta de le Burchielle, S. 414).

Diese Sammelstellen wurden im 15. und 16. Jahrhundert eingeführt, um zu verhindern, dass die Abfälle in die Kanäle geworfen wurden. Der Magistrato alle Acque, dem die Reinigungskräfte der Stadtviertel unterstanden, wachte über die Einhaltung. Doch im Laufe der Zeit wurden die Abfälle überall hingeworfen, so dass die Stadt voller Müll war. Der Magistrat ließ die Scoazzere wieder aufbauen und auf ihre Beschädigung standen drakonische Strafen. Vor allem gegen Ende des 18. Jahrhunderts lösten die geschlossenen Scoazzere bei der Bevölkerung manche Ängste aus, weil die jungen Leute sich damit amüsierten, Gespenster zu spielen und nachts in ihnen jammerten, seufzten und heulten. Die Scoazzera von S. Aponal wurde 1617 abgerissen und mit der von S. Silvestro zusammengelegt.

Kirche und Kampanile von S. Aponal

Man hält sich halblinks, folgt dem Verlauf des 1845 zugeschütteten Rio della Scoazzera und kommt zu der pittoresken **Ponte Storto**, die nach ihrer schiefen Form benannt ist. Vor der Auffüllung des Kanals gab es an der Ponte Storto eine andere Brücke, die direkt in die Vorhalle des Palazzo Cappello (15. Jh.) führte, der vorher den Molin gehörte (Hausnummer 1279-1280). Hier kam 1548 Bianca Cappello zur Welt, die sich in den Florentiner Pietro Bonaventuri verliebte, der im Auftrag der Familie Salviati aus Florenz eine Wechselstube führte, und mit ihm am 28. November 1563 nachts aus der Stadt floh. In Florenz heirateten sie und hatten eine Tochter namens Pellegrina. Die Flucht erregte in Venedig großes Aufsehen und die Avogadori di Comun verhängten die Todesstrafe über Pietro und eine leichtere Strafe über Bianca. Diese

Markuslöwe, Werk der Steinmetze, deren Zunft sich in S. Aponal versammelte; früher am Kampanile angebracht

erfreute sich in Florenz schon bald der Gunst von Francesco de Medici, des Sohns des Großherzogs Cosimo, während ihr Mann bereits ein Verhältnis mit Cassandra Ricci Bongiovanni hatte. Die Familie Ricci ließ daraufhin Pietro und Cassandra ermorden und Bianca wurde zur Witwe. 1578 wurde sie die Frau von Francesco de Medici, der seit 1574 Großherzog von Florenz war. Kaum erhielt der Doge offizielle Nachricht von der Heirat, beeilte man sich in Venedig, Bianca zur »wahren und besonderen Tochter der Republik« zu erklären, und der Prozess war vergessen. Bianca zeigte sich ihrerseits erkenntlich, indem sie sich für ihre Heimatstadt und ihre Verwandten einsetzte. Bedauerlicherweise starben Francesco am 19. und Bianca am 20. Oktober 1578 in Poggio a Cajano; man nimmt an, dass der Kardinal Ferdinando de Medici, der Bruder Francescos, sie vergiften ließ.

Vor der Ponte Storto biegt man nach links in die **Cale del Ponte Storto** und kommt in den **Campo S. Aponal** (S. Apollinare). Die Kirche von S. Aponal wurde 1403 von den Familien Sievoli und Rampani aus Ravenna erbaut. Im 15. Jahrhundert wurde sie restauriert und im 16. neu gebaut. 1810 wurde sie geschlossen und diente anschließend als Nachtasyl, Schmiede, Schreinerwerkstatt, Möbellager, Gefängnis für politische Gefangene, Kohlenhandlung und Trödelladen. 1840 kam sie zur Versteigerung und wurde von Angelo Vianello, mit Spitznamen Chiodo, erworben und später an einige Gläubige weiterverkauft, die sie 1851 wieder für den Gottesdienst öffneten. Heute wird sie als öffentliches Archiv genutzt.

Das Innere ist einschiffig und hat eine flache Kassettendecke. 1510 kamen in der Gemeinde siamesische Zwillinge zur Welt, die am Rumpf zusammengewachsen waren; sie wurden auf die Namen Maria und Giovanni getauft und blieben nur eine Stunde am Leben. Anschließend wurden sie einbalsamiert und gegen Geld gezeigt.

Biegt man am Ende der Calle sofort nach links, kommt man neben der Kirche zur Scuola dei Mandoleri (Hausnummer 1252), der Mandelhändler, die sich unter dem Schutz von S. Apollinare zusammengeschlossen hatten. Auf dem Fenstersturz ist die folgende Inschrift zu lesen: »Nel Tempo di Ser Zuane de Lovi Pistor a S. Aponal / Gastaldo e Compagni

MDVIII II de Marzo«. Im obersten Stockwerk des Gebäudes befand sich eine Herberge der Steinmetze; an der Fassade ist noch ein Relief mit den vier gekrönten Heiligen [Märtyrer unter Diokletian] und darunter die Inschrift zu erkennen: »MDCLII SCOLA DI TAGIAPIERA«.

Nach den Steinmetzen heißen zahlreiche Straßen in Venedig. Ursprünglich waren sie mit den Bildhauern zusammengeschlossen und erst 1272 teilten sich die beiden Berufsgruppen. Die Steinmetze hatten die vier gekrönten Heiligen zu Schutzpatronen und versammelten sich zunächst in S. Giovanni Evangelista und ab 1515 in S. Aponal. Die Zunft war in drei Rangstufen geteilt: Lehrlinge, Gesellen und Meister; daneben gab es noch die Chefs eigener Werkstätten, die »paroni de corte« genannt wurden, weil die Werkstätten der Steinmetze unter freiem Himmel waren. Die Meisterprüfung bestand darin, einen attischen Sockel herzustellen, der ohne Schablone gezeichnet und herausgemeißelt werden musste. Anschließend wurde die Arbeit mit einer Kupferschablone nachgemessen.

Direkt neben der Scuola dei Mandoleri steht der Kampanile, der früher »Torre delle Balestre« hieß; es ist ein venezianisch-byzantinischer Bau aus dem 9. Jahrhundert mit Ergänzungen und Restaurierungen aus gotischer Zeit (1467). Über der Tür des Turms befand sich ein prachtvoller Markuslöwe mit geschlossenem Evangelium und gewelltem Schwanz, der sich heute im Museo Correr befindet; es handelt sich um eine der ältesten Darstellungen des Symbols der Republik (13. Jh.).

Man geht zurück auf den Campo und hält sich rechts; hinter der Hausnummer 1286 folgen **Sotoportego e Cale de la Madona**, die nach einem noch heute vorhandenen Madonnen-Bild benannt sind. Es heißt, dass im Jahr 1177 Papst Alexander III. auf der Flucht vor Friedrich Barbarossa die erste Nacht in Venedig in diesem Durchgang verbracht habe. Er gewährte

Sottoportico della Madonna mit hölzerner Inschrift, die an die Ankunft Papst Alexanders III. in Venedig im Jahr 1177 erinnert

Ca' Barziza am Canal Grande

Gegenüber:
Campo S. Silvestro mit dem Kampanile

Relief am Sockel des Kampanile von S. Silvestro

dann einen vollständigen Ablass für alle, die hier ein Vater Unser und ein Ave Maria beteten. Diese Erinnerung hat sich noch auf einer Holztafel über dem Eingang des Sottoportico und im Namen der nächsten Calle, der **Cale del Perdon**, erhalten. Am Eckpfeiler des Hauses Nummer 1295 sieht man ein Kreuz im Strahlenkranz (16. oder 17. Jh.) in ovalem Umriss. Dieses Symbol steht wahrscheinlich in Zusammenhang mit der Legende von der Übernachtung Alexanders III.; das gleiche Kreuz befindet sich auch an Hausnummer 1312, darunter eine Vertiefung mit einem Opferkasten für das Öl der Lampe vor dem Heiligenbild.

Man folgt der Calle bis zum **Campielo de i Meloni**, dessen Name auf die Kürbis- und Melonenhändler zurückgeht, die hier früher ihr Gewerbe betrieben.

Im weiteren Verlauf des Campiello folgen:
R – **Cale del Luganegher** (Wurstmacher), die man bis zu Ende geht, wo das Portal von Palazzo Cavalli (Hausnummer 1495) steht, bevor die **Cale de la Furatola** anfängt.

»Furatole« hießen kleine Geschäfte, ähnlich wie Wurst- und Aufschnittläden, wo gebratener Fisch und andere Arme-Leute-Gerichte verkauft wurden. Die Bezeichnung »Furatola« geht möglicherweise auf »foro« [Loch] zurück, da diese Läden sich im Erdgeschoss wie kleine Löcher oder Kammern öffneten, oder auf das spätlateinische »furabola«, was düster heißt, da die Räume dunkel und rauchgeschwärzt waren; vielleicht kommt es aber auch von »furari« (stehlen), wegen des Betrugs und Diebstahls, die hier herrschten.

Es gab eine ganze Reihe von Gesetzen, die die Furatole betrafen. Die Furatoleri durften keinerlei Lebensmittel verkaufen, die den Luganegher vorbehalten waren, und ihre Gerichte nicht mit geriebenem Käse, Olivenöl bester Qualität oder anderem Fett anmachen. Wer beim Weinverkauf, auch in kleinen Mengen, im eigenen Lokal oder einer gepachteten Taverne erwischt wurde, musste nicht nur den Wein abliefern und vierzig Dukaten Strafe zahlen, sondern wurde auch noch für ein Jahr aus dem Staatsgebiet verbannt. Angestellte, die eine Furatola aufmachten, verloren ihre Stelle; den Priestern schließlich, die eine bei sich zu Hause betrieben, drohte eine Geldstrafe, bei Nichtbezahlung Gefängnis.

Man geht zum Campiello dei Meloni zurück, biegt nach rechts und kommt zu **Ramo, Sotoportego e Ponte de la Madoneta**. Am Anfang des Ramo sieht man einen Spitzbogen mit zwei Patera-Schalen darüber.

Hier beginnt die Pfarrei von S. Maria Gloriosa dei Frari.

Geht man den Ramo della Madonnetta zurück, folgen auf der rechten Seite:

Cale del Forno, die durch die **Corte Petriana** in die **Cale del Tragheto de la Madoneta** führt.

In der Corte Petriana sieht man über der Tür und auf dem Brunnen einen Baum über einem Halbmond, das Wappen der Familie Petriani; am Haus Nummer 1447 sieht man Überreste vom Palazzo Petriani aus dem 15. Jahrhundert.

Stammvater war der Grammatik-Lehrmeister Antonio, ein Sohn des Arztes Jacopo, der am 7. Mai 1396 zum venezianischen Bürger ernannt wurde. Er stammte aus Cascia in Umbrien, und die Familie ist seit 1566 bezeugt. In der Corte hatte Nicolò Brenta im 15. Jahrhundert seine Druckerei. Biegt man vor der Corte nach links, kommt man zum Traghetto della Madonnetta; an der Calle steht der Palazzo Saibante (Hausnummer 1426), bei dessen Neubau Elemente des byzantinischen Palastes (12. Jh.) integriert wurden; Haus Nummer 1429/B ist Palazzo Donà aus dem 12. Jahrhundert. Die Fassade sieht man am besten von der hölzernen Anlegestelle am Canal Grande.

Man geht noch einmal auf den Campiello dei Meloni.

Auf der rechten Seite folgen:

Cale Larga de la Malvasia und **Cale de la Malvasia**; beide führen in die **Cale del Papadopoli**, die früher »Calle e Corte Tiepolo« hieß.

Hier steht der nach Plänen der Sansovino-Schule erbaute Palast der Familie Cuccina (Hausnummer 1564), der später an die Tiepolo kam. Die Familie Tiepolo stammte aus Rom und stellte in ältesten Zeiten Tribunen, nahm an der ersten Dogenwahl teil und hatte seit 1297 ihren Sitz im Rat. Ein Giacomo Tiepolo wurde 1229 zum Dogen gewählt, faßte die venezianischen Gesetze systematisch zusammen

23. San Silvestro

23. San Silvestro

Campo Rialto Novo: Relief eines Pinienzapfens, des Heiligen Petrus mit Schlüsseln und Buch (Hausnummern 548, 549), Symbole der Zunft der Böttcher (551) und der Seidenweber (553)

und schenkte den Dominikanern das Gelände, auf dem diese dann die Kirche von SS. Giovanni e Paolo erbauten.

1837 wurde der Palast verkauft, hatte eine ganze Reihe von Besitzern, darunter die Grafen Papadopoli, die ihn 1864 renovierten und nach dem Abriss einiger Nachbarhäuser vergrößerten. Bei den Ausschachtungsarbeiten stieß man auf zahlreiche Polierwerkzeuge aus Hirschhorn, eine Steinaxt aus schwarzem Diorit, kleinere Äxte aus dem gleichen Material, weitere Bronzeäxte und ein Bronzeornament, dessen Verwendungszweck unklar ist.

Man geht zum Campiello dei Meloni zurück und dort nach rechts durch die **Cale de Mezo** bis auf den Campo S. Aponal. Dort angekommen, biegt man nach rechts in die **Cale del Todeschini**, ein Familienname, und sofort wieder nach links in die **Cale Dolera**, gleichfalls ein Familienname. Am Ende der Calle kommt man zur **Corte Barziza**; der Name geht auf die Familie zurück, die den Palast am Canal Grande bewohnte. Das Gebäude gehörte den Caloprini; an der Fassade sind Überreste des ersten Baus (9. Jh.) und des Neubaus (11. Jh.) zu sehen (Hausnummer 1172 und 1173). Aus der Corte kommt man durch den gleichnamigen Sottoportico zum **Sotoportego de la Pasina** (Piscina) und dort zum Campiello gleichen Namens auf der linken Seite. Geht man hinter dem Durchgang geradeaus, kommt man auf den **Campo S. Silvestro**.

Die Kirche von S. Silvestro existierte bereits vor dem Jahr 884 und wurde, wie man annimmt, von der Familie Giulia oder Andrearda begründet. Wie auch andere Kirchen unterstand sie den Patriarchen von Grado, die ihren Sitz in einen Palast in der Nähe verlegten, als sie im 12. Jahrhundert Grado wegen des ungesunden Klimas der dortigen Lagune verlassen mussten.

Das Kirchengebäude wurde 1422 neu errichtet und 1485 wurde das benachbarte Oratorio degli Ognisanti, das 1177 von Papst Alexander III. geweiht worden war, in den Kirchenbau mit einbezogen. Im 17. Jahrhundert wurde die Kirche restauriert und zwischen 1837 und 1843 nach Plänen Santis und Medunas von Grund auf neu gebaut, da sie einzustürzen drohte. Das Innere ist einschiffig und verfügt über eine halbkreisförmige Apsis. Über der Tür des Kampanile befindet sich ein Relief, das möglicherweise einen Apostel darstellt; man nimmt an, dass es aus der frühesten Kirche stammt.

Auf der dem Platz zugewandten Seite der Kirche stand die (heute zerstörte) Scuola der Mastellari [Hersteller von Holzgefäßen] und die der Weinhändler. An deren Mauer befindet sich zwischen der Kirche und dem **Sotoportego del Tragheto** eine Darstellung des Heiligen Bartholomäus mit einer Schriftrolle in der Hand.

In S. Silvestro wohnte der Kürschner Vendrame, der die Verschwörung Marin Falieros entdeckte. Da er mit der Belohnung der Regierung unzufrieden war, fing er an, aufrührerische Reden zu führen und Drohungen auszustoßen. Deshalb wurde er für zehn Jahre nach Ragusa verbannt, floh aber nach Ungarn, wo er – wahrscheinlich von den Komplizen Falieros – umgebracht wurde.

Am Campo wohnte der berühmte Maler Giorgio Barbarella (?), genannt Giorgione (Hausnummer 1091). Er wurde 1477 oder 1478 in Castelfranco Veneto geboren und übersiedelte nach Venedig, wo er bei Giovanni Bellini in die Lehre ging, zu den Tizianschülern gehörte und Lehrmeister von Giovanni Antonio Regillo, genannt Pordenone, war.

1510 starb er an der Pest, zusammen mit seiner Freundin Cecilia, die er auf dem wunderbaren Madonnen-Gemälde in Castelfranco porträtierte. Er war so verliebt in sie, dass er auf die Rückseite der Bilder, die er gerade malte, die folgenden Verse schrieb:

> Geliebte Cecilia
> Komm, beeil dich!
> Es erwartet dich der deine
> Giorgio Barbarella

Geht man gegenüber der Kirchentür geradeaus durch den (1845 zugeschütteten) Rio Terà S. Silvestro, kommt man in die **Cale de l'Ogio**; dort biegt man nach rechts in die **Ruga Ràvano**.

Man geht sie bis zum Ende, ebenso die anschließende Ruga

Vecchia S. Giovanni, die zur Kirche von S. Giovanni Elemosinario führt. Bevor man an der Kirche auskommt, biegt man nach rechts in die Calle Toscana und sofort wieder links in den **Campo Rialto Novo**, dessen Name sich aus dem Umstand erklärt, dass er später als der andere Platz dicht an der Kirche von S. Giacomo bebaut wurde.

Auf dem Campo sieht man am Haus Nummer 549 auf dem Türpfosten ein Relief von S. Lorenzo mit Palme und Feuerrost (16.-17. Jh.) und zwischen den Hausnummern 548 und 549 einen Pinienzapfen; an Nummer 549 den Heiligen Petrus mit den Schlüsseln und dem Buch in der Hand; an Nummer 551 das Symbol der Böttcher-Zunft; an Nummer 553 das Symbol der Seidenweber (Maulbeerbaum). Alle Darstellungen stammen aus dem 16. und 17. Jahrhundert. Haus Nummer 554 ist die 1717 erbaute Scuola der Goldschmiede.

Durch den **Ramo del Parangon** gegenüber der Scuola kommt man wieder unter die Bögen der Fabbriche Vecchie zurück. An der Hausnummer 495 sieht man über der Tür einen schönen Markuslöwen aus dem 18. Jahrhundert, darunter eine Inschrift. Die Figur stammt vom Palast der Familie Querini, der der Pescaria weichen musste.

Man hält sich rechts, geht den Bogengang bis zu Ende und kommt zur Rialtobrücke.

Die Bezeichnung Parangon geht auf bestimmte Seidentücher zurück, die wegen ihrer Perfektion »del paragone« [beispielhaft] genannt wurden, was dann zu »del parangon« entstellt wurde. Sie wurden in den Räumlichkeiten über dem Bogengang hergestellt, der heute **Ruge de i Oresi** heißt. Bevor man die Brücke hinaufgeht, kommt auf der rechten Seite der **Sotoportego de la Stadera**, der nach der alten Zoll-Waage der Dogana di Terra heißt, die sich früher hier befand.

Ebenfalls zur Rechten beginnt die **Fondamenta del Vin**, die diesen Namen trägt, seit die mit Wein beladenen Schiffe hier anlegten. In den Quellen kann man nachlesen, dass Bajamonte Tiepolo bei seiner Flucht die Rialtobrücke zerstörte und die Weinschiffe wegschaffen ließ.

Die Weinhändler, die sich seit 1505 zusammengeschlossen hatten, versammelten sich in der Kirche von S. Silvestro, während die Verkäufer, Filtrierer und Umfüller, die zur gleichen Scuola gehörten, einen eigenen Altar in der Kirche von S. Bartolomeo errichteten.

Damit ist der lange Spaziergang durch die Pfarrei von S. Silvestro beendet.

24. Santa Maria Gloriosa dei Frari

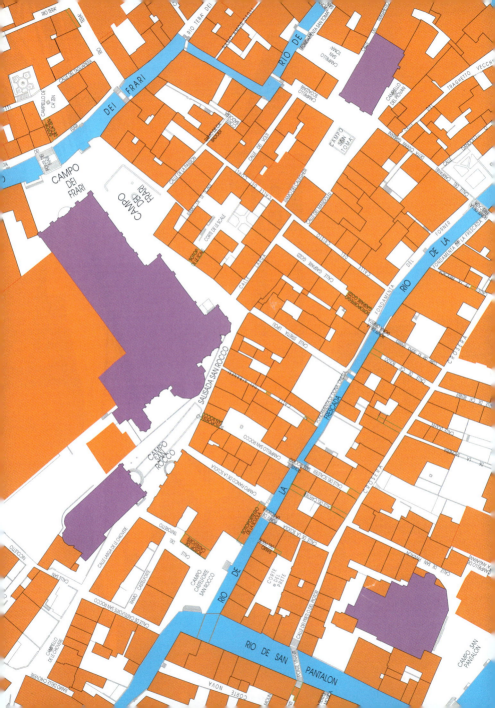

24. Santa Maria Gloriosa

Der Spaziergang beginnt an der Anlegestelle SAN SILVESTRO, von wo man auf den gleichnamigen Platz geht. Dort nimmt man die Calle del Luganegher auf der linken Seite und biegt am Ende wieder nach links in die Calle di Mezzo, die genau gegenüber der Kirche von S. Aponal beginnt. Man geht immer in der gleichen Richtung weiter und kommt zum Campiello dei Meloni, Ramo della Madonnetta und zur gleichnamigen Brücke.

Hinter der Brücke beginnt die **Cale de la Madoneta** und ein Sottoportico; in der Mitte der Calle kommt auf der linken Seite eine zweite **Cale de la Madoneta**. Die erste heißt nach einem kleinen Madonnenbild im Sottoportico, die zweite wahrscheinlich nach einer Muttergottes-Figur neben der Hausnummer 1977/A. Am Ende der zweiten Calle della Madonna befindet sich der Campiello gleichen Namens mit dem Palazzo Bernardo (Hausnummer 1978) aus dem 15. Jahrhundert.

Man geht zur ersten Calle della Madonna zurück, biegt nach links und kommt auf den **Campo S. Polo**, einen der größten Plätze der Stadt, der bis 1452 als Übungsplatz für Bogen- und Armbrustschießen diente. 1493 wurde er gepflastert und mit einem Brunnen versehen.

Auf der linken Seite folgen:

Campielo del Librer, nach einem Buchladen benannt, der hier zu Beginn des 19. Jahrhunderts existierte. Der Campiello entstand durch die Zuschüttung des Rio delle Erbe (1761), der sich am ganzen Platz entlangzog und in den **Rielo de S. Polo** mündete.

Auf dem Campiello sieht man am Haus Nummer 2006 ein schönes Relief mit Episoden aus dem Leben von S. Antonio Abate; auf der rechten Seite wird der Heilige vom Teufel mit einem Stock geschlagen, auf der linken steht er vor einer knienden Frau. Die Darstellung steht in Zusammenhang mit der Scuola di S. Antonio, die sich in der Nähe befand. Haus Nummer 1994 ist Palazzo Grimani aus dem 15. Jahrhundert.

Dauer

2h

Linie ①

Der Kampanile von S. Polo

Löwen am Sockel des Kampanile, Beispiele symbolischer romanischer Kunst

Apsis von S. Polo

Cale del Magazen o del Bastion, nach einem alten Weinverkauf. In der Calle folgt auf der rechten Seite **Sotoportego e Corte del Remer** mit einem schönen, schlichten Brunnen aus Veroneser Marmor. Der spitzbogige Kampanile von S. Polo stammt von 1362. Über der Tür des Turms sieht man zwei Löwen; dem einen hat sich eine Schlange um den Hals gewunden, der andere hat einen Menschenkopf zwischen den Pranken. Es handelt sich um symbolische Verzierungen, wie sie für die romanische Architektur (12.-13. Jh.) typisch sind; wahrscheinlich stammen sie von der abgerissenen Vorhalle. Auf dem Türbalken ist das Datum »MCCCLXII dì XXII de decembrio« eingemeißelt.

Gegenüber steht das Oratorio del Crocifisso aus dem 18. Jahrhundert.

Die Kirche von S. Polo wurde 837 von den Dogen Pietro und Giovanni Tradonico begründet; im 15. Jahrhundert wurde sie umgebaut und die ursprünglich byzantinische Anlage mit gotischen Elementen ergänzt. Zeugnis dafür sind das spitzbogige Portal am Seiteneingang der Kirche mit zwei Engeln, die ein Spruchband halten – eine Arbeit aus der Werkstatt der Bon – und die Mittelrosette, die man von **Sotoportego e Corte del Cafetier** aus sehen kann, wenn man die Außentreppe hinaufsteigt.

Zu Beginn des 19. Jahrhunderts wurden an dem Gebäude radikale Änderungen vorgenommen (1804). Das dreischiffige Innere in kaltem, neoklassizistischem Stil verfügt über ein Presbyterium mit Apsis und zwei Seitenkapellen.

Im Jahr 1314 brach zu Peter und Paul ein heftiges Erdbeben über die Stadt herein, das zwei Wochen dauerte. Sabellico berichtet, dass der Canal Grande austrocknete und tausend Häuser einstürzten. Daher rührt die Angewohnheit, den Heiligen »S. Paolo dal Terremoto« zu nennen.

In unrühmlicher Erinnerung ist ein Pfarrer von S. Polo namens Stefano Pianigo geblieben, der 1369 dafür bestraft wurde, dass er eine gewisse Christina dazu gebracht hatte, Nicoletto d'Avanzo zu heiraten, allerdings mit der Auflage, selbst die erste Nacht mit der Braut verbringen zu dürfen.

Sehr anders ist dagegen die Geschichte eines anderen Pfarrers. Eines Nachts setzte eine Mutter ihr neugeborenes Kind in

Rundfenster von S. Polo

einem Korb auf dem Campo S. Polo aus. Als eine Katze den Korb umwarf und der Säugling anfing zu schreien, hörte ihn ein in der Nähe wohnender Edelmann, nahm das Kind zu sich und gab ihm den Namen Antonio Gatto. Dieser ergriff die theologische Laufbahn und wurde 1563 Pfarrer von S. Polo.
Am 26. Februar 1548 wurde Lorenzino de Medici zusammen mit seinem Onkel Alessandro Soderini auf dem Campo S. Polo ermordet; der Auftraggeber war Cosimo de Medici.
Kommt man aus der Calle della Madonnetta, folgen auf der rechten Seite des Campo:
Palazzo Maffetti, heute Tiepolo (Hausnummer 1957) aus dem 18. Jahrhundert.
Sotoportego e Cale Cavalli, nach der gleichnamigen Familie benannt, die aus Bayern nach Mailand (13. Jh.) und dann nach Verona kam, wo ein Federico zum General der Scaliger wurde; sein Sohn Giacomo zeichnete sich im Krieg von Chioggia als Anführer des venezianischen Militärs in solchem Maße aus, dass er 1381 in den Adelsstand aufgenommen wurde.
Cale Bernardo, nach dem benachbarten Palast benannt.
Man folgt dem weiteren Verlauf des Platzes.
Cale Pezzana, vormals Turlona, nach einem gewissen Lorenzo Pezzana, der hier 1725 ein Haus kaufte. Er besaß verschiedene Häuser in der Stadt und Felder bei Mestre. 1679 kam er mit seiner Frau Caterina, einer Tochter von G. Giorgio Chechel, Ritter des Heiligen Römischen Reiches, nach Venedig. Von Beruf war er Buch- und Kupferstichhändler. Hausnummer 2165 ist Palazzo Turloni, später Pezzana, aus dem 16. Jahrhundert. Die Calle Pezzana wurde auch »Calle va alla Tipografia Tasso« genannt, weil sie im 19. Jahrhundert zur Druckerei von Girolamo Tasso führte.
Am Campo stehen Palazzo Corner-Mocenigo (Hausnummer 2128) aus dem 16. Jahrhundert; Palazzo Donà (Hausnummer 2177) mit einem prachtvollen gotischen Portal aus dem 13. Jahrhundert; und Palazzo Soranzo (Hausnummer 2169).
Cale de Ca' Corner, in der ein alter Palast stand, der »del Cagnon« genannt wurde und den die Republik

Oratorio del Crocifisso

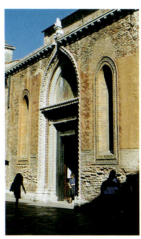

Portal von S. Polo

Palazzo Maffetti-Tiepolo

Geburtshaus Daniele Manins im Ramo Astori

1349 Giacomo da Carrara, dem Herrn von Padua, zum Geschenk machte. Als es zwischen Giacomos Sohn Francesco il Vecchio und den Venezianern zu Feindseligkeiten kam, beschlagnahmten diese den Palast und schenkten ihn 1388 dem General Erasmo da Narni, genannt Gattamelata.

1454 schließlich erhielt ihn der Herzog von Mailand Francesco Sforza, und von diesem kam er an einen Zweig der Familie Corner, und zwar an Giorgio, den Bruder der berühmten Caterina Corner, der Königin von Zypern. Dieser Zweig der Familie erlosch 1799 mit einem Giovanni Corner. Diesem wird die skurrile Idee zugeschrieben, anstelle des ursprünglichen Eingangstors am Campo die noch heute vorhandenen zwei Eingänge anzulegen, von denen einer den Lebenden diente, während durch den andern die Toten zur Beerdigung getragen wurden.

Am Ende der Calle führt ein schönes Tor (Hausnummer 2149) in die **Corte de Ca' Sanudo**.

Man geht wieder in die Calle Bernardo zurück, die wie bereits erwähnt nach dem prächtigen spitzbogigen Palast (Hausnummer 2195) aus dem 15 Jahrhundert benannt ist. Jenseits der gleichnamigen Brücke kommt man in die **Cale del Scaleter** (s. *S. Canziano*, S. 278) und von dieser zur Querstraße **Rio Terà Secondo**, einem im 19. Jahrhundert aufgefüllten Kanal. Auf der linken Seite sieht man an Hausnummer 2311 die Gedenktafeln von Aldo Manuzio.

Man geht zum Ende der Calle del Scaleter zurück und nimmt auf der gegenüberliegenden Seite den **Ramo Cale del Calice**, der in den **Campielo Grimani** mündet.

Im Campiello biegt man nach rechts in die **Cale del Calice**, die nach einer alten Apotheke »al Calice« [Zum Kelch] heißt, die 1684 von Antonio Sarcinelli geführt wurde.

Am Ende der Calle kommen linker Hand die **Salizada de la Chiesa** und der **Campo S. Boldo**, an dem die Kirche dieses Namens stand. Sie wurde um das 11. Jahrhundert von den Familien Giusto und Tron gegründet und S. Agata geweiht. Nach dem Brand von 1105 wurde sie wieder aufgebaut und 1305 vergrößert. Wegen der Nähe eines S. Ubaldo geweihten Hospizes für 12 Arme, das sich der Großzügigkeit der Eheleute Tommaso und Lorenza de Matteo aus Florenz verdankte, wurde auch die Kirche diesem Heiligen geweiht und verlor ihren alten Namen.

1735 wurde sie wegen Baufälligkeit in vier Jahren neu aufgebaut. 1808 wurde sie geschlossen und später abgerissen. Es hat sich nur noch der Rumpf des Kampanile erhalten, der in ein Wohnhaus einbezogen wurde.

Man geht wieder in den Rio Terà Secondo und von dort nach rechts zum **Campo S. Agostin**. Bevor man auf den Campo kommt, geht links der **Ramo Astori** ab, der nach einer venezianischen Familie heißt; am Ende des Ramo wurde 1871 eine Gedenktafel zur Erinnerung an den Geburtsort Daniele Manins angebracht. Die Kirche von S. Agostino wurde 959 von Pietro Marturio, dem Bischof von Olivolo, erbaut. Drei Mal brannte sie ab, und zwar in den Jahren 1105, 1149 und 1634. Im Jahr 1691 wurde sie zum letzten Mal geweiht. Sie blieb bis 1808 in Betrieb, wurde 1810 geschlossen und 1873 abgerissen. An ihrer Stelle stehen heute einige Wohnhäuser (Hausnummer 2304 und folgende).

Wenige Meter weiter auf der rechten Seite, wo heute die **Cale Baiamonte Tiepolo** verläuft, stand zwischen dem Platz und dem Kanal das Haus der Familie Tiepolo, das dem Dogen Jacopo nach seiner Abdankung im Jahr 1249 Zuflucht gewährte und das 1310 wegen der berühmten Verschwörung abgerissen wurde. Baiamonte und seine Mitverschwörer mußten auf immer ins Exil gehen, und auf dem Grundstück, auf dem das Haus gestanden hatte, wurde 1314 die Schandsäule mit der folgenden Inschrift errichtet:

> Bajamonte gehörte dieses Grundstück,
> und wegen seines heimtückischen Verrats
> Hat man diese Säule zur Abschreckung aufgestellt,
> Auf dass alle sie immer vor Augen haben

Die Säule wurde kurz nach ihrer Aufrichtung von Francesco Fontebon beschädigt, der ein Mitverschwörer Baiamontes gewesen und begnadigt worden war. Wegen dieser Tat wurde ihm die Hand abgeschlagen und er in die Verbannung geschickt, nachdem er vorher geblendet worden war. Später wurde die Säule vom Campiello hinter die Kirche von S. Agostino versetzt. 1785 erhielt sie der Patrizier Angelo Maria Querini von der Regierung und brachte sie in seine Villa in Altichiero. Von dort kam sie in die Hände des Antiquitätenhändlers Sanquirico und war anschließend im Besitz des Herzog Melzi; heute steht sie im Museo Correr.

An dem ursprünglichen Standort der Säule befindet sich heute

24. Santa Maria Gloriosa

Gedenkstein an der Stelle, an der die Schandsäule zur Erinnerung an die Verschwörung Baiamonte Tiepolos im Campo S. Agostin stand (Hausnummer 2304/B)

Kampanile der Kirche von S. Agostin

S. Giovanni Evangelista: Eingang zum Campiello, Gebäude der Scuola und Detail

im Straßenpflaster ein Gedenkstein mit den folgenden Worten: »LOC. COL.BAI.THE. MCCCX«. Die Marmortafel findet sich in der Ecke zwischen Campo S. Agostin und Calle della Chiesa (Hausnummer 2304/B).

Die Calle Baiamonte hieß früher »Campielo del Remer« (Rudermacher). Die Remeri schlossen sich 1307 als Berufsgruppe zusammen und hatten zwei Scuole, die eine unter dem Namen von S. Bartolomeo, die andere unter dem des Allerheiligsten. 1773 gab es 19 Werkstätten, 213 Meister und 31 Gesellen; sie gehörten mit den Rudermachern des Arsenals der gleichen Zunft an.

Man folgt der Calle della Chiesa und nimmt am Kanal die rechte Brücke, **Ponte S. Agostin**, die früher »del Pozzo Longo« hieß nach einem von einer hohen Mauer umgebenen Brunnen, der bis zum Ende des vorigen Jahrhunderts nur privat genutzt wurde. Von der Brücke kommt man in den gleichnamigen Sottoportico und von diesem in **Cale e Campielo del Pozzo Longo**. Dann geht man weiter durch die **Cale de la Vida**, in der auf der rechten Seite die **Cale Collalto** folgt,

die zu einem reizenden Palast (Hausnummer 2360) auf den Rio di S. Agostin führt. Er gehörte den Zane und kam dann an die Venier, die ihn 1784 an die Collalto verkauften.

Die Familie Collalto, die eindeutig langobardischen Ursprungs ist, erwarb große Ländereien im Gebiet von Treviso und erbaute das Kastell, von dem sich eindrucksvolle Überreste erhalten haben. Den Collalto entstammte die selige Giuliana, die 1222 auf der Giudecca Kirche und Kloster der Heiligen Biagio e Cataldo gründete, außerdem ein Patriarch von Aquileia und ein Bischof von Ceneda.

Die Grafen von Collalto wurden 1306 mit einem Rambaldo, Sohn des Eusedisio, zum venezianischen Patriziat zugelassen.

Die Calle della Vida mündet auf den **Campo S. Stin**; auf der Seite befindet sich der **Sotoportego S. Rocco**, der nach einigen Häusern heißt, die die Arciconfraternita di S. Rocco hier besaß, wie aus dem Wappen an der Mauer (18. Jh.) hervorgeht. Von der Miete für diese Gebäude wurde jährlich die Aussteuer für zwei arme Mädchen bezahlt.

Die Kirche von S. Stefano Confessore wurde S. Stefanino genannt, was später zu S. Stin entstellt wurde, weil sie kleiner war als die andere prächtige Kirche des Erzmärtyrers Stephanus. Wahrscheinlich wurde sie im 10. oder 11. Jahrhundert erbaut. 1105 wurde sie durch die Feuersbrunst zerstört und 1295 von dem venezianischen Patrizier Giorgio Zancani wieder aufgebaut. 1810 wurde sie geschlossen und wenige Jahre später abgerissen.

Auf dem Campo steht ein beachtlicher Brunnen (1508) mit den Reliefs von S. Giacomo und S. Barbara, die sich auf den Vor- und Nachnahme von Jacopo Barbaro beziehen, der den Brunnen errichten ließ; außerdem ein Relief des Priesters Stephanus, der einzigen Abbildung des Heiligen in Venedig.

Gegenüber der **Cale de la Vida** beginnt die **Cale del Tabaco**, die nach einem Tabakgeschäft heißt. Nach rechts führt sie in die **Cale de l'Ogio**, genannt »del Cafetier« (s. *S. Cassiano*, Riva dell'Olio, S. 467).

An der Ecke zwischen den beiden Straßen (Hausnummer 2474) sieht man zwischen Erdgeschoss und erstem Stock ein Relief mit zwei Mitgliedern der Scuola di S. Giovanni Evangelista, die das Emblem der Confraternita in die Höhe halten (15. Jh.).

Bis zum 11. Jahrhundert erstreckte sich von hier bis zum Rio Marin und zum Rio Terà S. Stin ein See mit Namen Baduario. In der Mitte der Calle folgt auf der linken Seite der **Campielo de S. Zuane** mit der Kirchen zur Linken und der Scuola di S. Giovanni zur Rechten.

Campiello di S. Giovanni Evagelista: Detail an einem Türpfeiler

S. Maria Gloriosa
dei Frari

Die Kirche wurde 970 von den Familien Partecipazio und Badoer erbaut; Marco Badoer setzte ihr ein immerwährendes Legat aus. Zu Zeiten Sansovinos stand noch das alte Gebäude, war aber verschiedentlich restauriert worden. Mitte des 17. Jahrhunderts wurde die Kirche völlig neu erbaut.

Die Scuola di S. Giovanni wurde auf einem Grundstück errichtet, dass die Badoer einer Confraternita zur Verfügung gestellt hatten; 1453 wurde sie fertiggestellt. Der prachtvolle Bogen am Eingang des Innenhofs ist ein Werk Pietro Lombardos von 1481. Die Confraternita, eine der sechs Scuole Grandi, verfügte über erhebliche Einkünfte und zählte erlauchte Persönlichkeiten wie den spanischen König Philipp II. zu ihren Mitgliedern.

Zu Beginn des 19. Jahrhunderts wurde die Scuola geschlossen und als staatliches Lagerhaus genutzt, bis ein Unternehmer das Gebäude erwarb, restaurierte und am 27. Dezember 1857 als Sitz der Gegenseitigen Unterstützungsgesellschaft der Arbeiter des Bauhandwerks wieder eröffnete. Heute ist hier das Istituto Veneto dei Beni Culturali untergebracht.

Im Jahr 1369 schenkte der Kanzler von Jerusalem und Zypern Filippo Maser der Scuola die Kreuzreliquie, die er 1360 vom Patriarchen von Jerusalem erhalten hatte. Diese Reliquie galt als wundertätig und ein damit verbundenes Ereignis soll hier berichtet werden.

In der Zeit des Erlasses über die Aufhebung von Kirchen und Ordensgemeinschaften zu Beginn des 19. Jahrhunderts wurden alle Einrichtungsgegenstände und Schätze aus den geschlossenen Kirchengebäuden in die Räume der Scuola gebracht, um ein Verzeichnis anzulegen und sie anschließend nach Frankreich abzutransportieren.

Ein napoleonischer Kommissar, der mit dieser Aufgabe betraut war, stieß mit dem Fuß das Kreuz-Reliquiar zur Seite, als er von einem Raum in den andern ging. Dabei zog er sich eine leichte Verletzung zu, in der sich nach wenigen Tagen Wundbrand bildete, an dem der Unglückliche starb.

Die Venezianer pflegten sich in frommen Brüderschaften zusammenzuschließen, die »Scuole« genannt wurden; das

24. Santa Maria Gloriosa

Wort kommt aus dem Griechischen und bedeutet den Zusammenschluss von Menschen zu einem bestimmten Zweck. Diese Sitte wurden im 6. Jahrhundert vom Heiligen Bonifatius aus Deutschland eingeführt.

Man unterschied zwischen Scuole Grandi und Scuole Minori, die auch »Fraglie« genannt wurden, da diese Zusammenschlüsse neben Confraternite auch Fratellanze hießen, woraus sich die entstellten Formen »Frataglie« und »Fraglie« entwickelten.

Die Scuole Grandi [Große Scuole], die wegen ihrer Pracht diesen Namen führten, waren sechs: S. Teodoro, S. Maria della Carità, S. Giovanni Evangelista, S. Marco, della Misericordia und S. Rocco.

Sehr viel höher war die Zahl der kleineren Scuole, die zum größten Teil aus Mitgliedern einer Berufsgruppe bestanden. Jede Scuola Grande hatte ihr eigenes Gebäude, in dem sich die Mitglieder versammelten; auch die Scuole Minori hatten eigene Räumlichkeiten oder mindestens einen eigenen Altar in einer Kirche.

Alle diese Brüderschaften nahmen zahlreiche wohltätige Aufgaben wahr, statten jedes Jahr arme Mädchen mit einer Aussteuer aus und machten Schenkungen in Form von Häusern, Geld und Kleidungsstücken; manchmal stellten sie dem Staat auch Truppen zur Verfügung. Sie hatten eigene Statuten, die in Büchern namens »Mariegole« (vom lateinischen *Matriculae*) aufgezeichnet waren, und jede Confraternita hatte einen Oberen, einen Stellvertreter und einen Sekretär.

Vom Campiello S. Giovanni geht man zurück in die Calle dell'Olio und dann nach rechts durch die **Cale del Magazen** bis zum **Rio Terà S. Tomà**, der 1810 zugeschüttet wurde. Dort biegt man nach links und geht über die **Ponte de S. Stin** zur **Fondamenta de i Frari**, an der der Palazzo Cossetti (Hausnummer 2557) aus dem 17. Jahrhundert steht. Über die gleichnamige Brücke kommt man zur Basilika S. Maria dei Frari auf dem **Campo de i Frari**.

Ein Jahr nach dem Tod des Heiligen Franziskus kamen einige seiner Anhänger nach Venedig. Sie lebten von Almosen und arbeiteten unter den Vordächern der Kirchen, vor allem von S. Lorenzo und S. Silvestro.

Der Doge Jacopo Tiepolo überließ ihnen 1236 eine alte, verlassene Benediktinerabtei, die der Muttergottes geweiht war; sie stand auf einem Sumpfgelände, das der Badoer-See genannt wurde und auf der Grenze zwischen den Pfarreien von S. Tomà und S. Stin lag.

S. Maria Gloriosa dei Frari mit dem Kampanile

Die Mönche erweiterten das Kloster mehrfach dank der Nachlässe von Gläubigen und begannen nach 1250 mit dem Bau der von Nicolò da Pisa entworfenen großartigen Kirche, die S. Maria Gloriosa [Heilige Maria im Paradies] geweiht war und später wegen der großen Zahl von Ordensgeistlichen, die dort lebten, »dei Frari« genannt wurde, eine Entstellung von »Frati« [Mönche].

Ursprünglich war die Fassade auf der Südseite und die Kirche reichte mit der Kapelle bis zum Kanal. In der heutigen Gestalt wurde sie im 15. Jahrhundert erbaut und im Jahr 1492 geweiht. Vielleicht stammte der Gesamtentwurf von einem der Mönche, jenem Scipione Bon (Bruder Pacifico), dem in der Kirche ein aufwendiges Grabdenkmal errichtet wurde.

Das Innere hat die Form eines lateinischen Kreuzes mit einem Querschiff und drei Längsschiffen, die durch 12 mächtige, mit hölzernen Zugstangen verbundene Säulen voneinander getrennt sind; neben der Hauptapsis befinden sich auf jeder Seite drei kleinere Seitenkapellen. Die Decke ist ein spitzbogiges Kreuzgewölbe. Im Zentrum des Mittelschiffs steht ein hölzerner Chor, das letzte Exemplar seiner Art in Venedig.

Über dem ersten Seiteneingang der Kirche sieht man eine schöne Madonna auf dem Thron (15. Jh.) zwischen zwei knienden bärtigen Mönchen.

Rechts neben der Fassade befindet sich das Staatsarchiv in den früheren Räumlichkeiten der »Scuola di S. Antonio« und des Klosters.

Der Kampanile wurde 1361 von Jacopo Celega begonnen und 1396 von seinem Sohn Pietro beendet. Mit etwa achtzig Metern ist er der zweithöchste der Stadt. Das riesige Kloster wurde nach dem Brand von 1396, bei dem der selige Carissimo di Chioggia ums Leben kam, wieder aufgebaut. Auch zwei Kreuzgänge wurden angelegt, der eine nach Plänen Sansovinos, der andere nach einem Entwurf Palladios.

In diesem Kloster lebten zeitweise berühmte Männer wie Francesco della Rovere, der spätere Sixtus IV. und Felice Peretti, später Papst Sixtus V.; im 14. Jahrhundert hatte hier auch das Inquisitionstribunal seinen Sitz.

Nach Auflösung der Ordensgemeinschaften wurden Kloster und Kirche, das Oratorium von S. Nicolò della Lattuga (s. *S. Giovanni in Bragora*, Calle Lion, S. 88) und die Scuola di S. Antonio in das Staatsarchiv umgewandelt (Hausnummer 3002).

Die **Ponte de i Frari** wurde erstmals 1482 auf Kosten der Mönche errichtet; im 19. Jahrhundert wurde sie vollständig neu aufgebaut.

24. Santa Maria Gloriosa

Der Rio di S. Polo mit dem Kampanile von S. Maria Gloriosa dei Frari

24. Santa Maria Gloriosa

Am Campo steht die Scuola della Passione (Hausnummern 2998 und 2999); das genau Gründungsdatum dieser Brüderschaft ist unbekannt, man weiß lediglich, dass sie sich zunächst in S. Zulian versammelte und 1572 dieses Gebäude kauften, in dem sich vorher die Scuola dei Mercanti befand. Der Bau brannte 1588 ab und wurde 1593 wieder aufgebaut; 1810 wurde die Scuola geschlossen und außer der Fassade hat sich nichts von dem alten Bau erhalten.

An der Apsis der Frari-Kirche befinden sich die **Salizada S. Rocco** und der gleichnamige Campo, an dem die Kirche und die Scuola Grande di S. Rocco stehen.

Der Bau der Kirche begann 1489 nach Plänen des Meisters Buono und war 1508 beendet. 1725 wurde sie wegen Baufälligkeit von Scalfarotto fast völlig neu aufgebaut, nur die drei alten Kuppeln blieben erhalten. Die Fassade wurde zwischen 1765 und 1771 nach einem Entwurf Bernardo Maccaruzzis ausgeführt. Der Innenraum ist einschiffig und hat eine flache Decke.

Die Republik führte das Ende der Pest von 1575 auf die Fürbitte des Heiligen Rochus zurück und erklärte deshalb den Namenstag des Heiligen zum Feiertag, an dem der Doge in Begleitung der Signoria, des Senats und des diplomatischen Korps die Kirche besuchte. Hinter der Kirche erhebt sich ein kleiner Kampanile, der Überrest des alten Kirchturms aus dem 13. Jahrhundert, der früher vielleicht zu der abgerissenen Kirche von S. Nicoletto della Lattuga gehörte.

Seitlich neben der Kirche erhebt sich die Scuola Grande di S. Rocco.

Seit dem 15. Jahrhundert existierte bei der Frari-Kirche eine Bruderschaft mit S. Rocco als Schutzpatron. Sie schloss sich mit einer anderen Confraternita in S. Zulian zusammen, die ebenfalls den Namen des Heiligen trug, errichtete 1478 eine Kirche von S. Rocco und wurde 1481 vom Rat der Zehn unter die Scuole Grandi der Stadt aufgenommen. Mit Hilfe der Kamaldulensermönche gelang es 1484, den Körper des Schutzpatrons heimlich von Voghera nach Venedig zu entführen. Doch aus unbekannten Gründen entfernte sich die Confraternita von

Kirche und Scuola di S. Rocco

der Frari-Kirche, riss die Kirche ab und verlegte ihren Sitz in das alte Oratorio di S. Susanna. Auch dort blieb sie nur kurze Zeit und zog in den Palast der Patriarchen von Grado in S. Silvestro um. Anschließend kam sie wieder zu den Frari zurück und nach neuen Vereinbarungen mit den Minoritenmönchen errichtete sie 1489 die Kirche und überführte den Körper des Heiligen dorthin. Drei Jahre später erbaute sie die erste Scuola, die später vergrößert und renoviert wurde. Im Jahr 1516 hatte sie 500 Mitglieder und beschloss, ein größeres und schöneres Gebäude für ihre Versammlungen zu erbauen. Bartolomeo Bon begann den Bau und wurde dann von Sante Lombardo und schließlich von Scarpagnino abgelöst. 1549 war das Gebäude fertiggestellt und hatte insgesamt 47.000 Golddukaten gekostet.

Nach Abschluss der Bauarbeiten fand eine Ausschreibung für die Ausmalung der Innenräume statt, an der sich die berühmtesten Meister beteiligten, die sich damals in Venedig aufhielten: Paolo Veronese, Federico Zuccaro, Andrea Schiavone, Jacopo Tintoretto und Giuseppe Salviati. Tintoretto besorgte sich mit Hilfe der Aufseher der Scuola die genaue Abmessung des Deckenovals, und während die anderen Mitbewerber noch an ihren Entwürfen arbeiteten, verfertigte er in kürzester Zeit das heute noch vorhandene Deckengemälde und brachte es an Ort und Stelle an.

Am Tag, an dem die Entwürfe begutachtet wurden, ließ Tintoretto sein Gemälde enthüllen und erklärte, wenn sein Werk keine Zustimmung finde, würde er es zum Dank für ein erhörtes Gebet dem Heiligen Rochus schenken. Dabei machte er sich raffinierterweise ein altes, ungeschriebenes Gesetz der venezianischen Scuole zunutze, dass ein Geschenk, das einem Heiligen gemacht wurde, nicht zurückgewiesen werden konnte.

Bei der generellen Auflösung religiöser Einrichtungen im Jahre 1806 blieb diese Arciconfraternita als einzige davon verschont und existiert noch heute.

Neben der Scuola in Richtung Kanal folgen die **Cale Tintoretto** und der **Ramo de Castelforte**; Sabellico berichtet, er habe sagen hören, dass in alten Zeiten hier ein Kastell gestanden habe, dessen Überreste er noch gesehen habe.

In anderen Quellen wird dagegen die Ansicht vertreten, der Name gehe darauf zurück, dass hier 1261 ein Schiff namens »Rocca Forte« gebaut wurde, auf dem 500 Mann als Begleitschutz für einen Konvoi nach Acri mitfuhren. Nur dieses Schiff, so die Erinnerung, entkam den Genuesen und kehrte nach Venedig zurück. Bei Ausgrabungsarbeiten fand man hier

in drei Metern Tiefe zwei alte Grabsteine und der Historiker Temanza liefert die Bestätigung, dass dieser Ort »eine der ältesten Begräbnisstätten von Rialto« gewesen sei. Geht man am Ende des Ramo nach rechts, sieht man ein von Scarpagnino entworfenes Gebäude (Hausnummern 3105-3108) der Scuola von S. Rocco, das als Wohnhaus für reiche bürgerliche Kaufmanns- und Handwerkerfamilien mit eigenem Hauspersonal vorgesehen war.

Man geht zum Campo S. Rocco zurück; in Richtung Campo dei Frari folgen auf der rechten Seite:
Cale fianco de la Scuola;
Sotoportego e Campielo S. Rocco;
Cale de i Albanesi, nach einer kleinen Albaner-Kolonie, die hier lebte;
Cale Galipoli, heute Calle Streta Lipoli, auch die Enge von Gallipoli genannt wegen ihres extrem schmalen Eingangs. Der Name lautet eigentlich Ca' (Haus) und Lipoli, nach einer hier ansässigen Familie. Am Ende der Calle stand an der Ecke zur **Fondamenta de la Dona Onesta** ein Haus (Nummer 2955), in dem Tizian vor 1531 wohnte. Geht man weiter, kommt man zur eisernen **Ponte de la Dona Onesta**.

Es geht die Überlieferung, dass eines Tages zwei Männer über die Brücke kamen und dabei über die Sittlichkeit der Frauen diskutierten; da sagte der eine skeptisch zum andern: »Weißt du, wer die einzig anständig ist? Die da drüben!«, wobei er auf einen kleinen steinernen Frauenkopf (16.-17. Jh.) zeigte, der man gegenüber auf der **Fondamenta del Forner** an einem der Häuser zwischen dem ersten und zweiten Stock sieht. Andere behaupten, hier habe sich eine ähnliche Geschichte wie die der römischen Lukrezia zugetragen. Hier habe eine hübsche Frau aus dem einfachen Volk gewohnt, die mit einem Klingenschmied verheiratet war. Ein junger Patrizier verliebte sich in sie, und um eine Gelegenheit zu finden, ins Haus zu kommen, bestellte er bei ihrem Mann einen der Dolche, die »Misericordia« [Barmherzigkeit] heißen. Als er kam, um nachzufragen, ob der Dolch fertig sei, fand er die Frau alleine zu Hause und vergewaltigte sie. Da sie diese Schande nicht überleben wollte, brachte sie sich mit dem Dolch selber um.

Es gibt noch eine dritte Version, die lautet, dass der Name von einer Prostituierten stammt, die im Volksmund »Donna onesta« genannt wurde, weil sie ihr Gewerbe mit äußerster

Scuola dei Calegheri (Schuhmacher) im Campo S. Tomà

Kirche von S. Tomà

Gegenüber:
Calle del Traghetto di S. Tomà

Einer der beiden Löwen von Ca' Marcello dai Leoni

24. Santa Maria Gloriosa

Ponte di S. Polo, Patera-Schalen an Hausnummer 2740/A

Diskretion und Zurückhaltung ausübte. Wie auch immer, die Brücke wird 1566 zum ersten Mal erwähnt.

Von der Brücke geht man durch **Sotoportego e Cale Gaspare Gozzi**, in der das Geburtshaus (Nummer 2939) des berühmten venezianischen Dichters steht, und biegt am Ende nach rechts in die **Cale Larga**, die durch die **Cale del Mandoler** in den **Campo S. Tomà** (S. Tommaso) führt. Bevor man auf den Platz kommt, stößt man auf der Rückseite der Scuola dei Calegheri (Schuhmacher) auf die **Cale de i Corli** von einer unbeständigen und leichtsinnigen Person sagt man auf Venezianisch »verrückt wie eine Garnwinde«, oder einfach, er sei ein »Corlo«. Man nimmt an, dass hier ein Handwerker lebte, der Garnwinden herstellte; in einer Besitzstands-Erklärung von 1582 geben die Eigentümer an, sie hätten in S. Tomà ein Haus, das an »Gasparo von den Garnwinden« vermietet sei. Früher hieß die Gasse auch »Calle d'Infamia« [Schande] wegen der vielen Straßenmädchen, die hier wohnten,

Ein Eckbalkon von Palazzo Moro über dem Rio di S. Polo

Die Scuola dei Calegheri is S. Aniano geweiht. Die In

schrift auf dem linken Pfeiler belegt, dass sie im Jahr 1446 erworben wurde. Über der Tür ein Relief der lombardischen Schule, auf dem dargestellt ist, wie der Heilige Aniano von S. Marco geheilt wird, datiert auf 1479. Auf dem rechten Pfeiler steht, dass die Scuola 1580 renoviert wurde. Auf der Fassade eine Barmherzige Madonna (15. Jh.), darunter Mitglieder der Brüderschaft. Die Zunft der Schuhmacher hatte in der Kirche von S. Tomà ihren eigenen Altar mit einem Gemälde von Palma il Giovane. Die Scuola machte jedes Jahr der Frau des Dogen ein Paar Holzpantoffeln zum Geschenk.

Man überquert den Campo und kommt zur Kirche von S. Tommaso Apostolo, die 917 auf einem Grundstück der Familie Tonisto errichtet wurde, und zwar entweder von Miani oder von Coriolano Tribuno.

1395 wurde sie neu gebaut und 1508 vergrößert. 1672 wurde die Fassade Longhenas davor gesetzt, doch da sie einzustürzen drohte, wurde das ganze Gebäude 1742 nach Plänen des Architekten Bognolo von Grund auf errichtet; die Arbeiten endeten 1803.

Im gleichen Jahr wurde sie geweiht. Der Innenraum ist einschiffig mit einer Gewölbedecke. Ein Stumpf des alten Kampanile hat sich noch erhalten.

Links neben der Kirche beginnt die **Cale del Tragheto**; die Betreiber dieses Traghettos schlossen sich 1505 unter dem Schutz der Jungfrau Maria zusammen, und später wurde ihnen ein Altar in der Kirche von S. Tomà zugewiesen.

In die Seitenwand der Kirche ist eine Lünette mit der Schutzmantel-Madonna (1345?) eingemauert, das aus dem von den Lateran-Kanonikern bewohnten Kloster der Carità stammt.

Die Calle del Traghetto führt auf die Fondamenta gleichen Namens; hier stehen der Palazzo Morosini (Hausnummer 2812) aus dem 17. Jahrhundert und Palazzo Marcello dai Leoni (Hausnummer 2810), der nach den beiden romanischen Löwenfiguren heißt, die ursprünglich am Fuß eines Bogens standen und möglicherweise aus der alten Kirche von S. Tomà (13. Jh.) stammen. In diesem Palast lebte und arbeitete der venezianische Lokalhistoriker Pompeo Molmenti.

Man geht auf den **Campielo S. Tomà** zurück und biegt über die gleichnamige Brücke auf der rechten Seite. Jenseits des Kanals sieht man den Palazzo Bosco (Hausnummer 2802), ein byzantinisches Gebäude aus dem 11. Jahrhundert, das im 15. teilweise wieder aufgebaut wurde. Im Innern verfügt es über einen prachtvollen Innenhof mit Außentreppe.

Direkt hinter der Brücke rechts steht in der **Cale de i Nom-**

boli das Geburtshaus des berühmten venezianischen Komödiendichters Goldoni (Nummer 2793), der hier am 1. März 1707 zur Welt kam.

Der Palast gehörte der Familie Rizzo, und zwar dem Zweig, der einen Igel mit Rosen darunter im Wappen führte, wie man an der Treppe und auf dem Brunnen im Hof sehen kann.

Der Palast war dann als Palazzo Centani bekannt, weil die Familie Rizzo ihn an die Centanis vermietete, die vor langen Zeiten aus Jesolo nach Venedig gekommen waren.

Am Ende der Calle biegt man nach links in den **Rio Terà de i Nomboli**, wahrscheinlich nach einem Metzger benannt, der hier die »Nomboli«, also die Hinterhälften von Rindern, aushängte. Vielleicht wurden hier aber auch Luntenschnüre für Kanonen hergestellt, die »Nomboli« hießen. Am Rio Terà steht der spitzbogige Palazzo Pisani (Hausnummer 2709).

Man nimmt die erste Seitenstraße rechts, die **Cale de i Saoneri**, die nach den Seifensiedern hieß. 1566 gab Marco de Mezo an, dass er ein Haus an der (wegen der Auffüllung des Kanals zerstörten) »Ponte de li savoni« besitze, mit zwei Etagen und einer Werkstatt, die von einem *Saoner* Francesco betrieben werde. Die Seifensieder schlossen sich 1565 als Confraternita zusammen und versammelten sich in der Serviten-Kirche. In den Glanzzeiten der Republik gab es 25 Seifenfabriken, wobei strenge Gesetze über die Geheimhaltung der Herstellungstechniken wachten.

Am Ende der Calle kommt man zur **Ponte de S. Polo**; dort sieht man an Haus Nummer 2740/A in der Mitte der hufeisenförmigen Lünette ein Relief (14. Jh.) der Madonna auf dem Thron mit dem Jesuskind, das in der Linken ein Buch hält und mit der Rechten nach der Frucht in der Hand der Jungfrau greift; rechts und links halten zwei Engel den Vorhang auf.

Blickt man oben von der Brücke nach links, hat man einen wunderbaren Blick auf den prachtvollen Renaissance-Palast der Familie Moro am Kanal. Man geht die Brücke hinunter und kehrt zum Campo S. Polo zurück, wo der Spaziergang begonnen hatte.

25. San Pantaleone

San Pantalon

Dauer

40'

25. San Pantaleone

Diese Pfarrei ist sehr klein und entsprechend kurz unser Spaziergang. Er beginnt an der Anlegestelle S. TOMÀ; von dort geht man die **Cale del Tragheto Vechio** bis zu Ende, biegt nach links in die **Cale del Campanil**, genannt Civran, und überquert die **Ponte de la Frescada**. In der **Cale Venier o Balbi**, die gegenüber beginnt, kann man am Haus Nummer 3897 ein merkwürdiges, venezianisch-byzantinisches Fenstergitter aus griechischem Marmor (9. oder 10. Jh.) sehen.

Man geht wieder bis zur Brücke zurück und dann nach links auf die gleichnamige Fondamenta, die nach der Patrizierfamilie Dalla Frescada benannt ist, die aus Istrien stammte und 1342 erlosch. Ihr Palast, der später an die Corner kam, steht am Ende der Fondamenta (Hausnummer 3908) dicht an der **Cale de la Frescada**.

Man nimmt diese Calle und biegt dann nach rechts in die **Crosera S. Pantalon**; in ihr folgen:

R – zahlreiche Pateraschalen an den Fassaden der Hausnummern 3909/A, 3910 und 3911.

L – **Cale Larga Foscari**, die nach dem nahegelegenen Palast auf der andern Seite des Rio Nuovo heißt. Das von den Giustinian am Ende des 14. Jahrhunderts errichtete Gebäude hieß »zu den zwei Türmen« wegen zwei kleiner Türmchen auf einem Kamin. Nach mehrfachem Wechsel des Besitzers erwarben es die Foscari 1452. Der Doge Francesco Foscari ließ den Palast am Ufer des Canal Grande neu erbauen (während der ältere Bau auf der Fläche des heutigen Hofes gestanden hatte). Er blieb bis in die zweite Hälfte des 19. Jahrhunderts in Familienbesitz und wurde dann von der Gemeinde Venedig erworben und als Schule genutzt. Heute sind hier Einrichtungen der Universität untergebracht.

R – **Cale de la Dona Onesta** (s. *S. Maria Gloriosa*, Ponte della Donna Onesta, S. 520).

R – **Cale de le Case Nove**, genannt Boldù; die erste Bezeichnung [von den neuen Häusern] erklärt sich von selbst, die zweite geht auf einige Häuser zurück, die der Edelmann Gerolamo Boldù hier im 17. Jahrhundert besaß.

L – **Cale Renier**; die Familie Reniero oder Renier kam im Jahr 1092 aus Ragusa nach Venedig. Sie wurde zum Rat zugelassen, 1297 aber ausgeschlossen und 1381 wieder aufgenommen, nachdem Nicolò Renier während des Kriegs gegen die Genuesen aus eigenen Mitteln Soldaten bezahlte und der Republik weitere Dienste erwies. Er wohnte in S. Pantalon, und zwar wahrscheinlich genau an dieser Stelle. Ohne alle berühmten Männer zu nennen, die auch diese Familie in alten Zeiten hervorbrachte, sei doch wenigstens an den vorletzten

Gegenüber:
Die Kirche
von S. Pantalon

Fenstergitter in Calle
Venier o Balbi

25. San Pantaleone

Dogen Paolo Renier erinnert, einen gebildeten Mann, unter dessen Regierung Angelo Emo zum letzten Mal den Ruhm Venedigs auf den Meeren verbreitete. Eine Nichte des Dogen Paolo war die bekannte Literatin und Schriftstellerin Giustina Michiel. Die Familie erlosch 1831 mit einem Bernardino Renier (s. *S. Salvador*, S. 204, letzter Absatz).

L – **Cale Dolfin**, nach dem gleichnamigen Palast (Hausnummer 3833) aus dem 17. Jahrhundert, den die Familie 1621 erwarb.

L – **Cale de la Savonaria**, nach einer Seifenfabrik, die 1661 von Bortolo und Santo Grigis betrieben wurde.

L – an den Hausnummern 3820 und 3821 Überreste eines Palastes der Familie Giustinian.

R – **Sotoportego e Cale del Cafetier**, nach einem alten Kaffeehaus, das es hier gab.

L – **Cale S. Pantalon**

R – **Ramo Ponte de i Preti**, in dem sich auf der linken Seite die **Corte de i Preti** öffnet. Hier steht ein prachtvoller Brunnen, eines der wenigen Werke aus vorgotischer Zeit (um 1200), die sich in der Stadt erhalten haben. Man geht in die Crosera zurück und dann nach rechts durch die **Cale de i Preti** oder del Pistor bis zur Holzbrücke über den **Rio S. Pantalon**, die in die **Cale Vinanti** führt.

Sie heißt nach einer hier wohnenden Familie, die seit 1645 bezeugt ist, als ein Battista Vinanti zum Pfarrer von S. Pantalon gewählt wurde; wegen seiner Verdienste um die Armen ernannte ihn der Doge Francesco Molin zum Domherrn am Markusdom. 1713 hatte ein Zandonà Vinante das Amt des Notars am Magistrato del Proprio inne.

Die Fortsetzung der Calle ist die **Salizada S. Pantalon**, in der der Palazzo Arnaldi (Hausnummern 34 und 35) aus dem 17. Jahrhundert steht; am Haus Nummer 117 sieht man noch einige Überreste vom Palazzo Falier aus dem 17. Jahrhundert. Haus Nummer 131 ist die Scuola dei Laneri [Wollhändler und -verarbeiter], die auf einen Entwurf Longhenas aus dem Jahr 1631 zurückgehen soll und 1633 an der gleichen Stelle erbaut wurde, an dem das alte Gebäude der Confraternita am 26. Mai 1620 abgebrannt war.

Man geht wieder zurück und biegt vor der Holzbrücke nach rechts in den **Campielo de le Mosche o Mosca**, dessen Name auf eine seit 1406 in Venedig ansässige Familie Mosca zurückgeht.

Auf der rechten Seite des Campo öffnen sich **Ramo e Corte de Ca' Barbo**.

Die Chroniken berichten, dass die Barbo in den frühesten

Zeiten aus Rom kamen; sie waren »alte Tribunen, weise, klug, von fröhlichem Naturell, gute Kameraden und sehr geschickte Seefahrer«.

Seit 1188 sind Häuser dieser Familie in S. Pantalon bezeugt. Ein Pantalon Barbo der Kleine erfüllte im Dienst der Republik so wichtige Aufträge, dass er den Hass des Herrn von Padua, Francesco da Carrara, auf sich zog, der 1372 einige Meuchelmörder damit beauftragte, ihn umzubringen. Der Anschlag wurde aber vereitelt, weil eine Prostituierte namens Cattaruzza davon erfuhr und sofort das Opfer informierte, das sich retten konnte. Die Mörder wurden auf der Stelle gefasst und hingerichtet, die Frau erhielt eine Belohnung.

1410 wurde ein Nicolò Barbo von einer Magd umgebracht, die ihn aus Rache für eine erlittene Prügelstrafe mit Arsen vergiftete. Bona Tartara, so ihr Name, wurde dazu verurteilt, an einem Pfahl zur Schau gestellt den Canal Grande hinunterzufahren, während ein Ausrufer ihr Verbrechen bekannt machte, und dann am Schanz eines Pferdes durch die Stadt bis zu den beiden Säulen von S. Marco geschleift und dort bei lebendigem Leibe verbrannt zu werden.

Ein Pietro Barbo wurde 1464 zum Papst Paul II. gewählt. Hausnummer 18 ist Palazzo Barbo aus dem 15. Jahrhundert.

Man geht schräg über den Campiello und kommt zur **Ponte de S. Pantalon** und zum Platz gleichen Namens.

Das Gründungsdatum der Kirche ist unbekannt; man weiß lediglich, dass sie 1009 unter dem Dogen Ottone Orseolo von der Familie Giordani neu erbaut wurde. 1222 wurde sie ein weiteres Mal neu errichtet und 1305 geweiht. 1668 war sie nur noch eine Ruine, wurde abgerissen und neu aufgebaut. Bei der alten Kirche waren der Portikus und die Fassade der Calle zugewandt.

Der Kirchenraum ist einschiffig und hat eine Gewölbedecke, drei Seitenkapellen und ein Presbyterium mit gerader Rückwand. Rechts hinter der Kirche steht der nach Plänen

Scuola dei Laneri
in Salizada S. Pantalon

Gegenüber:
Kampanile
von S. Pantalon

des Architekten Bartolomeo Scalfarotto erbaute Kampanile aus dem 18. Jahrhundert.

Die Ansichten über die Herkunft des Spitznamens »Pantaloni« für die Venezianer sind widersprüchlich. Einige halten ihn für eine Entstellung von »pianta leone« [Löwenpflanzer] und beziehen sich auf die Sitte, in den eroberten Gebieten das Banner mit dem Markuslöwen aufzupflanzen; andere leiten ihn vom »Pantalon« ab, einer stehenden venezianischen Komödienfigur, die einen alten, ehrlichen, weisen und gutmütigen, manchmal auch betrogenen Kaufmann darstellt. In jedem Fall wurde dieser Spitzname von den Gegnern immer als Verhöhnung benutzt.

Zur Zeit der spanischen Verschwörung (1618) rühmten sich deren Wortführer, sie könnten den Markusplatz im Sturm erobern und alle diese »Pantaloni von Venezianern« in die Flucht schlagen. Deshalb ist bei der venezianischen Bevölkerung »Pantalon« ein Schimpfwort und der Ausdruck »Die Zeche bezahlt Pantalon« [d.h. der einfache Mann] noch immer in Gebrauch.

Vor dem heute zerstörten alten Vordach der Kirche war an der Ecke zwischen Kirche und Palazzo Signolo, später Loredan, der berühmte Stein vom Fort Mongioja in das Straßenpflaster eingelassen, den Lorenzo Tiepolo aus dem syrischen S. Giovanni d'Acri nach Venedig mitgebracht hatte.

Als Tiepolo, so wird erzählt, dorthin geschickt wurde, um die Genuesen zu vertreiben, die das venezianische Stadtviertel erobert und geplündert hatten, wurde er von einem der alten Besitzer des Palastes spöttisch angesprochen: »Wenn du die Genuesen aus Acri verjagt hast, dann bring mir doch einen Stein von den Fundamenten mit.« Nachdem Lorenzo die Genuesen besiegt und das Fort Mongioja zerstört hatte, brachte er einen Stein mit zurück nach Venedig und ließ ihn zwischen Palazzo Signolo und dem Bogengang der Kirche in das Straßenpflaster einfügen, so dass die Bewohner des Palastes, die ihn verspottet hatten, jedesmal über den Stein gehen mussten, wenn sie in die Kirche wollten. Der Stein blieb bis zum Ende des 16. Jahrhunderts an seinem Ort, dann hat sich seine Spur verloren.

An einer Hausfassade (Nummer 3317-18) im **Campielo de Ca' Angarani** an der rechten Seite der Kirche befindet

Medallion
in Campiello
di Ca' Angarani

Gegenüber:
Kampanile
von S. Pantalon

Corte Paruta

sich ein Marmormedaillon (12. Jh.), das einen oströmischen Kaiser im Festgewand darstellt; wahrscheinlich ist es Isacco Angelo (1185-1195 und 1203-04) oder sein Bruder Alessio (1195-1203). Auf den Seiten des Madaillons sind vier Jakobsmuscheln (17.-18. Jh.) angebracht, deren Herkunft ungewiss ist. An der Fassade eines anderen Hauses sieht man einen Markuslöwen.

Vom Campiello kommt man durch den **Sotoportego Paruta** in die **Corte Paruta**, nach dem alten Palast der Adelsfamilie benannt, der der venezianische Historiker Paolo Paruta (1540-1598) entstammte.

In den Türsturz des Hauses Nummer 3728 sind drei Kanonenkugeln aus der Zeit der Belagerung von 1848-49 eingemauert. Auf dem Campo sieht man an der Mauer von Palazzo Signolo-Loredan am Rand des Kanals eine Marmortafel, auf der die Mindestgröße der zum Verkauf zugelassenen Fische angegeben ist. An dieser Stelle fand bis zum 19. Jahrhundert ein Fischmarkt statt.

Hier endet die Pfarrei von S. Pantalon. Nimmt man die Calle auf der rechten Seite der Kirche und biegt am Ende nach rechts in die Crosera S. Pantalon, geht sie bis zu Ende und biegt dann nach links in die Calle della Frescada, kommt man über Fondamenta und Ponte della Frescada an den Ausgangspunkt zurück.

26. Santa Maria del Carmine

Carmini

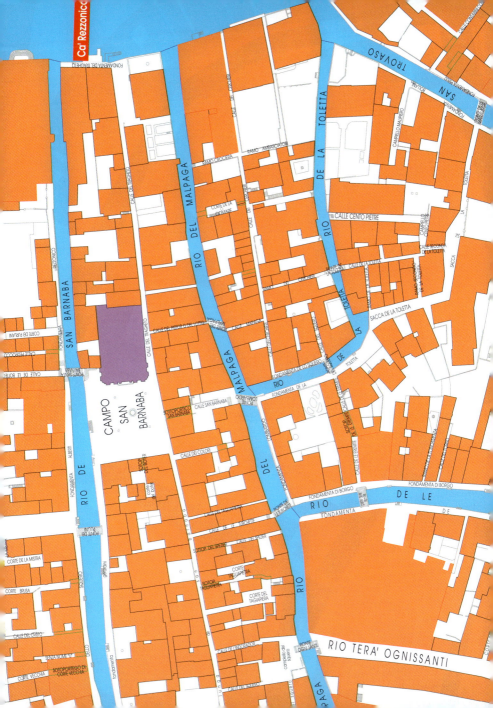

Man steigt an der Anlegestelle CA' REZZONICO aus und folgt der langen **Cale del Tragheto**. An der Hausnummer 2792 sieht man eine kleine Marmortafel mit einem doppelten Andreaskreuz und zwei Tieren, die aufgerichtet einander gegenüberstehen; auf der Fassade vier schöne Patera-Schalen. Am Ende der Calle kommt man auf den **Campo S. Barnaba**. Auf der linken Seite öffnet sich der **Sotoportego del Casin de i Nobili** mit der gleichnamigen Corte dahinter. Die Bezeichnung geht auf das sogenannte »Adelskasino« zurück, das hier im 18. Jahrhundert existierte. So wurden kleine Häuser oder Räumlichkeiten genannt, in denen sich eine Gruppe von Personen mit Kartenspiel oder anderen Unterhaltungen – vor allem nachts – die Zeit vertrieb. Die Zahl der Kasinos in der Stadt war gewaltig, vor allem am Ende des 18. Jahrhunderts. Außer den Kasinos für den Adel gab es auch solche für Sekretäre, für die einfache Bevölkerung ebenso wie für Handwerker, Kellner oder Köche. Die Kasinos der einfachen Leute lagen weiter am Stadtrand, weil sie auch über eine offene Bocciabahn verfügten. In diesen Treffpunkten machte man die Nacht zum Tag; am Samstagabend wurden nach Mitternacht große Gelage veranstaltet und anschließend machte man in der Erberia einen Verdauungsspaziergang.

Die Kirche von S. Barnaba wurde im Jahr 809 von der Familie Adorni oder Adami erbaut. Nach dem Brand von 1105 wurde sie durch Spenden der Gläubigen wieder aufgebaut und 1350 neu geweiht. 1749 wurde sie nach Plänen von Lorenzo Boschetti völlig neu erbaut, da sie in der Zwischenzeit vom Einsturz bedroht war. Der Innenraum ist einschiffig mit einem quadratischen Presbyterium und drei Altären auf jeder Seite.

Die **Ponte de S. Barnaba** neben der Kirche wurde 1337 zum ersten Mal in Stein erbaut. Der Backstein-Kampanile stammt aus dem 14. Jahrhundert.

Man geht auf der Verlängerung der Calle del Traghetto weiter und kommt in die **Cale Longa S. Barnaba**. Auf der linken Seite folgen:

Cale de i Colori, nach einer kleinen Farbenfabrik, die hier früher betrieben wurde.

Cale del Tagiapiera (s. *S. Silvestro*, S. 495).

Cale de le Turchete; es wird erzählt, dass vor der Einrichtung eines eigenen Katechumenen-Hauses (s. *SS. Apostoli*, Sottoportico dei Catecumeni, S. 299) hier eine Gruppe von gefangenen Türkinnen, von der Bevölkerung »le Turchette« genannt, zwangseinquartiert waren, um zur christlichen Religion bekehrt zu werden. Als Beleg für diese Überlieferung findet sich in einem Buch der Scuola di S. Rocco ein Hinweis,

Dauer

1h 30′

Linie ①

26. Santa Maria del Carmine

Die Kirche
von S. Barnaba
und ihr Kampanile

Rio di S. Barnaba mit Ponte dei Pugni bei Nacht

dass die Brüderschaft ein Haus in der Pfarrei von S. Barnaba besaß, und zwar in der »Calle Longa, wo die Türkinnen waren«. Tatsächlich findet man in der Nachbarschaft (Hausnummer 2752 in der Calle Lunga) noch das Wappen der Confraternita.

Cale del Spezier, nach einer alten Apotheke oder Drogerie.

Corte del Tagiapietra (s. *S. Silvestro*, S. 495).

Cale de l'Indorador o de i Ogni Santi; zur ersten Bezeichnung s. *S. Maria Formosa*, Sottoportico dell'Indorador, S. 145.

Der zweite Name geht darauf zurück, dass die Brücke am Ende der Calle zur Kirche von Ognissanti (s. *SS. Gervasio e Protasio*, S. 583) führt.

Cale del Squero; Squero hießen alle Punkte der Stadt, wo Boote und Schiffe hergestellt wurden. Die Kriegsschiffe wurden im Arsenal gebaut.

An der Calle Lunga steht der Palazzo Querini (Hausnummer 2691) vom Anfang des 18. Jahrhunderts.

Cale de i Puti o Terazzera; 1566 gab ein Bootsbauer Zamaria (Giovanni Maria) Putti an, ein Haus in S. Barnaba zu besitzen.

In der Calle Lunga steht auch der Palazzo Zamberti (Hausnummer 2647) aus dem 17. Jahrhundert. Über dem Portal ist die folgende Inschrift eingemeißelt: »Talis Introitus Qualis Animus D D D«.

Sotoportego e Corte del Zucaro (s. *S. Maria del Rosario*, Calle dello Zucchero, S. 599).

Man überquert die **Ponte de l'Avogaria** und kommt in die Calle gleichen Namens. Die Bezeichnung geht auf den Beinamen »dell'Avogaria« der Familie Zamberti zurück, da einige ihrer Mitglieder die höchsten Ämter der Avogaria di Comun innehatten.

In der Calle steht die Casa Zappa (Hausnummer 1591) aus dem 15. Jahrhundert. Am Ende biegt man nach rechts auf die **Fondamenta S. Sebastian**. Etwa in der Mitte folgt auf der rechten Seite die **Corte de i Vechi**, die nach dem Ospedale di S. Lodovico (Hausnummer 2568) benannt ist, das hier früher

Vorbau an der Carmini-Kirche

26. Santa Maria del Carmine

existierte; es ging auf einen testamentarischen Nachlass des Edelmanns Lodovico Priuli vom 18. Dezember 1571 zurück und gewährte zwölf alleinstehenden alten Männern Unterkunft. Vorsteher und Verwalter war immer der älteste Vertreter der Familie Priuli von S. Polo, der deswegen den Titel eines »Priors« führte.

Am Ende der Fondamenta steht ein Gebäude (Hausnummer 2580) aus dem 17. Jahrhundert. Anschließend biegt man nach rechts auf die **Fondamenta del Socorso**; sie heißt nach einem Hospiz für auf Abwege geratene Frauen, das hier 1593 erbaut worden war. Haus Nummer 2585 stammt aus dem 16. Jahrhundert; an Hausnummer 2588 zwei kleine, rechteckige Patera-Tafeln. Außer dem Hospiz »del Soccorso« wurde im gleichen Jahr ein Oratorium von S. Maria Assunta (Hausnummer 2591) errichtet. Die Gebäude wurden 1760 renoviert und 1807 geschlossen; die Frauen wurden mit den Nonnen des Büßerordens nach S. Giobbe verlegt.

Die Einrichtung solcher Hospize geht auf eine Initiative der Kurtisane Veronica Franco zurück, die wegen ihrer Schönheit, poetischen Fähigkeiten und zahllosen Liebhaber berühmt war; zu ihnen gehörte auch der französische König Heinrich III., der ein Bild der Geliebten mit in die Heimat nahm. Als sie etwas älter geworden war und ihre vergangene Lebensführung bereute, kam sie mit einigen Patriziern auf die Idee, ein Hospiz für gefallene Frauen einzurichten. Der Vorschlag fand breite Zustimmung und 1580 fanden zahlreiche Sünderinnen Unterkunft in einem Haus bei den Tolentini; von dort zogen sie um nach S. Pietro in Castello, anschließend nach SS. Gervasio e Protasio und 1601 schließlich hierher. Veronica erlebte die Fertigstellung des Hauses nicht mehr, weil sie am 22. Juli 1591 vorzeitig starb.

Später waren hier die erzieherisch tätigen Nonnen der Seligen Capitanio untergebracht. Heute ist es ein Wohnheim der Universität.

Haus Nummer 2597 ist Palazzo Zenobio, der am Ende des 17. und zu Beginn des 18. Jahrhunderts erbaut wurde; wie es scheint, stammt der Entwurf von Antonio Gaspari. Hier lebte Luca Carlevariis, einer der ersten venezianischen Landschafts- und Prospektmaler (Udine 1665 – Venedig 1731). Der Bau wurde vergrößert und Temanza erbaute auf der Rückseite eine schöne Loggia

Fassade der Carmini-Kirche

26. Santa Maria del Carmine

mit Blick auf den großen Garten. Seit 1850 befindet sich hier das Seminar der armenischen Mechitaristen-Mönche.

Am Ende der Fondamenta del Soccorso öffnet sich der **Campo de S. Maria del Carmine**, genannt Carmini.

Kirche und Kloster wurden wahrscheinlich im 13. Jahrhundert von den Karmelitern aus Thrazien auf den Resten eines bereits vorhandenen religiösen Gebäudes errichtet (byzantinische Reste am Vorbau der Kirche und an der Wand über der Klostertür).

Die Kirche wurde mehrfach renoviert, vor allem im 17. Jahrhundert; die Fassade aus den ersten Jahrzehnten des 16. Jahrhunderts stammt möglicherweise von Sebastiano Mariani aus Lugano. Am linken Seiteneingang hat sich die charakteristische gotische Vorhalle aus dem 14. Jahrhundert mit Überresten von kleinen Palmen in venezianisch-byzantinischem Stil und byzantinischen Reliefs (11. und 13. Jh.) erhalten.

Der Innenraum hat den gotischen Basilika-Grundriss aus dem 14. Jahrhundert bewahrt; die drei Kirchenschiffe sind durch lange Säulenreihen getrennt. Am Ende befindet sich ein Presbyterium mit einer vieleckigen Apsis und zwei Kapellen von 1514. Das Kloster wurde im 18. Jahrhundert völlig neu erbaut und 1810 geschlossen; heute ist hier die Kunstoberschule untergebracht.

Der Kampanile, der sich im Laufe der Zeit immer stärker neigte, wurde 1688 von dem Architekten Giuseppe Sardi in einem riskanten Verfahren wieder aufgerichtet, wovon eine pompöse Inschrift am Turm Kunde gibt. Am 21. September 1756 wurde der Kampanile von einem Blitz getroffen, der die Kuppel und die Säulen beschädigte, von denen einige mit gewaltigem Getöse die Treppe hinunterstürzten. Die Mönche, die in diesem Augenblick die Glocken läuteten, glaubten, der ganze Turm stürze über ihnen zusammen, und drängten so schnell sie konnten hinaus. In diesem Durcheinander stieß der Laienbruder Belisario so heftig mit dem Kopf gegen die Wand, dass er starb. 1984 schlug zum letzten Mal ein Blitz ein und verbrannte die Madonnenstaue auf der Spitze.

Auf einer Seite des Campo erhob sich an

Der Kreuzgang von S. Maria del Carmine mit dem Kampanile

Stelle des modernen Gebäudes (Hausnummer 2615) der alte Palast der Guoro, vormals der Civran, der traditionell als das »Haus von Otello« bezeichnet wird.

Man vermutet, dass Othello niemand anderes war als Cristoforo Moro, der Sohn des venezianischen Patriziers Lorenzo, und dass Shakespeare in seiner Tragödie (1604) aus Rücksicht auf den venezianischen Adel einen tatsächlichen Mohren statt eines Moro zum Titelhelden machte.

Diese Annahme geht auf den Umstand zurück, dass Cristoforo Moro 1505 als Statthalter nach Zypern geschickt wurde. 1508 wurde er auf Kreta zum Kapitän über 14 Galeeren ernannt und kehrte nach Venedig zurück, um über die Lage auf Zypern Bericht zu erstatten; bei dieser Reise verlor er seine Frau. 1515 heiratete er die Tochter Donato da Lezzes, die – vielleicht wegen ihrer Lebhaftigkeit – den Spitznamen »Demonio Bianco« [Weißer Teufel] führte, woraus dann möglicherweise Desdemona wurde.

Es bleibt aber festzuhalten, dass der Palast nie der Familie Moro gehörte, sondern den Guoro; diese hatten ihn von den Civran übernommen, wie deren Wappen belegt, das die Pagenfigur an der Ecke zum Kanal hält. Es handelt sich um eine Arbeit aus der Werkstatt Antonio Rizzos aus dem 15. Jahrhundert.

Links neben der Kirche steht die Scuola von S. Maria del Carmine, die in der zweiten Hälfte des 17. Jahrhunderts wahrscheinlich nach Plänen Baldassarre Longhenas erbaut wurde. Zwischen Kirche und Scuola beginnt die **Cale de le Scuole**, von der sofort die **Cale de le Pazienze** nach rechts abgeht. Sie heißt so, weil hier die sog. »Pazienze«, kurze wollene Umhänge verkauft wurden, die manche unter den Kleidern trugen. Hergestellt wurden sie von den Laienschwestern oder Pinzocchere del Carmine, die in einem Haus wohnten, das Luigi Vielmo ihnen geschenkt hatte und das sie »S. Maria della Speranza« nannten.

Auf dem Eckpfeiler des Pfarrhauses (Nummer 2618) sieht

Scuola dei Carmini

Pinzocchera (aus *Costume veneziano*)

26. Santa Maria del Carmine

Campo S. Margherita

Überreste von Häusern aus dem 9. Jh. am Rio di Ca' Foscari

Bögen mit alten Säulen in Calle del Fontego

man eine Mitra, ein Relief aus dem 17. der 18. Jahrhundert.
Anschließend kommt man auf den **Campo S. Margarita**, einen der typischsten und malerischsten Plätze der Stadt. Geht man an der linken Seite entlang, folgen ein spitzbogiger Palast (Hausnummer 2927) und Palazzo Corner (Hausnummer 2931) aus dem 14. Jahrhundert, der von den Celega erbaut wurde, von denen auch der Kampanile der Frari-Kirche stammt.

Am Haus Nummer 2943 sieht man ein Monogramm »CAR« mit einem Kreuz (17. Jh.), das Emblem der Scuola dei Carmini.

Am Ende des Campo steht die Kirche von S. Margherita. Sie wurde von dem Venezianer Geniano Busignago oder Busignaso unter dem 837 gewählten Dogen Pietro Tradonico erbaut und 853 geweiht.

1330 baute sich eine gewisse Bisina eine kleine Zelle, um als Eremitin zu leben. Durch einen schmalen Durchgang konnte diese Pinzocchera (Laienschwester) bis zum höchsten Punkt der Kuppel steigen, um der Messe zu folgen. Sabellico berichtet, dass zu seiner Zeit die Kuppel vergoldet war und an den vier Ecken große Marmorsäulen aus dem Orient standen. 1810 wurde die Kirche geschlossen und weltlich genutzt. 1822 diente sie als evangelische Kirche, dann als Kino und Ausstellungsraum; heute wird sie von der Universität genutzt. Der Kampanile wurde zur Hälfte abgerissen und ist heute nur noch als ein Stumpf erhalten, in den marmorne Bruchstücke der Kirche aus dem 17. Jahrhundert eingemauert sind; an der Fassade des benachbarten Hauses (Nummer 3429-30) weitere Überreste der Kirche, darunter in einer Nische eine Statue von S. Margherita aus dem 15. Jahrhundert.

Hinter dem Haus Nummer 3426 kommt man zur **Corte del Fontego**. Vom Portikus aus sieht man auf der linken Seite sechs Bögen, die bis auf den ersten zugemauert sind und auf uralten Säulen ruhen. Zusammen mit der Fassade auf den **Rio de Ca' Foscari** (Hausnummer 3421) sind sie die Überreste eines großen Gebäudes, das aus dem 9. Jahrhundert stammt oder noch älter ist. Die Fassade ist der bemerkenswerteste Überrest bürgerlicher Architektur dieser Zeit in ganz Europa, worauf bereits Ruskin hingewiesen hat.

Man geht auf den Campo zurück und kommt auf der linken Seite zur **Cale del Magazen** und der freistehenden Scuola dei Varoteri [Kürschner], die 1725 erbaut wurde, nachdem das vorherige Gebäude auf dem Campo dei Gesuiti aufgegeben und abgerissen worden war (s. *SS. Apostoli*, S. 306).

Unter dem großen Marmorgehäuse mit der Ikone der Madonna della Misericordia und dem Jesuskind an der Brust, die von knienden Mitgliedern der Brüderschaft angebetet wird (1501), sieht man eine Inschrift, die an diese Verlegung erinnert. An einer der Fassaden kann man eine weitere Steintafel mit der Mindestgröße der Fische sehen, die von der Republik auf Fischmärkten angebracht wurden.

Scuola dei Varoteri (Kürschner) auf dem Campo S. Margherita

Ponte dei Pugni

Das malerische Gemüseschiff an Ponte dei Pugni

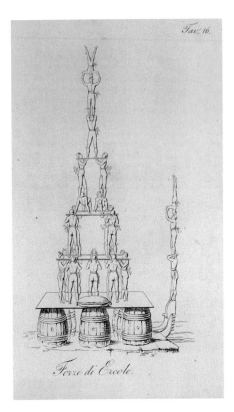

Forze d'Ercole
(aus *Del costume veneziano sino al sec. XVII*)

Zwischen der Scuola dei Varoteri und den benachbarten Häusern floss der 1863 zugeschüttete Rio Canal, den direkt neben der Scuola die Ponte dei Varoteri überquerte, die auf die Fondamenta della Scoazzera führte. An dieser Fondamenta stand ein kleines Hospiz für Arme, das von Maddalena Scrovegni, einer reichen und gebildeten Frau aus Padua gegründet worden war. Sie war die Tochter von Ugolino Scrovegni und Enkelin jenes Enrico, der in Padua die Kirche von S. Maria dell'Arena gründete. Ihr Urgroßvater war Rinaldo Scrovegni, den Dante unter die Wucherer in die Hölle gesetzt hatte.

Neben dem Hospiz der Scrovegni, das von den Procuratori de Citra 1762 renoviert wurde, stand noch ein zweites, das Meneghina Bocco für zwölf alleinstehende arme Frauen errichtet und am 18. November 1403 testamentarisch hinterlassen hatte. Die beiden Brunnen auf dem Platz wurden aufgrund eines Erlasses der Pregadi vom 12. November 1529 angelegt.

Hinter der Scuola dei Varoteri folgt man dem **Rio Terà Canal**, an dem der Palazzo Canal (Hausnummer 3121) aus dem 17. Jahrhundert steht, und kommt dann zum **Ponte dei Pugni**.

Venedig war früher bekanntlich in zwei Parteien geteilt, in Castellani und Nicolotti. Die einen waren die Einwohner des Ostteils der Stadt, an deren äußerstem Ende Castello liegt; die anderen die Bewohner der an S. Nicolò dei Mendicoli angrenzenden westlichen Stadtviertel.

Die Castellani trugen als Erkennungszeichen Mütze und Schal in rot, die Nicolotti in schwarz.

Über die Entstehung der beiden Gruppierungen weiß man nichts genaues. Eine Erklärung lautet, dass die Bevölkerung von Eraclea und Jesolo, die lange Krieg gegeneinander führten, sich später auf diesen Inseln niederließen; eine andere Erklärung führt sie auf die Ermordung eines Bischofs von Castello durch die Nicolotti zurück (s. *S. Nicola da Tolentino*, Fondamenta Malcanton, S. 411).

Die Regierung schürte in jedem Fall die Rivalität zwischen den beiden Gruppierungen, um die Männer mutig und streitlustig zu halten, vielleicht aber auch, um die Einigkeit der

Untertanen zu verhindern, so dass sich eine eventuelle Rebellion mit Hilfe der anderen Fraktion niederschlagen ließ.
Der Wettstreit zwischen Castellani und Nicolotti fand vor allem in Form von Faustkämpfen statt, die den Krieg mit Bambusstäben und Stöcken ablösten.
Diese Kämpfe waren zwischen September und Weihnachten gestattet und fanden meist auf Brücken statt, vorzugsweise denen von S. Barnaba, S. Fosca, della Guerra, der Gesuiti, der Carmini und von S. Sofia.
Die Brücken haben in den vier Ecken der obersten Plattform Fußabdrücke, auf denen die Wettkämpfer vor dem Kampf stehen mussten, und hatten keine Brückengeländer, damit die Gegner ins Wasser fallen konnten und so voneinander getrennt wurden.

> Auf Brücken aus Holz oder Stein
> Werden furchtbare Stockschläge ausgeteilt
> Der fällt ins Wasser, jener zu Boden,
> Mit gebrochenen Beinen und verschwollenen Gesichtern

Gesiegt hatte die Seite, der es gelang, die Brücke zu erobern und oben die eigene Fahne aufzupflanzen.
Die Faustkämpfe fanden noch bis 1705 statt, dann wurden sie strengstens verboten. Auslöser war ein Kampf auf der Brücke von S. Barnaba, der mit Fäusten begann und mit Steinen und Messern endete. Die beiden Parteien waren so beschäftigt, sich zu prügeln, dass sie nicht aufhören wollten, um einen Brand zu löschen, der ausgerechnet in diesem Moment im Kloster von S. Girolamo ausgebrochen war. Der Pfarrer von S. Barnaba musste schließlich mit dem Kreuz aus der Kirche kommen, um die Kämpfenden zu trennen.
In den letzten Jahren der Republik beschränkten Castellani und Nicolotti ihre Auseinandersetzungen auf die unblutigen akrobatischen Vorführungen der »Forze d'Ercole« und die Regatten.
Viele Villanellen aus dem 17. Jahrhundert handeln von dieser Feindschaft und sind immer eindeutig parteilich:

> Großer Satan, Herr der Hölle,
> Tu mir einen Gefallen, ich bitte dich!
> Die Nicolotti leg' ich dir ans Herz,
> aber die Castellani nimm mit zur Hölle.
> Den Nicolotti verleih die Fahne
> Lass sie den Wettkampf gewinnen

oder:

> Nicolotti sind wir, was braucht es mehr.
> Stolz kommen wir mit dem schwarzen Band daher,
> Stolz die Blume an der Mütze,
> Kriegen die Schweine von Castello schon vors Messer.

und auch:

> Nicolotti, Triumph und Sieg,
> Castello liegt am Boden, die Brücke ist euer,
> Niemand wagt mehr, euch entgegenzutreten.

Die Castellani ihrerseits antworteten:

> Nicolotti, arme Schweine,
> Wie sollen die Mädchen euch lieben,
> Wo ihr die ganze Nacht auf Fischfang seid;
> Nicolotti, arme Schweine

Oder so:

> Wird ein Castellano geboren, ist es ein Kastell
> Wird ein Nicolotto geboren, ist es ein Bordell.
> Wird ein Castellano geboren, ist es eine Lilie
> Wird ein Nicolotto geboren, ist es ein Bandit.

Ca' Rezzonico
am Canal Grande

Und auch:

> Nicolotti, weg von der Brücke,
> Das Boot von Charon kommt vorbei
> Wenn die Castellani an der Brücke stehen,
> Zittert San Nicolò von Kopf bis Fuß,
> Die Castellani kommen erst gar nicht zur Schlacht,
> Wenn die von San Nicolò schon alle am Boden liegen

Man überquert die Ponte dei Pugni und kommt rechter Hand zur **Fondamenta Girardini o Gherardini**, nach den Häusern der Adelsfamilie benannt, die im 8. Jahrhundert von Arezzo nach Florenz auswanderte, dann nach Verona und schließlich nach Venedig ging. 1652 wurden sie als Patrizier in den Adelsstand erhoben. An der Fondamenta stand das Hospiz von S. Agnesina (Hausnummer 2829); über einer Tür kann man noch die Worte »Del Priorato de S. Agnese« lesen. In diesem Hospiz wurden verwaiste Mädchen bis zum zwanzigsten Lebensjahr oder sogar bis zur Heirat oder dem Eintritt ins Kloster aufgenommen. Die Einrichtung wurde im 14. Jahrhundert von Angelo Condulmer, dem Vater von Papst Eugen IV., gegründet. Ab der zweiten Hälfte des 17. Jahrhunderts erfüllte es seine Funktion nicht mehr, doch seine Einkünfte wurden weiterhin von der Scuola di S. Agnese verwaltet. Hausnummer 2827 ist das Haus des Malers Ettore Tito.

Man geht wieder auf den Campo S. Barnaba zurück und links neben der Kirche über die **Ponte S. Barnaba**; sie führt auf der linken Seite auf die **Fondamenta Alberti**, nach einem Girolamo Alberti benannt, der 1711 hier einige Häuser besaß; auf der rechten auf die **Fondamenta Rezzonico**, die früher »di Ca' Bon« hieß, weil sie zu einem von Longhena entworfenen Palast der Familie Bon führte, der im 18. Jahrhundert von den Rezzonico erworben und 1752 nach einem Entwurf Massaris umgebaut und mit einem dritten Stockwerk versehen wurde. Die Familie Rezzonico war eine alte Adelsfamilie aus Como, die 1687 zum venezianischen Patriziat zugelassen wurde, nachdem die Brüder Quintiliano, Abbondio und Giovanni Battista der Republik hunderttausend Dukaten stifteten.

Ca' Rezzonico (Hausnummer 3136) ist heute das Städtische Museum des 18. Jahrhunderts. An einem Pfeiler der Umfassungsmauer beim Eingang sieht man eine Unbefleckte Empfängnis aus dem 17. oder 18. Jahrhundert.

1785 wurde Carlo Rezzonico, der Sohn Giovanni Battistas, zum Papst Clemens XIII. gewählt. In diesem Viertel lebten die »Barnaboti«, die verarmten Patrizier, die auf die öffentlichen Ämter angewiesen waren, um ihren Lebensunterhalt zu verdienen.

Man geht wieder auf den Campo S. Barnaba zurück und ist damit am Ende des Spaziergangs durch die Pfarrei von S. Maria del Carmine.

27. L'Angelo Raffaele
L'Anzolo Rafael

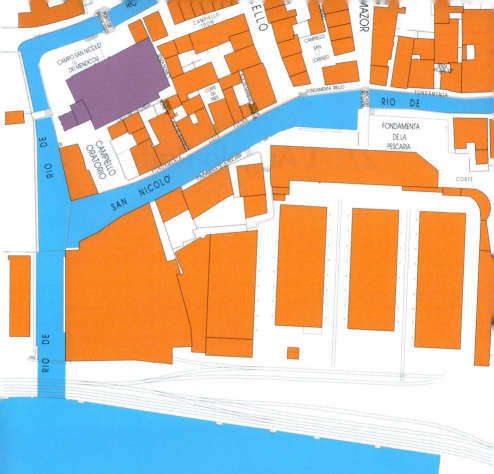

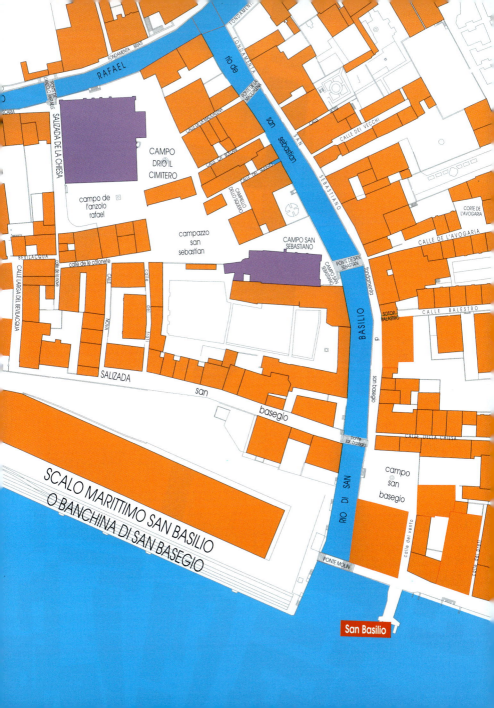

Der Spaziergang beginnt an der Anlegestelle SAN BASILIO, wo man sofort die Calle del Vento nimmt, die auf den Campo S. Basilio führt; man überquert den Platz schräg nach links und kommt auf die Fondamenta S. Basilio, folgt ihr und ebenso der anschließenden Fondamenta S. Sebastiano. Gegen Ende kommt man zur **Ponte de la Madalena** auf der linken Seite, die zum **Campo de L'Anzolo Rafael** führt.

Nach dem Volksglauben wurde die Kirche dell'Angelo Raffaele, umgangssprachlich l'Anzolo, im Jahr 416 von Adriana, der Frau des Herrn von Padua Genusio Ruteno, in Erfüllung eines Gelübdes erbaut, weil ihr Mann heil über das piratenverseuchte Meer zurückgekommen war.

Nach Bränden in den Jahren 899, 1105 und 1149 wurde sie immer wieder aufgebaut und schließlich, zur Ruine verfallen, 1640 von Grund auf neu errichtet. 1735 wurde die Fassade erneuert. Nach der Schließung um die Mitte des 19. Jahrhunderts wurde sie 1862 wieder in Dienst genommen.

Der Kampanile wurde im 17. Jahrhundert nach einem Entwurf F. Contins erbaut.

Auf der Fassade sieht man eine schöne Marmorfigur des Erzengels Raffael mit Tobias (16. Jh.), die Sebastiano Mariani aus Lugano zugeschrieben wird. An der Mauer des Chors befindet sich ein Relief, das gleichfalls den Engel und Tobias darstellt. Das Innere des Kirchenraums hat die Form eines griechischen Kreuzes mit einem großen Kreuzgewölbe in der Mitte, das auf Pfeilern ruht; außerdem gibt es einen Chor und zwei Seitenkapellen.

Auf dem Campo hinter der Kirche kann man einen Brunnen mit der Jahreszahl 1348 und dem Namen des Auftraggebers Marco Arian sehen; er war der »major S. Raphaelis«, der Vorsteher des Viertels also, wie man auf seinem Grab in der Kirche der Carmini lesen kann. Er starb bei der großen Pest von 1348 und hinterließ testamentarisch dreihundert Dukaten, um zwei Brunnen anzulegen, einen zum Nutzen aller und einen privaten. Auf dem öffentlichen Brunnen sollte des Familienwappens und sein Kaufmannszeichen angebracht werden, mit dem die Warenballen gekennzeichnet wurden.

Arian bestimmte außerdem, dass die Summe für den Fall, dass der Pfarrer sich dem Brunnenbau widersetzte, einer Prostituierten zugute kommen solle, die sich von der Welt zurückziehen wolle.

An der Kirchenwand befindet sich ein Relief (14. Jh.), das ebenfalls den Engel und Tobias darstellt.

Neben der Kirche befand sich wie üblich der Friedhof, der heute **Campo drio el Cimitero** heißt. An ihm stand der Pio

Dauer

1h 15'

Linien

27. L'Angelo Raffaele

Kirche von Angelo Raffaele: Fassade zum Kanal und unten die Apsis mit den beiden Kampanile

27. L'Angelo Raffaele

Luogo della Maddalena (Hausnummer 1712), ein im Jahr 1376 von Gabriele und Luciano Prior gegründetes Hospiz für sieben arme Frauen. Auch auf diesem Platz steht ein schöner Brunnen in lombardischem Stil mit den Patronen der benachbarten Kirche, nämlich dem Erzengel Raffael, der Tobis an der Hand führt, und S. Niceta.

Im 17. Jahrhundert lebten hier im Viertel zwei Spitzenklöpplerinnen namens Lucrezia und Vittoria Torre, die aus weißen Haaren einen Halskragen schufen, für den 250 ungarische Golddukaten gezahlt wurden und den der französische König Ludwig XIV. bei seiner Krönung trug.

Man kehrt zur Kirche zurück; steht man vor der Fassade, beginnt rechts die **Fondamenta de la Pescaria** längs des **Rio de l'Anzolo**, die man bis zur **Ponte de la Piova** entlanggeht, die nach einem Zweig der Familie Nani dalla Piova benannt ist.

Man überquert die Brücke und geht nach links über die **Fondamenta Rielo** und **Fondamenta Lizza Fusina**, die auch »Fondamenta del Traghetto di Lizza Fusina« (Traghetto nach Fusina am Festland) heißt. Die Bootsleute dieses Traghettos hatten S. Alvise zum Schutzpatron gewählt, und die Satzung der Zunft geht bis ins Jahr 1508 zurück. Nach einem Erlass des Rates der Zehn mussten sie immer zwei Boote für die Signoria bereithalten. 1641 erhielten sie die Erlaubnis, in der Kirche dell'Angelo Raffaele die erste Seitenkapelle rechts vom Haupteingang von zu nutzen. Im 18. Jahrhundert wurde das Traghetto nach S. Basilio verlegt.

Der Name »Lizza Fusina« geht möglicherweise auf »Leuca Officina« zurück nach einer Fabrik zur Herstellung von Kalkfarbe. Es gibt jedoch auch die Annahme, dass der Name Lizza von »lizze« [Palisaden] oder Schanzanlagen stammt, mit denen anfangs die Landung der Insel-Venetianer am Festland verhindert werden sollte und die später dazu dienten, den Wasserstand der Brenta zu regulieren.

Der Name »Fusina« geht möglicherweise auf das lateinische »fuscina« zurück, das den Dreizack Neptuns bezeichnet und auch den ähnlich aussehenden Fischstecher, wie er von den Fischern be-

Rio di S. Nicolò mit Ponte de la Piova; im Hintergrund die Kirche von Angelo Raffaele

nutzten wird. Hier wurden zahlreiche Grabsteine gefunden, die auf sehr alte Ansiedlungen in der Nähe verweisen. Auch ein Pilgerhospiz namens »S. Leone in bucca fluminis« stand hier, das viele Zuwendungen von Speronella, der Mutter Jacopos da S. Andrea, erhielt, der von Dante in die Hölle verbannt wurde.

Auf der rechten Seite der beiden Fondamenta folgen:
Sotoportego Mainenti, nach der gleichnamigen städtischen Familie, die hier vor 1740 wohnte.

Sotoportego e Corte de i Preti, nach den Wohnhäusern, die die Kongretationen der venezianischen Kleriker hier besaßen.
Cale del Buratelo; es gibt Hinweise auf einen Obsthändler M. Isepo, genannt Buratello, der am 18. Januar 1597 in S. Nicolò starb.

Fassade der Kirche von S. Nicolò dei Mendicoli mit Vordach und der Kampanile

Am Ende der Fondamenta biegt man zwangsläufig nach rechts und kommt über den **Campielo de l'Oratorio** zum **Campo S. Nicolò de i Mendicoli**, dem Zentrum des gleichnamigen Viertels, das einst von Handwerkern und Fischern bewohnt wurde, den Nicolotti, die ihre eigene Fahne hatten, ebenso wie eine Säule und einen geflügelten Löwen, die noch heute auf dem Platz zu sehen sind. Die Nicolotti hatten bis zum Ende der Republik auch noch eine eigene symbolische Vertretung in Gestalt eines »Gastalden«, der umgangssprachlich der »Doge der Nicolotti« genannt wurde. Dieser Anführer der Fischer wurde von der Gemeindeversammlung von S. Nicolò in Anwesenheit eines Vertreters der Signoria gewählt.

Der Doge der Nicolotti trug bei öffentlichen Feierlichkeiten ein Gewand aus scharlachrotem Atlas, dazu Perücke und Mütze wie ein Edelmann. In dieser Kleidung begab er sich am Tag nach seiner Wahl zum Palazzo Ducale, wo er vom Dogen empfangen und brüderlich umarmt wurde.
Die Kirche von S. Nicolò scheint von den Bewohnern Paduas gegründet worden zu sein, die im 7. Jahrhundert aus Angst vor den Langobarden hierher geflohen waren. Da die Kirche auf einer Insel stand, die wegen der Armut ihrer Bewohner

27. L'Angelo Raffaele

»Mendigola« [Bettler] hieß, erhielt sie den namen S. Nicolò dei Mendigoli.

Im 18. Jahrhundert wurde sie restauriert; bei dieser Gelegenheit wurde ein Alter erbaut und die Fassade erneuert, an der noch Spuren des alten Baus aus dem 13. Jahrhundert und das Vordach auf Säulen zu sehen sind, über das früher fast alle Kirchen Venedigs verfügten und das häufig armen Laienschwestern, den Pinzocchere, Unterkunft bot.

Das dreischiffige Innere verfügt über ein Querschiff, einen Chor mit Apsis und zwei Seitenkapellen. Neben der Kirche erhebt sich der wuchtige rechteckige Kampanile in venezianisch-byzantinischem Stil (12. Jh.) ohne Spitze. Über der Glockenkammer gibt es eine kleine Dachluke in Richtung Lagune, um vom höchsten Punkt aus die Rückkehr der Fischerboote kontrollieren zu können.

Die Kampanile erfüllten ursprünglich neben der religiösen noch viele andere Aufgaben. Sie hatten eine strategische Funktion zur Verteidigung, wurden für nautische Signale genutzt und dienten den Feuerwachen als Aussichtspunkte.

Im Zusammenhang mit der Renovierung der Kirche im 18. Jahrhundert ist folgende Geschichte überliefert: die Arbeiten wurden von einem armen Priester in Auftrag gegeben, der allem Anschein nach keinen roten Heller besaß. Da niemand verstand, wie er die beträchtliche Summe aufgebracht hatte, wurden so wilde Gerüchte in Umlauf gesetzt, dass er schließlich vor Gericht gestellt wurde; doch er weigerte sich, seine Unschuld zu beweisen, weil er das Geheimnis der Herkunft des Geldes nicht preisgeben könne.

In Anspielung auf dieses Ereignis ließ er an der Kirchenfassade ein Madonnenbild mit der Inschrift »Sine labe concepta« anbringen, um seine Unschuld zu betonen, auf der einen Seite einen S. Antonio von Padua mit dem Motto »Sine queris miracula« und auf der anderen einen Heiligen Nepomuk mit den Worten »dixi secretum meum mihi«. Die drei Inschriften sind heute verschwunden. Der Priester hieß Giovanni Zaniol, und man verdächtigte ihn, er habe in einem Grab im Kampanile große Mengen Gold und Silber gefunden und damit die Bauarbeiten finanziert.

Man überquert die Brücke gegenüber der Kirche und biegt nach rechts auf die **Fondamenta de le Terese**. Maria, die Tochter des Intarsienmachers Luigi Ferrazzo, verlor bei der Pest von 1630 beide Eltern und widmete sich fortan dem geistlichen Leben. Sie kaufte ein Gebäude, das vorher den Mönchen des Ordens der Padri Riformati gehört hatte, und baute es zusammen mit der benachbarten Kirche in ein

Fondamenta dell'Arzere in S. Marta auf einer historischen Fotografie

Kloster für Karmeliterinnen um, die umgangssprachlich »Terese« genannt wurden. 1648 wurden die Gebäude in ein Waisenhaus umgewandelt.

Man geht bis zum Ende der Fondamenta, überquert die **Ponte de le Terese** und biegt nach links auf die **Fondamenta de l'Arzere**. Vor der Brücke sieht man an einer Hausfassade (Nummer 2222) eine Kreuzigung aus dem 14. Jahrhundert.

Der westliche Teil der Pfarrei ab S. Nicolò dei Mendigoli und den Terese wurde vollständig abgerissen, in der jüngsten Vergangenheit neu bebaut und ist historisch-kulturell völlig uninteressant.

Im folgenden wird nur knapp dargestellt, was sich in diesem äußersten Zipfel der Stadt an historischen Ereignissen zugetragen hat.

Filippo Salomon und Marco Sanudo Torsello erbauten 1315 im Auftrag von Giacomina Scorpioni eine Kirche für S. Marta und den Heiligen Andreas und ein Gebäude, das als Armenhospiz für die Gemeinde von S. Nicolò gedacht war. Die Auftraggeberin änderte jedoch ihre Absicht und stellte den Bau den Benediktinerinnen vom Kloster S. Lorenzo auf Amiana (einer heute versunkenen nördlichen Laguneninsel) zur Verfügung.

1468 wurde die Kirche von S. Marta neu erbaut und das Kloster vergrößert. 1810 wurde die Glaubensgemeinschaft aufgelöste, die Gebäude säkularisiert und später abgerissen. Das Ufer, das heute von den Maggazini Generali und den Kais eingenommen wird, hieß früher »Arzere di S. Marta« nach einem Damm, der gegen die Zerstörungen des Wassers aufgeschüttet worden war.

In alten Zeiten erstreckte sich eine bewaldete Halbinsel vom Festland in Richtung S. Marta, die aus Ablagerungen der Brenta entstanden war; wegen der zahlreichen Wölfe, die hier hausten, hieß sie »Ponte dei Lovi«. Im Juni 1509 wurde sie wegen des Krieges gegen die Liga von Cambrai abgetragen, weil man befürchtete, der Feind könne auf dieser natürlichen Brücke der Stadt gefährlich nahe kommen.

Am Strand von S. Marta fand seit undenklichen Zeiten in der Nacht vor dem Namenstag der Heiligen (29. Juli) ein Fest statt. Es gibt die Theorie, dass dies zur Erinnerung an das Gastmahl geschah, das Martha Jesus gab. Andere vertreten die Ansicht, dass das Fest in die Zeit fiel, in der die Fischer die in der Lagune gefangenen Schollen am Strand brieten. Mit der Zeit kamen auch Vertreter der höheren Klassen dazu, kauften die frisch gefangenen Fische und verzehrten sie an Ort und Stelle. Zum Fisch kamen dann weitere Speisen hinzu, und schließlich wurde am Strand oder auf geschmückten und erleuchteten Booten ausgiebig getafelt.

Etwa in der Mitte der Fondamenta dell'Arzere kommt auf der rechten Seite die **Cale de l'Ogio**. Man geht sie bis zu Ende und biegt dann nach links zur **Ponte Storto** ab, überquert die Brücke und folgt der **Fondamenta de la Madona**; am Ende geht man nach rechts auf die **Fondamenta de le Procuratie**. Diese Straße und die beiden benachbarten Corti heißen nach den Häusern, die hier die Prokuratoren von S. Marco nach dem Willen der Erblasser armen Familien »um Gottes Lohn« zur Verfügung stellten. Die Procuratori de Ultra verwalteten in dieser Gegend insgesamt sechzig Wohnungen.

Man geht die lange Fondamenta bis zum Ende, biegt dann nach rechts und folgt der **Fondamenta S. Marco**, die eine Rechtsbiegung macht. An der Ecke sieht man an den Häusern Nr. 2488/A und 2488 einen schönen Markuslöwen und mehrere Patera-Schalen.

Die erste Corte auf der rechten Seite ist die **Corte S. Marco**. Der Name geht auf die 24 Häuser zurück, die Piero Oliviero am 25. Oktober 1515 der Scuola Grande di S. Marco vermachte, um sie an bedürftige Mitglieder der Brüderschaft billig zu vermieten. Nach dem Tod des Erblassers im Jahr 1529 ließ die Scuola die Häuser um eine eigene Corte erbauen. In ihr steht ein Brunnen, auf dem zwei Mitglieder der Brüderschaft dargestellt sind, die ein Rundschild mit einem Markuslöwen halten, dem Symbol der Confraternita, das 1797 entfernt wurde.

Die Scuola di S. Marco gehörte zu den sechs Scuole Grandi und wurde 1260 in der Pfarrei von S. Croce gegründet, von wo sie am 25. April 1438 nach SS. Giovanni e Paolo verlegt wurde. Als 1485 das einfache Gebäude abbrannte, wurden die Fundamente für den prachtvollen Bau gelegt, den man noch heute bewundern kann und der inzwischen zum Städtischen Krankenhaus gehört (s. *SS. Giovanni e Paolo*, S. 120).

Von der Corte S. Marco geht man zurück auf die Fondamenta, folgt ihr weiter nach rechts und überquert die erste Brücke links, **Ponte Rosso**; sofort hinter ihr steht der Palazzo Cappello (Hausnummer 2508), dessen Torbogen die folgende Inschrift trägt: »Casa Capello in Fasada al Ponte Rosso a l'Anzolo«.

Hinter der Brücke folgt man der **Fondamenta Rossa**; der Kanal, der unter der Ponte Rosso durchfließt, ist der **Rio dei Tentori**, der nach den zahlreichen Färbereien heißt, die hier im 17. Jahrhundert in Betrieb waren.

Er bildet die Grenze zwischen dem alten Stadtgebiet Venedigs

Palazzo Ariani
(Hausnummer 2376)
aus dem 14. Jh.

und dem Neuland, das durch Trockenlegung eines Sumpfgebietes am Anfang des 16. Jahrhunderts gewonnen wurde.

Die Färber schlossen sich bereits vor 1436 in einer Brüderschaft zusammen und hatten ihre Scuola mit S. Onofrio als Schutzpatron in der Kirche von S. Giovanni Crisostomo.

Am 7. Oktober 1581 erhielten sie die Erlaubnis, Räumlichkeiten bei der Ponte dei Servi zu beziehen, und ließen ihren Altar in der Serviten-Kirche aufbauen. Beim großen Brand von 1769 wurde das Gebäude zerstört und wieder aufgebaut.

Die Zunft war in drei Klassen unterteilt: Seiden-, Barchent- und Leinen-Färber. Mit den Stoffen wurde ausgedehnter Handel getrieben, vor allem nach Holland, in die Levante und die Türkei. Das venezianische Scharlach- und Karmesinrot war so berühmt, dass sogar die französische Königin im 16. Jahrhundert ihre Kleiderstoffe aus Venedig bezog und die Engländer ihre Stoffe zum Färben in die Lagune schickten. Die Geheimnisse der Färbemittel wurden eifersüchtig gewahrt, und da der Zeitpunkt vorgeschrieben war, an dem die Scharlachfarbe angesetzt werden musste, wurden Gerüchte in Umlauf gesetzt, um Neugierige abzuschrecken. So trieb in der Nähe der Färbereien nachts ein weißes Gespenst sein Unwesen, oder ein riesiger Mann mit großem Hut oder ein Riese mit einer Laterne in der Hand. Daher benutzt man im Venezianischen das Wort »Scharlach«, um eine unbegründete Furcht zu bezeichnen. Der erste Traktat über das Färben von Giovanventura Rossetti wurde 1540 veröffentlicht.

Am Ende der **Fondamenta Rossa** führt auf der rechten Seite die **Ponte Briati** auf die gleichnamige Fondamenta, die nach der Glasfabrik Briati heißt.

Giuseppe Briati erlernte die Herstellungstechnik des Böhmischen Kristallglases, kehrte nach Venedig zurück und führe sie 1730 in der Stadt ein. Er errichtete die erste Glashütte auf Murano, wurde aber von den dortigen Glasbläsern aus Neid nachts mit Feuerwaffen angegriffen und erhielt 1739 die Erlaubnis, die Fabrik hierher zu verlegen.

Er spezialisierte sich auf winzige Nachbildungen von Blumen, Früchten, Tieren und Figuren, die beim venezianischen Adel hochbegehrt waren und selbst den Tisch des Dogen schmückten. Die Fabrik war bis in die ersten Jahre des 19. Jahrhunderts in Betrieb.

27. L'Angelo Raffaele

Man folgt der Fondamenta Briati und kommt zum **Sotoportego dei i Guardiani** auf der rechten Seite, in dem die Guardiani oder Oberen einer Scuola wohnten, wahrscheinlich der Scuola del Sacramento in der nahegelegenen Kirche von Angelo Raffaele.

Der Sottoportico führt in den gleichnamigen Campiello, in dessen Mitte ein ungewöhnlicher achteckiger Brunnen steht, der mit dem typischen Bossenwerk des 16. Jahrhunderts verziert ist.

In die Hausfassaden sind eine Reihe von Ton-Bruchstücken aus dem 15. Jahrhundert eingemauert. Außerdem sieht man zwei Reliefs aus istrianischem Stein, das eine mit Blumenmotiven und das andere mit der Fabel vom Fuchs und dem Storch; beide stammen aus dem 14. - 15. Jahrhundert.

Auf der rechten Seite kommt anschließend die **Cale Ariani**, nach der Familie benannt, die hier den prachtvollen spitzbogigen Palast (Hausnummer 2376) aus dem 14. Jahrhundert besaß. Bemerkenswert sind das mehrbogige gotische Fenster mit orientalischen Einflüssen, der Innenhof und die Außentreppe.

Man geht weiter auf die **Fondamenta Barbarigo**, die nach dem gleichnamigen Palast (Hausnummer 2356) heißt, bis man wieder an die Ponte della Piova kommt. Man überquert sie von neuem und ist auf dem Campo dell'Angelo Raffaele; von hier kommt man auf dem gleichen Weg wieder zur Anlegestelle von S. Basilio.

28. Santi Gervasio e Protasio

San Trovaso

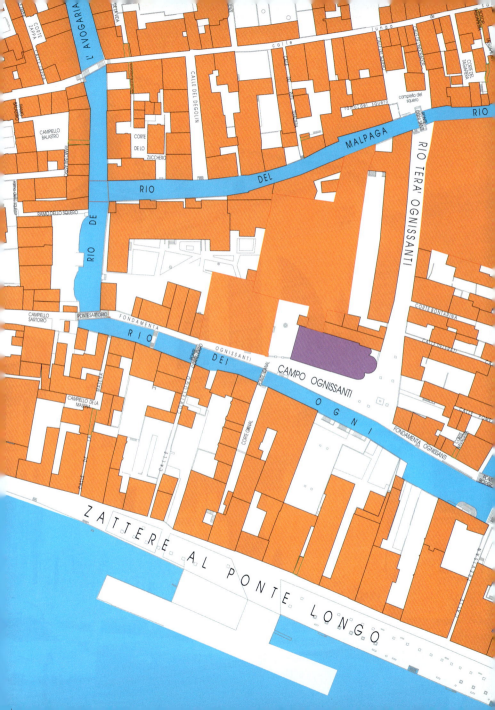

Der Spaziergang beginnt an der Anlegestelle ZATTERE. Man geht nach links, überquert die Ponte Longo und biegt sofort hinter der Brücke nach rechts in die Calle del Magazen und kommt über die Ponte della Scoazzera in den **Campo S. Trovaso**.

Die Kirche scheint aus den allerfrühesten Zeiten Venedigs zu stammen. Im Jahr 1028 drohte sie einzustürzen und wurde daher von den Familien Barbarigo und Caravella neu aufgebaut.

Beim großen Brand von 1105 wurde sie zerstört und sofort wieder aufgebaut, doch in der Nacht zwischen dem 11. und 12. September 1583 stürzte sie völlig überraschend ein. Am 26. Juli 1584 wurde der Grundstein der neuen Kirche gelegt und sieben Jahre später waren die Arbeiten beendet.

Der Kampanile trägt auf dem Sockel die Inschrift »EX RUINA INSIGNITER EXTRUCTURA 1690«.

Der Platz ist zum Teil noch mit Gras und Bäumen bewachsen und weist in der Mitte die charakteristische Erhöhung auf, unter der sich die mit Ton ausgekleidete Zisterne für das Regenwasser befinden.

Auf der Fassade der Casa Brass, die auf der Kanalseite neben der Kirche steht, sieht man die byzantinische Statue des Heiligen Petrus aus dem 12. - 13. Jahrhundert, ein Relief, das Cupido und Vulkan in seiner Schmiede darstellt (16.-17. Jh.), zahlreiche Patera-Schalen sowie die mittelalterliche Figur eines Wilden Mannes.

In der Pfarrei wohnte 1355 der Schiffseigner Bertuccio Israello, der Schwiegervater des Architekten Calendario, der sich aus Empörung über Giovanni Dandolo, den Verwalter der Soldkasse der Kriegsschiffe, Marino Falier anschloss.

1554 verstarb in der Pfarrei die berühmte Dichterin Gaspara Stampa, die 1523 in Padua als Tochter einer Mailänder Adelsfamilie zur Welt kam. Sie übersiedelte nach Venedig und verliebte sich hoffnungslos in Collaltino di Collalto, der ihre Liebe zunächst erwiderte, sie aber dann verließ; aus Schmerz darüber starb sie mit nur 31 Jahren.

Auf der **Fondamenta Bonlini** bei S. Trovaso sieht man an den Hausnummern 1106-1114 das Wappen der Filareti. Das Gebäude war der Sitz der Accademia dei Fila-

Dauer

2h

Linien

Gegenüber:
Kanalseite
von S. Trovaso

Relief aus dem 16.-17. Jh. mit Vulkan und Cupido

Oben:
Steinmaske über der Kirchturmtür von S. Trovaso

Landseite von S. Trovaso; auf dem Campo die erhöhte Zisterne zum Sammeln des Regenwassers

reti, die 1670 von Giovanni Battista Neri gegründet worden war. Dies war eine der zahlreichen wissenschaftlichen Gesellschaften, die in Italien seit der Renaissance entstanden und in Venedig großen Anklang fanden; ab dem 16. Jahrhundert wurden insgesamt 64 ins Leben gerufen: die 1484 von Almorò Barbaro gegründete Accademia di Botanica e Filosofia, die berühmteste von allen, und die Accademia Aldina, die Aldo Manuzio 1502 gründete; die Accademia dei Pellegrini, die auf die Zeit vor der Liga von Cambrai zurückgeht, wie die Accademia Veneziana della Fama (1557); die von Pietro da Mosto gegründete Accademia degli Uniti und die der Industriosi, die ihren Sitz im Haus des Patriziers Francesco Soranzo hatte; die Accademia degli Acuti, die sich unter der Leitung des Paters Antonio Ferrari im kleinen Kloster von S. Nicolò della Lattuga mit abstrakten Wissenschaften beschäftigte, und die Accademia degli Argonauti im Frari-Kloster, die sich geographischen Fragen widmete; die Accademia dei Filadelfici, die der Patriarch Giovanni Badoer um 1690 in seinem Palast in S. Pietro di Castello eröffnete, und die von Antonio Ottoboni, einem Neffen Papst Alexanders VIII., gegründete Accademia dei Dodonei; die Accademia degli Animosi, die 1691 von Apostolo Zeno gegründet wurde und sich im Palazzo Grimani bei S. Maria Formosa versammelte, sowie weitere kleinere: die Accademia degli Insensibili, dei Ricoverati, degli Adorni, degli Uranici, dei Celesti, dei Riuniti und dei Serafici.

Daneben entstanden im 18. Jahrhundert die Accademia Albrizziana, die es sich zur Aufgabe gemacht hatte, alle erdenklichen Raritäten oder bislang unveröffentlichte Manuskripte zu drucken; die der Granelleschi, die auf einen Scherz zurückging; die der Concordi (1760), die sich zum Studium der Kirchengeschichte im Kloster von S. Francesco della Vigna versammelte; die Accademia Giustiniana (1776), die nach ihrem Gründer, dem Patrizier Girolamo Giustinian, benannt war.

Die Bootswerkstatt von S. Trovaso

An der einen Seite des Platzes befindet sich der berühmte Squero von S. Travoso, der auf Millionen von Fotos und Postkarten verewigt ist. Die Holzkonstruktion ist bemerkenswert, weil sie trotz aller Erneuerungen die Form der ältesten Häuser Venedigs bewahrt hat.

Man geht am **Rio de S. Trovaso** bis zur ersten Brücke, der **Ponte de S. Trovaso**, entlang und überquert sie, um auf die gegenüberliegenden **Fondamenta Nani** zu kommen.

Palazzo Nani (Hausnummer 960) stammt aus der ersten Hälfte des 14. Jahrhunderts und gehörte ursprünglich den Barbarigo; hier wurden die beiden Dogen Marco und Agostino Barbarigo geboren.

Die Familie stammte aus Altino, ging nach Torcello und kam in den frühesten Zeiten nach Venedig. An der Fondamenta steht auch der Palazzo Gritti (Hausnummer 993) aus dem 17. Jahrhundert. Hinter der Brücke geht man nach links, biegt in die erste Calle rechts, die **Cale del Pistor** (Bäcker), und kommt in den **Rio Terà de la Carità**. Man geht ihn nach links hinunter und kommt auf den **Campo del la Carità**; an ihm stehen die Kirche della Carità, die Scuola Grande di S. Maria della Carità und das Kloster der Lateran-Kanoniker.

Die Gemäldegalerie der Accademia in Campo della Carità

Die Kirche ist eine der ältesten von Venedig und bestand ursprünglich aus Holz. Im Jahr 1120 spendete der Patrizier Marco Zulian seinen gesamten Besitz, um sie in Stein zu errichten und dazu ein Kloster, in das 1134

28. Santi Gervasio e Protasio

Die alte eiserne Accademia-Brücke (historisches Foto)

Gegenüber: Palazzo Gambara, seltenes Beispiel eines Abflussrohrs in Naturstein; rechts die vorspringenden kleinen Kapellen von Palazzo Querini

Die Paläste Contarini degli Scrigni und Contarini-Corfù

Hier unten: Die heutige Accademia-Brücke aus Holz

einige Geistliche von S. Maria in Porto in Ravenna einzogen, die deswegen Portuensi genannt wurden.

1344 zog die im Jahr 1260 gegründete Scuola dei Battuti von S. Leonardo nach hier um und errichtete ihr eigenes Gebäude, das S. Maria della Carità geweiht war. 1409 wurden die Portuensi-Mönche, deren Zahl mittlerweile stark zurückgegangen war, von einer Gruppe von Klerikern aus S. Maria Frisonaria in Lucca abgelöst. 1446 wurde die Kirche neu erbaut und im nächsten Jahrhundert ausgeschmückt. Das Kloster wurde 1560 von Palladio neu gebaut und 1630 durch einen Brand völlig zerstört.

Die Ordensgemeinschaft wurde 1768 aufgelöst, die Kirche 1807 geschlossen und zusammen mit der Scuola als Gemälde-Gallerie der Accademia genutzt. Der Kampanile stürzte am 27. März 1744 in den Canal Grande, zerstörte dabei zwei Nachbarhäuser und warf die Gondeln des nahegelegenen Traghetto an Land. Um die Mitte des 19. Jahrhunderts wurde zwischen Campo della Carità und Campo S. Vidal eine Eisenbrücke über den Canal Grande geschlagen, die der Ingenieur Neville in England hatte bauen lassen. Am 20. November 1854 wurde sie eröffnet. Von ihr sind nur die Fundamente aus istrianischem Stein übrig geblieben. Im 20. Jahrhundert (Eröffnung am 19. Februar 1933) wurde sie durch eine hölzerne, aus einem einzigen Bogen bestehende provisorische Brücke ersetzt, die noch heute steht.

Vom Campo geht man zurück in den Rio Terà della Carità und nimmt die erste Calle rechts, **Cale Gambara**. An ihr stehen Palazzo Querini (Hausnummer 1051) und Palazzo Mocenigo, später Gambara (1056). Die Gambaras waren eine alte Adelsfamilie aus Deutschland, von wo sie nach Brescia übersiedelten; ihr entstammten vier Kardinäle und die Dichterin Veronica Gambara, die einen Herrscher von Corregio heiratete und 1550 starb. Der Graf Francesco Gambara wurde 1653 zum venezianischen Adel zugelassen und die Familie kam durch die Heirat (1678) zwischen Eleonora Gambara und Francesco Mocenigo in den Besitz des Palazzo Mocenigo bei der Carità.

In dieser Calle sieht man zwischen Palazzo Querini, in dem sich heute das englische Konsulat befindet, und Palazzo Gambara eine Reihe von vorspringenden Baukörpern. In ihnen befanden sich winzige Kapellen, die nicht Teil des Wohnhauses sein konnten und deshalb symbolisch und baulich aus den Gebäuden ausgelagert waren, um eine Überschneidungen von sakraler und profaner Sphäre zu vermeiden.

Die beiden Kapellen von Palazzo Querini sind schlicht und schmucklos, die von Palazzo Gambara ist sorgfältig bearbeitet und wird von einer künstlerisch gestalteten Konsole aus istrianischem Stein gestützt. Dahinter sieht man das außerordentlich seltene Exemplar eines Abflussrohres aus runden Natursteinelementen und eine Reihe von Kaminen.

Anschließend geht man durch die **Cale Contarini-Corfù** mit Palazzo Contarini dai Scrigni (Hausnummer 1057) und Palazzo Contarini-Corfù (Hausnummer 1057/C-D). Ein Zweig der Familie Contarini besaß hier zwei zusammengehörende Paläste; der spitzbogige erste stammt aus dem 14. Jahrhundert und gehörte vorher der Familie Ragazzoni, der zweite wurde 1609 von Scamozzi erbaut (Hausnummer 1057-1057/D). Dieser Familienzweig hieß wegen der zahlreichen Schreine, die in ihrem Palast in Piazzola sul Brenta standen, »dai Scrigni«. Die Bezeichnung Corfù geht möglicherweise auf eine Familie dieses Namens zurück, denn in den alten Katastern heißt die Calle einfach Corfù.

Man kommt auf die **Fondamenta Priuli** und überquert die erste Brücke rechts namens **Ponte de le Maravegie**. Nach Ansicht der Historiker geht der Name auf einige Häuser der Familie

Maraviglia oder Maravegia zurück, die durch Alessandra, die Schwester des Senatssekretärs Giovanni Meraviglia Berühmtheit erlangte. Sie war mit dem Großkanzler des Königreichs Zypern Pietro Albino verheiratet, und als sie nach dem Fall Nicosias mit vielen anderen zyprischen Frauen in die Gefangenschaft der Türken geraten war, legte sie Feuer an die Pulverkammer des türkischen Schiffs, das zusammen mit zwei weiteren Schiffen explodierte.

Zu der Brücke gibt es noch zwei weitere Geschichten. Die erste lautet, dass die Brücke ihren Namen [*meraviglia*: Wunder] erhielt, weil sie von unbekannter Hand in einer einzigen Nacht aus den tags zuvor bereitgelegten Steinen erbaut wurde.

Die zweite Geschichte erzählt, dass gegenüber der Brücke sieben Schwestern wohnten, sechs hübsche und eine hässliche. Ein junger kräftiger Schiffer hatte angefangen, in dem Haus zu verkehren, doch ab diesem Zeitpunkt war er so kränklich und schwach geworden, dass er nicht genug Kräfte hatte, um bei der nächsten Regatta mitzurudern. Er glaubte, er sei verhext worden, und verdächtigte die siebte, hässliche Schwester namens Marina, die ihm immer aus dem Weg ging.

Um sich zu rächen, wartete er, bis der Vater und die sechs Schwestern aus dem Haus waren, und ging dann zu Marina. Von der Brücke aus sah er durch das Fenster die angebliche Hexe, die vor einem Kreuz kniete und betete. Als er den Blick zum Himmel erhob, erblickte er sechs strahlende Sterne, die wie ein Wagen mit Rädern und Deichsel aussahen, und davor einen kleinen, schwachen siebten Stern.

Nach und nach jedoch verloren die sechs Sterne ihren Glanz und der siebte leuchtete immer stärker, bis die andern verschwunden waren und er allein am Himmel strahlte. Durch diese Vision und den Anblick des knienden Mädchens änderte er seine Meinung, ging zu ihr hinein und erfuhr von Marina, dass sie darum gebetet hatte, an seiner Stelle zu sterben. Bei diesen Worten wandelte sich sein Hass in Liebe, seine Kräfte kehrten wieder zurück, er gewann die Regatta und heiratete Marina.

Gegenüber:
Rio della Toletta

Patera-Tafeln an einer Gartenmauer in Calle dei Cerchieri

Auf der linken Seite erhebt sich der Palazzo Sangiantoffetti (Hausnummer 1075) aus dem 16. Jahrhundert, nach dem die Fondamenta heißt. Die Sangiantoffetti oder Toffetti kamen aus Crema und erwarben durch den Handel

großen Reichtum. Ein Gaspare rüstete auf eigene Kosten zehn Schiffe aus und stiftete sieben Jahre lang tausend Dukaten, um die Republik im Kampf gegen die Türken zu unterstützen (1639); außerdem spendete er hunderttausend Dukaten für den Krieg um Kreta. Wegen dieser Verdienste wurde die Familie 1649 zum Patriziat zugelassen.

Man folgt der **Cale de la Toleta**, die am Fuß der Brücke beginnt; nach der Tradition soll der Name auf ein kleines Holzbrett (toleta) zurückgehen, das hier als Übergang über den Kanal diente.

Nach dem ersten Stück der Calle biegt man nach rechts in die **Cale Seconda de la Toleta**. Sie führt zum **Campielo de le Centopiere**, richtiger »del Centopiere« nach einem Mann dieses Namens, der hier wohnte.

Man geht in der gleichen Richtung weiter durch den **Ramo de la Toleta**; am Haus Nummer 1229 sieht man über der Tür eine Lünette mit einem gotischen Wappenschild (Marzangelo), darunter einen Engel mit zwei Pagen an der Seite, die das Wappen tragen (14. Jh.).

Man überquert die Brücke und kommt nach dem zweiten Teil des Ramo in die **Cale de i Cerchieri**. Hier lebten und arbeiteten seit dem 15. Jahrhundert die Fassbinder, die Reifen für Fässer herstellten. Das wird durch ein Ereignis von 1420 belegt; ein gewisser Jacopo Brustolado, von Beruf *cerclarius* [Fassbinder], geriet in »calli cerclariorum« mit anderen in Streit. Als er vom Justizamtmann, der hinzugekommen war, zur Rede gestellt wurde, griff er ihn an und verprügelte ihn. Dafür wurde er am 26. Februar 1420 zu drei Monaten Gefängnis verurteilt.

Die Fassbinder hatten sich in einer Confraternita mit der Jungfrau Maria als Schutzpatronin zusammengeschlossen und versammelten sich unter dem alten Vorbau der Kirche von SS. Gervasio e Protasio.

Man folgt der Calle nach rechts und kommt zu **Sotoportego e Corte de la Comare** (s. *S. Giacomo dell'Orio*, Campiello della Comare, S. 441) auf der linken Seite; in der Corte sieht man eine schöne Außentreppe und einen mit gotischen Bögen verzierten Brunnen.

Man geht die Calle dei Cerchieri in umgekehrter Richtung zurück; an einer Gartenmauer gegenüber Hausnummer 1253/A sieht man eine Tafel, vielleicht der Johanniter, mit der Jahreszahl MCCLII.

Am Ende der Calle kommt man zur **Fondamenta del Squero** und geht von dort nach rechts über die Brücke, deren obere Plattform gleichzeitig den Schlussstein des Bogens bildet,

Corte de la Comare

geradeaus in **Cale e Sotoportego de le Eremite**.

Über die anschließende Brücke kommt man linker Hand auf die **Fondamenta de le Eremite**; einige Augustinerinnen, die vorher kleine Zellen über der Kirche von SS. Ermagora e Fortunato bewohnten, siedelten 1693 hierher um und erbauten ein Kloster und eine kleine Kirche zu Ehren von Jesus, Maria und Joseph. Die Kirche wurde 1810 geschlossen und das Kloster aufgelöst.

Die Brüder Cavanis eröffneten in den Räumen eine Schule für arme Mädchen, die 1863 von den Canossianerinnen übernommen wurde (Hausnummer 1323/A).

Kirche von Ognissanti am gleichnamigen Rio

Heute sind hier eine Schule und ein Internat untergebracht. Man geht die Fondamenta bis zu Ende und biegt nach rechts auf die **Fondamena de i Ogni Santi**.

Bald kommt man zur Kirche degli Ognisanti; einige Zisterzienserinnen aus S. Margherita auf Torcello verließen ihr Kloster, weil es baufällig und ungesund war, übersiedelten nach Venedig und erbauten hier 1472 ein Hospiz und anschließend eine kleine Holzkirche, die der Jungfrau Maria und allen Heiligen geweiht war. 1505 konnten sie dank der Almosen die Kirche in ihrer heutigen Form neu erbauen und das Kloster vergrößern. In diesem, wie in anderen Klöstern, konnte das Leben der Nonnen auch durchaus vergnüglich sein; aus einem Dokument vom 25. Februar 1505 geht hervor, dass die Äbtissin und einige Nonnen schwanger waren, und zwar von einem Priester namens Francesco Perseghin. Die Kirche wurde am 22. Juli 1586 geweiht. Gegenwärtig wird sie restauriert.

Zu Beginn des 19. Jahrhunderts wurden die Nonnen mit anderen zusammengelegt und das Kloster wurde den Kapuzinerinnen von Castello übertragen. 1810 wurde die Ordensgemeinschaft aufgelöst, doch 1820 wieder zugelassen; die Nonnen befassten sich mit der Erziehung von Mädchen. 1909 wurde das Kloster abgerissen und an seiner Stelle das Krankenhaus für chronische Leiden »G. B. Giustinian« errichtet. Der Kampanile stammt aus der gleichen Zeit wie die Kirche und hat eine kleine Kuppel.

Man folgt der Fondamenta, bis man zum **Rio de l'Avogaria** und zur **Ponte Sartorio** kommt, die nach einer Familie heißt, die im 17. Jahrhundert aus Capodistria nach Venedig kam.

Berühmt war der Arzt Santorio Sartorio, der in Polen und später in Padua praktizierte; er entwickelte zahlreiche medizinische Instrumente und verfasste mehrere Schriften und Traktate.

Hinter der Brücke geht man über den **Campielo Sartorio und** folgt der anschließenden **Cale de la Chiesa** bis zur **Fondamenta S. Basegio**. Dort biegt man nach links und kommt auf den **Campo S. Basegio**.

An Stelle der heutigen Hausnummer 1525 stand früher die Kirche, die im Jahr 870 von der Familie Basegio erbaut wurde. Nach dem Brand von 1105 und dem Erdbeben von 1348 wurde sie jeweils wieder aufgebaut und im Laufe der Zeit mehrfach renoviert. 1810 wurde sie geschlossen und als Lagerhalle genutzt, 1824 abgerissen.

Am Haus Nummer 1524 befindet sich über der Tür die folgende Inschrift:

DOMUS HANC VETUSTATE DERUPTAM PROPRIO AERE
INSTAURAVIT JOSEPH STUPA HUIUS TEMPLI ANTISTES
ANNO MDCLXIII VII 7bris.

Kirche von S. Sebastiano: Fassade und Apsis mit Kampanile

In dieser Pfarrei kam am 7. Oktober 1675 die Malerin Rosalba Carriera auf die Welt.

Vom Campo geht man zurück zur Fondamenta und zur **Ponte de S. Basegio**. Das Gebäude an der Ecke (Hausnummer 1527) war die Scuola degli Acquaroli, die seit 1386 in der Kirche von S. Basilio ihren Altar hatten. Die Acquaroli bildeten eine der wichtigsten Berufsgruppen von Venedig; sie waren nämlich für die Wasserversorgung verantwortlich und holten in Trockenzeiten das Wasser aus den Flüssen der Umgebung und füllten damit die Zisternen der Stadt.

Hinter der Ponte S. Basilio kommt man auf die gleichnamige Salizada.

Von dort biegt man nach rechts in die **Cale de i Frati** und kommt zur Kirche von S. Sebastiano. Der Mönch Angelo di Corsica vom Orden der Hieronymiten kam 1393 mit einigen Gefährten aus Rimini und errichtete hier ein Hospiz. 1396 entstand daneben ein Oratorium mit dem Namen »S. Maria piena di grazia e di giustizia« [Heilige Maria voller Gnade und

Gerechtigkeit]. 1455 wurde das Oratorium in eine größere Kirche umgebaut, die dem Heiligen Sebastian geweiht war; 1470 eröffneten die Mönche auch eine Schule mit dem gleichen Namen. Die heutige Kirche wurde 1506 nach Plänen Scarpagninos begonnen und 1548 beendet.

Der Innenraum hat die Form eines lateinischen Kreuzes mit einem einzigen Schiff und einer flachen Kassettendecke, am Ende einen Chor mit einer Kuppel und Apsis. In der Kirche ist Paolo Caliari, genannt Veronese, zusammen mit seinem Bruder beigesetzt. Der Kampanile aus dem 14. Jahrhundert stammt noch von der älteren Kirche und hatte ursprünglich eine Spitze aus buntglasierten Ziegeln. An der Fassade sieht man ein Kreuz (11.-12. Jh.) und eine Patera-Schale (12.-13. Jh.), beide aus griechischem Marmor.

Zu Beginn des 19. Jahrhunderts lebten im Kloster von S. Sebastiano Mönche aus dem Vittoria-Kloster in Verona und die Kirche blieb bis 1810 in Betrieb.

Das Kloster wurde zum größten Teil abgerissen, aber 1815 wieder aufgebaut, um darin die Mädchenabteilung des Istituto Manin unter der Leitung der Schwestern des Ordens Figlie di S. Giuseppe unterzubringen. An der Hausnummer 1687 befindet sich ein Heiligenbild des Heiligen Sebastian (16.-17. Jh.) mit der Inschrift »SCOLA DI S. BASTIAN«.

Ab 1921 war hier ein Nonnen-Noviziat. Heute ist eine Fakultät der Universität in dem Gebäude untergebracht.

Man überquert die Brücke vor der Kirche, biegt nach rechts auf die Fondamenta S. Basegio, dort nach links in die Calle della Chiesa und kommt wieder auf die Fondamenta dei Ogni Santi. Man überquert die zweite Brücke rechts, die **Ponte Cortellotti**, und folgt der gleichnamigen Calle. Der Name geht auf einen Weinverkauf in der Nähe zurück, der nach der Familie Cortellotto di Salvioni hieß, die sehr reich war und in der Gegend von Bassano über große Besitztümer verfügte.

Die Calle führt auf die **Fondamenta de la Zatare**; dort biegt man nach links und folgt der Fondamenta bis zur Ponte Longo. An der Fondamenta stehen der spitzbogige Palazzo Zorzi (Hausnummer 1416); ein Palast aus dem 16. Jahrhundert (Hausnummer 1404); Palazzo Giustinian-Recanati (Hausnummer 1402), mit einer kleinen vorspringenden Kappelle an der Gartenmauer, die von Konsolen gestützt wird und mit Bleiplatten gedeckt ist; Palazzo Priuli-Bon, später Clary (Hausnummer 1397) aus dem 16. Jahrhundert. An der Ponte Longo endet der Spaziergang durch die Pfarrei von S. Trovaso.

29. Santa Maria del Rosario
La Salute

29. Santa Maria del Rosario

Dauer

1h 30'

Linie ①

Man steigt an der Anlagestelle SALUTE aus uns steht sofort vor der Kirche von S. Maria del Rosario oder della Salute.
An der Stelle, an der heute die Kirche steht, befand sich früher ein Kloster und eine Kirche, die der Heiligen Dreifaltigkeit geweiht waren; im Jahr 1256 erhielten die Deutschherrenritter sie von der Republik zum Geschenk als Dank für ihre Unterstützung gegen die Genuesen.
Der Ritterorden, der wie die Johanniter und die Tempelritter zum Schutz der christlichen Stätten in Palästina entstanden war, wurde 1190 von Friedrich von Schwaben in S. Giovanni d'Acri gegründet.
Seine Mitglieder waren deutsche Ritter und der Orden wurde später nach Deutschland an die Weichsel verlegt.
1592 löste Papst Clemens VIII. das Priorat der Ordensritter in Venedig auf und die Gebäude wurden dem venezianischen Patriarchen übertragen, der sie in ein Priesterseminar verwandelte. Bei dieser Situation blieb es bis 1630, als wieder einmal eine schwere Pestepidemie ausbrach und 82.000 Opfer forderte.
Angesichts dieses Elends legte der Senat im Namen der Stadt das Gelübde ab, der Heiligen Maria eine Kirche zu errichten, wenn sie die Stadt von der Pest errette.
Als die Epidemie 1631 abklang, errichtete man eine große Holzkirche, um das Gelübde einzulösen. Gleichzeit wurden Kirche und Kloster der Heiligen Dreifaltigkeit abgerissen, die Seminaristen nach Murano verlegt und auf 110.770 in den Schlamm getriebenen Eichen- und Zedernpfählen begann man nach Plänen Longhenas mit dem Bau, der noch heute unsere Bewunderung erregt.
1656 ordnete der Senat an, die Kirche den Mönchen der Ordensgemeinschaft von Somasca zu übertragen, und diese erbauten ein gleichfalls von Longhena entworfenes Kloster, das 1672 zusammen mit der Kirche fertiggestellt wurde.
Auf dem Hauptaltar befindet sich eine Ikone der Heiligen Jungfrau della Salute, ein Werk der griechisch-byzantinischen Schule, das aus der Kirche von S. Tito auf Kreta stammt und 1672 von Francesco Morosini nach Venedig gebracht wurde.
Die Kirche hat einen achteckigen Grundriss und wenn man das bei den gotischen Kathedralen verwendete System auf sie anwendet, zeigen sich einige esoterische Elemente aus dem Bereich der Zahlensymbolik. Nimmt man nämlich als Grundeinheit den venezianischen Fuß (35,09 cm), dann tauchen zwei Zahlen ständig wieder auf: 8 und 11 und ihr Vielfaches.
Die 8 findet sich vor allem in der christlichen Symbolik (die

S. Maria della Salute

Krone Mariens, die Heilig-Grab-Kirche usw.); die 11 dagegen entstammt der jüdischen Kabbala (der Sephiroth-Baum, der aus Gott und seinen ihn umgebenden 10 Emanationen besteht). 11 ist auch die Hälfte des hebräischen Alphabets (*kaf*) und Dante, der ein Anhänger der neopythagoräischen Sekte der Fedeli dell'Amore war, benutzte den Elfsilber für seine *Göttliche Komödie*.

Sehr wahrscheinlich war Longhena, der aus Brescia stammte, jüdischer Religion. Man hat nie einen Hinweis finden können, dass er getauft wurde, und sein Vater, der ein Steinmetz war, hieß Melchisedek.

In der Mitte des Fußbodens befindet sich eine große Krone aus 10 Rosen und einer Metallplatte (die 11.?) mit der Inschrift »unde origo - inde salus«.

Zu dieser Symbologie kommt auch der äußerliche Schmuckfries mit Hakenkreuzen hinzu; das Hakenkreuz, in Sanskrit Swastika, bedeutet Heil. Auf den beiden Seiten der Treppe, die vor der Kirche zum Wasser hinunterführt, befinden sich zwei geflügelte Putten, die wie Gottheiten aus dem Wasser zu steigen scheinen. Während der Pestepidemien, die über Venedig hereinbrachen, zog sich ein Teil der Bevölkerung auf Boote zurück und lebte in der Hoffnung, dass die reinigende Kraft des Meeres die Krankheit fernhalte, weit von der Stadt entfernt in der Lagune oder an den Hafenmündungen. Die aus dem Wasser auftauchenden Engel sind eine symbolische Darstellung der Rettung, die aus dem Wasser kam, und das Redentore-Fest mit der Schiffsbrücke erinnert an die Rückkehr der Bevölkerung, die am Ende der Epidemie auf Booten in die Stadt zurückkehrte.

Das Kloster wurde zu Beginn des 19. Jahrhunderts geschlossen; seit 1817 befindet sich hier das bischöfliche Priesterseminar. Die beiden identischen Kampanile stehen rechts und links vom Chor.

Man folgt der **Fondamenta de la Dogana** auf der linken Seite bis zur **Punta de la Dogana**; hier wurden bis 1414 die Waren, die auf dem Wasserwege ankamen, abgeladen und verzollt.

An der Spitze erhebt sich ein turmartiges Gebäude aus

Fondamenta und Punta della Dogana

dem 17. Jahrhundert mit der von zwei Atlanten getragenen »Kugel der Fortuna«, auf der die Fortuna steht; es handelt sich um ein Werk Bernardo Falcones.

Der Turm und die umliegenden Gebäude, die von Benoni errichtet wurden, erheben sich an der Stelle, an der früher ein Turm mit hohen zinnenbewehrten Mauern stand, der zum alten Verteidigungssystem der Stadt gehörte (s. *S. Maria del Giglio*, S. 260, 2. Absatz).

Auf der anderen Seite der Spitze beginnt die **Fondamenta de le Zatare**; der Erlass zu ihrer Errichtung von der Dogana di Mare bis nach S. Marta stammt vom 8. Februar 1520. Der Name stammt von den holzbeladenen Kähnen [*zattere*], die nach einem Beschluss des Rates der Zehn vom 23. Juli 1541 hier anlegen mussten. Je nach den Kirchen oder Örtlichkeiten in der Nähe wird an die Zattere ein zweiter Name angehängt, beispielsweise: Zattere ai Saloni, agli Incurabili, ai Gesuiti etc.

Rio Terà dei Catecumeni, im Hintergrund die Türme von S. Maria della Salute

Man folgt der Fondamenta bis zur **Ponte de l'Umiltà**, überquert die Brücke und kommt zur **Cale del Squero** auf der rechten Seite.

Kirche und Kloster von S. Maria dell'Umiltà gehörten einst dem Deutschherrenorden, wurden aber um die Mitte des 16. Jahrhunderts den Jesuiten übertragen, die sie 1589 renovierten. Als die Jesuiten Venedig 1606 verließen, standen die Gebäude bis 1615 leer und wurden dann den Benediktinerinnen des alten Klosters von S. Servolo (S. Servilio) überlassen. Sie blieben bis 1806, dann wurden sie mit den Nonnen von S. Lorenzo zusammengelegt. 1824 wurden Kirche und Kloster zusammen mit einem nahegelegenen Oratorium von S. Filippo Neri abgerissen, um den Garten des Priesterseminars zu vergrößern.

Man geht die Calle bis zu Ende; am Haus Nummer 32 sieht man ein Relief der Taufe im Jordan aus dem 16. Jahrhundert. Man kommt im **Rio Terà de i Catecumeni** aus, der 1834 zugeschüttet wurde. Auf der linken Seite steht das Katechumenen-Haus (s. *SS. Apostoli*, Sottoportico dei Catecumeni,

S. 299) und die Kirche von S. Giovanni Battista, die beide gegen Ende des 16. Jahrhunderts (1571) errichtet und 1727 von Massari restauriert wurden. Weitere Restaurierungen erfolgten 1855 und im Jahr 1857 wurde ein Marien-Oratorium namens »le Salette« angebaut. Seit den ersten Nachkriegsjahren sind hier Salesianerinnen untergebracht.

Auf der gegenüberliegenden Seite (Hausnummer 119) stehen Gebäude, die früher der Scuola della Carità gehörten; man kann das Symbol und die Jahreszahl MDXXXVI erkennen.

Man geht ein kurzes Stück weiter in die **Cale Nova del Rio Terà** und kommt zu einem kleinen spitzbogigen Palast (Hausnummer 140) aus dem 15. Jahrhundert.

Nun geht man wieder zurück bis zur **Cale de l'Abazia** auf der linken Seite, früher wegen des alten Friedhofs »Cale dei Morti« genannt, folgt ihr bis zum Ende und kommt zur Kirche von S. Gregorio. Es ist unbekannt, wann das Gebäude zum ersten Mal errichtet wurde, aber mit Sicherheit existierte es bereits 897. Nach dem Brand von 1105 wurde es wieder aufgebaut und kam 1140 unter die Gerichtsbarkeit der Äbte von S. Ilario. Von der großen Abtei, die sich – wenn man vor der Kirche steht – auf der linken Seite erhob, ist nichts übrig geblieben als das schöne Portal zum Canal Grande und der gotische Kreuzgang aus dem 14. Jahrhundert.

Kirche von S. Gregorio

Der herrliche gotische Bau in S. Ilario, dessen Gründung auf das 9. Jahrhundert zurückgeht, wurde 1247 von Ezzelino da Romano zerstört, die Mönche zogen sich nach Venendig zurück und einer von ihnen namens Fridiano renovierte die Kirche und das Kloster.

Nach 1450 traten Komturäbte an die Stelle von Ordensäbten und 1773 wurde der Abt-Titel abgeschafft und durch den Pfarrer ersetzt. Bereits vor dem napoleonischen Edikt wurde die Kirche säkularisiert, 1808 von der Münzprägeanstalt genutzt und diente anschließend als städtische Lagerhalle. Seit 1969 hat hier das Zentrum für Kunstrestaurierung des Veneto seinen Sitz. Das Innere ist einschiffig mit einer Balkendecke.

In einen Pfeiler der Kirche wurde 1580 in einem Kästchen aus Lärchenholz die Haut von Marcantonio Bragadin eingemauert, des unerschrockenen Verteidigers von Famagosta, der 1571 von den Türke bei lebendigem Leibe gehäutet wurde. 1575 entwendete ein Sklave namens Gerolamo Polidoro aus Verona die Haut Bragadins aus dem Arsenal von Konstantinopel. Nachdem er von der Familie Bragadin freigekauft worden war, stellte er am 1. Dezember 1587 ein Gesuch, zur Belohnung monatlich sechzehn Dukaten zu erhalten, doch auf Beschluss des Senats vom 13. Februar 1588 erhielt er nur fünf. Am 18. Mai 1596 wurde die Haut in einer eigenen Urne in das Grabdenkmal des Helden in der Kirche von SS. Giovanni e Paolo gebracht. 1762 wollten die Mönche die Urne untersuchen und fanden an der Mauerseite ein Loch, durch das sie eine Kassette sahen, die man jedoch nicht herausziehen konnte. Anlässlich der Restaurierung des Denkmals öffnete auf Anregung des gleichnamigen Nachkommen des Helden und der Bragadin-Forscherin Maria Grazia Siliato eine Gruppe von Wissenschaftlern die Bleikassette. Im Innern fand man zahlreiche Stücke gegerbter Menschenhaut. Das Kästchen wurde wieder verschlossen und in Anwesenheit der städtischen Autoritäten am 24. März 1962 feierlich in die Urne unter der Büste Marcantonio Bragadins zurückgebracht.

Am Ende vom **Rio de S. Gregorio**, heute Rio della Salute, fanden – wie auch an anderen Orten der Stadt – die akrobatischen Schaustellungen namens »Forze d'Ercole« [Herkules-Kräfte] zwischen den gegnerischen Fraktionen der Castellani und Nicolotti statt. Sie bestanden darin, möglichst hohe und phantasievolle Menschenpyramiden zu errichten.

Gegenüber der Kirche von S. Gregorio beginnt die **Cale S. Gregorio** und ihre Fortsetzung, **Cale del Bastion**; dieser Name geht auf eine der großen Osterie zurück, wo Wein ausgeschenkt und verkauft wurde, und speziell auf das Lokal, das 1713 von Antonio Giozza betrieben wurde. An der Calle steht der spitzbogige Palazzo Semitecolo (Hausnummer 187).

Man überquert die **Ponte del Bastion**, heute Ponte di S. Gregorio, und biegt nach links auf die **Fondamenta Soranzo detta Fornase**, benannt nach dem Zweig der Familie Soranzo, der bis zum Ende der Republik hier an der Fondamenta wohnte und Häuser besaß. Haus Nummer 341 ist ein halbverfallener Palast aus dem 16. Jahrhundert. Der zweite Name der Fondamenta geht auf den Umstand zurück, dass hier einst ein Brennofen für Ton und Kalk in Betrieb war, der seit 1292 bezeugt ist und 1661 noch arbeitete.

Man geht die Fondamenta bis zu Ende und biegt dann nach rechts in die **Cale de la Crea** [*creta*: Ton], die nach dem Tonlager für den Brennofen benannt ist.

29. Santa Maria del Rosario

Schiffsbrücke beim Redentore-Fest

Rio drio ai Incurabili: Erlöserfiguren

Am Ende der Calle stehen Kirche und Scuola dello Spirito Santo. Maria Caroldo, Nonne von S. Caterina in Venedig, gründete 1483 mit Unterstützung ihres Bruders Girolamo und des Priesters Giacomo Zamboni ein Kloster für Augustinerinnen. Nach zehn Jahren wurde sie jedoch von einer anderen Nonne beschuldigt, sie habe ein Verhältnis nicht nur mit dem Priester Zamboni, sondern außerdem mit einem jungen Griechen und einem Arzt, mit dem sie sich unter dem Vorwand, krank zu sein, in ihrer Zelle einschließe. Außerdem klagte man sie an, den Besitz der Ordensgemeinschaft zu verschleudern und ihren Freundinnen unter den Nonnen zu erlauben, nachts verkleidet das Kloster zu verlassen.

Der Patriarch ordnete an, dass sie ihrer Stellung als Äbtissin enthoben und in ein strengeres Kloster geschickt wurde. Sie legte dagegen Widerspruch ein und 1494 war der Prozess noch immer anhängig; das endgültige Urteil ist nicht bekannt. Die Skandale um das Kloster hörten jedoch nicht auf, wie die Verurteilung von zwei Venezianern belegt, die mit zwei Nonnen fleischlichen Verkehr gehabt hatten. 1563 entführte der Rechtsanwalt Girolamo Fenaruolo die Nonne Cristina Dolfin und 1567 floh die Nonne Camilla Rota mit ihrem Liebhaber Bernardo Contarini, von dem sie ein Kind hatte, aus dem gleichen Kloster.

Kirche und Kloster wurden im 16. Jahrhundert nach Plänen Santo Verdes erneuert. Als 1806 das Kloster aufgelöst und die Nonnen mit denen von S. Giustina vereinigt wurden, schloss man auch die Kirche, die zwei Jahre später aber wieder geöffnet wurde. Der Innenraum ist einschiffig.

Man folgt der **Cale Larga de la Chiesa** nach links und kommt wieder auf den Zattere aus, und zwar an der Stelle, an der die Schiffsbrücke beginnt, die beim traditionellen Redentore-Fest zur gleichnamigen Kirche auf der Giudecca-Insel geschlagen wird.

Man wendet sich nach rechts und kommt zur **Cale del Zucaro** (s. *S. Marziale*, Sottoportico della Raffineria, S. 343); die Historiker berichten, dass die Venezianer den Zucker aus Kreta bezogen, wo sie Plantagen und Fabriken besaßen, die von den Arabern eingeführt worden waren. Der Zucker wurde in alle Städte Italiens geliefert und in der Stadt gab es zahlreiche, gut gefüllte Magazine, nach denen diese Calle ebenso wie andere Straßen Venedigs benannt ist.

Man folgt der Fondamenta und kommt zum alten Ospedale degli Incurabili (Hausnummer 423), das 1522 von Maria Malipiero und Marina Grimani gegründet wurde. Anfangs war es ein Holzgebäude, das aber schon im gleichen Jahr vergrößert wurde; 1523 wurde daneben eine kleine Kirche erbaut und 1566 erweitert. Auch das Krankenhaus wurde 1572 neu erbaut. Anfangs war es ausschließlich für unheilbare Kranke bestimmt, doch später wurden auch Waisen und Kinder ohne Familien aufgenommen. 1537 war hier auch S. Francesco Saverio mit vier anderen Gefährten tätig.

1807 wurde das Gebäude als städtisches Krankenhaus weiter genutzt und 1819 in eine Kaserne umgewandelt; bei dieser Gelegenheit wurde die Kirche geschlossen, die dann 1831 abgerissen wurde. 1937 begann man mit dem Aufbau eines Erziehungsheims für Minderjährige, und auch das Jugendgericht war hier untergebracht. Heute wird der Bau renoviert, um dann die Kunstakademie aufzunehmen.

Hinter dem Gebäude biegt man nach rechts in die **Cale drio ai Incurabili** und geht sie bis zum Ende; hinter einem Sottoportico kommt man auf den **Campielo ai Incurabili**. Dort hält man sich rechts und folgt der (anderen) **Cale drio ai Incurabili** und biegt dann nach links in den **Ramo drio ai Incurabili**. An dessen Ende sieht man an der linken Ecke eine schöne Figur des Erlösers mit der Jahreszahl MDCXXXI. An allen vier Ecke des Gebäudes sieht man das gleiche Motiv.

Am Haus Nummer 538 sieht man oben ein Relief mit einem Lilienkreuz über einem moslemischen Halbmond (6. Jh.).

Man befindet sich nun im **Rio Terà del Sabion**, der etwa hundert Meter lang ist; auf der rechten Seite folgt die **Cale del Marangon** und der gleichnamige Sottoportico. Die Werkstatt des »Marangon« (Schreiner) existiert heute nicht mehr.

Corte Vechia: Zinnen am Eingang und Rest eines Brunnens

Palazzo Loredan mit privater Brücke zum Campo S. Vio

Fondamenta Bragadin, Beterfigur (Hausnummer 661)

In der Vergangenheit, als die Häuser zum Teil noch aus Holz waren, gab es so viele Schreiner in der Stadt, dass die Glocke von S. Marco, die morgens zur Arbeit rief, nach ihnen »Marangona« genannt wurde. Die Schreiner waren in vier Berufsgruppen unterteilt:

die »Marangoni da case« stellten die hölzernen Bauteile von Häusern her und führten einfache Holzarbeiten für den Hausgebrauch aus;

die »Marangoni da Noghera« stellten nicht furnierte Möbel her;

die »Marangoni da Soaze« waren Rahmenmacher;

die »Marangoni da Rimessi« arbeiteten mit Furnieren und Intarsien.

Die Zunft der Marangoni, deren Statut seit dem Jahr 1335 existiert, versammelte sich zunächst in der Kirche dell'Ascensione, zog dann aber im 15. Jahrhundert nach S. Samuele um, wo sie 1463 ein eigenes Gebäude errichteten und den Heiligen Joseph zum Schutzpatron wählten. Der Bau stand in der heutigen Calle delle Carozze (s. *S. Stefano*, S. 238).

Auf der linken Seite des Rio Terà kommt man zur **Corte Vechia** mit Zinnen über dem Eingang und dem Überrest eines alten Brunnens.

Man geht ein Stück zurück und kommt auf der rechten Seite zur **Corte del Sabion** mit einem Brunnen aus dem 15. Jahrhundert und kommt am anderen Ende auf der **Fondamenta Zorzi o de l'Ospedaleto** aus, biegt dort nach links und überquert die **Ponte del Formager**, die nach einem früheren Käseladen heißt.

Rio di S. Vio mit Fondamenta Bragadin und Venier

Hinter der Brücke biegt man nach links in die **Cale de la Chiesa** und kommt auf den **Campo S. Vio**.
Die Kirche von SS. Vito e Modesto (umgangssprachlich S. Vio) wurde 912 von den Familien Magno und Vido erbaut. Da sich der Boden absenkte, auf dem die Kirche stand, bewilligte der Senat einige Gelder, um das Gebäude wieder in Stand zu setzen, und stellte Marmor und Steine von den abgerissenen Häusern der Tiepolo zur Verfügung, die am Namenstag von S. Vito im Jahr 1310 besiegt worden waren.
Die Kirche wurde 1810 geschlossen und 1813 völlig abgerissen. An der Stelle, an der sie gestanden hatte, ließ der Besitzer des Grundstücks 1864 nach Plänen Pividors eine Kapelle errichten und an der Fassade einige Bruchstücke der alten Kirche anbringen, die von den Tiepolo-Häusern stammten. Die Kapelle wurde 1865 eröffnet.
Am Campo S. Vio kam 1288 die Selige Contessa Tagliapietra als Tochter venezianischer Patrizier zur Welt und lebte hier bis zu ihrem Tod. Ihr Haus wurde 1354 abgerissen, um den Platz zu vergrößern.
Bei der Kirche gab es ein Haus frommer Frauen, die »Pinzocchere della Madonna di S. Vio« hießen.
Im April 1740 wurde in S. Vio ein Mädchen mit Menschenkörper und Ziegenkopf geboren; sie verstarb nach der Taufe.
Im Viertel starb 1757 die Malerin Rosalba Carriera.
Am Ende des Campo steht rechts der Palazzo Barbarigo (Hausnummer 730); jenseits der privaten Brücke Palazzo Loredan (Hausnummer 732). Hier wohnte Don Carlos von Bourbon.
Vom Platz geht man, wenn auf den Kanal blickt, nach links die ganze **Fondamenta Bragadin** entlang, bis man wieder auf die Zattere kommt. Auf der linken Seite folgen:
Cale S. Zuane, nach den Häusern im Besitz der Scuola Grande di S. Giovanni Evangelista. Auf den Außenmauern zur Fondamenta und am Haus Nummer 661 ist das Wappen (16. Jh.) der Confraternita deutlich zu erkennen. Die insgesamt sechs Häuser waren eine Schenkung des Pfarrers von S. Fantin, Giacomo Donadio, aus dem Jahr 1453. Auf dem Bogen hinter Hausnummer 661 sieht man die kleine Figur eines Beters.
Cale Franchi; seit dem 15. Jahrhundert ist eine Familie Franchi bezeugt, von der mehrere Zweige existierten; einer von ihnen gehörte der Kürschner-Zunft an. Der hier lebende Zweig der Familie wurde am 28. April 1574 zur Bürgerschaft zugelassen. Dieser Familie entstammte möglicherweise die Dichterin Veronica Franca.

Putte auf einer Gartenmauer bei Ponte della Calcina an den Zattere

Ramo Brusà, zur Erinnerung an einen heute vergessenen Brand.
Cale Capuzzi, nach einem gewissen Giacomo Capuzzi, Kalfaterer im Arsenal (s. *S. Martino*, Calle della Pegola, S. 53).
Cale del Squero, nach der alten Bootswerft, die hier früher war.
Haus Nummer 587 ist das Ospizio Pizzocchere di S. Agnese. An der Fassade das schöne Relief eines Turms mit dem Wort »Jesus« auf dem Sockel; darunter eine Gedenktafel »Mulieribus Piae Legata MCCCCXXXII« (der Turm ist das Familienwappen der Gründerin des Hospizes, Franceschina Marin della Torre).
Cale S. Domenego, nach zehn Häusern, die die Mönche von S. Domenico in Castello 1661 hier besaßen; sie waren ihnen am 3. Februar 1511 von Ludovica Ravagnan testamentarisch vermacht worden.
Auf den Zattere biegt man nach rechts und überquert die **Ponte de la Calcina**. Der Name geht auf ein Ziegelstein- und Kalklager in der Nähe zurück, sowie auf einige Magazine der Calcineri (Kalkverkäufer).
Die Berufsgruppe der Calcineri versammelte sich in der Kirche von S. Vito und hatten die Heiligen Antonio und Liberale zu Schutzpatronen. Das erste Zeugnis stammt von 1597, obwohl die Confraternita sehr viel älter ist.
Bei der Brücke erinnert ein Gedenkstein (Hausnummer 782) daran, dass hier Apostolo Zen wohnte, kaiserlicher Dichter und Vorläufer von Metastasio.
Er starb 1750 in diesem Haus.
Etwa hundert Meter hinter der Brücke biegt man nach rechts in den **Sotoportego de i Bisati** und kommt auf den **Campo**

Brunnen in Campo S. Agnese

Kirche von S. Agnese

S. Agnese. Man nimmt an, dass es im Sottoportico einen Laden gab, der »bisati«, also Aale verkaufte. Doch bei Paganuzzi heißt er »Sottoportico del Partito dei Bisatti«, was darauf schließen läßt, dass hier eine politische Gruppierung ihren Sitz hatte (s. *S. Geremia*, Sottoportico dei Vitelli, S. 386). Die von der Familie Melini oder Molin erbaute Kirche von S. Agnese hat ein sehr hohes Alter, weil sie bereits in einem Dokument von 1081 erwähnt wird. Nach dem Brand von 1105 wurde sie wieder aufgebaut; von späteren Neubauten fehlen Zeugnisse. 1604 wurde sie verschönt und die Vorhalle 1733 wieder in Stand gesetzt. 1810 wurde sie geschlossen und diente als Kohlen- und Holzlager. 1854 wurde sie von den Gebrüdern Cavanis neu erbaut, doch 1866 wegen der Schäden beim Ausbruch eines artesischen Brunnens in der Nähe wieder geschlossen. 1872 wurde sie restauriert und wieder in Betrieb genommen.

Der Kampanile aus dem 12. Jahrhundert wurde 1837 abgerissen.

Bei der Kirche gab es ein kleines Frauenkloster, aus dem Caterina, die Begründerin des Klosters von S. Mario Maggiore stammte. Am Campo steht der spitzbogige Palazzo Trevisan degli Olivi (Hausnummer 809) aus dem 15. Jahrhundert.

In dieses Viertel wurden im 14. Jahrhundert die streitlustigen und aufrührerischen Bewohner der Insel Poveglia umgesiedelt. Bereits im 16. Jahrhundert grub man hier einen sogenannten artesischen Brunnen. Sanudo berichtet, dass am 8. Juli 1533 zwei Ingenieure einen Brunnen von zwölf venezianischen Fuß Tiefe gegraben und anschließend noch vier Fuß tief gebohrt hatten und auf Süßwasser gestoßen waren, von dem sie dem Senat eine Probe brachten. Doch als man 1866 einen dieser Brunnen grub, und zwar in einem kleinen Gärtchen bei S. Agnese, schoß aus der

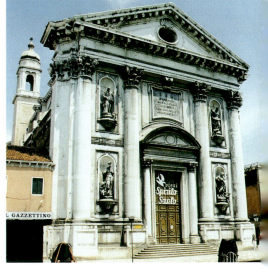

Zattere: Gesuati-Kirche, vormals Mariä Heimsuchung, und S. Maria del Rosario, im Volksmund »dei Gesuati«

»Bocca di Leone« für geheime Anzeigen an der Fondamenta dei Gesuati

Öffnung eine Säule von Schlamm, Sand, Wasser und Gas bis zu vierzig Metern Höhe und ging auf die Kirche und die benachbarten Gebäude nieder, die außerdem durch die Aushöhlung des Bodens unter den Fundamenten beschädigt wurden.

In dieser Gemeinde kam es 1630 zum ersten Fall von Pest, und zwar bei einem Schreiner Giovanni Maria Tirinello, der hinter dem Kampanile wohnte. Er hatte sich angesteckt, als er auf der Insel von S. Clemente vier Hütten für die Beamten der Gesundheitsbehörde gebaut hatte; dort war vorher der Marchese di Strigis, Botschafter des Herzogs von Mantua am kaiserlichen Hof, mit fünf Dienern an der Pest gestorben, die er von unterwegs mitgebracht hatte.

Man geht wieder auf die Zattere zurück und kommt rechter Hand zur Kirche dei Gesuati, die aus zwei Baukörpern besteht.

Einige Mitglieder der Ordensgemeinschaft des Seligen G. Colombini kamen nach Venedig und ließen sich zunächst in einem Haus bei S. Giustina und dann hier in einem Gebäude nieder, das »Casa della Compagnia dei poveri Gesuati« genannt wurde.

1423 errichteten sie mit Hilfe von Almosen und einer Schenkung des Marchese von Mantua Francesco Gonzaga den Kreuzgang und ein Oratorium, das S. Girolamo geweiht war. 1492 wurde es in eine Kirche umgewandelt und 1524 der Visitazione della Beata Vergine [Heimsuchung Mariä] geweiht.

Nach der Auflösung der Gesuati im Jahr 1668 traten die Dominikaner der Observantengemeinschaft des Seligen Giacomo Salomone an ihre Stelle und legten 1726 dicht bei der alten Kirche den Grundstein für eine von Massari entworfene neue, größere Kirche, die S. Maria del Rosario [Rosenkranzmadonna] geweiht war.

Auch diese Kirche heißt umgangssprachlich »dei Gesuati«.
Das Innere ist einschiffig und verfügt hinter dem Altar über einen großen Chor.
Im 18. Jahrhundert wurde auch das Kloster wieder in Stand gesetzt, dem Apostolo Zeno seine Bibliothek schenkte.
An der Außenmauer von Hausnummer 919/G befindet sich eine »Bocca di Leone« [Löwenmaul] für geheime Anzeigen (16.-17. Jh.) mit der Inschrift »DENUNCE CONTRO LA SANITÀ PER IL SESTIER DE OSSO DURO«.
1815 wurde das Kloster in ein Waisenhaus für Jungen unter der Leitung der Somaschi-Mönche umgewandelt.
An einigen kirchlichen und öffentlichen Gebäuden kann man noch die »Bocche di Leone« sehen, marmorne Briefkästen, in die man geheime Anzeigen werfen konnte, die »denontie secrete« hießen. Die Schlüssel zu den Kästen lagen bei den jeweils zuständigen Magistraten.
Ein Gesetz vom 30. Oktober 1387 bestimmte, dass anonyme Anzeigen beim Rat der Zehn unberücksichtigt bleiben und verbrannt werden sollten. 1542 legte ein weiteres Gesetz fest, dass bei Fällen von Gotteslästerung anonymen Anzeigen nachgegangen werden konnte, vorausgesetzt, es waren mindestens drei direkte Zeugen benannt. 1655 wurde gesetzlich angeordnet, dass anonyme Anzeigen beim Rat der Zehn, die staatliche Belange oder ähnliches betrafen, berücksichtigt werden konnten, allerdings nur unter der Voraussetzung, dass vier Fünftel des Rates der Zehn dafür waren, gegen den Beklagten vorzugehen.
Spätere Darstellungen von Parteigängern der Feinde der Republik haben den Eindruck erweckt, als seien der Rat der Zehn, die Staatsinquisitoren und der Doge eine Bande von blutrünstigen Henkern gewesen, die blind an der Erhaltung des Staates interessiert waren. Vor allem die beiden ersten Organe wurden beschuldigt, auf der Basis anonymer Anzeigen ohne Prozess ihre Urteile zu fällen und sich heimlich in einem schwarz ausgekleideten und mit gelben Fackeln erleuchteten Raum zu versammeln.
Die historische Forschung hat umfassend nachgewiesen, wie unbegründet diese parteiische Darstellung ist, die den Zweck verfolgte, die alte Regierung in Misskredit zu bringen und die Erinnerung an die Serenissima Repubblica bei ihren Kindern auszulöschen. Die Inquisitoren führten in Wirklichkeit ordnungsgemäße Prozesse, bei denen Zeugen und die Verteidigung Gehör erhielten; die Urteile wurden im Großen Rat veröffentlicht und die Sitzungen fanden in einem bescheiden eingerichteten, hellen Raum unter einem Deckengemälde

Tintorettos mit den theologischen Tugenden statt. Eine weitere Bestätigung für diese Art der Rechtspflege geht aus einer lateinischen Inschrift über der Eingangstür der Avogaria im Dogenpalast hervor, die folgendermaßen lautet:
ZU ALLERERST STELLT GENAUE NACHFORSCHUNGEN AN, UM EIN GERECHTES UND KLARES BILD DER WAHRHEIT ZU GEWINNEN. VERURTEILT NIEMANDEN, ES SEI DENN NACH EINEM EHRLICHEN UND GERECHTEN URTEIL. VERURTEILT NIEMANDEN AUFGRUND VON VERDÄCHTIGUNGEN, SONDERN SUCHT NACH BEWEISEN UND FÄLLT AM ENDE EIN BARMHERZIGES URTEIL. WAS IHR NICHT WOLLT, WAS MAN EUCH TU', DAS FÜGT AUCH KEINEM ANDERN ZU.
Man geht die ganzen Zattere zurück und kommt wieder an der »Salute« an.

30. Santissimo Redentore

Redentor

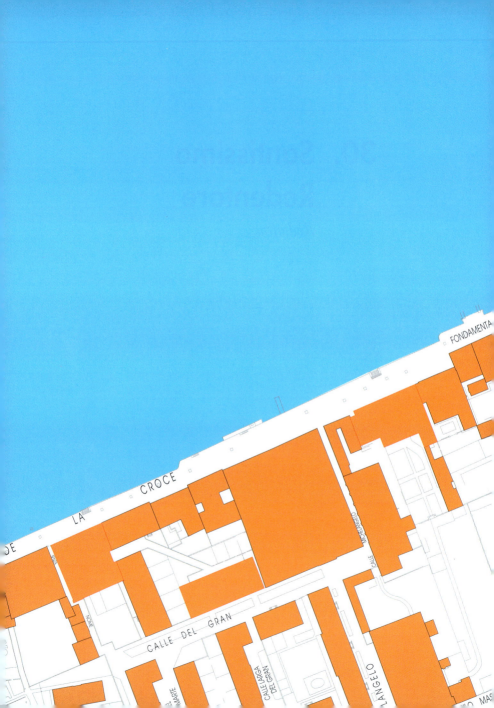

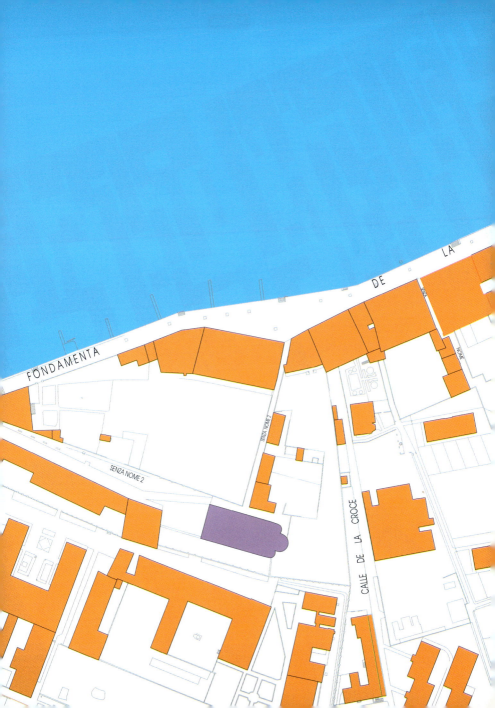

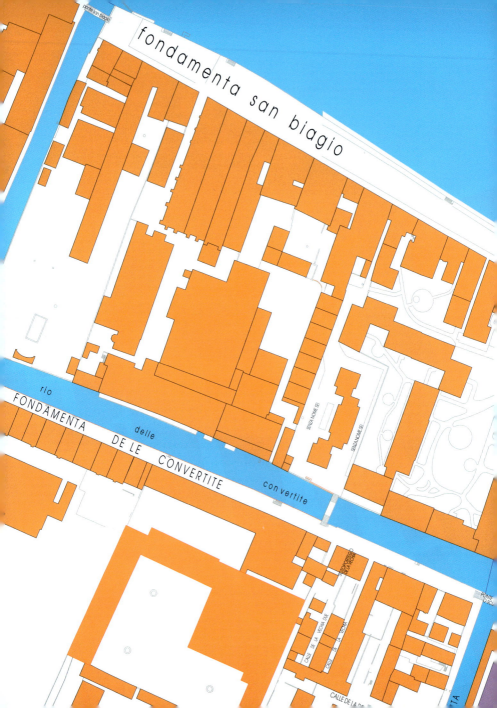

Die Giudecca ist die größte und nächstgelegene Insel; von Venedig ist sie durch den Canale della Guidecca getrennt, den alten Canale Vigano (von *vicus*: Ortschaft oder Dorf), und sie erstreckt sich als ein langgezogener, leicht gekrümmter schmaler Streifen von S. Giorgio bis zur Stazione Marittima.

Ursprünglich hieß die Insel Spinale oder Spinalonga, wegen ihrer Form, so meinen die einen, oder wegen der Dornenbüsche, mit denen sie bewachsen war, so glauben andere. Der Name Giudecca scheint auf die zahlreichen Juden zurückzugehen, denen in den Anfangszeiten die Insel als Wohnort zugewiesen war. Im 18. Jahrhundert wurden zwei Synagogen abgerissen und im 19. fand man bei den Zitelle einen Stein mit hebräischen Schriftzeichen. Andere Historiker führen dagegen den Namen der Insel auf das Wort »giudicato« oder Urteil zurück, mit dem gegen Ende des 9. Jahrhunderts den Familien Barbolani, Flabanici und Caloprini nach Aufhebung ihrer Verbannung einige Grundstücke auf der Insel Spinalonga überlassen wurden, um sie für das erlittene Unrecht zu entschädigen. Das Wort »giudicato«, das im venezianischen Dialekt »zudegà« ausgesprochen wird, soll den Bezeichnungen Zudeca, Zueca und Giudecca zu Grunde liegen.

Auf der Giudecca gab es eine Reihe von Palästen, in denen zahlreiche Feste gefeiert wurden. Daneben konnte man viele Gärten – auch nur für einen einzigen Tag – mieten, um dort Feste, Bankette, gesellschaftliche und amouröse Zusammenkünfte zu organisieren.

Die Giudecca besteht aus acht kleinen und zwei neu angelegten Inseln, die auf der Nordseite durch eine lange, von einem Ende zum anderen reichende Fondamenta verbunden sind, während Kanäle und enge Gassen sie quer durchschneiden. Die Südseite bestand aus großen Obst- und Gemüsegärten, die bis ans Wasser reichen; im Laufe der Zeit haben sie neuen Wohnhäusern ohne jeden historischen oder künstlerischen Wert weichen müssen. Dies waren die berühmten Gärten, in denen die Patrizier ihre Villen erbauten, um hier den Sommer und Herbst zu verbringen, als der Landaufenthalt am Ufer der Brenta noch nicht in Mode gekommen war. Die einfache Bevölkerung kam hierher, um am Tag nach dem traditionellen Redentore-Fest (dritter Sonntag im Juli) Maulbeeren zu essen. Der Spaziergang beginnt an der Anlegestelle Z<small>ITELLE</small>.

Etwa achtzig Meter links davon liegen Kirche und Kloster delle Zitelle. Der Jesuit Benedetto Palmio, der 1558 zum Predigen nach Venedig gekommen war und dabei viele arme Mädchen bemerkt hatte, die den Versuchungen der Welt ausgesetzt waren, brachte etliche von ihnen in einem Haus in

Dauer

1h 40'

Linien

Kirche der Zitelle

der Pfarrei von S. Marziale unter. 1561 wurde auf der Giudecca ein größeres Gebäude errichtet, dazu ein von Palladio entworfenes Oratorium, das 1588 eingeweiht wurde. 1764 brach ein heftiges Feuer aus, das eine Tochter des nicht zum Patriziat gehörenden Baldassarre Pasqualigo aus Ärger über eine Verschiebung ihres Hochzeitstermins gelegt hatte.

1921 wurde das Waisenhaus für Mädchen hierher verlegt und 1936 die Casa Maria Immacolata für aus der Haft entlassene Frauen gegründet. Die Einrichtung war berühmt für die Handarbeiten, die die Frauen ausführten, darunter auch die venezianischen Spitzen.

Man folgt der **Fondamenta de le Citele**, die früher »di S. Giovanni« hieß, nach links und beginnt den Spaziergang am **Campo Nani o Barbaro**, der heute geschlossen ist und von der Finanpolizei genutzt wird. Die Fondamenta und der Campo heißen nach der zerstörten Kirche von S. Giovanni.

Aufgrund der 1333 getroffenen testamentarischen Verfügung des aus Lucca stammenden und 1339 verstorbenen Seidenhändlers Bonacorso Moriconi, genannt Boneta, wurde auf der Giudecca eine Kirche für die Jungfrau Maria und die Heiligen Johannes und Franziskus sowie ein daran angeschlossenes Kamaldulenserkloster errichtet.

Außerdem wurde ein Hospiz für zwanzig Arme erbaut. Das Kloster wurde 1344 vollendet und 1369 vergrößert. 1767 wurde der Kamaldulenser-Orden aufgelöst und Kirche und Kloster wurden zu Beginn des 19. Jahrhunderts abgerissen.

An der Fondamenta steht ein Palast der Familie Barbaro (Hausnummer 10), in dem Ermolao 1484 eine Philosophische Akademie einrichtete. Nachdem der Palast an die Familie Nani übergegangen war, hatte die Accademia dei Filareti hier ihren Sitz. Eine fast unleserliche Inschrift an der Hauswand erinnert daran.

Als es im Casino von S. Felice beim Spiel zwischen Emilio Arnaldi und Alvise Barzizza zum Streit kam, duellierten sich die beiden am 22. Januar 1739 auf der Giudecca bei S. Giovanni. Das Ganze endete mit einer leichten Verletzung Arnaldis, der freigesprochen wurde, und der Verbannung Barzizzas und seines Sekundanten, doch erregte das Ereignis erhebliches Aufsehen, weil es eines der wenigen Duelle war, die sich in der Stadt ereigneten.

Es folgt ein spitzbogiger Palast (Hausnummer 11-14) aus dem 15. Jahrhundert und Palazzo Mocenigo (Hausnummer 19-20). Der Doge Alvise Mocenigo wollte den Bau seiner Frau Loredana Marcello zum Geschenk machen, doch die junge Braut starb vorher und der Doge widmete den Palast testamentarisch dem Gedenken an die geliebte Frau. Die Hausnummern 23-26 sind die Überreste von Palazzo Mosto. Anschließend folgen die Kirche und das Kloster von S. Maria della Presentazione, genannt delle Zitelle; die Kirche wurde 1561 nach Plänen Palladios errichtet, aber im Verlauf der Bauarbeiten von einem Mitarbeiter Palladios namens Jacopo Bozzetto sehr stark verändert. Der Innenraum hat einen vieleckigen Grundriss; die große Zentralkuppel ruht auf korinthischen Säulen. Auf beiden Seiten der Fassade erhebt sich ein Kampanile. Haus Nummer 50 ist Palazzo Minelli aus dem 17. Jahrhundert.

Ab Hausnummer 55 beginnt die **Fondamenta de la Crose**, an der hinter Hausnummer 122 und vor der **Ponte de la Crose** an der **Fondamentina** die große Kirche della Croce steht, die heute geschlossen und aufgegeben ist. Im Kloster ist die Casa di Lavoro [Arbeitshaus] untergebracht. Der früheste Hinweis auf das Benediktinerinnen-Kloster von S. Croce auf der Giudecca findet sich in einem Dokument von 1328, in dem der Große Rat einen Teil des angrenzenden Sumpfes an Privatpersonen vergab, um ihn bewohnbar zu machen. 1508 wurde die Kirche neu gebaut. Nach Auflösung des Ordens zu Beginn des 19. Jahrhunderts wurde das Kloster in eine Besserungsanstalt umgewandelt, die auch die Kirche nutzte.

Unter der 1486 gestorbenen Äbtissin von S. Croce Eufemia Giustiniani fand die 1464 in Venedig herrschende Pest auch Eingang ins Kloster und forderte vier Opfer. Eines Tages erschien bei der Pförtnerin Schwester Scolastica ein Edelmann am Gitterfenster des Klosters, bat sie um einen Schluck Wasser und versicherte ihr, dass von diesem Tag an keine Nonne mehr sterben werde. Aus nicht bekannten Gründen erhielt der Edelmann den Namen S. Sebastiano, ebenso wie die Quelle, deren Wasser als wundertätig galt und auch während der Pest von 1576 zahlreiche Heilungen bewirkte. Anschließend kommt man zur **Cale de i Frati**, an der das Kapuzinerkloster (Hausnummer 194) steht.

Es folgt die Redentore-Kirche. Fiorenza Corner und Teodosia Scripiana errichteten auf der Giudecca eine Kirche von S. Maria degli Angeli und ein Kloster, das sie 1541 dem Minoritenmönch Bonaventura degli Emmanueli übergaben. Dieser nahm die Kapuziner auf, die jedoch nur wenige Jahre (1546) blieben, weil ihr Oberer im Verdacht stand, einem Irrglauben anzuhängen. Deshalb zogen sie sich in ein armseliges Kloster aus Holz in der Nähe des Monte dei Corni auf der Giudecca zurück, der nach der Sammelstätte für Tierhorn hieß, das beim Schlachten anfiel.

Einer der Doppel-Türme an der Redentore-Kirche

30. Santissimo Redentore

Erst 1548 kehrten die Mönche nach der Zerstörung des hölzernen Klosters durch einen Sturm und nach dem Tod Bonaventuras wieder nach S. Maria degli Angeli zurück.

Als die Stadt in den Jahren 1575-1576 von einer furchtbaren Pest heimgesucht wurde (50.000 Tote), gelobte die Republik den Bau einer großen Kirche, wenn die Epidemie aufhörte.

1577 begannen die Arbeiten nach Plänen Palladios und 1592 wurde der Bau von Antonio da Ponte fertiggestellt, der nach dem Tod seines Meisters im Jahr 1580 an dessen Stelle getreten war. Der eindrucksvolle einschiffige Kirchenraum hat den Grundriss eines lateinischen Kreuzes; das Längsschiff ist 31 Meter lang und hat drei Seitenkapellen. Die Kirche hat eine Gewölbedecke und eine große Kuppel über dem Querschiff. Auf beiden Seiten des Chors stehen spitze Kampanile.

Zu Beginn des 19. Jahrhunderts wurden die Kapuziner aufgelöst, aber 1822 wieder in Venedig zugelassen und kehrten in ihr Kloster zurück.

Auf dem **Campo del SS. Redentor** steht der Marmorsockel für einen Fahnenmast, der an die Beffa von Buccari am 10. Februar 1918 erinnert und 1928 hier aufgestellt wurde.

Hier beginnt die **Fondamena S. Giacomo**; Marsilio da Carrara hatte der Republik aus Dankbarkeit für die Hilfe bei der Wiedereroberung von Padua 1338 testamentarisch einen Geldbetrag für die Errichtung einer Kirche und eines Servitenklosters vermacht.

Fahnensockel zur Erinnerung an die »Beffa di Buccari« vor der Redentore-Kirche

Die beiden Gebäude wurden 1343 fertiggestellt. Die Kirche wurde S. Maria Novella genannt, aber da sie an der Stelle eines alten Oratoriums des Apostels Jakobus stand, erhielt sie den Namen S. Giacomo. Zu Beginn des 19. Jahrhunderts wurde der Komplex abgerissen. An der Fassade des Klarissenklosters (Hausnummer 207-208) sieht man zwischen dem Erdgeschoss und der ersten Etage ein Relief (16.-17. Jh.) des Heiligen Jakobus, das vielleicht von der abgerissenen Kirche stammt.

Anschließend kommt man zu den Überresten des alten Palazzo Visconti di Milano (Hausnummer 218-224) vom Ende des 15. Jahrhunderts, der »Rocca Bianca« genannt wurde; er kam später an die Familie Foscolo.

Man überquert die **Ponte Longo** über den gleichnamigen Rio, der früher voller Kähne und Fischerboote war. Die Holzbrücke erhielt diesen Namen, weil sie länger als die anderen war. Sie wurde 1340 erbaut, um die alte mit der neuen Giudecca zu verbinden, die durch die Bonifikationen zwischen S. Giovanni und der Insel von S. Giorgio entstanden war. Am 5. Februar 1544 wurde die Brücke von einem Orkan zerstört und sofort wieder aufgebaut.

Man befindet sich nun auf der **Fondamenta al Ponte Picolo**. Auf der linken Seite beginnt bei Hausnummer 322 die **Cale de l'Ospealeto**. Ein Pietro Brustolado gründete durch testamentarische Bestimmung vom 1. Dezember 1316 ein nach dem Heiligen Petrus benanntes Hospiz für zwölf arme Kranke; wie aus einer Inschrift an der Außenwand hervorgeht, wurde es 1568 neu gebaut. Durch eine Entscheidung der Provveditori de Supra vom 1. Juli 1598 blieb es ausschließlich bedürftigen und kranken Frauen vorbehalten. Es folgen **Sotoportego e Cale Larga Ferrando** und direkt dahinter **Cale Streta Ferrando**. An ihrem Ende liegt der **Campielo Ferrando**, an dem der Edelmann Marco Loredan ein Haus besaß, das an Marco Frollo, genannt Ferrando, vermietet war.

Am Ende dieses Campiello überquert man die Holzbrücke über den **Rio de la Palada** und kommt auf die **Fondamenta de la Palada**. Man geht sie bis zum Ende und biegt nach rechts auf die **Fondamenta S. Anzolo** und von dort wieder nach rechts auf den **Campo de la Sponza** (*spugna*: Schwamm). Ursprünglich hieß die Gegend »Palada di S. Anzolo« nach der benachbarten gleichnamigen Kirche oder »Palada de ca' Lombardo«, weil die Patrizierfamilie Lombardo hier vierundzwanzig Häuser besaß, die später von den Prokuratoren von S. Marco verwaltet wurden. Mit »Palada« war die Befestigung aus Pfählen gemeint, die hier an Stelle der heutigen Fondamenta existierte. Die Kirche von S. Angelo wird umgangssprachlich so genannt, obwohl ihre eigentliche Bezeichnung Gesù Cristo Nostro Salvatore lautet.

Im Jahr 1518 kamen einige Karmeliter aus Mantua und ließen sich in einem vorher von Benediktinerinnen bewohnten Kloster auf der Insel von S. Angelo di Concordia nieder, deren Name zu »Contorta« entstellt wurde. 1558 übersiedelten die Karmeliter auf die Giudecca und auf der Insel wurden eine Pulverfabrik und Pulvermagazine angelegt, weshalb sie S. Angelo della Polvere hieß. Die Mönche fanden auf der Giudecca ein kleines, von den Kapuzinern verlassenes Kloster und eine kleine Kirche, die neu aufgebaut und im Jahr 1600 geweiht wurde; sie erhielt, wie bereits erwähnt, den Namen Gesù Cristo Nostro Salvatore. 1768 wurde das Kloster aufgelöst und anschließend auch die Kirche geschlossen. 1841 wurde sie als privates Oratorium wieder geöffnet, 1919 wegen

Kirche von S. Eufemia

Einsturzgefahr von neuem geschlossen und 1933 wieder geöffnet. Seither haben sich ihre Spuren verloren; sie stand in der Nähe von Hausnummer 369.

Man kehrt wieder auf die Fondamenta Ponte Piccolo zurück und überquert die **Ponte Picolo**.

Nun beginnt die **Fondamenta S. Eufemia**, die nach der Kirche gleichen Namens benannt ist.

Auf der linken Seite folgen:

Cale de i Spini, nach einer Francesca und einem Francesco Spin, die beide von der Giudecca stammten und am 29. bzw. 30 Juli 1576 an der Pest starben.

Cale de l'Ogio, nach einem hier befindlichen Ölmagazin.

Cale del Forno, nach einem alten Backofen.

Sotoportego e Cale de i Nicoli, wegen einer Reihe von Häusern, die die Gebrüder Nicoli, von Beruf »Filacanevi« [Seiler] (s. *S. Silvestro*, Corderia, S. 484), hier besaßen.

Von der Calle dei Nicoli kommt man in die malerische **Corte dei Cordami** [Tauwerk], deren Name die gleiche Herkunft hat.

Anschließend kommt man in die **Corti Grandi**, die entweder wegen ihrer Größe so heißen oder nach der venezianischen Familie Fugacci, genannt Grandi. Man weiß nämlich, dass die drei Brüder Grandi, die 1634 das venezianische Bürgerrecht erhielten, in ihren Häusern »an den Corti Grandi am Ende der Giudecca« geboren wurden. Auf den Corti Grandi wurden auch Stierhatzen veranstaltet.

Man geht wieder auf die Fondamenta S. Eufemia zurück und folgt ihr weiter; Haus Nummer 607-608 ist die Accademia dei Nobili, nach der auch die nächste Calle heißt. Die Republik gründete hier 1619 eine Akademie oder ein Internat für junge Patrizier. 1627 wurden nur die Söhne verarmter Familien und insgesamt nicht mehr als 46 Schüler aufgenommen; sie wurden auf Staatskosten bis zum zwanzigsten Lebensjahr versorgt und in Religion, Grammatik, den humanistischen Fächern, Nautik und Zivilrecht unterrichtet. Mit dem Ende der Republik wurde die Einrichtung aufgelöst und 1936 in Wohnungen umgewandelt.

Es folgen die **Cale del Pistor** (Bäcker) und **Sotoportego e Cale Montorio**. Ein

Fondamenta delle Convertite

Giacomello Montorio von der Giudecca war 1353 Mitglied der Scuola Grande della Carità; ein Giacomo lieh der Republik 1379 Geld; ein weiterer Giacomo war der Obere der Scuola di S. Giacomo di Galizia auf der Giudecca (7. März 1386).

Ein Zuanantonio Montorio gab 1514 an, ein Haus für sich selbst und weitere acht Mietshäuser »in der Corte de Ca' Montorio« zu besitzen.

Man kommt nun zur Kirche von S. Eufemia, die nach der Überlieferung im Jahr 865 unter dem Dogen Orso Partecipazio zu Ehren der Heiligen Eufemia, Dorotea, Tecla und Erasma errichtet wurde, die in Aquileia den Märtyrertod erlitten hatten. Das Gebäude ist nach Westen ausgerichtet, wie das bei den ältesten Kirchengebäuden der Stadt der Brauch war.

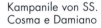

Kirche von SS. Cosma e Damiano

Nach verschiedenen Restaurierungen erhielt die Kirche gegen Ende des 19. Jahrhunderts ihre heutige Gestalt, wobei der Portikus hinzugefügt wurde, der aus Bauelementen der abgerissenen Kirche von SS. Biagio und Cataldo besteht.

Von den zahlreichen Neueinweihungen in ihrer langen Geschichte sei hier nur die im Jahr 1761 erinnert, weil sie auf einem Stein neben der Tür vermerkt ist. In einer Nische unter dem Portikus steht eine Statue von S. Biagio (14. Jh.), die gleichfalls aus der 1882 abgerissenen Kirche stammt, die dem Gebäude des Mulino Stucky weichen musste.

Das Innere ist entsprechend der ursprünglichen Basilikastruktur dreischiffig. Neben der Apsis erhebt sich der Kampanile, bei dem in offener Verletzung des Symmetriegebots die Kanalseite am reichsten verziert ist.

Vor der **Ponte de S. Eufemia** biegt man nach links auf die **Fondamenta del Rio de S. Eufemia**, heute Fondamenta de S. Eufemia. Am der Ecke einer Umfassungsmauer sieht man ein Kapitell aus istrianischem Stein, das umgekehrt eingemauert worden ist. Es dürfte sich schwerlich um ein Versehen handeln, daher erscheint es logischer, darin die bewusste Botschaft eines unbekannten Maurermeisters zu sehen. Die beiden umgekehrten Spiralen vermitteln nämlich nicht mehr den Eindruck, etwas zu tragen, sondern sehen vielmehr wie eine doppelte Welle aus, die sich überschlägt und aufbäumt.

Kampanile von SS. Cosma e Damiano

Man geht die Fondamenta bis zu Ende und überquert dann die hölzerne **Ponte Lagoscuro** auf der rechten Seite, hinter der die **Fondamenta de le Convertite** beginnt.

Vor der Brücke links liegt der **Campo S. S. Cosma e Damiano**, heute S. Cosmo. Die Benediktinerin Marina Celsi, die vorher Äbtissin in S. Maffio auf Murano und S. Eufemia auf Mazzorbo war, verließ diese Klöster und gründete 1481 auf der Giudecca die Kirche und das Benediktinerinnen-Kloster; beide Gebäude wurden 1492 fertiggestellt.

Nach der Auflösung des Ordens durch napoleonisches Edikt wurden die beiden Gebäude weltlich genutzt. Man ging sogar so weit, die Kirche der Strickwarenfabrik Herion zu überlassen, die bis 1986 in Betrieb war. Gegenwärtig werden die Gebäude restauriert. Der quadratische Kampanile mit einem sechseckigen Türmchen hat sogar zwei Industriekaminen als Stütze dienen müssen, die den Lisenen des Turms folgen und am zweibogigen Fenster der Glockenkammer münden.

Man folgt nun der Fondamenta delle Convertite. Eine erste religiöse Ansiedlung in dieser Gegend geht auf die Tochter Julia des Kaisers Friedrich Barbarossa zurück; um die Mitte des 16. Jahrhunderts errichtete man an dieser Stelle ein kleines, Maria Magdalena geweihtes Oratorium mit einem Kloster für Sünderinnen, die ihr Vorleben bereuten und nach der Ordensregel des Heiligen Augustinus im Dienste Gottes leben wollten. Der erste Rektor und Leiter der Einrichtung war ein aus der Valcamonica stammende Priester Pietro Leon, der nach einigen Jahren gestand, dass er mit zwanzig Frauen Verkehr gehabt und die Früchte seiner Liebe ertränkt habe. Er wurde am 10. November 1561 auf dem Markusplatz enthauptet und verbrannt.

Das Oratorio delle Convertite wurde auf Kosten des reichen Kaufmanns Bartolomeo Bontempelli dal Calice restauriert und 1579 neu geweiht. Zu Beginn des 19. Jahrhunderts wurde der gesamte Komplex säkularisiert und in ein Militärkrankenhaus verwandelt (1849). Seit 1857 befindet sich hier das Frauengefängnis.

Man kehrt auf die Fondamenta S. Eufemia zurück und überquert die gleichnamige Brücke. Hier beginnt die **Fondamenta S. Biasio**, die beim Mulino Stucky endet.

Auf dem Gelände des Industriekomplexes stand gegen Ende des 10. Jahrhunderts ein Spital für Pilger ins Heilige Land und ein kleines Oratorium.

Das eindrucksvolle Gebäude des Mulino Stucky, von den Zattere aus gesehen

1222 wurde das Spital von der Seligen Giovanna Collalto in ein Kloster für Benediktinerinnen umgewandelt, die hier bis zur Auflösung im Jahr 1809 lebten. An das Kloster angeschlossen war die Kirche der heiligen Biagio und Cataldo, die ebenfalls 1222 an Stelle des alten Oratoriums errichtet wurde. Beide Gebäude wurden 1882 abgerissen. An der Fondamenta steht der Palazzo Emo (Hausnummer 775) aus dem 17. Jahrhundert; der spitzbogige Palazzo Maffetti (Hausnummer 786); Palazzo Moro (?) (Hausnummer 789-790) vom Beginn des 16. Jahrhunderts; und der spitzbogige Palazzo Foscari (Hausnummer 795) aus dem 15. Jahrhundert. Am Ende der Fondamenta erhebt sich der neugotische Industriebau des Mulino Stucky. Der Industrielle Giovanni Stucky verlegte 1884 seine Walzenmühle hierher, die bereits seit 1867 in Treviso arbeitete. Unmittelbar nach dem Zweiten Weltkrieg stellte der große Komplex endgültig seinen Betrieb ein.
Von der Anlegestelle S. Eufemia fährt man wieder zurück.

Aufbau des venezianischen Staates

Die venezianische Regierung stand nicht im Dienst einer Partei oder Fraktion, sie war streng, aber nicht übermächtig oder unmenschlich und im wesentlichen unparteiisch und ausgewogen; in der Ausübung ihrer Funktion orientierte sie sich am Ideal einer unvoreingenommenen Gerechtigkeit und nicht zufällig war die Figur der Justizia mit Schwert und Waage das bevorzugte Symbol, in dem Venedig sich selbst darstellte. Die spätere Regierung Venedigs geht auf die Zeit zurück, als die kleinen Städte und Ansiedlungen am Rande der Lagune oder auf den Inseln unter der Herrschaft eines »magister militum« und später eines Herzogs [*Duca*] oder »Dogen« zusammengeschlossen waren.

Der Doge, der über lange Jahrhunderte die »Comune Venetiarum« regierte, setzte ohne Zweifel das Amt des einstigen byzantinischen Herzogs fort. Aber im Laufe der Zeit geschah das gleiche wie bei vielen anderen Ämtern auch: der Name blieb zwar erhalten, doch der Inhalt änderte sich grundlegend, denn der Doge von Venedig war, wie der Herzog von Neapel, ein nahezu absoluter Herrscher und es gab sogar Versuche, das Amt erblich zu machen. Das belegt die Aufeinanderfolge von Dogen aus den Familien Partecipazio, Candini und Orseolo; jedesmal aber setzten ihnen blutige Aufstände ein Ende, die von einer Gruppe von Familien angeführt wurden, die in der Vergangenheit das Tribunenamt, also die Herrschaft über die kleinen Städte in und an der Lagune innegehabt hatten. Sie waren teilweise Grundbesitzer, teilweise Seefahrer und Kaufleute und wachten eifersüchtig darüber, dass der Doge die Macht nicht dauerhaft übernahm und sich damit der Kontrolle entledigte, die einige Mitglieder dieser Tribunen-Familien gegenüber der Regierung ausübten, indem sie den Dogen bei den öffentlichen Aufgaben unterstützten und auf die Urteile, die er kraft seines Amtes fällte, Einfluss ausübten. In den Auseinandersetzungen zwischen diesen *Primates* und der Macht des Dogen entwickelte sich allmählich »usu et vetustate« (um Ciceros berühmte Definiton der römischen Verfassung zu übernehmen) die Verfassung Venedigs.

Die ersten Umrisse dieser Verfassung zeichneten sich nach der Ermordung des Dogen Pietro Tradonico (oder Gradenigo) im Jahr 864 ab. Unter der Regierung des neuen Dogen Orso Partecipazio bildeten sich Beisitzer des Dogen heraus, die eine festgelegte richterliche Funktion hatte. Sie sind, wie Cessi nachgewiesen hat, »der erste Kern der künftigen lokalen Ratsverwaltung«. So begann sich die Gerichtsbarkeit von der Politik zu unterscheiden. Die Tribunen stellten auch weiterhin die Räte des Dogen. Auf den Inseln wurde in Nachahmung der langobardischen Herrschaft auf dem Festland die lokale Herrschaft den herzoglichen Gastalden oder Vögten übertragen und damit die Tendenz zur erblichen Besetzung von Ämtern unterbunden.

Einige Familien spielten jedoch dank der Fähigkeiten ihrer Oberhäupter und ihres großen Reichtums wegen eine führende Rolle und es kam wieder dazu, dass mehrere Vertreter der gleichen Familie das Dogenamt innehatten. Trotz des Endes der Familie Orseolo gibt es im 12. Jahrhundert drei Dogen Michiel, die in kurzem Abstand aufeinander folgen (1096-1172). Doch nach der Ermordung des Dogen Vital Michiel II. kam es zu einer Änderung und die Übernahme des Dogenamtes durch mehrere, aufeinander folgende Mitglieder der gleichen Familie wurde von nun ab unterbunden. Dadurch unterscheidet sich die Verfassungsgeschichte Venedigs von der der anderen byzantinischen Herzogtümern wie Neapel, Gaeta oder Amalfi, in denen das Herzogtum erblich wurde, ebenso wie die byzantinischen »Giudicati« auf Sardinien.

Wegen der leichteren Verteidigung und der besseren Handelsbedingungen, zum guten Teil aber auch durch das Naturphänomen des Bradysismus, durch den viele Inseln absanken und vom Wasser überflutet wurden, entwickelten sich die Inseln Castello und Rialto zu Zentren des politischen Lebens und des Verkehrs in der Lagune. So entstand die Stadt Venedig, die sehr bald die kleinen Gemeinden beherrschte, aus denen das byzantinische Herzogtum bestanden hatten, und es entwickelte sich allmählich die *commune Venetiarum*, die ihr Zentrum in der sich entwickelnden Stadt hatte. Die venezianische Verfassung basiert auf einer Reihe von grundlegenden Institutionen: Doge und Signoria, Maggior Consiglio [Großer Rat], Senat oder Pregadi, Quarantie, Avogadori di Comune und Consiglio dei dieci [Rat der Zehn]. Ihre Entstehung soll Schritt für Schritt verfolgt werden.

Die Wahl des Dogen, die sich zunächst im Tumult einer Generalversammlung der Lagunenbewohner vollzog, wie aus einem zeitgenössischen Bericht über die Wahl des Dogen Domenico Silvio hervorgeht, wurde auf ein Wahlmännergremium begrenzt, das vom Großen Rat, der sich inzwischen gebildet hatte, mittels eines komplizierten Verfahrens bestimmt wurde. Aus den Zeiten der direkten Wahl des Dogen haben sich nur schwache Erinnerungen daran erhalten, dass der frisch Gewählte vor das Volk trat, das ihn durch Akklamation bestätigte und an das er Geld verteilte.

Die Einsetzung des Großen Rats war von entscheidender Bedeutung, denn in kurzer Zeit wurde er zum wirklichen *Souverän* des venezianischen Staates, obwohl dessen offizieller Vertreter nach wie vor der Doge und seine sechs Räte (consilium minus) waren, die die »Signoria« bildeten. Die anschließenden Reformen des Großen Rates sind für die Entwicklung der venezianischen Verfassung entscheidend. Zunächst wurde er durch das bei solchen Wahlversammlungen übliche Verfahren bestimmt, dass nämlich der abtretende Rat die Wahlmänner bestimmte, die die Miglieder des neuen ernannten. Dadurch bildete sich eine Gruppe von einigen hundert Personen heraus (etwa 500 nach Überlieferung der venezianischen Autoren), Vertreter der »nobiles et antiqui populares«, also der Grundbesitzer, Kaufleute und Schiffseigner, die die herrschende Klasse der Stadt bildeten. Der Große Rat hatte ursprünglich nicht nur das Recht, das Wahlgremium des Dogen zu benennen, sondern er besetzte auch alle städtischen Ämter; die Gesetze, die Steuererhebung sowie alle Maßnahmen im Zusammenhang mit dem Handel und den auswärtigen Beziehungen bedurften seiner Bestätigung, bis dann im 13. Jahrhundert ein eigenes Organ damit betraut wurde, nämlich der Rat der »Rogati« oder »Pregadi«, der später den Namen Senat erhielt.

Die Anfänge des Großen Rats finden sich bereits im 12. Jahrhundert, und nahezu gleichzeitig dazu (um 1179) wurde ein weiteres Organ geschaffen, das von großer Bedeutung für die venezianische Verfassung war, nämlich die Quarantìa, eine Magistratur von vierzig Richtern, die das höchste Gericht des Staates bildeten. Dieses Gerichtsorgan übernahm die richterlichen Funktionen des Dogen und seiner Ratsverwaltung. Sehr bald schon wurde die Quarantìa verdoppelt und neben der strafrechtlichen eine zivilrechtliche eingerichtet, zu der nach dem Anschluss zahlreicher Provinzen auf dem Festland noch eine dritte, für diese zuständige Zivilgerichtsbarkeit hinzukam. Der Quarantìa wurden neben ihren richterlichen Aufgaben später weitere bedeutende Funktionen übertragen, etwa die Überwachung der Münzprägeanstalt und die Aufstellung von Finanzplänen, die dem Großen Rat vorgelegt wurden.

Bei allen Ratsentscheidungen hatten die drei »Avogadori di Comune« das Recht, sich zu beteiligen, und die Entscheidungen des Großen Rat waren unwirksam, wenn einer von ihnen nicht teilnahm, denn als Vertreter des Gesetzes hatten sie das Recht, zu intervenieren und die Entscheidungen außer Kraft zu setzen, die nicht mit dem Gesetz vereinbar waren. In den wichtigsten Prozessen vertraten sie die Anklage vor der Quarantìa criminale.

Zu diesen Regierungsorganen kam im 13. Jahrhundert (zwischen 1229 und 1232) ein weiteres hinzu, das in kürzester Zeit große Bedeutung gewann, nämlich der bereits erwähnte Rat der »Pregadi« oder Senat. Dieser bestand aus 120 vom Maggior Consiglio benannten Räten, zu denen außerdem der Doge mit seinen Räten, die Quarantìa Criminale und weitere Magistraturen hinzukamen, so dass er aus etwa 200 Personen bestand. Von Anfang an befasste sich dieses Organ mit den Fragen des Handels und der Seefahrt, einschließlich des Baus der großen Handels- und der Kriegsschiffe, die Galeeren hießen, der Frachtkosten, der vorgeschriebenen Schiffsrouten und der Ausrüstung. Mit der Zeit wurden dem Senat seitens des Großen Rates immer mehr Aufgaben entweder ausdrücklich übertragen oder stillschweigend überlassen, so dass es schließlich Sache des Senats war, über Krieg und diplomatische Verhandlungen, über die Überwachung der Provinzen und die Besetzung der meisten öffentlichen Ämter zu entscheiden; damit wurde er in kurzer Zeit zu dem Ratsorgan, das über die größte tatsächliche Macht verfügte.

Man kann sich kein zutreffendes Bild vom venezianischen Verfassungsmechanismus machen, ohne die bedeutende Rolle zu erwähnen, die die »serrata del Maggior Consiglio« [Schließung des Großen Rates] dabei spielte. Diese verfolgte anfänglich nicht das Ziel, der venezianischen Verfassung einen aristokratischen Zuschnitt zu geben, sondern sollte verhindern, dass durch das schnelle Anwachsen der Bevölkerung Venedigs infolge der außerordentlichen Entwicklung des Handels der Regierungsmechanismus durch zu viele »Neulinge« aus dem Lot gebracht wurde.

Die ersten Anzeichen der Reform wurden unter dem Dogen Giovanni Dandolo erkennbar, der jedoch von ihrer Notwendigkeit nicht überzeugt war und sich ihr widersetzte. Ein Befürworter der Reform war dagegen sein energischer Nachfolger Piero Gradenigo, und so wurde am 28. Februar 1297 von den Vorstehern der Quarantìa ein Erlass vorgeschlagen, nach dem bei der Erneuerung des Großen Rats durch die Quarantìa nur diejenigen gewählt werden konnten, die dem Rat in den vorangegangenen vier Jahren angehört hatten oder die mindestens zwölf Stimmen erhielten: nur diese sollten einen Sitz im Maggior Consiglio erhalten. Allerdings war die Möglichkeit nicht ausgeschlossen, dass Vertreter anderer Familien mit der Zeit Zugang zum Rat erhielten, allerdings unter sehr viel strengeren Auswahlkriterien, die im Laufe der Zeit gegenüber denen von 1297 noch wesentlich verschärft wurden. Durch die *Serrata* wurde der Zugang zur Regierung des venezianischen Staates auf die ältesten Familien beschränkt. Die Reformer wollten sich auf der einen Seite gegen einen möglichen Machtmissbrauch seitens des Dogen und auf der anderen gegen Übergriffe der herrschenden Oligarchie selbst schützen.

Der Doge wurde in seinen Machtbefugnissen durch ein feierliches Dokument, die *promissione ducale*, beschränkt, das er bei Amtsantritt beschwören musste. Darin verpflichtete er sich, allen gegenüber Gerechtigkeit walten zu lassen, keine wichtigen Angelegenheiten ohne Beteiligung des Kleinen oder Großen Rats zu behandeln, keine ausländischen Delegationen ohne seine Räte zu empfangen und keine Änderungen der Verfassung anzustreben, die nicht vorher vom gesamten Kleinen und der Mehrheit des Großen Rates gebilligt worden waren. Um diese Garantien stärker abzusichern, wurde nach der stürmischen Wahl Jacopo Tiepolos (1229-1249) die Einrichtung der »Correttori della promissione ducale« geschaffen, deren Aufgabe es war, bei jeder Neuwahl eines Dogen dem Großen Rat den Text des Amtseides vorzulegen. Das charakteristische Misstrauen der Venezianer führte zu immer neuen Einschränkungen der Macht des Dogen. Seine Kinder und Enkel hatten keine Stimme im Großen Rat und durften kein öffentliches Amt übernehmen. Um eine Einmischung der Kirche in die Staatsangelegenheiten zu verhindern, durften sie außerdem kein Kirchenamt übernehmen, und zwar weder in Venedig noch außerhalb. Beim Tod eines Dogen wurden genaue Nachforschungen über seinen Besitz angestellt, und falls sich ein Doge bereichert oder aber sein Amt nicht mit angemessenem Aufwand wahrgenommen und den seiner Bedeutung entsprechenden Finanzmitteln ausgestattet hatte, wurden die Erben mit einer Strafe belegt.

Doch mögliche Gefahren gingen nicht nur vom Dogen und seiner Familie aus, sondern noch verstärkt von den Patriziern; ein tragisches Beispiel für den ersten Fall war die Verschwörung des Dogen Marin Falieros, der 1355 seines Amtes enthoben und enthauptet wurde, während die rein zufällig entdeckte und vereitelte Verschwörung der Familien Tiepolo und Querini einige Jahre zuvor (1310) den zweiten Fall dramatisch illustrierte. In diesem Zusammenhang wurde eine aus zehn Personen bestehende Behörde geschaffen, deren Hauptaufgabe es war, die Familien der herrschenden Oligarchie zu überwachen und Ermittlungen anzustellen, ob sie Komplotte gegen den Staat schmiedeten. Diese Behörde, die zunächst im direkten Zusammenhang mit der berühmten Verschwörung für einen begrenzten Zeitraum geschaffen worden war, wurde 1335 zu einer ständigen Einrichtung. Im Laufe der Zeit erweiterten sich ihre Kompetenzen immer mehr, speziell bei den Geheimverhandlungen mit dem Ausland, bei der Überwachung der Patrizier, die als Provinzgouverneure eingesetzt waren, oder der von Venedig besoldeten Militärkommandanten für die Kriege auf dem Festland, bei der Überwachung der Wälder und Bergwerke und weiteren wichtigen Bereichen. Es handelte sich gleichzeitig um einen Gerichtshof und ein Polizeiorgan. Er bereitete alle Angelegenheiten vor, die vor dem Großen Rat verhandelt wurden, und traf Notstandsmaßnahmen, die dann dem Rat zur Bestätigung vorgelegt wurden. In seiner endgültigen Form bestand er aus 10 vom Großen Rat ernannten Räten; zu diesen kamen der Doge selbst und seine sechs Räte sowie weitere 15 Senatoren hinzu, so dass der sogenannte Rat der Zehn in Wirklichkeit aus 32 Personen bestand, zuzüglich des *Avogadore di comun*, der an allen Sitzungen teilnehmen musste.

Der Rat der Zehn wählte dann aus den eigenen Reihen einige *Inquisitori*, die die in seinen Kompetenzbereich fallenden Prozesse führten. Im 16. Jahrhundert wurden drei *Inquisitori* eingesetzt, die wegen ihrer Strenge berüchtigt waren; sie wachten über die Wahrung von Staatsgeheimnissen und bekämpften die Spionageversuche seitens ausländischer Staaten.

Gegen den Rat der Zehn wurden von Seiten des venezianischen Adels immer wieder Intrigen geschmiedet, doch jedes Mal traten bedeutende Senatoren, etwa der Historiker G. B. Nani, auf und machten deutlich, dass dieser Rat notwendig war, um die Überheblichkeit des Adels unter Kontrolle zu halten und die Bevölkerung davor zu schützen, so dass die öffentliche Ruhe und eine unparteiische Justiz gewahrt blieben. Man mag sich nun fragen, was die wirkliche Antriebskraft dieses komplizierten Mechanismus war angesichts der Tatsache, dass dem Dogen nach und nach alle wirkliche Macht entzogen worden war und er nur dadurch wirken konnte, dass er in den verschiedenen Ratsorganen als *primus inter pares* das Wort ergriff. Das hatte natürlich durchaus seine Wirkung, wenn es sich um einen tüchtigen Mann handelte, aber wirkliche Machtausübung war das nicht; diese lag vielmehr beim Collegio dei Savi, die man als eine Art Ministerium der Republik betrachten kann. Es wurde vom Senat berufen und umfasste in seiner endgültigen Form sechzehn Mitglieder, von denen sechs die *Savi grandi* waren, die sich mit allen dem Senat vorgelegten Angelegenheiten befassten, fünf waren die *Savi detti di terraferma*, in deren Kompetenz alles lag, was die Provinzen betraf, und fünf schließlich waren die sogenannten *Savi agli ordini*, die dafür sorgten, dass im Bereich der Schiffahrt alle Anordnungen des Senats befolgt wurden.

An der Spitze dieser Behörde stand der *Savio de settimana*, dessen Namen sich daraus erklärt, dass turnusmäßig immer einer der sechs *Savi Grandi* für eine Woche den Vorsitz führte. Er beantwortete die Anfragen des Senats und hatte ähnliche Funktionen wie ein Premierminister.

Wir haben uns ausführlich mit der venezianischen Verfassung beschäftigt, die ein rein italienisches Modell der Organisation eines großen Staates darstellt und lange Zeit als ein Meisterwerk politischer Klugheit galt. In der Mitte des 17. Jahrhunderts schrieb ein intelligenter französischer Diplomat, der Conte d'Avaux, ihn »dünke es weniger schwierig, eine

Stadt mitten im Wasser zu errichten, als so viele verschiedene Menschen in einem gemeinsamen Interesse vereint zu haben und trotz der Leidenschaften des Einzelnen stets einen einheitlichen und unerschütterlichen Geist in dem großen Körper der Republik bewahrt zu haben«. Ein ähnliches Urteil hatte bereits ein Jahrhundert zuvor der Florentiner Sekretär Giannotti gefällt, ebenso wie auch andere Autoren, und es ist nicht zu leugnen, dass die Schaffung so vieler Körperschaften, die sich gegenseitig kontrollierten, eine Garantie für das ordnungsgemäße Funktionieren des Staates darstellte. Die Vorherrschaft des Adels war zu jener Zeit generell verbreitet, und in Venedig war es sicherlich richtiger, die Macht einer Schicht von Männern zu übertragen, die mit den Risiken der Seefahrt, mit dem Handel, den Behörden und den Kriegen vertraut waren, als sie – wie in vielen Fürstentümern der Zeit üblich – den Favoriten des Herrschers zu übertragen. Ebensowenig lässt sich eine übertriebene Dominanz der älteren Männer behaupten. Zum Großen Rat hatte man ab 25 Jahren Zutritt und einige junge Patrizier, die durch Losentscheid ausgewählt wurden, konnten bereits mit 20 an den Sitzungen teilnehmen. Nach dem bisher Gesagten lässt sich erkennen, dass im Innern des venezianischen Staates eine große Einigkeit und ein einziges Ordnungsprinzip herrschte: das der *Comune venetiarum* oder der venezianischen Signoria, wie man später sagte. Diese räumte den freiwillig oder erzwungenermaßen angeschlossenen Ländern und Städten jedoch weitgehende Selbständigkeit ein. In den Übernahmeurkunden versprach Venedig, die existierenden Vorschriften, Privilegien und Statuten beizubehalten und hat dieses Versprechen bis zum Ende der Republik strikt gehalten. Die Regierung über die unterworfenen Städte und Länder übernahmen zwar seine Patrizier mit dem Titel eines *Podestà* (in Istrien und Dalmatien mit dem eines *Conte*; im Friaul gab es einen Statthalter für die gesamte Provinz), aber die Stadträte und städtischen Behörden wurden beibehalten. Nach einigen Schwierigkeiten wurde im Friaul auch die Zusammenkunft des *Parlaments*, einer alten Provinzial-Institution, wieder zugelassen, doch die Gesetze und Statuten traten erst dann in Kraft, wenn sie von der venezianischen Regierung gebilligt worden waren, und aus dem ganzen Staatsgebiet kamen Anfragen an die venezianischen Behörden. Auch die Lehen und die entsprechende Gerichtsbarkeit wurden beibehalten, allerdings mit der Auflage, dass die Feudalherren vom Dogen belehnt wurden und ihre Streitigkeiten vor einem eigenen Magistrat in Venedig austrugen.

(aus: P. S. Leicht, *Storia del diritto italiano. Il Diritto Pubblico*)

Die venezianischen Dogen von 697 bis 1797

Paulicio o Paoluccio Anafesto, 697-717
Marcello Tegaliano, 717-726
Orso, 726-737
Leone, *Militum Magister*
Felice Cornicola, *Militum Magister*
Orso Diodato, *Militum Magister*
Gioviano, *Militum Magister*
Giovanni Fabriciaco, *Militum Magister*
Diodato, 742-755
Galla, 755-756
Domenico Monegario, 756-761
Maurizio Galbaio, 761-787
Giovanni, 787-804
Obelerio, 804-809
Agnello Partecipazio, 809-828
Giustiniano Partecipazio, 828-829
Giovanni I. Partecipazio, 829-837
Pietro Tradonico, 837-864
Orso I. Partecipazio, 864-881
Giovanni II. Partecipazio, 881-887
Pietro Candiano, 887-887
Pietro Tribuno, 888-911
Orso II. Partecipazio, 912-932
Pietro II. Candiano, 932-939
Pietro Badoer, 939-942
Pietro III. Candiano, 942-959
Pietro IV. Candiano, 959-976
Pietro I. Orseolo, 976-978
Vitale Candiano, 978-979
Tribuno Memmo, 979-991
Pietro II. Orseolo, 991-1009
Ottone Orseolo, 1009-1026
Pietro Centranico, 1026-1031
Domenico Flabanico, 1032-1042
Domenico I. Contarini, 1042-1068
Domenico Selvo, 1068-1084
Vitale Falier Dodoni, 1084-1096
Vitale I. Michiel, 1096-1102
Ordelaf Falier Dodoni, 1102-1117
Domenico Michiel, 1117-1130
Pietro Polani, 1130-1148
Domenico Morosini, 1148-1155
Vitale II. Michiel, 1155-1172
Sebastiano Ziani, 1172-1178
Orio Mastropiero, 1178-1192
Enrico Dandolo, 1192-1205
Pietro Ziani, 1205-1229
Jacopo Tiepolo, 1229-1249
Marino Morosini, 1249-1253
Renier Zen, 1253-1268
Lorenzo Tiepolo, 1268-1275
Jacopo Contarini, 1275-1280
Giovanni Dandolo, 1280-1298
Pietro Gradenigo, 1298-1311
Marino Zorzi, 1311-1312
Giovanni Soranzo, 1312-1328
Francesco Dandolo, 1329-1339
Bartolomeo Gradenigo, 1339-1342
Andrea Dandolo, 1342-1354
Marino Falier, 1354-1355
Giovanni Gradenigo, 1355-1356
Giovanni Dolfin, 1356-1361
Lorenzo Celsi, 1361-1365
Marco Corner, 1365-1368
Andrea Contarini, 1368-1382
Michele Morosini, 1382-1382
Antonio Venier, 1382-1400
Michele Steno, 1400-1414
Tommaso Mocenigo, 1414-1423
Francesco Foscari, 1423-1457
Pasquale Malipiero, 1457-1462
Cristoforo Moro, 1462-1471
Niccolò Tron, 1471-1473
Nicolò Marcello, 1473-1474
Pietro Mocenigo, 1474-1475

Andrea Vendramin, 1475-1478
Giovanni Mocenigo, 1478-1485
Marco Barbarigo, 1485-1486
Agostino Barbarigo, 1486-1501
Leonardo Loredan, 1501-1521
Antonio Grimani, 1521-1523
Andrea Gritti, 1523-1538
Pietro Lando, 1538-1545
Francesco Donà, 1545-1553
Marcantonio Trevisan, 1553-1554
Francesco Venier, 1554-1556
Lorenzo Priuli, 1556-1559
Girolamo Priuli, 1559-1567
Pietro Loredan, 1567-1570
Alvise I. Mocenigo, 1570-1577
Sebastiano Venier, 1577-1578
Nicolò da Ponte, 1578-1585
Pasquale Cicogna, 1585-1595
Marino Grimani, 1595-1605
Leonardo Donà, 1605-1612
Marcantonio Memmo, 1612-1615
Giovanni Bembo, 1615-1618
Niccolò Donà, 1618-1618
Antonio Priuli, 1618-1623
Francesco Contarini, 1623-1624
Giovanni I. Corner, 1624-1629
Nicolò Contarini, 1629-1631
Francesco Erizzo, 1631-1646
Francesco Molin, 1646-1655
Carlo Contarini, 1655-1656
Francesco Corner, 1656-1656
Bertucci Valier, 1656-1658
Giovanni Pesaro, 1658-1659
Domenico Contarini, 1659-1675
Niccolò Sagredo, 1675-1676
Alvise Contarini, 1676-1684
Marcantonio Giustinian, 1684-1688
Francesco Morosini, 1688-1694
Silvestro Valier, 1694-1700
Alvise II. Mocenigo, 1700-1709
Giovanni II. Corner, 1709-1722
Alvise III. Mocenigo, 1722-1732
Carlo Ruzzini, 1732-1735
Alvise Pisani, 1735-1741
Pietro Grimani, 1741-1752
Francesco Loredan, 1752-1762
Marco Foscarini, 1762-1763
Alvise IV. Mocenigo, 1763-1778
Paolo Renier, 1778-1789
Lodovico Manin, 1789-1797

Die Sestieri

Das Stadtgebiet ist in sechs Sestieri aufgeteilt; drei von ihnen liegen diesseits des Canal Grande (*de citra*), nämlich Castello, S. Marco und Cannaregio, drei jenseits (*de ultra*), und zwar S. Polo, S. Croce und Dorsoduro, zu dem auch die Giudecca und die Insel S. Giorgio Maggiore gehören.

Murano gehörte ursprünglich zum Sestiere Cannaregio, bildete jedoch ab 1271 eine eigene Gemeinde; seit 1924 ist es ein Ortsteil von Venedig.

Die Einrichtung der Sestieri soll auf den Dogen Partecipazio unmittelbar nach der Verlegung des Regierungssitzes an den Rialto zurückgehen; nach Meinung anderer auf den Dogen Domenico Morosini oder auf Vitale Michiel II., als zum ersten Mal Steuern (*imprestidi*) erhoben wurden.

Zu Zeiten der Republik kamen die sechs Berater, die der Serenissima Signoria angehörten, jeweils aus einem der Sestieri.

CASTELLO
Eine der großen Inseln Venedigs, benannt nach einem Kastell, das dort zum Schutz der benachbarten Inseln und des nahegelegenen Hafens von S. Nicolò errichtet worden war.

SAN MARCO
Nach dem Schutzpatron der Stadt.

CANNAREGIO
Von »cannarecium« wegen der großen Schilfgebiete.

SAN POLO
Nach der uralten Kirche von S. Paolo (837), die von den Dogen Pietro und Giovanni Tradonico begründet wurde.

SANTA CROCE
Nach der uralten Kirche von S. Croce, die von den Flüchtlingen begründet wurde, die sich vor dem Langobardeneinfall hierher zurückzogen.

DORSODURO
Ursprünglich Scopulo (*scoglio*: Klippe) genannt, weil hier der Boden höhergelegen und fester war.

Stadtbezirke zwischen dem 9. und dem 12. Jahrhundert

ZUM SESTIERE CASTELLO GEHÖRTEN:
S. Pietro, S. Biagio, S. Martino, S. Giovanni in Bragora, S. Trinità, S. Giustina, S. Antonino, S. Severo, S. Giovanni Nuovo, S. Maria Formosa, S. Marina, S. Leone.

ZUM SESTIERE SAN MARCO GEHÖRTEN:
S. Marco, S. Basso, S. Giuliano, S. Geminiano, S. Moisè, S. Maria Zobenigo, S. Maurizio, S. Vitale, S. Samuele, S. Angelo, S. Benedetto, S. Fantino, S. Paterniano, S. Luca, S. Salvatore, S. Bartolomeo.

ZUM SESTIERE CANNAREGIO GEHÖRTEN:
S. Geremia, S. Leonardo, SS. Ermagora e Fortunato, S. Maria Maddalena, S. Marziale, S. Fosca, S. Felice, S. Sofia, SS. Apostoli, S. Giovanni Crisostomo, S. Canziano, S. Maria Nuova.

ZUM SESTIERE DORSODURO GEHÖRTEN:
S. Gregorio, S. Vito, S. Agnese, SS. Gervasio e Protasio, S. Basilio, S. Raffaele, S. Nicolò, S. Barnaba, S. Margherita, S. Pantaleone, S. Eufemia alla Giudecca.

ZUM SESTIERE SAN POLO GEHÖRTEN:
S. Tommaso, S. Stefano prete, S. Agostino, S. Boldo, S. Polo, S. Apollinare, S. Silvestro, S. Matteo di Rialto, S. Giovanni di Rialto.

ZUM SESTIERE SANTA CROCE GEHÖRTEN:
S. Lucia, S. Croce, S. Simeone apostolo, S. Simeone profeta, S. Giovanni decollato, S. Giacomo dell'Orio, S. Stae, S. Maria Mater Domini, S. Cassiano, S. Maria di Murano

Die Sestieri von Venedig

Aus *Civiltà di Venezia*, Bd. 1, S. 292.

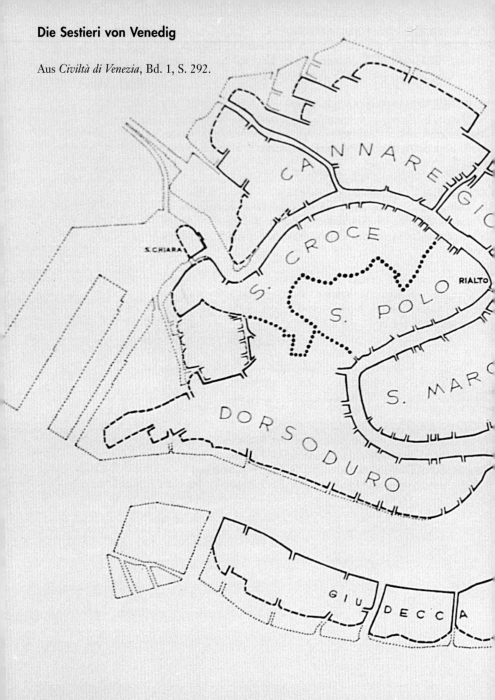

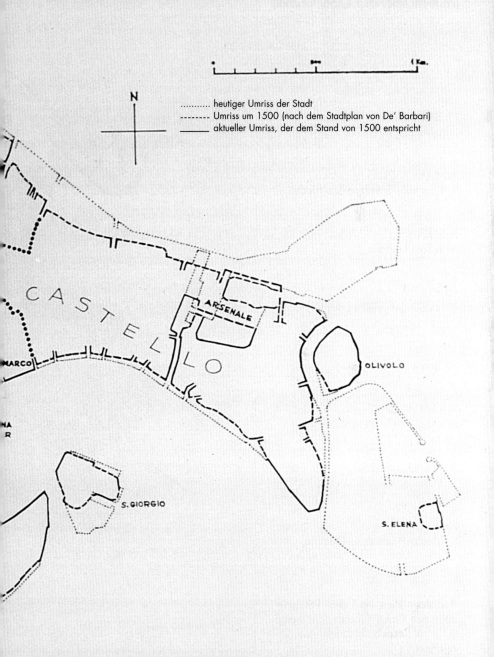

Traghetti über den Canal Grande

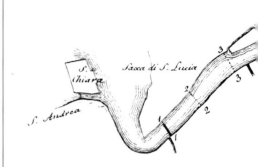

1.
FERROVIA
Ferrovia-S. Simeone

2.
S. MARCUOLA
S. Marcuola-Fondaco dei Turchi

3.
S. SOFIA
S. Sofia-Pescheria

4.
CARBON
Riva del Carbon-Riva del Vin

5.
S. TOMÀ
S. Tomà-Ca' Garzoni

6.
S. SAMUELE
S. Samuele-Ca' Rezzonico

7.
S.M. DEL GIGLIO
S. Maria del Giglio-Salute

8.
DOGANA
S. Marco-Punta della Dogana

Auf dem Plan sind die Traghetti über den Canal Grande, die heute noch in Betrieb sind, fett gekennzeichnet.

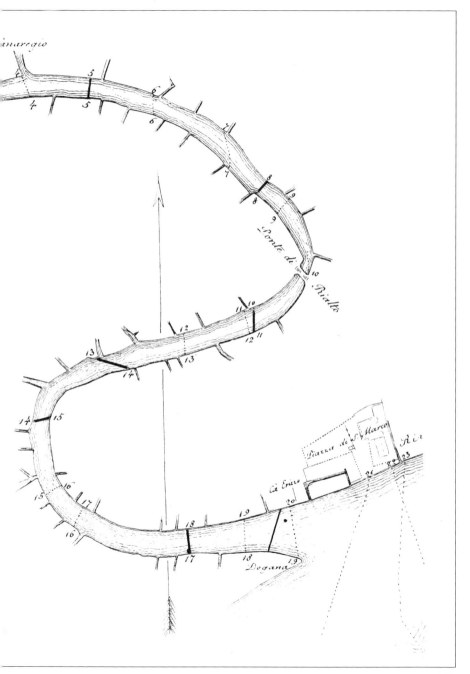

Venezianische Rudertechnik

In Venedig gibt es eine besondere Rudertechnik, speziell bei den Gondeln, bei der der Eindruck entsteht, als folge der Gondoliere nur der Bewegung des Bootes, statt sie selbst zu erzeugen. Doch in Wirklichkeit ist es durchaus nicht so einfach, wie es aussieht, denn der Ruderer muss zwei Aktionen miteinander verbinden: einerseits muss er das Boot vorwärtsbewegen, andererseits muss er die Richtung beibehalten, denn da die Gondel über kein Steuerruder verfügt, ist es das normale Ruder, das diese Aufgabe übernehmen muss.

Die venezianische Rudertechnik lässt sich in drei Verben zusammenfassen: *prémare* (premere: drücken), (stare: stillstehen) und *sciare* (frenare: bremsen). Die erste Bewegung ist die einfachste: der Gondoliere stemmt sich gegen das Ruder, das in der *Forcola*, dem Widerlager, liegt, wobei das Ruderblatt senkrecht ins Wasser taucht, und bewegt so das Boot vorwärts. Doch um zu vermeiden, dass die Gondel, die ja nur auf der einen Seite gerudert wird, anfängt, sich im Kreis zu drehen, muss der Gondoliere das Ruder leicht in der Forcola drehen, so dass das Ruderblatt unter Wasser die umgekehrte Bewegung vollzieht; durch diese leichte Gegenbewegung wird der einseitige Schub des Ruders ausgeglichen und das Boot fährt geradeaus.

Diese zweite Bewegung sieht beinahe aus, als wenn das Ruder stillsteht, weshalb sie *stagàre* heißt, was soviel wie stillstehen oder anhalten bedeutet. Dadurch erklären sich die merkwürdigen Kommandos *premi* oder *stai*, die sich die Gondolieri an den Kanaleinmündungen zurufen, um dem anderen klarzumachen, wie er fahren soll.

Auch die Gezeitenbewegung spielt bei diesen einfachen Regeln des Bootsverkehrs eine große Rolle, denn die Gondel die *a seconda*, d. h. mit der Wasserströmung fährt, ist in einer günstigeren Position als ein Boot, das *a contraria*, d. h. gegen die Strömung fährt, weshalb letzterem ein größerer Bewegungsspielraum zugestanden wird.

Aber wenn die Gondel plötzlich anhalten muss, wie geht das? Dann wird das Ruder schnell vor die Forcola gelegt und dient so als Bremse.

(aus: Guido Marta, 1936)

Die Scuole Grandi

Die venezianischen Handwerker schlossen sich seit dem späten Mittelalter in Gemeinschaften zusammen, die die Interessen ihrer Mitglieder vertraten und als Versorgungs- und gegenseitige Unterstützungseinrichtungen dienten. So bildeten sich die Scuole der Zünfte und Handwerke, in denen die Jugendlichen den Beruf erlernten, und die Scuole di Devozione (Fromme Brüderschaften), die sich im Besonderen dem religiösen Leben und der Unterstützung der Armen und Bedürftigen widmeten.

Die Satzungen dieser Gemeinschaften waren in Büchern, den sog. *Mariegole* verzeichnet; sie enthielten neben den Rechten und Pflichten der Mitglieder die Bräuche, die bei den verschiedenen weltlichen und kirchlichen Veranstaltungen eingehalten werden mussten.

Die Scuole Grandi [Große Scuole], deren Name sich dem Vermögen ihrer Mitglieder und den bedeutenden Finanzmitteln verdankte, besaßen prächtige Gebäude, die mit erlesenen Möbeln, Gemälden, Statuen und Wandteppichen eingerichtet waren. Außerdem verfügten sie über einen beträchtlichen Besitz an Immobilien, die mit dem jeweiligen Symbol der Scuola gekennzeichnet waren.

Die kleineren Scuole hatten ihren Sitz in bescheideneren Gebäuden und einen Altar in einer Kirche; die ärmsten hatten nur ein Heiligenbild an der Straße.

Es gab insgesamt sechs Scuole Grandi:

	Jahr
SANTA MARIA DELLA CARITÀ	1260
SANTA MARIA DELLA MISERICORDIA ODER VALVERDE	1308
SAN GIOVANNI EVANGELISTA	1261
SAN MARCO	1261
SAN ROCCO	1261
SAN TEODORO	1552

Die wichtigsten Zünfte und Berufe in Venedig

ACQUAROLI, Transport und Verkauf en gros von Trinkwasser
ACQUAVITIERI, Ausschank von Destillaten, Kaffee und Eis
ARGAGNOTI, Wollkrempler
AROMATARI (oder *Semplicisti*), Verkauf von Heilkräutern
BALESTRAI oder BALESTRIERI, Armbrustbauer
BARBIERI, Friseur
BARCAIOLI DEL TRAIECTO DE LA LOZA PER MEZO LI CAMERLENGHI, Ruderer des Palazzo dei Camerlenghi in S. Giovanni Crisostomo
BARCAROLI, SOVEGNO DEI SERVITORI, Brüderschaft der Ruderknechte
BARCARUOLI DE VENESIA, Schiffsführer mit eigenem Boot
BARCARUOLI DEI BARBIERI SULLA RIVA DEL VIN, Bootsleute für den Transport von Weinfässern
BARCARUOLI DEL TRAGHETTO
— DEI BARBIERI
— DEL CORPUS DOMINI
— DELLA DOGANA DA MAR
— DEL GHETTO NOVO detto anche DI SANT'ALVISE E SAN GIROLAMO
— DELLA MADDALENA
— DELLA MADONETTA
— PER MESTRE-MARGHERA
— DE MIRAN
— PER MURANO
— DELLA PAGLIA
— DI PORDENON
— DI S. FELICE
— DI S. GEREMIA
— DI S. MARCUOLA
— DE S. RAFAELE ET LIZA FUSINA
— DI S. SAMUELE
— DI SAN TOMÀ
— DI S. EUFEMIA DELLA GIUDECCA
— DELLA RIVA DI S. GIUSTINA
— DI S. MARIA DEL GIGLIO
— DI S. MARIA FORMOSA
— DI S. SOFIA
BARILERI, Böttcher
BASTAZI DELLA DOGANA DA MAR, Lastträger der staatlichen Zollbehörde
BASTAZI DEL FONTEGO DEI TEDESCHI zusammengeschlossen mit den *Segadori*), Lastträger im deutschen Handelshaus
BATELANTI, zusammengeschlossen mit den *Barcaruoli de Venesia*
BATTIORO ALEMANNI, deutsche Hersteller von Blattgold zu Dekorationszwecken
BATTI E TIRAORO, Hersteller von Blattgold zu Dekorationszwecken und von Goldfäden und –drähten für die Textilmanufakturen, Kleidung und Schmuck
BATTIORO STAGNOLI E DA COLORI, Hersteller von Blattsilber für Spiegel und Verkäufer von Grundstoffen für Farben
BECHERI, Metzger
BERETERI, Herstellung und Verkauf von Woll- und Baumwollmützen
BIAVAROLI, Handel mit Getreide und Hülsenfrüchte
BOCALERI, Herstellung und Verkauf von Trinkgefäßen aus Ton
BOLZERI, Herstellung und Verkauf von Koffern und Truhen
BOMBARDIERI, Kanoniere
BOMBASERI, Ausklopfer der rohen Baumwolle
BOMBISTI, zusammengeschlossen mit den *Bombardieri*; Geschützpersonal

BOTTEGHERI PER PITTORI, zusammengeschlossen mit den *Depentori*; Verkauf von Malerbedarf

BOTTERI, Herstellung und Verkauf von Fässern und Holzbottichen

BRAGHIERI, zusammengeschlossen mit den *Barbieri*; Heilung von Bruchleiden und Kastration von Tieren

BURCHIERI, Schiffsführer der großen Lastkähne

BUSOLERI DELL'ARSENAL, Hersteller von Wahlurnen

BUTTIRANTI, Butter- und Eierhändler

CALAFAI, selbständige oder im Arsenal tätige Kalfaterer

CALAFAI DA CALCATURA, zusammengeschlossen mit den Kalfaterern; stopfen die Fugen und Nahtstellen mit Werg aus, klopfen ihn fest und dichten ihn mit Pech ab

CALCINERI, Transport von Kalk, Ziegelsteinen und Dachziegeln

CALDERERI, Hersteller von Kupferkesseln

CALEGHERI, Schuhmacher

CALZA, SARTORI DA, Schneider für Beinkleider

CALZERI DI SEDA, Herstellung und Verkauf von Beinkleidern, Hemden und Handschuhen aus Seide

CAMERANTI, Herbergs- oder Gastwirte

CANEVERI, Arbeiter in Kellereien und Weinlagern

CAPELLERI, Hutmacher

CARBONERI, Holzkohlelieferanten

CARTERI, Spielkartenmacher

CASAROLI, Verkauf von Käse und eingesalzenem Schweinefleisch

CASSELERI, Hersteller von Kästen, Transportkisten und Aussteuertruhen

CASTELETTI, Angestellte beim Lottospiel

CAVACANALI, Sammlung und Abtransport von Abfällen, Kanalschlamm usw.

CAVADENTI, Zahnarzt

CENTURERI, Herstellung und Verkauf von Seiden- oder Ledergürteln

CERCHIERI DA BOTTE, Hersteller von Fassreifen

CERERI, Wachsläuterer und -verkäufer

CESTERI, Korbmacher

CHINCAGLIERI, Kurzwarenhändler

CIMADORI, Tuchscherer

CIMOLINI, ebenso

CIROLOGI, Ärzte

CLAUDADORI, Tuchmangler

COLTRERI, Herstellung und Verkauf von Decken

COMPRAVENDI PESCE, Fischgroßhändler

CONFETERI, Herstellung und Verkauf von Süßwaren

CONZACURAMI DE LA ZUECHA, Abdecker und Ledergerber auf der Giudecca

CONZAOSSI, Knochen- und Gelenk-Einrenker

CORDE DI BUDELLO, Hersteller von Darmsaiten für die Bögen zum Ausklopfen von Baumwolle und Wolle

CORIERI VENETI, Postangestellte

CORONERI, Hersteller von Rosenkränzen und Holzknöpfen

CORTELERI, Messerschmiede

CRISTALERI DI VETRO, Herstellung und Verkauf von Glasgegenständen wie Gläser, Gefäße, Kreuze, Knöpfe,

Linsen usw.
CRIVELLADORI, öffentliche oder private Arbeiter, die Getreide oder Hülsenfrüchte sieben
CUNIADORI, Münzpräger
CUOCHI, Köche
CUORIDORO, Hersteller von Wandverkleidungen aus vergoldetem, gefärbtem oder punziertem Leder
CONCOLARII, Holzschuhmacher
DEPENTORI, Maler und Dekorateure
DIAMANTERI, Diamantschleifer
DISEGNADORI, Zeichner, auch von Stoffen
DISTILLATORI, Branntwein-Brenner
DORADORI, Vergolder von Büchern, geschnitztem Holz usw.
DRAPPIERI, Händler von kontrollierten Wollstoffen
DROGHIERI, Drogisten
ERBAROLI, Obst- und Gemüsehändler
FABBRI, Schmiede
FALDELLE, Hersteller von Baumwollwatte zur Ausfütterung von Kleidungsstücken und Decken
FARINARI, s. *Fonticari*
FAVRI, s. *Fabbri*
FENESTRERI, Hersteller von Fensterrahmen
FERALERI, Herstellung und Verkauf von Laternen und Lampen
FILACANEVI, Seiler
FILARESSE, Spinnerinnen
FILATOI, Seiden- und Fadenspinner
FIOLERI, Glasbläser von Murano
FIORERI, Blumenhändler und Gärtner
FOLLADORI, Stoffwalker
FONDITORI DI ARTIGLIERIE, Geschützgießer
FONTICARI O FARINARI, Mehlhändler
FORNASIERI, Ziegelei-Arbeiter und -Eigentümer
FORNERI, Brothändler
FRITOLERI, Verkäufer von Schmalzgebäck
FRUTARIOLI, Obsthändler
FURATOLERI, Verkäufer von preisgünstigen gekochten Gerichten
FUSAI O FUSERI, Herstellung und Verkauf von Spindeln
FUSTAGNERI, Baumwoll-Weber
GALEDERI, s. *Masteleri*
GALLINERI, Geflügel- und Wildhändler
GARBELADORI DE BIAVE, s. *Crivellatori*
GARZOTI, Wollkämmer
GIOIELLIERI DA FALSO, Hersteller von Modeschmuck
GIUPONERI, Hersteller von Jacken
GRECI CAPOTTERI, griechische Schneider von Wollmänteln und Umhängen mit Kapuzen
GUA CORTELLINI, Scherenschleifer
GUALCAORI CON PEDI, s. *Folladori*
GUCCHIADORI, Herstellung und Verkauf von Strickwaren
IMBIANCATORI DI PELLI E CORAMI, Arbeiter in Gerbereien, die Häute und Leder in Kalkmilch einlegen
INTAGLIADORI DI CAPITELLI, Steinmetze für Kapitelle
INTAIADORI, Holzschnitzer
LANERI, Wollhändler und -verarbeiter
LASAGNERI, Herstellung und

Verkauf von Lasagne und Nudeln

LATONERI, Messinghandwerker

LIBRERI DA CARTA BIANCA E DA CONTI, Hersteller von Registern und Papierwaren

LIGADORI DE COMUN, öffentliche Ballenbinder

LIGADORI DA LIBRI, Buchbinder

LINAIOLI, Herstellung und Verkauf von Hechelflachs und Hanf

LIUTERI, Hersteller von Saiteninstrumenten

LUGANEGHERI, Herstellung und Verkauf von Wurstwaren

LUSTRADORI DA SPECHI, Spiegelschleifer und Spiegelmacher (durch Auflegen von Blattsilber)

MAESTRI AGLI ALBERI E AI PENNONI, s. *Marangoni da nave*

MANDOLERI, Hersteller von Mandelöl und Verkäufer von Mandeln und Trockenobst

MANGANERI, Woll- und Seidenmangler

MARANGONI DA CASE, Schreiner und Zimmerleute beim Hausbau

MARANGONI DA NAVE, selbständige oder im Arsenal tätige Schiffszimmerleute

MARANGONI DA NOGHERA, Möbeltischler

MARANGONI DA RIMESSI, Furnier- und Intarsientischler

MARANGONI DA SOAZE, Rahmenmacher

MARGARITERI, Hersteller von kleinen Glasperlen

MARZERI, Kurzwarenhändler

MARZERI DA FRUMENTO E BIAVA, Verkäufer von Getreide und Hülsenfrüchten im öffentlichen Lagerhaus

MASCARERI, Hersteller von Masken

MASTELERI, Böttcher von Waschbottichen, Butterfässern und Holzgefäßen

MEDICI DA PIAGHE, Chirurgen

MEDICI FISICI, Ärzte für Allgemeinmedizin

MERCANTI DA CORDOANI, Händler für gegerbtes Leder (aus Cordoba)

MERCANTI DA LEGNAME DEL CADORE, Holzgroßhändler

MERCANTI DA OLIO, Öl- und Seifenhändler

MERCANTI DA VINO, Eigentümer von Frachtkähnen mit dem Recht zum Weingroßhandel

MISURADORI DE BIAVE, Abmesser von Getreide und Hülsenfrüchten

MURERI, Maurer

MUSCHIERI, Verkäufer von Parfum und Duftsalben

NARANZERI, Verkäufer von Zitrusfrüchten

NAVIGANTI, Matrosen

NONZOLI, Küster

NUMERATORI E PORTATORI DI MATTONI, Zähler und Träger von Ziegelsteinen

OCCHIALERI, Brillenmacher

ORESI, Goldschmiede

OSTETRICHE, Hebammen

OSTI, Wirte

PARTIORO, amtliche Gold- und Silberschmelzer

PARUCCHIERI, Verkauf und Frisieren von Perücken

PASSAMANERI, Hersteller von Besatzwaren, Borten, Schleifen und Fransen

PATERNOSTRERI, s. *Coroneri*

PEATERI, Schiffsführer mit eigenem Lastkahn

PEGOLOTTI, Verkäufer von Tannenharz, Pech und Werg für den Schiffsbau
PELIZERI, s. *Varoteri*
PELTRIERI, Herstellung und Verkauf von Zinngeschirr.
PESADORI, Abwiegen von Wolle, Leinsamen, Käse, Zucker, Vieh, Asche, Rosinen usw.
PESCATORI, Fischer
PESTRINERI, Verkäufer von Milch, Magerkäse, Butter, Sahne und Ricotta
PETENERI DA TESTA, Herstellung und Verkauf von Kämmen
PETTENADORI, Stoffkämmer
PIATTERI, s. *Peateri*
PIGNATERI, Herstellung und Verkauf von Tontöpfen
PIOMBADORI, Hersteller von Bleiglasfenster
PIRIERI, Herstellung und Verkauf von Trichtern
PISTORI, Brotbäcker
PITTORI, s. *Depentori*
POVERI DEL PEVARE, Vermittler im Pfefferhandel, Mitglieder des verarmten Adels (*Barnaboti*)
RAFFINATORI DA ZUCCHERO, Zuckersieder
REMERI, Rudermacher
REVENDIGOLI, s. *Strazaroli*
SABIONERI, Laden, Transport und Verkauf von Sand für den Hausbau, die Glashütten und als Schiffsballast
SAGOMADORI DI OLIO E MIELE, Überprüfung des Fassungsvermögens und Versiegelung von Öl- und Honiggefäßen
SALINERI, Salzsieder
SALNITRARI, Hersteller von Schießpulver
SALUMIERI, Verkäufer von Salz- und Stockfisch
SAMITERI, s. *Tessitori «de panni de seda»* (von Samis: Stoff mit zwei Kettfäden und mindestens zwei diagonalen Schussfäden)
SANSERI, Geschäftsmakler
SAONERI, Seifensieder
SARTORI, Schneider
SCALCHI, Küchenmeister
SCALETERI, Verkäufer von Gebäck, Kuchen und Süßwaren
SCORZERI, s. *Conzacurami de la Zuecha*
SCUDELLERI, Herstellung und Verkauf von Tongeschirr
SCULTORI, Bildhauer in verschiedenen Materialien
SEGADORI, Holzsäger
SELLERI, Sattler
SEMOLINI, Kleieverkäufer auf dem Festland
SEMPLICISTI, Kenner von Heilkräutern
SOLARII, Flickschuster, die Ledersohlen abmaßen und ausschnitten, die dann statt wirklicher Schuhe unter den Strümpfen befestigt wurden
SONADORI, Musikanten
SOPRESSADORI DI PANNI, Wollmangler
SPADERI, Klingenschmiede
SPECHIERI DE VEDRO DA MURAN, Spiegelmacher
SPEZIERI DA GROSSO, Zucker-, Süßwaren- und Gewürzhändler
SPEZIERI DA MEDICINA, Apotheker
SQUERAROLI, Bootsbauer in den privaten Bootswerften
STADIERERI, Hersteller von Waagen und Gewichten
STAGNIARI, Herstellung und Verkauf von Zinngegenständen
STAGNOLI, s. *Battioro stagnoli e da colori*

STAZONERI CHE VENDE VERI, privilegierte Verkäufer von Glaswaren
STIORERI, Hersteller von Matten, Rohrgeflecht, Strohseilen, Einkaufskörbe, Stuhlgeflecht
STRAMAZZERI, Hersteller von Matratzen und Polstern
STRAZAROLI, Lumpensammler, Trödler
STRINGHERI, Hersteller von Schnüren und Riemen
STUERI, Bader und Fußpfleger
TAGLIAPIERA, Steinmetz
TAGLIERI, Arbeiter an den Rollenzügen, mit denen Boote und Kähne manövriert wurden
TAGLIA VERZINI, Herstellung von rotem Farbstoff aus Holz
TAPEZZIERI, Polsterer von Sesseln und Sofas
TARGHERI, Wappen-, Schilder und Maskenmaler
TELARIOLI, Verkäufer von Leinenwaren
TENTORI, Stofffärber
TERAZZERI, Bodenleger
TERNIERI, Verkäufer von Speiseöl
TESSERI DI FUSTAGNI, Baumwollweber
TESSERI DI PANNILANI, Wollweber
TESSITORI DE PANNI DE SEDA, Weber von Seiden- und Goldgeweben
TIRADORI, Trocknen und Spannen der gefärbten Stoffe, um sie auf die vorgeschriebenen Maße zu bringen
TIRADORI DAL DOLLO A FUSINA, Pferdeführer, um die Boote durch den Kanal von Dolo nach Fusina zu treideln
TIRAORO, s. *Batti e tiraoro*
TORNIDORI, Drechsler
TRAVASADORI, Umfüllen von Öl und Wein
VAGINERI, Hersteller von Scheiden, Futterale und Etuis
VAROTERI, Kürschner
VERGOLERI, Hersteller von Vergole (kleine umsponnene Papierröllchen), die an der Kleidung getragen wurden
VELUDERI, Samtweber und -händler
ZAVATERI, Pantoffelmacher
ZIPONERI, s. *Giuponeri*
ZOGIELIERI, Juweliere

Freie Übernahme aus *I mestieri di Venezia* s. Bibliografie.

Im Text erwähnte Künstler

ALBERGHETTI GIANFRANCO, Metallgießer, in der zweiten Hälfte des 17. Jahrhunderts tätig.

AVERULINO ANTONIO (genannt il Filarete), um 1400 in Florenz geboren, um 1469 in Rom gestorben.

BAGNARA FRANCESCO, Maler aus der ersten Hälfte des 19. Jahrhunderts.

BANTI DOMENICO, Bildhauer, geboren in Verona, in der ersten Hälfte des 19. Jahrhunderts tätig.

BARATTIERI NICOLÒ, Architekt und Ingenieur, in der zweiten Hälfte des 12. Jahrhunderts tätig.

BARBETTA PAOLO, Architekt, im 15. Jahrhundert tätig.

BARTOLOMEO FIORAVANTI (Aristotele), Architekt.

BELLINI GENTILE, Maler, 1429 in Venedig geboren, am 23. November 1507 in Venedig gestorben.

BELLINI GIOVANNI, Maler, 1430 in Venedig geboren, am 29. November 1516 in Venedig gestorben.

BELLINI JACOPO, Maler, um 1395-1400 in Venedig geboren, 1470-1471 gestorben.

BENONI GIUSEPPE, Architekt und Wasserbauingenieur, 1618 in Triest geboren, 1684 in Venedig gestorben.

BENVENUTI GIOVAN BATTISTA, Architekt.

BOLDÙ GIOVANNI ALVISE, Architekt, in der zweiten Hälfte des 16. Jahrhunderts tätig.

BON BARTOLOMEO, Architekt und Bildhauer aus Bergamo, um den 15. März 1529 gest.

BON BARTOLOMEO, Bildhauer und Steinmetz, um 1464 gest.

BON GIOVANNI, Bildhauer und Steinmetz, um 1442 gest.

BONAZZA GIOVANNI, Bildhauer, zwischen 1695 und 1730 tätig.

BOSCHETTI LORENZO, Architekt, im 17.-18. Jahrhundert tätig.

BOZZETTO JACOPO, Baumeister, zwischen Ende des 16. und Anfang des 17. Jahrhunderts tätig.

BREGNO PAOLO, Architekt, im 15. Jahrhundert in Venedig tätig.

BUORA GIOVANNI, Architekt und Bildhauer, vor 1450 in Osteno (Lugano) geboren, bis zu seinem Tod 1513 in Venedig tätig.

BURATTI PIETRO, Dichter, 1772 in Venedig geboren, am 20. Oktober 1832 in Venedig gestorben.

CABIANCA (Francesco Penso), Bildhauer, um 1665 geboren, 1737 in Venedig gestorben.

CALENDARIO FILIPPO, Steinmetz und Baumeister, im 14. Jahrhundert tätig, 1355 hingerichtet.

CAMPAGNA GEROLAMO, Architekt und Bildhauer, 1549-1550 in Verona geboren, nach 1626 in Venedig gestorben.

CANAL ANTONIO (Canaletto), Maler, am 18. Oktober in Venedig geboren, am 20. April 1768 in Venedig gestorben.

CARLEVARIS LUCA, Maler, 1665 in Udine geboren, 1731 in Venedig gestorben.

CARPACCIO VITTORE, Maler, 1450 in Capodistria geboren, um 1525 gestorben.

CARRIERA ROSALBA, Malerin, am 7. Oktober 1675 in Venedig gebroen, am 15. April 1758 gestorben.

CATENA VINCENZO, Maler, 1470 in Venedig geboren, im September 1531 gestorben.

CELEGA JACOPO, Steinmetz, 1386 gestorben.

CELEGA PIETRO, Steinmetz, am 2. Mai 1417 gestorben.

CELESTRO GIOVANNI, Architekt aus der Toskana, zu Beginn des 16. Jahrhunderts in Venedig tätig.

CHEZIA PIETRO, Architekt, um 1736 in Venedig geboren, 1804 gestorben.

CODUCCI MAURO, Architekt, um 1440 in Lenna geboren, im April 1504 gestorben.

COMINELLI ANDREA, Architekt und Bildhauer, in der ersten Hälfte des 18. Jahrhunderts in Venedig tätig.

COMINO GIOVANNI ANTONIO, Bildhauer, 1708 in Venedig (?) gestorben.

CONTIN FRANCESCO, Architekt, vor 1675 gestorben.

CORONA LEONARDO, Maler, 1561 auf Murano geboren, 1605 gestorben.

CORONELLI VINCENZO, Kartograph, 1650 in Venedig geboren, 1718 in Venedig gest.; in Venedig und Paris tätig.

COSTA FRANCESCO, Architekt, Kupferstecher, 1773 gestorben.

DA PONTE ANTONIO, Architekt, um 1512 in Venedig geboren, am 20. März 1597 gest.

DA PONTE FRANCESCO (genannt Bassano), Maler, am 6. Januar 1549 in Bassano geboren, am 3. Juli 1592 in Venedig gestorben.

DE SACCHI GIOVANNI ANTONIO (genannt Pordenone), Maler, 1483 geboren, 1540 in Ferrara gestorben; in Cremona, Piacenza, Treviso und Venedig tätig.

DUODO LUIGI, Ingenieur, im 19. Jahrhundert in Venedig tätig.

FALCONE BERNARDO, Bildhauer, geboren in Lugano; 1694 letzte Hinweise in Venedig.

FATTORETTO G. BATTISTA, Architekt, zwischen Ende des 17. und Anfang des 18. Jahrhunderts in Venedig tätig.

FERRACINA BARTOLAMEO, Ingenieur, am 18. August 1692 in Solagna (Vicenza) geboren, am 24. Dezember 1777 gestorben.

FURI MARCO, Architekt.

GASPARI ANTONIO, Architekt, um 1670 geboren, nach 1730 gestorben.

GENTILE DA FABRIANO (Gentile Massi), Maler, vor 1370 geboren, 1427 in Rom gestorben, in Umbrien, den Marken und der Toskana tätig.

GEROLAMO TEDESCO, Architekt, 1520 in Venedig gest.

GIORGIONE DA CASTELFRANCO (Giorgio Barbarella), Maler, um 1478 in Castelfranco geboren, am 25. Oktober 1510 (?) in Venedig gestorben.

GRAPIGLIA GIOVANNI GIROLAMO, Architekt, zwischen Ende des 16. und Anfang des 17. Jahrhunderts tätig.

GRAZIOLI PIETRO DA SALÒ, Bildhauer, im 16. Jahrhundert in Venedig tätig.

GRIGI GUGLIELMO, Baumeister und Steinmetz, geboren in Alzano (Bergamo), 1530 gestorben, in den Anfangsjahren des 16. Jahrhunderts in Venedig tätig.

GUARDI FRANCESCO, Maler, am 5. Oktober 1712 in Venedig geboren, am 1. Januar 1793 gestorben.

INGOLI MATTEO, Maler, 1585 oder 1587 in Ravenna geboren, 1631 in Venedig gestorben.

LE COURT GIUSTO (oder Cort oder Lecurt), Bildhauer, 1627 in Ypern (Flandern) geboren, um 1679 in Venedig gestorben.

LEOPARDI ALESSANDRO, Bildhauer, 1522 oder 1523 in Venedig gestorben.

LOMBARDO PIETRO (Pietro Solari), Bildhauer und Architekt, um 1435 geboren, im Juni 1515 gestorben.

LOMBARDO SANTE (Sante Solari), Architekt, 1504 in Venedig geboren, am 16. Mai 1560 gestorben.

LOMBARDO TULLIO (Tullio Solari), Bildhauer, am 17. November 1532 gestorben.

LONGHENA BALDASSARRE, Architekt, 1598 in Venedig geboren, am 18. Februar 1682 gestorben.

LUCCHESI MATTEO, Architekt, 1705 in Venedig geboren, 1776 gestorben.

MACCARUZZI BERNARDINO, Architekt, geboren in Venedig, 1798 gestorben.

MANOPOLA BARTOLOMEO, Architekt.

MANSUETI GIOVANNI, Maler, 1456 in Venedig geboren, im 16. Jahrhundert gestorben.

MARCHIORI GIOVANNI, Bildhauer, am 30. März 1696 in Caviola d'Agordo geboren, 1778 in Treviso gestorben.

MARIANI SEBASTIANO, Architekt und Bildhauer, zwischen dem 15. und 16. Jahrhundert in Venedig tätig.

MARSILI EMILIO, Bildhauer, am 9. Februar 1842 in Venedig geboren, 1926 gestorben.

MASSARI GIORGIO, Architekt, in der ersten Hälfte des 18. Jahrhunderts in Venedig tätig.

MAURI ALESSANDRO, Architekt und Theatermaler, im 18. Jahrhundert in Venedig tätig.

MAURI ROMUALDO, Architekt und Theatermaler, im 18. Jahrhundert in Venedig tätig.

MEDUNA TOMMASO, Ingenieur, im 19. Jahrhundert in Venedig tätig.

MOLI CLEMENTE, Bildhauer, in der ersten Hälfte des 17. Jahrhunderts in Bologna geboren, zwischen 1640 und 1659 in Venedig tätig.

MOLMENTI POMPEO, Historiker, 1852 in Venedig geboren, 1928 in Rom gestorben.

ONGARIN BERNARDINO, Baumeister, 1589 gestorben.

PALLADIO ANDREA, Architekt, am 30. November 1508 in Padua geboren, am 19. August 1580 gestorben.

PALMA ANTONIO, Maler, um 1510-1512 in Serinalta geboren, nach 1575 in Venedig gestorben.

PALMA GIACOMO (genannt der Jüngere), Maler, 1544 in Venedig geboren, 1628 gestorben.

PALMA GIACOMO (genannt der Ältere, Giacomo Nigretti), um 1480 in Serinalta geboren, am 30. Juli 1528 in Venedig gestorben.

PEDOLO GIUSEPPE, Architekt, gestorben 1752.

PIVIDOR GIOVANNI, Lithograph und Zeichner, in der ersten Hälfte des 19. Jahrhunderts in Venedig tätig.

RAINIERI G.CARLO, Mechaniker, geboren in Parma, zwischen dem 15. und 16. Jahrhundert tätig.

RAINIERI G.PAOLO, Mechaniker, geboren in Parma, zwischen dem 15. und 16. Jahrhundert tätig.
RICCHI PIETRO, Maler, 1606 in Lucca geboren, am 15. August 1675 in Udine gestorben.
ROSSI DOMENICO, Architekt, 1678 in Marcò geboren, 1742 in Venedig gestorben.
SANMICHELI MICHELE, Architekt, 1484 in Verona geboren, 1559 gestorben.
SANSOVINO JACOPO (Jacopo Tatti), Architekt, 1486 in Florenz geboren, am 27. November 1570 gestorben.
SANTI LORENZO, Architekt, 1783 in Siena geboren, am 7. Mai 1839 gestorben.
SARDI GIUSEPPE, Architekt, um 1620-1630 geboren, 1699 in Venedig gestorben.
SCALFAROTTO GIOVANNI, Architekt, um 1700 in Venedig geboren, am 10. Oktober 1764 in Venedig gestorben.
SCAMOZZI VINCENZO, Architekt, 1552 in Vicenza geboren, am 7. August 1616 gestorben.
SCARPAGNINO (Antonio Abbondi), Architekt, am 26. November 1549 in Venedig gestorben.
SCHIAVONE ANDREA (Andrea Meldolla), Maler, 1522 in Zara geboren, am 1. Dezember 1563 in Venedig gestorben.
SELVA GIANNANTONIO, Architekt, am 13. Juni 1757 in Venedig geboren, 1819 in Venedig gestorben.
SEZANNE AUGUSTO, Maler, 1856 in Florenz geboren.
SMERALDI FRANCESCO (genannt il Fracà), Architekt, in Venedig (?) geboren, zwischen Ende des 16. und der ersten Hälfte des 17. Jahrhunderts tätig.
TEMANZA TOMMASO, Architekt, am 9. März 1705 in Venedig geboren, am 14. Juni 1789 in Venedig gestorben.
TINTORETTO (Jacopo Robusti), Maler, 1518 geboren, am 31. Mai 1594 gestorben.
TIRALI ANDREA, Architekt, um 1660 geboren, am 28. Juni 1737 in Monselice gestorben.
TORRETTI GIUSEPPE, Bildhauer, 1660 in Treviso geboren, 1743 gestorben.
TREMIGNON ALESSANDRO, Architekt, geboren in Tremignon (Padua), in Venedig in der zweiten Hälfte des 17. Jahrhunderts tätig.
VECELLIO TIZIANO, Maler, 1477(?) in Pieve di Cadore geboren, am 28. August 1576 in Venedig gestorben.
VERDE SANTO, Architekt.
VERONESE PAOLO (Caliari Paolo), Maler, um 1530 in Verona geboren, am 19. April 1588 in Venedig gestorben.
VERROCCHIO ANDREA (Del Cione Andrea), Bildhauer, 1436 in Florenz geboren, am 25. Juni 1488 in Venedig gestorben.
VITTORIA ALESSANDRO, Architekt und Bildhauer, 1524 in Trento geboren, am 27. Mai 1608 in Venedig gestorben.
ZAGURI PIETRO, Architekt, 1733 in Venedig geboren, 1804 in Padua gestorben.
ZUCCARO FEDERICO, Maler, 1542-43 in S.Angelo in Vado geboren, 1609 in Ancona gestorben.

Kleines Wörterbuch

ALTANA, hölzerne Terrasse auf dem Dach, um Wäsche zu trocknen, die Kühle zu genießen oder sich zu sonnen.

ARZERE, aufgeschütteter Erddamm, um einige Stellen der Stadt gegen die Gewalt des Wassers zu schützen.

BARBACANI, Holz- oder Steinträger, um die im ersten Stock vorspringenden Obergeschosse abzustützen.

CALE, Gasse, die länger als breit ist.

CALESELA oder CALETA, eine Calle, die schmaler ist als die anderen.

CAMPIELO, entstellte Form von »Campicello«, d.h. kleiner Campo.

CAMPO, freie Fläche in der Nähe einer Kirche; trägt diesen Namen [Feld], weil dort Gras und Bäume wuchsen, diente als Weide für Pferde, Maultiere und Schafe.

CANAL, werden nur einige der größeren Wasserstraßen genannt.

CAVANA, Bootsschuppen aus Holz oder Mauerwerk im Wasser.

CHIOVERE, größere Flächen, auf denen die Stoffe nach dem Färben getrocknet wurden. Ursprünglich dienten sie als Weideflächen und waren eingezäunt; daher die Bezeichnung »clauderie«, aus der sich »chiovere« entwickelte.

CORTE oder CORTESELA, kleiner, von Häusern umschlossener Platz, der normalerweise nur einen Zugang hat.

FONDAMENTA, Uferstraße, die sich an einem der Kanäle Venedigs entlangzieht. Ihr Name erklärt sich aus dem Umstand, dass sie als Fundament der angrenzenden Häuser dienten. Ursprünglich bestanden sie aus Erde, die mit Weidengeflecht und Gestrüpp und später mit Holzbohlen befestigt war; schließlich wurden sie aus Stein erbaut.

FONTEGO, Lagerhaus zur Aufbewahrung von Waren.

LIAGÒ, alter Name für Altana, vom griechischen »heliacon«, d.h. exponierter Ort.

LISTA, LISTON, Umgebung eines Botschaftspalastes, wo Verbrecher wie in den alten Freistätten eine gewisse Immunität genossen. Liston ist der öffentliche Spaziergang, die Flaniermeile.

MARZARIA, Straße, an der früher zahlreiche Geschäfte lagen.

NINZIOLETO, wörtlich »lenzuolino« [kleines Bettlaken]; Straßenschild; heißt so, weil es immer weiß ist.

PALUO oder PALÙ, flache Stelle in der Lagune, manchmal bewachsen, bei Ebbe sichtbar, bei Flut unter Wasser.

PAROCHIA, in den frühesten Zeiten zogen die reicheren Venezianer die weniger wohlhabenden Mitbürger auf den von ihnen bewohnten Inseln zusammen, um sie leichter beschützen zu können. Die ersteren hießen »convicini«, die letzteren »clienti«. Dadurch entstanden kleinere Ansammlungen von Häusern, in deren Mitte die Kirchen erbaut wurden. Dies ist der Ursprung der sogenannten »plebi«, »Pfarreien« oder »Stadtbezirke«. 1741 hatte Venedig 73 Pfarreien, 1807 noch 40 und 1810 waren es 30. Heute sind es 38, die in fünf Vikariate aufgeteilt sind.

PARTITO, aus dem Französischen

entlehnter Ausdruck für den häufiger verwendeten Begriff *partio*, der zu Zeiten der Republik die Verpachtung einer Lizenz für bestimmte Güter bezeichnete; es handelte sich dabei sowohl um Lebensmittel als auch um andere Produkte.

PATERA, meist runde, schalenförmige Marmorreliefs (byzantinischer Herkunft) mit symbolischen Darstellungen von Tieren.

PIAZZA, von Gebäuden umschlossene freie Fläche; in Venedig gab es bekanntlich nur eine einzige Piazza, nämlich »Piazza S. Marco«, früher »Morso« genannt, vielleicht weil hier der Boden härter war als in der Umgebung, oder auch »brolo«, weil er mit Gras bewachsen und von Bäumen umstanden war.

PIAZZETTA, kleiner Platz.

PISSINA, ursprünglich Tümpel oder Teich mit Salzwasser, in dem gefischt (*piscariae*) und auch gebadet wurde. Auch nach der Auffüllung mit Erde blieb es bei dem alten Namen.

PONTE, Brücke; die ersten Brücken wurden um 813 aus Holz erbaut; sie standen auf Pfählen und waren flach oder nur schwach gewölbt und ohne Stufen, um sie zu Pferd überqueren zu können. Der Bau und die Erhaltung der Brücken war Aufgabe der Stadtbezirke (*convicini*).

RAMO, kleine Seitengasse, die von einer größeren Straße abzweigt wie ein Ast [*ramo*] von einem Baumstamm...

RIO oder RIELO, kleiner Kanal, vom lateinischen *rivus*.

RIO TERÀ, wörtlich »rio interrato« [zugeschütteter Kanal]; Straße, die durch Auffüllen eines Kanals entstanden ist.

RIVA oder RIVETA, Stufen, die von einer Fondamenta zum Wasser führen; Riva heißt auch manchmal die Fondamenta an einem Kanal; Eingangstor zu den Palästen von der Wasserseite.

RUGA, vom französischen *rue*. Eine auf beiden Seiten von Häusern und Geschäften gesäumte Straße; nur die ersten Straßen, die auf beiden Seiten bebaut waren, erhielten diesen Namen.

SALIZADA, die ersten breiten gepflasterten Straßen. Anfangs ging man über den unbefestigten Boden, weshalb die Frauen, um sich nicht schmutzig zu machen, extrem hohe Holzpantinen trugen, die 1409 verboten wurden; 1264 begann man, die Straßen mit Ziegelsteinen zu pflastern, die entweder flach oder hochkant verlegt wurden; ab 1676 wurden Trachytblöcke aus den euganeischen Hügeln verwendet.

SCUOLA, Brüderschaft einer Zunft oder Berufsgruppe.

SESTIER, Stadtteil; die Einrichtung der sechs Sestieri soll auf den Dogen Partecipazio unmittelbar nach der Verlegung des Regierungssitzes an den Rialto zurückgehen; nach Meinung anderer auf den Dogen Domenico Morosini oder auf Vitale Michiel II., als zum ersten Mal Steuern (*imprestidi*) erhoben wurden; die sechs Berater, die der Serenissima Signoria angehörten, kamen jeweils aus einem der Sestieri.

SOTOPORTEGO, Durchgang; Straßenverlauf unter einem Gebäude hindurch.

Kalender der wichtigsten Veranstaltungen in Venedig

FEBRUAR -MÄRZ	KARNEVAL
25. APRIL	SAN MARCO (Schutzpatron der Stadt)
UM DEN 11. MAI (beweglicher Feiertag)	FESTA DE LA SENSA (Himmelfahrtsfest)
UM DEN 25. MAI (beweglicher Feiertag)	VOGALONGA (Ruderregatta)
MAI-JUNI (alle 4 Jahre)	PALIO DELLE REPUBBLICHE MARINARE (Wettkampf der vier alten Seerepubliken Amalfi, Genua, Pisa und Venedig)
JUNI (4. Woche)	SAGRA DI SAN PIETRO DI CASTELLO
JULI (3. Sonntag)	REDENTORE
SEPTEMBER (1. Sonntag)	REGATA STORICA
21. NOVEMBER	MADONNA DELLA SALUTE
KURZ VOR DEM 24. DEZEMBER	WEIHNACHTSKONZERT IM MARKUSDOM

Naturereignisse und Bedeutende Vorfälle in Venedig

GROSSE BRÄNDE

Jahre: 418, 976, 1105, 1112, 1118, 1214, 1230, 1318, 1337, 1405, 1417, 1418, 1419, 1420, 1429, 1436, 1456, 1475, 1479, 1485, 1487, 1505, 1506, 1509, 1514, 1521, 1528, 1533, 1569, 1571, 1573, 1574, 1577, 1587, 1597, 1620, 1627, 1630, 1646, 1661, 1683, 1686, 1691, 1705, 1716, 1718, 1721, 1722, 1725, 1728, 1729, 1732, 1735, 1736, 1737, 1738, 1739, 1740, 1741, 1744, 1745, 1746, 1747, 1748, 1749, 1751, 1752, 1753, 1754, 1755, 1757, 1760, 1763, 1764, 1765, 1767, 1769, 1773, 1789, 1817, 1821, 1836, 1848, 1849, (36 bedeutende) 1860, 1865, (70 bedeutende) 1877, 1883, 1899, 1900, 1901-1914 (29 bedeutende), 1915-1918 (sehr viele durch Kriegseinwirkungen)

AUSSERGEWÖHNLICH HOHE FLUTEN

Jahre: 858, 1102, 1240, 1268, 1280, 1282, 1283, 1286, 1297, 1314, 1340, 1341, 1385, 1410, 1423, 1428, 1429, 1430, 1440, 1442, 1444, 1445, 1511, 1517, 1535, 1550, 1559, 1574, 1599, 1600, 1625, 1686, 1727, 1746, 1750, 1792, 1794, die Angaben von 1801 bis 1865 fehlen, 1867, 1879, 1916, 1936, 1946, 1948, 1951, 1960, 1966, 1967, 1968, 1969, 1978, 1979, 1980, 1981, 1982, 1986, 1987, 1992, 1996.

PESTEPIDEMIEN

Jahre: 954, 958, 1007, 1010, 1073, 1080, 1102, 1118, 1137, 1149, 1153, 1157, 1161, 1165, 1169, 1170, 1172, 1177, 1182, 1203, 1205, 1217, 1218, 1248, 1249, 1263, 1277, 1284, 1293, 1301, 1307, 1343, 1347, 1350, 1351, 1357, 1359, 1360, 1361, 1382, 1393, 1397, 1398, 1400, 1413, 1423, 1424, 1427, 1428, 1447, 1456, 1464, 1468, 1478, 1484, 1485, 1498, 1503, 1506, 1511, 1513, 1527, 1536, 1556, 1565, 1575, 1576, 1630, 1793.

ERDBEBEN

Jahre: 238, 260, 365, 745, 778, 840, 974, 1093, 1117, 1212, 1222, 1233, 1275, 1282, 1303, 1321, 1348, 1373, 1410, 1429, 1487, 1511, 1622, 1695, 1700, 1756, 1794, 1812, 1836, 1873, 1887, 1928, 1936, 1976.

Gedankt sei für die Hinweise auf die Ereignisse der letzten zweihundert Jahre Dr. Dario Slejko, Direktor des Centro Ricerche Sismologiche am Osservatorio Geofisico Sperimentale von Opicina (Triest) für die Angaben zu den Erdbeben; Ingenieur Maurizio Ferla, Leiter des Ufficio Idrografico e Mareografico in Venedig für die Angaben zu den Gezeiten; Dr. Giampietro Zucchetta, Venedig, für die Angaben zu den Bränden.

Bibliographie

Baffo G., *Poesie*, Milano 1974.
Battistella A., *La repubblica di Venezia...*, Venezia 1921.
Bellavitis G., *Itinerari per Venezia*, Vicenza 1980.
Bistort G., *La Repubblica di Venezia*, Venezia 1916.
Boerio G., *Dizionario del dialetto veneziano*, Venezia 1856 (reprint Milano1971).
Bonfanti S., *La Giudecca nella storia nell'arte nella vita*, Venezia 1930.
Bozzoni D., *Il silentio di S. Zaccaria snodato*, Venezia 1678.
Bradford A., *Lo scudo e la spada, storia dei cavalieri di Malta*, Torino 1975.
Burman E., *I templari*, Firenze 1988.

Caccin A., *La basilica dei SS. Giovanni e Paolo*, Venezia 1964.
Cantù C., *Storia di Venezia*, Milano 1858.
Carli Rubbi A., *Dissertazioni sopra il corpo di S. Marco evangelista...*, Venezia 1811.
Cauzzi G., *Li servi di S. Marcilian ed il Canal-Marovich in Venezia*, Venezia 1988.
Cessi R., Alberti A., *Rialto*, Bologna 1934.
Cicogna E., *Delle iscrizioni veneziane*, Venezia 1824.
Combatti G., *Nuova planimetria della città di Venezia*, Venezia 1846.
Coronelli V., *Isolario Veneto*, Venezia 1698.
Coronelli V., *Guida de' Forestieri*, 35. Aufl., Venezia 1713.
Cortellazzo M., *L'influsso linguistico greco a Venezia*, Bologna 1970.
Crovato A., *I pavimenti alla veneziana*, Venezia 1989.
Cuman F., Fabbian P., *I capitelli di Venezia*, Venezia 1988.

Dalla Costa M., *La basilica di S. Marco e i restauri dell'Ottocento*, Venezia 1983.
Dalmedico A., *Canti del popolo veneziano per la prima volta...*, Venezia 1848 (reprint Milano 1967).
Damerini G., *La vita avventurosa di Caterina Dolfin Tron*, Milano 1929.
da Mosto A., *I dogi di Venezia nella vita pubblica e privata*, Milano 1960.
D'Annunzio G., *Il fuoco*, Verona 1930.
Dolcetti G., *Le bische e il giuoco d'azzardo a Venezia*, Venezia 1903.

Erizzo N., *Relazione storico-artistica della Torre dell'orologio di S. Marco in Venezia*, 2. Aufl., Venezia 1866.

Filiasi G., *Memorie storiche dei Veneti primi e secondi*, Venezia 1796.
Fontana G., *Storia popolare di Venezia*, Venezia 1870.
Fradeletto A., *La storia di Venezia e l'ora presente d'Italia*, Torino 1913.

Fremder L., Guanti B., *Venezia curiosa esoterica, minimale*, Milano 1990.
Fusinato A., *Poesie*, Milano 1972.

Galliccioli G., *Delle memorie venete antiche profane ed ecclesiastiche*, Venezia 1795.
Galvani L.N., *I teatri musicali di Venezia nel sec. XVII*, Milano 1879 (reprint Bologna 1984).
Gattinoni G., *Istoria di la magna torre dicta Campaniel di S. Marco*, Venezia 1910.
Girardi G., *La peste di Venezia nel MDCXXX origine del tempio a S. Maria della Salute*, Venezia 1830.
Grandesso E., *I portali medievali di Venezia*, Venezia 1988.
Guerdan R., *L'oro di Venezia*, Verona 1967.

Helms S.W., *Ship graffiti in the church of san Marco in Venice*, in »The International Journal of Nautical Archaeology and Underwater Exploration«, Londra 1975.

Il campanile di S. Marco riedificato, Venezia 1912.
I pozzi di Venezia, Venezia 1910.

Levi C.A., *Il campanile di Venezia*, Venezia 1890 (reprint Bologna 1975).
Lorenzetti G., *Venezia ed il suo estuario*, Milano 1926.

Macchi M., *Storia del Consiglio dei X*, Milano 1864.
Manno Antonio, *I mestieri di Venezia*, Cittadella 1997.
Maretto P., *La casa veneziana nella storia della città*, Venezia 1992.
Marta G., *La gondola*, Venezia 1936.
Meschinello, *La chiesa ducale di S. Marco...*, Venezia 1753.
Molmenti P., *Storia di Venezia nella vita privata*, Bergamo 1910.
Molmenti P., *Venezia*, Firenze 1897.
Mondini T., *El Goffredo del Tasso cantà alla Barcariola*, Venezia 1746.
Moschini G.A., *La chiesa e il seminario di Santa Maria della Salute*, Venezia 1842.
Musatti E., *Guida storica di Venezia*, Padova-Venezia 1890.
Musatti E., *La donna in Venezia*, Venezia 1892 (reprint Bologna 1975).
Musatti E., *Storia di Venezia*, Milano 1936.
Mutinelli F., *Del costume veneziano fino al sec. XVII*, Venezia 1831.
Mutinelli F., *Lessico Veneto*, Venezia 1851.

Nissati A. (G. Tassini), *Aneddoti storici veneziani*, Venezia 1965.

Paganuzzi G.B., *Iconografia delle trenta parrocchie di Venezia*, Venezia 1821.
Perocco G., Salvadori A., *Civiltà di Venezia*, Venezia 1986-1988.
Pilot A., *Antologia della lirica veneziana dal '500 ai nostri giorni*, Venezia 1918.
Pizzarello U., Capitanio E., *Guida della città di Venezia*, Venezia 1986-1989.

Renier Michiel G., *Origine delle feste veneziane*, Milano 1829.
Rizzi A., *Scultura esterna a Venezia*, Venezia 1987.
Rizzi A., *Vere da pozzo di Venezia*, Venezia 1992.
Rizzo T., *I ponti di Venezia*, Roma 1998.
Rondelet A., *Saggio storico sul ponte di Rialto a Venezia*, Mantova 1841.
Ruskin J., *Le pietre di Venezia*, Milano 1997.

Sabellico, *Istoria veneta*, Venezia 1554.
Scarabello G., *Il martirio di Venezia*, Venezia 1933.
Scarfì B.M., *Il leone di Venezia*, Venezia 1990.

Tassini G., *Veronica Franco celebre poetessa e cortigiana del secolo XVI*, Venezia 1969.
Tassini G., *Curiosità Veneziane*, Venezia 1882.
Tassini G., *Feste, spettacoli, divertimenti degli antichi veneziani*, Venezia 1961.

Urbani P., *Appunti sullo stile bizantino di Venezia*, Venezia 1871.
Urbani de Gheltof G.M., *I camini*, Venezia 1892 (reprint Venezia 1975).

Venezia e la peste 1348-1797, Venezia 1979.
Venezia e le sue lagune, Venezia 1847.
Venin G., *Le vicende del corpo di S. Marco*, Venezia 1928.
Vittoria E., *Detti veneziani*, Venezia 1975.

Zangirolami C., *Indicatore anagrafico e guida pratica di Venezia*, Venezia 1937.
Zorzi A., *La repubblica del leone*, Venezia 1979.
Zorzi A., *Una città una Repubblica un Impero*, Milano 1994.
Zorzi A., Marton P., *I Palazzi veneziani*, Udine 1994.
Zorzi E., *Osterie veneziane*, Venezia 1967.
Zorzi E., *Venezia nei vecchi canti del popolo*, Venezia 1930.
Zorzi E., *Il campanile di S. Marco, cenni storici*, Venezia 1902.
Zorzi E., *Il teatro la Fenice in Venezia*, Venezia 1849.
Zorzi E., *Raccolta delle vere da pozzo in Venezia*, Venezia 1911.

Straßenverzeichnis

Abazia 347-596
Aquavite 288
Acque 202
Agnella 462
Albanesi 110, 319, 520
Alberagno 342
Albero 236
Alberti 551
Amadi 276
Amai 226
Amigoni 340
Anatomia 447
Ancillotta 179
Anconeta 369
Ancore 184
Anguria 468
Anzolo 56, 122, 154, 235, 488, 560
Anzolo Rafael 559
Arco 103, 489
Ariani 567
Armeni 185
Arigoni 349
Arsenal 45, 48
Arzere 564
Ascension 188
Aseo 275, 370
Assassini 223
Astori 511
Avocati 223
Avogaria 542, 583

Baffo 70
Bagatin 282
Baiamonte Tiepolo 511
Balanze 210
Baldan 430
Baleran 389
Baloni 182
Balote 198
Banco Giro 484
Bande 139, 152
Bandi 289
Barba Frutarol 302
Barbaria de le Tole 118, 129
Barbarigo 567

Barbaro 248
Barbier 386
Barcaroli 190
Bareteri 181, 201
Bari 426
Barozzi 261
Barziza 498
Basegò 411
Bastion 54, 597
Batelo 339
Becarie 389, 466, 487
Bembo 411, 441
Benzon 222
Bergamaschi 260
Berlendis 121
Bernardo 413, 509
Bianco 35
Biasio 427
Bisati 602
Bissa 205
Bo 489
Boca de Piazza 192
Bombardieri 66
Bombaseri 208
Bon 286
Bonlini 575
Borgoloco 144
Bosello o Boselo 88, 390
Bota 465
Boteghe 237, 243
Boter 370, 393
Botera 126
Boteri 287, 465
Bragadin 142, 363, 601
Brazzo 349
Brazzo Nudo 388
Brentana 189
Bressana 123
Briani 104
Briati 566
Brusà 130, 602
Buello 67
Buratelo 561
Burchiele 414

Ca' Angarani 533
Ca' Barbo 530

Ca' Boldù 282
Ca' Bonvicini 462
Ca' Coppo 39
Ca' Corner 469, 509
Ca' Dario 433
Ca' di Dio 51
Ca' d'Oro 314
Cafetier 131, 262, 508, 530
Ca' Foscari, 547
Calcina 602
Calderer 344
Calegheri 267
Calergi 342
Calice 203, 510
Ca' Magno 56
Ca' Morosini 249
Campanil 396, 463, 467, 529
Campo 429
Ca' Muti 465
Canal 432, 433, 548
Canaregio 373, 385
Candele 306
Cane 388
Canonica 108
Caotorta 267, 349
Caparozzolo 35
Capeler 466
Capelera 67
Capelo 183
Ca' Pesaro 471
Capitelo 350, 353
Ca' Pozzo 385
Cappelli 284
Cappello 127, 431
Capuzzi 602
Capuzzine 132, 340
Carabba 145
Carampane 464
Ca' Raspi 465
Carbon 208, 209, 215, 216
Cariole 179
Carità 287, 577
Ca' Rizzi 415
Ca' Rizzo 340
Carminati 459
Carmini 100

Caro 189
Carozze 127, 238
Ca' Salamon 316
Ca' Sanudo 510
Casaria 485
Case Nove 529
Casin dei Nobili 541
Cason 84, 300
Casseleria 152
Castagna 103
Castel Cimesin 176
Castelforte 519
Catecumeni 299, 595
Cavaleto 188, 282
Cavalli 39, 217, 509
Cavalo 119, 354
Cavanis 142
Ca' Vendramin 333
Cazziola 416
Celestia 72
Celsi 56
Cendon 390
Cenere 25, 351
Centopiere 582
Cerchieri 582
Cereria 412
Cerva 207
Chiara 443
Chiesa 104, 181, 218, 284, 299, 426, 461, 510, 584, 599
Chiodo 316
Chiovere 339
Chioverete 385
Cimitero 73, 559
Cinque 491
Citele 618
Clero 246, 409
Cocco 142
Collalto 512
Colombina 288, 369
Colombo 443
Colona 372
Colone 185, 190, 227, 448
Colonete 364
Colori 541
Coltrera 37
Comare 441, 582

Comedia 364, 462
Comenda 69, 85
Condulmer 409
Confraternita 73
Console 142
Contarina 288, 341
Contarini 219, 260, 432
Contarini Corfù 579
Convertite 624
Coppo 226
Corazzieri 84, 85
Cordami 622
Cordellina 342
Corderia 484
Cordoni 287
Corelie 341
Corente 319
Corli 522
Corner 237, 282
Corner Zaguri 252
Corona 104
Correggio 469
Correra 364
Cortellotti 585
Corte Scura 443
Cortese 121
Cortesia 224
Corte Vechia (de) 345
Crea 390, 597
Cristi 466
Cristo 26, 262, 368, 370, 372, 386, 429, 460
Crose 407, 431, 434, 619
Crosera 84, 237, 243
Crosera S. Pantalon 529
Crosetta 289
Crotta 400
Curnis 492

Dai 183, 184
Da Mosto dei Colori 373
Dandolo 123, 216
Da Ponte 251
Diamanter 333

Diavolo 461
Diedo 332
Do Corti 348, 391
Dogana 594
Dogana de Tera 491
Dolera 498
Dolfin 280, 530
Dolfina 38
Do Mori 487, 489, 489, 490
Donà 55
Dona Onesta 520, 529
Donzela 487, 492
Do Porte 131
Do Pozzi 55, 317
Dose 81
Dose da Ponte 250
Do Spade 488
Do Torri 470
Dragan 298
Drazzi 70
Duca 298, 313
Duca Sforza 241
Duodo 258

Emo 373
Erba 319
Erbariol 466
Erbe 123
Eremite 583
Erizzo 70, 366

Fabrica Tabachi 414
Fabriche Nove 484
Fachini 345
Falcon 209
Falier 280
Fante 368
Faraon 387
Farsetti 370, 374
Fava 148, 204
Favri 184, 209
Feltrina 258
Felzi 124
Fenice 267
Ferali 184
Fero 207
Ferrando 621

Figareto 34
Figher 105, 427
Figo 286
Filatoio 460
Finetta 317
Fiori 363
Fiubera 184
Flangini 400
Fondamente Nove 121
Fondamentina 619
Fontana 146, 315
Fontego 65, 206, 547
Fontego dei Tedeschi 206
Fontego dei Turchi 442
Fontego del Curame 492
Formager 600
Formenta 38
Forner 25, 466, 471, 520
Forni 52
Forno 37, 84, 123, 179, 250, 266, 343, 385, 400, 497, 622
Forno Vechio 227
Fossa 345
Franceschi 302
Franchi 601
Frari 515, 517
Fraterna 88
Frati 235, 584, 619
Frescada 529
Frezzaria 188
Frisiera 36
Frutariol 146, 150, 153, 246
Fumo 286
Furatola 496
Furlane 27
Furlani 70, 85
Fuseri 190, 227

Gaffaro 409
Galiazza 205, 489, 490
Galion 428
Galizi 492
Gallipoli 520
Gambara 579
Garibaldi 36
Gaspare Gozzi 522
Gasparo Contarini 356
Gate 70
Gesù e Maria 433
Gesuiti 304, 305
Gheto 336
Gheto Novissimo 337
Gheto Novo 336, 337
Gheto Vechio 336, 337, 385
Giardini Pubblici 40
Giazzo 147
Gioachina 397
Giovanelli 471
Girardini 551
Giudio 342
Giuffa 102
Giuffa S. Apolonia 107, 108
Giustinian 247
Giustiniana 387
Gobi 250
Goldoni 227
Gonella 388
Gorne 53, 54
Gradenigo 431
Gradisca 354, 429
Grandi 622
Grassi 317
Greci 87, 88
Gregolin 186
Gregolina 186, 349
Grimana 38
Grimani 333, 510
Groppi 344
Grue 459, 460
Guardiani 567
Guera 153, 180, 319
Guglie 373, 385, 393

Incurabili 599
Indorador 145, 542
Isepo 25, 26
Isola 448

Labia 260, 392
Lagoscuro 624
Lana 433, 434
Larga 175, 301, 344, 445, 522
Larga de Castelo 33
Larga del Lezze 345
Larga de la Chiesa 599
Larga Foscari 529
Larga G. Gallina 123
Larga Mazzini 197
Larga Widmann 285
Late 429
Lavadori 412
Leon Bianco 280
Leoncini 174
Lezze 335, 343
Librer 507
Licini 149
Lion 88
Lista de Spagna 396
Lizza Fusina 560
Longa 142, 462
Longo 343, 620
Loredan 246, 354
Loredana 36, 349, 354
Lovisella 262
Lovo 209
Lucatello 181
Luganegher 189, 496
Lustraferi 343

Madalena 366, 367, 559
Madona 48, 88, 123, 223, 289, 298, 386, 491, 565
Madoneta 497, 507
Magazen 26, 341, 412, 508, 515, 547
Maggioni 282
Mainenti 561
Malcanton 411
Malipiero 239, 433
Maltese 226
Malvasia 82, 143, 146, 150, 185, 200,

210, 227, 342, 497
Malvasia Vechia 266
Mandola 223
Mandoler 520
Manganer 300, 488
Manin 208, 224
Maraffoni 35
Marangon 599
Maravegie 579
Marcello 144
Margaritera 85
Marinoni 266
Marioni 449
Marte 415
Martin Novello 26
Martinengo da le Bale 146
Maruzzi 88
Marzaria del Capitelo 198
Marzaria de l'Orologio 175, 182
Marzaria de S. Zulian 181
Marzaria S. Salvador 198
Mazena 223
Mazor 372
Megio 443
Meloni 122, 496
Mendicanti 120
Mercanti 103
Mezo 102, 132, 446, 498
Miani 246
Michiel 223, 286, 299
Michieli 467
Milion 277
Minelli 265
Minio 363
Minotto 260, 410
Miracoli 282, 283
Misericordia 121, 316, 336, 345, 346, 356, 397
Mocenigo 460
Modena 275, 460
Molin 190, 317
Monastier 408

Mondo Novo 151
Monti 210
Montorio 622
Mora 289
Morandi 289
Moretta 240, 289
Mori 347, 348
Morion 66
Moro 333
Morosina 276
Morosini 175, 249
Morosini de la Regina 200
Morte 92
Morti 123, 468, 469
Morto 407
Mosche 530
Moschete 131
Mosto 373
Muazzo 129
Muneghe 219, 240, 252, 283, 350, 433
Muneghete 54, 243
Mussato 152
Muti 347

Nani 240, 577, 618
Naranzaria 481
Narisi 236
Nasolin 146
Nave 150, 179
Nazario Sauro 428
Nerini 432, 433
Nicoli 622
Noal 363
Nomboli 523, 524
Nonzolo 460
Noris 289
Nova 37, 67, 121, 288, 298, 340, 347, 467
Nova del Rio Terà 596
Novo 102, 236, 407
Novo de S. Felice 315
Nunziata 103

Oca 313

Oche 449
Ochialer 489, 491
Ochio grosso 54
Ogio 70, 206, 275, 276, 363, 364, 467, 499, 513, 565, 622
Ogni Santi 583
Ole 35
Oratorio 150, 561
Orbi 141, 240
Oresi 482, 500
Ormesini 336
Orseolo 187
Orsetti 428
Orso 206
Orto 338
Osmarin 100
Ospealeto 127, 389, 621
Ospital 390
Ostaria de la Campana 487
Ostreghe 259

Pagan 416
Pagia 173, 372
Palada 621
Palazzo 173
Palazzo Manin 208
Pali 314, 315
Paluo 121
Papa 89
Papadopoli 413, 497
Paradiso 48, 103, 150, 492
Parangon 500
Partigiani 25
Parucheta 449
Paruchier 131
Paruta 534
Pasqualigo 289
Pasina 499
Pazienze 545
Pedrocchi 39, 260
Pegola 53, 299
Pegoloto 370
Pele 237
Penini 53
Penitenti 385, 387

Pensieri 414
Perdon 496
Pergola 460
Perina 150
Persemolo 285
Pesara 391
Pesaro 222, 471
Pescaria 207, 385, 485, 560
Peschiera 56
Pestrin 84, 142, 235, 236, 260, 289
Petriana 497
Pezzana 509
Picolo 622
Piere Vive 189
Piero da Lesina 25
Pietà 89, 288
Pignate 186
Pignater 84
Pignoli 190
Pii 488
Pinelli 142
Pino 466
Pio X 204
Piombo 146
Piova 560
Piovan 53, 83, 146, 249, 267
Pirier 205, 260
Pisani 248, 427
Pisciutta 351
Piscopia 217
Pissina 189, 237
Pistor 39, 146, 206, 302, 427, 577, 622
Pizzocare 236
Polaca 37
Polvere 189
Ponte de le Guglie 373, 385
Ponte de Rialto 479
Pontei 470
Ponte Picolo 621
Ponte Storto 493
Porton dei Mori 348
Posta de Fiorenza 280, 301
Pozzeto 251, 489

Pozzeto d'Oro 286
Pozzo Longo 512
Prete Zoto 26
Preti 37, 55, 151, 316, 530, 561
Primo 449
Priuli 319, 397, 441, 579
Procuratie 396, 565
Procuratie Vechie 188
Propia 287
Proverbi 302
Pugliese 427
Pugni 548
Puti 542

Quartier 179
Querini 143
Quintavale 27

Rafineria 343
Raspi 465, 489
Rasse 110
Ràvano 470, 492, 499
Regina 469
Regina d'Ungheria 227
Remedio 105
Remer 279, 508
Renier 529
Rezzonico 551
Rialto Novo 500
Ridoto 191
Rielo 391, 396, 428, 560
Riformati 351
Righetti 250
Rigo 333
Rioda 459
Rio Marin 429
Rio Novo 412
Rio Terà 449
Riveta 488
Rombiaso 267
Rosario 107
Rossa 565, 566
Rosso 123, 350, 565
Rota 105
Roto 288
Rotonda 353

Rubina 351
Ruga 35
Ruga Bela 448
Ruga Giuffa 140
Ruga Vechia 448
Ruga Vechia S. Zuane 490
Ruzzini 287

S. Agnese 603
S. Agostin 511, 512
S. Alvise 353
S. Andrea 219, 220, 317, 416
S. Ana 27, 35
S. Antonin 85
S. Antonio 366
S. Anzolo 235, 621
S. Apolonia 107
S. Aponal 493, 494
SS. Apostoli 280, 297, 302
S. Barnaba 541, 551
S. Bartolomeo 180, 204, 479
S. Basegio 584
S. Basso 174
S. Beneto 220
S. Biasio 624
S. Boldo 510
S. Bonaventura 351
S. Cancian 282
S. Cassian 468
S. Caterina 307, 316
S. Chiara 416, 418
SS. Cosma e Damiano 624
S. Cristoforo 267
S. Daniel 33
S. Domenego 40, 602
S. Eufemia 622, 623
S. Fantin 263
S. Felice 315
SS. Filippo e Giacomo 106
S. Fosca 331, 366
S. Francesco 37, 64
S. Francesco de la Vigna 63

S. Gaetano 265
S. Gallo 186
S. Geremia 393, 396
S. Giacomo 620
S. Giacomo de l'Orio 445
S. Gioachino 36
S. Giobe 388
S. Giovanni di Malta 69
S. Girolamo 339
S. Giustina 64, 65,131
S. Gregorio 597
S. Isepo 25, 26
S. Leonardo 370, 372
S. Lio 147, 150
S. Lorenzo 69, 86, 101
S. Luca 209, 227
S. Marco 181, 565
S. Margarita 546
S. Maria del Carmine 544
S. Maria Formosa 140, 153
S. Maria Mater Domini 461, 462
S. Maria Mazor 414, 415
S. Maria Nova 282, 284
S. Maria Zobenigo 257, 267
S. Marina 144
S. Martin 54
S. Marzial 333, 334, 335
S. Matio 489
S. Maurizio 249
S. Moisè 192, 260
S. Nicolò dei Mendigoli 561
S. Pantalon 530, 531
S. Piero 27
S. Polo 507, 524
S. Provolo 98, 100
S. Rocco 513, 518, 520
S. Salvador 197
S. Samuel 237
S. Sebastian 542
S. Sepolcro 91
S. Severo 101
S. Silvestro 493, 498
S. Simon Grando 441
S. Simon Picolo 433
S. Sofia 314
Sansoni 489
S. Stae 457, 472
S. Stefano 243
S. Stin 513, 515
S. Ternita 56, 70
Santi 39
Santissimo 251
Santissimo Redentor 620
S. Tòdaro 198
S. Tomà 515, 522, 523
S. Trovaso 575, 577
S. Vidal 246, 248
S. Vio 601
S. Zacaria 97
S. Zan Degolà 441
S. Zani novo 104
S. Zanipolo 123, 126
S. Zan Lateran 127, 129, 143
S. Zorzi 186, 189
S. Zorzi de i Schiavoni 67, 85
S. Zuane 385, 433, 513, 601
S. Zuane Crisostomo 275, 280
S. Zuane in Bragora 81
S. Zulian 176, 180
Sabion 203, 599
Sabionera 26
Sabioni 400
Sagredo 73, 427
Salamon 35
Salvadego 188
Saoneri 524
Saponella 388
Sarasina 25
Sartor da Veste 262
Sartori 303
Sartorio 583
Savie 448, 449
Savonaria 530
Scala Mata 338
Scaleter 278, 510, 530
Scaletta 146
Scalzi 436
Sceriman 304
Schiavine 227
Schiavoncina 142
Schiavona 39
Schiavoni 81
Scoacamini 186
Scotti 209
Scuola 520
Scuole 338, 545
Scura 448
Scuro 386
Sechera 433
Seco Marina 27
Secondo 510
Sensa 341, 347, 353
Servi 332
Sicurtà 484
Simia 486
Socorso 543
Sol 493
Solta 25
Soranzo 597
Spadaria 176
Spade 488
Spechiera 146
Spechieri 179
Spezier o Spizier 106, 223, 249, 303, 385, 400, 443, 459, 542
Spezieri 486
Spini 622
Spiriti 410
Spiron 189
Sponza 621
Sporca 35, 313
Squartai 412
Squelini 431
Squero 121, 261, 341, 542, 582, 595, 602
Squero Vechio 123

Stadera 500
Stagneri 203
Stampador 240
Stella 286
Stivaleto 492
Storto 267, 565
Stramazer 278
Strazzariol 180
Strazze 186
Streta 33
Strologo 368
Strope 429, 447
Stua 105, 316, 464
Sturion 492
Sufragio 71
Surlin 35

Tabaco 513
Tagia Calze 37
Tagiapiera 251, 316, 449, 541, 542
Tana 48
Teatro 215, 216, 220, 241, 278, 462
Teatro S. Moisè 260
Teatro Vechio 467
Te Deum 65
Tentori 565
Terà 428
Terazza 130
Terazzera 92
Terco 34
Terese 563
Testa 122
Tete 464
Tetta 143
Tintor o Tentor 206, 389, 443, 446, 449, 460
Tintoretto 348, 519
Tiozzi 470
Todeschi 240
Todeschini 498
Tolentini 409, 434
Toleta 582
Tornielli 369
Torete 341
Torrette 184
Toscana 491

Tragheto 221, 237, 259, 261, 301, 315, 499, 523, 541
Tragheto de la Madoneta 497
Tragheto del Buso 207
Tragheto S. Maurizio 251
Tragheto Vechio 529
Tramontin 201
Trapolin 334
Trasti 354
Tre Archi 387
Tre Crose 288
Tre Ponti 412, 416
Trevisana 142
Trevisani 345
Tron 189, 221, 457
Turchete 541
Turlona 341, 351

Ufizio de la Seda 276
Umiltà 595

Valaressa 190
Valmarana 301
Varisco 289
Vechi 542
Vechia 40, 347, 600
Vedeli 386
Vele 150, 314
Vendramin 368
Venier 392, 529
Veniera 151, 190
Ventidue marzo 260
Venzato 430
Verde 313
Vergole 393
Veriera 124
Verona 266
Veste 262
Vicenza 262
Vida 70, 225, 240, 267, 288, 449, 512, 513
Vin 500
Vinanti 530
Vissiga 432

Vitturi 247
Volto 150, 217, 489
Volto de la Cason 301
Volto Santo 369

Widmann 285

Zaguri 252
Zambelli 445
Zamenghi 351
Zanardi 317
Zancana 332
Zan del Verme 39
Zanetti 459
Zani Novo 104
Zappa 341
Zatare 585, 595, 604
Zavater 372
Zen 306, 427
Zoccolo 345
Zon 65
Zorzi 67, 103, 600
Zoti 240
Zucaro 542, 599
Zuccato 412
Zuliani 363
Zusto 449

**Abteien,
Kampanile,
Kirchen, Klöster,
Oratorien, Spitäler,
Hospize, Paläste,
Scuole**

Abteien

Misericordia 346
S. Gregorio 596

Kampanile

Angelo Raffaele 559
Carità (s. S. Maria della Carità)
Carmini (s. S. Maria del Carmine)
Frari (s. S. Maria dei Frari)
Madonna dell'Orto 354
Ognissanti 382
S. Agnese 602
S. Alvise 353
S. Angelo (zerstört) 235
S. Aponal 495
SS. Apostoli 297
S. Barnaba 541
S. Bartolomeo 204
S. Benedetto 220
S. Boldo (Überreste) 511
S. Canziano 290
S. Cassiano 468
S. Felice 315
S. Fosca 367
S. Francesco de la Vigna 63
S. Geremia 396
S. Giacomo de l'Orio 446
S. Giacomo di Rialto 481
S. Giobbe 389
S. Giorgio dei Greci 88
S. Giorgio Maggiore 187
S. Giovanni Crisostomo 276
S. Giovanni Elemosinario 490
S. Leonardo (zerstört) 373
S. Luca 218
S. Marco 164
S. Margherita (Überreste) 546
S. Maria della Carità (zerstört) 578
S. Maria Formosa 139
S. Maria Gloriosa dei Frari 517
S. Maria della Salute 594
S. Maria Mater Domini 461
S. Maria Mazor 415
S. Maria della Misericordia 347
S. Maria Zobenigo (Überreste) 257
S. Maurizio 249
S. Moisè 192
S. Nicolò della Lattuga 518
S. Nicolò dei Mendigoli 563
S. Nicolò da Tolentino 408
S. Pantalon 531
S. Paternian (zerstört) 224
S. Pietro di Castello 29
S. Polo 508
S. Rocco 518
S. Salvador 199
S. Samuele 239
S. Sebastiano 585
S. Simeone 425
S. Silvestro 499
S. Sofia 313
S. Stae 457
S. Stefano 244
S. Tomà (Überreste) 523
S. Trovaso 575
S. Vidal 247
S. Zaccaria 97
S. Zulian 177

Kirchen

Angelo Michele (s. S. Angelo)
Angelo Raffaele 559
Ascensione (s. S. M. dell'Ascensione)
Cappuccine 340
Cappuccine (zerstört) 40
Carità (s. S. M. della Carità)
Carmini (s. S. M. del Carmine)
Celestia (s. S. M. della Celestia)
Convertite (ehemals) 624
Corpus Domini (zerstört) 399
Croce (zerstört) 407
Croce (ehemals) 619
Fava (s. S. M. della Fava)
Frari (s. S. M. Gloriosa dei Frari)
Gesuati (s. S. M. del Rosario)
Gesuati (s. Visitazione della B. Maria)
Gesù Cristo Nostro Salvatore (zerstört) 621
Gesù e Maria (zerstört) 434
Gesù Giuseppe e Maria (ehemals) 583
Gesuiti (s. S. M. Assunta)
Incurabili (zerstört) 599
Maddalena (s. S. M. Maddalena)
Madonna dell'Orto (s. S. M. Odorifera)
Miracoli (s. S. M. dei Miracoli)

Misericordia
(s. S. M. della
Misericordia)
Ognissanti (zerstört)
583
Ospedaletto (s. S. M.
dei Derelitti)
Penitenti (s. S. M.
delle Penitenti)
Pietà (s. S. M. della
Visitazione)
Salute (s. S. M. della
Salute)
S. Agnese 603
S. Agostino (zerstört)
511
S. Alvise 353
S. Andrea de la
Zirada (ehemals)
416
S. Angelo (zerstört)
235
S. Anna (ehemals) 35
S. Antonino 85
S. Antonio abate
(zerstört) 40
S. Aponal 494
SS. Apostoli 297
S. Barnaba 541
S. Bartolomeo 204
S. Basilio (zerstört)
584
S. Basso (ehemals)
174
S. Benedetto 220
S. Biagio 51
S. Boldo (zerstört)
510
S. Bonaventura 351
S. Canziano 289
S. Cassiano 468
S. Caterina (ehemals)
307
S. Chiara (ehemals)
416
SS. Cosma e Damiano
(ehemals) 624
S. Croce (zerstört)
407
S. Daniele (zerstört)
117
S. Domenico
(zerstört) 40
SS. Ermagora
e Fortunato
(s. S. Marcuola)
S. Eufemia 623
S. Fantin 263
S. Felice 315
SS. Filippo
e Giacomo
(zerstört) 108
S. Fosca 366
S. Francesco di Paola
37
S. Francesco della
Vigna 63
S. Geminiano
(zerstört) 161, 162
S. Geremia 196
SS. Gervasio
e Protasio (s. S.
Trovaso)
S. Giacomo (zerstört)
620
S. Giacomo de l'Orio
445
S. Giacomo di Rialto
481
S. Giobbe 389
S. Giorgio dei Greci
87
S. Giorgio Maggiore
186
S. Giovanni Battista
596
S. Giovanni
in Bragora 81
S. Giovanni
Decollato (s. S.
Zan Degolà)
S. Giovanni di Malta
69
S. Giovanni
Elemosinario 490
S. Giovanni
Evangelista 513
S. Giovanni
Crisostomo 275
S. Giovanni Laterano
(s. S. Zan Lateran)
S. Giovanni in Oleo
(s. S. Zani Novo)
S. S. Giovanni
e Paolo
(s. S. Zanipolo)
S. Girolamo
(ehemals) 339
S. Giuliano (s. S.
Zulian)
S. Giuseppe di
Castello 26
S. Giustina (ehemals)
64
S. Gregorio
(ehemals) 596
S. Lazzaro dei
Mendicanti 120
S. Leonardo
(ehemals) 373
S. Lio (Leone) 147
S. Lorenzo (ehemals)
86
S. Luca 218
S. Lucia (zerstört)
399
S. Marco 162
S. Marcuola 371
S. Margherita
(ehemals) 546
S. Maria
dell'Ascensione
(zerstört) 190
S. Maria Assunta 305
S. Maria della Carità
(ehemals) 577
S. Maria del Carmine
544
S. Maria Celeste o
della Celestia
(zerstört) 72
S. Maria dei Derelitti
127, 131
S. Maria dei Miracoli
282
S. Maria della Fava
148

S. Maria Formosa 139
S. Maria del Giglio (s. S. M. Zobenigo)
S. Maria Gloriosa dei Frari 515
S. Maria Maddalena (ehemals) 364
S. Maria Madre del Redentore (ehemals) 340
S. Maria Mazor (ehemals) 415
S. Maria Mater Domini 461
S. Maria della Misericordia 346
S. Maria di Nazareth 398
S. Maria Nova (zerstört) 284
S. Maria Odorifera 355
S. Maria delle Penitenti (ehemals) 387
S. Maria del Pianto 132
S. Maria della Presentazione 617, 619
S. Maria del Rosario 604
S. Maria della Salute 593
S. Maria dei Servi (ehemals) 332
S. Maria dell'Umiltà 595 (zerstört)
S. Maria di Val Verde (s. S. Maria della Misericordia)
S. Maria delle Vergini (zerstört) 34
S. Maria della Visitazione 89
S. Maria Zobenigo 257

S. Marina (zerstört) 144
S. Marta (zerstört) 564
S. Martino 45
S. Marziale 335
S. Matteo (zerstört) 488
S. Maurizio 249
S. Moisè 192
S. Nicolò della Lattuga (zerstört) 517
S. Nicolò dei Mendigoli 561
S. Nicolò da Tolentino 408
S. Pantaleone 531
S. Paternian (zerstört) 224
S. Pietro di Castello 28
S. Polo 508
S. Provolo (zerstört) 98
SS. Redentore 619
S. Rocco 518
S. Salvatore 197
S. Samuele 238
S. Sebastiano 584
S. Sepolcro (ehemals) 91
S. Severo (zerstört) 101
S. Silvestro 498
S. Simeone e Giuda 436
S. Simeone Profeta 425
S. Sofia 313
S. Stae (S. Eustachio) 457
S. Stefano 243
S. Stin (zerstört) 513
S. Teodoro 109
S. Teodoro (zerstört) 161
S. Teresa (ehemals) 563

S. Tomà (S. Tommaso) 523
SS. Trinità (zerstört) 71
S. Trovaso 575
S. Vio (SS. Vito e Modesto) (zerstört) 601
S. Vitale (S. Vidal) 247
S. Zaccaria 97
S. Zan Degolà 441
S. Zani Novo 104
S. Zanipolo 117
S. Zan Lateran (zerstört) 128
S. Zulian 177
Scalzi (s. S. M. di Nazareth)
Servi (s. S. M. dei Servi)
Spirito Santo 598
Terese (s. S. Teresa)
Tolentini (s. S. Nicolò da Tolentino)
Umiltà (s. S. M. dell'Umiltà)
Vergini (s. S. M. delle Vergini)
Visitazione della Beata Maria
Zitelle (s. S. M della Presentazione)

Klöster

Canonici Lateranensi (ehemals) 577
Cappuccine 40
Carmelitane Scalze 351
Carmelitani Scalzi 398
Celestia (s. S. M. della Celestia)
Clarisse 620
Corpus Domini (zerstört) 399
Croce (zerstört) 407
Croce (ehemals) 619

Domenicani (s. S. Zanipolo)
Francescani (s. S. M. Gloriosa dei Frari)
Gesuati (s. Visitazione della B. Vergine)
Gesuiti (ehemals) 305
Gesù e Maria (zerstört) 434
Gesù Giuseppe e Maria (zerstört) 583
Maddalena (ehemals) 624
Madonna dell'Orto (ehemals) 355
Miracoli (s.S. M. dei Miracoli)
Ognissanti (zerstört) 583
Redentore 619
S. Anna (ehemals) 35
S. Antonio abate (zerstört) 40
S. Caterina (ehemals) 307
S. Chiara (ehemals) 416
SS. Cosma e Damiano (ehemals) 624
S. Croce (zerstört) 407
S. Domenico (zerstört) 40
S. Giacomo (zerstört) 620
S. Giobbe (zerstört) 390
S. Giovanni Laterano (ehemals) (s. S. Zan Lateran)
SS. Giovanni e Paolo (ehemals) (s. S. Zanipolo)
S. Giustina (ehemals) 64
S. Gregorio (zerstört) (s. Abtei di S. Gregorio)
S. Lucia (zerstört) 399
S. Maria del Carmine (ehemals) 544
S. Maria della Celestia (ehemals) 72
S. Maria Gloriosa dei Frari (ehemals) 517
S. Maria Mazor (zerstört) 415
S. Maria dei Miracoli (ehemals) 283
S. Maria di Nazareth 398
S. Maria dei Servi (ehemals) 332
S. Maria della Presentazione (ehemals) 617, 619
S. Maria della Salute (ehemals) 594
S. Maria delle Vergini (zerstört) 34
S. Maria del Pianto (ehemals) 132
S. Maria dell'Umiltà (zerstört) 595
S. Marta (zerstört) 564
S. Nicolò da Tolentino (ehemals) 409
S. Nicolò della Lattuga (ehemals) 517
S. Nicolò di Bari (zerstört) 40
S. Salvatore (ehemals) 197
S. Sepolcro (ehemals) 91
S. Stefano (ehemals) 244
S. Teresa (ehemals) 563
S. Zanipolo 117
S. Zan Lateran (ehemals) 128
Scalzi (s. S. M. di Nazareth)
Servi (s. S. M. dei Servi)
Spirito Santo 598
Teatini (s. S. Nicolò da Tolentino)
Vergini (s. S. M. delle Vergini)
Visitazione della B. Vergine (ehemals) 605
Zitelle (s. S. M. della Presentazione)

Oratorien

Annunziata (dell') 235
Crocefisso (del) 508
Crociferi (ehemals) 306
Dottrina Cristiana 390
S. Giobbe dell'Ospedaletto (zerstört) 390
S. Giuliano (zerstört) 339
S. Maria della Fava 149
S. Nicolò della Lattuga (ehemals) 517
S. Gallo 187

Spitäler

Arte dei Sartori (ehemals) 303
Crociferi (ehemals) 306
Incurabili (ehemals) 599

Marinai (zerstört) 40
S. Caterina (ehemals) 69
S. Giobbe (ehemals) 389
S. Lazzaro dei Mendicanti (ehemals) 120
S. Maria dei Derelitti (ehemals) 131
SS. Pietro e Paolo (ehemals) 36

Hospize

Ca' di Dio 52
Calegheri Tedeschi (ehemals) 237
Pizzocchere di S. Agnese (ehemals) 602
S. Giobbe 387
S. Maria Vergine di Treviso 345
S. Pietro (ehemals) 621
S. Sepolcro 91
Soccorso (ehemals) 543
Tessitori di panni tedeschi (zerstört) 434
Zuane Contarini (ehemals) 390

Paläste

Adoldo-Spiera 434
Agnusdio 471
Albrizzi 317
Amadi 283
Anzelieri 176
Ariani-Minotto 567
Arnaldi 530
Arrigoni 349
Badoer 301, 445
Balbi 180
Barbarigo 363, 567, 601
Barbaro 245, 248, 462
Barbaro-Nani 618
Barbo 531
Barzizza-Calbo-Crotta 397
Barzizza, heute Torres 498
Basadonna 190
Bellavite 249
Bembo 209
Bembo-Boldù 284
Bernardo 507, 510
Bon 103
Bontremolo 245
Bonvicini 462
Bosso oder Bosco 523
Bragadin 131, 145, 363
Bragadin-Carabba 145
Brazzo (da) 349
Ca' d'Asfalto 386
Ca' d'Oro 314
Camerlenghi 481
Canal 548
Caotorta 343
Cappello 431, 493, 565
Cappello-Memmo 89
Cappello-Soranzo-Bragadin 431
Carminati 459
Cassetti 351
Cavalli 496
Cavanis 143
Celsi-Donà 56
Cendon 391
Centani, vormals Rizzi 524
Cima-Zon 65
Cocco 142
Collalto 513
Condulmer 409
Contarini 432
Contarini (zerstört) 457
Contarini-Corfù 579
Contarini dagli Scrigni 579
Contarini del Ferro 66
Contarini dal Zaffo 356
Contarini del Bovolo 226, 266
Contarini-Fasan 260
Contarini-Mocenigo 220
Corner 282, 529, 546
Corner Ca' Grande 252
Corner della Regina 469
Corner-Gheltoff 237
Corner-Mocenigo 509
Correggio 470
Correr (zerstört) 427
Cossetti 515
Cuccina-Tiepolo 497
Da Lezze 400
Dandolo 123, 191
Da Mosto 281, 373
Da Ponte 251
Dario 433
Diedo 332
Diedo-Emo 434
Dolce 416
Dolce-Sceriman 304
Dolfin 530
Dolfin-Bollani 145
Dolfin-Manin 208
Donà 140, 176, 259, 497, 509
Donà-Giovanelli 363
Donà dalle Rose 367
Donà-Ottoboni 102
Ducale 170
Duodo 235, 259
Emo 373, 625
Falier 282
Falier (Überreste) 530
Farsetti 217
Flangini 396
Flangini-Fini 260

Fontana-Rezzonico 315
Fonte 348
Foscari 314, 529, 625
Foscari-Contarini 436
Franchetti-Cavalli-Gussoni 248
Frizier-Renieri-Zeno 397
Garzoni 237
Gidoni 441
Giovanelli 471
Giustinian 192
Giustiniani 261
Giustiniani-Faccanon 203
Giustinian-Lolin 247
Giustinian-Recanati 585
Gradenigo 431
Grassi 239
Grifalconi 122
Grimani 123, 218, 259
Gritti 63, 89, 577
Gritti-Badoer 91
Gussoni 150
Gussoni-Grimani dalla Vida 363
Labia 392
Leopardi (Überreste) 354
Lezze 345
Lion 279
Longo 343
Loredan 217, 285, 349, 601
Loredan-Gheltof 370
Loredan-Mocenigo 246
Loredan-Widmann 285
Maffetti 625
Maffetti-Tiepolo 509
Magno 66, 130, 218, 366
Magno dalle Boccole 56
Malipiero-Trevisan 140
Malipiero, vormals Cappello 239
Manin (s. Dolfin-Manin)
Manolesso 56
Marcello 366, 410
Marcello dai Leoni 523
Marcello-Pindemonte-Papadopoli 144
Mariani 449
Martinengo 146, 223
Mastelli o del Cammello 348
Michiel 223, 345, 351
Michiel dal Brusà 299
Michiel dalle Colonne 299
Minelli 619
Minelli-Spada 356
Minotto 410
Mocenigo 219, 259, 458, 618
Mocenigo dalle Zogie 146
Mocenigo-Gambara-Guetta 579
Molin 189, 250, 317
Molin, vormals Barbo delle due Torri 91
Mora-Marcello 266
Moro 205, 524, 625
Morosini 235, 276, 301, 523
Morosini dal Giardino 467
Morosini dalla Torre 302
Morosini della Trezza (zerstört) 400
Morosini del Pestrin 142
Morosini-Gattemburg 249
Mosto (da) 281, 373
Mosto (Überreste) 619
Muti 465
Mutti dalle Contrade 445
Nani 385
Nani-Barbarigo 577
Navagero 91
Papadopoli 409
Papadopoli (s. Cuccina-Tiepolo)
Pasqualigo-Giovanelli 363
Pesaro 471
Pesaro detto degli Orfei 220
Pesaro-Papafava 316
Petriani 497
Pisani 237, 248, 397, 524
Pisani-Gritti 259
Priuli 101, 319, 465
Priuli poi Minazzo 301
Priuli-Bon-Clary 585
Priuli-Pesaro 465
Priuli-Scarpon 316
Priuli-Stazio 443
Quartieri (Überreste) 179
Querini 101, 237, 542, 579
Querini-Stampalia 143
Rampani 464
Raspi 465
Renier (zerstört) 443
Rezzonico, vormals Priuli-Bon 551
Rizzi 415
Rota 184
Ruzzini-Priuli 140
Sagredo 314
Saibante 497
Salamon 316
Sandi 237
Sangiantoffetti 581
Sansoni 489
Sanudo 443
Sanuto (Überreste) 189

Savorgan 391
Semitecolo-Orio 597
Signolo-Loredan 534
Somacchi 235
Soranzo 509
Soranzo-Pisani 449
Superchio 385
Surian 179, 386, 411
Talenti 221, 449
Tirabosco 344
Toderini 428
Tornielli 369
Treves 261
Tron 457
Turloni-Pezzana 509
Veggia-Papafava 152
Vendramin 333
Vendramin-Calergi 368
Venier-Priuli-Manfrin 392
Viaro-Zane 462
Visconti Rocca Bianca 620
Vitturi 140
Widmann-Foscari 285
Zaguri 252
Zambelli 446
Zamberti 542
Zanardi 317
Zanetti (Überreste) 459
Zatta 392
Zen 306
Zenobio 543
Zorzi 103, 585
Zorzi-Liassidis 88
Zulian 363
Zusto 449

Scuole

Acquaroli 584
Albanesi 249
Angelo Custode 298
Battioro 472
Beata Vergine del Rosario (zerstört) 126
Bombardieri (zerstört) 139
Botteri 306
Calegheri 522
Carità (s. S. M. della Carità)
Carmini (s. S. M. del Carmine)
Casselleri 153
Cristo 371
Fabbri 192
Fenestreri 364
Fruttaroli 153
Laneri 245, 411, 530
Linaroli 108
Mandoleri 487, 494
Mastelleri (zerstört) 499
Mercanti 354
Mercanti da Vino (zerstört) 499
Misericordia (s. S. M. della Misericordia)
Misericordia (Vecchia) 347
Mureri 238
Nobili o del SS. Sacramento (zerstört) 399
Orbi 141
Orefici 500
Osti (zerstört) 468
Parrucchieri 131
Passione 518
Pistori 249
Pittori 313
Purificazione (della) 139
S. Antonio 517
S. Gerolamo o dei Picai o della Giustizia 263
S. Giorgio degli Schiavoni 69
S. Giovanni Evangelista 513
S. Marco 119
S. Maria della Carità 577
S. Maria del Carmine 545
S. Maria della Misericordia 347
S. Martino 45
S. Nicolò dei Greci 87
Sant'Orsola (ehemals) 126
S. Rocco 518
S. Teodoro 198
Sartori 305
Schiavoni (s. S. Giorgio degli Schiavoni)
Spezieri 486
Spirito Santo 598
Strazzaroli 180
Tagiapiera 495
Terrazzieri 92
Tessitori (ehemals) 371
Tessitori di pannilana 434
Tiraoro (s. Battioro)
Varoteri 547
Zotti 235, 238